兴城年鉴

程思远

兴城市人民政府主办
兴城年鉴编委会编纂

图书在版编目（CIP）数据

兴 城 年 鉴:2013~2014/兴城市年鉴编纂委员会编
·--北京：方志出版社，2014.12
ISBN 978-7 - 5144 - 1509 - 4

Ⅰ.①兴… Ⅱ.①兴… Ⅲ.①兴城市-2013~2014-年鉴 Ⅳ.①Z523.14

中国版本图书馆CIP数据核字（2014）第313474号

兴城年鉴(2013—2014)

编　　者：兴城市年鉴编纂委员会
责任编辑：黄　彦

出 版 人：冀祥德
出 版 者：方志出版社
地址 北京市朝阳区潘家园东里9号（国家方志馆4层）
邮编 100021
网址 http://www.fzph.org
发　　行：方志出版社发行中心
电话（010）67110500
经　　销：各地新华书店
印　　刷：葫芦岛健宁彩色印刷有限公司

开　　本：889×1194　1/16
印　　张：25
字　　数：680千字
版　　次：2014年12月第1版　2014年12月第1次印刷
印　　数：0001~1000册

ISBN 978-7-5144-1509-4/K·1236　定价：280.00元

兴城市年鉴编纂委员会

主　　任：赵家鹏

副 主 任：范立民　王月娟　张旭辉

委　　员：苏文波　郭永泽　韩忠香　王维达

崔作军　侯　杰　冯　刚　侯九肖

闫守庆　韩铁征　王华日　李以君

李文政　宋　平　高　峰

《兴城年鉴》编辑部

主　　编：张旭辉

副 主 编：王天月　赵宏宇　梁　婷　董晓雪

雷云霞

编　　辑：李海霞　蒋丽娜　吴忠博　武海波

田宝凤　张　钊　张　驰　张天竹

摄　　影：韩文民　李　龙　张玉良

美术编辑：冷　厚　李　岩

中共兴城市委书记　于学利

在全市上下深入贯彻落实党的十八大、十八届三中、四中全会精神，加速向全省发达县（市）行列迈进的关键时刻，反映兴城发展变化的历史资料文献《兴城年鉴》（2013-2014）出版了。

《兴城年鉴》（2013-2014）客观详实记录了2012年至2013年兴城经济社会发展取得的丰硕成果，全面生动展示了兴城人民开拓进取、奋力拼搏的精神风貌，具有鲜明的时代特征和浓郁的地方特色，是了解兴城、认识兴城、走进兴城的权威性资料刊物。

2012年至2013年，是我市发展进程中极不平凡的两年。两年来，市委、市政府团结带领全市人民，紧紧抓住东北振兴和沿海开发开放双重机遇，大力实施“工业化、城镇化、农业产业化和民生保障”四项战略，真抓实干，攻坚克难，全市经济、政治、文化、社会、生态文明和党的建设

兴城市人民政府市长　赵家鹏

都取得了新成绩，向全省发达县（市）行列迈出了坚实的一步。《兴城年鉴》（2013-2014）的出版，为兴城发展提供了具有参考价值的信息资料，为子孙后代留下了一笔宝贵的精神财富，对推动兴城今后发展具有重大的现实意义和深远的历史意义。

多年来，广大年鉴编纂工作者始终秉承“寻史存真、服务社会”的宗旨，兢兢业业，默默奉献，高标准、高质量完成了年鉴编纂任务。在此，谨向年鉴工作者和支持年鉴工作的同志们表示诚挚的谢意！同时，衷心地希望从事年鉴编纂工作的同志们继续保持优良传统，不断创新年鉴编纂工作，更好地体现年度特色、地方特色和专业特色，更加注重全市经济社会各方面取得的新进展、新成就，为建设创业兴城、宜居兴城、文化兴城、活力兴城做出新的更大贡献。

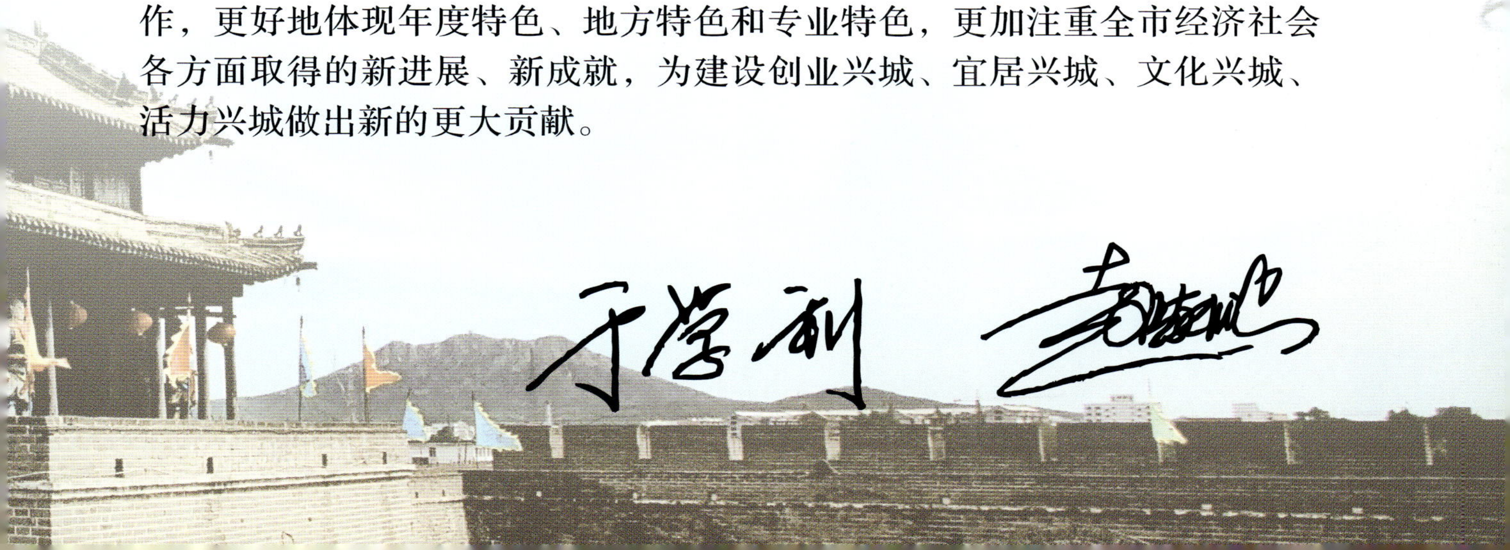

海栈道
HAI PLANK ROAD

辽宁工程技术大学

辽宁财贸学院

渤海船舶职业学院

兴城市客运中心

兴城电子商务大厦
电商创业基地
兴城农村商业银行
葫芦

兴福大家乐
中国建设银行

Happy Family

2012年2月11日，省长陈政高视察兴城

2012年9月5日，副省长谭作钧视察兴城

2013年4月16日，省委书记王珉视察徐大堡核电项目

2014年7月23日，省委书记王珉参加兴城市委常委班子党的群众路线教育实践活动民主生活会

2013 “最美兴城人”颁奖典礼

兴城市创建省级文明
万人签名活动启动

静致远 古韵清风
示教育展馆
兴城市人民政府
兴城市人民检察院

郭明义爱心团队
兴城分队

兴城市创建省级文明城市动员大会

跨境电子

兴城·2014·房地产交易会
开幕式
中兴·西城华府一期实景照片

子商务
ING E-COMMERCE SUM
企业互联网化后的营

《海岸线》
片名
PRODUCTION
《海岸线》
导演
DIRECTOR
熊剑平 刘居冠
主演
程煜 颜丹晨
DATE 日期
2014年9月16日

中核辽宁核电有限公司
发展核电

装典中国·中国服装年度品牌巡演 2013
LANCY FROM25
风尚兴城
YINER 音儿

2014
08.16\17\18
第三届
中国国际泳装展
CHINA
SHUMAN
舒漫

兴城市第六届全民运动会

兴城市春节联欢会

编 辑 说 明

一、《兴城年鉴》是辽宁省兴城市人民政府主办、兴城市档案局承办的大型综合性地方资料工具书。本年鉴创刊于1987年，本卷为两年合订本，国内外公开发行。《兴城年鉴》（2013～2014）记载2012、2013年度兴城政治、经济、文化、社会的基本面貌和发展状况，汇集较为全面的信息资料，为社会各界人士了解和研究兴城提供参考。

二、本年鉴采用分类编辑法，分设类目、分目（部分分目设子目）、条目，以条目作为记述的主要形式，全书条目标题统一用黑体加方头括号（【 】）表示。

三、本年鉴载录的兴城市各部门领导名单为当年实际变动情况。

四、本年鉴的“统计资料”由市统计局提供。由于统计口径等原因造成各部类条目中数据不一致时，以统计局公布的数据为准。

五、本年鉴页面补白处增添兴城旅游景点小资料介绍。

六、本年鉴配有双重检索系统，书前刊有详细目录，书后备有主题分析索引。

七、本年鉴所刊载的内容由全市各有关部门负责撰写并经主管领导审批，年鉴编辑部进行编辑整理，撰稿单位再次审核，最后经年鉴编纂委员会终审定稿后付印。

八、本年鉴的编辑出版得到市委、市政府的高度重视及全市各有关部门和社会各界的大力支持，在此一并致谢。在编印过程中如有疏漏、错误之处，诚请广大读者批评指正。

目　录

·2013年鉴·

大　事　记

2012年兴城市大事记 …………………………（1）

概　貌

基本情况
位置面积 ……………………………………（7）
地形地貌 ……………………………………（7）
自然资源 ……………………………………（7）
旅游资源 ……………………………………（7）
行政区划 ……………………………………（7）
气温 …………………………………………（8）
降水 …………………………………………（8）
风 ……………………………………………（8）
日照 …………………………………………（8）
霜冻 …………………………………………（8）
灾害性天气 …………………………………（8）
人口 …………………………………………（9）
国民经济和社会发展
概况 …………………………………………（9）
农业 ………………………………………（10）
工业和建筑业 ……………………………（10）
固定资产投资 ……………………………（11）
交通和邮电 ………………………………（12）
旅游业 ……………………………………（12）
内、外贸易业 ……………………………（12）
财税与金融 ………………………………（12）
城建环保和安全生产 ……………………（13）
科技、教育、文化、卫生 …………………（13）
人民生活和社会保障 ……………………（13）

党政机关

中国共产党兴城市委员会
市委六届三次全会暨社会稳定
工作会议 …………………………（15）
兴城市重大项目开工建设 ………………（15）
青山水库移民动迁 ………………………（15）
树立向全省发达县（市）迈进目标 ……（16）
召开创先争优活动表彰大会 ……………（16）
市委六届四次全委（扩大）会议 ………（16）
督查调研与机要保密工作 ………………（16）
2012年中共兴城市委领导成员 ……………（17）
·组织工作·
概况 ………………………………………（17）
基层党建“七项工程”建设 ……………（17）
后进村党组织整顿建设 …………………（18）
领导班子和干部队伍建设 ………………（18）
做好换届选举前期工作 …………………（18）
扎实推进党内基层民主建设 ……………（18）
党员远程电化教育 ………………………（19）
2012年兴城市委组织部领导成员 …………（19）
·宣传工作·
概况 ………………………………………（19）
理论工作扎实推进 ………………………（19）
加大对外宣传力度 ………………………（19）
精神文明创建活动 ………………………（19）
网站工作 …………………………………（20）
2012年兴城市委宣传部领导成员 …………（20）
·统战工作·
概况 ………………………………………（20）
开展经济领域统战工作 …………………（20）
协助民主党派工作 ………………………（20）
做好对台统战工作 ………………………（20）
2012年兴城市委统战部领导成员 …………（20）

·老干部工作·
概况 ……………………………………（20）
“两个待遇”落实 ……………………（21）
走访慰问活动 …………………………（21）
重视离休干部信访工作 ………………（21）
努力为老干部排忧解难 ………………（21）
发展老年教育事业 ……………………（21）
2012年兴城市委老干部局领导成员 ………（21）
·市直机关党务工作·
概况 ……………………………………（21）
机关党建工作 …………………………（21）
机关作风建设 …………………………（22）
2012年兴城市直机关工委领导成员 ………（22）
·党校工作·
概况 ……………………………………（22）
干部培训工作 …………………………（22）
宣传教育工作 …………………………（22）
理论研究工作 …………………………（23）
2012年兴城市委党校领导成员 ……………（23）
兴城市人民代表大会常务委员会
概况 ……………………………………（23）
市六届人大五次会议 …………………（23）
市七届人大一次会议 …………………（23）
认真履行职权 …………………………（24）
强化依法监督 …………………………（24）
关注民生热点 …………………………（24）
换届选举工作 …………………………（24）
2012年市人大常委会历次会议 …………（24）
2012年兴城市人大常委会组成人员及其办事机构
·兴城市人大常委会· ……………………（25）
·人大常委会办事（工作）机构· ………（25）
兴城市人民政府
综述 ……………………………………（26）
请示 ……………………………………（27）
报告 ……………………………………（29）
批复 ……………………………………（29）
决定 ……………………………………（32）
通知 ……………………………………（32）
2012年兴城市政府领导成员 ……………（35）
·人事工作·
概况 ……………………………………（35）
科技人才队伍建设 ……………………（35）
工资福利审批 …………………………（35）
事业单位法人登记工作 ………………（35）
2012年兴城市人事局领导成员 ……………（35）
·信访工作·
概况 ……………………………………（36）
实施领导接访制 ………………………（36）
为党的十八大创造良好社会环境 ………（36）
发挥联席会议协调作用 ………………（36）
设立信访专项资金账户 ………………（37）
积案化解工作 …………………………（37）
2012年兴城市信访局领导成员 ……………（37）
兴城临海产业区
概况 ……………………………………（37）
招商引资力度进一步加大 ……………（37）
建设项目实现高速增长 ………………（37）
完善基础设施建设 ……………………（38）
深化服务取得新进步 …………………（38）
2012年中共葫芦岛兴城临海产业区工作委员会及工作部门领导成员
·兴城临海产业区管委会· ………………（38）
·兴城临海产业区管委会工作部门· ……（38）
中国人民政治协商会议兴城市委员会
概况 ……………………………………（39）
多层次开展政治协商 …………………（39）
大力拓展民主监督渠道 ………………（39）
注重参政议政质量 ……………………（39）
政协兴城市六届五次全体会议 …………（39）
政协兴城市七届一次全体会议 …………（39）
2012年政协兴城市第六届委员会历次常委会议 ……………………………（40）
2012年政协兴城市第七届委员会历次常委会议 ……………………………（40）
2012年政协兴城市委员会组成人员及其办事机构
·政协兴城市委员会· ……………………（40）
·政协办事机构· …………………………（40）
中国共产党兴城市纪律检查委员会
概况 ……………………………………（41）
监督重大决策落实工作 ………………（41）
廉政文化建设工作 ……………………（41）
纠正行业不正之风工作 ………………（41）

“五大系统”建设工作 …………………（41）
农村基层党风廉政建设工作 ……………（42）
2012年中共兴城市纪律检查委员会
组成人员 ……………………………………（42）

群众团体与民主党派

兴城市总工会
概况 ………………………………………（43）
劳动竞赛活动 ……………………………（43）
开展工资集体协商工作 …………………（43）
监督企业劳动用工 ………………………（43）
劳动争议建制行动 ………………………（43）
职工服务帮扶体系建设 …………………（44）
2012年兴城市总工会领导成员 …………（44）
共青团兴城市委员会
概况 ………………………………………（44）
开展青少年政治教育 ……………………（44）
引导青少年投身兴城建设 ………………（45）
关爱青少年成长 …………………………（45）
增强青年服务社会能力 …………………（45）
2012年共青团兴城市委员会领导成员 ……（45）
兴城市妇女联合会
概况 ………………………………………（45）
“双学双比”竞赛活动 …………………（46）
巾帼科技致富示范基地建设 ……………（46）
庆祝“三八”“六一”活动 ……………（46）
权益维护行动 ……………………………（46）
母亲安居工程 ……………………………（46）
关爱妇女儿童行动 ………………………（46）
2012年兴城市妇女联合会领导成员 ……（46）
兴城市残疾人联合会
概况 ………………………………………（46）
残疾人康复服务及医疗救助工程 ………（47）
残疾人就业工程 …………………………（47）
残疾人托养保障工程 ……………………（48）
残疾人法律救助工程 ……………………（48）
2012年兴城市残疾人联合会领导成员 ……（48）
兴城市工商业联合会
概况 ………………………………………（48）
重视会员参政议政 ………………………（48）
引导企业发展 ……………………………（48）
发动会员扩大招商渠道 …………………（48）
2012年兴城市工商业联合会领导成员 ……（49）
兴城市归国华侨联合会
概况 ………………………………………（49）
侨情普查 …………………………………（49）
2012年兴城市归国华侨联合会领导成员……（49）
科学技术协会
概况 ………………………………………（49）
科普宣传 …………………………………（50）
青少年科普教育成效显著 ………………（50）
2012年兴城市科学技术协会领导成员……（51）
文学艺术界联合会
概况 ………………………………………（51）
作家协会 …………………………………（51）
书法家协会 ………………………………（52）
美术家协会 ………………………………（52）
摄影家协会 ………………………………（52）
音乐家协会 ………………………………（52）
舞蹈家协会 ………………………………（52）
戏剧家协会 ………………………………（52）
文史学会 …………………………………（53）
民间文艺家协会 …………………………（53）
2012年兴城市文学艺术界联合会
领导成员 …………………………………（53）
中国国民党革命委员会兴城市支部
概况 ………………………………………（53）
2012年民革兴城支部领导成员……………（53）
中国民主同盟兴城市总支部委员会
概况 ………………………………………（53）
2012年民盟兴城支部领导成员……………（53）
中国民主促进会兴城市支部委员会
概况 ………………………………………（54）
2012年民进兴城支部领导成员……………（54）
中国农工民主党兴城支部
概况 ………………………………………（54）
2012年农工党兴城支部领导成员…………（54）

地方武装

人民武装
概况 ………………………………………（55）

军民共建 ……………………………………（55）
民兵组织建设 ………………………………（55）
强化战备协调机制 …………………………（55）
提升应急行动能力 …………………………（56）
安全稳定理念贯始终 ………………………（56）
2012年兴城市人民武装部领导成员 ……（56）
人民防空
概况 …………………………………………（56）
人防结建费收缴 ……………………………（56）
建设学习型机关 ……………………………（56）
人防指挥通信系统建设 ……………………（57）
2012年兴城市民防局领导成员 …………（57）

法　　治

政法委及综治工作
概况 …………………………………………（58）
有效化解社会矛盾 …………………………（58）
维稳取得实效 ………………………………（58）
实现社会管理创新 …………………………（58）
党的十八大维稳安保工作 …………………（58）
2012年兴城市政法委员会领导成员 ……（59）
公安
概况 …………………………………………（59）
治安管理工作 ………………………………（59）
交通管理工作 ………………………………（59）
巡逻防控工作 ………………………………（59）
打击食品药品犯罪工作 ……………………（59）
消防管理工作 ………………………………（60）
校园安全管理工作 …………………………（60）
信息化建设与应用 …………………………（60）
城乡警务改革 ………………………………（60）
2012年兴城市公安局领导成员 …………（60）
检察
概况 …………………………………………（61）
严厉打击刑事犯罪 …………………………（61）
强化法律监督 ………………………………（61）
严厉惩治和预防职务犯罪 …………………（61）
着力提高公正公信力 ………………………（61）
2012年兴城市人民检察院领导成员 ……（61）
法院
概况 …………………………………………（61）
刑事审判 ……………………………………（61）
民商事审判 …………………………………（62）
行政审判 ……………………………………（62）
执行工作 ……………………………………（62）
提供法律保障 ………………………………（62）
2012年兴城市人民法院领导成员 ………（62）
司法行政
概况 …………………………………………（62）
做好人民调解工作 …………………………（62）
推进社区矫正工作 …………………………（63）
参与青山水库移民动迁工作 ………………（63）
2012年兴城市司法局领导成员 …………（63）

旅　　游

旅游开发
概况 …………………………………………（64）
旅游宣传 ……………………………………（64）
旅游服务
概况 …………………………………………（65）
2012年兴城市旅游局领导成员 …………（65）
风景区管理
概况 …………………………………………（65）
2012年兴城市风景区管理局领导成员 …（66）

经济管理与监督

发展和改革
概况 …………………………………………（67）
做好“项目年”工作 ………………………（67）
全力争取项目资金 …………………………（67）
2012年兴城市发展和改革局领导成员 …（67）
统计
概况 …………………………………………（67）
切实提高统计调查水平 ……………………（67）
优化统计服务 ………………………………（68）
开展城镇住户调查 …………………………（68）
强化统计执法工作 …………………………（68）
2012年兴城市统计局领导成员 …………（68）
招商
概况 …………………………………………（68）
招商引资力度加大 …………………………（68）

2012年兴城市招商局领导成员 …………（69）
物价
概况 ……………………………………（69）
强化价格管理 …………………………（69）
查处价格举报案件 ……………………（69）
开展价格认证工作 ……………………（69）
开征价格调节基金 ……………………（69）
2012年兴城市物价局领导成员 …………（70）
工商
概况 ……………………………………（70）
服务临海产业区建设 …………………（70）
助推企业发展 …………………………（70）
深化就业帮扶 …………………………（70）
着力服务民生 …………………………（70）
推进商标兴市战略 ……………………（70）
强化食品安全监管 ……………………（71）
做好“红盾护农”工作 …………………（71）
开展专项整治行动 ……………………（71）
2012年兴城市工商局领导成员 …………（71）
技术监督
概况 ……………………………………（71）
产品质量检查 …………………………（71）
标准化工作 ……………………………（71）
计量工作 ………………………………（71）
特种设备安全监察 ……………………（72）
食品安全监管 …………………………（72）
技术机构服务 …………………………（72）
2012年兴城市质量技术监督局领导成员 …（72）
审计
概况 ……………………………………（72）
审计改革创新 …………………………（72）
预算执行审计 …………………………（73）
固定资产投资审计 ……………………（73）
2012年兴城市审计局领导成员 …………（73）
国土资源管理
概况 ……………………………………（73）
土地储备 ………………………………（73）
矿产资源管理 …………………………（73）
土地行政服务职能 ……………………（74）
土地规划编制工作 ……………………（74）
耕地占补工作 …………………………（74）
查处各类违法行为 ……………………（74）
2012年兴城市国土资源局领导成员 ………（74）
食品药品监督
概况 ……………………………………（74）
食品安全专项整治 ……………………（74）
药品安全专项整治 ……………………（74）
查处“铬超标”药用胶囊 ………………（75）
2012年兴城市食品药品监督管理局
领导成员 ………………………………（75）

农 业

综述
概况 ……………………………………（76）
滴灌节水工程项目 ……………………（76）
千亿斤粮食项目 ………………………（76）
农情信息站建设 ………………………（76）
推广花生高产栽培技术 ………………（76）
农业产业化 ……………………………（77）
农产品出口 ……………………………（77）
农业科技推广 …………………………（77）
农经管理 ………………………………（77）
新农村建设 ……………………………（77）
争取项目资金 …………………………（77）
果业
概况 ……………………………………（78）
标准园建设 ……………………………（78）
果树核量 ………………………………（78）
高密栽培示范园 ………………………（78）
技术培训 ………………………………（78）
农机
概况 ……………………………………（78）
农机购置补贴 …………………………（78）
保护性耕作 ……………………………（78）
农机安全监理 …………………………（79）
2012年兴城市农村经济发展局
领导成员 ………………………………（79）
兴城特色农产品（资料）
兴城土豆 ………………………………（79）
兴城大根萝卜 …………………………（79）
红崖子花生 ……………………………（80）
扶贫
概况 ……………………………………（80）

移民扶贫 ……………………………………（80）
实用技能培训 ……………………………（80）
产业化扶贫 ………………………………（80）
2012年兴城市扶贫办领导成员 ……………（81）
青山水库移民安置
概况 ………………………………………（81）
扎实开展基础设施建设 ……………………（81）
准确发放移民资金 …………………………（81）
2012年兴城市移民办领导成员 ……………（81）
林业
概况 ………………………………………（81）
生态公益林建设 …………………………（81）
资源林政工作 ……………………………（82）
林政执法 …………………………………（82）
森林经营 …………………………………（82）
青山保护工程 ……………………………（82）
森林防火 …………………………………（82）
林业病虫害防治 …………………………（82）
林业站建设 ………………………………（83）
2012年兴城市林业局领导成员 ……………（83）
动物卫生监督
概况 ………………………………………（83）
落实国家各项优惠政策 ……………………（83）
畜牧实用技术推广 …………………………（83）
动物防疫 …………………………………（83）
畜产品安全监督 …………………………（83）
2012年兴城市动物卫生监督管理局
领导成员 …………………………………（84）
海洋与渔业
概况 ………………………………………（84）
海域管理与海监执法 ……………………（84）
渔业资源繁殖保护 …………………………（84）
渔业安全生产 ……………………………（84）
2012年兴城市海洋与渔业局领导成员 ……（85）
水利
概况 ………………………………………（85）
农建工作 …………………………………（85）
防汛工作 …………………………………（85）
抗旱工作 …………………………………（85）
农村饮水安全工程 …………………………（86）
节水工程 …………………………………（86）
河道管理 …………………………………（86）
水利普查 …………………………………（86）
工程管理 …………………………………（86）
移民工作 …………………………………（87）
水土保持 …………………………………（87）
水资源管理 ………………………………（87）
城市供水 …………………………………（87）
2012年兴城市水利局领导成员 ……………（87）
气象
气象与农业 ………………………………（87）
气象服务 …………………………………（88）
2012年兴城市气象局领导成员 ……………（88）

工　业

综述
概况 ………………………………………（89）
工业项目建设强劲推进 ……………………（89）
泳装产业成果丰硕 …………………………（89）
争取项目政策成绩显著 ……………………（89）
盐务管理不断加强 …………………………（90）
2012年兴城市经济和信息化局领导成员 …（90）
工业部门
概况 ………………………………………（90）
2012年兴城市工业局领导成员 ……………（90）
安全生产监督
概况 ………………………………………（90）
重点行业安全监管 …………………………（90）
安全生产宣传 ……………………………（91）
安全度汛监管 ……………………………（91）
2012年兴城市安全生产监督管理局
领导成员 …………………………………（91）
热电
概况 ………………………………………（91）
南线环网工程竣工 …………………………（91）
低温区管网改造 …………………………（91）
2012年兴城热电有限公司领导成员 ………（91）

城建·环保

城乡规划建设
概况 ………………………………………（92）
兴城河综合治理工程竣工 …………………（92）

栈道工程 ……………………………………（92）
生活垃圾处理场及转运站工程 …………（92）
高速公路出口及海滨风景区改造 ………（92）
古城地下管廊工程 ………………………（92）
城市基础设施改造 ………………………（92）
2012年兴城市城乡规划建设局
领导成员 ………………………………（92）
环境保护
概况 ………………………………………（93）
节能减排治理工作 ………………………（93）
严控建设项目准入关 ……………………（93）
环保专项执法 ……………………………（93）
污染源动态更新 …………………………（93）
环境例行监测与有偿服务监测 …………（93）
严抓机动车排气污染 ……………………（93）
调处污染纠纷 ……………………………（93）
2012年兴城市环境保护局领导成员 ………（93）

交通·电力

交通
·公路·
概况 ………………………………………（94）
城区道路工程 ……………………………（94）
建兴高速公路征地动迁 …………………（94）
公路养护 …………………………………（94）
道路旅客运输 ……………………………（95）
水毁道路抢修 ……………………………（95）
客货运市场 ………………………………（95）
运输市场监管 ……………………………（95）
2012年兴城市交通局领导成员 ……………（96）
·铁路·
概况 ………………………………………（96）
增开临时客车 ……………………………（96）
电力
·城乡供电·
概况 ………………………………………（96）
春、秋检工作 ……………………………（96）
电费收缴 …………………………………（96）
供电土地清理 ……………………………（97）
反窃电专项检查 …………………………（97）
2012年兴城供电分公司领导成员 …………（97）
·核电·
概况 ………………………………………（97）
2012年中核辽宁核电有限公司
领导成员 ………………………………（97）
·风电·
概况 ………………………………………（97）
·核电办·
概况 ………………………………………（98）
2012年兴城市核电项目办领导成员 ………（98）

信息产业

联通
概况 ………………………………………（99）
发展3G、2G融合业务 ……………………（99）
维护建设工作 ……………………………（99）
2012年联通兴城分公司领导成员 …………（99）
移动通信
概况 ………………………………………（99）
助力教育行业信息化 ……………………（100）
夯实基础提升服务能力 …………………（100）
2012年兴城移动分公司领导成员 …………（100）
电信
概况 ………………………………………（100）
发展融合业务 ……………………………（100）
电信服务进校园 …………………………（100）
2012年兴城电信分公司领导成员 …………（100）
邮政
概况 ………………………………………（100）
函件业务 …………………………………（101）
包件业务 …………………………………（101）
报刊发行业务 ……………………………（101）
绿卡业务及电子银行业务 ………………（101）
2012年兴城市邮政局领导成员 ……………（101）
广电网络
概况 ………………………………………（101）
网络升级改造 ……………………………（101）
网络维护 …………………………………（101）
贴心服务 …………………………………（102）
葫芦岛广播电视网络有限责任公司兴城
分公司领导成员 ………………………（102）

财政·税务

财政
概况 …………………………………………（103）
财政监督管理 ……………………………（103）
2012年兴城市财政局领导成员 ……………（104）
税务
·国税·
概况 …………………………………………（104）
纳税服务进展明显 …………………………（104）
征管革新效果显著 …………………………（105）
2012年兴城市国税局领导成员 ……………（106）
·地税·
概况 …………………………………………（106）
组织收入创佳绩 ……………………………（106）
依法行政和纳税服务 ………………………（107）
2012年兴城市地税局领导成员 ……………（107）

金　　融

人民银行
概况 …………………………………………（108）
金融服务 ……………………………………（108）
2012年中国人民银行兴城市支行
领导成员 ………………………………（109）
工商银行
概况 …………………………………………（109）
个金营销活动 ………………………………（109）
2012年中国工商银行兴城市支行
领导成员 ………………………………（109）
建设银行
概况 …………………………………………（110）
客户增长与维护工作 ………………………（110）
贷款工作 ……………………………………（110）
2012年中国建设银行兴城市支行
领导成员 ………………………………（110）
农业银行
概况 …………………………………………（110）
存款工作 ……………………………………（111）
综合业务 ……………………………………（111）
农行营销 ……………………………………（111）
2012年中国农业银行兴城市支行
领导成员 ………………………………（112）
中国银行
概况 …………………………………………（112）
拓展营销渠道 ………………………………（112）
2012年中国银行兴城市支行
领导成员 ………………………………（113）
农村信用合作联社
概况 …………………………………………（113）
开展绩效考核 ………………………………（113）
完善产品营销机制 …………………………（113）
推进农商行筹建工作 ………………………（114）
强化法人治理机制 …………………………（114）
2012年兴城市农村信用合作社联合社
领导成员 ………………………………（115）
农业发展银行
概况 …………………………………………（115）
贷款管理 ……………………………………（115）
业务拓展 ……………………………………（115）
财会管理 ……………………………………（116）
2012年中国农业发展银行兴城市支行
领导成员 ………………………………（116）

商贸流通

商务服务业
概况 …………………………………………（117）
“两个市场”建设 …………………………（117）
商务执法 ……………………………………（117）
家电下乡 ……………………………………（118）
2012年兴城市服务业局领导成员 …………（118）
供销合作经济
概况 …………………………………………（118）
推进“网络建设” …………………………（118）
服务“三农” ………………………………（119）
2012年兴城市供销合作社联合社
领导成员 ………………………………（119）
粮食购销
概况 …………………………………………（119）
粮食流通监督检查 …………………………（120）
2012年兴城市粮食局领导成员 ……………（120）

对外贸易
概况 …………………………………（120）
2012年兴城市对外经济贸易局领导成员 …………………………（121）
石油
概况 …………………………………（121）
加油站销售 …………………………（121）
加油站管理 …………………………（122）
2012年中油兴城经营部领导成员 ………（122）
烟草
概况 …………………………………（122）
网建工作 ……………………………（123）
内部管理监督和专卖管理 ……………（123）
2012年兴城市烟草专卖局领导成员 ……（123）

科　学

科学技术
概况 …………………………………（124）
科技富民强县项目 ……………………（124）
农业科技创新 …………………………（125）
服务创新型企业 ………………………（125）
科技项目申报 …………………………（125）
科技宣传工作 …………………………（126）
科技人才队伍建设 ……………………（126）
地震监测
概况 …………………………………（127）
2012年兴城市科学技术局领导成员 ……（127）

教育·体育

教育综述
概况 …………………………………（128）
信息化建设 …………………………（128）
首批校车投入运营 ……………………（128）
学前教育
概况 …………………………………（129）
中小学教育
概况 …………………………………（129）
课改工作 ……………………………（129）
教学质量 ……………………………（130）
艺术教育 ……………………………（130）
体育教育 ……………………………（130）
校园安全工作 …………………………（131）
教育惠民工程 …………………………（131）
职业教育
概况 …………………………………（131）
兴城电大 ……………………………（132）
教师
召开教育名师表彰暨教师节庆祝大会 …………………………（132）
招考教师阳光操作 ……………………（132）
非公教师统计上报工作 ………………（133）
教育科研 ……………………………（133）
教师整体素质 …………………………（133）
2012年兴城市教育局领导成员 …………（133）
群众体育
概况 …………………………………（133）
竞技体育
概况 …………………………………（134）

文　化

文化工作
概况 …………………………………（135）
群众文化活动丰富多彩 ………………（135）
文化市场监管效果显著 ………………（135）
文物保护
概况 …………………………………（135）
2012年兴城市文化局领导成员 …………（136）
报刊
概况 …………………………………（136）
重大采访任务报道 ……………………（136）
“两会”宣传报道 ……………………（136）
重点项目和重点工程报道 ……………（137）
新闻特色工作 …………………………（137）
2012年兴城时讯社领导成员 ……………（138）
广播电视
概况 …………………………………（138）
新闻立台 ……………………………（138）
安全优质播出 …………………………（139）
2012年兴城市广播电视局（台）领导成员 …………………………（139）

档案、年鉴、地方志
概况 ……………………………………（139）
档案工作 ………………………………（139）
年鉴工作 ………………………………（140）
地方志工作 ……………………………（140）
2012 年兴城市档案局领导成员 ………（140）

卫　　生

卫生发展综述
概况 ……………………………………（141）
新型农村合作医疗稳步发展 …………（141）
扩大实施基本药物制度 ………………（141）
公共卫生
基本公共卫生服务 ……………………（141）
卫生防疫 ………………………………（142）
卫生监督 ………………………………（142）
爱国卫生
概况 ……………………………………（142）
2012 年兴城市卫生局领导成员 ………（143）
人口和计划生育
概况 ……………………………………（143）
扎实开展计生工作 ……………………（144）
落实计生惠民政策 ……………………（144）
2012 年兴城市人口和计划生育局
领导成员 ……………………………（144）

社会生活

民族工作
概况 ……………………………………（145）
宗教工作
概况 ……………………………………（145）
2012 年兴城市民宗委领导成员 ………（146）
劳动和社会保障
概况 ……………………………………（146）
社保工作 ………………………………（147）
劳动和社会保障职能 …………………（147）
和谐劳动关系 …………………………（148）
劳动事务 ………………………………（148）
劳动宣传和招商 ………………………（148）
劳动服务工作 …………………………（149）
2012 年兴城市劳动和社会保障局
领导成员 ……………………………（149）
村和社区建设
概况 ……………………………………（149）
社会救济
城乡低保 ………………………………（150）
特殊群体保障 …………………………（150）
社会救助 ………………………………（151）
防灾减灾 ………………………………（151）
优抚、安置
概况 ……………………………………（152）
社会事务
概况 ……………………………………（152）
区划地名工作 …………………………（152）
婚姻登记工作 …………………………（153）
殡葬管理与殡葬服务 …………………（153）
老年人服务维权工作 …………………（153）
2012 年兴城市民政局领导成员 ………（153）

乡·镇·街道

羊安满族乡
概况 ……………………………………（154）
农业经济稳步发展 ……………………（154）
农经工作有序完成 ……………………（154）
元台子满族乡
概况 ……………………………………（155）
惠农政策 ………………………………（155）
建兴公路征地补偿动迁工作 …………（155）
白塔满族乡
概况 ……………………………………（155）
构建南菜北果生产格局 ………………（156）
发展养殖业 ……………………………（156）
加强林业工作 …………………………（156）
望海满族乡
概况 ……………………………………（156）
招商引资企业投产 ……………………（156）
推进小城镇建设 ………………………（157）
改善民生 ………………………………（157）
海滨满族乡
概况 ……………………………………（157）

综合开发高标准农田项目
全面完成 …………………………… (157)
设施农业不断提高 …………………… (158)
做好核电项目协调服务工作 ………… (158)
公益事业迅速发展 …………………… (158)
刘台子满族乡
概况 ………………………………… (158)
发展高效农业 ……………………… (158)
开发旅游业 ………………………… (159)
做好民生工作 ……………………… (159)
建设综合服务场所 ………………… (159)
大寨满族乡
概况 ………………………………… (159)
农田基本建设 ……………………… (159)
乡村和谐稳定 ……………………… (159)
南大满族乡
概况 ………………………………… (160)
重点项目实施 ……………………… (160)
便民服务中心投入使用 …………… (160)
围屏满族乡
概况 ………………………………… (160)
高效农业 …………………………… (161)
水利基础设施建设 ………………… (161)
新农村建设 ………………………… (161)
高家岭满族乡
概况 ………………………………… (161)
现代设施农业 ……………………… (162)
旅游产业 …………………………… (162)
石材工业园区 ……………………… (162)
新农村建设 ………………………… (162)
碱厂满族乡
概况 ………………………………… (162)
干果基地建设 ……………………… (162)
基础设施建设 ……………………… (163)
高效农业 …………………………… (163)
扶贫帮困工作 ……………………… (163)
三道沟满族乡
概况 ………………………………… (163)
农业农村工作 ……………………… (163)
社会保障工作 ……………………… (163)
青山水库移民工作 ………………… (164)
红崖子满族乡
概况 ………………………………… (164)
农田水利 …………………………… (165)
小城镇建设 ………………………… (165)
民生工作 …………………………… (165)
文化建设 …………………………… (165)
旧门满族乡
概况 ………………………………… (165)
乡村基础性建设 …………………… (166)
民生保障工作 ……………………… (166)
药王满族乡
概况 ………………………………… (166)
深化农业产业结构调整 …………… (166)
加强基本农田改造 ………………… (166)
大力发展林果业 …………………… (167)
曹庄镇
概况 ………………………………… (167)
农业产业化建设 …………………… (167)
小城镇建设 ………………………… (167)
临海产业区建设 …………………… (168)
农村安全监管 ……………………… (168)
档案资源功效 ……………………… (168)
东辛庄镇
概况 ………………………………… (168)
六股河沿岸开发建设 ……………… (168)
优化结构兴产业 …………………… (168)
推进城乡一体化进程 ……………… (169)
沙后所镇
概况 ………………………………… (169)
农业基础设施建设 ………………… (169)
科学种田 …………………………… (169)
民营企业 …………………………… (169)
郭家镇
概况 ………………………………… (170)
产业结构调整 ……………………… (170)
基础设施建设 ……………………… (170)
社会保障工作 ……………………… (170)
案件查处 …………………………… (170)
宁远街道
概况 ………………………………… (171)
路网建设 …………………………… (171)
综治维稳保平安 …………………… (171)

古城街道
概况 ……………………………………（171）
无公害养殖 ……………………………（171）
旅游业 …………………………………（172）
公共就业服务体系建设 ………………（172）
全民性文化活动 ………………………（172）
民生工程 ………………………………（172）
古城保护工作 …………………………（172）
建兴高速公路征地补偿 ………………（172）
温泉街道
概况 ……………………………………（173）
街道经济工作 …………………………（173）
高标准社区 ……………………………（173）
政务公开 ………………………………（173）
计生工作 ………………………………（173）
劳动保障工作 …………………………（173）
四家屯街道
概况 ……………………………………（173）
海水养殖形成新格局 …………………（174）
林果生产采用新技术 …………………（174）
二、三产业得到发展 …………………（174）
城东街道
概况 ……………………………………（174）
开通河东南延路 ………………………（174）
保障民生 ………………………………（174）
综治工作成果显著 ……………………（175）
惠民排查力度不断加大 ………………（175）
养殖业上新台阶 ………………………（175）
钓鱼台街道
概况 ……………………………………（175）
旅游服务业 ……………………………（175）
安全生产监督 …………………………（175）
惠民政策 ………………………………（175）
河流生态治理及防汛抗旱 ……………（176）
街道教育工作 …………………………（176）
华山街道
概况 ……………………………………（176）
党务公开联系点 ………………………（176）
乡村新变化 ……………………………（176）
“三资”管理 …………………………（177）
弱势群体 ………………………………（177）
尊师重教 ………………………………（177）
招商引资工作 …………………………（177）
争取上级资金 …………………………（177）

•2014 年鉴•

大 事 记

2013 年兴城市大事记 ………………（179）

概 貌

基本情况
行政区划 ………………………………（190）
气温 ……………………………………（190）
降水 ……………………………………（190）
风 ………………………………………（191）
日照 ……………………………………（191）
霜冻 ……………………………………（191）
灾害性天气 ……………………………（191）
人口 ……………………………………（191）
国民经济和社会发展
概况 ……………………………………（191）
农业 ……………………………………（192）
工业和建筑业 …………………………（193）
固定资产投资 …………………………（193）
交通和邮电及旅游业 …………………（194）
内、外贸易业 …………………………（194）
财税与金融 ……………………………（194）
城市建设、环境保护和安全生产 ……（195）
科技、教育、文化、卫生和体育 ……（195）
人民生活和社会保障 …………………（196）

党政机关

中国共产党兴城市委员会
全市领导干部会议 ……………………（197）
兴城市村“两委”换届选举全面启动 …（197）
全市党建、经济暨农村工作会议 ……（197）
贯彻落实陈政高讲话精神 ……………（198）
市委六届五次全委（扩大）会议 ……（199）

创建省级文明城市 ……………………（199）
市委六届六次全委（扩大）会议 ……（199）
督查调研与机要保密工作………………（200）
2013年中共兴城市委领导成员…………（200）
·组织工作·
概况 …………………………………（200）
村“两委”换届工作 …………………（200）
群众路线教育实践活动 ………………（201）
党务工作者教育培训 …………………（201）
农村党建工作 …………………………（201）
首次乡科级领导干部集中述职 ………（201）
调整补充后备干部 ……………………（202）
社区党建工作 …………………………（202）
企业党建工作 …………………………（202）
组织信息工作 …………………………（202）
党代表联络 ……………………………（202）
远程教育和电教工作 …………………（203）
干部教育培训 …………………………（203）
领导干部日常监督工作 ………………（203）
人才强市工程 …………………………（203）
2013年兴城市委组织部领导成员 ……（203）
·宣传工作·
概况 …………………………………（204）
创建省级文明城市 ……………………（204）
理论学习教育 …………………………（204）
思想道德和精神文明建设 ……………（204）
新闻外宣工作 …………………………（205）
文化事业发展 …………………………（205）
2013年兴城市委宣传部领导成员 ……（205）
·统战工作·
概况 …………………………………（205）
党外人士队伍建设 ……………………（206）
侨台工作 ………………………………（206）
2013年兴城市委统战部领导成员 ……（206）
·老干部工作·
概况 …………………………………（206）
重大节日走访慰问 ……………………（206）
强化服务管理 …………………………（206）
加强“两个阵地”建设 ………………（206）
2013年兴城市委老干部局领导成员 …（207）
·直属机关党务工作·
概况 …………………………………（207）
举办公文与写作处理知识竞赛 ………（207）
实施工作目标责任制活动 ……………（207）
2013年兴城市直机关工委领导成员 …（207）
·党校工作·
概况 …………………………………（207）
干部培训工作 …………………………（207）
宣传教育工作 …………………………（207）
2013年兴城市委党校领导成员 ………（208）
兴城市人民代表大会常务委员会
概况 …………………………………（208）
服务经济建设大局 ……………………（208）
维护群众根本利益 ……………………（208）
提供良好法治保障 ……………………（208）
七届人大二次会议 ……………………（209）
2013年市人大常委会历次会议 ………（209）
2013年兴城市人大常委会组成人员及其办事机构
·兴城市人大常委会· …………………（210）
·人大常委会办事（工作）机构· ……（210）
兴城市人民政府
综述 …………………………………（210）
请示 …………………………………（213）
报告 …………………………………（214）
批复 …………………………………（214）
决定 …………………………………（217）
通知 …………………………………（217）
2013年兴城市政府领导成员 …………（220）
·人事工作·
概况 …………………………………（220）
人事人才工作 …………………………（220）
科技干部服务工作 ……………………（220）
工资福利审批工作 ……………………（220）
编制管理工作 …………………………（220）
2013年兴城市人事局领导成员 ………（221）
·信访工作·
概况 …………………………………（221）
推进市领导干部接访下访包案制 ……（221）
做好敏感时期信访工作 ………………（221）
提高信访办案效率 ……………………（221）
2013年兴城市信访局领导成员 ………（221）
兴城滨海经济区
概况 …………………………………（222）

基础设施建设扎实推进 ……………… （222）
经济区招商引资实现新突破 ………… （222）
2013年中共葫芦岛兴城滨海经济区工作委员会及工作部门领导成员
·兴城滨海经济区管委会· …………… （223）
·兴城滨海经济区管委会工作部门· … （223）
中国人民政治协商会议兴城市委员会
概况 ……………………………………… （223）
调研视察 ……………………………… （223）
提案工作 ……………………………… （223）
助推新农村建设 ……………………… （224）
政协兴城市七届二次全体会议 ……… （224）
2013年政协兴城市第七届委员会历次常委会议 ……………………… （224）
2013年政协兴城市委员会组成人员及其办事机构
·政协兴城市委员会· ………………… （224）
·政协办事机构· ……………………… （225）
中国共产党兴城市纪律检查委员会
概况 ……………………………………… （225）
改进工作作风 ………………………… （225）
领导干部廉洁自律工作 ……………… （225）
查办违纪违法案件 …………………… （226）
优化经济发展环境工作 ……………… （226）
2013年中共兴城市纪律检查委员会组成人员 ……………………………… （226）

群众团体与民主党派

兴城市总工会
概况 ……………………………………… （227）
深入实施送温暖工程 ………………… （227）
强化职代会和工资集体协商建制 …… （227）
规范劳动用工监督检查专项行动 …… （227）
推动企业文化职工文化建设 ………… （227）
弘扬劳模精神 ………………………… （228）
2013年兴城市总工会领导成员 ……… （228）
共青团兴城市委员会
概况 ……………………………………… （228）
强化青少年思想道德教育 …………… （228）
完善新媒体引导青年工作 …………… （228）
开展预防青少年违法犯罪工作 ……… （228）
服务青年就业创业 …………………… （228）
深化青年志愿者行动 ………………… （229）
帮扶弱势青少年群体 ………………… （229）
2013年共青团兴城市委员会领导成员 … （229）
兴城市妇女联合会
概况 ……………………………………… （229）
“双学双比”竞赛活动 ……………… （229）
“绿化家园·巾帼行动”活动 ……… （229）
贯彻落实男女平等基本国策 ………… （229）
权益维护行动 ………………………… （230）
“两癌”检查工作 …………………… （230）
实施子女助学工程 …………………… （230）
“母亲邮包”捐赠活动 ……………… （230）
2013年兴城市妇女联合会领导成员 … （230）
兴城市残疾人联合会
概况 ……………………………………… （230）
残疾人康复服务工程 ………………… （231）
残疾人托养保障工程 ………………… （231）
残疾人就业工程 ……………………… （231）
残疾人法律救助工程 ………………… （232）
2013年兴城市残疾人联合会领导成员 … （232）
兴城市工商业联合会
概况 ……………………………………… （232）
为民营企业发展服务 ………………… （232）
开拓服务工作新渠道 ………………… （232）
2013年兴城市工商业联合会领导成员 … （232）
兴城市归国华侨联合会
概况 ……………………………………… （233）
2013年兴城市归国华侨联合会领导成员 ……………………………… （233）
兴城市红十字会
概况 ……………………………………… （233）
红十字活动 …………………………… （233）
2013年兴城市红十字会领导成员 …… （233）
科学技术协会
概况 ……………………………………… （234）
社会化科普 …………………………… （234）
2013年兴城市科学技术协会领导成员 ……………………………… （235）
文学艺术界联合会
概况 ……………………………………… （235）
文艺活动 ……………………………… （235）

摄影家协会 ……………………………（235）
音乐家协会 ……………………………（236）
手风琴学会 ……………………………（236）
书法家协会 ……………………………（236）
历史文化学会 …………………………（236）
美术家协会 ……………………………（236）
民间文艺家协会 ………………………（236）
舞蹈家协会 ……………………………（237）
戏剧家协会 ……………………………（237）
2013 年兴城市文学艺术界联合会
领导成员 ……………………………（237）
中国国民党革命委员会兴城市支部
概况 ……………………………………（237）
开展公益活动 …………………………（237）
2013 年民革兴城支部领导成员………（237）
中国民主同盟兴城市总支部委员会
概况 ……………………………………（237）
热心社会服务 …………………………（237）
2013 年民盟兴城支部领导成员………（238）
中国民主促进会兴城市支部委员会
概况 ……………………………………（238）
提高参政议政水平 ……………………（238）
2013 年民进兴城支部领导成员………（238）
中国农工民主党兴城支部
概况 ……………………………………（238）
社会服务活动 …………………………（238）
2013 年农工党兴城支部领导成员 ……（238）

地方武装

人民武装
概况 ……………………………………（239）
双拥共建 ………………………………（239）
征兵工作 ………………………………（239）
应急能力建设 …………………………（239）
抗洪抢险演练 …………………………（239）
2013 年兴城市人民武装部
领导成员 ……………………………（240）
人民防空
概况 ……………………………………（240）
审批结建工作 …………………………（240）
专业队伍整组 …………………………（240）
2013 年兴城市民防局领导成员 ………（240）

法　治

政法委及综治工作
概况 ……………………………………（241）
提升社会管理水平 ……………………（241）
做好敏感时期的维稳工作 ……………（241）
改进执法作风促进公正司法 …………（241）
2013 年兴城市政法委员会
领导成员 ……………………………（241）
公安
概况 ……………………………………（242）
信息化建设工作 ………………………（242）
社会治安防控体系建设 ………………（242）
严打专项行动 …………………………（242）
治安管理 ………………………………（242）
交通安全管理 …………………………（243）
消防安全管理 …………………………（243）
安保工作 ………………………………（243）
2013 年兴城市公安局领导成员………（243）
检察
概况 ……………………………………（243）
严肃查办和预防职务犯罪 ……………（244）
发挥法律监督职能 ……………………（244）
创新检察工作机制 ……………………（244）
2013 年兴城市人民检察院
领导成员 ……………………………（244）
法院
概况 ……………………………………（244）
刑事审判 ………………………………（245）
民商事审判 ……………………………（245）
行政审判 ………………………………（245）
案件执行工作 …………………………（245）
审判方式改革 …………………………（245）
2013 年兴城市人民法院
领导成员 ……………………………（246）
司法行政
概况 ……………………………………（246）
社区矫正工作 …………………………（246）
“六五”普法工作 ……………………（246）
优质法律服务 …………………………（246）

2013年兴城市司法局领导成员 ………（246）

旅　　游

旅游开发
概况 ……………………………………（247）
旅游宣传 ………………………………（247）
旅游资源开发 …………………………（247）
旅游服务
概况 ……………………………………（248）
旅游市场管理 …………………………（248）
2013年兴城市旅游局领导成员 ………（248）
风景区管理
概况 ……………………………………（248）
景区环境建设 …………………………（249）
2013年兴城市风景区管理局
领导成员 ……………………………（249）

经济管理与监督

发展和改革
概况 ……………………………………（250）
项目建设 ………………………………（250）
争取上级资金 …………………………（250）
2013年兴城市发展和改革局
领导成员 ……………………………（250）
统计
概况 ……………………………………（250）
统计基础建设 …………………………（250）
全力服务经济建设 ……………………（250）
2013年兴城市统计局领导成员 ………（251）
招商
概况 ……………………………………（251）
主题概念招商 …………………………（251）
优化招商引资结构 ……………………（251）
2013年兴城市招商局领导成员 ………（251）
物价
概况 ……………………………………（251）
成本调查 ………………………………（251）
价格收费 ………………………………（251）
价格认证 ………………………………（252）
2013年兴城市物价局领导成员 ………（252）
工商
概况 ……………………………………（252）
助力企业发展 …………………………（252）
商标兴市全面推进 ……………………（252）
夯实为民服务平台 ……………………（252）
食品安全监管 …………………………（252）
“红盾护农”力度加大 ………………（252）
2013年兴城市工商局领导成员 ………（253）
技术监督
概况 ……………………………………（253）
计量工作 ………………………………（253）
特种设备安全监察 ……………………（253）
专项整治 ………………………………（253）
技术机构工作 …………………………（253）
2013年兴城市质量技术监督局
领导成员 ……………………………（253）
审计
概况 ……………………………………（254）
经济责任审计 …………………………（254）
2013年兴城市审计局领导成员 ………（254）
国土资源管理
概况 ……………………………………（254）
土地总体规划编制完成 ………………（254）
城市国有土地经营 ……………………（254）
耕地保护 ………………………………（254）
矿产资源管理 …………………………（254）
土地基础性业务 ………………………（255）
国土执法监察 …………………………（255）
2013年兴城市国土资源局
领导成员 ……………………………（255）
食品药品监督
概况 ……………………………………（255）
食品安全保障 …………………………（255）
药品市场监管 …………………………（255）
2013年兴城市食品药品监督管理局
领导成员 ……………………………（255）

农　　业

综述
概况 ……………………………………（256）
新增田间工程 …………………………（256）

创建粮油高产示范区 ……………………（256）
农业产业化经营与出口 …………………（256）
农村经济管理 ………………………………（256）
果业
概况 ………………………………………（256）
果树技术培训 ……………………………（257）
果树核量 …………………………………（257）
农机
概况 ………………………………………（257）
农机补贴 …………………………………（257）
农机服务体系建设 ………………………（257）
农机技术推广 ……………………………（257）
农机教育培训工作 ………………………（257）
2013年兴城市农村经济发展局
领导成员 ………………………………（258）
扶贫
概况 ………………………………………（258）
康居安置工程 ……………………………（258）
劳动力技能培训 …………………………（258）
产业化扶贫 ………………………………（258）
2013年兴城市扶贫办领导成员 ………（258）
青山水库移民安置
概况 ………………………………………（258）
2013年兴城市移民办领导成员 ………（259）
林业
概况 ………………………………………（259）
国土绿化 …………………………………（259）
资源林政 …………………………………（259）
林政执法监督 ……………………………（259）
森林病虫害防治 …………………………（259）
国有林场 …………………………………（259）
2013年兴城市林业局领导成员 ………（260）
动物卫生监督
概况 ………………………………………（260）
落实优惠政策 ……………………………（260）
获得上级资金支撑 ………………………（260）
重大动物疫病防治 ………………………（260）
2013年兴城市动物卫生监督管理局
领导成员 ………………………………（260）
海洋与渔业
概况 ………………………………………（260）
渔业安全生产 ……………………………（261）
水产品质量管理 …………………………（261）
海域管理 …………………………………（261）
渔政管理 …………………………………（261）
2013年兴城市海洋与渔业局
领导成员 ………………………………（261）
水利
概况 ………………………………………（261）
防汛减灾工程 ……………………………（261）
水源建设和生态保护 ……………………（261）
水土保持 …………………………………（262）
水政水资源管理 …………………………（262）
水利服务体系建设 ………………………（262）
2013年兴城市水务局领导成员 ………（262）
气象
气象与农业 ………………………………（262）
气象服务 …………………………………（262）
2013年兴城市气象局领导成员 ………（262）

工　业

综述
工业生产概况 ……………………………（263）
工业项目建设强劲推进 …………………（263）
泳装产业集群发展壮大 …………………（263）
争取支持政策成绩斐然 …………………（263）
盐务管理 …………………………………（263）
2013年兴城市经济和信息化局
领导成员 ………………………………（263）
工业部门
概况 ………………………………………（264）
企业改制工作 ……………………………（264）
工伤职工待遇 ……………………………（264）
2013年兴城市工业局领导成员 ………（264）
安全生产监督
概况 ………………………………………（264）
安全培训 …………………………………（264）
安全生产专项检查 ………………………（264）
整顿危险品行业 …………………………（265）
监察建筑施工 ……………………………（265）
铁路道口安全整治 ………………………（265）
2013年兴城市安全生产家督管理局
领导成员 ………………………………（265）

热电
概况 ……………………………………（265）
设备维护检修 ……………………………（265）
铁西热源厂工程建设 ……………………（265）
窃热查处 …………………………………（265）
2013 年兴城热电有限公司
领导成员 ………………………………（265）

城建·环保

城乡规划建设
概况 ……………………………………（266）
市政建设 …………………………………（266）
环卫保洁 …………………………………（266）
物业管理 …………………………………（266）
2013 年兴城市城乡规划建设局
领导成员 ………………………………（266）
环境保护
概况 ……………………………………（266）
调处各类污染纠纷 ………………………（267）
违法案件查处 ……………………………（267）
排污征收 …………………………………（267）
例行监测与有偿服务监测 ………………（267）
严抓机动车排气污染 ……………………（267）
创建生态市 ………………………………（267）
2013 年兴城市环境保护局领导成员 …（267）

交通·电力

交通
·公路·
概况 ……………………………………（268）
城区道路工程 ……………………………（268）
公路养护 …………………………………（268）
运输市场繁荣发展 ………………………（268）
2013 年兴城市交通局领导成员 ………（269）
·铁路·
概况 ……………………………………（269）
增开临时客车 ……………………………（269）
·路政管理·
概况 ……………………………………（269）
2013 年辽宁省葫芦岛公路路政管理局
兴城分局领导成员 ……………………（269）
电力
·城乡供电·
概况 ……………………………………（269）
电网建设 …………………………………（269）
低压改造 …………………………………（269）
高损台区管理 ……………………………（270）
2013 年兴城供电分公司领导成员 ……（270）
·核电·
概况 ……………………………………（270）
JYK 一体化工作 …………………………（270）
实现辽核“九个一” ……………………（270）
科学论证选用长叶片 ……………………（270）
工程建设 …………………………………（270）
2013 年中核辽宁核电有限公司
领导成员 ………………………………（270）
·风电·
概况 ……………………………………（270）
·核电办·
概况 ……………………………………（271）
依托核电项目发展地方经济 ……………（271）
核电科普宣传及公众沟通 ………………（271）
2013 年兴城市核电项目办领导成员 …（271）

信息产业

联通
概况 ……………………………………（272）
市场营销创佳绩 …………………………（272）
维护建设 …………………………………（272）
2013 年联通兴城分公司领导成员 ……（272）
移动通信
概况 ……………………………………（272）
流量经营 …………………………………（272）
推出集团融合产品 ………………………（272）
2013 年兴城移动分公司领导成员 ……（272）
电信
概况 ……………………………………（273）
电信 E9 业务 ……………………………（273）
2013 年兴城电信分公司领导成员 ……（273）

邮政
概况 …………………………………（273）
邮务类业务 ……………………………（273）
代理金融类业务 ………………………（273）
个性化走访 ……………………………（273）
2013年兴城市邮政局领导成员 ………（273）
广电网络
概况 …………………………………（273）
数字电视整体平移 ……………………（274）
2013年广电网络兴城分公司
领导成员 ……………………………（274）

财政·税务

财政
概况 …………………………………（275）
财政收支 ……………………………（275）
财源建设 ……………………………（275）
财政惠农 ……………………………（275）
财政社保和农村教育 …………………（276）
财政管理 ……………………………（276）
2013年兴城市财政局领导成员 ………（277）
税务
·国税·
概况 …………………………………（277）
深挖征收管理质效 ……………………（277）
助力地区经济发展 ……………………（278）
2013年兴城市国税局领导成员 ………（278）
·地税·
概况 …………………………………（278）
抓好组织收入 …………………………（279）
加强税源管理 …………………………（279）
征管质量和效率明显提高 ……………（279）
2013年兴城市地税局领导成员 ………（279）

金　融

人民银行
概况 …………………………………（280）
贯彻落实稳健货币政策 ………………（280）
健全银行内控制度 ……………………（280）
2013年中国人民银行兴城市支行
领导成员 ……………………………（280）
工商银行
概况 …………………………………（281）
经营指标攻坚战 ………………………（281）
2013年中国工商银行兴城市支行
领导成员 ……………………………（281）
建行银行
概况 …………………………………（281）
客户与产品营销 ………………………（282）
个贷业务 ……………………………（282）
公务卡营销 ……………………………（282）
2013年中国建设银行兴城市支行
领导成员 ……………………………（282）
农业银行
概况 …………………………………（282）
业务经营成果显著 ……………………（283）
重点项目营销 …………………………（284）
2013年中国农业银行兴城市支行
领导成员 ……………………………（284）
中国银行
概况 …………………………………（284）
存款工作 ……………………………（285）
贷款工作 ……………………………（285）
2013年中国银行兴城市支行
领导成员 ……………………………（285）
兴城农村商业银行
概况 …………………………………（285）
改制工作 ……………………………（286）
绩效考核 ……………………………（286）
组织资金工作 …………………………（286）
贷款营销机制 …………………………（286）
会计管理工作 …………………………（287）
农商行内部管理 ………………………（287）
2013年辽宁兴城农村商业银行
股份有限公司领导成员 ………………（288）
农业发展银行
概况 …………………………………（288）
存款组织与管理 ………………………（288）
国际业务和中间业务 …………………（288）
财政补贴工作 …………………………（289）
银行业务 ……………………………（289）

2013 年中国农业发展银行兴城市支行领导成员 ……………………（289）

商贸流通

商务服务业
概况 ……………………………………（290）
服务业企业发展 ………………………（290）
重点项目进展情况 ……………………（290）
商务执法 ………………………………（290）
市场建设 ………………………………（291）
2013 年兴城市服务业局领导成员 ……（291）
供销合作经济
概况 ……………………………………（291）
供销企业改制 …………………………（292）
供销网络建设和基层社的改造 ………（292）
供销企业安全生产经营 ………………（292）
2013 年兴城市供销合作社联合社领导成员 ……………………………（292）
粮食购销
概况 ……………………………………（292）
储备粮管理 ……………………………（293）
储粮基础设施建设 ……………………（293）
2013 年兴城市粮食局领导成员 ………（293）
对外贸易
概况 ……………………………………（294）
做好外贸服务 …………………………（294）
2013 年兴城市对外经济贸易局领导成员 ……………………………（294）
石油
概况 ……………………………………（294）
加油站经营 ……………………………（295）
加油站管理 ……………………………（295）
2013 年中油兴城经营部领导成员 ……（296）
烟草
概况 ……………………………………（296）
专卖管理取得新成绩 …………………（297）
严格规范再上新水平 …………………（297）
基础管理迎来新突破 …………………（298）
2013 年兴城市烟草专卖局领导成员 …（298）

科 学

科学技术
概况 ……………………………………（299）
农业产业发展 …………………………（299）
农业人才引进和培育 …………………（299）
科技自主创新 …………………………（300）
举办“科技活动周” …………………（300）
地震监测
概况 ……………………………………（301）
2013 年兴城市科学技术局领导成员 …（301）

教育·体育

教育综述
概况 ……………………………………（302）
标准化学校建设 ………………………（302）
国家基础教育质量监测 ………………（302）
信息技术工作 …………………………（302）
学前教育
概况 ……………………………………（303）
中小学教育
概况 ……………………………………（303）
和谐家校创建 …………………………（303）
日常养成教育 …………………………（304）
教学质量提高 …………………………（304）
特色教学 ………………………………（304）
艺术教育 ………………………………（304）
体育教育 ………………………………（305）
职业教育
概况 ……………………………………（305）
教师
概况 ……………………………………（305）
教育干部培训 …………………………（306）
2013 年兴城市教育局领导成员 ………（306）
体育事业
概况 ……………………………………（306）
体育产业 ………………………………（306）
群众体育
概况 ……………………………………（307）
群众健身 ………………………………（307）

竞技体育
概况 …………………………………… (307)
体育竞赛 ……………………………… (308)
2013年兴城市体育局领导成员 ……… (308)

文 化

文化工作
概况 …………………………………… (309)
群众文化活动 ………………………… (309)
城乡文化基础设施建设 ……………… (309)
文化市场工作 ………………………… (309)
2013年兴城市文化广播影视局
领导成员 …………………………… (310)
文物保护
概况 …………………………………… (310)
文物保护宣传工作 …………………… (310)
文物保护工作 ………………………… (310)
文物安全管理 ………………………… (311)
2013年兴城市文物局领导成员 ……… (311)
报刊
概况 …………………………………… (311)
新闻报道工作 ………………………… (312)
新闻创新 ……………………………… (312)
2013年兴城时讯社领导成员 ………… (313)
广播电视
概况 …………………………………… (313)
新闻宣传与时俱进 …………………… (313)
自办节目丰富多彩 …………………… (314)
广电安全生产常抓不懈 ……………… (314)
2013年兴城市广播电视（局）台
领导成员 …………………………… (314)
档案、年鉴、地方志
概况 …………………………………… (314)
档案业务指导 ………………………… (315)
档案管理 ……………………………… (315)
档案宣传 ……………………………… (316)
年鉴工作 ……………………………… (316)
地方志工作 …………………………… (316)
2013年兴城市档案局领导成员 ……… (316)

卫 生

卫生发展综述
概况 …………………………………… (317)
卫生惠民 ……………………………… (317)
卫生改革 ……………………………… (317)
公共卫生
概况 …………………………………… (318)
卫生监督执法 ………………………… (318)
卫生防疫 ……………………………… (318)
妇保儿保工作 ………………………… (318)
爱国卫生
概况 …………………………………… (318)
2013年兴城市卫生局领导成员 ……… (319)
人口和计划生育
概况 …………………………………… (319)
计生管理 ……………………………… (319)
计生宣传 ……………………………… (320)
计生服务 ……………………………… (320)
2013年兴城市人口和计划生育局
领导成员 …………………………… (320)

社 会 生 活

民族工作
概况 …………………………………… (321)
少数民族专项资金管理 ……………… (321)
宗教工作
概况 …………………………………… (321)
2013年兴城市民宗委领导成员 ……… (322)
劳动和社会保障
概况 …………………………………… (322)
劳动就业 ……………………………… (322)
社会保险 ……………………………… (323)
劳动者权益维护 ……………………… (323)
2013年兴城市劳动和社会保障局
领导成员 …………………………… (324)
民政工作综述
概况 …………………………………… (324)
孤残儿童 ……………………………… (324)
老龄工作 ……………………………… (325)

社会救济
概况 ……（325）
救灾减灾 ……（326）
捐赠帮困 ……（326）
“五保”供养和敬老院 ……（326）
慈善救助 ……（326）
优抚、安置
概况 ……（326）
优抚工作 ……（327）
安置工作 ……（327）
社会事务
概况 ……（327）
行政区划和地名工作 ……（328）
婚姻登记 ……（328）
殡葬管理 ……（328）
村和社区建设
概况 ……（328）
2013年兴城市民政局领导成员 ……（329）

乡·镇·街道

羊安满族乡
概况 ……（330）
新农村建设成绩斐然 ……（330）
社会事业全面发展 ……（330）
元台子满族乡
概况 ……（331）
农业和农村基础设施不断完善 ……（331）
环境治理效果明显 ……（331）
民生工作取得新成果 ……（331）
文化教育工作再上新台阶 ……（332）
白塔满族乡
概况 ……（332）
大力发展林果业生产 ……（332）
加强水利基础设施建设 ……（332）
望海满族乡
概况 ……（333）
劳务输出增加农民收入 ……（333）
农田基础设施建设 ……（333）
美丽乡村示范村建设 ……（333）
刘台子满族乡
概况 ……（334）
整合大棚资源推进联合种植 ……（334）
发展特色旅游产业 ……（334）
关注和改善民生 ……（334）
大寨满族乡
概况 ……（335）
特色农业 ……（335）
基础设施建设投资 ……（335）
道路交通建设 ……（335）
乡村建设 ……（336）
南大满族乡
概况 ……（336）
民生保障逐步完善 ……（336）
农业发展抓“龙头” ……（336）
围屏满族乡
概况 ……（337）
农林水工作 ……（337）
环境治理工作 ……（338）
高家岭满族乡
概况 ……（338）
农业设施化进展顺利 ……（338）
招商引资效果明显 ……（338）
小城镇建设成果显著 ……（338）
计划生育工作常抓不懈 ……（339）
碱厂满族乡
概况 ……（339）
特色农业 ……（339）
美丽乡村 ……（339）
基础设施建设 ……（340）
扶贫帮困工作 ……（340）
三道沟满族乡
概况 ……（340）
调整果树品种结构 ……（340）
推进设施农业建设 ……（340）
做好青山水库移民工作 ……（340）
旧门满族乡
概况 ……（341）
美丽乡村建设 ……（341）
生态治理 ……（341）
高效农业 ……（341）
重点农业工程 ……（342）
民生建设 ……（342）

药王满族乡
概况 …………………………………（342）
基础设施逐步完善 ……………………（342）
设施农业稳步发展 ……………………（342）
林果业发展壮大 ………………………（343）
乡村环境得到治理 ……………………（343）
民生改善工作 …………………………（343）
曹庄镇
概况 …………………………………（343）
农业设施不断壮大 ……………………（343）
基础设施建设 …………………………（343）
计划生育获省表彰 ……………………（344）
东辛庄镇
概况 …………………………………（344）
新农村建设成效凸显 …………………（344）
城镇功能日臻完善 ……………………（344）
沙后所镇
概况 …………………………………（345）
绿色蔬菜工厂全面启动 ………………（345）
河道治理力度加大 ……………………（345）
郭家镇
概况 …………………………………（345）
基础设施建设不断增强 ………………（346）
环境治理成效显著 ……………………（346）
民生改善进程稳步推进 ………………（346）
徐大堡镇
概况 …………………………………（346）
生态农业新格局 ………………………（347）
农村环境 ………………………………（347）
建设移民安置区 ………………………（347）
红崖子镇
概况 …………………………………（347）
农业产业化 ……………………………（347）
花生物流园 ……………………………（348）
新型社会管理模式 ……………………（348）
地方文化 ………………………………（348）
宁远街道
概况 …………………………………（348）
基础设施建设 …………………………（348）
文化广场 ………………………………（349）
民生工作 ………………………………（349）
古城街道
概况 …………………………………（349）
发展民生 ………………………………（349）
环境整治 ………………………………（349）
温泉街道
概况 …………………………………（350）
完善基础设施 …………………………（350）
落实惠民政策 …………………………（350）
四家屯街道
概况 …………………………………（351）
动迁工作稳中有序 ……………………（351）
选举工作有新意 ………………………（351）
城东街道
概况 …………………………………（351）
房屋动迁和土地征收 …………………（352）
新农村建设 ……………………………（352）
惠民大排查 ……………………………（352）
钓鱼台街道
概况 …………………………………（352）
人口和计生服务体系 …………………（352）
劳动保障 ………………………………（353）
华山街道
概况 …………………………………（353）
重点项目扎实推进 ……………………（353）
工农业生产稳中求进 …………………（353）
临海街道
概况 …………………………………（354）

索　　引

索引 …………………………………（355）

彩　　页

卷首
今日兴城 ………………………………（06）
领导视察 ………………………………（14）
重要活动 ………………………………（16）
卷尾
领导人物 ………………………………（21）

大　　事　　记

2012年兴城市大事记

1　月

1日

兴城市医疗保险开始实行葫芦岛市级统筹，参保人可以在葫芦岛地区范围内自主选择定点医疗机构就医。同时，实行门诊统筹，即没有个人账户的参保人可以参加门诊统筹保险，享受特定的门诊医疗待遇。

5日

兴城市教育局召开狠刹有偿补课不正之风大会。从1月起至12月底集中开展中小学在职教师违规有偿补课专项整治行动。

9日

20时许，一辆装载23吨液化气的大货车，在国道102线八里村路段侧滑翻到路边，液化气罐也与车体分离，两名驾驶员受伤，兴城市委领导迅速组织抢险救援。次日中午12时40分许，液化气罐安全运离现场。

10日

历时5个多月扩建改造的兴城市计划生育技术服务站正式对外开诊。该站总建筑面积1400平方米，拥有进口四维彩超、全自动生化分析仪等先进仪器设备。

11日

兴城市委六届三次全会暨社会稳定工作会议在政府后楼大会议室召开。会议的主要任务是，认真贯彻党的十七届六中全会、中央经济工作会议及省市委全会精神，总结2011年工作，部署2012年任务，进一步动员全市广大党员干部和人民群众，认清形势，坚定信心，立足新起点，再求新突破，加速向全省发达县（市）行列迈进。

13日

《兴城市旧城区控制性详细规划》获评审专家组原则通过。兴城市计划用3至5年时间，全力打造以明清戍边文化为主，集休闲度假、文化影视、人居商贸等功能于一体的繁荣古城，使其在现代城市发展中发挥出独特的作用。

29日

兴城市召开领导干部会议，部署县域经济工作。市长于学利传达辽宁省委、省政府召开的县域经济发展座谈会精神并对兴城经济发展的16项重点工作进行部署。

本月

▲兴城市被全国绿化委员会、人力资源和社会保障部、国家林业局评为全国绿化先进集体。

▲兴城市中医院协同省中医医科大学专家，成功为一名患有血管瘤的男性患者实施肿瘤切除术，标志着兴城市中医院在应用最新肝右叶进瘤血管阻断术方面取得可喜的成果。

▲兴城市政府筹集资金672万元购置20辆新型节能环保公交车，在原有1路、2路基础上，开通3路、4路和9路公交车。

2　月

10日

兴城市文联召开第一届二次全委会。

11日

▲辽宁省省长陈政高到蓟辽督师府、原三中校址和原印刷厂厂址、钟鼓楼实地考察古城保

护情况。

▲兴城市劳动和社会保障局、人事局等多家部门联合开展主题为“搭建服务对接平台，帮您尽早实现就业”的“春风行动”。

▲兴城市人民医院150名干部职工无偿献血。

12日

兴城市10余名爱心人士将安徽亳州的流浪汉送上返乡列车。

14日

兴城市政府召开六届四次全体会议，审议并讨论六届人大五次会议上的《政府工作报告》，传达辽宁省省长陈政高到兴城调研的讲话精神及安排部署当前工作。

20日

先后被辽宁省委、省政府、省军区授予“情系国防十佳人物”称号的张焕荣去世。

28日

中国人民政治协商会议兴城市第六届委员会第五次会议在新启用的行政中心人民会堂召开。

29日

兴城市第六届人民代表大会第五次会议在行政中心人民会堂召开。

本月

2011年葫芦岛“市长质量奖”和“名牌产品”评选揭晓。凯森蒙集团有限公司获“市长质量奖”，张凯获“市长质量奖”先进个人。兴城市“凌河”牌工业雷管、“中远宏亿”牌门窗用未增塑PVC-U型材、“翼鲤达”牌游泳装、“佳贝霓”牌游泳装获“葫芦岛名牌产品”称号。

3　月

1日

兴城市对行政事业单位、各乡镇街道和团体组织机动车辆实行定点加油、定点维修、定点保险。

2日

张文成启程进京参加十一届全国人大五次会议。

3日

▲兴城市政府召开建兴高速公路兴城段征地动迁动员会。该路全长90.03公里，2012年4月开工建设，2014年10月竣工通车。该路兴城段起点位于药王乡冯屯村大苇沟，终点位于四家屯街道邴家村。

▲从葫芦岛三一三海滨浴场至兴城邴家湾，长达3公里、总投资近1.5亿元的兴城海滨栈道景观一期工程开工建设。

13日

“兴城苹果”顺利通过国家工商总局商标局审查公告，成功注册为国家地理标志商标。

16日

按照辽宁省委、省政府出台的中小学35条“减负令”要求，兴城各学校取消晚自习。

18日

兴城旅游资源宣传推介队伍到阜新、朝阳、长春、通辽、赤峰等城市进行旅游推介。

23日

葫芦岛连山农村商业银行兴城支行在兴城市落户。

25日

兴城市以红麦坊海滨温泉旅游度假村项目为代表的7个重大项目，在邴家海滨集中举行开工典礼仪式，项目总投资82.8亿元。

本月

▲兴城市人民医院投入巨资引进国际先进的德国西门子全数字化血管造影机。兴城市的冠心病患者足不出市就能进行冠状动脉造影和冠状动脉植入支架治疗。

▲南一小学异地新建工程建设项目可行性研究报告获兴城市发改局批复。工程选址在兴海中街南侧、导航站西侧。工程总占地面积30784平方米，总建筑面积19316平方米，包括教学楼、艺术楼、实验楼、图书馆、食堂等。

▲作为葫芦岛市英语实验基地校的兴城温泉小学，首次承担省级“区域性实施英语、双语教学实验与探索研究”课题项目下的子课题研究

工作，开辟温泉小学英语教学的新纪元。

4 月

3 日

袁崇焕纪念堂落成暨铜像揭幕仪式在兴城市蓟辽督师府举行。

4 日

兴城历史名人王承斌墓园重修落成。

28 日

古城居民搬迁工作全面启动。总投资近 20 亿元、总工期达 3 年的古城保护性开发工作进入实施阶段。

本月

▲兴城花生、兴城多宝鱼商标通过国家工商总局商标局初审，成功注册为国家地理标志证明商标。

▲兴城市交通局、土地局、海洋渔业局、民政局分别出资 2 万元，帮助“人民的好法官”方程父母建新房，由高家岭乡政府承建。

▲在全国轮滑巡回（黑吉辽蒙赛区）比赛中，兴城女孩张渝然获得花式花桩比赛冠军和速度绕桩冠军。

5 月

4 日

“五一”小长假期间，兴城古城景区接待游客 3 万人次。

11 日

兴城市与义县举行城市旅游风光互换刊播签字仪式。

15 日

兴城市纪委召开六届二次全委会。

22 日

兴城市召开全市领导干部大会，葫芦岛市委常委、组织部长蹇丹宣布辽宁省委有关职务任免决定。任命于学利为兴城市委书记。

24 日

兴城市举行第七届温泉旅游经贸推介会。17 个城市旅游局领导及旅行社总经理、《人民日报》记者、中国旅游媒体记者参加推介会。

25 日

▲兴城河城区段综合治理一期主体工程竣工。

▲辽宁正业集团美联公司暨兴城 4000 公顷花生良种繁育实验基地项目在红崖子乡启动。

29 日

兴城市公安局交通管理大队事故处理中队副中队长邢家龙在 27 日处理事故现场中，因劳累过度突发脑出血，29 日凌晨因公牺牲。

本月

兴城市农民书画家协会成立。协会有会员 85 人，兴城市书法家协会主席张儒林当选协会主席（兼任）。

6 月

1 日

兴城市委召开全市干部大会。通报年初以来兴城市经济工作运行情况，安排部署下个时期工作。

8 日

中国乒乓球协会会员联赛辽宁兴城站比赛在东山天福健身会馆举行。

9 日

兴城市医院成功完成首例经皮穿刺骨髓椎体成形术。

21 日

兴城市委、市政府授予东辛庄镇工商个体劳动者协会理事程国生“见义勇为积极分子”称号，并奖励其 1 万元。

25 日

兴城市召开创先争优表彰大会。

28 日

兴城临海产业区举办新材料（碳纤维）产业发展恳谈会国内十多个省市的 50 多位企业家

和入住产业区的企业代表参加。

本月

张文成被授予辽宁新农村建设十大功勋人物称号，四家村被授予辽宁省十大幸福村庄称号。

7　月

6日

兴城市妇女创业小额担保贷款项目启动。

7日

韩国西归浦市友好访问团到兴城。时值该市与兴城市缔结友好城市16周年。

10日

兴城市召开全市领导干部大会，宣布葫芦岛市委关于赵家鹏任兴城市委副书记、提名兴城市长人选的决定。

11日

兴城市召开市乡人大、政府和市政协换届工作会议。

13日

中国扶贫基金会会长段应碧到兴城市就农村小额信贷扶贫工作进行调研。

18日

“兴城之夏”文化广场活动在宁远广场开幕。

23日

兴城市药王乡遭受暴风雨袭击，日降水量达90毫米。农作物受灾面积466.89公顷，树木倒折1588株，道路损毁12公里，损毁漫水桥2座，房屋不同程度损毁20间。

25日

兴城沿海栈道景观工程竣工，正式向游客开放。全长1600米，东起龙回头广场，沿海岸依势向南延伸至邴家湾。

27日

兴城市召开城市“四化”竞赛活动暨城市环境整治动员会。

29日

位于兴城市沙后所镇南门外村的美愿家园小区举行奠基仪式，成为落户兴城农村第一个商品楼盘。

本月

位于北门外的兴城市煤炭交易中心投入运营。该交易中心总投资1500万元，历时2个月建设，兴建场区22个，业务包括煤炭批发与零售。

8　月

3日

上午9时到4日上午10时，兴城市普降大雨，平均降雨量113毫米，最大降雨量138毫米。全市投入抢险人员1720人次，出动冲锋舟、橡皮艇16艘，转移受灾群众8242人。

6日

辽宁省红十字会和葫芦岛红十字会分别向兴城灾区捐赠价值20万元抗洪物资。

16日

19时30分，第二届中国（葫芦岛·兴城）国际沙滩·泳装文化博览会开幕式暨2012“波尼士·葫芦岛兴城杯”中国国际泳装设计大赛在葫芦岛体育馆启幕。该泳博会于19日闭幕。

21日

兴城蓟辽督师府对外开放，展示给游人一部完整的明末清初的军事历史画面。

31日

兴城市举行政德教育报告会，邀请辽宁经济管理干部学院院长杨光作有关领导执行力和政德修养的报告。

本月

60名考入高等院校的困难职工子女从兴城市总工会领到每人1000元的金秋助学金。

9　月

4日

兴城市委、市政府授予李路东、李志龙、刘春雷、任宝伟、宋国臣、王玉恩6名出租车司机“见义勇为公民”称号，为每人颁发奖金3000元。

5日

辽宁省副省长谭作钧到兴调研，实地考察蓟辽督师府、钟鼓楼和龙回头，详细了解古城开发与保护情况。

6日

兴城市召开教育名师表彰暨庆祝教师节大会。

7日

张文成在第十二届全国“村长”论坛上被授予“中国功勋村官”称号。

19日

10时18分，总投资28.3亿元青山水库大坝截流成功，标志着青山水库建设取得阶段性胜利。

21日

葫芦岛·兴城投资环境说明会在呼和浩特市举行，共签约项目6项，总投资额82.2亿元。

25日

四家村企业集团成立20周年庆典在行政中心人民会堂举行。

29日

“兴城之夏”文化广场活动闭幕。

10 月

1日

河东路南延工程竣工通车，兴海街与临河大街实现贯通。

8日

受高速公路免费政策和兴城市“十一”黄金周期间天气晴好等多方面影响，兴城市游客接待量33.5万人次，实现旅游收入1.84亿元，是上年同期的3倍。

9日

兴城市政府召开灾区群众倒损房屋恢复重建工作会议。

11日

兴城市四级人大代表视察重点项目建设。

30日

兴城市首批10辆校车投入使用。校车试点涉及4个乡镇、12所中小学，近4000名中小学生受益。

31日

▲葫芦岛馨予现代农产品深加工基地（项目）在沙后所镇举行奠基仪式。该基地是省、市两级政府重点扶持的农业产业化龙头企业，总投资11.6亿元。

▲兴城临海产业区新材料产业招商推介座谈会在上海举行。现场签约职业技术培训学校和轨道交通配件生产两个项目。

11 月

1日

曾多次参加全国性大型文艺晚会并赴30多个国家进行演出的鸟叔叔阎福兴于5时38分突发心脏病去世。

4日

兴城钓友车宝君在庆祝澳门特别行政区成立13周年——2012第十三届“回归杯”全国矶钓友好邀请赛上一举夺得团体赛季军，为东三省历届参赛选手中唯一获奖者。

8日

兴城市举办首届乡村文艺汇演颁奖演出。

9日

兴城市举行第一次应聘教师公开选岗大会。通过笔试、面试等被择优聘用的126名教师，公开挑选城市和农村户口所在地学校教师岗位，体现公平公正。

10日至13日

兴城市44.8万名选民参加市、乡两级人大代表换届选举，选出兴城市人大代表239名，乡镇、街道人大代表1006名。

15日

具有五星级饭店水准的兴城富都国际饭店

开业，填补兴城旅游、商务高档接待的空白。

17日

国家文物局公布更新《中国世界文化遗产预备名单》，兴城城墙再次名列45项预备名单中。

20日

兴城市委召开全市领导干部大会，传达贯彻落实党的十八大会议精神，部署当前和今后一个时期主要任务。

27日

兴城市委召开六届四次全委（扩大）会议。市委书记于学利作题为《以学习贯彻党的十八大精神为动力，加速向全省发达县（市）行列迈进》的报告。

28日

兴城市与黑龙江省海伦市缔结友好城市。

本月

兴城市劳动和社会保障局被国务院授予“全国新型农村和城镇居民社会养老保险工作先进单位”称号。

12　月

4日至6日

政协兴城市七届一次会议在行政中心会议室召开。崔海明当选政协兴城市第七届委员会主席，赵志民、王晓章、吕伟、王华松当选副主席，张跃进当选秘书长，丁桂清等51名委员当选常务委员。大会收到提案162件，立案150件。

5日至7日

兴城市七届人大一次会议在行政中心会议室召开。张学军当选人大常委会主任，董永开、张亦喆、田克明、韩维邦当选人大常委会副主任，21名代表当选人大常委会委员；赵家鹏当选市长，范立民、王建华、刘星、王月娟、刘晓军当选副市长；项雷当选兴城市人民法院院长，叶蓬当选兴城市人民检察院检察长。

7日

中核辽宁核电有限公司爱心团队对海滨学校的10名贫困生进行资助，每人每月200元。

11日

中核辽宁核电有限公司迎新年科普宣传活动启动仪式在宁远广场举行。

12日

▲兴城欢送新兵应征入伍。

▲兴城市第一家国家司法考试培训学校成立。该校运用远程教学方式，采用北京华旭法律教育教材，为兴城市司法工作者和从事司法考试的学员提供便利。

25日

青山水库第二期移民安置协议签订工作全面启动。

概　貌

基本情况

【位置面积】兴城市位于辽宁省西南部，居“辽西走廊”中部偏西，在葫芦岛市西南。东北毗邻葫芦岛市连山区、龙港区，西北同建昌县接壤，西南隔六股河与绥中县相望，东南临辽东湾。地理坐标北纬40° 16′ ~ 40° 48′，东经120° 6′ ~ 120° 48′。市境东西最大横距约55公里，南北最大纵距约52公里，总面积2118.5平方公里。市区在境内东北隅，面积为83平方公里，距辽宁省省会沈阳314公里，离首都北京414公里，距葫芦岛港30公里。京哈102国道、京哈铁路、秦沈客运专线、京沈高速公路、辽宁滨海公路五条交通大动脉在境内通过，是山海关通往东北的咽喉，为关内外要冲，其战略位置十分重要，历来为兵家必争之地。市人民政府驻地搬迁至新址兴海南街137号。

【地形地貌】兴城西北依辽西松岭余脉，老黄顶、大青山、五顶山、大摸虎山、九龙山等10余座500米以上的山峰均在这一区域内，是兴城河、烟台河、女儿河发源地。地势依次由西北向东南倾斜，大体可分为西北低山、中部沙岗丘陵、东南近海平原三种地形。自然概貌为六山一水三分田。

【自然资源】兴城市农作物总播种面积58611公顷，盛产稻谷、高粱、玉米、大豆、花生、蔬菜等作物；全市有林地面积57793公顷，有园地面积6990.54公顷；有水域16503.66公顷，矿泉水资源丰富，日涌水量达5000立方米；海岸线长107公里，浅海滩涂面积83333公顷，滩涂面积7872.67公顷，适宜养殖贝类、对虾、海带、多宝鱼等；海产品尤为丰富，享有五大美誉的鱼、虾、蟹、贝、蜇等60余种；矿产资源蕴藏丰富，有铅、锌、钼、金、银、铜、石棉、石墨、硅石、大理石、重晶石、无烟煤等22种矿藏。

【旅游资源】兴城是中国优秀旅游城市、中国温泉之城、中国泳装名城、中国书法之乡、辽宁省历史文化名城；为全国闻名的旅游度假胜地，中国三大泳装生产基地之一，东北最大的清洁能源基地，东北最大的花生集散地。

兴城历史悠久，古迹众多，是著名的历史文化名城，拥有城、泉、山、海等景观。兴城古城，略呈正方形，是国内仅存完整的四座明代古城之一，国家级重点文物保护单位。古城内有钟鼓楼、祖氏石坊、文庙、蓟辽督师府、城隍庙等众多景点。温泉，有“圣水”之誉，对风湿性关节炎、颈椎病、糖尿病、神经衰弱、皮肤病以及外科手术后恢复等有显著疗效。首山，是国家级森林公园，顶上三峰并立，素有“三首并立”“美人卧睡”之称。海滨，是国家重点风景名胜区，有四个海滨浴场，景区景点有菊花女塑像、观海广场、“三礁揽胜”等。全市有白塔峪塔、袁崇焕雕像等著名景区景点。兴城是全国著名的海滨疗养区。

【行政区划】 2012年，兴城市辖15个满族乡、4个镇、7个街道。分别是羊安满族乡、元台子满族乡、白塔满族乡、望海满族乡、刘台子满族乡、大寨满族乡、南大满族乡、围屏满族乡、高家岭满族乡、碱厂满族乡、三道沟满族乡、红崖子满族乡、海滨满族乡、旧门满族乡、药王满族乡、曹庄镇、沙后所镇、东辛庄镇、郭家镇、古城街道、宁远街道、城东街道、温泉街道、钓鱼台街道、四家屯街道、华山街道。2月，根据葫委发〔2012〕5号文件，将兴城市菊花街道办事处成建制委托给觉华岛旅游度假区管理。全市辖235个行政村、27个社区。

【气温】2012年，兴城市平均气温为8.2℃。7月份为全年平均气温最高月，月平均气温为23.9℃，较常年低0.1℃；1月份为全年平均气温最低月，月平均气温为-11.5℃，较常年低4.1℃。年极端最高气温为33.0℃，出现在8月31日；年极端最低气温为-23.3℃，出现在1月22日。

2012年各月平均气温表

表1　　单位：℃

月　　份	1	2	3	4	5	6	7	8	9	10	11	12
平均气温	-11.5	-6.9	1.2	9.6	18.2	20.2	23.9	22.5	17.9	11.1	1.0	-9.2

【降水】2012年，全市总降水量为838.8毫米，较常年多256.6毫米。春季（3月至5月）降水量为86.7毫米，较常年少1.1毫米；夏季（6月至8月）降水量为611.1毫米，较常年偏多222.4毫米；秋季（9月至11月）降水量为134.3毫米，较常年偏多37.4毫米；冬季（12月至下年2月）降水量为6.7毫米，较常年少2.14毫米。全年共出现3场大于50毫米的降水。

2012年各月降水量表

表2　　单位：毫米

月　　份	1	2	3	4	5	6	7	8	9	10	11	12
降 水 量	0.3	1.9	12.1	45.5	29.1	136.0	244.0	231.1	69.8	26.1	38.4	4.5

【风】2012年，全市平均风速为2.8米/秒。其中春季（3月至5月）平均风速为3.6米/秒；夏季（6月至8月）平均风速为2.3米/秒；秋季（9月至11月）平均风速为2.6米/秒；冬季（12月至下年2月）平均风速为2.6米/秒。全年7级以上大风日数为5次，最多风向为北北西风，频率为13%。

2012年各月平均风速表

表3　　单位：米/秒

月　　份	1	2	3	4	5	6	7	8	9	10	11	12
平均风速	2.1	3.1	3.4	3.8	3.5	2.6	2.3	2.1	2.1	2.5	3.1	2.6

【日照】2012年，全市年日照时数为2771.3小时，较常年少37.6小时。年平均日照率为62%。

【霜冻】2012年，全市春季最后一次霜冻出现在4月16日，较常年提前4天；秋季第一次霜冻出现在10月14日，较常年晚9天。全年无霜期日数为180天，较常年多4天。

【灾害性天气】2012年，兴城市在7月10日、8月2日、8月4日出现3场暴雨天气过程，雨量分别为74.3毫米、59.9毫米、85.5毫米。其中8月2日、4日伴有灾情发生。种植业，大棚倒塌2965栋，大田受灾22447公顷，大田倒伏1898公顷，大田绝收2977公顷。养殖业，圈舍倒塌22170平方米，围墙倒塌3272米，家畜死亡猪2610头、羊521只、禽17411只。林业，折断林木87760株，冲毁林地310.3公顷。渔业，冲毁海水鱼塘53.3公顷，淡水鱼塘78.67公顷，码头坝墙300米，渔船3艘。水利设施，堤坝决口1100米，堤防损坏70500米，护岸16处，方塘86个，塘坝43个，机电井424眼。交通设施，冲毁各级公路154公里，桥涵128座。房屋倒塌2450间，损坏8613间。经济损失合计36343万元。

（戚　杰）

【人口】2012年末，兴城市总人口548193人，其中男280161人，女268032人；非农业人口132851人，占总人口的24.2%；农业人口415342人，占总人口的75.8%；总户数为194544户。

全年出生人口3230人，人口出生率为5.9‰；死亡人口2617人，死亡率为4.8‰；自然增长率为1.1‰；计划生育率为97%。全市有满族、蒙古族、回族、锡伯族、朝鲜族等32个少数民族，少数民族人口329070人，其中以满族为最多。

（商　航）

国民经济和社会发展

【概况】2012年，兴城市牢牢把握经济增长、结构调整、扩大开放、社会和谐这一主线，全市经济增长态势良好，运行质量稳步提升，社会事业全面进步，城市建设成就斐然，民生状况进一步改善。全年全市GDP完成1280672万元，按可比价格计算，同比增长15.6%，经济发展再上新台阶。其中，第一产业增加值197410万元，同比增长1.8%；第二产业增加值599936万元，同比增长26.3%；第三产业增加值483326万元，同比增长10%。产业结构比为15.4 ：46.8 ：37.8。

分季度看，一季度增长13%，二季度增长13%，三季度增长17.2%，四季度增长15.6%。剔除不可比因素，按可比价计算，2012年全市GDP总量与2007年相比年均递增21.5%。

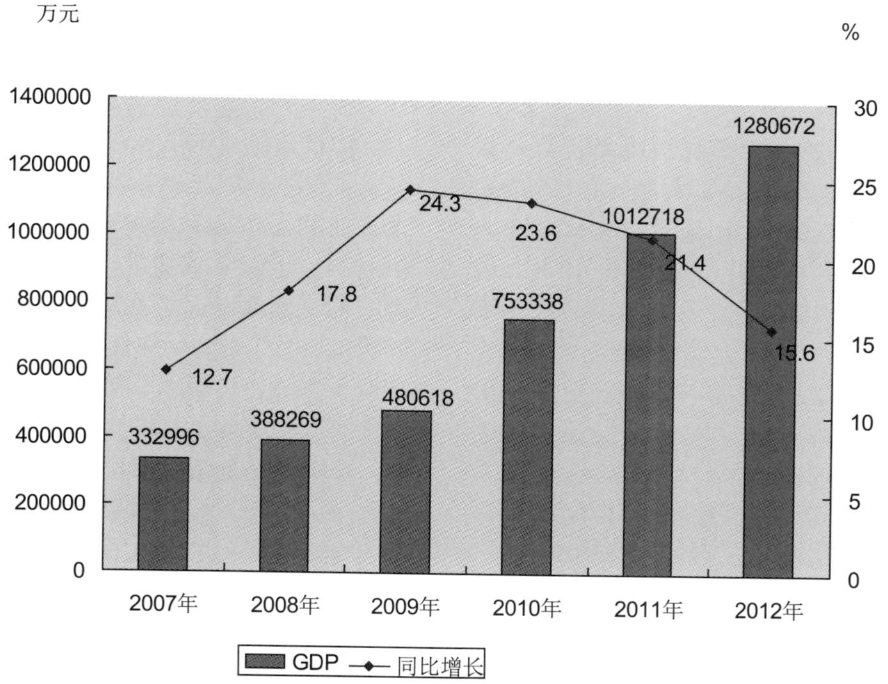

图1　2007年至2012年国内生产总值及其增长速度

【农业】2012年，兴城市农林牧渔及服务业总产值实现401206万元，同比增长21.4%。其中，农业总产值103193万元，增长18.5%；林业总产值8084万元，增长214.6%；牧业总产值142013万元，增长23.4%；渔业总产值140266万元，增长17.5%；农林牧渔服务业总产值7650万元，增长20%。

全年粮食种植面积42707公顷，比上年减少755公顷（农民改种花生371公顷，其余为青山水库占地）；全年粮食总产量27.2万吨，油料作物总产量3.1万吨，蔬菜总产量8.6万吨，水果总产量6.6万吨，肉蛋奶总产量12.2万吨，水产品总产量18.7万吨，粮食、蔬菜总产量比上年略有下降，油料作物、肉蛋奶和水产品略有增长。全市全年完成造林面积15040公顷，其中人工造林6906.67公顷（包括大规模绿化造林6013.33公顷、“小开荒”还林866.67公顷、坡地造林26.67公顷），封山育林5933.33公顷（包括大规模绿化造林封山育林5733.33公顷、围栏封育200公顷），围栏建设长度52公里，飞播造林2200公顷，四旁植树63.5万株，村屯绿化41个，义务植树300万株。

主要农副产品产量

表4

指标	单位	年完成	增长（%）
粮食总产量	吨	272367	–6.8
蔬菜总产量	吨	86072	–18.3
水果总产量	吨	66238	–1.7
肉蛋奶总产量	吨	121709	7.6
水产品总产量	吨	186510	5.3

2012年，全市农村产业化迈出新步伐。新建设施农业小区480个、畜禽养殖小区26个，花生良种繁育基地2000公顷，实施节水滴灌面积2333.33公顷，完成千亿斤粮食田间工程1666.67公顷。农事龙头企业达到5家，农业专业合作社31家。

农村基础设施更加完善。完成农村重点水利工程128项，饮水安全工程67处，道路修建233公里，实施“一事一议”财政奖补项目88个。深入实施青山保护工程，植树造林15400公顷，栽植榛子林666.67公顷，治理小开荒866.67公顷，完成闭坑矿生态治理项目15个，兴城市被评为省林权制度改革先进市、省森林防火先进市。

全年化肥使用量（折纯）1.7万吨，比上年下降5.1%。全市总用电量67849万千瓦时，比上年增长3.1%。

【工业和建筑业】2012年，兴城市工业经济加快发展，传统工业企业升级改造，核电项目进展顺利，规模以上工业企业达到68家。泳装产业园二期开工建设，全市规模以上泳装企业达到19家，兴城市泳装产业被国家服装协会评为“中国十大服装产业示范集群”。

2012年，全市全部工业增加值55.6亿元，比上年增长27.5%。实现规模以上工业企业总产值128.4亿元，比上年增长52.3%；规模以上工业企业主营业务收入124.1亿元，比上年增长49.2%；规模以上工业企业产品销售产值125.9亿元，比上年增长52.6%，产销衔接良好，产销率达到98%。

主要工业产品产量

表 5

产品名称	单位	年完成	比上年增长（%）
1. 钢材	吨	897	-44.8
2. 泵	台	6788	14.5
3. 粉末冶金制品	吨	1535	12.1
4. 服装	万件	15239	315.1
5. 啤酒	千升	54688	-11.2

全年建筑业增加值 4.4 亿元，比上年增长 14.6%。全市具有资质等级的总承包和专业承包建筑业企业总产值 34.9 亿元，比上年增长 37.4%；全年房屋施工面积 131.8 万平方米，比上年增长 24.7%；房屋竣工面积 122.3 万平方米，比上年增长 18.4%。

【固定资产投资】2012 年，兴城市固定资产投资依然保持较快增势。全社会固定资产投资总额实现 113.1 亿元，同比增长 43%。其中，城镇固定资产投资 101.8 亿元，同比增长 40%；农村固定资产投资 11.3 亿元，同比增长 77.4%。投资总额中工业投资 28.5 亿元，同比增长 37.7%。

房地产开发投资 10.9 亿元，同比降低 7.6%。房地产施工面积 169.6 万平方米，同比增长 50.6%。房屋竣工面积 8.6 万平方米，同比增长 378.6%。

临海产业区强势崛起。2012 年起步区面积达到 14.5 平方公里，“七通一平”面积达到 8 平方公里。产业区在建工业项目达到 44 个，投产企业 16 家，跻身辽宁沿海经济带重点支持区域，被确定为“辽宁省新型工业化产业示范基地”。碳纤维新材料产业集群开始起步，泳装产业集群被评为中国十大服装产业示范集群、中国纺织工业十大产业集群，兴城市被命名为首家“中国泳装名城”。

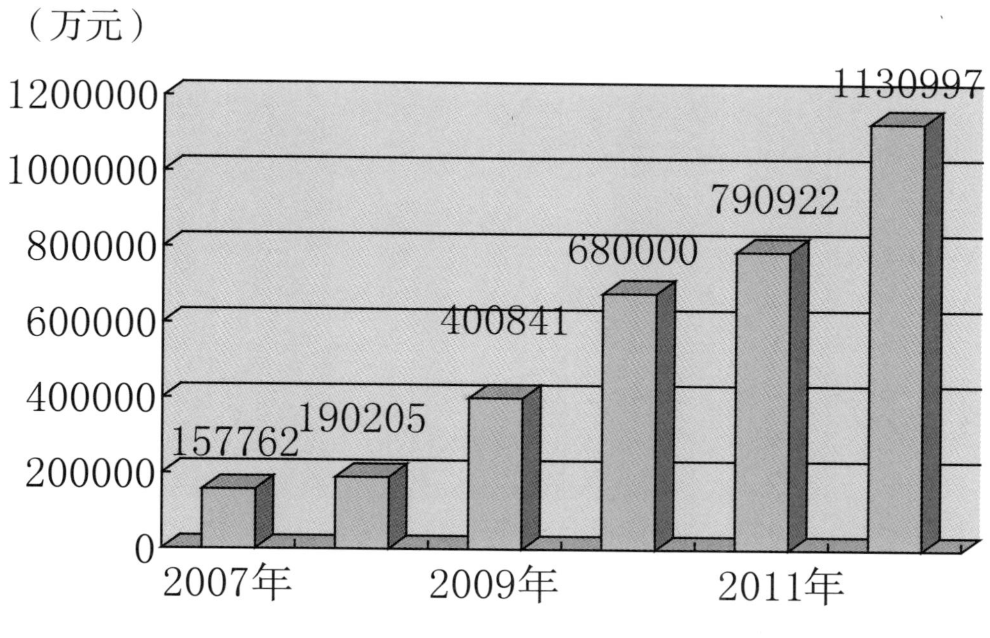

图 2　2007 年至 2012 年兴城市固定资产投资总额完成情况

【交通和邮电】2012年，交通邮电业运行平稳。兴城市交通运输仓储及邮政业增加值5.6亿元，比上年增长6.5%。全年完成客运量303万人次，完成周转量17937万人公里，完成营运收入571万元。

全市实现邮政业务总量3153.4万件，比上年增长9.5%；邮政业务收入实现3369.6万元，比上年增长11.8%。电信业务总收入实现20268万元，比上年增长2.8%。移动电话用户呈逐年上升态势。

【旅游业】2012年，兴城市旅游业增长较快。古城保护规划通过省政府批准，古城和滨海温泉新城控制性详细规划编制完成。滨海温泉新城建设开始起步，古城保护开发扎实推进，行政办公中心全面东移。温泉资源开发取得突破，兴城市被命名为“中国温泉之城”。积极开展旅游促销，强化旅游行业监管，旅游市场持续升温，全年接待游客460万人次，比上年增长21.1%；旅游总收入突破25亿元，比上年增长20.2%。

【内、外贸易业】2012年，兴城市社会消费品零售总额56.2亿元，比上年增长16.4%。分行业看，批发零售贸易业实现零售额51.3亿元，比上年增长18.1%；住宿业实现零售额4.8亿元，比上年增长0.8%。分城乡看，城镇实现零售额37亿元，比上年增长20.9%；乡村实现零售额19.2亿元，比上年增长8.6%。

全年外贸出口供货总值18.6亿元，比上年增长154.8%。

【财税与金融】2012年，兴城市公共财政预算收入11.8亿元，比上年增长38.1%，地方财政收入28.9亿元，比上年增长33.2%。全市公共财政预算支出25亿元，比上年增长40.4%。全市地方财政支出42.7亿元，比上年增长37.2%。其中，科技支出0.3亿元，比上年增长25%；农业支出4.6亿元，比上年增长52.4%；教育支出6.5亿元，比上年增长138.7%；社会保障支出3.4亿元，比上年降低5.6%。

全年各项税收总额实现10.7亿元，比上年增长23.8%。其中，国税实现2.5亿元，比上年增长7.1%；地税实现8.2亿元，比上年增长29.8%。

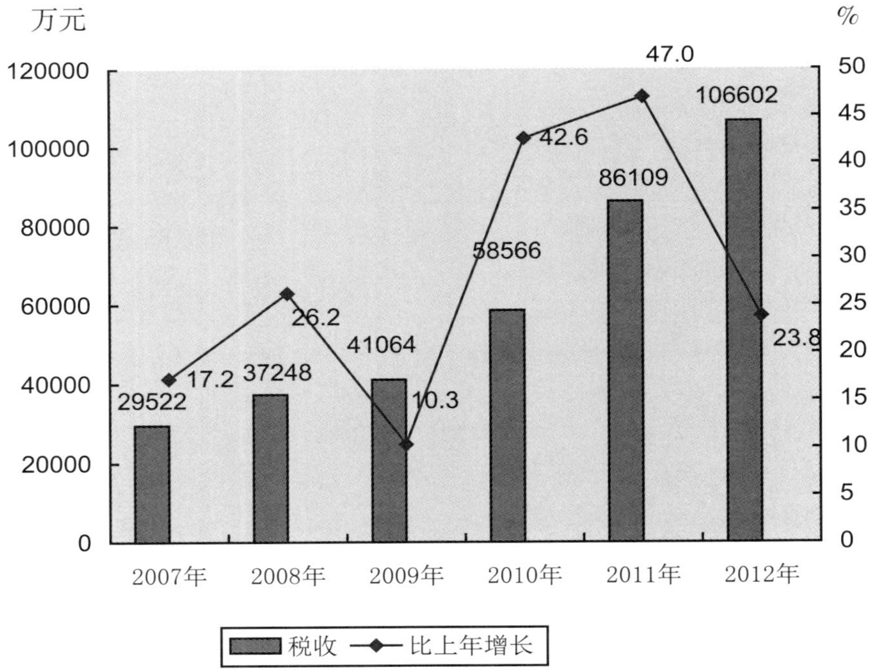

图3 2007年至2012年兴城市税收总额及其增长速度

年末，金融机构各项存款余额 144.3 亿元，比上年增加 19.4 亿元。其中，城乡居民储蓄存款余额 119.3 亿元，比上年增加 20.2 亿元；各项贷款余额 75.9 亿元，比上年增加 15.8 亿元。

【城建环保和安全生产】2012 年，兴城市城市化进程显著加快。滨海温泉新城建设全面展开，兴海栈道一期工程竣工，铺设市政管线 9.5 公里，纬九路竣工通车，国际比基尼广场项目启动。完善古城保护开发系列规划，完成北二街公共建筑拆除和 527 户居民搬迁，古城内给排水、供电、供暖、燃气等基础设施改造完成。完成宁远客栈、校兵场及部分名人故居、传统民居复建工程设计工作。投资 3 亿元，完成龙兴路兴城段、兴海南街等 24 条城市道路修建工程。投资 7278 万元，铺设人行步道方砖 6.9 万平方米，安装路灯 871 盏，新增绿化面积 29.4 万平方米，改造低温供暖小区 60 万平方米，铺设给排水管线 56 公里。盘活资产，成功处置国有资产 17 宗，实现收益 1.9 亿元；公开出让国有土地 169 公顷，实现土地收益 15.5 亿元；法院审判中心投入使用，公安服务中心、民政司法服务中心主体完工。加强城市综合治理，强化生态环境保护，省控重点污染源达标率 100%，城市空气优良天数比例达到 98% 以上。狠抓节能减排，完成化学需氧量削减 219 吨、二氧化硫削减 927 吨，工业企业可持续发展能力显著增强。完成总投资 3 亿元的兴城河城区段综合治理一期工程，6 公里临河大街竣工通车。

安全生产方面。全年，全市发生各类事故 61 起，死亡 21 人，直接经济损失 229.6 万元。其中，生产安全事故 3 起，死亡 3 人，直接经济损失 180 万元；交通事故 18 起，死亡 18 人，直接经济损失 1.8 万元；消防火灾事故 40 起，无人员伤亡，直接经济损失 47.8 万元。

【科技、教育、文化、卫生】2012 年，兴城市科技项目申报工作有新进展，全年申报国家、省、市三级项目 16 个，成功立项 3 项；申报国家级高新技术企业 2 家，市级高新技术企业 3 家；申报高新技术产品 1 个。年内实现全市专利申报 310 项，新增专利 27 项，其中发明专利 23 项。

教育事业全面发展。推进教育资源整合，总投资 1.7 亿元的二高中新校区投入使用，总投资 1 亿元的联合中学和实验学校完成主体工程，投资 1.1 亿元改善学校办学条件。加强师资力量，择优聘用大学毕业生 121 人。购置高标准校车 10 辆，有效解决部分山区学生乘车难问题。年末，全市拥有各级中小学校 170 所。其中，新建和改造中小学校 46 所；全市在校学生 58643 人。其中，高中在校生 8653 人，增加 443 人；初中在校生 16880 人，减少 294 人；小学在校生 33110 人，增加 701 人。年内，全市为省内外各大中专院校输送新生 3003 人，其中本科生 1452 人，专科生 1551 人。

全年，新建农家书屋 127 个，完成 15 个乡镇文化站建设，举办“兴城之夏”文化广场活动 24 场。

全市医疗卫生和计生工作扎实推进。稳步实施医疗卫生体制改革，乡镇卫生院和社区卫生服务中心全部实行国家基本药物制度。落实人口与计划生育扶持政策，计划生育率 97.06%。新建乡镇计生服务站 6 个，4 个计生服务站被评为省级“计划生育优质服务示范站”。年末有各类卫生机构 53 个。其中，正规医院 6 所，农村卫生院 28 所；卫生防疫和防治机构 4 所；食品监督 1 家；疗养院 13 家；妇幼卫生保健机构 1 家。全市各类卫生机构拥有床位 1455 个，其中疗养院床位 757 个，市本级 698 个。从事医疗卫生工作人员 2406 人，其中医师以上人员 1685 人。

【人民生活和社会保障】2012 年，城乡居民生活收入持续增长，全年在岗职工工资总额 69839 万元，比上年增长 15.1%；在岗职工平均人数为 25825 人，比上年降低 1.4%。在岗职工平均工资 27043 元，比上年增长 15.2%。全市抽样调查显示的农民人均纯收入 8995 元，比上年增长 16.1%。城镇居民人均可支配收入 17603 元，比上年增长 15.7%。

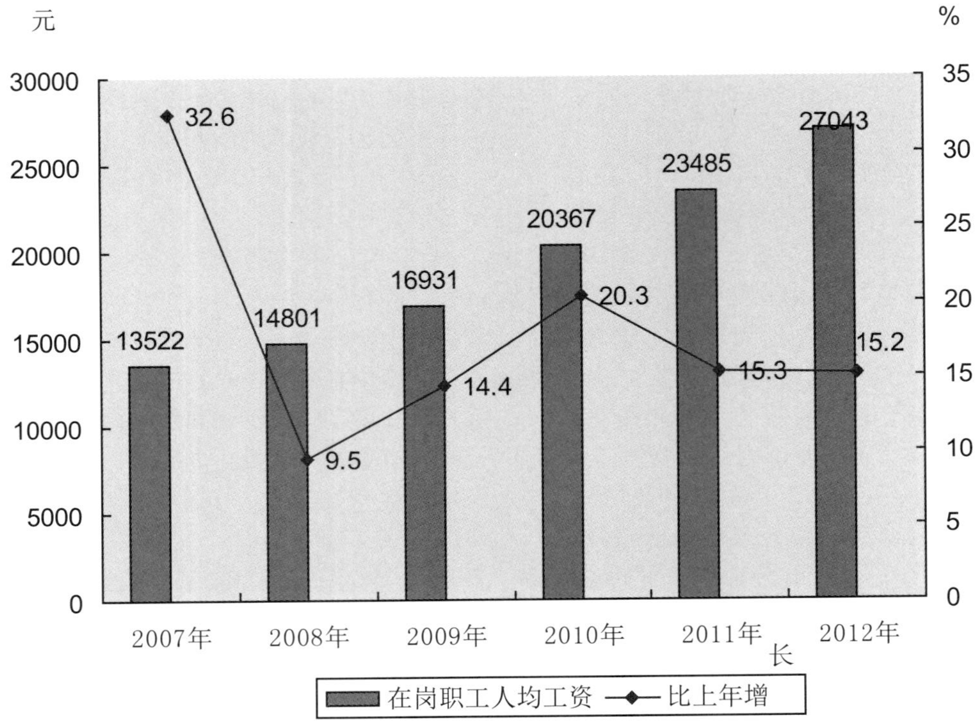

图4　2007年至2012年在岗职工人均工资及其增长速度

全市社会保障取得成效。企业职工基本养老保险参保人数达到4.2万人，征收统筹基金1.36亿元，企业基本医疗、失业保险参保人数稳定增加。发放城乡居民社会养老保险基础养老金4356万元。新增实名制就业7361人，农村劳动力转移就业8.2万人，公益性岗位达到1162个，全市城镇登记失业率控制在3.2%以内。发放小额担保贷款2000万元，扶持妇女自主创业400名。实施廉租住房补贴500户，新建经济适用房50户，援助单亲贫困母亲建房50户，为特困居民新建和维修房屋1214户。投入资金2348万元，提高城乡低保户、“五保”户等困难群众补贴标准。筹集资金1145万元，为37086户特困家庭提供就学、医疗等临时救助。全面实施农村医疗救助一站式服务，20种重大疾病纳入到民政医疗救助范围。

（市统计局）

党 政 机 关

中国共产党兴城市委员会

【市委六届三次全会暨社会稳定工作会议】2012年1月11日下午，市委六届三次全会暨社会稳定工作会议在政府后楼大会议室召开。会议的主要任务是，认真贯彻党的十七届六中全会、中央经济工作会议及省市委全会精神，总结上年工作，部署2012年任务。进一步动员全市广大党员干部和人民群众，认清形势，坚定信心，立足新起点，再求新突破，加速向全省发达县（市）行列迈进。四个班子领导和市委委员、候补委员、纪委常委、各乡镇街道党政主要领导、市直及驻在单位主要领导和重点企业负责人参加会议。会议由市委常委、常务副市长张学军主持。

孙志浩代表兴城市委常委会作题为《立足新起点，再求新突破，加速向全省发达县（市）行列迈进》的报告。报告回顾2011年工作。确定全市工作总体要求是：以邓小平理论和“三个代表”重要思想为指导，认真贯彻落实科学发展观，紧紧抓住“东北振兴和沿海开放”双重机遇，牢牢把握“稳中求进、稳中求快、稳中求好”总基调，大力实施“工业化、城市化、农业产业化和民生保障”四大战略，加强党的建设、思想文化建设和民主政治建设，加速向全省经济发达县（市）行列迈进。孙志浩代表市委与部分单位领导签订《为党的十八大召开，创造稳定和谐有序的社会环境责任书》。市长于学利就信访稳定工作、安全生产、民生保障、护林防火、招商引资以及项目开工等重点工作进行部署。

【兴城市重大项目开工建设】2012年3月25日，兴城市在邴家海滨隆重举行兴城市重大项目集中开工暨红麦坊海滨温泉旅游度假村项目奠基仪式。葫芦岛市人大常委会常务副主任赵树田、政协副主席郝廷怀，兴城市四个班子及临海产业区领导、各乡镇街道党政一把手、市直各部门主要领导、产业区各局办主要领导、重点项目开发建设单位负责人以及部分市直机关干部和工程建设者参加仪式。仪式由市委副书记、市长于学利主持。

市委书记孙志浩在仪式上致辞，全市重大项目集中开工暨红麦坊海滨温泉旅游度假村项目奠基举行典礼，是兴城市经济发展中的一件大事和喜事，标志着兴城市项目建设和城市发展又迈出坚实的一步，希望项目建设单位以该次奠基典礼为契机，牢固树立精益求精的建设理念，以世界眼光谋划定位，以国际标准提升品质，充分发挥自身管理优势、技术优势和人才优势，高起点规划、高标准实施、高质量建设，全力以赴将项目建成国际化精品工程。2012年，兴城市计划开工项目96个，总投资242.3亿元，其中亿元以上项目41个，总投资215.4亿元。

【青山水库移民动迁】2012年5月31日，兴城市召开青山水库移民动迁现场会，葫芦岛市长都本伟一行在兴城市委领导陪同下，实地查看库区移民安置房、移民区学校建设、库区移民房屋的拆除现场和库区树木清理情况，并在水库大坝、溢洪道工程现场听取施工单位负责人情况汇报。

市委书记于学利在青山水库移民动迁现场会上讲话，要求在主汛期到来之前，全面完成一期移民动迁工作，确保库区移民安全度汛。7月初开始启动第二批移民新村后靠点房屋建设，同时，加大对移民就业的扶助力度，有组织地开展职业技能培训，多渠道妥善安置移民。在财政资金使用和重点项目建设上，向移民群众倾斜，帮助群众放心移民，安心就业。

【树立向全省发达县（市）迈进目标】2012年6月1日上午，兴城市召开全市干部大会，会议的主要任务是：通报年初以来兴城市经济工作运行情况，安排部署当前和今后一个时期工作，进一步动员全市广大党员干部和人民群众，振奋精神，只争朝夕，真抓实干，奋力拼搏，加速向全省发达县（市）行列迈进。市四个班子秘书长以上领导，临海产业区班子成员出席会议。各乡镇街道党政主要领导、组织委员、宣传委员、纪检委员，市直部门、群团组织及驻在单位主要领导等650多人参加大会。会议由市委常委、宣传部部长崔海明主持。

市委书记、市长于学利就做好当前和今后一个时期的工作，讲四点意见。一是坚定信心，逆势而上，紧紧咬住经济综合实力进入全省发达县（市）目标不动摇。二是认清形势，突出重点，努力实现全市经济和社会发展的新突破。三是不断加强和改进新形势下的党务工作，为高标准完成全年各项任务目标提供坚强保证。四是以提高执行力为重点，进一步加强各级领导班子和干部队伍建设。会上，市委常委、常务副市长张学军通报年初以来全市经济工作运行情况，并就下一步经济工作提出具体要求。

【召开创先争优活动表彰大会】2012年6月25日上午，兴城市创先争优表彰大会在会议中心第一会议室举行。大会由市委常委、常务副市长张学军主持。羊安乡等17个党委获先进党委；温泉街道胜利村等51个党支部获先进党（总）支部；兴城市财政局等10个单位获联系基层党组织先进单位；张文武等100名党员获优秀共产党员。

市委书记、市长于学利在会上发表讲话，总结创先争优活动所取得的成效。一是主题实践活动帮助人民群众解决大量实际问题；二是基层组织建设"七项工程"使党员的宗旨意识明显增强；三是专家服务团的上门服务让广大农民群众普遍受益；四是"百千万帮扶工程"实现基层党组织帮扶全覆盖；五是一些创新工作受到上级组织的充分肯定。市委要求全市各级党组织和广大党员干部，开拓进取，奋力争先，全力开创各项工作新局面，以优异的成绩迎接党的十八大召开。

【市委六届四次全委（扩大）会议】2012年11月27日上午，市委六届四次全委（扩大）会议在市会议中心第四会议室召开。会议的议题是：进一步动员全市广大党员干部和人民群众，以学习贯彻党的十八大和十八届一中全会精神为动力，统一思想，坚定信心，继续保持经济社会发展的强劲态势，加速向全省发达县（市）行列迈进。四个班子领导和市委委员、候补委员、纪委常委、各乡镇街道党政主要领导、市直及驻在单位主要负责人，临海产业区中层以上干部，重点企业负责人参加会议。会议由市委副书记、代市长赵家鹏主持。

市委书记于学利在会上作题为《以学习贯彻党的十八大精神为动力，加速向全省发达县（市）行列迈进》的工作报告。报告简要回顾年初以来主要工作，全面部署2013年工作任务。强调抓好以下几方面的重点工作：一是以工业化、城镇化、农业产业化为重点，继续保持经济发展的强劲态势。二是以实施民生保障工程为重点，不断提升人民群众幸福指数。三是以促进社会和谐稳定为重点，大力营造加快发展的工作氛围和社会环境。四是以实施"全民文化素质提升工程"为重点，不断提高文化软实力。

【督查调研与机要保密工作】2012年，市委办公室强化市委常委会确定的重大决策、市委重要会议等落实情况的督查，按要求将督查内容分解，明确责任单位，全年开展大型督查6次，形成督查专报4篇。积极开展调研，撰写《我市泳装产业发展的调研与思考》《重点项目进展情况的报告》等调研报告5篇，为领导科学决策提供重要依据。机要保密工作严格执行电报传阅制度、登记制度、催办制度、领导签批制度，做到传送及时、办报准确、保密安全，实现无错传、无漏传、无泄密、无漏办、无积压。全年接收外部明传电报331份，内外部密码电报242份，收发传真565份，利用公文传输系统下发会议通知35次。加强党政内网建设，实现明密分离运转，县乡电子公文传输系统安装率和使用率居全省 74 个县（市）区首位。

2012 年中共兴城市委领导成员

书　　记　孙志浩（2012 年 4 月离任）
于学利（2012 年 5 月任职）
副 书 记　于学利（2012 年 5 月离任）
赵家鹏（2012 年 6 月任职）
常　　委　张学军　崔海明　骆忠山
邢文忠（2012 年 4 月离任）
赵兴华　李　肖
杨洪斌（2012 年 4 月任职）
市委办公室
主　任　苏文波
副主任　田　莹（2012 年 9 月任职）
王旭阳　王维达
赵林江（兼）

（孙　静）

·组织工作·

【概况】2012 年，中共兴城市委组织部深化基层党组织建设，深入开展“创先争优”活动，把开展基层组织建设年摆在更加突出的位置；深化制度改革，不断提高选人用人公信度，在换届中坚持把清正廉洁的干部选拔出来；深化素质培养，加强对组工干部思想素质、工作能力的培养，切实推进组织部门自身建设。年内，全市发展新党员 61 人。其中，学生党员 33 人、农村党员 10 人；女党员占发展党员总数的 32.8%；少数民族党员占 39.3%；35 岁以下党员占 85.2%。

【基层党建“七项工程”建设】2012 年，市委组织部大力推进基层组织建设，以提高素质和党建创新为重点，全面实施“七项工程”建设。一是素质提高工程。通过分层培训、分类施教、创新方法、组织活动等方式，重点抓好基层党组织书记培训。年内，对村党组织书记和村委会主任、党委副书记、党办主任或组织委员 480 余人进行集中培训。同时，结合领导干部政德教育，先后组织各级理论中心组专题学习 90 次，举办全市政德教育专题培训班 1 次。全市 94 名县级和科级领导干部全部深入基层开展五件实事活动，26 家乡镇、街道主要领导根据本单位实际选择一个基层党组织进行帮扶。二是规范化建设工程。以夯实组织工作基础，建立科学、规范工作秩序为目标，全面规范基层党建工作。以制度的完善和落实为依托，切实加强党务管理工作。以信息化建设为媒介。重点加强数据库、党建网站和远程教育终端站点建设，实现“七库”，完善“两网”，运行好“一站”。三是机制建设工程。以抓好制度建设、构建长效机制为载体，落实好《兴城市村党组织书记管理细则》《兴城市村级组织活动场所管理办法》《兴城市党建工作责任制》《市直部门帮带村党组织书记制度》《农村无职党员设岗定责》《“四议一审两公开”制度》《村干部量化管理》《党员发展公示制度》《党员发展票决制》及《党员发展责任追究制》十项制度。四是富民强村工程。以村集体经济发展为突破口，突出经济发展中心工作，采取整合资源，调整模式，项目建设等一系列手段带动村民致富，全力拓展和巩固村集体经济。抓住“一事一议”项目的有利契机，改善农村的交通环境，为农民发展生产，脱贫致富创造条件。五是激励保障工程。重点抓好村组织活动场所的建设管理及资金的保障。表扬奖励先进、批评处罚后进，确保村级场所得到合理有效使用。对危旧狭小场所改造维修、对社区实行“三有一化”建设，全面落实村级经费保障，提高村干部待遇。六是实施党建创新工程。突出抓好后进村党组织整顿工作，通过“双强六好”和建立党建联系会议制度，在非公有制经济组织和社会组织党建方面取得新突破。通过创新模式思路和建立流动党员活动跟踪卡，在流动党员的管理上取得新突破。以村和社区党组织为重点，进一步完善组织设置，以“四强四优”创建活动为载体，进一步完善创新国有企业党建工作机制。七是实施党建品牌工程。以凝聚民心、振奋精神、坚定信念、鼓舞士气为目标，系列宣传几年来涌现出的先进基层党组织和优秀共产党员、党务工作者，营造弘扬新风正气的社会舆论环境。

【后进村党组织整顿建设】2012年初，市委组织部采取“一村一策、因村施治、稳步推进”的方法，以回请、下派、兼职、内选等方式配顺、配强、配优24个后进村“两委”班子。一是在党员和后备干部队伍建设上，针对党员老化、后继乏人的状况，24个后进村培养入党积极分子112名，确定后备干部14名。二是在提升村“两委”干部素质上，针对后进村“两委”干部和入党积极分子进行农村政策、组织建设、法律法规、实用知识等培训教育。通过整顿建设，各村党支部的领导核心地位明显提升，宗旨意识明显增强，作风更加民主扎实，服务群众的能力明显提高，有力地推动村集体经济发展和农民增收。三是在健全完善村级相关制度上，扎实推进后进村村务管理“四议一审两公开”工作。完善村账乡管制，规范财务支出，增强财务工作的透明度。

【领导班子和干部队伍建设】2012年，市委组织部进一步加强领导班子和干部队伍建设，做到优化干部队伍。一是完成全市乡局领导班子和领导干部2011年度考核工作，考核对象共涉及89个乡局。其中，市直62个，乡镇街道27个；涉及领导干部386名，其中，市直224名，乡镇街道162名。该次注重考核领导干部的政治品德、社会公德、职业道德、家庭美德，注重考核领导干部的工作实绩。共评出优秀领导班子34个，占38.2%；优秀领导干部45名，占11.7%。二是有针对性地进行干部调整。三次调整共涉及领导干部96名。其中提拔64名，平调交流18名，免职14名。尤其针对乡镇人大政府换届人选的干部调整中注重提拔年轻干部，32岁以下年轻干部17人，包括男干部10人，女干部7人，研究生学历1人，大学学历16人，平均年龄28岁。注重提拔政治坚定、业绩突出、群众威信高、有较高文化水平和发展潜质的大学生村官、选调生作为乡镇政府换届提名人选。调整后干部队伍实现年轻化、合理化，一批能力强、素质好、学历高的年轻干部充实到干部队伍中。

【做好换届选举前期工作】2012年，市委组织部严格按照“协调沟通在前、学习法规在前、调查研究在前、具体指导在前”四个原则，做好市乡人大、政府和市政协换届选举工作。6月份，对全市各乡镇领导班子进行摸底调查，对班子状况、人员状况做到心中有数，为换届奠定坚实基础。7月10日，召开市委常委会，专题学习省市委换届工作有关会议和文件精神，并结合实际研究落实意见。7月11日，召开市乡人大、政府和市政协换届工作会议，对做好换届工作进行动员和部署。同时，召开换届工作培训会议，对有关工作人员进行培训。9月3日，全市召开涉及乡镇换届班子人事调整考察工作会议，利用一周左右的时间到相关单位对62名拟推荐职务人选进行民主推荐和考察。9月14日，召开市委常委会，专题研究涉及换届班子干部调整工作，为市乡人大和乡镇政府班子换届做好人选准备。9月26日，召开换届考察工作会议。27日至28日，对99名新一届乡镇人大、政府领导班子成员进行全额定向民主推荐。10月18日至23日，葫芦岛市委考察组对兴城市新一届人大、政府、政协领导班子成员进行全额定向民主推荐，对相关人员进行延伸考察。

【扎实推进党内基层民主建设】2012年，市委组织部为了切实做好党员发展工作，对市直机关主管党务工作的副局长、党务工作人员和各乡镇（街道）党委副书记、组织委员进行党务知识培训，共有200余人参加培训。同时，为了提高党员整体素质，对入党积极分子进行党的基本理论、基本知识的培训，把好党员队伍入口关。上半年，全市共培训入党积极分子845人，合格812人。结合工作实际，出台《兴城市发展党员工作责任追究办法（试行）》。明确全市发展党员工作中各党委、党支部（总支）及相关责任人的具体工作职责和注意事项，有利于各基层党组织坚持党员标准，严格履行程序，切实做好发展党员工作。截至年末，有2名责任人被追究责任。

【党员远程电化教育】2012年，市委组织部加强现代远程教育和党员电化教育工作。全市有街道7家，社区27个，共计34个站点。年内，除曹庄镇七零一九社区、东华社区因没有办公场地未安装远程教育设备外，其余32家都安装远程设备，并且能够正常开展学用活动。全市238个远程教育终端站点中，先进站点有68个，占28.6%；一般站点145个，占60.9%；后进站点25个，占10.5%。积极开展远程教育“双创双争”评选活动。上报省市示范站点各4个、优秀站点管理员各4名、学用标兵各2名。协调市财政、市联通公司完成2012年远程教育网络缴费工作。

【2012年兴城市委组织部领导成员】

部　长　李　肖

副部长　冯　刚（2012年12月离任）

韩忠香　谭友顺

姜修非（兼）

佟艳民（兼，2012年9月离任）

张新华（兼）

代表办

主　任　谭友顺（兼）

副主任　李冬梅（女，2012年12月任职）

企工委

书　记　韩忠香（兼）

（李　伟）

·宣传工作·

【概况】2012年，中共兴城市委宣传部按照年初制定的宣传思想工作要点，真抓实干，使宣传思想工作在围绕大局上有作为，在服务人民中上水平，在狠抓落实上见成效，为全面振兴兴城，实现经济社会平稳较快发展提供强大的思想保证、舆论支持和文化条件。年内，围绕中心工作开展宣传“走基层，转作风，改文风”活动、“金麦坊”重大工程项目开工仪式、临河大街竣工剪彩、扩建龙兴路、改造兴海南路等，全年有关兴城的新闻通讯在《葫芦岛日报》报道106条。

【理论工作扎实推进】2012年，市委宣传部扎实推进理论工作。一是加强对市委中心组理论学习的协调和服务。建立和完善理论学习“一把手”负责制度，逐步形成以市委中心组学习带动基层理论学习、以制度建设推动理论学习、以多种形式促进理论学习的新路子。大力实施学习型党组织建设“排头兵工程”，用领导班子和领导干部的学习带动全市党员干部群众的学习。二是广泛开展理论宣讲。进一步加强市、乡二级宣讲体系建设。深入开展先进理论下基层活动，扎实推动理论武装工作向村屯、社区、企业、学校等基层组织延伸。全年共宣讲32场次，听众人数达7000余人。三是做好新时期理论研究工作。围绕党的十七大、十七届六中全会提出的一系列新思想、新观点，组织广大理论工作者开展有针对性的理论研究活动，以服务市委、市政府中心工作为出发点，开展全市经济社会发展重大现实问题、社会主义核心价值体系建设、地域文化等方面的应用性理论研究。

【加大对外宣传力度】2012年，市委宣传部加大对外宣传工作力度。以工业强“筋”、以农业壮“骨”的有利环境，吸引省内外记者的目光，把握舆论导向，大力宣传兴城，制作《魅力兴城》宣传片。全年接待省内、外记者20余名，请专家对古城申遗、古城未来发展作论证说明；大力宣传蓟辽督师府、文庙等。在省报专题报道民族英雄袁崇焕历史诗篇。组织专人总结兴城近三年来发展情况，撰写《政通人和事业兴》文章在《兴城新闻》和葫芦岛泳装博览会专版上发表；3月9日，《兴城经济总量首破百亿》在《辽宁日报》发表；3月16日，经济日报社辽宁分社社长张允平一行到兴采访，并于4月8日发表《用历史串起景点，以文化整合资源且看旅游“兴”城》的文章；《葫芦岛日报》以“科技兴农百村行”为主题报道兴城18个典型村设施化农业建设情况。第二届中国国际泳博会期间，接待省内、外媒体20余家。

【精神文明创建活动】2012年，市委宣传部积极开展精神文明创建活动。一是加强公民道德建设。利用春节有利时机，开展向道德模范和身边好人拜年走访、寄发贺卡、拜年信，发放慰问品、慰问金等活动。广泛开展网上祭英烈活动。二是开展城市文明建设。开展城市文明程度指数测评工作，全力打造文明兴城形象。三是农村精神文明建设稳步开展。广泛开展品牌创建活动，发放道德信贷贷款证500多个。在品牌建设中，涌现出兴城市南大乡“农民大学堂”先进典型。四是开展学习郭明义争做当代雷锋“志愿服务”活动。五是按照《辽宁省精神文明单位建设管理办法》每两年评选表彰一次文明单位的规定，做好申报葫芦岛市2011年至2012年度精神文明创建先进单位工作。

【网站工作】2012年，市委宣传部不断加大资金和技术投入力度，及时完善“中国·兴城”网站再次改版后的相关工作。围绕泳装节、四家村集团成立二十周年、学习贯彻党的十八大精神的宣传和报道，开设“走基层”专栏，及时报道相关新闻。积极配合人大、政协做好选举换届的宣传和报道。

【2012年兴城市委宣传部领导成员】

部　长　崔海明

副部长　李文政

宋　平（2012年12月离任）

梁会林（兼，2012年6月任职）

谢　涛（女，兼，2012年12月任职）

（周　琳）

·统战工作·

【概况】2012年，中共兴城市委统战部借助政协换届之机，提名推荐非公有制经济代表人士33人、新社会阶层27人担任政协委员，为非公人士及新社会阶层人士搭建参政议政的平台。

【开展经济领域统战工作】2012年，市委统战部积极为企业解决实际困难。一是帮助凯森蒙、粉末冶金、德荣制衣、瀚森木业等9家企业到省里协调银行等各部门进行融资。协调相关部门帮助火力速旋汽配制造有限公司解决厂房建设中遇到的问题。会同市政府及工商联召开企业座谈会。听取企业家分别介绍生产经营情况，重点介绍企业面临的困难和存在的问题，协调各相关部门积极帮助企业解决困难，推动企业健康发展。二是认真开展非公有制经济人士综合评价。根据相关文件和有关会议精神，借鉴往年经验，认真开展非公有制经济代表人士综合评价工作，建立比较科学、系统、适用的综合评价模型，规范各项制度。通过开展综合评价工作，掌握46名非公有制经济代表人士基本情况，为做好非公有制经济代表人士的政治安排提供参考依据。

【协助民主党派工作】2012年，市委统战部积极参加民主党派和各方面代表人士组织的活动，协助民主党派做好组织发展工作，推动民主党派组织发展工作健康、有序地进行。加强基层统战工作调研，撰写《兴城市民主党派情况的调研报告》。支持引导各民主党派开展扶贫帮困、捐资助学等活动。民进支部持续开展与药王中小学“一对一”捐资助学活动，开展送教、送课下乡活动。民革支部组织医疗队到碱厂乡敬老院为老人检查身体并送去慰问品。

【做好对台统战工作】2012年，市委统战部坚持为台属办好事、实事，为台属王宜军解决孩子在签订就业合同时遇到的实际问题，为黄埔军校同学会2名会员争取到生活费，走访慰问困难台胞台属10人。

【2012年兴城市委统战部领导成员】

部　长　张永杰（2012年12月离任）

赵志民（2012年12月任职）

副部长　赵云山　王建忠

（王晓峰）

·老干部工作·

【概况】2012年，中共兴城市委老干部局按照“全面做好离退休干部工作”的总体要求，从老干部实际情况出发，认真落实老干部各项待遇，保稳定、促发展，较好地完成各项任务指标。全年共接待来信来访10次，做到件件有落实，事事有回音，消除许多不稳定因素，老干部年内无一人越级上访。

【“两个待遇”落实】2012年，市委老干部局认真做好“两个待遇”落实，不断提高老干部生活保障。政治待遇上，派专人为离退休干部订阅《老同志之友》《晚晴报》，将传达老干部的文件和增订的多种党报党刊、老干部喜爱的读物，及时放到阅览室，阅览室内还有涵盖社教、文学、历史、人物传记、养生保健、卫生医疗等方面的新书。生活待遇上，认真执行党中央、国务院和省市有关老干部生活待遇的规定，把老干部“生活待遇略微从优”的政策落到实处，争取做到政策落实不过月，保障老干部享受应有的生活待遇。

【走访慰问活动】2012年春节期间，兴城市领导在老干部局领导的陪同下对19名抗日离休老干部，4名实职副县处级离休干部，61名困难离休老干部，42名特殊困难离休老干部，共计126人进行走访慰问，发放慰问金95000元。

【重视离休干部信访工作】2012年，市委老干部局把落实处理老干部信访案件作为全局工作重点，及时发现和解决问题，化解矛盾，维护老干部的思想稳定。采取走访、电话咨询、制作“连心卡”等方式，对老干部思想情况进行调查了解，及时化解新问题，把问题消灭在萌芽状态。对老干部提出的问题能解决的立即办，不能解决的，协调有关部门解决。

【努力为老干部排忧解难】2012年，市委老干部局以让老干部满意为目标，带着责任和感情为老干部解决新问题。年内，解决商业系统离休干部李维波遗属生活费问题。同时，帮助解决外贸系统、物资燃料公司离休干部各1名遗属生活补助费问题，妥善安置兴城市物资疗养院离休干部1人。年内，市委老干部局主动承担代为老干部发放医疗保险门诊结余费用工作，全年代为发放金额22万元。

【发展老年教育事业】2012年，市委老干部局不断提升老干部大学的办学水平和社会影响力。经过两年运作，大学教学日益完善，活动日见起色，年内新招收学员90名。老干部大学逐渐成为兴城老年文化的阵地和宣传兴城经济文化的窗口。重阳节，在老干部大学教室里举办联欢会，市委书记于学利等领导参加活动。市委老干部局积极支持老年群众活动，无偿为“兴城戏曲家协会”和老年群众性组织“海之韵”合唱团提供活动场所，活跃全市老年文化生活。

【2012年兴城市委老干部局领导成员】
局　长　佟艳民（2012年9月离任）
副局长　张志宽　马恩国（2012年9月任职）

（于飞跃）

·市直机关党务工作·

【概况】2012年，中共兴城市直属机关工作委员会以增强活力和效能为重点，不断创新目标责任制，将考评内容进行重新调整，增加节约型机关建设内容，调整后考评内容分为五大类17项，涵盖市直机关建设的各个方面。聘请行风建设监督员235名，对市直各单位进行不间断的明察暗访，促进机关作风不断好转。年内，举办市直机关党的知识竞赛、“爱兴城、爱家乡”征文活动，收到作品100余篇；举行市直机关干部篮球赛和羽毛球比赛，有力地推动市直机关文化体育事业的发展。全年发展党员38名，均是大专学历以上、年龄35岁以下的机关干部。

【机关党建工作】2012年，市直机关工委以“创先争优”活动为载体，加强机关党建工作。一是通过“市直机关领导帮带村党组织书记”“结穷亲，手拉手，奔小康”及“党员干部走进千家万户”等载体活动，进一步拓展深化创先争优活动内容。二是开展竞赛活动，把创先争优转化为兴城发展的新动力。开展招商引资工作竞赛，市直机关广大党员干部以招商引资为手段，以优质服务为保障，为临海产业区的发展献策献力。开展窗口服务竞赛，在旅游兴市中创先争优。以窗口单位和服务行业为重点，组织广大党员扎实开展为民服务创先争优活动，努力实现窗口服务上水平、人民群众享实惠。三是转变机关作风，深入基层为企业和群众服务。市直机关党组织把服务中心、建设队伍贯穿创先争优活动始终，以“建设一流的队伍、培养一流的作风、创造一流的业绩”活动为基本载体，讲党性、重品行、作表率，切实改进机关工作作风，提高机关工作效能。

【机关作风建设】2012年，市直机关工委以抓“三型”机关建设为重点，加强作风建设。

一是建设学习型机关，解决学习内容空洞问题。机关工委主要抓“三学”。学理论。在理论学习方面，党的路线、方针、政策做到经常学，中央、省、市的重要会议精神随时学，马克思列宁主义、毛泽东思想、邓小平理论、“三个代表”重要思想和科学发展观内容也安排时间学。并用学习的收获来加强和改进工作，促进整体素质的全面提高。学业务。在业务学习方面，各单位做到刻苦钻研业务知识，真正把业务弄懂、弄熟，有的单位举办业务知识竞赛，来提高干部的业务素质。学技能。技能水平决定工作效率，所以基本技能要学通。市直各单位举办电脑培训、公文写作、业务技能培训活动。

二是建设效能型机关，解决工作效率不高问题。机关工委在提高工作效率、彻底解决“吃拿卡要拖”的问题上下功夫。要求各单位要做到公开办事程序、公开办事时限、公开举报电话。并且分清责任，追究失职行为，做到用制度来完善管理。个别干部办事没机会吃拿卡要，更不敢再推拖，67个市直单位有62家公开办事程序和办事时限，有64家公开举报电话，工作效率明显提高。

三是建设服务型机关，解决环境制约发展问题。机关工委在建设服务型机关上主要从优化经济软环境入手。机关工委首先从加强干部自身修养入手，要求干部平时多学一些文明礼仪，尤其是机关公务礼仪。其次要求各单位在公开服务时要以“服务对象满意不满意为出发点和落脚点”，逐步实现机关由领导型向服务型转变。年内，67个市直单位全年共收到表扬信和感谢信286封，锦旗197面，牌匾43块。同时，因服务态度不好有5人受到处罚。

【2012年兴城市直机关工委领导成员】

书　记　姜修非

副书记　史秀艳（女）

（王海望）

·党校工作·

【概况】2012年，中共兴城市委党校在干部培训、科研调研、理论宣传、职工队伍建设、硬件建设等方面都取得一定成效。年内，公开招聘3名年轻教师；购置14台电脑及复印机、照相机、功放机、音箱等电教设备；更新书架、期刊柜；添置图书600余册。党校的建设和发展迈上一个新台阶。

【干部培训工作】2012年，市委党校与市委组织部密切配合，举办两期“村党支部书记、村委会主任培训班”，两期“要求入党积极分子培训班”，与市委组织部、宣传部共同举办正副科级领导干部学习党的十八大精神专题辅导班。全年培训各级各类干部1210人次。在培训过程中，以基本理论教育、基本政策教育、国情省情市情教育、素质能力教育为基本单元，设置30个教学专题。除校内教师授课之外，还聘请部分专家教授和兴城市有实践经验的综合部门领导到校讲课，突出干部培训的针对性和实效性。在教学过程中，利用多媒体课件现代教学手段，采用研讨式、案例式教学，深受学员欢迎。

【宣传教育工作】2012年，市委党校为学习贯彻胡锦涛总书记在省部级主要领导干部研讨班上发表的重要讲话和党的十八大报告精神，抽出骨干教师组成宣讲团，积极开展理论宣传教育工作。为“四个班子”领导中心组学习辅导讲课3次，为城乡多个单位政治理论学习辅导讲课30余次，组织乡局级领导干部学习党的十八大精神专题报告会1次。受众达4000人次，充分发挥党校的理论宣传阵地作用。

【理论研究工作】2012年，市委党校在搞好干部培训的同时，抓住我国改革、发展、稳定中的重大理论问题和实践问题，贴近兴城实际，深入开展理论研究、政策研究和实践研究，充分发挥党校的理论研究功能。全校教师在《辽宁党校报》《葫芦岛日报》《葫芦岛日报·兴城新闻》等刊物发表理论文章9篇，市委党校的主要领导就兴城市的城镇化问题开展专项调研，撰写《加快城镇化进程推动县域经济快速发展》的调研报告，上报市委、市政府，为市领导的科学决策提供可靠依据。

【2012年兴城市委党校领导成员】
校　　长　（暂缺）
常务副校长　金景山
副 校 长　曹志琴（女）

（曹志琴）

兴城市人民代表大会常务委员会

【概况】2012年，兴城市六届人大常委会举行11次常委会会议、11次主任会议，听取和审议“一府两院”工作报告8项，作出决议、决定10项，依法任免国家机关工作人员245人次，受理群众来信来访86件次，圆满完成该届人大的各项工作任务，有效发挥地方国家权力机关的作用。

【市六届人大五次会议】2012年2月29日上午，兴城市第六届人民代表大会第五次会议在会议中心第一会议室召开。227名代表出席会议。大会由主席团常务主席康伟主持。不是兴城市人大代表的市委、市政府、市政协、市人民武装部的领导，退休老干部代表，驻军、驻在单位和民营企业代表，参加政协兴城市六届五次会议的全体政协委员，各乡镇、街道党政负责人，兴城市人大常委会各机构和市直各部门、各单位的负责同志以及公民代表列席会议。会上，市长于学利作《政府工作报告》。会议审议《兴城市2011年国民经济与社会发展计划执行情况和2012年计划安排（草案）的报告》，审议《兴城市2011年财政预算执行情况和2012年财政预算（草案）的报告》。

3月1日上午，兴城市六届人大五次会议第二次全体会议在会议中心第一会议室举行。236名代表出席。市人大常委会常务副主任董永开作《兴城市人大常委会工作报告》；市人民法院院长项雷作《兴城市人民法院工作报告》；市人民检察院检察长叶蓬作《兴城市人民检察院工作报告》。

3月1日下午，兴城市六届人大五次会议在会议中心第一会议室闭幕。188名代表出席。代表以无记名投票方式，表决通过关于《兴城市人民政府工作报告》的决议；表决通过关于《兴城市2011年国民经济和社会发展计划执行情况与2012年国民经济和社会发展计划安排报告》的决议；表决通过关于《兴城市2011年财政预算执行情况和2012年财政预算报告》的决议；表决通过关于《兴城市人民代表大会常务委员会工作报告》的决议；表决通过关于《兴城市人民法院工作报告》的决议；表决通过关于《兴城市人民检察院工作报告》的决议。

【市七届人大一次会议】2012年12月5日上午，兴城市第七届人民代表大会第一次会议在人民会堂第一会议室召开。出席会议代表238名。不是市人大代表的市委、市政府、市政协领导，退休老干部代表，驻军驻在单位、高等院校和民营企业负责人，各乡镇、街道党委书记，兴城市人大常委会内设机构和市直各部门、各单位的负责人，参加政协兴城市七届一次会议的全体政协委员以及公民代表列席会议。大会主席团常务主席康伟主持会议。大会有七项议程：一、听取和审议《兴城市人民政府工作报告》；二、审议《兴城市2012年国民经济和社会发展计划执行情况与2013年国民经济和社会发展计划（草案）的报告》；三、审议《兴城市2012年财政预算执行情况和2013年财政预算（草案）的报告》；四、听取和审议《兴城市人民代表大会常务委员会工作报告》；五、听取和审议《兴城市人民法院工作报告》；六、听取和审议《兴城市人民检察院工作报告》；七、选举。

12月6日，238名代表出席兴城市七届人大一次会议第二次全体会议。听取和审议兴城市人大常委会常务副主任董永开作《人大常委会工作报告》；市人民法院院长项雷作《兴城市人民法院工作报告》；市人民检察院检察长叶蓬作《兴城市人民检察院工作报告》。

12月7日，238名代表出席兴城市七届人大一次会议第三次全体会议。代表以无记名投票方式通过大会各项决议，选举产生兴城市第七届人大常委会组成人员，常委会选举产生主任、副主任；选举产生兴城市人民政府市长、副市长；选举产生兴城市人民法院院长、兴城市人民检察院检察长。张学军当选人大常委会主任；董永开、张亦喆、田克明、韩维邦当选人大常委会副主任；21名代表当选人大常委会委员。赵家鹏当选市长；范立民、王建华、刘星、王月娟、刘晓军当选副市长。项雷当选人民法院院长；叶蓬当选人民检察院检察长。

【认真履行职权】2012年，市人大常委会紧紧围绕发展大局，突出监督重点，注重监督实效。组织人大代表对全市设施农业发展情况进行视察，向市政府提出提高农业主体地位，转变农业发展观念；以政府为主体，加大对农业生产设施投入；充实强化农业科技人才和引进新技术新产品，提高农业现代化水平；积极引导农业企业组织，建立农产品销售队伍等建议。对古城规划和开发建设情况进行调研，从资金投入形式、规划编制执行、理顺工作机制等方面提出建议。

【强化依法监督】2012年，市人大常委会听取和审议《中华人民共和国安全生产法》和《中华人民共和国消防法》实施情况的报告，并分别提出审议意见，要求市政府采取切实措施，坚决遏制各类安全生产事故和消防安全事故的发生。调查市人民检察院2011年办理的行政、民事案件检察监督情况，切实加强对检察工作的监督。

【关注民生热点】2012年，市人大常委会在涉及百姓生活的诸多方面，不断加大监督力度，取得显著成效。年内，对寄宿制联合中学和实验小学建设情况进行视察，有力地推动建设进度和疑难问题的解决。听取和审议市政府《关于我市医疗卫生工作情况的报告》，提出加大资金投入、改革用人机制、建立多元投入机制、强化新农合作用、重视中小学卫生保健工作、强化医德医风建设等意见。组织代表对城市基础设施建设工作和临海产业区污水处理工程进行视察，要求市政府着力解决“行路难”“吃水难”和上水不畅、下水“梗阻”以及环境保护等民生问题，着眼梳妆城市“容貌”，在绿化、美化、亮化上下功夫。

【换届选举工作】2012年是兴城市、乡人大换届选举之年，兴城市人大常委会认真调研，精心组织，发扬民主，全市共有44.3万选民参加投票，选举产生239名市人大代表、1006名乡人大代表，基层代表和妇女代表比例大幅上升，党政干部比例明显下降，代表结构进一步优化，换届选举工作取得圆满成功，各级政权建设得到加强。

【2012年市人大常委会历次会议】

第二十七次会议，2月14日召开。会议的议题是：通过市六届人大五次会议有关事宜；通过《市人大常委会工作报告（审议稿）》；通过《市人大常委会2012年工作要点（审议稿）》。

第二十八次会议，3月30日召开。会议的议题是：审查和批准《关于兴城市2011年财政总决算情况的报告》；审查和批准《关于兴城市2012年部门预算（草案）的报告》；决定人事任免。

第二十九次会议，5月30日召开。会议的议题是：听取和审议市政府《关于2011年我市财政预算执行和其他财政收支审计情况的报告》；听取和审议市政府《关于贯彻实施〈中华人民共和国安全生产法〉情况的报告》；听取和审议市政府《关于我市医疗卫生工作情况的报告》；决定人事任免。

第三十次会议，7月13日召开。会议的议题是：通过兴城市人大常委会关于市、乡两级人民代表大会换届选举时间的决定（草案）；通过

《兴城市市、乡两级人民代表大会换届选举工作实施方案（草案）》；通过兴城市选举委员会组成人员名单（草案）；决定人事任免；通过关于接受于学利辞去兴城市人民政府市长职务的决定（草案）；通过关于赵家鹏为兴城市人民政府代理市长的决定（草案）。

第三十一次会议，7 月 27 日召开。会议的议题是：听取和审议市政府《关于 2012 年上半年财政预算执行情况的报告》；听取和审议市政府《关于 2012 年上半年国民经济和社会发展计划执行情况的报告》；听取和审议市政府《关于贯彻实施〈中华人民共和国消防法〉情况的报告》；通过兴城市人大常委会关于任命乡镇选举委员会组成人员的决定（草案）。

第三十二次会议，9 月 26 日召开。会议的议题是：听取和审议市政府《关于 2011 年财政预算执行和其他财政收支审计有关问题整改情况的报告》；听取和审议市政府《关于市六届人大五次会议人大代表建议、批评和意见办理情况的报告》；决定人事任免。

第三十三次会议，10 月 11 日召开。会议的议题是：兴城市人大常委会关于许可对市六届人大代表王殿华依法采取强制措施的决定。

第三十四次会议，10 月 24 日召开。会议的议题是：兴城市人大常委会关于变更市、乡两级人民代表大会代表选举日期的决定。

第三十五次会议，11 月 9 日召开。会议的议题是：通过关于召开市七届人大一次会议时间的决定；通过关于接受卢广金辞去兴城市人民政府副市长职务的决定；决定人事任免；通过关于接受康伟等同志分别辞去市、乡两级选举委员会职务的决定；补选葫芦岛市第四届人民代表大会代表。

第三十六次会议，11 月 21 日召开。会议的议题是：决定市七届人大一次会议有关事项；通过市人大常委会工作报告（草案）；通过市七届人大常委会代表资格审查委员会关于代表资格的审查报告。

七届人大常委会第一次会议，12月20日召开。会议的议题是：通过兴城市人大常委会关于许可对市七届人大代表岳敬东采取强制措施的决定。

2012 年兴城市人大常委会组成人员及其办事机构

·兴城市人大常委会·

主　任　康　伟（2012 年 12 月离任）
　　　　张学军（2012 年 12 月任职）
副主任　董永开　张文成（2012 年 12 月离任）
　　　　张亦喆（女）　田克明
　　　　马宝元（2012 年 12 月离任）
　　　　韩维邦（2012 年 12 月任职）
委　员　王文志　王艳霞（女）　冯　刚
　　　　刘凤涛　许殿金　李文政　李玉环（女）
　　　　李　刚　李　君　李海峰　李　彪
　　　　杨德海　佟德元　宋　丹（女）
　　　　张　昕　张曼颖　张　新　金　镝
　　　　赵友谊　赵更民　魏　民

·人大常委会办事（工作）机构·

办公室
　主　任　许殿金
　副主任　柏春辉　金　镝（2012年9月离任）
研究室
　主　任　金　镝（2012 年 9 月任职）
　副主任　（暂缺）
教科文卫工作委员会
　主　任　田　莹（2012 年 9 月离任）
　　　　　张　昕（2012 年 9 月任职）
　副主任　吕　伟（女，2012 年 9 月离任）
　　　　　韩　英（女，2012 年 12 月任职）
法制工作委员会
　主　任　杨德海
　副主任　程　宏（2012 年 12 月任职）
财政经济工作委员会
　主　任　王德祥（2012 年 9 月离任）
　　　　　吕　伟（女，2012 年 9~12 月）
　　　　　杜志军（2012 年 12 月任职）
　副主任　张　昕（2012 年 9 月离任）

张玉岐（2012年12月任职）

人事代表选举工作委员会

主　任　赵长顺（2012年9月离任）

李　君（2012年9月任职）

副主任　刘祝梅（女，2012年12月离任）

张红梅（女，2012年12月任职）

信访工作委员会

主　任　王东宁（2012年9月离任）

王文志（2012年9月任职）

副主任　王文志（2012年9月离任）

老干部工作委员会

主　任　（暂缺）

副主任　隋　伟（2012年12月任职）

（田赞喜）

兴城市人民政府

【综述】2012年，兴城市地区生产总值实现128.1亿元，全社会固定资产投资总额实现113.1亿元，公共财政预算收入实现11.8亿元，社会消费品零售总额实现56.2亿元，规模以上工业企业总产值实现128.4亿元，县域经济综合实力在全省位次明显前移，增幅在全省名列前茅。

农业产业化迈出新步伐。建设农业设施小区480个、畜禽养殖小区26个、花生良种繁育基地2000公顷，实施节水滴灌面积2333.33公顷，完成千亿斤粮食田间工程1666.67公顷，粮食生产再获丰收。新增农事龙头企业5家、农业专业合作社31家，九股河牧业一期投产，馨予农产品深加工项目开工，农业产业化水平不断提高。完成农村重点水利工程128项、饮水安全工程67处，修建道路233公里，实施“一事一议”财政奖补项目88个。植树造林15400公顷，发展干果经济林666.67公顷，治理小开荒933.33公顷，完成闭坑矿生态治理项目15个，青山保护工程成果显著，兴城市被评为省林权制度改革先进市、省森林防火先进市。新建乡镇便民服务中心10个，完成4个市级新农村示范村建设。完成44.97公里建兴高速公路征地动迁工作。完成青山水库一期移民搬迁1386户，移民回迁楼、移民小学和3个移民新村建成使用，首批312户移民按时回迁，青山水库移民工作取得阶段性胜利。

工业化水平明显提升。临海产业区污水处理厂竣工，研发中心、金融中心、商务酒店、燃气站、二次变电主体工程完工，10万平方米职工住宅投入使用。大力开展主题概念招商，全年组织“走出去、请进来”招商活动40余次，新增落户项目38个，预计引进省外内资125亿元，实际利用外资1亿美元。产业集群不断壮大，成功承办第二届国际沙滩·泳装文化博览会，泳装园二期开工建设，全市规模以上泳装企业达到19家。协调金融机构发放工业贷款6亿元，争取扶持资金1724万元，完成5家企业技改升级。实施品牌战略，新增国家驰名商标1个、地理标志证明商标1个、集体商标1个、省著名商标10个、省名牌产品4个、市著名商标12个。狠抓节能减排，完成化学需氧量削减219吨、二氧化硫削减927吨，工业企业可持续发展能力显著增强。

城市化进程显著加快。滨海温泉新城建设全面展开，收储邴家湾土地216.67公顷，兴海栈道一期工程竣工，铺设市政管线9.5公里，纬九路竣工通车，国际比基尼广场项目开始启动。完善古城保护开发系列规划，完成北二街公共建筑拆除和527户居民搬迁，古城内给排水、供电、供暖、燃气等基础设施改造完毕。完成宁远客栈、校兵场及部分名人故居、传统民居复建工程设计工作。投资3亿元，完成龙兴路兴城段、兴海南街等24条城市道路修建工程。投资7278万元，铺设人行步道方砖6.9万平方米，安装路灯871盏，新增绿化面积29.4万平方米，改造低温供暖小区60万平方米，铺设给排水管线56公里。盘活资产，整合资源，成功处置国有资产17宗，实现收益1.9亿元；公开出让国有土地169公顷，实现土地收益15.5亿元；法院审判中心投入使用，公安服务中心、民政司法服务中心主体完工。加强城市综合治理，强化生态环境保护，省控重点污染源达标率100%，城市空气优良天数比例达到98%以上。完成总投资3亿元的兴城河城区段综合治理一期工程，“一河清水、两岸风光”的秀美画卷呈现在全市人民面前。

服务业繁荣发展。高家岭“世界温泉部落”星级酒店主体完工，首山丽汤温泉项目开工建设，红麦坊、香港俊安海洋城签约落户。富都国际酒店投入运营，海上海五星级酒店主体完工，金天屹城市综合体、合富广场开工建设。东关、西关农贸市场完成主体工程，煤炭交易中心投入使用，铁西物流中心、兴隆大家庭二期开始启动。引导房地产业健康发展，全年房地产开发面积达到126万平方米。积极开展旅游促销，强化旅游行业监管，旅游市场持续升温，全年接待游客460万人次，旅游总收入突破25亿元。

民生保障卓有成效。企业职工基本养老保险参保人数达到4.2万人，征收统筹基金1.36亿元，企业基本医疗、失业保险参保人数稳定增加。发放城乡居民社会养老保险基础养老金4356万元，市劳保局被国务院授予全国“新型农村和城镇居民社会养老保险工作先进单位”。新增实名制就业7361人，农村劳动力转移就业8.2万人，公益性岗位达到1162个，全市城镇登记失业率控制在3.2%以内。发放小额担保贷款2000万元，扶持400名妇女自主创业。实施廉租住房补贴500户，新建经济适用房50户，援助单亲贫困母亲建房50户，为特困居民新建和维修房屋1214户。投入资金2348万元，提高城乡低保户、“五保”户等困难群众补贴标准。筹集资金1145万元，为37086户特困家庭提供就学、医疗等临时救助。全面实施农村医疗救助一站式服务，20种重大疾病纳入到民政医疗救助范围。

社会事业协调发展。推进教育资源整合，总投资1.7亿元的二高中新校区投入使用，总投资1亿元的联合中学和实验学校完成主体工程，投资1.1亿元改善学校办学条件。加强师资力量，择优聘用大学毕业生122人。购置高标准校车10辆，有效解决部分山区学生乘车难问题。稳步实施医疗卫生体制改革，乡镇卫生院和社区卫生服务中心全部实行国家基本药物制度。新建127个农家书屋，完成15个乡镇文化站建设，举办“兴城之夏”文化广场活动24场。兴城历史文化丛书开始编写，地方志续编工作有序进行。落实人口与计划生育扶持政策，计划生育率97.06%。新建乡镇计生服务站6个，4个计生服务站被评为省级“计划生育优质服务示范站”。

民主法制和精神文明建设明显加强。自觉接受市人大及其常委会依法监督和市政协民主监督。办理人大代表建议31件，政协委员提案98件，办复率达到100%。深入开展“六五”普法宣传，依法治市工作不断加强。“五大系统”建设稳步推进，惠民政策大排查成果显著，软环境和廉政建设取得实效，查处违法违纪案件167起，挽回经济损失1123万元。深入开展群众性精神文明创建活动，城乡文明程度和公民思想道德素质进一步提高。受理群众来信来访815件4597人次，案件息访率达到85%以上，上级交办积案化解率达到100%，圆满完成国家、省、市重大活动期间的维稳工作。开展安全生产大检查和专项整治，安全生产形势保持稳定。加强社会管理综合治理，“平安兴城”创建成效明显，破获各类刑事案件634起，市公安局被评为全省优秀公安局。积极开展双拥共建工作，兴城市荣获省双拥模范城称号。

【请示】

1月15日，兴城市人民政府向葫芦岛市人民政府报送（兴政〔2012〕3号）文件，《关于兴城市确定2012年度村民一事一议筹资上限标准的请示》。

1月16日，兴城市人民政府向葫芦岛市人民政府报送（兴政〔2012〕4号）文件，《关于将青山水库移民纳入后期扶持范围的请示》。

2月4日，兴城市人民政府向葫芦岛市人民政府报送（兴政〔2012〕9号）文件，《关于批准公布兴城古城保护规划的请示》。

2月16日，兴城市人民政府向葫芦岛市人民政府报送（兴政〔2012〕13号）文件，《关于兴城市申报鲆鲽鱼类工厂化养殖“一县一业”示范县的请示》。

3月12日，兴城市人民政府向葫芦岛市人民政府报送（兴政〔2012〕22号）文件，《关于暂借土地收储资金的请示》。

3月13日，兴城市人民政府向葫芦岛市人民政府报送（兴政〔2012〕23号）文件，《关于于学利等同志赴香港进行经贸洽谈的请示》。

3月21日，兴城市人民政府向葫芦岛市人民政府报送（兴政〔2012〕28号）文件，《关于申报明清兴城城墙为世界文化遗产的请示》。

3月21日，兴城市人民政府向辽宁省文化厅报送（兴政〔2012〕29号）文件，《关于申报明清兴城城墙为世界文化遗产的请示》。

4月25日，兴城市人民政府向葫芦岛市人民政府报送（兴政〔2012〕40号）文件，《关于张学军同志赴希腊等国进行经贸洽谈的请示》。

5月4日，兴城市人民政府向辽宁省国土资源厅报送（兴政〔2012〕46号）文件，《关于兴城市追加新增建设用地指标的请示》。

5月10日，兴城市人民政府向葫芦岛市人民政府报送（兴政〔2012〕51号）文件，《关于建设葫芦岛港兴城港区的请示》。

5月11日，兴城市人民政府向辽宁省国土资源厅报送（兴政〔2012〕52号）文件，《关于申请地热地质勘查专项资金的请示》。

5月11日，兴城市人民政府向辽宁省国土资源厅报送（兴政〔2012〕53号）文件，《关于追加新增建设用地指标的请示》。

5月25日，兴城市人民政府向葫芦岛人民政府报送（兴政〔2012〕64号）文件，《关于王建华等同志赴香港进行经贸洽谈的请示》。

6月1日，兴城市人民政府向葫芦岛市人民政府报送（兴政〔2012〕70号）文件，《关于日本国石川县川北町友好访问团访问兴城市的请示》。

6月25日，兴城市人民政府向葫芦岛市人民政府报送（兴政〔2012〕82号）文件，《关于青山水库移民安置工作的请示》。

6月25日，兴城市人民政府向葫芦岛市人民政府报送（兴政〔2012〕83号）文件，《关于韩国西归浦市友好访问团访问兴城市的请示》。

7月10日，兴城市人民政府向葫芦岛市青山水库工程建设指挥部报送（兴政〔2012〕89号）文件，《关于青山水库移民安置工作的请示》。

7月9日，兴城市人民政府向葫芦岛市人民政府报送（兴政〔2012〕93号）文件，《关于调整城镇土地使用税征收范围土地等级和适用税额的请示》。

7月18日，兴城市人民政府向辽宁省青山保护工作领导小组办公室报送（兴政〔2012〕95号）文件，《关于调整兴城市青山保护规划的请示》。

7月27日，兴城市人民政府向葫芦岛市人民政府报送（兴政〔2012〕96号）文件，《关于兴城市继续享受减免土地出让金纯收益上解政策的请示》。

8月9日，兴城市人民政府向葫芦岛市人民政府报送（兴政〔2012〕100号）文件，《关于邀请政府领导参加兴城临海产业区辽宁晨光塑料制品有限公司一期项目投产开业庆典的请示》。

8月9日，兴城市人民政府向葫芦岛市人民政府报送（兴政〔2012〕101号）文件，《关于邀请市政府领导参加兴城市招商引资推介会的请示》。

8月15日，兴城市人民政府向葫芦岛市人民政府报送（兴政〔2012〕102号）文件，《关于报批兴城市东辛庄满族镇土地利用总体规划（2006—2020年）的请示》。

8月15日，兴城市人民政府向葫芦岛市人民政府报送（兴政〔2012〕103号）文件，《关于报批兴城市乡镇土地利用总体规划（2006—2020年）的请示》。

8月23日，兴城市人民政府向葫芦岛市人民政府报送（兴政〔2012〕105号）文件，《关于兴城市（2006—2020年）规划期内追加新增城乡建设用地指标的请示》。

8月24日，兴城市人民政府向葫芦岛市人民政府报送（兴政〔2012〕106号）文件，《关于拨付移民安置资金的紧急请示》。

10月18日，兴城市人民政府向葫芦岛市人民政府报送（兴政〔2012〕123号）文件，《关于兴城市临海产业区更名为兴城滨海经济区的请示》。

9月28日，兴城市人民政府向葫芦岛市人民政府报送（兴政〔2012〕125号）文件，《关于兴城市高标准基本农田建设项目立项的请示》。

9月28日，兴城市人民政府向葫芦岛市人民政府报送（兴政〔2012〕126号）文件，《关于兴城市土地整理项目产项的请示》。

11月15日，兴城市人民政府向葫芦岛市人民政府报送（兴政〔2012〕127号）文件，《关于兴城市规范市直机关津贴补贴工作的请示》。

11月8日，兴城市人民政府向葫芦岛市人民政府报送（兴政〔2012〕135号）文件，《关于拨付青山水库三道沟乡第一期移民长效补偿资金的请示》。

11月7日，兴城市人民政府向葫芦岛市人民政府报送（兴政〔2012〕136号）文件，《关于赵家鹏等同志赴香港进行经贸洽谈的请示》。

11月13日，兴城市人民政府向葫芦岛市人民政府报送（兴政〔2012〕138号）文件，《关于同意项雷同志赴法国执行专题培训的请示》。

11月14日，兴城市人民政府向葫芦岛市人民政府报送（兴政〔2012〕139号）文件，《关于评审葫芦岛港兴城港区规划的请示》。

11月30日，兴城市人民政府向葫芦岛市人民政府报送（兴政〔2012〕144号）文件，《关于申报2012年兴城市青山水库后期扶持人口的请示》。

【报告】

1月12日，兴城市人民政府向葫芦岛市人民政府报送（兴政〔2012〕2号）文件，《关于柴素文顾绍斌信访案件情况的报告》。

2月14日，兴城市人民政府向葫芦岛市国土局报送（兴政〔2012〕10号）文件，《关于兴城市开展城乡建设用地增减挂钩试点的报告》。

2月25日，兴城市人民政府向市人大常委会报送（兴政〔2012〕33号）文件，《关于兴城临海产业区项目建设资金纳入财政预算的报告》。

5月7日，兴城市人民政府向辽宁省水利厅报送（兴政〔2012〕47号）文件，《关于基层水利服务体系建设承诺的报告》。

5月8日，兴城市人民政府向葫芦岛市人民政府报送（兴政〔2012〕48号）文件，《关于落实都本伟市长裴伟东常务副市长指示精神情况的报告》。

8月3日，兴城市人民政府向葫芦岛市人民政府报送（兴政〔2012〕98号）文件，《关于贯彻落实陈政高省长到葫芦岛市调研重要讲话精神情况报告》。

9月12日，兴城市人民政府向葫芦岛市人民政府报送（兴政〔2012〕116号）文件，《关于原8271厂部分退休工人职工上访问题有关情况的报告》。

9月24日，兴城市人民政府向国家土地督察沈阳局报送（兴政〔2012〕118号）文件，《关于对兴城土地管理例行督察所涉及问题有关情况的报告》。

11月10日，兴城市人民政府向国家土地督察沈阳局报送（兴政〔2012〕128号）文件，《关于对兴城市土地管理例行督察所涉及问题有关情况的补充报告》。

11月8日，兴城市人民政府向葫芦岛市人民政府报送（兴政〔2012〕137号）文件，《关于承诺将兴城市2012年第21、22、23批次用地纳入沙后所满族镇土地利用总体规划（2006—2020年）允许建设区的报告》。

12月22日，兴城市人民政府向市人大常委会报送（兴政〔2012〕148号）文件，《关于兴城临海产业区项目建设资金纳入财政预算的报告》。

【批复】

1月21日，兴城市人民政府向兴城市安监局下发（兴政〔2012〕5号）文件，《关于同意兴城市安全生产监督管理局2012年安全监管执法计划的批复》。

1月21日，兴城市人民政府向兴城市安监局下发（兴政〔2012〕6号）文件，《关于同意兴城市郭普林个体施工队“10·20”高处坠落瞒报事故处理意见的批复》。

1月21日，兴城市人民政府向兴城市安监局下发（兴政〔2012〕7号）文件，《关于同意兴城市华山四合采石场“12·1”车辆伤害事故调查意见的批复》。

2月7日，兴城市人民政府向兴城市国土局下发（兴政〔2012〕8号）文件，《关于同意拨付2011年度耕地保护奖励资金的批复》。

2月14日，兴城市人民政府向兴城市城建

局下发（兴政〔2012〕11号）文件，《关于同意沙后所南门村拟出让地块规划条件的批复》。

3月1日，兴城市人民政府向大寨乡政府下发（兴政〔2012〕14号）文件，《关于同意大寨满族乡总体规划（2011—2030）的批复》。

3月1日，兴城市人民政府向兴城市规划管理处下发（兴政〔2012〕15号）文件，《关于同意上城贵府项目容积率调整的批复》。

3月5日，兴城市人民政府向兴城市规划管理处下发（兴政〔2012〕17号）文件，《关于同意兴城原食品公司院内地块规划条件的批复》。

3月5日，兴城市人民政府向兴城市规划管理处下发（兴政〔2012〕18号）文件，《关于同意兴城渤海热电公司东侧地块规划条件的批复》。

3月7日，兴城市人民政府向兴城市水利局下发（兴政〔2012〕19号）文件，《关于同意兴城市小型农田水利工程管护体制方案的批复》。

3月7日，兴城市人民政府向兴城市财政局下发（兴政〔2012〕20号）文件，《关于同意兴城市2010—2012年小型农田水利重点县项目资金整合实施方案的批复》。

3月19日，兴城市人民政府向兴城市财政局下发（兴政〔2012〕25号）文件，《关于同意实施兴城古城商业街土地整理及基础设施建设项目的批复》。

3月19日，兴城市人民政府向兴城市财政局下发（兴政〔2012〕26号）文件，《关于同意实施兴城河城区段市政基础设施建设工程项目的批复》。

3月19日，兴城市人民政府向兴城市财政局下发（兴政〔2012〕27号）文件，《关于同意实施龙兴路拓宽改造土地整理及基础设施建设项目的批复》。

3月16日，兴城市人民政府向兴城市财政局下发（兴政〔2012〕30号）文件，《关于同意兴城市盛宁建设投资有限公司进行资产抵押的批复》。

3月16日，兴城市人民政府向兴城市财政局下发（兴政〔2012〕31号）文件，《关于同意兴城市盛宁建设投资有限公司进行资产抵押的批复》。

4月10日，兴城市人民政府向兴城市规划管理处下发（兴政〔2012〕34号）文件，《关于同意钓鱼台小学西侧地块规划条件的批复》。

4月19日，兴城市人民政府向兴城市规划管理处下发（兴政〔2012〕35号）文件，《关于同意佟屯村102线东侧拟出让地块规划条件的批复》。

4月16日，兴城市人民政府向中石油葫芦岛分公司下发（兴政〔2012〕37号）文件，《关于同意迁建加油站的批复》。

4月20日，兴城市人民政府向兴城市文化局下发（兴政〔2012〕38号）文件，《关于同意将王承斌墓地列为县级文物保护单位的批复》。

4月23日，兴城市人民政府向兴城市规划管理处下发（兴政〔2012〕39号）文件，《关于同意双兴供热有限公司东侧拟出让地块规划条件的批复》。

4月27日，兴城市人民政府向兴城市气象局下发（兴政〔2012〕41号）文件，《关于同意兴城市山洪地质灾害隐患点建设自动雨量站的批复》。

3月16日，兴城市人民政府向兴城市财政局下发（兴政〔2012〕42号）文件，《关于同意实施兴城古城商业街环境整治与基建项目的批复》。

3月16日，兴城市人民政府向兴城市财政局下发（兴政〔2012〕43号）文件，《关于同意兴城市盛宁建设投资有限责任公司进行资产抵押的批复》。

4月28日，兴城市人民政府向兴城市安监局下发（兴政〔2012〕44号）文件，《关于同意兴城市二高中体育馆工程"3·17"物体打击事故调查意见的批复》。

5月3日，兴城市人民政府向兴城市城建局下发（兴政〔2012〕45号）文件，《关于同意汤上村委会南侧出让规划条件局部调整的批复》。

5月9日，兴城市人民政府向兴城市规划管理处下发（兴政〔2012〕50号）文件，《关于同意原公安局院内拟出让地块规划条件的批复》。

5月12日，兴城市人民政府向兴城市规划

管理处下发（兴政〔2012〕54号）文件，《关于同意葫芦岛市儿童福利院项目规划选址的批复》。

5月14日，兴城市人民政府向兴城市规划管理处下发（兴政〔2012〕55号）文件，《关于同意四家招待所及周边地块规划条件的批复》。

5月14日，兴城市人民政府向兴城市规划管理处下发（兴政〔2012〕56号）文件，《关于同意纪家村龙兴路东侧拟出让地块规划条件的批复》。

5月14日，兴城市人民政府向兴城市规划管理处下发（兴政〔2012〕57号）文件，《关于同意南关林场龙兴路西侧拟出让地块规划条件的批复》。

5月15日，兴城市人民政府向兴城市劳动和社会保障局下发（兴政〔2012〕59号）文件，《关于同意兴城市建筑领域农民工工资保证金制度实施办法的批复》。

5月16日，兴城市人民政府向兴城市服务业局下发（兴政〔2012〕60号）文件，《关于同意建设兴城市铁西农贸市场的批复》。

5月16日，兴城市人民政府向兴城市服务业局下发（兴政〔2012〕61号）文件，《关于同意建设兴城市煤炭交易中心的批复》。

5月30日，兴城市人民政府向兴城市城建局下发（兴政〔2012〕66号）文件，《关于同意东辛庄镇医院南侧拟出让地块规划条件的批复》。

5月30日，兴城市人民政府向兴城市城建局下发（兴政〔2012〕67号）文件，《关于同意102线东辛庄段373公里北侧加油站东侧拟出让地块规划条件的批复》。

6月1日，兴城市人民政府向兴城市规划管理处下发（兴政〔2012〕69号）文件，《关于同意原兴城燃料公司地块规划条件的批复》。

6月1日，兴城市人民政府向盛宁投资公司下发（兴政〔2012〕71号）文件，《关于同意兴城滨海新区土地收储整理项目（一期）实施方案的批复》。

6月1日，兴城市人民政府向盛宁投资公司下发（兴政〔2012〕72号）文件，《关于同意兴城滨海新区土地收储整理项目（一期）建设有关问题的批复》。

6月7日，兴城市人民政府向兴城市公安局下发（兴政〔2012〕73号）文件，《关于同意重新确定兴城市治安保卫重点单位的批复》。

6月11日，兴城市人民政府向兴城市规划管理处下发（兴政〔2012〕75号）文件，《关于同意原果品公司院内拟出让地块规划条件的批复》。

6月13日，兴城市人民政府向兴城市安监局下发（兴政〔2012〕76号）文件，《关于同意瀚森木业有限公司锅炉房工程“5·7”高处坠落事故处理意见的批复》。

6月27日，兴城市人民政府向兴城市规划管理处下发（兴政〔2012〕84号）文件，《关于同意原商业疗养院北侧拟出让地块规划条件的批复》。

7月2日，兴城市人民政府向兴城市规划管理处下发（兴政〔2012〕85号）文件，《关于同意葫芦岛凯斯科技发展有限公司北侧拟出让地块规划条件的批复》。

7月6日，兴城市人民政府向兴城市安监局下发（兴政〔2012〕86号）文件，《关于同意兴城市碱厂乡白庙子村王影沟屯“6·7”车辆伤害事故调查报告的批复》。

7月10日，兴城市人民政府向兴城市安监局下发（兴政〔2012〕91号）文件，《关于同意温馨家园二期A区9#工程“6·13”高处坠落事故处理意见的批复》。

6月21日，兴城市人民政府向兴城市规划管理处下发（兴政〔2012〕92号）文件，《关于同意甲醇厂西侧地块规划条件的批复》。

7月18日，兴城市人民政府向兴城市规划管理处下发（兴政〔2012〕94号）文件，《关于同意中铁十二局集团兴城疗养院项目规划选址的批复》。

8月20日，兴城市人民政府向兴城市规划管理处下发（兴政〔2012〕104号）文件，《关于同意兴城市排水专项规划的批复》。

8月30日，兴城市人民政府向兴城市城建局下发（兴政〔2012〕107号）文件，《关于同意红崖子工商所南侧拟出让地块规划条件的批复》。

8月30日，兴城市人民政府向兴城市城建局下发（兴政〔2012〕108号）文件，《关于同意元台子乡八里村吴屯西侧拟出让地块规划条件的批复》。

8月30日，兴城市人民政府向兴城市城建局下发（兴政〔2012〕109号）文件，《关于同意沙后所镇乱泥村后王村高速公路出入口拟出让地块规划条件的批复》。

8月30日，兴城市人民政府向兴城市泳装行业管理办公室下发（兴政〔2012〕110号）文件，《关于同意申报兴城泳装地理标志集体商标的批复》。

8月30日，兴城市人民政府向兴城市农业技术推广中心下发（兴政〔2012〕111号）文件，《关于同意申报兴城土豆地理标志证明商标的批复》。

8月30日，兴城市人民政府向兴城市农业技术推广中心下发（兴政〔2012〕112号）文件，《关于同意申报兴城大根萝卜地理标志证明商标的批复》。

9月4日，兴城市人民政府向兴城市安监局下发（兴政〔2012〕113号）文件，《关于同意兴城市羊安乡羊安村秦晓光非法翻建民宅“7·15”触电事故调查报告的批复》。

9月4日，兴城市人民政府向兴城市安监局下发（兴政〔2012〕114号）文件，《关于同意兴城市渤海修造船厂“7·16”事故调查报告的批复》。

9月9日，兴城市人民政府向兴城市城建局下发（兴政〔2012〕115号）文件，《关于同意白塔乡白塔村南荒地河边公略焊业北侧拟出让地规划条件的批复》。

9月26日，兴城市人民政府向兴城市城建局下发（兴政〔2012〕119号）文件，《关于同意沙后所镇南门外村原面粉厂院内拟出让地规划条件的批复》。

9月26日，兴城市人民政府向兴城市城建局下发（兴政〔2012〕120号）文件，《关于同意沙后所镇城内村原防爆厂院内拟出让地规划条件的批复》。

10月10日，兴城市人民政府向兴城市民政局下发（兴政〔2012〕122号）文件，《关于同意滨海大道等六条街路命名的批复》。

10月22日，兴城市人民政府向兴城市水利局下发（兴政〔2012〕131号）文件，《关于同意组建兴城市高效节水灌溉工程项目法人的批复》。

11月2日，兴城市人民政府向兴城市城建局下发（兴政〔2012〕133号）文件，《关于同意华山街道下长茂村原砖厂北侧拟出让地块规划条件的批复》。

11月27日，兴城市人民政府向兴城市安监局下发（兴政〔2012〕143号）文件，《关于同意兴城市澜景制衣有限公司车间工程“10·31”高处坠落事故处理意见的批复》。

12月10日，兴城市人民政府向兴城市环保局下发（兴政〔2012〕145号）文件，《关于同意淘汰兴城市刘台子乡铁合金钨钼生产线的批复》。

11月29日，兴城市人民政府向兴城市城建局下发（兴政〔2012〕146号）文件，《关于同意兴城市水岸绿洲小区E08—101室天然气爆燃事故调查处理意见的批复》。

12月22日，兴城市人民政府向兴城市城建局下发（兴政〔2012〕147号）文件，《关于同意元台子乡姜女村藏龙山公墓东侧拟出让地块规划条件的批复》。

【决定】

3月7日，兴城市人民政府向市财政局下发（兴政〔2012〕21号）文件，《关于授权市国有资产监督管理局设立兴城市盛宁建设投资有限责任公司的决定》。

10月12日，兴城市人民政府下发（兴政〔2012〕132号）文件，《关于收回拟建的兴城古城宁远客栈周边国有土地使用权的决定》。

【通知】

1月8日，兴城市人民政府向各乡镇人民政府、街道办事处及有关部门下发（兴政办发

〔2012〕1号）文件，《关于做好2012年春节运输工作的通知》。

1月19日，兴城市人民政府向各乡镇人民政府、街道办事处及有关部门下发（兴政办发〔2012〕2号）文件，《关于转发兴城市“迎全运·保安全”瘦肉精专项整治工作方案的通知》。

1月30日，兴城市人民政府向各乡镇人民政府、街道办事处及有关部门下发（兴政办发〔2012〕3号）文件，《关于调整市直机关作息时间的通知》。

3月5日，兴城市人民政府向各乡镇人民政府、街道办事处及有关部门下发（兴政办发〔2012〕4号）文件，《关于印发兴城市青山保护工程实施方案的通知》。

3月12日，兴城市人民政府向各乡镇人民政府、街道办事处及有关部门下发（兴政办发〔2012〕5号）文件，《关于印发兴城市2012年政府工作报告任务分解表的通知》。

3月15日，兴城市人民政府向各乡镇人民政府、街道办事处及有关部门下发（兴政办发〔2012〕6号）文件，《关于调整兴城市食品安全委员会成员及进一步明确各成员单位部分领域食品安全监管职责分工的通知》。

3月26日，兴城市人民政府向各乡镇人民政府、街道办事处及有关部门下发（兴政办发〔2012〕7号）文件，《关于加强流行性出血热防治工作的通知》。

4月25日，兴城市人民政府向各乡镇人民政府、街道办事处及有关部门下发（兴政办发〔2012〕8号）文件，《关于转发兴城市在用工业锅炉专项整治工作方案的通知》。

5月4日，兴城市人民政府向各乡镇人民政府、街道办事处及有关部门下发（兴政办发〔2012〕9号）文件，《转发关于 < 中华人民共和国政区大典·辽宁分卷·兴城词条 > 编纂工作实施方案的通知》。

5月9日，兴城市人民政府向各乡镇人民政府、街道办事处及有关部门下发（兴政办发〔2012〕10号）文件，《关于组织开展“5·15”政务公开日活动的通知》。

5月14日，兴城市人民政府向各乡镇人民政府、街道办事处及有关部门下发（兴政办发〔2012〕11号）文件，《关于加强和完善服务业统计工作的通知》。

5月16日，兴城市人民政府向各乡镇人民政府、街道办事处及有关部门下发（兴政办发〔2012〕12号）文件，《转发关于开展货运车辆非法超限超载治理工作实施方案的通知》。

5月21日，兴城市人民政府向各乡镇人民政府、街道办事处及有关部门下发（兴政办发〔2012〕13号）文件，《关于转发兴城市安全生产领域“打非治违”专项行动方案的通知》。

6月11日，兴城市人民政府向各乡镇人民政府、街道办事处及有关部门下发（兴政办发〔2012〕14号）文件，《关于转发兴城市城区防汛应急预案的通知》。

6月11日，兴城市人民政府向各乡镇人民政府、街道办事处及有关部门下发（兴政办发〔2012〕15号）文件，《关于碱厂乡白庙子村“6·7”非法选矿安全生产事故的通报》。

6月12日，兴城市人民政府向各乡镇人民政府、街道办事处及有关部门下发（兴政办发〔2012〕16号）文件，《关于转发兴城市开展城市绿化美化净化亮化竞赛活动实施方案的通知》。

6月25日，兴城市人民政府向各乡镇人民政府、街道办事处及有关部门下发（兴政办发〔2012〕17号）文件，《关于报送2012年上半年工作总结及下半年工作安排的通知》。

6月26日，兴城市人民政府向各乡镇人民政府、街道办事处及有关部门下发（兴政办发〔2012〕18号）文件，《关于推进品牌建设工作的通知》。

6月29日，兴城市人民政府向各乡镇人民政府、街道办事处及有关部门下发（兴政办发〔2012〕19号）文件，《关于加快全国电网建设的通知》。

7月17日，兴城市人民政府向各乡镇人民政府、街道办事处及有关部门下发（兴政办发〔2012〕20号）文件，《关于印发在新形势下结合爱民固边战略加强海防工作实施方案的通知》。

7月25日，兴城市人民政府向各乡镇人民政府、街道办事处及有关部门下发（兴政办发〔2012〕21号）文件，《关于加强农村气象机构建设有关问题的通知》。

7月25日，兴城市人民政府向各乡镇人民政府、街道办事处及有关部门下发（兴政办发〔2012〕22号）文件，《关于转发兴城市2012年度地质灾害防治方案的通知》。

8月1日，兴城市人民政府向各乡镇人民政府、街道办事处及有关部门下发（兴政办发〔2012〕23号）文件，《关于印发<兴城市公共机构能源资源消耗统计实施方案>的通知》。

8月6日，兴城市人民政府向各乡镇人民政府、街道办事处及有关部门下发（兴政办发〔2012〕24号）文件，《关于做好“8·4”暴雨后查灾、救灾工作的通知》。

8月14日，兴城市人民政府向各乡镇人民政府、街道办事处及有关部门下发（兴政办发〔2012〕25号）文件，《关于转发兴城市集中开展港口船舶和渔船民管理专项整治行动方案的通知。

8月14日，兴城市人民政府向各乡镇人民政府、街道办事处及有关部门下发（兴政办发〔2012〕26号）文件，《关于转发兴城市清理化解基层医疗机构债务工作实施方案的通知》。

8月31日，兴城市人民政府向各乡镇人民政府、街道办事处及有关部门下发（兴政办发〔2012〕27号）文件，《关于进一步加强政府绩效考评工作的通知》。

8月31日，兴城市人民政府向各乡镇人民政府、街道办事处及有关部门下发（兴政办发〔2012〕28号）文件，《关于开展危险化学品专项安全检查的紧急通知》。

9月24日，兴城市人民政府向各乡镇人民政府、街道办事处及有关部门下发（兴政办发〔2012〕29号）文件，《关于印发兴城市2012年生猪调出大县奖励资金发放方案的通知》。

9月26日，兴城市人民政府向各乡镇人民政府、街道办事处及有关部门下发（兴政办发〔2012〕30号）文件，《关于报送2012年工作总结和2013年工作安排的通知》。

10月8日，兴城市人民政府向各乡镇人民政府、街道办事处及有关部门下发（兴政办发〔2012〕31号）文件，《关于转发兴城市2012年灾民倒损房屋恢复重建工作实施方案的通知》。

10月23日，兴城市人民政府向各乡镇人民政府、街道办事处及有关部门下发（兴政办发〔2012〕32号）文件，《转发关于兴城市开展国家免费孕前优生健康检查项目试点工作实施方案的通知》。

10月28日，兴城市人民政府向各乡镇人民政府、街道办事处及有关部门下发（兴政办发〔2012〕33号）文件，《转发葫芦岛市人民政府办公室关于印发葫芦岛市行政机关公文处理实施细则的通知》。

11月8日，兴城市人民政府向各乡镇人民政府、街道办事处及有关部门下发（兴政办发〔2012〕34号）文件，《关于印发2012年度市政府对市政府各工作部门及直属事业单位绩效考评实施方案的通知》。

11月14日，兴城市人民政府向各乡镇人民政府、街道办事处及有关部门下发（兴政办发〔2012〕35号）文件，《关于转发2012年兴城基层农业技术推广体系改革与建设实施方案的通知》。

12月19日，兴城市人民政府向各乡镇人民政府、街道办事处及有关部门下发（兴政办发〔2012〕36号）文件，《关于加强土地上房屋及附属物征收补偿管理工作的通知》。

12月21日，兴城市人民政府向各乡镇人民政府、街道办事处及有关部门下发（兴政办发〔2012〕37号）文件，《关于转发兴城市2012年廉租住房租赁补贴实施方案的通知》。

12月27日，兴城市人民政府向各乡镇人民政府、街道办事处及有关部门下发（兴政办发〔2012〕38号）文件，《关于转发兴城市清理审定乡村垫交税费债务实施方案的通知》。

12月28日，兴城市人民政府向各乡镇人民政府、街道办事处及有关部门下发（兴政办发〔2012〕39号）文件，《关于转发兴城市2013年春节期间安全生产大检查实施方案的通知》。

12月5日，兴城市人民政府向各乡镇人民政府、街道办事处及有关部门下发（兴政办发〔

2012〕40号）文件，《关于转发兴城市乡镇街道办事处安全生产工作目标管理考核办法的通知》。

2012年兴城市政府领导成员

市　　长　于学利（2012年5月离任）
代 市 长　赵家鹏（2012年7月任职）
市　　长　赵家鹏（2012年12月任职）
副 市 长　张学军（2012年12月离任）
范立民
刘希杰（挂职2012年12月离任）
卢广金（2012年10月离任）
王建华
袁虎迪（挂职）
赵志民（2012年12月离任）
项继飞（2012年12月离任）
刘　星（2012年12月任职）
王月娟（女，2012年12月任职）
刘晓军（2012年12月任职）
市长助理　王春和（2012年6月离任）
张兴生　阎忠军
政府办公室
主　　任　刘晓军（2012年12月离任）
郭永泽（2012年12月任职）
副 主 任　王建华（女，兼）　张立仁
张志新　张　军　谭晓明

（刘蓓芳）

·人事工作·

【概况】2012年，兴城市人事局践行“做好人事人才工作，全力推动经济发展”的工作目标，进一步完善、规范人才市场，大力储备“五大人才库”，推进人才开发工作。全年办理人事代理165人，人才库接收毕业生档案205份，向外单位发送、转递档案78份，为毕业生办理落户209人。年内，制定全市30个政府工作部门及12个政府直属事业单位绩效考评472项职能性指标，新招录公务员派遣到各单位工作岗位。

【科技人才队伍建设】2012年，市人事局职称评审要求严格，严把资格审查关。全年共办理计算机证58人、经济师证2人、统计师证3人，考核各单位专业技术人员6238人，卫生系统办理考试合格的中、初级职称资格证书90人，教育系统资格审查高级职称230人、中级职称265人，农业系统正高级职称3人。办理辽宁省专业技术人员继续教育证书210人。

【工资福利审批】2012年，市人事局办理机关工作人员级别工资滚动升级417人、机关工作人员工资升档1943人。办理事业单位薪级工资升级7854人。办理新录用、调入人员工资审批170人。办理公安局工作人员职务套改，一级警员109人、四级警长5人、三级警长20人。办理教育系统中高级职称兑现工资192人。办理机关事业单位死亡人员丧葬费、抚恤金114人，遗属生活困难补助77人。办理伤残人员伤残保健金136人。办理工伤认定7人，其中公亡2人。办理机关事业单位退休人员298人，其中机关59人、财政拨款事业编制28人、自收自支事业编制72人，办理教师退休133人。

【事业单位法人登记工作】2012年，市人事局根据《关于开展网上办公和实时汇总事业单位登记管理数据工作的通知》，开展事业单位法人登记管理网络培训工作，主要就网上办公和实时汇总事业单位登记管理数据的具体要求与操作步骤进行学习，同时将2012年以前的事业单位登记单机版数据报送给国家，顺利完成由单机办公向网上办公的过渡。全年完成设立事业单位登记26家，变更登记48家，年检207家，证书补领1家，无注销登记。

【2012年兴城市人事局领导成员】
局　　长　张新华
副 局 长　刘　敏　沈文辉（女）

（马　彪）

·信访工作·

【概况】2012 年，兴城市信访局进一步畅通信访渠道，建立新的信访工作秩序，以解决信访突出问题为重点，切实解决好涉及群众切身利益的实际问题，为党的十八大召开营造和谐稳定的社会环境。全年本级信访总量为 4668 人（件）次，同比上年下降 27.8%；来信 24 件，同比上年下降 77.36%；集体访 232 批 3727 人次，批次同比上年下降 22.92%，人次同比上年下降 31.71%；个人访 598 批 917 人次，批次同比上年下降 0.5%，人次同比上年下降 5.56%。

2012 年，进京访个体访 45 批 49 人次，同比上年批次下降 58.3%，人次下降 61.7%；进京集体访 0 人次，同比上年批次、人次下降 100%；进京非正常访 2 批 3 人次，同比上年批次下降 96.4%，人次下降 94.7%；去省个体访 2 批 5 人次，同比上年批次下降 33.3%，人次上升 25%；集体访 3 批 16 人次，同比上年批次下降 50%，人次下降 63.6%；去葫个体访 21 批 35 人次，同比上年批次下降 60.4%，人次下降 57.8%；集体访 6 批 55 人次，同比上年批次下降 79.3%，人次下降 87.4%。

【实施领导接访制】2012 年，兴城市继续实施市领导大接访制度、领导带案下访制。接访日，市委、市政府主要领导准时在信访大厅接待群众到访，又时常下村走访村民，听取群众诉求和相关部门汇报，召开办公会议，研究解决信访问题。全年市领导共接待个人访 112 批 192 人次，集体访 116 批 1939 人次，落实责任单位 208 批 1949 人次，结案 20 批 182 人次，息访 109 批 822 人次。

年内，开展市领导带案下访活动，确保信访问题得以彻底解决。对于重点疑难信访事项，市主要领导带领相关责任部门深入到基层，深入到矛盾多发地，指导信访工作，研究制定解决办法和稳控措施。4 月，三道沟乡青山水库第一期移民的 3 个行政村部分村民以打工为名，进京上访。市委书记于学利、常务副市长张学军等领导到三道沟乡带案下访，通过耐心细致的群众工作，三道沟乡移民村的群众情绪稳定，签订移民协议。年初建昌至兴城高速公路工程启动，为把矛盾化解在基层，市委书记于学利和副市长范立民逐个乡镇摸清情况，出台科学合理又可操作的补偿办法，兼顾全体村民利益又从制度上保障其将来分地权利，补偿分配方案百姓没意见，为农村工作消除影响稳定的隐患。

【为党的十八大创造良好社会环境】2012 年，兴城市全力做好稳定工作，为党的十八大顺利召开创造良好的社会环境。

一是加强责任追究制度。年初市委专门召开工作会议，与乡镇、市直各部门签订《为党的十八大顺利召开创造稳定和谐有序的社会环境》责任书。在重大节日、重要会议期间，继续实行严格的值班制度，在信访事项责任追究上，对群体性上访问题处置失当，造成去省进京等越级访，对党政干部实行问责。

二是加大矛盾排查力度。7 月，在全市进行一次全面的信访矛盾存量排查活动。12 个市直单位、18 个乡镇共排查出个体访案件 26 件、集体访案件 25 件、缠访 4 件。各部门对排查出的信访问题进行认真处理解决，落实领导包案，制定稳控措施，做到思想认识到位，处理解决到位，稳控教育到位。

三是加大重点人员稳控力度。对重点人员，包括涉法涉诉信访人员等 240 人次实施重点稳控。落实主要领导包保稳控责任，确保不发生进京、去省越级访。

四是加大依法处置非正常访处置力度。通过对上访群众的政策、法律法规宣传教育，引导群众依法有序合法上访。依法处理缠访闹访、违法滋事行为，遏制进京非正常上访高发势头，防止发生个人极端事件。全年对于进京非正常上访人员训诫 203 人、拘留 24 人、劳动教养 1 人。

【发挥联席会议协调作用】2012 年，市信访局充分发挥联席会议协调作用，及时就地全力解决信访问题。全市召开专题联席会议 12 次，解决信访问题 30 余件。海上钓鱼台工地农民工 6 月上访2次，反映自2012年3月5日以来都没有拿到工资，涉及300余人，拖欠工资总额近300万元。市委书记于学利对该案高度重视，安排常务副市长张学军、副市长范立民、市长助理、信访局局长张兴生召集相关部门召开专题联席会议，该问题得以解决。市民罗某与明城宾馆租赁合同纠纷历时6年多，法院多次审理，罗某更是多次到各级机关上访。市委书记于学利得知情况后，召集相关部门召开专题联席会议，经市委、市政府认定协商，对罗某信访问题进行彻底解决，罗某息访罢诉。

【设立信访专项资金账户】2012年，兴城市在财政局设立专项账户，作为特殊疑难信访问题专项资金，账户启动资金500万元，全部由兴城市自筹拨付。同时抓好配套资金的落实，切实为化解信访案件提供资金保障。年内，从信访救助金中拨付96.9万元用于解决“七彩城”建设指挥部拖欠西一村集体房屋动迁补偿费问题。信访问题专项资金，在积案化解中最大限度地发挥了杠杆作用。全年，信访救助金累计支出481.9万元。

【积案化解工作】2012年，兴城市信访积案3批24件。为彻底化解该批积案，市领导逐案落实责任领导、责任单位和责任人员，切实做到诉求合理合法的解决到位，诉求不合理不合法的解释疏导到位，生活困难的帮扶救助到位，务求实现“案结事了”。

市信访局对所交办信访积案，采取以下措施：一是对积案进行梳理，按照“谁主管、谁负责”的原则对信访积案进行分解，对案件办理情况进行核实。所有交办的信访积案全部纳入全国信访信息系统，建立“信访积案数据库”，对其中疑难复杂的信访积案及时向信访联席会议召集人报告。二是集中力量化解。按照“一个案件、一名领导、一套班子、一个方案、一抓到底”的思路，明确责任主体、承办人员、化解措施、办结时限，因案施策、逐案化解。三是抓好源头预防。强化首办责任制，提高按期办结率和息诉息访率，防止形成重信重访。所交办信访积案化解22件，化解率为91.67%。未化解2件。

【2012年兴城市信访局领导成员】

局　　长　张兴生
副 局 长　杨景生　刘雪松
　　　　　张志学（2012年12月离任）

（夏　双）

兴城临海产业区

【概况】2012年，兴城临海产业区以招商引资为主线，以项目建设为动力，以优质服务为保障，积极应对国际国内经济下滑、投资萎缩的不利局面，确保产业区持续、稳定、快速发展良好态势。全年，产业区生产总值完成11.72亿元，比上年增长56.68%；公共财政预算收入完成1.37亿元，比上年增长124.86%；固定资产投资总额完成28.51亿元，比上年下降19.92%。

【招商引资力度进一步加大】2012年，兴城临海产业区重点围绕以碳纤维为主体的高性能复合材料产业定位，举办大型招商推介会3次。先后在北京、呼和浩特举办大型投资环境说明会，组织多个小组开展主题考察招商20多批次，与长春工业大学、清华大学、山东大学、北京化工大学、吉林化纤集团、中航工业集团基础材料研究所建立良好关系。产业区招商引智取得新突破，晨光塑料、亿科新型材料、特种铸钢3家企业分别与青岛科技大学、中国地质大学、北京工业大学表面工程研究所达成校企合作、院企合作协议，走出一条依托高校，以新技术为支撑、以新材料为主导的产、学、研一体化的科学发展、创新发展新道路。全年，产业区新落户工业项目13个，总投资14.4亿元，其中引进碳纤维新材料生产应用项目2个。

【建设项目实现高速增长】2012年，兴城临海产业区实行管委会领导和一般干部包项目责任制，组织开展项目调度会2次，对在谈项目、签约项目、在建项目进行梳理归类，加大洽谈、督促和跟踪服务力度，促进项目落户开工建设。全年，产业区起步区新开工项目23个，续建项目15个，其中晨光塑料、旭隆科技、凌河型材、佰宏制衣等6个项目竣工投产。

【完善基础设施建设】2012年，兴城临海产业区在市政府投入产业区基础设施建设资金8600万元的基础上，争取上级支持到位资金1933万元，重点实施10项工程。实施2平方公里路基回填和填海工程，完成填方190万立方米；完成起步区2.5平方公里主干路绿化工程；完成污水处理厂主体和主要设备安装工程；完成2×4万千伏安二次变电站主体和设备安装工程，输电线路架设工程快速推进；完成配套服务区1公里道路铺设工程；完成3.2公里给水管网铺设工程；完成8个供暖热交换站建设工程；完成研发中心主体工程；架设通讯线路9公里；完成燃气站主体建设，铺设输气主管道950米。同时，金融中心、商务酒店完成主体工程，继续为入驻产业区企业职工建设住宅楼，新开工面积8万平方米，青山水库移民新居2.36万平方米基本实现当年开工建设、当年交付使用，产业区投资硬环境得到持续改善。

【深化服务取得新进步】2012年，兴城临海产业区服务中心建设进一步加强。工商、地税、国税、国土、城建等部门，服从大局、服务企业，积极帮助企业办理各项手续，解决难题。落实项目跟踪服务责任制。开展“走基层”活动，掌握企业发展动态，协调消防、路政、工商、供电等部门到产业区现场办公，解决企业在手续办理、建设和生产过程中遇到的困难和问题，扶持企业发展，帮助企业完善条件，争取享受国家支持政策，为辽宁双佳、晨光塑料等6家企业争取国家、省、市专项资金和贷款贴息1976万元，为红光锅炉、亿科新型材料、易飞科技等14家企业兑现增值税抵扣政策，全年累计抵扣增值税2681.86万元。

2012年中共葫芦岛兴城临海产业区工作委员会及工作部门领导成员

·兴城临海产业区管委会·

工作委员会书记　陈德良（2012年6月离任）
　　于学利（2012年6月任职）
工作委员会副书记　孙志浩（2012年4月离任）
　　于学利（2012年6月离任）
　　赵家鹏（2012年6月任职）
管委会主任　于学利（2012年6月离任）
　　赵家鹏（2012年6月任职）
管委会副主任　马华生（正县级）
管委会副主任　闫忠军　刘　志　董玉明
管委会主任助理　赵　振

·兴城临海产业区管委会工作部门·

办公室
　主　任　郭永泽（2012年12月离任）
　副主任　张建国　纪长生
外宣办
　主　任　陈晓艳（女）
经发局
　局　长　赵福运
　副局长　李守东　王靖宇
建设局
　局　长　闫忠军
　副局长　周燕驰
财政局
　局　长　王　刚
服务局
　副局长　王　冠

（纪长生）

中国人民政治协商会议兴城市委员会

【概况】2012年，政协兴城市委员会广泛团结、动员参加人民政协的各党派、各团体、各民族、各阶层和各界人士，认真履行政治协商、民主监督、参政议政职能，充分发挥协调关系、汇聚力量、建言献策、服务大局的作用。召开全会2次，常委会4次，主席办公会议12次，开展视察、调研等活动10余次，参加活动委员290多人次。

【多层次开展政治协商】2012年，市政协认真履行政治协商职能。一是认真组织全委会整体协商。六届五次全会、七届一次全会期间，通过分组讨论、与党政领导直接交流等形式，对政府工作报告、计划和财政预算报告、法检两院工作报告进行坦诚协商、中肯建言。二是强化常委会议专题协商。召开常委会4次，着重就工业发展、临海产业区建设、经济社会发展等重点工作进行专题协商，许多意见、建议得到市委、市政府重视和采纳。三是通过调研、视察和办理政协委员提案进行直接协商。完成调研、视察报告12篇，政协参与实际工作的程度不断加深。

【大力拓展民主监督渠道】2012年，市政协在民主监督职能上努力拓展渠道。一是认真组织视察，促进民主监督工作开展。先后组织委员对群众关心的热点和全市重点工作进行视察，形成视察报告4份，提出意见、建议28条。二是发挥委员作用，增强监督实效。常委会推荐政协委员50余名，先后担任市公安局、市法院、市检察院等部门的行风监督员。委员们牢记使命，认真履职，及时反馈意见、建议，促进行风、政风转变。

【注重参政议政质量】2012年，市政协不断探索参政议政新形式，努力在提高建言献策质量上下功夫，精心组织调查研究活动并形成书面报告。着力在“求新、求实、求精”上下功夫，推动建言献策水平不断提高。其中《关于我市农村蔬菜保护地发展情况的调研》《关于我市贫困妇女生存状况的调研》《关于我市民主党派情况的调研》《关于我市校车安全工作的调研》《关于我市生态旅游工作的调研》等引起市委、市政府的高度重视，为全市各项工作科学决策提供重要的参考依据，为经济社会发展起到积极作用。

【政协兴城市六届五次全体会议】2012年2月28日上午，政协兴城市六届五次会议在新启用的行政办公中心第四会议室召开。市委、市人大、市政府主要领导参加会议。在兴城工作的省和葫芦岛市政协委员，各乡镇、街道、市直各部门、群团单位、部分驻兴单位不是政协委员的主要领导应邀列席会议。会议历时两天。

会议听取并审议《中国人民政治协商会议兴城市第六届委员会常务委员会工作报告》；听取并审议《中国人民政治协商会议兴城市第六届委员会常务委员会关于提案工作情况的报告》；与会委员列席市人大六届五次会议，听取并协商《政府工作报告》及其他工作报告；听取《市政协六届五次会议提案审查情况的报告》；审议通过市政协六届五次会议关于常务委员会工作报告和关于提案工作办理情况报告两个决议；表彰优秀政协委员、优秀提案、提案承办先进单位和先进个人；市政协主席蔡成利讲话；市委书记孙志浩讲话。

【政协兴城市七届一次全体会议】2012年12月4日上午，政协兴城市七届一次会议在兴城市行政中心第一会议室开幕。市委、市人大、市政府主要领导参加会议。在兴城工作的省和葫芦岛市政协委员，各乡镇、街道、市直各部门、群团单位、部分驻兴单位不是本届政协委员的主要领导同志应邀列席会议。会议历时3天。

会议听取并审议《中国人民政治协商会议兴城市第六届委员会常务委员会工作报告》；听取并审议《中国人民政治协商会议兴城市第六届委员会常务委员会关于提案情况的报告》；与会委员列席市人大七届一次会议，听取并协商《政府工作报告》和其他报告；选举；听取《市政协七届一次会议提案审查情况的报告》；审议通过有关决议；新当选政协主席崔海明讲话；市委书记于学利讲话。

该次会议选举产生政协七届委员会主席、副主席、秘书长和51名常务委员。崔海明当选为主席，赵志民、王晓章、吕伟、王华松当选为副主席，张跃进当选为秘书长。

【2012年政协兴城市第六届委员会历次常委会议】

第十三次常委会议，2月16日召开。会议审议通过政协六届五次会议相关文件，有常委会工作报告（草案）、提案工作报告（草案）及会议议程、日程、工作机构、秘书长、副秘书长名单、执行主席名单、提案审查委员会名单；审议通过市政协2012年工作要点；蔡成利主席讲话。

第十四次常委会议，7月5日召开。会议审议通过《关于校车安全的调研报告》；审议通过《关于蔬菜保护地生产情况的调研报告》；蔡成利主席讲话。

第十五次常委会议，11月28日召开。会议听取市政府关于市政协六届五次会议以来提案办理情况的通报；审议通过政协七届委员会主席、副主席、秘书长和常务委员提名名单，审议通过七届政协委员名单；审议通过七届政协一次会议主席团、秘书长、执行主席建议名单；审议通过政协七届一次会议议程、日程；审议政协七届一次会议提案审查委员会提名名单；审议通过政协七届一次会议副秘书长名单；审议通过六届政协常委会工作报告（草案）；审议通过六届政协提案办理工作报告（草案）；审议通过《关于兴城市农村贫困妇女生存和发展状况的调研报告》《关于兴城市民主党派情况的调研报告》《关于我市生态旅游发展情况的调研报告》；通过人事任免事项；蔡成利主席讲话。

【2012年政协兴城市第七届委员会历次常委会议】

第一次常委会议，12月12日召开。与会人员听取市委党校常务副校长金景山关于学习党的十八大精神辅导讲座，会议就如何深入学习贯彻党的十八大精神做出部署。

2012年政协兴城市委员会组成人员及其办事机构

·政协兴城市委员会·

主　席　蔡成利（2012年12月离任）
　　　　崔海明（2012年12月任职）
副主席　姜　力（2012年12月离任）
　　　　滕　林（2012年12月离任）
　　　　张永杰（2012年12月离任）
　　　　田中林（2012年12月离任）
　　　　赵志民（2012年12月任职）
　　　　王晓章（2012年12月任职）
　　　　吕　伟（女，2012年12月任职）
　　　　王华松（2012年12月任职）
秘书长　张跃进
常　委　丁桂清（女）　于秀丽（女）
　　　　弓　箭　马　磊（女）　王　英（女）
　　　　王华宝　王宏伟　王学文　王建忠
　　　　王振兴　石忠厚　卢国境　邢云涛
　　　　刘彦芳　刘铁开　孙晓盈　纪红茹（女）
　　　　苏东瀛　杜永顺　李　丹（女）
　　　　李　岚（女）　李　娜（女）　李宏伟
　　　　李春彬　李秋艳（女）　何世维
　　　　宋　平　张　伟（女）　张　扬
　　　　张　春（女）　张立松　张旭辉（女）
　　　　张学智　陆丽君（女）　陈晓冬（女）
　　　　欧阳永乐　周　佳　单　新　赵月春
　　　　赵去非　赵秉收　徐　利　徐　宏
　　　　郭　建　郭海英（女）　崔建华
　　　　韩玉祥　韩忠香　熊波澎　樊殿斌
　　　　魏冬娜（女）

·政协办事机构·

综合办
　主　任　王振兴

副主任 杜立新

经科办

主　任 张福军（2012年9月离任）

李宏伟（2012年9月任职）

副主任 李宏伟（2012年9月离任）

李永生（2012年12月任职）

宣教办

主　任 单　新（2012年9月任职）

副主任 单　新（2012年9月离任）

马恩伟（2012年12月任职）

提案办

主　任 刘　伟（2012年9月离任）

弓　箭（2012年9月任职）

（马恩伟）

中国共产党兴城市纪律检查委员会

【概况】2012年，兴城市纪检监察机关采取积极有效举措，扎实推进党风廉政建设和反腐败各项工作，成效明显。查结案件201件，处分党员、干部212人。其中，乡科级领导干部9人，开除党籍9人，刑事处罚9人，挽回经济损失1123万元。案件查办工作在全省名列前茅。

【监督重大决策落实工作】2012年，市纪检监察机关对2008年以来政府投资项目扩大内需项目进行排查，认真查找在项目决策、招标投标、土地出让、征地拆迁、规划管理、建设实施和质量管理、项目信息公开和诚信体系建设等方面的突出问题，加大整治力度。严肃查处某小区严重违反规划，擅自提高容积率，非法超建，偷漏城建规费283万元等问题。对有关部门相关人员的失职责任进行追究。协调安监、公安等部门查处某处体育馆建筑工地死亡1人的生产事故，对施工单位予以经济处罚，收回项目经理资质证书，5年内不得承担项目经理。加强对建设工程招投标、土地出让、国有资产处置和政府采购的监管工作。

紧紧围绕临海产业区、古城保护开发、建兴高速、青山水库等重点项目，加大监督检查力度。由纪委主要领导带队，对上述重点项目建设情况进行专题调研，市委下发《市政府关于严肃经济软环境建设纪律的规定》，对党员、干部和其他公职人员提出11条禁止性规定。在土地使用、征占拆迁、招标投标、政府采购等方面，做到全程监督，对违规操作或不符合法定程序等情况，坚决停拍废标。全年取消报标资格企业11家。

【廉政文化建设工作】2012年，市纪检监察机关重点开展廉政文化进机关活动。配合省和葫芦岛市纪委成功组织廉政话剧《木匠村官》巡演启动仪式与演出活动。对全市62名拟提拔和重用人员进行任前廉政知识测试。通过新闻媒体集中宣传行政权力运行制度建设、惠民政策大排查活动和纪检监察机关权力运行制度建设等经验做法。利用廉政短信平台，向各级党员领导干部发送廉洁自律、加强换届纪律等廉政短信2.7万条。

春节、“五一”“十一”期间，继续狠抓借机敛财和领导干部执行重大事项报告制度的监督检查。26名副科级以上领导干部按规定报告子女结婚事宜。对党政机关领导干部及工作人员动用公款相互吃请问题进行专项整治，机关作风建设得到加强。

【纠正行业不正之风工作】2012年，市纪检监察机关采取明察暗访、查账、与家长座谈等方式对2所高中、7所中小学收费情况进行抽查，清理59所学校小卖店，整改6所学校食堂存在的问题；采取联合办案、领导包案、集中查办等方法，及时解决、反馈群众反映的问题。查办民心网交办案件238件，获“五星”案件79件。查处违纪案件5件，处分6人，收缴违纪资金3.1万元，清退违规资金45万元。

【“五大系统”建设工作】2012年，市委、市政府召开推进廉政风险防控工作动员部署大会，市纪检监察机关对廉政风险防控和行政权力运行网上公开进行两次业务培训。

一是在行政权力运行制度系统建设上，上年开展行政权力运行制度系统建设的26个部门单位，年内完成网上公示。2012年新开展的28个部门单位，完成廉政风险防控各阶段工作。

二是在公共资源交易系统建设上，为加快公共资源交易系统建设步伐，先后组织人员到海城市、瓦房店市等地进行参观、考察。在充分借鉴外地先进经验的基础上，结合兴城市实际，8月份，组建由市委书记于学利和市委副书记、代市长赵家鹏为组长的市公共资源交易平台建设筹备工作组，具体负责全市公共资源交易平台的建设和筹备工作。

三是在行政绩效管理系统建设上，市政府绩效考评办公室印发《2012年度市政府对各部门及直属事业单位绩效管理职能性指标》，并要求相关单位认真组织实施。

四是在民意诉求反馈系统建设上，建立《兴城市民意诉求责任制》《兴城市民意诉求月报制》等相关制度，完善兴城市民意诉求的办件流程和相关工作制度。

五是在行政权力电子监察系统建设上，电子监察系统运行正常，受理网上行政审批办件合计4949件，办结4940件，办结率达99.82%，未出现红牌业务。

【农村基层党风廉政建设工作】2012年，市纪检监察机关稳步推进农村基层党风廉政建设工作。一是抓《廉洁履行职责若干规定》的贯彻落实。深入开展“五个一”反腐倡廉主题教育活动，以乡镇街道为单位，进行乡村干部全覆盖培训，重点学习贯彻《廉洁履行职责若干规定》，并以乡镇街道为单位进行测试讲评。二是抓“三资”清理。乡镇街道成立“三资”代理服务中心。通过走村入户，逐一排查资产、资源、债权、债务，全市26个乡镇街道237个村全部完成清查任务和台账登记工作。三是抓村务监督委员会建设。市委、市政府印发《关于在全市农村实行村务监督委员会制度的实施意见（征求意见稿）》，全市237个行政村全部建立村务监督委员会。四是抓省纪委等五部门印发的《关于进一步加强乡镇纪检组织建设的实施意见》的贯彻落实。规范乡镇街道纪检组织建设，设专职纪委副书记，由党委纪检委员担任，按实职副科级干部配备。

2012年中共兴城市纪律检查委员会组成人员

书　　记　骆忠山

副 书 记　李希扬　张曼颖

常务委员　陈秀生　赵殿柱　郭永海　王德鑫

委　　员（按姓氏笔画排序）

王德鑫　冯　欢（女）　李　杰（女）

李文政　李以君　李希扬　张曼颖

张新华　陈秀生　赵志刚　赵殿柱

姜修非　骆忠山　郭永海　谭友顺

监察局

局　　长　李希扬

副 局 长　冯　欢（女）

（罗　军）

群众团体与民主党派

兴城市总工会

【概况】2012年，兴城市总工会把基层建会工作作为工作重点，落实建会和发展会员工作，充分发挥党建带工建的作用，除开展独立建会之外，还采取建立区域性工会联合会、行业工会等方式，将微小企业吸纳到工会组织中。到年末，83家符合独立建会条件的企业都独立建会，26家区域性工会和4家行业工会将剩余567家小微企业全部涵盖其中，实现工会组织全覆盖。并在全所有行政村及社区建立工会266家。

【劳动竞赛活动】2012年，市总工会继续开展“当好主力军，奋战‘十二五’，实现新跨越”建功立业竞赛活动，推动劳动竞赛从国有企事业向非公企业、从传统产业向新兴产业拓展。深化重点产业行业、重点领域劳动竞赛，以“五型班组”建设为抓手，深入开展班组劳动竞赛，扩大竞赛覆盖面和职工群众参与率。全年在全市基层企业中开展“五型班组”“优秀师徒”和“明星职工”的评比和表彰。“五一”期间为基层企业30名优秀员工、技术骨干进行免费健康体检。录制“劳模风采”专题片，对兴城市国家级、省级、市级劳模进行宣传，营造“劳动光荣、工人伟大”的良好氛围。

【开展工资集体协商工作】2012年3月，市总工会负责人参加葫芦岛市总工会召开的工资集体协商建制攻坚行动会议，随后成立由工会、劳社局、经信局、工商联、个协三方五部门组成的工作领导小组，建立工资集体协商指导员队伍，聘请2名兼职和4名专职工资集体协商指导员，在全市全面开展工资集体协商工作。其中，兴隆大家庭是葫芦岛地区第一家开展工资集体协商的企业，其经验在全市得到推广。泳装企业是葫芦岛地区第一个开展行业工资集体协商的行业。年内全市开展行业工资集体协商4家、区域性工资集体协商26家，独立开展工资集体协商企业62家，签订集体合同或工资专项集体合同524家，签订率达到76.1%。在开展企业民主管理工作中，兴城市35家国有、集体及控股企业厂务公开、职代会建制率均达100%。非公建会企业393家开展建立厂务公开、职代会制度，建制率达到60%。国有、集体及国有控股企业中公司制企业6家，建立职工董事、职工监事的有3家，建制率为50%；规模以上非公企业中公司制企业13家，建立职工董事、职工监事的有4家，建制率为32.5%。

【监督企业劳动用工】2012年，市总工会与劳动部门、安监部门联合对全市规模以上高危工业企业的劳动安全卫生、劳动用工情况进行专项检查。对10家企业的工资支付情况、依法缴纳保险、女职工特殊劳动保护等情况进行检查，对不合格企业下达整改决定。规模以上高危工业企业签订劳动安全卫生专项集体合同20家，签订率50%。建立事故隐患档案和职业危害档案企业20家，签订率50%。并利用招聘会、培训班、“三下乡”等机会，通过发放宣传单、知识竞赛、问卷调查等方式对广大职工尤其是农民工进行法律法规等方面的培训，增强广大职工的安全意识和维权意识。同时，在乡镇街道和行业工会设有劳动法律监督员，负责日常劳动法律法规执行情况的监督。年内有60家企业参与“安康杯”竞赛。

【劳动争议建制行动】2012年，市总工会调整市级劳动法律监督委员会和劳动争议调解委员会，并建立职工法律援助机构，招聘法律服务志愿者。5月份，市总工会联合市司法局在宁远街道、古城街道、羊安乡、沙后所镇开展建立职工司法人民调解工作室的试点工作，工作室由所在街道、乡镇工会、司法所、劳动所、妇联、各村书记组成，主要职责负责对辖区内劳动争议情况进行预防和调解。该4家试点运作成熟后，市总工会又在其他乡镇街道推行该工作制度，全市共建立司法人民调解工作室26个。在26家乡镇街道和50余家非公企业建立劳动法律监督委员会和劳动争议调解委员会，建立专兼职的劳动法律监督员和劳动争议调解员队伍，对劳动法律法规和国家劳动保障政策进行宣传，依法对劳动保障法律法规执行情况进行监督，对劳动争议进行调解。截至年末，法律中心通过发放宣传单、广播等形式开展法律宣传10余次，发放法律宣传单1000余份，接待上访、提供法律援助60余次，为职工追回经济损失100余万元。劳动争议调解委员会共受理劳动争议案件53件，其中调解5件，裁决16件，不予受理23件，撤诉5件。在处理鼎元综合厂部分残疾职工上访的案件中，工会坚决维护残疾人合法权益，为残疾人追回经济损失84000元，受到市领导肯定。

【职工服务帮扶体系建设】2012年，市总工会帮扶中心是省三星级帮扶中心，中心困难职工档案完整，完全实现动态管理，为1191名困难职工建立档案，中心有完善的帮扶机制和资金管理制度，有专职的工作人员。帮扶中心每年的资金近50万元。市总工会开展的送温暖、送清凉、送亲情、金秋助学等救助活动成为工会帮扶工作品牌。年内为1100名女职工办理安康保险。全市27个社区40家规模以上企业都建立职工帮扶站，其中每个社区帮扶站投入资金5000元，用于帮扶站建设和困难职工帮扶；企业帮扶站则部分投入使用，部分因资金问题未能投入使用。此外，在兴隆大家庭建立爱心超市、在成大方圆建立爱心药店、在职教中心建立爱心学校、在市中心医院建立爱心医院，为职工提供多方位的服务。兴城市有职工培训基地4个，分别是兴隆大家庭、三奇、斯达威和技校，为各自企业培训人才的同时，担负着培训其他下岗职工和农民工的任务，市总工会对其中有创业能力和意愿的人员进行扶持，支持自主创业。

【2012年兴城市总工会领导成员】

主　　席　赵兴华（兼）
副 主 席　佟德元　殷海涛　魏冬娜（女）
　　　　　周朴忠（挂职）

（吉　军）

共青团兴城市委员会

【概况】2012年，共青团兴城市委员会大力推广多元化、动态化的组织设置模式，加强农村、机关、社区及非公企业组织等领域的团建工作，不断扩大团组织对团员青年的有效覆盖，加快提升共青团组织的渗透力和影响力。全市19个乡镇顺利开展乡镇实体化大团委建设工作，完成新建乡（镇）直属团组织780个，覆盖青年35672人。

【开展青少年政治教育】2012年，团市委深化教育，分类引导，扎实开展青少年思想政治教育。一是教育理论学习工作稳固推进。为庆祝共青团成立90周年，团市委开展“党的知识进校园”主题教育活动，引导青少年学党史、知团史；举办“青春共话十八大”主题报告会、座谈会，开展“红领巾心向党——十八大与我们的未来”主题大队会、团队日活动，激发青少年成才报国的热情、坚定跟党走中国特色社会主义道路的理想信念。二是未成年人思想建设不断深入。开展“闪光的青春，高举团旗跟党走”五四大型文艺演出和“我与共青团共成长”主题征文活动，提高青少年爱党、爱国、爱家乡的浓厚热情，激发全市青少年为兴城奋进、和谐发展贡献青春力量。三是新媒体引导青年工作日益完善。团市委逐步建立多层次、广覆盖的新媒体工作机制，大力运用新媒体推进引导青年工作。全年在“兴城共青团”网站发布文字信息100余条，活动图片50余张，传递各类文件材料30余份；“兴城共青团”微博有粉丝20860人，参与“感悟十八大、青春正能量”“微博学党史”“学雷锋、找榜样、争四好”等话题讨论900余条，极大拓宽工作渠道，全面开创共青团新媒体工作新局面。

【引导青少年投身兴城建设】2012年，团市委创新机制，整合资源，引导青少年投身和谐兴城建设。一是青年志愿者服务行动全面深化。年内，团市委组建法制宣传、科普维权、文明出行、爱心公益、医疗卫生等多个较为完善的志愿服务团队，并以“雷锋日”“国际志愿者日”为契机深入开展一系列“传承雷锋精神·向郭明义学习·把幸福给你”为主题的大型志愿服务行动30余次，得到广大青年志愿者的积极响应。二是社会爱心公益事业卓有成效。团市委加强行动落实，整合社会各界资源，大力发挥企业资源优势，积极引导社会各界企业青年投身爱心公益事业，通过开展“党心系童心”“爱心伴我行”“关爱农民工子女光明行动”等多种爱心捐赠活动，共筹集善款3万余元，为全市家庭贫困、品学兼优的学生送去学习和生活用品。同时，广大青年志愿者和团干部走访慰问20家农村困难户，总计捐赠帮扶财物1.2万元。

【关爱青少年成长】2012年，团市委强化服务，完善体系，为青少年成长成才提供保障。一是实施弱势青少年群体帮扶工作。团市委从维护青少年合法权益，服务弱势青少年群体出发，开展“七彩课堂”学业辅导25次、亲情陪伴21次、自护教育19次、感受城市等5次主题突出、意义鲜明的帮扶行动，在一定程度上有效缓解弱势群体的现实问题。二是推进希望工程事业。年内，团市委筹得希望工程助学资金16.5万元，全市292名家庭经济困难的大中小学生得到资助，并在团省委和葫芦岛市团委的帮助下成功启动2012年希望工程“圆梦大学”行动，帮助33名家庭贫困的大学新生圆了大学梦。三是开展预防青少年违法犯罪工作。团市委通过开展“共青团员与人大代表、政协委员面对面”活动，积极探索新形势下做好预防青少年违法犯罪工作的有效机制，并实行“青少年维权岗”“青少年网络文明行动”“青少年法制教育”等专项行动，加大法律宣传力度，落实防范未成年人违法犯罪工作。

【增强青年服务社会能力】2012年，团市委立足实际，有效作为，不断增强青年服务经济社会发展能力。一是全力推进青年就业创业信贷工作。团市委充分发挥团的服务职能，广泛整合资源，联合农村信用合作联社开展青年就业创业小额信贷工作，为农村创业青年提供资金扶持。全年累计发放贷款达210万元，获得贷款人数67人，带动就业人数158人，切实帮助农村青年解决就业创业上的难题。二是深入实施青春建功新农村行动。依托新农村建设专家服务团，全年共开展青年农民技能培训10场次，培训农民1700余人，发放农业科普资料2000余份；新建农民合作社团组织56个，结成青年农民带头人帮扶对子52个，为200余个农村青年解决实际困难。红崖子乡青年陆双玉被评为“辽宁省农村青年致富带头人标兵”称号。三是全面开展青工技能振兴计划。广泛开展岗位练兵、导师带徒、青工技能大赛等活动，深化青年安全示范岗创建工作，评选青年岗位能手20个，全市共有8家单位新获市级“青年文明号集体”荣誉称号。

【2012年共青团兴城市委员会领导成员】

书　记　（暂缺）

副书记　李　彪　马　磊（女）

（马　磊）

兴城市妇女联合会

【概况】2012年，兴城市妇女联合会下辖乡镇妇联19个、街道妇联7个，社区妇联27个，村妇代会237个，市直、企业妇委会30个，妇女之家296个。全市各级妇联组织以创建“坚强阵地”、营造“温暖之家”为主线，紧扣服务与发展主题，努力为妇女儿童办好事、办实事，推进兴城妇女事业全面健康发展。兴城市妇联被评为2012年辽宁省妇联工作先进集体，获得妇女小额担保贷款工作突出贡献奖。

【“双学双比”竞赛活动】2012年2月，在红崖子乡举办省级科技培训项目启动仪式暨花生新品种繁育技术培训班，全乡170多名妇女参加培训。围绕“三河”“两路”农业布局，以规模发展蔬菜生产为重点，在南大、高家岭等周边10个蔬菜生产基地举办温室蔬菜种植技术培训班，促进农业生产科技化、规模化，走合作化道路。为稳定粮食生产在羊安乡玉米生产区开展高产玉米种植技术培训班5期，参训妇女800人次。全年，市妇联因地制宜地在各乡镇举办各类实用技术培训班18场次，培训妇女4200人次。

【巾帼科技致富示范基地建设】2012年，市妇联一体化推进科技致富工程和巾帼扶贫工程，联合药王乡政府到河北滦县考察冷棚香菇项目，在谷屯村新建香菇基地6.67公顷。协调农村信用社扶持贷款200万元扶持80名妇女建香菇棚50座。到10月份实现31个棚投产，19个棚在建。该项目总投资600万元,实现亩销售收入10万元,为全乡300名闲置妇女提供就业岗位。全年，市妇联累计推广新品种、新技术11项，组建以妇女为主的合作社5个，树立李玉凤等妇女创业致富典型17名。

【庆祝“三八”“六一”活动】3月8日，市妇联举办纪念“三八”国际劳动妇女节102周年暨“巾帼秀兴城”颁奖演出，表彰为兴城市经济社会发展做出积极贡献的先进妇女典型，表彰薄丽荣等10名“三八”红旗手标兵、柳蒿村妇女之家等10个“三八”红旗集体，发挥先进典型示范带动作用，引领广大妇女学先进、比先进、当先进。开展“百户十佳特色家庭评选”活动，表彰杨晨家庭等10户“十佳”特色家庭标兵，激励更多家庭积极参与到和谐兴城建设。推荐纪清云等3人参加葫芦岛市十大杰出女性人物评选。

“六一”期间，市妇联在曹庄中心小学举行爱心妈妈、爸爸与留守贫困儿童结对仪式，40名爱心妈妈、爸爸与留守贫困儿童结成帮扶对子，为实现留守儿童与爸爸妈妈、爱心妈妈沟通顺畅、及时，为留守儿童无偿配备爱贝机19台。

【权益维护行动】2012年，市妇联在“三八”节期间，组织法律志愿者在兴隆大家庭门前、市劳动局就业服务大厅、轻工市场门前等人员密集地段开展妇女维权知识宣传，发放《中华人民共和国婚姻法》《中华人民共和国劳动法》等法制宣传资料3000余份，现场提供法律咨询500人次。年内，推行信访代理员制度，聘请信访员32名。全年共受理来信来访来电信访案件79件，其中婚姻家庭类54件，劳动权益及社会保障类12件，财产纠纷类8件，其他类5件，受理率达100%，调处率达97%。

【母亲安居工程】2012年，市妇联争取省政府援建单亲贫困母亲安居工程项目资金55万元，申请市政府配套资金55万元援助全市55位符合条件的单亲贫困母亲建（买）房户解决住房问题，并在10月末全部通过检查验收。

【关爱妇女儿童行动】2012年，市妇联在各乡镇开展“两癌”普查、筛查工作，建立农村“两癌”患病妇女实名制档案138人。争取全国妇联救助公益金8万元，救助8名乳腺癌或宫颈癌患者。发放爱心药箱。协调葫芦岛市妇联争取成大方圆医药连锁店捐助的爱心药箱40个，分别发放给40名单亲贫困母亲。协调凯森蒙等大型企业捐助爱心字典，在碱厂中心小学举办爱心字典捐赠仪式，为碱厂中心小学学生无偿提供学生字典1115本。

【2012年兴城市妇女联合会领导成员】

主　席　宋　丹（女）

副主席　张旭辉（女）　韩　祎（女）

（徐　铮）

兴城市残疾人联合会

【概况】2012年，兴城市残疾人联合会积极建立健全残疾人社会保障制度，完善残疾人服务体系。围绕“人人享有基本医疗保障”的目标，不断扩大医保范围。为全市城镇和农村残疾人缴纳城镇居民基本医疗保险和新型农村合作医疗费，残疾人参加新农合率达到100%；持证残疾人在市二级医院住院就医时，对普通检查费、一般治疗处置费、三项常规检验费等部分项目给予减免优惠，切实减轻残疾人医疗负担。进一步巩固扶贫救助机制，逐步扩大受益范围。扶残助残工作取得新成效。协调社会保障部门，城乡符合低保和散保条件的残疾人做到应保尽保。4300多名贫困残疾人被纳入低保，占全市低保总人数的38%。城镇残疾职工全部优惠参加养老和医疗保险，农村残疾人全部优惠参加新型农村合作医疗，80%农村和城镇残疾人参加养老保险，享受到比正常人更加优惠的政策。

残疾人扶贫解困工程。不断扩大对残疾人扶持面，把残疾人扶贫帮困工作纳入政府总体扶贫计划，对1800名残疾人开展社会化"帮、包、扶、带"活动，结合新年春节走访和救济救灾活动，协调民政部门做好残疾人解困工作，全年为残疾人发放救济款9万多元；发放粮物折合人民币25万元。同时，改造30户农村贫困残疾人危房。

完善基层残疾人组织网络，提高残疾人工作队伍素质。全市20个乡镇、7个街道建立残疾人协会，选聘专职委员292名。形成以市残联为主导、乡镇（街）残联为骨干、村（社区）残疾人协会为基础的"三级"残疾人组织网络，残疾人组织为基层残疾人服务的能力和水平不断提高。严格执行办理残疾人标准，规范办证程序，为27个乡镇（街道）的7474名残疾人办理残疾人证；完善残疾人证管理和查询系统，第二代残疾人证实现微机统一管理，达到资源共享。开展残疾人基础数据库统计录入工作，超额完成数据目标。为全市168名肢体残疾人代步车发放燃油补贴43680元。

逐步完善综合服务设施，投资199万元，完成市残疾人综合服务设施楼建设，总建筑面积678平方米，5月份投入使用。设有残疾人服务大厅，具备为残疾人提供生活保障服务、劳动就业服务、康复服务、用品用具服务、法律援助服务、文化体育活动等服务功能。

【残疾人康复服务及医疗救助工程】2012年，市残联康复服务成效显著。二级以上医院全部设立康复科室，完善市级康复指导站3处，巩固加强镇街康复指导站7处，建立村（社区）康复站50个。对54名不同残疾类别的残疾儿童实施康复救助；对98名有康复需求的听力、智力、肢体残疾人开展康复训练与服务；肢体残疾儿童免费矫治手术9名；培训家长5名，发放辅助器具70件，为实现残疾人"人人享有康复服务"目标打下坚实基础。

年内，继续做好"光明行动"白内障复明工程，为81名白内障患者施行复明手术，人工晶体植入率95%，脱盲率达100%。扩大社区康复开展面，培训康复员和康复协调员，拓展康复服务领域，为成年智力残疾人和稳定期精神病患者提供心理咨询、娱疗、日间照料等康复服务，残疾人满意率达到90%。继续开展普及型假肢安装，全年为54人装配假肢。

精神残疾人医疗救助工程。继续实施贫困精神病患者免费服药，彩票公益金救助项目，免费服药150名，免费住院救助8名。使用全国统一计台账，实行实名制登记；省免费服药和彩票公益贫困精神患者救助项目工作宣传得力，使用有效，受助患者知晓率高，探索建立稳定期精神病患者回归社会的渠道和平台，提高社会回归率。

【残疾人就业工程】2012年，市残联采取集中就业、分散就业相结合的方式，多渠道、多形式安置残疾人稳定就业，按比例安置5名残疾人就业。同时，巩固建设残疾人就业扶贫基地5处，安置64名残疾人从业。征收残疾人就业保障金100万元，圆满完成任务。

以培训促就业，利用现有资源和条件对残疾人开展种养殖等实用技能培训。联合劳动局及各乡镇街道、妇联、农发局、科协等单位举办电脑、手机、盲人保健按摩、医疗按摩、家电维修等各种培训班，培训残疾人130名。其中，城镇35人，农村95人。清华大学远程教育培训残疾人就业指导员2名。另外，计算机培训点随到随学，全年有35人参加计算机培训，有6名盲人到樊宝平按摩点学习。其次，利用残联定点蔬菜大棚培训基地有针对性地对农村残疾人进行集中培训，培训内容以有机蔬菜种植为主，包括日光温室蔬菜种植的生产管理技术，种苗栽培技术，病虫害防治技术以及产品包装销售等环节。经过培训，残疾人掌握能独立组织棚菜生产的技术。残疾人致富创业带头人张海永创建的海滨乡永博蔬菜种植生产基地共有高标准日光温室47栋，占地10公顷，投资120万元，采用温室大棚，滴灌等现代农业技术，规模种植各类蔬菜。其中残联给予5万元扶持资金，并请蔬菜种植专家上门解决技术难题。该基地成为残联培训基地。

进一步建立健全残疾人就业培训数据库，并进行跟踪随访。开展各类残疾人职业技能选手选拔，选送郝亮、樊宝平、王书鸽3名选手参加辽宁省残疾人技能大赛，其中王书鸽获得服装制作类大赛亚军。鼓励和帮助残疾人自谋就业，集中从事广告业、复印和商店、家庭宾馆等服务业。残联对有自谋需求的，需要帮助的，均尽力扶持。年内有5名自强残疾人，当选为“创业带头人”。

【残疾人托养保障工程】2012年，市残联积极筹建市托养中心，针对多个乡镇的申请，认定华山街道残疾人托养院为托养中心。积极开展残疾人阳光家园居家养老工作，对全市27个乡镇街道进行全面调查，完成葫芦岛残联下达的216个家庭托养指标，并完成互联网信息软件录入工作。

【残疾人法律救助工程】2012年，市残联扎实开展信访维权工作，切实维护残疾人合法权益。年内，受理残疾人来信来访、网上民声、市长热线50余人次，办结率全部达到100%，没有发生一起重复访、集体访、越级访和非正常上访等残疾人涉法问题，推进残疾人事业健康发展，促进社会环境和谐稳定。与法律援助中心联络站建立经常性联系，给要求法律援助的残疾人开介绍信到法律援助中心联络站，为广大贫困残疾人提供优质、优惠、优先甚至无偿的法律援助。

【2012年兴城市残疾人联合会领导成员】
理 事 长 田景宏
副理事长 王丽霞（女） 刘 敏（女）

（王丽萍）

兴城市工商业联合会

【概况】2012年，兴城市工商业联合会以积极应对国际金融危机为主线，充分发挥职能优势，落实各级党委、政府关于非公有制经济发展的有关意见或决定，团结引导广大非公有制经济人士为兴城的经济发展和社会进步做贡献。年内，市工商联共发展会员13人，举办“了解政策、打牢根基、持续发展”和“金融危机下的应对策略”等学习培训活动4次，开展与企业家面对面座谈会4次。

【重视会员参政议政】2012年，市工商联会员中有51人是政协委员，其中政协常委11人。全年组织60名会员参加葫芦岛市工商业联合会第四届会员代表大会，当选副主席2人、副会长1人、常委2人。其中兴城市工商联主席李玉环当选辽宁省民间商会副会长。兴城市第七届政协会议中，广大会员在围绕建设和谐兴城、应对金融危机、加快经济发展等方面分别作出提案，为政府决策提供可靠的依据，为优化经济环境，提供有力的政策保障。

【引导企业发展】2012年，市工商联以服务非公有制经济发展为宗旨，努力当好政府管理非公有制经济的助手。经常深入企业，帮助协调解决在生产、经营中出现的困难和问题。兴城市泳装产业近几年来蓬勃发展，企业增长迅速，资金不足已经成为发展瓶颈。年内，市工商联经过多方沟通，帮助德容制衣、三奇、斯达威等多家企业无抵押贷款1400万元。同时，在企业利益受到非法侵害的情况下，市工商联积极帮助企业想办法，维护企业的正当利益。解决晟业地产公司缓交配套资金400万元，帮助兴城忠厚服装有限公司退税20万元。

【发动会员扩大招商渠道】2012年，市工商联向所有会员下发“推介兴城、招商引资”倡议书，并且通过工商联执委孙晓盈，确立工商联招商引资项目——山东铁马集团投资特种车辆项目，年内投入资金3000万元。该项目计划总投资2.3亿元，占地达33.3公顷，分3期进行，下年底全部完成，全部投产后，年销售总额近10亿元，利税将达1.6亿元；葫芦岛市工商联副主席、兴城工商联执委苏泉涌衔接的苏美尔汽配企业签约入住兴城临海产业园；兴城工商联执委王学文衔接的丹阳某企业集团与兴城临海产业园达成入驻协议；在兴城工商联副主席、天顺制衣有限公司总经理王宝兰带领下，全市7家泳装企业进入临海产业园，总投资额达2亿元，以形成临海产业园中的园中园；同时，有很多工商联成员依托各自的企业吸引外来资金，追加投资或进行技术改造。

【2012年兴城市工商业联合会领导成员】

主　　席　李玉环（女）
党组书记　赵云山
专职副主席　王建忠
副 主 席　王世崇　王秀娟（女）　王学文
王宝兰（女）　石忠厚　刘彦芳
刘雪艳（女）　李海峰　杨卫东
郑兴刚　梅邵冉
秘 书 长　石宏声

（*石宏声*）

兴城市归国华侨联合会

【概况】2012年，兴城市归国华侨联合会履行“参政议政、维护侨益、海外联谊、群众工作”侨务工作职能，宣传贯彻《中华人民共和国归侨侨眷权益保护法》，积极搭建权益保障平台、依法护侨平台和帮扶救助平台，切实为侨界群众办好事、解难事。春节前夕，针对家庭收入偏低、身患重病等生活贫困侨眷进行走访慰问，先后走访生活较贫困侨眷5户。同时，通过向上级争取资金等措施帮助生活贫困侨眷开展畜牧养殖、花卉大棚、海产品加工等多种经营，帮其逐步脱贫致富。

年内，侨联各项工作开展顺利。4月，侨联召开一届二次全委（扩大）会议，市侨联委员和归侨侨眷代表40余人出席会议，安排部署侨联工作。10月，开办第一期“兴城市侨联普及侨法培训班”，归侨侨眷代表30余人参加培训，学习侨法，切实维护侨眷合法权益，并进一步完善归侨侨眷档案。发挥侨联自身优势，认真做好参政议政工作。主动向有关部门推荐优秀的归侨侨眷作为政协委员人选，全年，侨界政协委员提出涉及到城市建设、环境保护、教育资源配置等方面提案6件，受到市委、市政府部门的高度重视，均逐一给予答复和落实。

【侨情普查】2012年，市侨联为及时掌握全市侨情信息，准确把握侨情动态，从8月1日起，开展“第二次侨情普查”工作。在电视台播发通知，侨联干部到乡镇、街道、村、社区走访调查，通过多种方式，对全市侨情变化情况进行认真的普查登记。截至年末，全市普查到海外侨胞209人，归侨侨眷1045户、3110人。在国外的华侨分别居住在美国、英国、日本、加拿大、新加坡、朝鲜、澳大利亚、泰国、法国、韩国、新西兰等国家。

普查后，市侨联按照国籍、职业、居住地点等情况对普查对象资料进行登记归档，侨联工作逐步制度化、规范化。

【2012年兴城市归国华侨联合会领导成员】

主　席　吕　英
副主席　赵月春

（*赵月春*）

科学技术协会

【概况】2012年，兴城市科学技术协会不断加大社区科普工作力度，切实加强社区科普工作，探索推广社区科普大学、科普益民服务站等有效举措和先进经验，促进社会和谐，以重点人群科学素质行动带动全民科学素质的整体提升，在示范社区开展特色科普活动，不失时机地把科普益民工作贯彻到每项工作中。市科协因势利导，在宁远街道老马路社区、温泉街道安居社区，利用社区现有资源优势，以社区科普志愿者服务队为载体，以创建优秀科普社区为目标，积极开展各项科普活动，得到省、市科协的充分肯定。6月20日，中国科协、财政部《关于表彰2012年“基层科普行动计划”先进单位和个人的决定》，宁远街道老马路社区荣获国家“基层科普行动计划”科普示范社区（全国受表彰的优秀社区共28个），获得国家专项奖补资金。

同时，发挥好“科普惠农兴村计划”的品牌示范作用，重点培育一批具有一定规模和影响、辐射带动作用较强的农村专业技术协会，积极做好省、市科普惠农项目推选，南大乡嘉星果树蔬菜种植专业技术协会的科普示范项目入选辽宁省“基层科普行动计划”资助项目，获得省科普专项资金。

2012年12月，兴城市科协被辽宁省人力资源和社会保障厅、辽宁省科协、辽宁省公务员局授予“全省科协系统先进集体”荣誉称号。

【科普宣传】2012年，市科协以多种形式科普宣传为手段，开展群众性、社会性主题科普活动，把优质科普资源更多地引向农村、社区和中小学校，引入基层，组织全国科普日系列活动，以“食品安全与公众健康”为主题，开展答题竞赛活动。市直机关干部、学校、社区、乡镇网上答题和答题卡共计3018份，网上答题1006份，答题卡答题2012份。通过广泛开展食品安全知识宣传和讲座活动，增强公众的食品安全意识，有效预防影响食品健康的疾病，公众防范意识和预防能力明显提高。开展“科普之冬”“科技活动周”“科普惠农兴村”“科普益民服务站”“建家创优工程”等活动，不断提高公众科技意识和水平。整合社会资源，发挥科协网站和科普橱窗的普及宣传作用，通过网络、报纸、科普期刊、展示会、光盘、科普画廊、农超对接等手段，把专家、农民、技术及产品与需求紧密结合起来。

年内，市科协以特色科普活动为载体，营造全民参与的良好科普氛围。在9月全国“科普日”期间，开展内容丰富、涵盖面广科普宣传活动，为更多基层群众提供良好的科普公共服务。9月17日，在南门口轻工市场门前举办食品安全科普知识宣传活动，分发科技图书近1000册，食品卫生宣传单5000张。与市委组织部远程办密切配合，精心筹划，在温泉街道安居小区开展“科普进社区，赠书讲座”活动，邀请军医做健康生活新理念讲座。为社区赠送科普图书200本，科普挂图近百张。展出食品安全科普知识展板50块，组织社区群众观看专门制作的科普知识的DVD，有《健康饮食》《食品安全》《中医养生》《科学运动》等，设立咨询台，宣传普及食品安全及生活常识，安全防范技术措施，现场解疑释惑150条。

市科协与兴城市广电局、文化局电影放映队合作，电视台、广播电台在适宜时段播放科普宣传专题节目，每周一期；在农村巡回放映电影同时播放由科协提供专用的电影节目《科普大篷车》《科普与生活》《科技致富》、科技光盘85张（期）。同时，紧紧抓住为科技工作者服务这个重点，科协组织作为人才成长通道的重要作用。对科技人员、科普志愿者、专兼职科协工作人员、科技致富带头人、青少年科技竞赛获奖的科技辅导员及获奖学生等科技典型，与新闻媒体合作做好宣传报道。12月11日，由中共兴城市市委、市政府、中核辽宁核电有限公司共同举办，由市委宣传部、文化局、文联、市科协、市广播电视局、四家村企业集团承办的“走进核电、拥抱明天”科普宣传暨兴城市二十一届“科普之冬”启动仪式在兴城市宁远广场举行，活动现场展出24块核电科普展板，科普宣传片《漫步核世界》不间断播放，活动现场分发1000余本科普挂历及1000册科普宣传资料，组织科普志愿者现场为广大市民宣讲核电科普知识并对市民提出的问题进行答疑解惑。

【青少年科普教育成效显著】2012年，市科协积极贯彻落实《全民科学素质行动计划纲要》，推动青少年科普教育深入开展，4月初组织参加第27届辽宁省青少年科技创新大赛，高家岭满族乡靳家小学冯洁琼科技作品摘取银奖，高家岭满族乡郭家小学《辽西地区小农机具开发与利用联合调查科技实践活动》被评为辽宁省“十佳优秀科技实践活动”和全国青少年科技创新大赛三等奖，为近几年来取得的最好成绩。

同时，做好校园科技活动，师生们开展“流

动科技馆”进校园、科普剧排练演出、以“科学饮食、健康生活”为主题的七巧板创作作品征集等活动，全市的校园科技氛围更加浓厚。在葫芦岛市首届“七星杯”青少年科普剧汇演活动中，兴城市高家岭满族乡中心小学“低碳小队在行动”获组织奖；根据《关于评选2011年至2012年度辽宁省青少年科技教育示范学校的通知》（辽科协发〔2011〕21号）要求，通过市级初评推荐，省级评选委员会评选审核，授予兴城市高家岭满族乡中心小学为2011年至2012年度辽宁省青少年科技教育示范学校。

【2012年兴城市科学技术协会领导成员】

主　席　刘光辉

副主席　李占东

高桂秋（女，2012年2月任职）

（杨　明）

文学艺术界联合会

【概况】2012年，兴城市文学艺术界联合会加强机关自身素质建设和人才培养，完善和稳定各艺术协会的机构建设。充分发挥各门类专业及业余爱好者的专长，队伍发展和活动开展呈现前所未有的新局面。全市有协（学）会11个，会员1300余人。

年内，文联召开一届二次全委会，会上表彰先进集体、先进个人，颁发文艺奖、突出贡献奖，极大地激发文艺工作者的创作热情。1月14日，兴城市文化局、市文联、市文化馆、市图书馆、书法家协会、音乐家协会举行送文化下乡活动。为高家岭乡的父老乡亲送去春联、科普图书和文艺节目。5月23日，市文化局、文联在天和大酒店九楼会议室召开纪念毛泽东《在延安文艺座谈会上的讲话》发表70周年座谈会。11月22日，由辽宁省文学艺术界联合会、辽宁省美术家协会、辽宁省摄影家协会、辽宁省书法家协会和辽宁省民间文艺家协会共同举办的“热烈庆祝党的十八大胜利召开，辽宁省文联文艺基地美术、摄影、书法、民间工艺作品展”在辽宁美术馆隆重开幕。兴城市多幅摄影、书法作品入展，得到各界专业人士的好评。

文联刊物《古城文艺》及兴城文化艺术网稳步开展。《古城文艺》成为代表兴城市文学艺术高度的窗口，得到社会各界好评，共印刷发行18期。

【作家协会】2012年，市文联作家协会在葫芦岛市以上报刊、网络上发表文学作品近百篇。其中《散文选刊》2012年第10期，推出于学利散文小辑，刊登《老叔的铁匠炉》《燕子归来是春天》《文庙的古树》《蝉的声音》一组4篇散文；《鸭绿江》2012年第4期，刊登兴城作家赵颖、李镇国、高明明的小说，于学利、李昀的散文，盖尚铎、陆兴志的组诗；周锦文的报告文学、散文在“中国作家网”刊登，一组小说在《杂文月刊》发表；陆兴志在《天津诗人》2012年春之卷发表诗歌《萝卜》；刘秋英的中篇小说在《章回小说》10期发表；张茂荣的多首古体诗发表在《诗潮》《中国诗词》《长白山诗词》等刊物上。

年内，市作协与团市委主办的“建团90周年征文”，采访30余位先进青年典型，写出报告文学36篇。市直机关工委牵头主办的“爱家乡，爱兴城”征文，市作协组织40多名作者到临海产业区、城市建设重点工程和古城采风，写出丰富多彩的文章。作协副主席盖尚铎的童谣《故事爷爷讲雷锋》，获中宣部等5部委主办的第三届童谣大赛优秀奖。作协理事、锦山厂原总军代表陈占奎作曲、作协副主席盖尚铎作词的儿童歌曲《十朵花，九个瓜》，获省第十二届“五个一工程奖”，是葫芦岛建市以来首次获得的奖项，实现零的突破。杜志刚的散文《老宅院印象》、田国庆的散文《那城，那海，那人》获散文选刊大赛二、三等奖。12月26日，兴城二高中琼林文学社被评为全国中学百强文学社。

2012年，《宁远文学》出版6期，发稿200多篇（首），90余万字。其中有30余篇中篇小说、短篇小说、散文、诗歌被《小说选刊》《鸭绿江》《章回小说》《杂文月报》等国家和省市报刊转载，为《古城文艺》的“文学高地”供稿50余篇（首），25万字。“兴城作家网”发表作品、资讯200余篇（首）。

【书法家协会】2012年4月26日，兴城市农民书画家协会成立，是葫芦岛地区首个以农民为主的群众性文化团体。8月15日，市文化局、古城景区管理委员会和市书法家协会在兴城宁远书院共同举办兴城古城墙“申遗杯”书法展开幕式，主要以兴城城墙为代表的城墙文化以及文物保护的诗句、歌赋、联语等为内容进行创作，进一步推进兴城市城墙遗址申遗工作、彰显城墙的文化魅力、促进全市文化建设。

由兴城市文学艺术界联合会、陕西韩城市文学艺术界联合会、兴城市书法家协会和韩城市书法家协会共同举办的“双城墨韵”辽宁兴城优秀书法作品联展，于8月26日和10月26日分别在兴城和韩城两地隆重举行。得到两地领导和社会的高度重视，收到良好的艺术和社会效应。9月，辽宁省老年书画家协会授予兴城市老年书画研究会“老年书画进社区先进单位”奖牌。

【美术家协会】2012年6月，兴城市农民书画家协会成立后，举办“水土保持杯”书画大赛，市美术家协会会员张君华、常丽华、郝群、赵霄循、朱庆忠5人作品获得优秀奖。8月，中国国家画院刘大为工作室导师、全国美展金奖获得者陈嵘先生一行到兴，指导兴城市美协会员创作。9月，辽宁省美术家协会在辽宁省美术馆举办“辽宁风光美术作品展”。该会选送油画、国画、水彩作品11件，其中郝群作品获优秀奖，李晓梅、刘利权作品入选。同月，葫芦岛广播影视局举办“庆十八大美术作品展”，该会送交作品13件，其中李伟、赵霄循作品获二等奖，张君华作品获三等奖，其余作者的作品入选。中国画院出版《王晓平人物画册》、1幅作品入选省美展。

10月，辽宁省兴城市美协开展大美无疆——采风写生活动，组织画家16人赴辽中核伙沟深入生活进行写生创作，形成一批优秀作品。

【摄影家协会】2012年，市摄影家协会5人于喀左杯“秧歌舞中华”全国摄影大赛获奖。其中，韩文民的作品《农家小院年味浓》获银奖，邸玉伦的作品《乡村弄影人》（组照）、罗京平的作品《真美呀》《皮影世家——炕上彩排》、魏民的作品《传承》、刘晓国的作品《冬雾笼山村》获优秀奖。6月5日，市摄影家协会会员王焕造以第二届全国农民摄影大奖获奖者和志愿者双重身份被指定为特邀嘉宾参加在中国美术馆启动的开幕仪式。9月18日，辽宁省摄影家协会组织专家为兴城摄影家协会的会员上摄影讲座课，市摄影爱好者受益匪浅，同时省文联领导、摄影家协会领导为“辽宁省兴城摄影创作基地”挂牌。

【音乐家协会】2012年4月20日，市音乐家协会30多名会员在市政府领导的带领下参加中央电视台举办的《歌声与微笑》节目，节目在中央1套、3套、4套播出，提升兴城的对外形象、为全市旅游事业的发展和对外招商引资做出积极的贡献。5月4日，配合团市委举办庆祝中国共产主义青年团成立90周年文艺晚会、音协会员有46人参加演出，同时创作歌曲、诗歌、音乐舞蹈节目8个，展示音乐队伍的演出技能和创作能力。5月22日，音协副秘书长徐占山携其聋哑学生参加浙江卫视举办的“梦想中国秀”节目，悠扬的琴声感动现场梦想团成员，他们梦想成真。

2012年“兴城之夏”文化广场活动于7月11日至9月30日举行，在宁远广场陆续演出13场。该次文化广场活动围绕“大地情深”主题，本着“政府搭台、企业唱戏”的方针，为全市广大人民群众带来营养丰富的“文化大餐”。音乐家协会广泛发动会员，先后参与广场活动140余人次。

【舞蹈家协会】2012年8月18日上午，市舞蹈家协会主席团成员参加第二届中国（葫芦岛·兴城）国际沙滩·泳装文化博览会举办的北方创意经济峰会。该次会议深刻探讨艺术与商业的有机结合。年内，该协会参加全国体育舞蹈大赛，有2人入选。

【戏剧家协会】2012年6月10日，市戏剧家协会会员门艳雪个人京剧专场演唱会在葫芦岛新区菊友社举办。此次演唱会为兴城市戏迷与葫芦岛市戏迷票友提供一个良好的艺术交流环境，提高兴城市的戏剧演唱水平。年内，该协会参加省票友大赛获三等奖。

【文史学会】2012 年 8 月 15 日下午，由兴城市文化局、兴城市文学艺术界联合会、兴城历史文化学会共同举办的兴城古城墙“申遗杯”文化论坛学术研讨会在兴城市文化局会议室举行。该次研讨会，搭建兴城市古城科学保护交流的平台，促进古城墙保护在一个更高的层次上向前发展，推动“中国明清城墙”申报世界文化遗产的进度。

【民间文艺家协会】2012 年 3 月 4 日，兴城满族秧歌在兴城红崖子满族乡红崖子村举办展演活动。该次活动由兴城市文化局、兴城市红崖子满族乡、兴城市民间文艺家协会发起，旨在宣传兴城满族秧歌，弘扬优秀民间文化，促进该项省级非物质文化项目的传承发展。6 月 10 日，举行兴城市葫芦岛非物质文物遗产全羊席点评会。兴城市政府投入 10 万余元，购置制作全羊席的材料及器皿，支持全羊席的弘扬、光大、传承，为申报辽宁省非物质文化遗产名录打下坚实的基础。

【2012 年兴城市文学艺术界联合会领导成员】
主　席　王晓平
副主席　李　丹

（李　丹）

中国国民党革命委员会兴城市支部

【概况】中国国民党革命委员会简称民革。中国国民党革命委员会葫芦岛市委员会兴城市支部（简称民革兴城市支部），于 2005 年 4 月 18 日成立。2005 年 4 月 27 日召开第一次党员大会，大会选举产生第一届支部委员会，吕伟当选为主委。2012 年，民革兴城市支部有党员 9 人。

年内，支部经常组织党员深入社会生活的各个领域，就群众关心的热点问题、民生问题进行调研，完成 3 份有价值的调研报告和多份议案、提案。继续对碱厂满族乡的 5 名失学儿童进行资助（从 2005 年起，每年每人价值 1000 多元的生活和学习用品或现金）。

【2012 年民革兴城支部领导成员】
主　委　吕　伟（女）
副主委　侯玉环（女）　苏登科

（卢国境）

中国民主同盟兴城市总支部委员会

【概况】中国民主同盟，简称民盟。2000 年，民盟兴城市直属小组成立，成为兴城市第一个民主党派基层组织，负责人张亦喆。2002 年 7 月 24 日，召开兴城市第一次盟员大会，成立民盟兴城市支部，大会选举张亦喆为主委。2009 年 12 月 26 日，召开民盟兴城市第二次盟员大会，成立民盟兴城市总支部，大会选举产生第一届民盟兴城市总支部领导机构，张亦喆当选为主委，下设 3 个基层支部。2012 年，总支部有成员 19 人。

年内，民盟兴城市总支积极参加各级人大和政协会议，精心组织准备议案、提案。围绕全市经济社会发展和民生问题，先后开展《关于教育均衡发展情况的调研》《关于人口与计划生育工作的调研》《关于教师队伍状况的调研》，撰写出多份调研报告，受到各级党委和政府高度重视。同时，开展社会服务活动，通过文化、科技、医疗和卫生下乡开展义务咨询、义诊、普及农村科技知识，科技指导等活动，累计出动车辆百余次，受益群众达 1.5 万人次，为民盟树立良好的社会形象。

【2012 年民盟兴城支部领导成员】
主　委　张亦喆（女）
副主委　张立松　韩玉祥

（赵霄循）

中国民主促进会
兴城市支部委员会

【概况】中国民主促进会，简称民进。2007年11月9日，召开中国民主促进会兴城市第一次会员大会，成立中国民主促进会兴城市支部，大会选举纪红茹为主委。年内，支部开展“手拉手情系贫困学子，心连心爱满药王校园”和“手牵手，共沐阳光”主题爱心助学活动，资助优秀贫困学子5名，每年2500元。到2012年，被资助的5名优秀贫困学子中2名以优异的成绩考入大学；1名考入兴城市一高中；1名考入兴城市二高中。开学前，支部会员为考上大学的孩子送行，并各资助1000元路费。2012年，民进兴城市支部有会员11名。

【2012年民进兴城支部领导成员】

主　委　纪红茹（女）

副主委　范国志

（纪红茹）

中国农工民主党
兴　城　支　部

【概况】中国农工民主党，简称农工党。2011年11月23日召开第一次支部大会，宣告中国农工民主党葫芦岛市委兴城支部成立，由5名党员组成，支部主委李秋艳。2012年末，支部党员人数发展到9人。

年内，农工党开展参政议政工作，在葫芦岛市和兴城市人大、政协“两会”上，提交21份提案与议案，其中《关于兴城铁西居民用水》等2份提案被列为重点提案并得到落实。积极搜集整理社情民意，向有关部门提交信息10份，为政府做出正确决策提供重要参考资料。组织社会服务活动，开展扶贫义诊、科技支农。春节前夕，为兴城市敬老院老人送去米、面、油等生活用品，为其医务室捐赠价值2000元的常用药品。多次到农村讲解农业科技知识，帮助解决农作物病虫害问题，无偿向农民赠送无公害农药、有机化肥等农用生产资料，并精心指导使用方法。支部组织党员考察徐大堡核电项目，宣传核电项目，支持核电项目建设。

2012年，李秋艳、刘彦芳被农工党葫芦岛市委评为优秀党员。

【2012年农工党兴城支部领导成员】

主　任　李秋艳（女）

副主任　王艳霞（女）

（李秋艳）

地 方 武 装

人 民 武 装

【概况】2012 年，兴城市人民武装部按照“突出重点，体现特色，打牢基础，全面推进”的工作思路，扎实工作，积极进取，在人员成分新、工作任务重、要求标准高的情况下，较好地完成各项工作任务，整体建设水平有了新的提升。年内，调整使用专武干部 9 人，在专武干部队伍中，军转干部和人武学校毕业生 11 人，占 41%，促进武装工作的末端落实。全市有 6 名武装部部长被调整到乡镇人大副主席、副乡长等重要岗位，2 名武装部部长分别受到沈阳军区、省军区表彰。7 月份，人武部机关党支部被军分区评为“先进党支部”，2 名工作人员被军分区表彰为优秀共产党员。

【军民共建】2012 年，兴城市人武部扎实开展“帮建一批村党支部、帮立一批致富项目、帮带一批民兵致富带头人、帮扶一批困难学生、帮助一批困难军烈属”的五个一工程。4 月份，部党委和曹庄镇小英堡子村党支部结成帮扶对子，先后 9 次下乡调查，与乡、村干部和群众座谈，了解村民在生产和生活中存在的突出困难，帮助出主意、想办法、找门路，为家庭困难的老党员送去慰问金 2000 元。在力所能及的范围内为群众排忧解难，为 235 名复员军人核实身份，帮助落实相关待遇。免费为 512 名军属进行孕情普查并提供生殖健康服务。兴城市委、市政府对武装工作高度重视和关心，8 月份，为解决武装工作实际困难专题召开议军会议，确定人武部新办公楼的选址和新建办法、将购置民兵训练器材应急救援装备纳入政府预算、明确武装工作经费拨付方式，做出将原来古城景区门票军人半价改为军人免费等决定。此外，人武部协调驻军部队为地方捐资助学、扶贫帮困、城市建设方面提供人力物力，呈现出军地互惠双赢的良好局面。2012 年，兴城市连续第 7 次被评为省“双拥模范城”。

【民兵组织建设】2012 年，兴城市人武部在巩固全国民兵调整改革试点成果基础上，积极探索“四个突出、四个转移”和“四多编四不编”等基干民兵组织建设新模式。凯森蒙女子民兵连作为葫芦岛市唯一一家民营企业编兵代表多次接受军区、省、市领导的检查指导，受到各级的高度评价。年内，依托林业局、卫生局、民防局、交通局和中国移动、中国联通、凯森蒙集团、粉末冶金有限公司等企事业单位，编组基干民兵应急救援、勤务保障和作战支援 3 大类 54 个分队共 2492 人（其中包括市民兵应急分队 125 人，每个乡镇街道一个民兵应急排各 40 人），确保及时有效应对各种突发事件。年内组织 1000 名民兵携装备整组点验大会，达到空前规模，得到军地领导的高度赞扬。5 月 14 日，省军区无通知情况下点验，市人武部按规定 1 小时内完成民兵应急分队的集结，到点率达到 90% 以上，受到省军区的肯定。

【强化战备协调机制】2012 年，兴城市人武部适时修改完善各种战备方案预案，加强重大节日和重要时段的战备值班。要求干部职工和专武干部必须 24 小时保持通信畅通，并确保应急分队 1 小时能够完成集结。尤其是在冬春防火和夏季防汛形势严峻时期，干部职工一律取消公休假日留宿武装部，全天候待命。在防洪期间，前后 4 次召开会议进行研究，对可能出现险情地点、路线、损坏程度进行勘察和评估。在组织指挥、通信方式、人员调动、物资保障等方面进行翔实的准备，修订和完善《兴城市民兵应急分队抗洪抢险行动预案》。8月份依托“一日兵”活动，结合辖区防汛任务特点，扩大参与层面，协调部分科局，按照《预案》组织一次带任务背景的防汛指挥所演练。各级领导在体验军事活动的同时，明确在防汛任务中的工作职责，有效地提升各部门的战备意识，起到锻炼机关、理顺指挥关系、检验预案的良好效果。

【提升应急行动能力】2012年，兴城市人武部制定《民兵应急行动手册》，规范处置突发事件的组织指挥程序，有效提高应急行动能力；研究制定《民兵政治工作规范》，对民兵组织建设、政治教育、执行任务中政治工作等内容进行细化；制定《军民通用器材征（租）用实施办法》和《应急物资器材储备保障实施办法》，大大提高应急行动中的综合保障能力。4月16日，兴城市北尖山至韩家沟地区发生山火，民兵应急分队接到人武部命令后，按照《兴城市扑火预案》和《兴城市民兵应急行动手册》要求，出动民兵200余人，动用风力灭火机86部，灭火弹50枚，奋战4个小时，将明火全部扑灭。8月4日，刘台子乡盐锅村发生洪水，民兵应急分队在人武部的指挥下，组成由36名民兵骨干参加的抗洪抢险突击队，携带冲锋舟4艘，第一个到达受灾地点，第一时间展开救援工作，为后续部队的进入提供准确的方向和路线，经过8小时奋战，解救受困群众60余人，得到葫芦岛市市长都本伟的高度评价。全年民兵应急分队共参加大小扑火行动8次，抗洪抢险工作2次，累计出动民兵900余人次。

【安全稳定理念贯始终】2012年，兴城市人武部不断强化安全发展理念，坚持把安全稳定工作贯穿于全年始终。深入开展“三项活动”和“条令条例月”学习，做到入耳、入脑、入心。在日常管理中，重点加强值班在位、信息安全、车辆安全和人员管控。坚持以1名值班首长、1名值班干部和1名由职工担任的副值班员为主体的3人值班机制，确保值班制度落实。在党的十八大召开前后等特殊敏感时期，按照沈阳军区安全管理“八个不发生”的要求，有针对性地进行安全风险评估并制定《超常管理措施》，组织所属人员先后14次对人、车、水、电、密进行全面的安全隐患排查，对存在的涉密载体登记不及时、私自刻录光盘等5个方面问题进行限时整改，规范车辆和人员管理。以各项规章制度的严格落实，有效地促进人武部的全面安全稳定。

【2012年兴城市人民武装部领导成员】

部　　长　吴玉勇

市委书记兼人武部第一书记

孙志浩（2012年4月离任）

于学利（2012年5月任职）

政治委员　杨洪斌

副 部 长　王秀亭

（周明磊）

人民防空

【概况】2012年，兴城市民防局认真贯彻人防法律法规，坚持依法行政，积极主动地开展人防工作，以战时人口疏散要求为根本，编写兴城市人口疏散应急预案，积极参与武装部组织的全市民兵点验大会，圆满完成乡镇街道人防工作组织建设任务。

【人防结建费收缴】2012年，市民防局与城建、规划、土地、财政等部门经常沟通联系，互通情况，并派调查组在整个城区巡视排查，摸准全部施工建筑情况，掌握工作主动权。针对防空地下室易地建设费收取问题备受社会关注的情况，市民防局坚持依法行政，严格收费标准，杜绝审批工作中的随意性，全年审批面积99482.06平方米，高层6122.73平方米，收取结建费6411549.8元。

【建设学习型机关】2012年，市民防局为提高工作人员的整体素质，提出建设学习型机关的措施和方案，年内组织评选机关优秀学习笔记，邀请市直机关党委、市委宣传部等主管领导为评委，投票评选出4名优秀学习型机关公务员。为提高工作执行力，提升工作质量和效果，打造“准军事化”管理单位，用更严的要求、更高的标准管理人防队伍，促使工作人员形成“终身学习、自觉学习”的良好习惯，有力地推动机关学习氛围的形成。

【人防指挥通信系统建设】2012年，市民防局有固定无线电台、移动无线电台各1部、指挥车1辆，城区警报覆盖面达95%以上。设置固定警报器8部，移动警报器1部，鸣响率达100%。

【2012年兴城市民防局领导成员】

局　　长　贺明杰

副 局 长　刘占一　沈文丽（女）　裴文海
　　　　　周　旭（2012年9月任职）

·小资料·

兴城古城

兴城古城即宁远卫城，建于明宣德三年（1428），是当时辽东25个卫城之一。兴城城墙是明代宁远卫城的城墙，城墙高8.5—9.6米，底宽5.7—7米，顶宽4.3—4.6米。城墙周长3274米，平面呈方形，城墙和城内总占地约700，520平方米。兴城古城是目前我国保存最为完好的四座古城之一，1988年1月13日，公布为全国重点文物保护单位；1990年，被批准为省级历史文化名城，是我国宝贵的历史文化遗产。城墙外壁为大青砖所砌，基部为三层大条石；内墙皮为不规则石块所砌，亦称虎皮墙；墙中间是黄土夯成。墙顶部外沿筑有垛口墙，内沿筑有女儿墙。四面城墙中间各设城门，东曰春和，南曰延辉，西曰永宁，北曰威远。城门外部均设有半圆形瓮城，偏开一门，城门上部为双层歇山式箭楼。城墙四角修有突出墙体的角台，角台用以安置红夷大炮，东南角台建有魁星楼一座。古城原有外城，其城墙周长4379米，高如内城。有四门：东曰安远，南曰永清，西曰迎恩，北曰大定。四门皆有城楼，四角筑有角台，上筑层楼，内外城之间有护城河，外城于明隆庆二年（1568）毁于地震。

明清之际，围绕着这座城池发生过多次战争，其重要性涉及到朝代更迭，最著名的是“宁远之战”和“宁锦之战”。中华民族的许多精英和历史名人在古城留下足迹，如孙承宗、袁崇焕、满桂、祖大寿、朱梅、左辅、祖大乐、祖宽、全国凤、吴襄、吴三桂等。还有努尔哈赤、多尔衮、皇太极、豪格、多铎、洪承畴等。

清朝建立后，皇帝多次驻跸宁远城，有顺治、康熙、乾隆、嘉庆、道光等。

解放后，历经修葺，古城基本保持原貌。中共兴城县委、县政府重视对古城的保护，修复被毁的城楼、垛口。1980年至1983年，修复毁于解放战争时期的东门楼和北门楼。1985年至1987年，“还原”明代一条街。许多电影制片厂、电视剧制作中心、电视台到古城拍摄影视片，共有30多部。1983年以来，党和国家领导人到古城视察、观光、度假的有近百人次。

2006年5月，国务院（国发[2006]19号文件）核定并公布第六批全国重点文物保护单位，兴城文庙、祖氏石坊、钟鼓楼与现有的全国重点文物保护单位——兴城城墙合并称为兴城古城，成为全国重点文物保护单位。国家文物局对全国申报世界文化遗产的146个项目进行筛选，兴城古城与西安、南京、赣江、荆州等四地的古城墙打包列为33个“申遗”项目之一，经国家文物局最后拍板，列入“申遗”预备清单。2012年11月17日，兴城古城明清城墙与南京、临海、寿县、凤阳、荆州、襄阳、西安城墙，一并被国家文物局列入中国世界文化遗产预备名单。

法　　治

（王　辉）

政法委及综治工作

【概况】2012年，兴城市政法各部门继续深入实施社会矛盾化解、社会管理创新、公正廉洁执法、理想信念教育“四项重点工程”，加强自身建设、强化为民服务，提高服务质量。年内，在开展向方程学习，践行“忠诚、为民、公正、廉洁”核心价值观、争做人民满意政法干警教育实践活动中，产生并表彰“雷锋式政法干警”10名。

【有效化解社会矛盾】2012年，市委政法委制定、完善、落实各种措施，有效化解社会矛盾。一是积极开展重点人员排查化解保稳控工作。全年排查出12个涉法涉诉信访重点案件和20个重点人员。及时安排有关乡镇、街道逐人落实稳控责任和稳控措施。二是扎实开展涉法涉诉信访积案清理。全市有1件涉法涉诉信访案件，经过大量耐心细致反复的工作，成功化解。三是扎实开展案件评查。全年政法机关组织评查案件65件，提高办案质量。四是开展联合接访，有效化解矛盾纠纷。涉法涉诉联合接访窗口共接待涉法信访案件42件134人次，向涉案单位电话督办和转办34件，90%以上的案件办结息访。

【维稳取得实效】2012年，市委政法委全面掌握和控制全市范围内的重点人群，重新摸排梳理各类不稳定重点群体和重点人员信息。先后10次组织摸底排查，排查各类不稳定群体15个，并逐一落实稳控措施。积极推进维稳各项工作的落实，定期分析研判，加强社会风险评估，制订重大突发事件应急预案，完善应急专班管理体系。在锦华园小区、东华厂小区成立两个群众自愿防邪队伍，奠定防邪工作的群众基础。全市阵地建设村级239个，社区27个。

【实现社会管理创新】2012年，市委政法委采取有效措施，社会管理创新工作不断取得进步。一是继续推进矛盾排查工作。全市排查各类矛盾纠纷325起，化解318起。二是继续做好信访稳定工作。对不稳定因素进行分析研判，对可能引发集体访、越级访的问题，由相关职能部门有针对性地采取措施，做好稳控工作。三是坚持做好信访救助工作。拿出专项救助资金190万元，多年悬而未解的海滨乡项家村盐田承包、七彩城征地补偿等问题得到圆满解决。四是大力开展重点地区排查整治。集中整治火车站广场周边地区、海滨风景区、东辛庄服装市场的治安秩序、安全隐患问题。共处理违章摊点15家，处罚不按规定登记宾馆19家，处罚存在火灾隐患的单位5家。五是有序推进社区矫正工作，加强对社区矫正对象的管理。全市接收社区矫正人员525人，并以各种形式对矫正对象进行思想教育和帮扶。

【党的十八大维稳安保工作】2012年，市委政法委集中力量，全力做好党的十八大维稳安保工作。一是强化领导，落实责任。成立以市委常委、常务副市长张学军为组长的维稳领导小组，制定各种责任措施，召开专门会议，市委书记于学利对该项工作做出明确指示，提出具体要求。二是强化情报信息研判，做好三项重点工作。做好社会稳定分析研判工作，做好重大工程项目社会稳定风险评估排查工作，做好重大不稳定问题摸排化解工作。三是强化各类重点人员和群体的稳控工作。不断加大摸排力度，制定和完善各种措施，确定包案领导，落实责任措施。四是加强对重点群体和重点人的监控，搜集各种情况的综合信息。五是严格封堵，层层设卡，坚决制止各类重点人员的异动。六是完善各项应急预案，建立预警机制，落实定期排查报告专项排查调处等各项措施。七是主要领导身体力行，工作在维稳第一线。市委常委、政法委书记赵兴华在首都北京亲自接待处理兴城市上访人员4批次5人，有力地维护党的十八大期间的政治稳定。

【2012年兴城市政法委员会领导成员】

书　记　赵兴华

副书记　赵锦山　项继飞（兼）　赵友谊　宋长江　李彦学　明志旭

社会治安综合治理委员会办公室

主　任　赵友谊

副主任　曹旭东

维护社会稳定工作领导小组办公室

主　任　宋长江

副主任　陈志成

（李国旗）

公　安

【概况】2012年，兴城市公安局圆满完成党的十八大安全保卫工作任务，为兴城的政治安定和社会稳定做出贡献。年内，立各类刑事案件1096起，破获690起，破案率达到62.96%，公诉639人，教养17人，刑事拘留552人，行政拘留831人。成功侦破公安部督办的“3·03”肖鹏特大系列贩毒案。兴城市公安局荣获“全省优秀公安局”“全省人民满意单位”“全省公安机关执法示范单位”等荣誉称号。

【治安管理工作】2012年，市公安局共检查旅店宾馆（含有住宿功能的洗浴场所）6540多家次，对164家存在登记住宿旅客信息不规范的旅店进行警告教育，停业整顿40家，罚款5000元，取缔1家，9次召开旅馆业业主大会。对全市155家场所和特种行业开展拉网式大检查400余次。其中，停业整顿19家，限期整改110家。检查涉枪涉爆涉危单位463家次，收缴民用枪支5支、仿真枪71支、管制刀具30把、各类子弹58发、炸药3382公斤、索类爆炸物6285米、雷管125枚。审批办理户口主项业务127户，为群众办理第二代居民身份证31770张，其中军人身份证175张，临时身份证1148张。办理出国护照985本。清理解决跨省市重复人口128人。录入出租房屋信息8007条、暂住人口22513条、承租人信息19866条。

【交通管理工作】2012年，市公安局交警大队开展“三超一疲劳”集中整治、涉牌涉证专项整治行动、酒后驾车专项整治行动、道路交通安全大检查等行动，现场查处交通违法行为37870起，其中涉牌涉证1405起，饮酒驾车30起，醉驾55起，其他交通违法行为19279起，行政拘留188人，刑事拘留71人。1月至11月，兴城辖区共发生道路交通事故1128起，受伤1048人，死亡59人，直接经济损失28万元。

【巡逻防控工作】2012年，市公安局不断强化社会面巡逻防控工作，根据兴城市社会治安形势和警情态势，研究制定8条巡逻路线，确定32个重点部位。党的十八大期间，在加大夜间巡防力度的基础上，确定火车站至南辛庄桥、市医院至市政府、钟鼓楼至大学城三条武装巡逻线路，抽调18名具有持枪资格的民警，参与党的十八大期间武装巡逻。巡逻防控工作共出动车辆3460余辆次、10000余人次参与巡逻，盘查可疑人员1215人次，可疑车辆600余辆，移交案件12起，消除治安隐患13起，帮助群众解决困难243次，接受锦旗7面，收到感谢信5封。

【打击食品药品犯罪工作】2012年，市公安局共侦破涉假刑事案件53起，其中重点案件17起，打击处理犯罪嫌疑人75人（刑事拘留29人、取保候审46人），逮捕17人，移送起诉148人，端掉黑窝点28处，打掉制假售假犯罪团伙5个，涉案金额3000余万元。

【消防管理工作】2012年，市公安局共接警出动339次，其中火灾出动284起，抢险救援55起，抢救、疏散群众63人，火灾起数与上年同期相比下降8％，火灾伤亡人数连续两年保持零的纪录。全市共检查单位35491家次，发现火灾隐患189623处，督促整改火灾隐患189520处，下发责令改正通知书19541份，责令“三停”单位173家，行政拘留123人，行政警告128人，罚款164.29万元，责令“三停”78家，查封单位245家。全市共建成大网格27个、中网格261个、小网格1210个。

【校园安全管理工作】2012年，兴城市共有学校幼儿园271所，共配备保安133人，专职保卫人员501人，安装视频监控探头1523个，安装报警装置345个。全市保安人员正规着装56人。城区驻校民警配备胶皮警棍11只。排查重点人员40人，清理各类摊点210处，整顿网吧15家，中小旅店430家，检查校车175辆。清理出租房屋820家、娱乐场所70家，发现隐患180处，下发整改通知书180份。查处发生在校园周边治安案件2起。派出所与消防大队共检查发现学校幼儿园安全隐患63处，并逐一落实整改措施。

【信息化建设与应用】2012年，市公安局坚持以“大情报”系统建设与应用为核心，以不断提升指挥调度能力为目标，以机要保密和信通运维为保障，较好地完成各项工作任务，信息化建设与应用工作在全省44个县级公安机关排名第三位。一是完成信息化建设与应用考核任务。市公安局以重点人员动态管控、重大事件预警、“110”接处警警情数据录入、应急维稳信息上报、重点人员动态写实，社会信息资源整合等为重点，按时按要求高质量完成每个考核项目，在葫芦岛市局指挥中心系统前9个月考核中综合排名葫芦岛第一。二是发挥“大情报”服务实战作用。情报部门坚持情报信息主导警务的理念，指导基层破获刑事案件300余起，抓获犯罪嫌疑人100余人，抓获各类逃犯33名，“大情报”考核全市第一。三是履行常态和重大警情的指挥调度职能。1月至11月，共接报警电话5万余个，短信报警195个，实际报警677起，各办案单位通过“110”接转警破获各类案件178起，抓获违法犯罪嫌疑人66人；完成重大案事件处置和重大警务活动的指挥调度70余次，执行省、市堵卡指令69起；救助走失老人、儿童和欲自杀人员5名。四是加强机要保密和信通运维工作。年内，收密码电报303份，收明传电报140份，无一差错，并全部及时归档；组织两次全局保密大检查，没有发生失泄密事件。

【城乡警务改革】2012年，市公安局严格按照省厅和葫芦岛市局对城区警务改革的工作要求，扎实开展城乡警务改革工作。刑侦中队改革工作。市公安局从各科所队抽调具有刑侦经验，年富力强的49名民警与刑侦大队原有的52名民警组建刑侦中队，新组建的刑侦中队民警总数为101人，占全局民警总数的20%。完成温泉中队、宁远中队、曹庄中队、旧门中队的建设工作，组建后的各刑侦中队在打击刑事犯罪工作方面效果显著。城乡警务改革工作。在全市农村实行“一所两队”模式，以派出所为主、实行刑侦中队包片、交警中队驻所。派出所对其辖区的警务工作负全责，并协助刑侦包片中队做好该辖区刑事案件的侦查工作，配合驻所交警中队做好辖区的交通管理工作。各派出所对辖区实行“警区制”模式，实行警务区管理，每个警务区管辖不多于5个村，并在警务区中治安复杂的行政村设立警务室。

【2012年兴城市公安局领导成员】

局　　长　项继飞
政　　委　（暂缺）
副 局 长　赵志刚　杨承列　王志才
纪检书记　赵志成
副 局 长　安　宝　李洪刚　张　伟

（商　航）

检　察

【概况】2012 年，兴城市人民检察院强化法律监督、强化自身监督、强化队伍建设，全面提升检察工作水平，依法打击危害国家安全和社会稳定的各类犯罪，及时妥善化解矛盾纠纷，坚决维护全市政治稳定、治安稳定、社会稳定。

【严厉打击刑事犯罪】2012 年，市检察院根据社会治安形势的发展变化，及时调整打击重点和力度，共批捕各类刑事犯罪案件 160 件 225 人，起诉 286 件 406 人，其中依法批捕黑恶势力犯罪和杀人、强奸、盗窃、抢劫、诈骗等严重暴力犯罪、多发性侵财犯罪 101 件 172 人，起诉 46 件 62 人。正确贯彻宽严相济的刑事政策，准确把握宽严界限，对犯罪情节轻微的作出不批捕决定 16 人、不起诉决定 51 人。

【强化法律监督】2012 年，市检察院依法监督公安机关立案 1 件 2 人、撤案 19 件 36 人，追捕 14 人、追诉 8 人，提出刑事抗诉 3 件 5 人。立案审查民事行政申诉案件 24 件，对认为确有错误的民事行政裁判，提请抗诉 3 件，提出再审检察建议 4 件。

【严厉惩治和预防职务犯罪】2012 年，市检察院坚持把惩治和预防职务犯罪放在更加突出位置，紧紧围绕人民群众关注的社会热点问题，通过“抓系统、系统抓”等专项活动，加大办案力度，严肃查办、积极预防发生在群众身边的职务犯罪，深入推进反腐倡廉建设。全年立案查办贪污贿赂犯罪 11 人；立案查办渎职侵权犯罪 10 人，同比上升 150%，其中查办大案和县处级干部要案 7 人。坚持把预防工作摆在重要位置，开展预防调查 2 次，撰写犯罪分析报告 10 件，提出预防建议 10 件，运用典型案例进行警示教育 16 场次，为有关单位提供行贿犯罪档案查询 53 次。

【着力提高公正公信力】2012 年，市检察院强化内部监督制约。在不断强化内部各业务部门之间、执法环节之间的分工协作和监督制约的同时，加大对重点岗位和关键环节的监督力度，确保严格执法、秉公办案。自觉接受人大、政协监督。围绕人大代表和政协委员提出的批评、意见和建议，分析原因，研究对策，明确重点，强化责任，努力把人大监督变成推进工作的强大动力。自觉接受人民群众监督。认真落实深化检务公开的各项制度和要求，通过印发《检务公开手册》、召开新闻发布会、开展举报宣传周活动、加强检察宣传工作、落实当事人权利义务告知制度等形式，不断拓展检务公开渠道，增强执法办案透明度。

【2012 年兴城市人民检察院领导成员】

检 察 长　叶　蓬
副检察长　郭普谦　李　杰（女）
　　　　　　闻志刚　王　显
纪检组长　王　哲

（刘　欢）

法　院

【概况】2012 年，兴城市人民法院紧紧抓住执法办案第一要务，牢固树立“忠诚、为民、公正、廉洁”核心价值观，紧紧围绕三项重点工作，全面开展审判和执行工作，各项工作取得一定的成绩。5 月份 13000 平方米新的审判综合楼启用，诉讼服务条件得到根本性改善。全年审结各类案件 3014 件，结案率 87.2%，执结案件 592 件，执结率 96.7%。年内，在全国范围内遴选 7 名法官充实到法官队伍。

【刑事审判】2012年，市法院受理刑事案件493件，审结 461 件，结案率 93.5%。将故意伤害、抢劫等严重危害社会稳定案件作为打击重点，依法快审快判，共审结该类案件 61 件，判处 5 年以上有期徒刑20人。推进量刑规范化工作，按照量刑规范化标准对被告人裁量刑罚，确保量刑结果均衡和过程公开透明。同时加强对刑事附带民事案件的调解工作，审结刑事附带民事诉讼案件8件，民事赔偿部分调解结案7件，占87.5%，取得良好的社会效果和法律效果。全年审结未成年犯罪案件24件，其中判处缓刑的40人。

【民商事审判】2012年，市法院审结民商事案件1913件，依法保护各方当事人特别是妇女、儿童和农民工的合法权益。诉讼各阶段始终引导当事人诚实守信，坚持“和谐司法”理念，强化调解工作，做到简易案件快速调、复杂案件细心调、疑难案件耐心调，在保护当事人合法权益的同时，倡导积极向上、相互扶助的传统美德，促进各种社会关系和谐，共调解民商事案件453件，撤诉383件，调撤率43.7%。

【行政审判】2012年，市法院审结行政诉讼案件42件，指出或纠正一些行政行为过错，同时积极化解行政相对人与行政机关的矛盾纠纷。全力配合兴城市各项重点工作，注重办理好涉及行政处罚、行政征收等各类非诉行政案件，依法促进行政行为的实现，共审理非诉行政案件299件。妥善化解行政争议，全年共协调处理行政案件150件。

【执行工作】2012年，市法院加大对新收案件的执行力度，提高结案率、执行到位率和执行和解率。全年执结各类案件592件，执结率为96.7%，标的额5587.4904元，其中当事人自动履行和双方和解的340件，占结案总数的57.4%。开展反规避执行专项活动，有效清理积案，加大对拒不履行生效判决、裁定的被执行人制裁力度，对10余件案件进行诚信通报。

【提供法律保障】2012年，市法院开展“法官进基层”“法官进百企”等活动，发挥司法的引导、规范、建议等功能，走进学校、社区、企业提供司法服务，全年共为学校、企业讲法制课4次，提出法律建议40余条。参与民生工程、重点工程建设，深入多个重点项目现场，进行法律宣传100余次，走访群众、提供法律咨询200余次。妥善调处涉及青山水库、东山农贸市场建设等政府重点工程、惠民工程纠纷20余件。在服务大局的原则下，敢于担当，在涉及移民、拆迁等案件中，审慎、准确采取强制措施，保证群众利益不受损失的同时，遏制无理、非法诉求及滥用民主权利现象。

【2012年兴城市人民法院领导成员】

院　　长　项　雷

副 院 长　汪希林　丛立峰　杨明宇　张福友

冯　亮（2012年2月离任）

赵红梅（女）

纪检组长　毕晓秋（女）

（张连城）

司法行政

【概况】2012年，兴城市司法局以创建平安兴城为目标，以办实事、履职责为首要任务，认真做好人民调解、法律宣传、社区矫正、安置帮教、法律援助、法律服务等工作。年内，“六五”普法工作全面展开，发放宣传资料9860份，解答法律咨询1069人次。办理各类公证6912件。

【做好人民调解工作】2012年是《中华人民共和国人民调解法》颁布实施第二年，市司法局大力开展“促和谐、保稳定、大排查、大调处”活动，按照《司法行政工作百分制考核实施方案》的要求，各基层司法所坚持按月排查和月报制度，对排查出来的矛盾纠纷进行认真梳理和调处。由司法所牵头或参与成功调解的较重大矛盾纠纷有：红崖子司法所依法制止老驸马村千亩林场纠纷而引起的群体访；白塔司法所成功调解朗月村学校校园田地占地费分配矛盾纠纷；沙后所司法所成功调解荒地村在“048”工程中所欠的165户村民265万宅基地动迁占地款纠纷等。全年各级调解组织排查调处各类矛盾纠纷2860起，成功调解2791起，调解成功率97.6%。大量的土地、林地、建房、家庭等矛盾纠纷被化解在乡村、社区，起到维护兴城社会稳定的“第一道防线”作用。

【推进社区矫正工作】2012年，兴城市社区矫正工作全面展开。社区矫正即对被判处管制、宣告缓刑、裁定假释、暂予监外执行罪犯在社区、村进行教育改造。该方法是借鉴发达国家经验，实行“宽严相济”政策，创新社会管理的新举措，有利于节省国家刑罚成本。全年兴城市接管社区矫正人员521人，按照每名罪犯至少节约4万元计算，可节约国家财政支出2000多万元。市司法局加强对社区矫正人员的教育、改造管理工作，全年未出现脱管、漏管和意外恶性事件发生，受到省市督察组好评。安置帮教工作是创新社会管理的又一新举措，对刑满释放人员实行两干警和亲属接送，即“必接必控”；对无家可归、无亲可投、无业可就的“三无”人员由司法行政部门协调其他部门进行暂时安置就业。全市有安置帮教对象453人。全年由市司法局安置的帮教人员57人，其中在安置帮教基地安置两劳释解人员5人就业。

【参与青山水库移民动迁工作】2012年，市司法局抽调3名年轻骨干和三道沟乡司法所3名司法行政干警参加青山水库移民动迁工作。6名干警吃住在三道沟乡村，研究移民动迁相关的法律和葫芦岛市制定的移民安置政策，为保证移民切身的利益，同时兼顾国家和集体的利益，制定出《兴城市青山水库移民安置政策法律法规选编》。向广大移民解释、宣传国家移民动迁政策和法律法规，把大量的疑难问题解决在乡村、农户，扭转移民安置工作的被动局面。该项工作，受到市领导和三道沟乡领导的多次好评。2012年，该局获得市委、市政府“青山水库移民安置先进单位”“信访工作先进单位”荣誉称号。

【2012年兴城市司法局领导成员】

局　长　于宝兴

副局长　许志刚　苏玉国

张志学（2012年12月任职）

（杨晓伟）

·小资料·

蓟辽督师府

位于古城内春和街路北，建于2003年，是一组优秀的仿古建筑群。占地10800平方米，建筑面积4000平方米，园林绿化面积6000平方米。内设大堂、二堂、内宅、科房、寅宾馆、将军廨、牢房、土地祠及花园等。院内展室有反映明代晚期辽东各督师以及民族英雄袁崇焕事迹的展览；有表现明末辽东战事的沙盘、人物塑像；有铁炮、战车、刀矛、弓箭等兵器；有大堂、科房、内宅及牢房。有孙承宗、努尔哈赤、皇太极及督师辽东的高级官员等历史名人的图片、事迹；还有明、清官员品级、服饰展示等。

旅　　游

旅 游 开 发

【概况】2012年，兴城市旅游局主要围绕资源抓促销，按照政策强管理，不断促进旅游方式转变和旅游产业升级，实现到兴游客量的明显增长和旅游总收入的显著提高。同时，做好项目服务全方位，做足安商大文章。该局的高家岭汤上温泉招商引资项目，由沈阳蓝德温泉度假有限公司投资兴建，集温泉沐浴、健康休闲、康体养生、商务会议于一体。项目占地12.2公顷，总建筑面积152883平方米。第一期建筑面积1.6万平方米的酒店和产权式酒店项目建设如期开工建设，主体工程建设部分接近收尾。西部12层建筑面积2.3万平方米的酒店公寓建设工程全面启动，年底完成第二层主体工程建设。蓝德集团投资1亿元加速推进酒店及室外温泉建设项目。该局立足实际，全力推进项目建设。积极做好协调工作，充分发挥桥梁纽带作用，密切联系属地乡镇协调对接相关单位，尤其对涉及土地、城建、环保等相关部门，坚持主动上门服务，为工程项目的顺利进行创造有利条件。年内，做好宣传服务工作。充分利用第七届兴城温泉旅游经贸推介会的良好契机，组织来自全国17个城市近200名到兴旅行商、投资商和新闻媒体到高家岭项目建设区参观考察，为加强与蓝德集团的投资和旅游合作创造良好契机，进一步提高高家岭汤上拉斯维加斯温泉小镇项目的知名度。

2012年，该局深入挖掘旅游资源潜力，促进乡村旅游快速发展。加快旅游资源开发步伐，完善旅游统计工作制度，推动乡村特色旅游项目。按照一乡一品、一村一业、因地制宜、自主自愿原则，发展全市乡村旅游。指导景区及时、准确地完成国家旅游局的网上季报和年报，并完成全市旅游接待情况的常规统计工作。10月，对全市涉旅企业及旅游资源进行全面的普查，全面掌握全市旅游资源现状，对旅游资源做出科学评价，为制定旅游规划、动态管理旅游资源、宣传促销旅游产品、旅游项目招商、行业管理、法规建设等奠定基础，提供科学依据，促进全市旅游业快速健康有序发展。

【旅游宣传】2012年，市旅游局不断创新宣传思路，改进促销手段和方式，全方位、多渠道地开展旅游宣传促销活动。充分发挥新闻媒体的作用，有效传播兴城得天独厚的旅游资源优势。5月21日至8月21日在中央电视台第四频道中文国际投放城市形象广告。5月21日起兴城、义县两城市开始旅游风光互换刊播。两地进一步搭建沟通联系平台，以旅游业合作，带动两个城市之间更多领域的合作与发展。此外，量身制作高品质宣传素材。8月份，特邀辽宁电视台到兴拍摄旅游城市广告，以备明年在省台、央视投放使用。优质的宣传素材有效宣传城市形象，增强城市吸引力，彰显兴城市优秀的旅游景观。

年内，该局积极推行“走出去，请进来”政策，为兴城的旅游发展和招商引资奠定基础。在北方五市成功举办2012兴城市温泉旅游经贸推介会。3月18日至23日，在长春、阜新、朝阳、赤峰、通辽等五市举办兴城市温泉旅游经贸推介会。三省五市的270多家旅行社、涉旅企业及媒体记者参加，此次温泉旅游经贸推介会进一步拓展兴城市北方旅游客源市场，实现温泉、大海、草原的联姻，对兴城市打造温泉休闲、疗养保健和历史文化旅游目的地产生积极的重要影响。参加长春消夏节，在长春市创造兴城市旅游宣传新高潮。

6月15日至19日，由旅游局组织全市旅游景区和部分涉旅企业到长春参加第六届消夏节。兴城市在公众展上设立展台，借助该平台，集中向目标消费者和合作方长春10家诚信大旅行社推广自己的产品和形象。参加丹东·东港海鲜文化旅游节，开拓丹东旅游客源市场。9月26日至29日，旅游局协古城景区参加丹东·东港海鲜文化旅游节。兴城市设立展台，向丹东市民及全国各地旅行商展示兴城市良好的城市形象和丰富的旅游资源。兴城市与全国各地旅行商和丹东市民“面对面”地进行交流，为旅游发展和区域合作提供良好的契机。5月23日至25日，召开兴城市第七届温泉旅游经贸推介会。吸引来自全国18个城市的近200名旅行商、投资商参会并积极寻求投资合作的机会，多家媒体进行报道。该次推介会的召开对加强参会城市经贸往来，扩大旅游经贸发展空间起到积极的助推作用，促进区域合作。

旅游服务

【概况】2012年，兴城市旅游局加强旅游行业管理，注重旅游市场健康有序发展。开展旅游安全生产大检查。“五一”和“十一”假期来临之前，该局联合文化局、药监局、交通局、公安局、工商局、消防大队、安监局、物价局、技术监督局、林业局、海洋与渔业局、古城景区管委会、风景局等相关部门对全市各景区、宾馆、酒店、码头、客运车船、娱乐场所等涉旅企业进行安全工作大检查，确保假期给游客提供一个安全、规范、整洁的旅游环境。同时，加强对星级饭店管理，提升星级饭店行业的整体形象。该局对全市12家星级饭店进行年度星级评定式复核工作。从饭店的必备项目、设施设备及服务项目、维护保养、清洁卫生、服务质量、服务与管理制度等六个方面进行全面检查评定。引导全市旅游饭店市场健康、有序发展，构建和谐酒店。通过复核工作，全市星级饭店进一步提升服务质量。年内，对旅行社进行年度业务综合检查。检查内容中包括旅行社的基本状况、2012年的经营情况、经营场所证照及投诉电话等公示情况、旅游服务质量和安全制度落实情况、旅游合同管理情况、团队档案管理情况、投保旅行社责任保险情况和存储质量保证金情况等。加大旅游市场稽查力度，检查团队1450余个，接到投诉14起，投诉结案率达到100%，满意率达100%。

年内，该局注重旅游从业人员的培训工作。加强导游员对兴城市旅游资源的认知和熟练程度，全力提升全市导游员的业务水平和整体素质。主办兴城市第七届导游员培训班。邀请资深教师进行授课，带领导游员到督师府进行现场实习和讲解。与市国税局联合举办旅行社行业税收培训讲座。邀请市国税局政策法规科、办公室及古城分局、宁远分局、四家屯分局等专业人员对旅行社行业龙头企业负责人进行培训。注重旅游安全生产培训，举办涉旅企业工资协商会议暨宾馆、饭店、旅行社经理培训班。引导涉旅企业把旅游安全生产放在首要位置，形成科学合理、公平有序的企业工资共决机制，营造良好的旅游行业氛围。杜绝重大安全事故的发生，与涉旅企业签订责任书，明确责任。

【2012年兴城市旅游局领导成员】

局　　长　高玉文

副 局 长　范越博　张晓克

　　　　　邢宝臣（2012年9月任职）

（张　虹）

风景区管理

【概况】2012年，兴城市风景区管理局科学规划兴城海滨发展定位，提出“拓展空间、提升环境、塑造特色、构建宜居宜业宜品旅游景区”的总体思路，夯实基础设施建设，深化景区专项治理，大力开展美化、亮化、净化、绿化景区工作，改善旅游环境。

全年开展“环境治理整顿”“工艺品商铺改造”“兴海公园游艺设施拆除”三项治理行动。用时13天，拆除分布在景区两侧严重影响景观效果和景区形象的违章建筑10处；用时17天，废除各类不当合同18份。引入竞争机制，规定每三年招标重组，优者续签，劣者拒租；在市委、市政府的大力支持下，用时60余天，改建工艺品商铺48间，于旅游旺季到来前如期交付使用；用时80余天，无偿收复兴海公园，聘请专业队伍完成各类游艺设施的拆除工作。坚持依法办事，向广大经营业主耐心讲解兴城市"创建沿海旅游名城"及景区改造工作的重大意义，妥善维护中小经营业主的权益，平稳实现改造过渡，取得业主理解和认可。积极肃清欺诈交易现象，清除违规经营商贩，推动景区经济健康发展。

2012年，该局加大引资力度，全年从国家发改委、省发改委、省旅游局争取到景区项目建设资金1250万元。利用申请到的专项资金和市政府投入的各类建设资金，建成景区美化亮化工程项目7个，包括兴海公园游艺设施拆除工程、正门广场扩建工程、人工湖修复工程、浴场休闲功能区改建工程、景观路拓宽工程、海滨亮化工程和电网改造工程。同时，新架设59盏高杆灯、庭院灯；电网改造步入收尾。确保景区用电充沛。全年全局无一人一起违法违纪事件发生，转企改制工作稳步推进，职工思想稳定，党的十八大期间稳控防范到位，无一人一起进京、到省上访事件发生，全力维护好稳定大局。

【2012年兴城市风景区管理局领导成员】

局　　长　陈晓东
副 局 长　吕　佳
　　　　　李　宇（2012年6月任职）
　　　　　武继利（2012年12月任职）

·小资料·

兴城文庙

兴城文庙位于城内东南隅，始建于明宣德五年（1430）。明代多次维修；清道光年间重修；民国时，直隶省长、兼理军务的王承斌，兴城人，独自出资维修。由于文庙四周在几百年间被挤占，占地仅存7500平方米。南北长175米，东西宽43米。文庙布局合理，结构严谨。照壁、棂星门、泮桥、戟门、大成殿、崇圣祠等主要建筑都安排在南北中轴线上，其两侧角门、碑亭、更衣亭、祭器库、名宦祠、乡贤祠、东庑、西庑等建筑则两两相对。院内古松、古柏，苍劲挺拔，梧桐茂盛。院内石子铺路，曲径通幽。1988年，文庙被列为省级文物保护单位，2006年被列为全国重点文物保护单位。

2003年，市政府收回文庙院墙外的原属于文庙的地面9000多平方米。扩建成南北长200米，东西宽84米，占地1.68万平方米的建筑群。在收回的地面上植树栽草，增设"论语碑墙"、石刻《圣迹图》及文史展馆、碑亭、游廊等景观。"论语碑墙"，有国内著名的书法家书写的103块《论语》中的名句碑。石刻《圣迹图》共41幅，长70多米，是按照明代正统九年（1444）的木刻本临摹，其内容是反映孔子一生的重要经历。

经济管理与监督

（张立宏）

发展和改革

【概况】2012年，兴城市发展和改革局紧紧围绕“工业化、城市化、农业产业化和民生保障”四大战略，抢抓“东北振兴和沿海开放”双重机遇，牢固树立全局意识、责任意识和危机意识，全力为全市国民经济和社会发展服务，取得显著成绩。年内，编制形成《兴城市2012年重点项目手册》，包括重点项目179个，总投资495.3亿元。其中续建项目69个，总投资107.1亿元；新建项目110个，总投资388.2亿元。全年共审批、核准、备案项目119个，总投资686528.07万元。请示上级审批、核准项目10个，总投资34380.6万元。

【做好“项目年”工作】2012年，市发展和改革局牵头组织“兴城市重大项目集体开工仪式”。集中开工项目7个，总投资83.34亿元。同时实施“项目月调度制度”，每月深入新开工项目建设现场，及时掌握项目进度，对项目建设过程中遇到的困难，与有关部门沟通协调解决。年内，全市实施5000万元以上项目105个，包括新开工项目60个，总投资78.6亿元，完成投资19.1亿元；续建项目52个，总投资61.4亿元，完成投资47.7亿元；竣工项目34个，完成投资30.4亿元。

【全力争取项目资金】2012年，市发展和改革局把争取项目资金作为发展改革工作的重中之重。把握机遇、讲究方法、主动跟进，积极与省、市发改委沟通衔接，争取上级部门支持。到年末，共争取中央预算内投资、省财力项目31个，总计争取上级资金15384.02万元（其中，中央预算内投资14506万元，省财力845万元，市财力33万元），主要包括兴城临海产业区起步区海防堤工程项目3313万元、兴城河入海口海防堤工程2500万元、司法局业务用房项目388万元、兴城市农村饮水安全工程926万元、兴城市沿海防护林工程1385万元、辽宁晨光一期塑料薄膜907万元、兴城市海滨风景区保护设施建设项目1000万元、葫芦岛九股河食品有限公司年屠宰加工4000万只肉鸡冷链物流项目300万元、葫芦岛兴城10千伏及以下农网改造升级工程395万元等。

【2012年兴城市发展和改革局领导成员】

局　　长　崔作军

副 局 长　周志华　李向荣

（宋　英）

统　　计

【概况】2012年，兴城市统计局以提高统计数据质量为中心，以提升统计服务为重点，以改革创新为动力，以加快统计信息化建设为支撑，强化统计队伍建设，加强对经济运行和社会发展统计监测，为全市经济社会发展提供优质高效的统计服务。年内，对全市工业、商业、房地产和建筑等“三上”企业进行“企业一套表”培训，培训人数200余人。网报率达100%。

【切实提高统计调查水平】2012年，市统计局加强数据质量把控，健全服务业调查网络，提高服务业统计调查水平。建立以经济普查为基础，政府综合统计和部门统计相结合，全面调查和抽样调查等多种方法相结合的统计调查体系，健全服务业统计监测网络。同时对服务业统计人员和限额以上服务业企业统计人员进行业务培训，确保服务业统计工作顺利开展。加大数据审核力度。指导企业建立服务业统计台账，规范基层统计工作。加强对服务业统计数据质量的把控，突出抓好服务业企业的数据审核，实时与企业上期数据、相关会计、业务核算资料进行比对分析，通过指标间、报表间的逻辑审核，确保服务业统计数据质量。针对全市第三产业发展相对滞后，第三产业所占比重较低的现状，深入调研分析，撰写《兴城市服务业发展状况》一文，为市委、市政府加快服务业发展提供重要依据。

【优化统计服务】2012 年，市统计局为方便各级领导及企事业单位全面了解统计资料，指导经济工作。及时发布《兴城市国民经济和社会发展统计公报》和《兴城市第六次全国人口普查主要数据》等专题报告。编印《兴城统计年鉴》《兴城市主要经济指标》手册和资料。加强统计网站建设，发布《2011 年兴城市国民经济和社会发展统计公报》和《兴城市 2011 年第六次全国人口普查主要数据公报》、季度经济运行情况分析以及年度统计数据，加强统计信息服务。年内，全局共撰写统计分析 61 篇，统计信息 69 篇。其中，《兴城经济总量突破百亿大关》在《辽宁日报》上发表，《“十一五”兴城市城镇在岗职工工资状况简析》《兴城市新农村建设取得初步成效》在《辽宁经济统计》杂志上发表。有 7 篇（条）分析（信息）在《葫芦岛日报》上发表；领导批示 2 篇。完成第六次人口普查资料编辑、开发利用和分析研究工作。发表《兴城市第六次全国人口普查主要数据》公报，完成人口普查课题研究 6 篇。

【开展城镇住户调查】2012 年，市统计局针对城镇住户调查涉及面广，对象复杂，群众配合度较差，工作量大的实际问题。对抽选的城镇居民家庭生活情况记账员进行记账业务培训。做好宣传，做调查户的思想工作，打消调查户怕家庭情况被泄露的顾虑，增强调查户的荣誉感和责任心，以取得调查户的理解、支持和配合。同时加强检查、指导，如实记账，力争做到不重不漏。确保调查数据真实反映住户的生活情况。

【强化统计执法工作】2012 年，市统计局狠抓规范管理，严格执法程序，加大统计执法检查力度。实行检查、办案程序、资料整理的规范化。抓宣传教育，营造守法氛围。各乡、镇、街道印发宣传材料 2000 余份，宣传标语 200 余幅。组织检查队伍，对一些基层单位和“三上”企业进行执法检查。依法通报 6 个单位，并对其进行整改。开展从业资格认定工作，年内全市通过统计从业资格考试 167 人。

【2012 年兴城市统计局领导成员】

局　　长　崔俊海
副 局 长　马　勇　肖兴海
总统计师　张　茵（女，2012 年 12 月任职）

（张　茵）

招　　商

【概况】2012 年，兴城市政府深入挖掘招商引资潜力，结合市里存量资源实际，充分发挥区位优势和比较优势，大力引进国内外投资项目，取得可喜成绩。全市共引进内资项目 38 个，总投资 212.81 亿元，实际到位资金 125.16 亿元（其中园区项目 31 个，实际到位资金 88.7 亿元；园区外项目 7 个，实际到位资金 36.4 亿元）；同比增长 106.5%，超额完成全年任务指标的 88.7%。全市共引进外资项目 25 个，实际到位资金 10328 万美元（其中合资项目 6 个，实际到位 696 万美元；独资项目 19 个，实际到位 9632 万美元），比上年同期增长 29.1%，完成全年任务指标的 103.28%。全年外贸出口 7914 万美元，比上年同期增长 24%。

【招商引资力度加大】2012 年，兴城市政府改善招商思路和模式。坚持统一招商与分口招商相结合，大型招商与小型招商相结合，“走出去”与“请进来”相结合。采取小分队招商、专业组招商、产业链招商、专题招商、园区招商、以商招商、点对点招商等各种招商手段。同时，完善机制，实行招商目标管理。将招商引资工作目标量化、细化，分解到各部、委、办、局、乡镇等招商引资责任单位，初步形成整合全市各行业招商资源，充分发挥行业优势、区位优势，形成宽领域、多层次、多形式招商。转变作风，优化投资环境。把投资商的项目当作自己的项目，把投资商的困难当作自己的困难，把投资商的工地当作自己的现场办公室，积极主动为投资商排忧解难。在投资环境上，秉承“帮投资者成功，助投资者发展，替投资者着想，为投资者服务”的理念，全市软、硬环境得到进一步改善。

【2012 年兴城市招商局领导成员】

局　　长　宋　毅

副 局 长　张云香　郜永刚

（鲁雨欣）

物　　价

【概况】2012 年，兴城市物价局坚持以人为本、依法行政，针对人民群众和社会关心的热点问题，大力整顿和规范价格收费秩序，以收费年度审验为依托，积极开展收费许可证及服务价格年审换证工作。从源头上制止乱收费，坚持“五审五看”和“三核对”方法，对广电系统、动检系统、城建局、中医院、油田疗养院、自来水公司、温泉水公司等 33 家单位开展年审，并形成完整的年审报告。对粮、油、肉、蛋、菜等农副产品价格实时监测 76 次，形成上、下半年实时监测分析报告。完成对 21 户 3 个品种（蛋鸡、玉米、花生）的 7 次农调报表及存售粮、农资购买和农业生产机械作业用工情况调查。认真落实价格政策，严格调定价程序。对 2 家驾校和 1 家旅游项目的价格进行备案；采用成本预测和与周边地区相比较的方法对食品公司生猪屠宰费进行批复，解决公司和屠户多年来的矛盾。

年内，市物价局受理各类委托案件 239 起，估价金额 1530 万元。查办涉民案件 13 起，行政处罚 2 起，挽回经济损失 500 万元。

【强化价格管理】2012 年，市物价局对全市 247 个商家及海滨景区进行明码标价监督管理，并实行收费公示。对全市客运票价进行全面检查，对运价与车辆不符的个别线路处罚 3 万元。加强全市涉农价费管理，重点对电力、农村中小学、卫生院进行检查。处罚农村中小学 3 万元，高中 5 万元，已收缴入库。

【查处价格举报案件】2012 年，市物价局本着“群众利益无小事”原则，想群众之所想，急群众之所急，对群众举报属实的案件坚决依法查处。同时，认真贯彻实施《中华人民共和国价格法》和国家计委关于《价格违法行为举报规定》，做到举报电话专人接听，凡信访、举报电话反映的情况，及时调查处理，做到有案必查、违法必究、执法必严，对群众价格投诉真正做到件件有登记，事事有结果，回复办结率均 100%，群众满意率 100%。年内，接举报案件 26 起，涉及房地产、交通、物业、停车场、医疗、药品等部门，全部办结完成。

【开展价格认证工作】2012 年，市物价局大力推行“服务承诺制”和“案件主办制”，提供涉案物品价格鉴定服务。相关工作人员积极参加国家和省里组织的各种业务培训和考试，并利用业余时间学习与业务息息相关的政策、法律、法规，与公、检、法等行政执法部门密切配合，服务政府经济中心工作。年内，受理各类委托案件 239 起，估价金额 1530 万元。其中刑事案件 126 起，估价金额 768 万元；事故定损案件 99 起，估价金额 713 万元；价格认证案件 14 起，估价金额 49 万元。

【开征价格调节基金】2012 年，市物价局成立价格调节基金管理领导小组，对征收使用工作进行全面安排部署。研究价格调节基金使用方面的政策规定，全市价格调节基金征收使用达到规范化、制度化。年内，征收价格调节基金50多万元。

【2012年兴城市物价局领导成员】

局　　长　李永林

副 局 长　崔中华　于立群

　　　　　寇文会（2012年9月任职）

（李　丹）

工　　商

【概况】2012年，兴城市工商局围绕服务地方经济发展大局，以“三深入，两服务”促振兴为主线，以“四大体系建设”为重点，全力服务地方经济发展。全局以食品安全、红盾护农、打击侵犯知识产权为重点，全面加强市场监管，查办一般程序案件514件。同时，以“查无”百日专项行动为契机，严厉查处各类无照经营行为。引导无照户办照791户，取缔无照经营户216户，办理无照经营案件206件，无照经营行为得到有效遏制。

年内，市工商局荣获辽宁省“无传销县（市）区”，16名工作人员分别荣获省“打击传销”先进个人、葫芦岛市“三八”红旗手标兵、招商引资工作先进个人、优秀党务工作者等荣誉称号。62人次受到各级嘉奖，收到单位及个人赠送的锦旗、牌匾12面（块）。

【服务临海产业区建设】2012年，市工商局把服务区域经济发展作为首要任务，采取简化登记环节、提供延伸服务、增强企业品牌意识等方式为产业区企业推行“一站式”服务。全年为产业区重大项目提供设立、变更登记及档案查询70余次，受理咨询100余次，办理新登记企业10户，成功帮助企业冠省名2户，指导园区企业办理股权质押登记2户，股权出质额7000万元，担保债权总额2.15亿元。

【助推企业发展】2012年，市工商局进一步创新服务举措，推行便民服务卡、预约登记、一人代理办结制，强力推进具有一定规模的个体工商户“转企升级”。年内，成功转企200户，全市转企升级企业达到927户；大力扶持兴城泳装行业发展，对天喜泳装商城36户网店提供免检服务；全年核准各类企业名称254户，其中冠省名3户、冠市名33户。全年新发展私营企业277户，个体工商户5937户，农民专业合作社54户，市场主体数量增幅明显。

【深化就业帮扶】2012年，市工商局以协会为依托，帮助就业再就业2200人，扶持大学生创业600人。针对泳装行业技术人才匮乏现状，帮助企业吸引专业技术人才，与葫芦岛市局联合举办泳装业技术人才定向就业洽谈会，工商局吸引16家泳装企业、40余名职业技术学校服装设计专业人才参加。初步达成2~3年内向兴城泳装业输送服装专业技术人才100人，依托九隆泳装培训基地为企业培养1000名技术工人的意向，受到泳装企业代表盛赞，众多媒体进行报道。

【着力服务民生】2012年，市工商局以“3·15”国际消费者权益日为契机，举行“消费与安全”为主题大型宣传纪念活动，进一步畅通维权渠道；对16家12315“五进”单位、5家省流通领域商品质量“放心消费示范店”进行挂牌规范，引导诚信经营，扩大维权网络覆盖面。全年累计受理并处理消费者投诉156件，举报7件，为消费者挽回经济损失13.39万元；受理消费者申诉、举报、咨询700余次，为消费者挽回经济损失7万余元。扎实开展助残解困活动，对身残志坚、经营暂时困难的16户业主进行一对一帮扶，累计投入帮扶资金5000元。

【推进商标兴市战略】2012年，市工商局大力实施品牌战略，积极协助办理“兴城土豆”“兴城大根萝卜”“红崖子花生”地理标志证明商标，帮助三道沟果业合作社申办农产品集体商标，加强与兴城市泳装行业办公室协调沟通，帮助泳装企业申办“兴城泳装”集体商标；积极做好驰著商标申报工作，全年新增国家驰名商标1件，地理标志集体商标1件，省著名商标11件，市著名商标10件，商标梯队建设渐成规模，荣获兴城市“品牌建设先进单位”称号。

【强化食品安全监管】2012年，市工商局按照“一岗三则”要求，自上而下组建专门监管队伍，从规范市场主体资格、加强日常监管入手，扎实开展节假日食品及酒类、食品添加剂等各类市场专项整治，保障食品安全监管工作落到实处。全年共办理食品流通许可证594个，变更食品流通许可证440个，完善食品经营户档案794个，抽查巡查记录78本，开展食品安全督察9次，下发督察通报3期，检查食品经营户630户次，为全市百姓营造安全放心的消费环境。年内，辽宁省食安委、葫芦岛市食安委对兴城市食品安全工作进行明察暗访，两级食安委对食品安全工作给予充分肯定，沙后所分局受到葫芦岛市工商局通报表彰。

【做好“红盾护农”工作】2012年，市工商局加强农资市场监管，实施事前行政指导，举办全市农资经营户法律法规培训班，受教育面500余人次，提高广大经营者知法、守法、依法经营意识。深入开展“红盾护农”行动，全年检查农资经营户335户，抽检农资19个批次，查办农资案件184件，其中万元以上案件12件。该项工作得到国家工商总局“红盾护农”检查组充分肯定，并被省局作为试点，在全省工商系统进行推广。

【开展专项整治行动】2012年，市工商局以商标专用权整治为重点，开展打击侵犯知识产权和制售假冒伪劣商品专项整治行动。检查从事印刷业的个私企业30户，立案1起；开展成品油、液化气、金银珠宝、建筑材料、烟酒糖茶、电线电缆等行业8个品种、44个批次商品抽检工作，立案22起；查办商业贿赂案件3件，有力地维护公平有序的市场竞争秩序。

【2012年兴城市工商局领导成员】

局　　长 丁桂清（女）

副 局 长 王育斌　凌　源　雷　凯

纪检组长 朱晓松

（朱占峰）

技 术 监 督

【概况】2012年，兴城市质量技术监督局大力开展质量兴市活动，实施名牌战略。帮扶重点企业，申报省市名牌产品。兴城市美路威制衣有限公司等3家企业通过葫芦岛名牌评审组现场审核，兴城市菊花女食品加工有限公司等6家企业申报省名牌产品。

【产品质量检查】2012年，市质量技术监督局出动执法人员110人（次），对农资生产企业进行拉网式检查。检查化肥生产企业5家，经销企业40家（检查许可证及标识），对存在问题企业进行限期整改和查处。在“3·15”活动中，与工商等部门在兴隆大家庭广场进行打假知识宣传，积极推荐市名牌产品，发宣传单2000余份。加强对建筑工地检查，确保建筑材料质量。共检查建筑工地35个，主要检查建筑扣件、安全网（平网）立网、安全帽、PV线、低压开关柜及水泥、水泥砌块等产品许可证及标识、检验报告和产品出厂合格证，对外观不符合要求的产品进行监督检验，对把好建筑工地质量关起到积极作用，受到开发商好评。

【标准化工作】2012年，红崖子花生技术规程实施国家地理标志产品保护申报成功，辽宁正业花生产业发展有限公司申报地理标志产品专用标志获得批准。葫芦岛市凯斯科技发展有限公司被辽宁省批准为第二批企业标准化示范单位，为兴城地区标准化工作提升起到积极作用。

年内，新办组织机构代码证593户，变更48户，年检1700户，无电子档案扫描错误。

【计量工作】2012年，市质量技术监督局围绕“计量与安全”开展宣传、咨询活动。设置咨询服务台、投诉台和计量器具免费检测台。现场发放计量知识宣传材料40余份，接受咨询20余人，免费检测3台血压计、2副眼镜和1台体重秤。同时，组织执法人员到企业发放“5·20”世界计量日宣传画。加强集贸市场、医疗卫生、眼镜制配等涉民强检计量器具的监管，深入开展“四个走进”服务活动；诚信计量进市场，健康计量进医院，光明计量进眼镜店，服务计量进社区。

【特种设备安全监察】2012年，市质量技术监督局大力开展各类特种设备专项整治，查找消除安全隐患。出动执法人员325人（次），车辆81台（次）。监督检查特种设备使用单位403家（次），检查各类特种设备650台（件）。其中锅炉130台（次），起重机械210台（次），电梯80台（次），压力容器、管道200台（次），大型游乐设施20台（次），厂内机动车10台（次）。检验液化石油气钢瓶4850只；整改验收压力容器39台；查出隐患锅炉118台（其中9台生物质常压锅炉承压安装），取缔锅炉2台，整改“恢复”常压安装锅炉11台；培训特种设备管理人员和作业人员300余人。取缔海滨游乐园大型游乐设施9台。对辖区内液化气、氧气、乙炔共计13家充装站进行3次全面巡查，气瓶充装站许可率达100%。

【食品安全监管】2012年，市质量技术监督局落实区域监管责任制，明确重点区域、重点问题、重点产品、重点企业、重点小作坊。年内，共出动执法人员305人（次），巡查、检查企业154家（次），办理案件26件。抽查饮用水、饮料、雪糕、白酒、熟食、粉条、豆制品45批（次），检验12批（次），合格8批（次），产品合格率为75%。有33批（次）样品正在检验中。检查白酒生产企业8家（4家停产、4家正常生产），通知辖区内6家瓶装白酒企业停止使用“撬开式”瓶盖，2家正在使用“撬开式”瓶盖的企业接到通知后停止使用，消除“撬开式”瓶盖伤手的安全隐患。查获冒用厂名、厂址灌装白酒的窝点1家，净化兴城白酒市场。严厉打击非法添加、滥用食品添加剂、无证生产及制假售假违法行为，查获无证生产案件1件，查处伪造厂名、厂址案件2件。联合葫芦岛市局，对辖区内94家加工小作坊抽样33批（次）。与10家熟食加工户、29家粉条加工户和55家干豆腐加工户逐一签订食品安全承诺书，保证所生产的食品无毒、无害、安全。

【技术机构服务】2012年，市质量技术监督局加强技术机构建设，计量所共完成定期检验23批（次），检验20家。委托检验630批（次），检验360家；质检所完成强检计量器具23200台（件），完成全年任务的104%，合格率100%。完成非强检计量器具3600台（件），完成全年任务的99%；锅检所共检验锅炉78台，检验压力容器35台，检验钢瓶4850只。

【2012年兴城市质量技术监督局领导成员】

局　　长　牛春伦

副 局 长　周文卓（2012年2月离任）

　　　　　梁　军

　　　　　王德有（2012年2月任职）

（赵兴伟）

审　　计

【概况】2012年，兴城市审计局坚持“依法审计、服务大局、围绕中心、突出重点、求真务实”的工作方针，充分发挥审计保障国家经济社会健康运行的“免疫系统”功能和在国家治理中的作用，努力提高工作质量和水平。完成29个审计事项，查出主要问题金额8270万元。其中，违规金额5899万元，管理不规范金额2371万元。上缴财政91万元。移交税务部门收缴应缴未缴税金782万元。

【审计改革创新】2012年，市审计局创新审计方式方法，实现审计工作四个转变。一是由侧重微观经济活动监督向注重宏观经济管理监督转变，努力揭示财经领域中管理层面、制度层面存在的普遍性问题；二是由传统的事后审计为主向事前、事中、事后审计相结合方式转变，对重大项目、重点资金实行提前介入、全程跟踪；三是由侧重一般财务收支审计向注重管理和绩效审计转变，更多关注单位经济决策情况及国有资产安全增值；四是由侧重监督查处向监督与服务并重转变，坚持审帮促相结合，帮助被审单位完善机制，健全制度，强化管理，堵塞漏洞。

【预算执行审计】2012 年，市审计局加强预算执行审计。在对预算资金收支情况审计分析基础上，审计收费办、非税收入、基建资金、支农资金及国有资产收费管理办公室等财政专户资金。强化对交通建设项目资金和城市建设资金的审计监督。加大对水利、林业和支农专项等民生工程资金的监督检查力度。同时，对教育资金使用情况进行全面审计。对审计中发现的国库基本户往来账清理不及时、银行账户开设较多、账户利息收入未缴入国库、应缴未缴税金、少计一般预算收入等问题，责令有关单位追还被侵占、挪用资金，确保专款专用。

【固定资产投资审计】2012 年，市审计局投资审计中心全力为市政建设资金安全高效利用保驾护航，全年共完成固定资产投资审计 208 个工程项目，其中招标控制价审计 32 个，工程决算审计 176 个。审前总造价 10.74 亿元，审后总造价 10.29 亿元，核减工程造价 0.45 亿元。严格按照固定资产投资审计基本准则和工程预算定额标准进行审计，保证财政建设资金安全高效利用。

【2012 年兴城市审计局领导成员】

局　　长　李以君
副 局 长　李宝达　郭玉春
总审计师　王振华（2012 年 12 月任职）

（张　影）

国土资源管理

【概况】2012 年，兴城市国土资源局围绕加快开发开放、建设现代化海滨城市这一中心任务，全力保障重点工程、主导产业、民生项目等建设用地，坚持开源与节流并重、保护与保障并举、管理和服务并行的原则，采取措施，开辟重点工程建设用地审（报）批“绿色通道”，努力破解保障发展、保护资源难题，保障城乡建设与经济发展。

年内，挂牌出让土地 11 宗，面积 86.40 公顷，出让金 69286 万元；协议出让土地 19 宗，面积 51.7738 公顷，出让金 18812.69 万元；总计出让土地 155.2980 公顷，出让金总额 117144.69 万元。另外供应划拨国有土地 3 宗 0.9873 公顷。总计报批土地面积 177.8457 公顷，其中农用地 161.8263 公顷，建设用地 7.8651 公顷，未利用地 8.8743 公顷。

【土地储备】2012 年，市国土局加大政府储备土地力度，落实土地征收方案，强化土地收储。投资 57340 万元（其中，支付土地补偿费 23700 万元，保险补助费 20661 万元，地上物补偿费 12979 万元），收购储备土地 21 宗 320.7574 公顷。钓鱼台村、红石碑村、邴家村村庄以外的土地全部储备。年内，库存储备地达 38 宗 512.65 公顷，预期价值达 30 亿元。以上储备的国有土地，主要用于学校、煤场、供热、物流等公共公益事业建设。经营性房地产开发用地，将适当放缓，待完成基础设施投入、宗地周边环境改善、资源价值显化时，再逐渐投入市场，努力保证供方市场优势下的土地市场供给平衡。

【矿产资源管理】2012 年，市国土局切实解决保护和保障矛盾，完成矿产资源开发和矿业管理。年检矿山企业 103 家，合格 100 家，抽检率 33.3%，合格率占总数的 95.2%。在高家岭、老城区设立两项勘查区块，投资 400 万元进行地热资源勘查，并取得阶段性成果，报省厅进行专家评审。市政府出资 100 万元的首山区域地热普查工作第一阶段结束，该项目与高家岭汤上村、古城老区及温泉地区地热勘查项目一起编入《兴城市矿业权设置方案》。

【土地行政服务职能】2012年，市国土局为国家、省、市重点工程提供及时优质服务。一是位于羊安乡刘八斗村的兴城物流中心项目，一期占地22.4322公顷，作为2012年第18批次用地呈报到葫芦岛市国土资源局。二是位于四家屯街道周家村的葫芦岛船校新校址用地，项目占地43.8236公顷，辽宁省政府批复征转用项目用地32.5758公顷，其余11.2478公顷作为2012年第8批次用地呈报到葫芦岛市国土资源局。三是青山水库项目用地1918.7932公顷（包括曹庄中兴村的移民安置用地18.4485公顷），卷宗呈报到葫芦岛市国土资源局。

【土地规划编制工作】2012年5月30日，兴城市土地利用总体规划（2006年至2020年）经辽宁省政府（辽政〔2012〕120号）批准。该项工作于2008年正式启动，编制21个乡、镇、街道土地利用总体规划。东辛庄镇作为辽宁省小城镇建设试点单位，其土地利用总体规划需要省政府批准，规划审批材料报至葫芦岛市政府，由葫芦岛市政府向省政府报送。其他20个乡镇规划经葫芦岛市政府（葫政〔2012〕175号）批准。年内，着手编制土地整治规划和未利用地开发利用规划。结合建兴高速公路占地和上年变更调查工作，对全市基本农田布局进行科学的调整和划定。为临海产业区、青山水库、核电站、滨海新城等项目规划合理的用地空间，从规划的层面上做到保护与保障并举。

【耕地占补工作】2012年，市国土局投资1413.58万元，实施土地开发项目45个，整理土地823.17公顷，新增耕地785.32公顷（通过验收）；确立增减挂钩项目7个，复垦建设用地389.40公顷，可新增耕地377.43公顷，投资额达2633.17万元；申报高标准基本农田项目5个，建设规模4493.23公顷，可新增耕地85.14公顷，预计投资1.03亿元。

【查处各类违法行为】2012年，市国土局制定《兴城市打击矿产资源违法行为专项行动实施方案》，对全市辖区内64家采矿企业（甲类20家、乙类44家）、39家勘察单位进行拉网式排查，对排查情况逐一登记，建立排查台账，做到不留死角，不遗漏排查对象。严格执行矿产执法动态巡查制度，依法查处各类矿产违法案件2件，结案2件，罚没款10.4万元。同时，查处土地违法案件12宗。

【2012年兴城市国土资源局领导成员】

局　　长　徐　利

副 局 长　彭　程　张福贵　王秀红（女）

　　　　　沈朝辉　陈晓峰

（李洪华）

食品药品监督

【概况】2012年，兴城市食品药品监督管理局以保障人民群众饮食用药安全、促进食品和医药经济健康发展为中心任务，认真履行食品药品监管神圣职责，突出监管重点，扎实推进食品药品安全专项整治，提升监管水平，全力保障全市人民饮食用药安全。

【食品安全专项整治】2012年，市食品药品监督管理局开展打击“食品非法添加和滥用食品添加剂专项整治”“餐饮服务环节与餐厨废弃油脂”“一次性餐具”和“集中消毒餐具”专项整治，出动执法人员近1万人次，车辆3000余辆次，检查餐饮单位7000余家次。针对问题多发场所、单位和监管薄弱领域开展治理整改，进一步规范食品经营行为，有效防范食品安全事故，切实保障人民群众身体健康和生命安全。

【药品安全专项整治】2012年，市食品药品监督管理局以打假治劣为目标，开展药品安全专项整治。出动执法人员356人次，排查零售药店（含连锁门店）107家；加大对广告药品、小企业生产的药品、发现问题较多药品、招标药品、中药饮片及高风险医疗器械为重点的日常监管，对隐形眼镜经营企业以及经营植入材料和人工器官、介入器材、体外循环及血液处理设备等高风险产品企业进行专项检查。同时，开展含麻黄碱类复方制剂、抗菌药物销售专项排查、非药品冒充药品专项整治排查、中药饮片专项排查、违法药品广告的监测工作等；严厉打击非药品冒充药品违法行为，维护公众身体健康。

【查处“铬超标”药用胶囊】 2012年，市食品药品监督管理局出动执法人员1120人次，对辖区107家药品经营企业（批发企业1家）、550家医疗机构进行全面检查，对涉及的通便灵胶囊、头孢克肟胶囊、布洛芬缓释胶囊等6个生产企业生产的11个品种（340盒）药品进行先行登记封存，暂停销售和使用，未发现文件中所列的“铬超标”药用胶囊品种，解决人民群众关心的用药安全问题。

【2012年兴城市食品药品监督管理局领导成员】
局　　长　李海军
副 局 长　邹宝明　李秋艳（女）

（李　明）

·小资料·

祖氏石坊

祖氏石坊位于古城南街（延辉街），有两座石坊，之间距离85米。居南一座是“忠贞胆智”坊，即祖大寿石坊，建于明崇祯四年（1631）。坊顶层有一石立匾，上刻“王音”二字，南北两面相同；上层额坊南面“忠贞胆智”、北面“廓清之烈”八个大字是大学士少师孙承宗所题写；中层额坊刻有“四世元戎少傅”，南北两面相同；下层额坊南北均刻有相同的102个字，——诰赠曾祖荣禄大夫提督辽东左都督少傅祖镇；诰赠祖父荣禄大夫提督辽东左都督少傅祖仁；诰赠父荣禄大夫提督辽东左都督少傅原任辽阳协守副总兵左军都督佥事祖承训；钦差经理辽东挂征辽前锋将军印总兵官左军都督府左都督少傅祖大寿。

居北一座是“登坛骏烈”坊，即祖大乐石坊，建于崇祯十一年（1638）。坊顶层有一石立匾，上刻“王音”二字，南北两面相同；上层额坊的南面刻有“登坛骏烈”大字是巡抚辽东兵部左侍郎方一藻所题写，北面“元勋初锡”是整饬宁前兵备左参政蔡懋德所题写。下层额坊南北均刻有86个字——诰赠荣禄大夫援剿总兵官左军都督府左都督祖镇；诰赠荣禄大夫援剿总兵官左军都督府左都督祖仁；诰赠荣禄大夫援剿总兵官左军都督府左都督祖承教；特晋诰赠荣禄大夫援剿总兵官左军都督府左都督祖大乐。中柱阳刻楷书楹联，南面是“桓赳兴歌国倚干城之重”，“丝纶锡宠朝隆铭鼎之褒”。北面是“松槚如新庆善培于四世”，“琳琅有赫贲永誉于千秋”。

两座石坊造型均为仿木结构，都是四柱三间五楼式，单檐庑殿顶。石坊雕刻精美，国内一流。祖氏世居宁远（兴城），是辽东一大望族，族中有多人在明清两代身居高官。

在一条街上，有堂兄弟两人的石坊，且保存370多年，在国内绝无仅有。

农　　业

综　　述

【概况】2012年，兴城市以调整农业产业结构、确保粮食安全、提高农民收入为突破口，加速推进农业产业化进程，全面提高农业综合生产能力，全市农业和农村经济保持稳步增长的发展态势。全市农林牧渔及服务业总产值实现401206万元，同比增长21.4%。其中，农业总产值103193万元，增长18.5%；林业总产值8084万元，增长214.6%；牧业总产值142013万元，增长23.4%；渔业总产值140266万元，增长17.5%。

全年，全市完成播种面积6.18万公顷。其中，玉米播种面积3.53万公顷，水稻播种面积866.67公顷，高粱播种面积266.67公顷，谷子播种面积66.67公顷，豆类播种面积133.33公顷，薯类播种面积2333.33公顷，花生播种面积1.68万公顷，春播蔬菜5933.33公顷，其他春播作物66.67公顷。全市粮食种植面积42707公顷，比上年减少755公顷（农民改种花生371公顷，其余为青山水库占地），粮食总产量27.2万吨，油料作物总产量3.1万吨，蔬菜总产量8.6万吨，水果总产量6.6万吨，肉蛋奶总产量12.2万吨，水产品总产量18.7万吨。粮食、蔬菜总产量比上年略有下降，油料作物、肉蛋奶和水产品略有增长。年内，全市设施农业小区建设面积3000公顷，890个；建设日光温室小区880个，冷棚小区10个。

【滴灌节水工程项目】2012年，全市滴灌节水农业工程项目到位资金1880万元。落实面积2400公顷，其中果树面积1400公顷，花生面积666.67公顷，经济田面积333.33公顷；修复和新建水源井118眼，方塘或塘坝40座，渠道引水3处；铺设地下管线28万米，其中果树滴灌项目区15.8万米，花生滴灌项目区8.2万米，经济田4万米；铺设地面管网2010万米；采购PVC管材、PE管材、PE盲管、滴灌带共2040万米，管件135万个，完成首部安装40台（套）；配套水泵516台，其中柴油机泵490台，电泵15台，软轴泵11台；定购2BQDD-2型全膜覆盖播种施肥机100台；培训管理人员75人、施工安装和运行维护人员360人，覆盖企业、大户、合作社、农户13500户，农机作业机手150人。

【千亿斤粮食项目】2012年，全市继续实施新增粮食生产能力规划田间工程建设项目，争取项目资金1000万元，实施面积1666.67公顷。在沙后所、曹庄、羊安、旧门、郭家5个乡镇14个村打机井343眼，投资537.06万元；建方塘3座，投资140万元；平整土地及田间土壤改良1000公顷，投资265.55万元；机耕路改造27.5公里，投资247.39万元。

【农情信息站建设】2012年，全市建设信息站20个，以涉农企业、农村专业合作组织、粮食生产大户为主体，借助移动短信平台，方便快捷指导农民生产。同时上下联动，合作社与社员之间相互沟通交流，及时掌握农情信息。年内，市农发局通过金农平台向省、市农委发送政务及农情信息98条，农产品价格信息108次。通过辽宁省农情调度系统报送春耕播种、农作物灾情、秋粮收获等常规信息180多次，农作物生长季苗情等临时信息10余次，为政府及上级业务部门准确及时掌握全市农业生产状况提供有力可靠的理论依据。

【推广花生高产栽培技术】2012年，全市引进新品种唐油4号、唐科8252、鲁花20、花育23等120余万公斤，采用大垄双行膜下滴管技术266.67公顷，单垄滴灌400公顷，测土配方施肥1万公顷，对改善全市花生生产现状，促进增产奠定基础。

【农业产业化】2012年，兴城市获省政府批准农业产业化省级龙头企业2家，批准葫芦岛市级农业产业化龙头企业3家；监测市级农业产业化龙头企业10家，全部合格。申报兴城市花生农业产业化示范基地1个，并获得省政府批准。年内，全市投资规模500万元以上企业66家，带动农户4.5万多户。其中省级龙头企业7家，市级龙头企业21家。全市引进农产品加工重大项目2个。一是九股河牧业4000万只肉食鸡屠宰加工项目，运行良好，日加工肉食鸡3万只以上。该项目中的“葫芦岛市九股河饲料有限公司”饲料加工厂在建设中，完成投资0.7亿元。二是沙后所镇农产品深加工项目，投资11.6亿元，10月31日开工建设。

【农产品出口】2012年，兴城市农产品出口完成总额900万美元，同比增长30.7%，尤以花生出口增长为主。建立农产品出口质量安全示范区2个，分别为花生出口质量安全示范区和大根萝卜出口质量安全示范区，并在示范区开展农产品出口可追溯体系建设。

【农业科技推广】2012年，市农发局落实土壤有机质提升补贴项目。在南大、羊安、白塔3个乡14个村推广商品有机肥5000吨，玉米面积3333.33公顷，每公顷增施有机肥1500公斤，资金总额100万元。采集和分析土壤样品600个，落实玉米、花生大田作物田间肥效试验2个，蔬菜“2+X”田间肥效试验5个，微量元素单因子肥效试验2个；建立666.67公顷以上示范区2个。同时做好新型肥料的试验示范。在药王乡裴屯、沙后所镇西关村、红崖子乡三道边村等地的玉米、花生等作物上下达BB肥2个，喷施宝2个，花生根瘤菌4个，7水硫酸亚铁1个，中量元素试验1个。

年内，承担省市各种试验示范9项，玉米、高粱、大豆、马铃薯、花生5个作物。省级大豆品种区域试验16个品种；马铃薯区域试验6个品种；省级大豆品种示范6个品种；马铃薯品种示范8个品种。推广玉米新品种22个、花生新品种11个。开展设施农业科技培训15个示范村750人，阳光工程培训1600人。

【农经管理】2012年，市农发局发放粮食综合直补资金6290万元，其中，粮食直补738万元，综合直补5552万元，补贴面积5.33万公顷，享受补贴农户11.6万户。发放良种资金635万元。年内，协同纪检部门，完成上年集体资产、资金、资源清理。全市村级资产共计24712.6万元。其中，流动资产7230万元，集体投资214万元，固定资产17267.6万元，农业资产1万元。清理经济合同4103份。

【新农村建设】2012年，全市申报市级示范村4个，分别是高家岭乡汤上村、红崖子乡古城村、大寨乡新立村、羊安乡柳蒿村；落实项目24个，投资金额21824.2万元。申报无公害食品1个，即华洋果业种植专业合作社的苹果；绿色食品2个，即兴城市兴旺果业有限公司的南国梨、兴城市丰硕果蔬种植合作社的甜香瓜；续报绿色食品1个，续报无公害农产品3个。抽检农产品样品600个，合格率均在98.5%以上。省农产品质量安全中心抽检无公害农产品3个，经检测，全部达到无公害农产品质量标准。

【争取项目资金】2012年，市农发局积极创新工作机制，大力开展项目引资工作。争取粮油高产示范区建设项目资金60万元；争取花生良种及良种繁育补贴项目资金200万元；争取良种补贴项目资金635万元；争取粮食生产能力规划田间工程项目资金1380万元；争取滴灌节水农业工程项目资金2100万元；争取有机质提升项目资金100万元；争取测土配方施肥项目资金27万元；争取基层农技推广体系改革项目资金316万元；争取阳光工程项目资金59万元；争取设施农业培训项目资金21万元；争取购置农机具补贴项目资金850万元；保护性耕作项目资金

40万元；争取秸秆生物反应堆技术项目资金20万元；争取国家级农民专业合作社示范社项目资金20万元；争取葡萄苗木繁育基地项目资金30万元。共计资金5858万元。

（沈伶俐）

果 业

【概况】2012年，全市共新植各类名优果树30万株，其中苹果12万株，梨7万株，葡萄6万株，桃、李、杏等5万株；近400公顷。主要品种以苹果、梨为主，重点在南大、华山、碱厂、元台子等乡镇、街道。年内，全市水果总产量实现6.6万吨。落实苗木生产基地2个，分别在望海乡和东辛庄果树农场。其中东辛庄果树农场育苹果苗100万株，主要有乔纳金、红富士、寒富等。望海乡育葡萄苗133.33公顷。

【标准园建设】2012年，全市落实示范园10处，果园总面积100公顷，总株数6万株；主要树种为苹果、梨、葡萄，多为结果树。继续执行提质增效实施方案，进行无公害生产，提高果品质量，果实套袋5000万袋。采用高光效整形修剪技术，改善树体光照条件，提高果品质量。采用果树行间自然生草，株间覆盖杂草或秸秆的栽培模式，提高果园含水量及提高果园肥力。

【果树核量】2012年，市果树部门完成葫芦岛船校、古城回迁地、工业园区、南一小学学校重建、景观路、四家屯街道200公顷预留地等果树核量工作，共涉及各种果树30万株，补偿资金近7000万元。

【高密栽培示范园】2012年，市果树部门在沙后所镇西关村指导新建1.33公顷密植省力栽培模式梨示范园，品种为早金酥，栽植密度为0.7米×3米。果树部门为保证果农掌握高密栽培果树管理技术，组织15人去河北农大参观学习。省果树研究所李俊才教授多次到果园进行现场指导，年内果树生长良好。

【技术培训】2012年，市果树部门在沙后所、南大、华山、望海4个乡镇、街道举办4期阳光工程果树技术培训班，培训人数达1000多人次。为农民讲解国外机械化果树管理技术和国内一些先进园经验，果树稀花稀果技术、果实套袋技术、修剪技术等，农民受益匪浅。

（董丽梅）

农 机

【概况】2012年，兴城市农机部门大力发展农业机械化，引进推广科技含量高、适应当地农业生产需要的先进农机装备，促进农业增产、农民增收，加速全市农业产业化进程。全市农机总动力达到20万千瓦，农业机械总值达到2亿元。拖拉机保有量4045台，其中大、中型1940台，小型2105台，拖拉机配套机具5065台（套）。机械整地5万公顷，秸秆粉碎0.14万公顷，深松0.07万公顷。机械播种4.68万公顷。其中，精量播种3.33万公顷，深施化肥3.67万公顷。机械收获3.53万公顷。其中，玉米1.33万公顷，花生1.67万公顷，薯类0.34万公顷，其他0.2万公顷。

【农机购置补贴】2012年，全市农机购置补贴698.014万元，受益户数315户，机具数量441台，其中拖拉机182台，补贴金额373.41万元。收获机械48台，补贴金额22.64万元。收获后处理机械62台，补贴金额58.8万元；耕整地机械55台，补贴金额11.3万元；穴播机1台，补贴金额0.08万元；农田基本建设机械35台，补贴金额76万元；畜牧水产养殖机械28台，补贴金额19.2万元；其他连栋温室设施设备30户，补贴金额136.584万元。

【保护性耕作】2012年，兴城市实施保护性耕作项目面积1333.33公顷。其中，羊安乡333.33

公顷、南大乡333.33公顷、望海乡333.33公顷、刘台子乡333.33公顷，采用秸秆粉碎覆盖模式，玉米人工或机收获→秸秆粉碎还田→秋季浅旋→免耕播种→药剂除草→田间管理→收获。多年示范对比证明，实施保护性耕作地块比传统耕作模式地块提高产量10%以上。保护性耕作打破传统耕作方式，农机新技术和农艺新技术相结合，免耕精量播种、药剂除草、深施长效肥，每公顷节省种子22.5公斤，不用手工间草，化肥施在底部，节省肥料75公斤，一次深施不再考虑追肥季节的旱涝等自然情况，免去中耕作业。每年每公顷减少生产成本450元。保护性耕作模式可突出农作物增产增收，培肥地力，防止水土流失，减少沙尘的良好效果，为经济效益与生态效益双赢的现代耕作技术。

【农机安全监理】2012年，市农机监理所开展“创建平安农机”及“百日安全会战”活动，路检田查，安全生产执法检查210天，纠正各类违章930人次，办理牌照237个，安装安全反光标识538副，发放安全教育宣传资料5000份。农机事故率为0.016‰，全年无一起重、特大农机事故发生。

（曹　群）

【2012年兴城市农村经济发展局领导成员】

局　　长　云彩宽

副 局 长　杜志军（2012年12月离任）

陈景军　徐忠臣

兴城特色农产品（资料）

【兴城土豆】兴城市境内地势西北高、东南低，为松岭山脉延续分布丘陵地带。最高山峰老黄顶海拔701.8米。渤海沿岸为狭长的海滨平原。较大河流有六股河、烟台河、兴城河等。

兴城市气候处于北温带亚湿润性气候区。四季分明，气候温和，光照充足，年平均气温8.7℃。一月平均气温-8.8℃，最低气温-24.2℃；七月平均气温24℃，最高气温38.2℃。年平均降水量600毫米，雨热同季，无霜期175天左右，该气候适合土豆的种植。大寨乡及周边东辛庄、高家岭、望海等乡镇把土豆作为主导产业，带动地方经济的发展。

大寨乡位于六股河、烟台河间，地势开阔平坦，土地肥沃，土层深厚，水源充足，排灌方便，自然条件得天独厚。适合土豆、大根萝卜生产。大寨乡种植土豆历史悠久，素有“关外土豆第一乡”之美誉。辽宁省农业厅为该乡颁发“土豆无公害农产品”证书。1982年实行家庭联产承包责任制后，广大农民为充分发挥当地优势纷纷种植土豆。1988年初大寨乡政府鼓励农民发展蔬菜生产，提供生产物质，土豆种植面积发展到1333.33公顷，产量3万吨。2004年大寨乡农业产业化调整得到突破性发展，建立土豆生产基地、大根萝卜生产销售基地，土豆种植面积1866.67公顷，总产量5.6万吨。2007年至2010年，大寨乡土豆种植面积都在1500公顷以上，出口到俄罗斯和国内多个大中城市，具有较强的市场竞争力。

大寨土豆品质特点。大寨土豆选择优良的马铃薯品种，种薯采用“中薯一号”“克新17”“荷兰豆”等，加之马铃薯生长的水质无污染，土层肥沃，使大寨土豆具有很高的营养价值和药用价值。另外，还含有禾谷类粮食所没有的胡萝卜素和抗坏血酸。兴城沙壤土质种植出的兴城土豆表皮光滑，入口有棉沙的感觉，薄切片看起来有透明的小颗粒，其特色受到国内外消费者的好评。

【兴城大根萝卜】兴城市大根萝卜种植始于1958年，大量种植用于外贸出口始于1984年。近十年来，兴城大根萝卜种植面积不断增加，涌现一些大根萝卜出口加工企业。2010年兴城大根萝卜条1.2万吨，实现产值9000万元。辽宁省农业厅为大寨乡颁发“大根萝卜无公害农产品”证书。

兴城大根萝卜品质特点。兴城大根萝卜外表光滑，皮色清亮，萝卜根茎均匀度好，直径一般在6~8厘米，长度为40~50厘米，单根重1~3公斤，肉质致密，口感微甜，营养丰富，含大量维生素，含糖量6%左右，比其他地区的萝卜含糖量高1.2%，加工后的萝卜干甜香可口，极受日本、韩国等国外客户的欢迎。

【红崖子花生】红崖子满族乡地处兴城市境内中部，属半丘陵山区。全乡辖区面积150.1平方公里，耕地面积4899.07公顷。辖19个行政村，86个自然屯。红崖子花生种植历史悠久，1983年产量1519吨，平均亩产138.5公斤。20世纪70年代，由于引进“小白沙1016”品种，很适合北方干旱的沙土地种植，花生的种植面积和产量品质有了较大的提高。到2000年，红崖子花生种植面积2666.67公顷，产量0.6万吨。2007年，兴城市政府开始引进“唐油四号”优质花生种，该品质籽仁大，产量高于“白沙”，被百姓认可。2008年种植面积3733.67公顷，产量1.008万吨。2012年末，全乡总人口29153人。其中，农业人口27257人，非农业人口1896人。人口自然增长率5.56%。全乡农业生产以种植业为主，以养殖业、畜牧业、林果业、农产品加工业为辅。花生种植、加工、销售形成一条龙产业，年种花生达4000公顷，年产量达1.2万吨。

红崖子乡工业生产以酒水酿造、花生加工为主，以采石业为辅。有工业企业28家，全年工业产值达3.238亿元。全乡第三产业以花生加工业为主导，以此带动商、饮、服、修、运等第三产业的发展。每到花生加工销售季节，从事收购、加工、外销人员达1万人左右，各种机动车辆近2500台。

红崖子花生品质特征。红崖子花生品种植株健壮、抗病性强、活秧成熟、成真率高、双果率高、子实饱满、果仁红润、颜色纯正，不含黄曲霉素，无农药残留。蛋白质含量高达25%以上，粗脂肪含量达48%以上，活性酶含量高，耐贮存，保质期长，易于消化吸收，对人体健康非常有益。红崖子花生，以营养丰富，品质优良，含水量低，无霉变等特点，畅销国内外市场。通过深加工，红崖子花生食品是不可多得的药食同源、食养俱佳的著名地方特产，堪称天然健康食品、送礼佳品，深受广大消费者的好评。

扶　贫

【概况】2012年，兴城市扶贫办按照“扶贫攻坚、服务三农”，促进贫困群众脱贫，改善贫困地区面貌为目标，全力推进扶贫开发工作，取得显著成效。荣获辽宁省扶贫系统综合考评先进单位和优秀宣传单位称号。

年内，全市整村推进项目主要涉及种植业、养殖业、林果业和设施农业等，共投入资金1038.2万元。其中，省级以上资金160万元，农民自筹878.2万元，开发项目13个。其中，棚菜及种植业401公顷，受益1877户，财政投入资金128万元，农民自筹资金358.27万元；养殖（牲畜）2026头，受益401户，财政投入资金23.2万元，农民自筹资金385.73万元；林果业48.13公顷，受益132户，财政投入资金8.8万元，农民自筹资金134.2万元。到年末，农民每户增收近1000元。

【移民扶贫】2012年，兴城市注重改善生存环境，推进移民扶贫，投入移民搬迁资金140万元。70户移民每户补助2万元（兴城市财政扶贫资金1.5万元，葫芦岛市财政扶贫配套资金0.5万元）。移民户主要分布在13个乡镇17个村。年末全部搬入新居。

【实用技能培训】2012年，市扶贫办遵循“扶贫必先扶智，治标必先治本”原则，坚持“实用、实际、实效”，引导贫困农民脱贫致富。依托省级扶贫培训基地开展贫困村劳动力培训，努力提高村民素质，增强村民脱贫致富能力。对参加培训的重点扶贫村贫困户每人补助500元。此外，为贫困群众搭建就业平台，联合培训基地推荐其就业。年内，全市劳动力培训人数达500人，基本实现“培训1人，输出1人，富裕1人”的目标。

【产业化扶贫】2012年，市扶贫办扶持凯森蒙集团制衣有限公司、绿斯雅公司、沙后所兴和食品有限公司、兴城市金豆花生有限责任公司4家省级龙头企业，带动农户2127户，每户人均增收2000元左右，走出一条引龙头、建基地、带农户、进市场，上下联动、城乡互动的产业化扶贫之路。

【2012年兴城市扶贫办领导成员】
主 任 高连营
副主任 张玉海 李绍中

（宋佳鹏）

青山水库移民安置

【概况】青山水库兴城市移民安置工作领导小组办公室成立于2012年8月27日，为市政府直属事业单位，正科级建制，编制8人，其中主任1人，副主任2人。

葫芦岛市青山水库是国家大二型水库，总库容6.63亿立方米，2004年纳入《全国水库建设规划》，为国家重点水利工程项目，也是葫芦岛市“十二五规划”重点建设项目。青山水库建设工程总征地面积3077.18公顷，涉及兴城市三道沟乡、绥中县宽邦镇和建昌县八家子镇。其中，涉及兴城市三道沟乡8个村，3108户、8898人。征地面积1841.87公顷。兴城市移民安置工作分三期完成，其中第一期1451户、4373人；第二期1074户、3323人；第三期583户、1202人。2011年12月25日，市移民办和三道沟乡政府组织签订第一期移民安置协议，到2012年底，共有1352户移民签订安置协议，占第一期总户数的93%。

【扎实开展基础设施建设】2012年，市移民办新建安置点连接公路6.5公里通车；新建青泉移民小学，建筑面积1440平方米，配套设施完备；新建村部3个，年底全部投入使用；高标准建设后靠点移民安置房，一期共建房312户，并配套修建主干路、巷路、公厕、垃圾箱、饮用水设施等，架设高压电、固定电话、有线电视线路。市政府在临海产业区征地，为选择长效补偿的移民户建设回迁楼252户，户型为65平方米左右和85平方米左右，主体结构6层，并配套建设仓房。到年底，179户移民全部入住。

【准确发放移民资金】2012年，市移民办认真做好移民个人补偿费发放工作。全年共发放各项移民补偿资金3.9亿元，其中移民个人补偿资金3.86亿元，长效补偿资金438万元。

【2012年兴城市移民办领导成员】
主 任 张永强（2012年9月任职）
副主任 李贵军（2012年9月任职）

（李贵军 金 锋）

林 业

【概况】2012年，兴城市林业局按照发展现代林业，建设生态林业总体发展思路，扎实开展林业生产和管理工作，取得显著成效。全年完成造林面积15040公顷，其中人工造林6906.67公顷（包括大规模绿化造林6013.33公顷、“小开荒”还林866.67公顷、坡地造林26.67公顷），封山育林5933.33公顷（包括大规模绿化造林封山育林5733.33公顷、围栏封育200公顷），围栏建设长度52公里，飞播造林2200公顷；完成闭坑矿生态治理工程项目15个、四旁植树63.5万株，村屯绿化41个，义务植树300万株。完成退耕还林工程配套荒山造林面积666.67公顷、封山育林面积1333.33公顷、设置围栏2000延长米，修建警示宣传牌12个。完成容器育苗200万杯、裸地育苗351.35公顷；全年购进林木种子15418.5公斤，其中裸地育苗用种子3918.5公斤，飞播用种子11500公斤。榛子栽植面积666.67公顷。年末，兴城市被评为省林权制度改革先进市、省森林防火先进市。

【生态公益林建设】2012年，市林业局完成森林生态效益补偿基金兑现登记公示、管护合同签订等工作。聘请公益林管护人员151名，管护公益林面积2.25万公顷。其中，国家公益林面积

5234公顷，地方公益林面积1.73万公顷。完成中央财政森林生态效益补偿基金发放，兑现监管员工资58790元，兑现护林员工资235370元，兑现国有国家公益林直补资金51000元，兑现非国有权属的国家公益林直补资金165060元，共计兑现国家公益林补偿资金510220元（不包括葫芦岛市觉华岛经济开发区管理的原菊花岛生态公益林补偿资金82780元）。完成辽宁省级森林生态效益补偿基金发放工作，其中兑现32名监管员工资194595元，兑现97名护林员工资778380元，兑现直补到户资金259460元。共计兑现地方公益林补偿资金1232435元。

【资源林政工作】2012年，市林业局全面完善集体林产权配套制度改革，办理林权登记5000宗，发放《林权证》3000册，登记面积4000公顷，实现林权抵押贷款300万元；完成森林保险面积7013.33公顷；建立林权纠纷调处联席会议制度，调处林权纠纷180起，提供林业政策、法律咨询286人次；成立林业专业合作经营组织2个。

【林政执法】2012年，市林业局查处非法采伐案件57件，其中行政案件41件，查处违法行为人48人，行政罚款24万元，刑事案件16件。对18名违法犯罪嫌疑人依法追究刑事责任；检查运输木材车辆543台次、木材流量6955立方米，查处非法运输木材案件案件25起，没收非法运输木材折款15万余元；查处林地违法案件16起，其中11起结案，收罚没款33万余元，其余5起案件在办理中。全年共保护林地面积3.6万平方米。查处各类案件36起，处理违法行为38人，恢复林业生产条件33.33公顷，没收非法运输木材120立方米。

【森林经营】2012年，市林业局完成采伐限额7630立方米，其中主伐434立方米、抚育采伐96立方米、其他采伐7100立方米。完成非煤小矿山确认落实工作。调查非煤小矿山60家，其中55家矿山企业没有林业主管部门审批手续，属非法侵占林地，且矿山开采后对林地、林木及自然生态环境破坏严重，根据规定依法予以关闭。

【青山保护工程】2012年，兴城市成立青山保护工作领导小组，组建森林资源保护局。把闭坑矿治理与土地整理、城镇化建设、工业园区建设、改善居民生活条件、建立矿山治理长效机制相结合，全面整治损毁林地。治理“小开荒”866.67公顷；完成退坡地造林26.67公顷；完成封育工程围栏长度12公里、面积200公顷；完成闭坑矿生态治理工程项目15个、面积46.6公顷。共出动人力319人，组织大型工程机械106台，清理平整废矿石、废渣等737534立方米，运输覆盖客土131592立方米，完成栽植侧柏13279株、地槿15800株、火炬苗13986株、刺槐6509株，治理工程总投资2091万元。

【森林防火】2012年，兴城市高度重视森林防火工作。多次召开森林防火专题会议，部署森林防火各阶段任务。投资10万元购40台风力灭火机、100套森林防火服、5组档案柜，增强森林消防队伍建设。同时，为35名专业消防队员增加工资。市森林防火指挥部出动4台宣传车巡回26个乡镇、街道进行播放《森林防火条例》和《关于野外火源安全管理通告》等相关知识的宣传，重点林区乡（镇）也分别出动100多台次防火宣传车，巡回各村、屯、集市对森林防火的重要性进行宣传，做到森林防火知识家喻户晓，人人明白。市防火办印制森林防火宣传单40000份，分发到各乡（镇）、村、重点农户手中。重点林区乡、村刷新森林防火标语451处，设置固定防火牌170块，悬挂临时性横幅1000余条，药王等乡镇在主要干道悬挂防火横幅，路边入山口插防火旗，以警示行人。严查野外火源，通过深浅翻农机作业建设隔离带5万延长米，各乡镇与当地派出所联合出动42支巡逻车进行巡护，加强野外用火管理。全市设立52个临时入山检查站，坚持严管重罚。森林公安局与公安机关紧密配合，加大打击力度，对23名野外违法用火者进行行政拘留，追究刑事责任2人。

【林业病虫害防治】2012年，全市林业有害生物发生面积18720公顷。林业部门组建防治专业队，利用生物防治与飞机播撒化学防治相结合。飞机和人工防治面积18720公顷，防治率达100%，监测覆盖率为100%。年内，全市苗木产地检疫率100%，疫株率控制在1‰以下。

【林业站建设】2012年，市林业局搞好家底调查，做好国有林场改革前的各项准备，全面启动国有林场危旧房改造，争取上级资金264万元，完成132户国有职工的危房改造。争取资金25万元，为羊安等10个乡镇林业站配齐电脑等设备，完成林业站的标准化建设。

【2012年兴城市林业局领导成员】

局　　长　徐铁军

副 局 长　陈云峰　周汉伶

张福军（2012年9月任职）

李荣臣（2012年12月任职）

（徐　岩）

动物卫生监督

【概况】2012年，兴城市动物卫生监督管理局以发展现代畜牧业、振兴农村经济、增加农民收入为目标，围绕确保畜产品市场供给、确保食品安全、确保无重大动物疫情这一中心，发展规模化、标准化养殖，全市畜牧业得到长足发展。

全年，全市生猪饲养量达到143.26万头，同比增长14.97%；家禽饲养量1185.21万只，同比增长0.18%；牛饲养量3.48万只，同比增长0.58%；羊饲养量32.21万只；肉、蛋、奶总产量13.68万吨，同比增长23.1%。新建标准化养殖小区26个。实现无重大动物疫情；应免动物免疫率、耳标佩戴率、免疫卡发放率、免疫档案填写合格率均达到100%。未发生畜产品质量安全事件。

【落实国家各项优惠政策】2012年，市动监局贯彻落实国家发改委生猪、奶牛标准化规模养殖场改扩建项目。12家生猪、奶牛标准化规模养殖场改扩建项目国家总投资550万元。新建堆粪场3100平方米、污水处理池5800立方米、无害化处理间540平方米、畜舍改造13660平方米、场区道路1250延长米、运动场5600平方米、青贮窖500立方米、机井2眼。通过项目建设，12家生猪（奶牛）养殖场设施、设备、标准化、规模化水平明显提升，养殖环境显著改善，生产水平和养殖效益大大提高。同时，申报扶持菜篮子畜产品生产项目。组织规模标准高，有项目建设积极性的寅发牧业有限公司、犇跃畜牧养殖场和汇丰种禽养殖场开展项目建设，落实国家生猪调出大县奖励政策，共获得国家生猪调出大县奖励资金157万元。

【畜牧实用技术推广】2012年，市动监局利用兴城市被省确定为发酵床养猪技术推广项目县（市）契机，大力推广发酵床养猪技术。举办发酵床养猪技术培训班，推进品种改良。项目波及全市20个乡镇、街道，156个行政村。年内，共生产发放猪精液109930剂，配种母猪54965头，受益农户25455户。人工授精覆盖率达90%以上。

【动物防疫】2012年，市动监局全力做好春秋两季重大动物疫病的强制免疫工作。家禽应免226万只，猪应免34万头，牛羊应免14.1万头只，全部进行强制免疫，免疫率、耳标佩戴率、免疫卡发放率、免疫档案填写合格率均达到100%。对没赶上春秋集中防疫的新入栏动物，实行月月补针制度，确保每个动物都处于有效保护状态。

全年，发放使用禽流感疫苗211万毫升，新禽二联苗214万羽份，猪口蹄疫疫苗160万毫升，牛羊口蹄疫疫苗45万毫升，A型口蹄疫疫苗1万毫升，猪蓝耳病冻干苗70万头（份），猪瘟疫苗95万头份。对248个村进行免疫抗体抽查，检测结果均高于国家规定的70%水平，免疫整体效果良好。同时进行候鸟、野鸟疫情监测。完成检疫收费1110833元，其中外运收费531659元，产地检疫收费176111元，产品收费403063元。

【畜产品安全监督】2012年，市动监局积极开展“沙丁胺醇”等瘦肉精“专项整治”工作。发放“瘦肉精八大案件案例宣传单”1600份、《省政府关于严禁非法制售和使用“瘦肉精”等有害物质的通告》1600份。发放检测卡13420枚，利用酶联法检测尿样280批次，其中猪240批次，牛40批次，组织样检测206批次。出动执法人员300人次，对辖区内所有规模养殖场进行全面监督检查，同时检查兽药店83家。完成大型养殖场、集贸市场、药店、屠宰场等地的摄像头安装，建立数据采集点。加强畜产品安全监管力度。结合兽药店的GSP认证，对全市兽药店进行全面清理整顿，取缔非法和不具备GSP条件的企业8家，全员培训2次达163人，签订责任状及承诺书近100份，对14个经营企业进行处罚，罚款1.5万元。加强生鲜乳收购站管理，要求规范生产，健全记录，定期抽检化验，保证鲜奶质量。

【2012年兴城市动物卫生监督管理局领导成员】

局　　长　丁志英

副 局 长　韩玉祥　王志强　李连鹏

（卢　静）

海洋与渔业

【概况】2012年，兴城市海洋与渔业局以渔业增效、渔民增收、渔区稳定为目标，按照渔业经济现代化、海洋管理科学化、安全生产标准化、行政执法规范化和队伍建设正规化的路子，海洋与渔业经济取得长足发展。全市渔业经济总产值实现21.7亿元，比上年增长8.3%。其中，水产品产值完成16.12亿元，比上年增长7.4%。水产品产量完成18.6万吨。其中，海淡水养殖产量完成13.77万吨，海洋捕捞产量完成4.83万吨。海水筏式养殖达6000台筏。贝类底播面积达1.53万公顷，产量4.3万吨，产值2.2亿元。滩涂精养面积5333.33公顷，产量5.6万吨，产值3亿元。以海参为主要品种的池塘养殖达2000公顷。淡水养殖继续推广罗非鱼等名优品种进行工厂化养殖。全市淡水养殖面积1133.33公顷，渔业总产量1.1万吨，产值8500万元。放流品种数量创历史新高，放流中国对虾1亿尾、日本对虾2亿尾、三疣梭子蟹1260万只、梭鱼200万尾，总投资达350万元，渔民增收1.2亿元。

年内，有1家养殖场被批准建设海参省级良种场；德林海参养殖场等3家养殖场被确定为省级海参健康养殖示范核心区。全市拥有国家级水产良种场1家，省级水产良种场2家。

【海域管理与海监执法】2012年，全市用海项目150宗，用海面积5000公顷。办理海域使用权抵押登记4宗、海域使用权转让5宗、海域使用权续期1宗、海域使用权审批确权发证5宗；收缴海域使用金370万元。完成同觉华岛旅游度假区管委会海域使用权交接工作，共移交海域使用权61宗。

年内，海监大队开展以“海盾”“碧海”行动为重点的用海执法检查，沿海执法巡查出动车辆665台次，出海检查180海里，对各种违法用海行为做到早发现、早制止、早处理。7月，省、葫芦岛市以及兴城市海监大队联合行动，针对海沙开采依法用海和海洋环境污染行为进行检查。共巡查60海里，检查采砂船4艘，未发现辖区海域有违法采砂及其他违法违规用海行为。年内，中国海监兴城市大队被省总队授予“优秀大队”称号。

【渔业资源繁殖保护】2012年，渔政部门审验正式捕捞许可证490本，办理无线电台证241本，征收渔业资源保护费60万元，收取海蜇专项基金26万元。审核特定捕捞许可证139本，征收渔业资源保护费16万元。渔政执法出海200余航次，航行2300余海里，检查出海作业渔船800余艘，处理违规作业渔船（含拖网船）300条，收取资源赔损费32万元。全面贯彻执行《辽宁省人民政府关于严禁非法越入朝韩海域捕捞作业的通告》，同213艘大马力渔船签订保证书，确保全市渔船越捕率为零。实现连续10年全省统一开捕管理目标。

【渔业安全生产】2012年，市海洋与渔业局制定完善《海洋渔业防台风预案》《兴城市渔业船舶水上安全突发事件应急预案》《2012 年安全生产月活动方案》及《2012 年渔业安全生产打非治违行动方案》，成立安全生产组织 31 个，其中县级 1 个，乡镇 7 个，村屯 21 个，渔港 6 个；成立抢险救助船队 23 个，其中县级 1 个，乡镇 7 个，村级 15 个，共有 100 条渔船参加抢险救助船队；成立通信网络组织 16 个，其中市级 1 个，乡镇级 7 个，村屯级 8 个。全市渔船按照作业海域共分为 83 个组，各渔村渔船组成渔船编队，日常生产坚持编队生产作业。年内，争取财政配套资金 96.3 万元，为全市海洋捕捞 80 马力以上渔船安装 276 套 AIS 和北斗通信导航终端。

【2012 年兴城市海洋与渔业局领导成员】

局　　长　侯九肖

副 局 长　李艳光　李健伟　范越宁

（王洪义）

水　利

【概况】2012 年，兴城市水利局以民生水利、平安水利、生态水利为目的，以经济发展和新农村建设为奋斗目标，全力做好水利工作。全年共完成水利骨干工程 123 项，重点骨干工程 70 项，总投资 20998.32 万元。其中山洪灾害非工程措施建设总投资 360 万元；中央特大抗旱项目资金 109 万元；葫芦岛市抗旱水源工程投资 31 万元；中央特大防汛补助费项目资金 30 万元；防汛水毁修复工程投资 60 万元；农村饮水安全项目投资 1543 万元；中央小型农田水利重点县建设投资 1687 万元；节水增粮行动项目投资 1072 万元；辽宁省滴灌节水项目投资 2257.24 万元；兴城河城区段综合整治工程投资 1124 万元；兴城河入海口海防堤工程投资 9855 万元；兴城河郭家镇河道治理工程 433 万元；六股河大寨乡至东辛庄镇段河道治理工程投资 200 万元；响水河水库和狼洞子水库除险加固工程投资 362.08 万元；大中型水库移民后期扶持项目投资 218 万元；中央投资水土流失重点治理工程项目投资 587 万元；省属炭厂沟小流域水土保持综合治理工程投资 30 万元；烟台河和兴城河城市水源扩建工程投资 300 万元；七彩城、古城、铁西、南河管网改造工程投资 710 万元；复疗加压泵站设备改造工程投资 30 万元。征收河道采沙出让款 510.5 万元；追缴拖欠的砂石管理费 17 万元；征收水资源费 304.1 万元；征收渔业园区水资源费 364 万元；征收各项供水收入 2164.7 万元。

【农建工作】2012 年，全市农建工程共投入建设资金 25073.20 万元。其中，用于灌溉工程 5598.20 万元；水土保持工程 1464 万元；防洪工程 15216 万元（包括兴城河城区段综合治理工程 14200 万元）；安全饮水工程 1895 万元。完成总工程量土方 700.43 万立方米、石方 39.33 万立方米、混凝土 0.65 万立方米。全市新建灌溉工程 220 项，其中方塘 11 座、塘坝 6 座、大口井 90 眼、机井 113 眼，新增蓄水能力 108.4 万立方米，新增灌溉面积 1366.67 公顷，新增节水灌溉面积 2346.67 公顷；水土保持治理面积 4860 公顷，新建沟壑治理工程 2 处；新修堤防 8.24 公里，生态治河 286.67 公顷；修建安全饮水工程 67 处，解决 2.95 万人饮水安全问题。

【防汛工作】2012 年，市水利局完成中央特大防汛补助费项目资金 30 万元，修复利民河望海段堤防水毁工程 600 米；完成防汛水毁修复工程项目资金 60 万元，建设工程 2 项，分别为东沙河沙后所镇石屯段堤防工程和旧门河旧门乡旧门村段堤防工程，修复堤防 1400 米。投资 360 万元，建成 18 个自动雨量站，12 个简易雨量站，4 个自动水位站，6 个简易水位站，3 个多要素气象站，104 个村级预警高音喇叭广播站，27 个乡级视频会议室，1 个县乡级视频会议室和指挥中心，各建设项目全部竣工，并交付使用。对全市山洪灾害监测预警、快捷传递信息、群策群防，为领导汛期指挥做出正确决策提供坚强保障。

【抗旱工作】2012 年，市水利局积极争取资金和落实抗旱项目，保证抗旱水源工程和投入的抗旱物资及时发挥效益。完成中央特大抗旱补助费项目资金109万元，维修方塘1座，打井15眼，购置柴油机泵186台、管带3.42万米；完成葫芦岛市抗旱水源项目资金31万元，维修方塘、塘坝各1座，打井3眼。结合农村饮水安全工作，在旱情发生前，及时解决全市0.7万人和0.05万头大牲畜的饮水困难问题，在春旱发生时做好旱情监测并完善预警机制，为政府做好抗旱指挥提供科学依据。年内，中央小型农田水利重点县建设项目投资831万元，其中中央投资798万元，群众自筹33万元，工程于10月20日开工，完成小型农田水利工程19处，其中塘坝6座，方塘9座，井群3处共18眼，引水上山1处，末级渠系改造0.5公里，改造渠系建设物10座，新增和改善灌溉面积666.67公顷。

【农村饮水安全工程】2012年，全市农村饮水安全项目共投入资金1543万元，其中中央投资926万元，省财政投资309万元，市财政投资154万元，本级财政投资154万元。建设自来水工程67处，其中打井63眼，管网延伸4处；建井房63座，建筑面积580平方米；安装潜水泵63台；埋设管路37万米，解决全市农村0.89万户、2.94万人的饮水安全问题。

【节水工程】2012年，全市节水增粮行动项目总投资1072万元，其中中央投资660万元，省财政投资220万元，市财政投资55万元，本级财政投资76万元，群众自筹61万元。改造水源井103眼，改造泵房106座，配套潜水泵106台；铺设固定管路51.06公里，安装地面管路43.68公里，购置滴灌管带340万米。项目建成后，可新增滴灌节水灌溉面积733.33公顷。该工程完成水源井103眼，地埋管路51.06公里。

年内，全市滴灌节水项目总投资2257.24万元，其中省财政投资1600万元，市财政投资160万元，本级财政投资370万元，群众自筹127.24万元。项目建设水源工程124处，改造泵房136座，配套潜水泵136台；铺设固定管路111公里，安装地面管路103公里，购置滴灌管带2765公里。可新增滴灌节水灌溉面积1333.33公顷。

【河道管理】2012年，市水利局对历史遗留未到期砂场在《葫芦岛日报》公示后办理采砂证19个，完成河道采砂出让款收入510.5万元。联合公安、交通、工商、土地、林业等部门，对所有砂场进行一次全面清理整顿，追缴拖欠砂石管理费17万余元，抓获盗卖砂石车辆256台，并依法依规进行处理，堵塞砂石资源流失漏洞。

年内，市水利局为确保全市各河流安全度汛，保障人民生命财产安全，共清除阻水林木28500株，清除河道垃圾3600立方米，平整外运阻水弃料3250立方米，拆除违章建筑2处。六股河、烟台河入海口建养参池、养殖渔棚，严重妨碍行洪，对沿岸居民的生命财产安全构成较大威胁，市政府正在研究制定拆除方案，消除防汛隐患。

【水利普查】2012年，兴城市全面开展水利普查工作，确定兴城市流域面积、河流名称、河长及各河流之间的连带关系。全市辖区内流域面积10平方公里至50平方公里的河流核定32条，流域面积50平方公里以上的河流核定15条；水库10座、规模以上水闸18座、泵站3座、规模以上堤防80段全长207.659公里、农村饮水工程98514处、方塘、塘坝272座；完成居民生活用水户100户、灌区用水户1户、规模化畜禽养殖场9户、公共供水企业2户、工业用水户40户、建筑业第三产业用水户72户的调查工作；确定河湖取水口9个、地表水源地2个、河流治理保护段8段、规模以上入河排污口1个；完成水土保持23个单元的内业数据录入和野外调查成果图的绘制，填报水蚀野外调查表51张；普查水利行业42家单位，灌区1个；普查地下取水井106207眼，其中规模以上地下水井1090眼，规模以下机电井38695眼；地下水源地3处。

【工程管理】2012年，市水利局完成响水河水库除险加固工程，共投资115.58万元。其中，中央投资113万元，本级财政投资2.58万元，工程全部通过验收。该工程增加蓄水量6.8万立方米，可供周边100多公顷果树和农田用水。

年内，狼洞子水库除险加固工程完成主体工程建设任务。该水库批复总投资246.5万元。其中，中央投资219万元，省投资10万元，市财政投资8.5万元，本级财政投资9万元。

【移民工作】2012年，兴城市大中型水库移民后期扶持项目，中央投资218万元，完成7项工程。分别为元台子乡田屯治河工程、药王乡叶屯治河工程、杨树村治河工程、红崖子村治河工程、东辛庄西地塘坝工程、宁远兴城河治理工程和城东街道东一村塘坝维修工程。这些项目的实施，有效地保证当地农田和水源工程，有3000多户移民和原居民受益。

年内，全市有大中型水库移民人口6698人，其中直补资金人口2825人，统筹人口3873人。发放直补资金82.515万元，拨付项目资金101.3万元。通过大中型水库移民直补资金发放和后扶项目的实施，切实解决大中型水库移民和安置区居民的生活和生产中存在的实际问题，移民充分感受到党的惠民政策。

【水土保持】2012年，国家农业综合开发东北黑土区水土流失重点治理工程。中央投资487万元，修筑拦蓄坝8座，谷坊125座，计划治理面积2200公顷，已完成治理面积1600公顷，占计划任务的71.55%。其中，鱼鳞坑造林整地328公顷，地埂植物带25公顷，经济林80公顷，封禁治理1135公顷。修建拦蓄坝8座，谷坊125座，种草6公顷，全面完成水保林、经果林及封育治理工程。头里沟壑多功能治理开发工程，为改善当地农业生产和农村生活奠定坚实基础，被水利部和省水利厅专家、领导称为“全国一流”工程；15座塘坝、层层拦蓄工程，被评为省级优质工程。

【水资源管理】2012年，市水利局对用水单位下达用水指标，并对每个单位全年用水情况实行严格监督检查，安装热水水表10块，地下冷水水表4块；征收水资源费304.1万元，超额完成计划指标。年内，查处水事违法案件6起，调解各类水事纠纷4起。为提高水行政执法能力，全市水政监察员参加省市法律业务培训130人次，经考试合格，全部持证上岗。

【城市供水】2012年，市供水总公司投资710万元，完成七彩城、古城、铁西、南河管网改造工程，改造后水表全部出户；投资30万元，恢复启动复疗加压泵站改造工程，保证八吨桥和古城供水；投资300万元，在烟台河和兴城河打大口井2眼，管井5眼，日增供水能力1.2万吨。年内，凡供水管网能到达的地方全部安装上自来水，实现农村和城市供水同网、同价，有4000户居民吃上干净、放心自来水。

全年，供水总公司征收供水收入2164.7万元。其中自来水营业收费1360万元；温泉水营业收费665万元；稽查大队收缴74.2万元；设计室收入30万元；第三产业收入35.5万元；管道安装公司产值1628万元。年内实现供水量900万吨；发展居民用水户4000多户；设备完好率99%；水质合格率98%以上。

【2012年兴城市水利局领导成员】

局　　长　孙海轩

副 局 长　杨春成　丁宝林　王亚斌　陆　宏

（魏万福）

气　　象

【气象与农业】2012年，兴城气候特点为气温偏低，降水偏多，光照充足，生长季内农业气象灾害发生较少，作物长势良好。粮食亩产呈现丰产态势。

年内，春季降水时段分布均匀，土壤墒情一直很好，且第一场透雨在4月15日出现，降水量为33.3毫米，正处于播种高峰期，对全市春播非常有利，但是，由于气温始终偏低，播种有所延迟。春季大风日数仅为3天，比历年同期偏少。充足的降水、无风的天气，为全市春季防火以及春季植树造林创造良好条件。夏季气温与常年基本持平，降水明显偏多，日照时数、气象条件较适宜，对作物生长较为有利。8月平均气温比常年偏低，上旬降水量偏多，对全市花生有一定影响，部分地块出现明显烂果现象，叶片锈斑病明显，其原因是由于前期降水偏多影响所致，造成部分地段花生减产。

8月2日至4日，受台风“达维”影响，全市部分地块农田遭受暴雨洪涝灾害，大棚倒塌2965栋，大田受灾22446.63公顷、倒伏1897.67公顷、绝收2976.55公顷，损失合计36343万元。冬季气温偏低、降雪偏多，对设施农业生产不利。

【气象服务】2012年，市气象局为使用户和相关领导第一时间收到气象信息，改善服务方式，由以往信件邮寄改为电子邮箱和送达，气象信息更加方便快捷，为全市防灾、减灾，提前做好预防提供有力帮助。该局对临海产业区进行防雷安全检查3次，对新建建筑行业进行防雷审核12家，收到良好效果，为全市安全起到保驾护航作用。

年内，完成四要素加密自动站建设4个，山洪易发地建加密自动站3个，保证加密自动站正常运行。市政府预拨款30万元用于电子显示屏和大喇叭建设。

【2012年兴城市气象局领导成员】

局　　长　邢宇航

副 局 长　张丽敏（女，2012年4月挂职）

　　　　　朱苗苗（女，2012年4月任职）

（戚　杰）

·小资料·

首　山

位于古城东2.5公里，总面积1.2万亩，有林7000亩，有林木30多种。1991年，国家林业部批准为国家森林公园。首山海拔329.7米，三峰并立，顶上均有烽火台，如今中峰保存最好。旧时在兴城八景中，首山就有三个景观：每当浮云由海上飘来，缭绕于三峰四周，就会呈现出“三首云冠”；夏季多雨时节，山东坡有流水形成瀑布，称之为“三首悬流”；春季的早晨，绿草如茵，山花烂漫、鸟语啾啾，古称“朝霞赏春”。

首山是明代重要的军事防御要塞。明代，首山顶上和山东麓建有多处军事设施，保存至今的有营房、军垒等遗址。

山西北峡有一座朝阳寺，寺名相传为乾隆皇帝所赐，近年改称朝阳宫。现在，佛道共存一处，其前殿为道观，供奉老子等；后殿则供奉释迦牟尼等。首山西北山脚，有一座茶棚庵，相传乾隆皇帝曾在此休息饮茶，并为首山题字——首山仙境。上世纪八十年代，修筑一条环山路和一座山门；又增修逸兴阁、半斜亭、五大连池、望海塔等景点。

工　业

综　述

【概况】2012年，兴城市工业战线广大职工紧紧抓住“东北振兴和沿海开放”双重机遇，牢牢把握“稳中求进、稳中求快、稳中求好”的总要求，大力实施工业化战略，推进工业经济稳定持续发展。全市规模以上工业总产值完成128.4亿元，同比增长52.3%；规模以上工业产品销售收入完成124.1亿元，同比增长49.2%；规模以上工业利润总额完成1.76亿元，同比增长174.8%；规模以上工业利税总额完成3.69亿元，同比增长60.2%；规模以上工业出口产品交货值完成16.1亿元，同比增长43.4%。

【工业项目建设强劲推进】2012年，兴城市投资1000万元以上的工业项目49个。其中新建项目23个，续建项目26个。年内，所有项目开工建设，完成投资28.7亿元，占计划投资的91.7%。其中，新建项目完成投资16亿元，占计划投资的95.8%；续建项目完成投资12.7亿元，占计划投资的87%。

重点项目运行良好。辽宁晨光塑料有限公司年产5万吨新型乙烯农用大棚膜和7.2万个塑料托盘新建项目，完成投资5.3亿元，占计划投资85.5%；凯森蒙集团有限公司年产300万件标志服新建项目，完成投资8000万元，占计划投资40%；辽宁苏美尔汽车零部件制造有限公司汽车零部件制造续建项目，完成投资1.2亿元，占计划投资85.7%；辽宁亚鹰钢结构幕墙工程有限公司年产钢结构幕墙5万平方米，钢结构支座10万吨续建项目，计划投资1.2亿元，全部到位。

【泳装产业成果丰硕】2012年，全市拥有泳装生产企业427家，从业人员5万多人。企业基本保持满负荷生产。泳装产业集群完成销售收入112.5亿元，同比增长100.9%。

8月16日至19日，第二届中国（葫芦岛·兴城）国际沙滩·泳装文化博览会举行。该届泳博会由中国纺织工业联合会指导，中国服装协会、中国体育用品业联合会、葫芦岛市人民政府、辽宁省经济和信息化委员会主办，辽宁省服装协会、辽宁省服装设计师协会、葫芦岛市泳装行业协会、兴城市人民政府、兴城市泳装行业协会承办。该届泳博会继续以“美丽引领时尚，梦想点亮生活”为主题，植入“文化创意”和“科技创新”理念，把泳装产业价值链高端部分的品牌、设计、研发、营销融入其中，实现内涵式增长。泳博会期间，举行2012年中国泳装名城泳装品牌年度大奖颁奖典礼。其中最具国际市场开拓品牌有欧意、翼鲤达、POIOVi、奥德卡、娇妮弗，最具国内市场影响力品牌有三奇、蝶姿、凯迪龙、奇海、亦美珊，最具市场潜力品牌有波尼士、金格尔、佳贝霓、奥思鸟、舒漫，最具创新品牌有凯迪龙、蝶姿、欧意、三奇、波尼士。德容（集团）制衣有限公司、天诚泳业服务有限公司、葫芦岛斯达威体育用品有限公司、三奇制衣有限公司、美路威制衣有限公司、辉煌制衣有限公司与国内外12家公司分别签订销售协议、购买协议和销售合同。

【争取项目政策成绩显著】2012年，市经济和信息化局围绕国家、省和葫芦岛市支持工业中小微企业发展的政策，积极为6家企业争取到技改专项资金和贴息资金共706万元。其中，为葫芦岛凯斯科技发展有限公司石油专用设备和高处作业吊篮项目争取到中央财政专项资金112万元；

为葫芦岛凌河化工集团有限责任公司高精高强导爆管项目争取到省技改财政贴息资金252万元；为葫芦岛首钢东华机械有限公司铁路桥梁配套项目争取到省技改财政贴息资金252万元；为兴城市超导锅炉厂超导快速供暖锅炉生产线技改项目争取到葫芦岛市财政专项资金20万元；为兴城水泵制造有限公司年产4000台（套）水泵制造生产线技改项目争取到葫芦岛市财政专项资金40万元；为辽宁易飞科技有限公司稀土永磁系列电机项目争取到葫芦岛市财政专项资金30万元。

【盐务管理不断加强】2012年，市盐务管理局出动检查车10台次，检查人员50人次，对全市食盐批发零售单位特别对农村食品批发部、集市重点检查，防止假盐、不合格盐流入市场，确保人民群众吃上放心盐。年内，销售食盐1206吨，销售额205万元，上缴税金11万元，完成利润9万元。

【2012年兴城市经济和信息化局领导成员】

局　　长　张振家

副 局 长　张　军　刘　义

（赵林清）

工业部门

【概况】2012年，兴城市工业局坚持以“深化企业改革，维护职工合法权益和社会稳定”为宗旨，抓好企业改制，维护职工合法权利。配合市政府古城开发战略，对服装厂、五金厂2家地处古城内北二街的企业进行动迁。该2家企业共有职工308人，职工安置所需资金1110万元，政府给动迁补偿金788万元，在动迁费严重不足情况下，该局采取按比例分配方法，如期完成2家企业动迁。同时，全力做好幼儿园、皮革站改制工作。将幼儿园的资产提前变现，偿还职工垫付款。皮革站资产变现785300元，安置资金缺口26万元。

年内，多方筹措资金60多万元，解决遗留问题和新发生问题。其中，支付拖欠水泵厂职工生活费、医疗费18万元；工伤人员王贵龙伤残费10万元；六十年代精简人员刘尚志等3人待遇问题2万余元；化工总厂留守人员工资欠费4万多元。经过6年多工作，三局物资公司和供销公司职工上访问题得到彻底解决。为职工挽回经济损失350多万元。

【2012年兴城市工业局领导成员】

局　　长　李文和

副 局 长　刘　华

李宏宇（2012年9月任职）

（郭加力）

安全生产监督

【概况】2012年，兴城市安全生产监督管理局坚持“安全第一，预防为主，综合治理”的方针，坚持“以人为本、安全发展”的理念，以开展安全生产“三项行动”“打非治违”和落实企业主体责任为主线，强化监察执法，积极深化整治，努力消除各类安全隐患，保障人民群众生命财产安全，遏制较大以上生产安全事故的发生。

年内，该局建立健全安全生产“三级网络”，与全市26个乡镇（街道）、40个市直部门签订《安全生产责任状》。同时，对非煤矿山、危险化学品主要负责人、安全生产管理人员进行安全生产知识及安全技能培训7期720人；对乡镇（街道）安监站工作人员培训1期71人，提高安监站工作人员管理能力。全年，全市共发生安全生产事故6起，死亡6人，经济损失360万元。

【重点行业安全监管】2012年，市安监局加强对煤矿、非煤矿山、危险化学品、烟花爆竹、建筑施工、铁路道口等工矿商贸重点行业领域的安全监管。监督检查企业608次，出动检查车辆608台次，制作现场检查记录483份，下达责令整改指令书191份，复查意见书180份，行政处罚决定书24份，强制措施决定书10份，累计制作各类法律文书1091份。

年内，该局以落实企业安全生产主体责任为主线，切实提高事故防范能力。加强新、改、扩建项目安全设施“三同时”工作管理，2家企业申请省市安全生产标准化达标。全市64家非煤矿山和使用高毒物品开工生产企业全部进行网上申报。同时，对1000多名从业人员进行职业健康体检和复检，并指导企业建立健全职业健康监护档案。

【安全生产宣传】2012年，由葫芦岛市安监局、兴城市政府、兴城市安监局联合主办2012年葫芦岛市“安全生产月”启动仪式暨咨询日活动；开展以“科学发展，安全发展”为主题的“安全短信传递”“安全生产月活动启动仪式”“安全生产月咨询日”“安全生产万人签名”、召开安全文化建设示范企业创建推进会、开展安全文化“六进活动”等一系列活动，发送安全生产短信1万余条，向群众发放宣传单5000余份，《安全生产月专刊》3000本，悬挂安全宣传挂图50多张，当场解答群众咨询40余条。编制《兴城安监动态》9期，编印《安全生产法律法规及安全生产事故案例分析汇编》200本，增强群众安全生产意识。

【安全度汛监管】2012年，市安监局加强汛期安全生产工作，制定有关防汛度汛工作方案，加大对煤矿、非煤矿山、危险化学品和烟花爆竹库房及铁路道口的安全检查。实行领导24小时带班值班制度，保障通信畅通。同时要求企业加强值班值宿，实施24小时巡视检查，做好应对突发事件准备，发现问题及时沟通汇报，强化企业做好汛后检查验收、恢复生产工作。

【2012年兴城市安全生产监督管理局领导成员】

局　　长　李宏伟

副 局 长　李旭明　张东兴

（崔宝春）

热　　电

【概况】2012年，兴城热电有限公司克服资金短缺、低温持续时间长，外网施工任务重、时间紧、施工条件差等不利因素，圆满完成厂内维修和外网改造工作，呈现出稳中有升态势，公司逐步走出低谷，向着健康稳定的方向发展。实现发电722万度，上网电量425.6万千瓦时，供暖面积历史性突破达到124.9万平方米，总耗煤量6.2万吨。

【南线环网工程竣工】2012年5月，热电有限公司组织人员完成临河大街财政局劳动局至水岸绿洲段供暖主管线安装工程，共完成二环主管线3224米，过桥1座，阀门井4个，安装补偿器56个，公司原有的支状网变为环网，南线改造工程全部完工，为提高供暖质量打下良好基础。

年内，该公司还进行龙江花园、加州海岸、红海湾、民政局、公安局、观海国际、富都、“一七六”8个小区入网工程，施工管线12500米，新建换热站4座，新入网面积44万平方米。

【低温区管网改造】2012年，市政府实施低温区管网改造民生工程，热电公司根据以往供暖具体情况，针对绿园、东山等七个供暖质量较差的小区进行全面管网改造。工程总投资995万元。其中，政府投资796万元，占80%；公司投入199万元，占20%。共用75天，投入100余人，完成绿园三环改造1868户，面积21万平方米；东山改造1140户，面积15万平方米；商疗改造87户，面积0.6万平方米；农电宅改造236户，面积2.2万平方米；温泉商贸城改造24户，面积0.45万平方米。改造后，小区供暖质量明显提高。

【2012年兴城热电有限公司领导成员】

经　　理　马　春

（王　芳）

城建·环保

城乡规划建设

【概况】2012年，兴城市城乡规划建设局加大城市基础设施建设和改造力度，开展城市绿化、净化、亮化、美化工程，城市面貌焕然一新。年内，保障性住房50套任务在临海产业园区配建，并交付使用；500户租赁补贴任务，补贴发放方案完成，资金全部到位。

【兴城河综合治理工程竣工】2012年3月10日，兴城河综合治理复工建设，5月15日，6公里的临河大街正式通车，8月10日景观绿化工程及右岸道路工程全部完工。至此，历时两年的兴城河综合治理工程全面竣工，总投资3亿元。该工程共分主槽护岸、防洪大堤、蓄水建筑物、道路和景观五项工程。景观工程共占地33.6万平方米，地面、广场铺装6.9万平方米。栽植大树1.8万株，花灌木45万株，草坪19万平方米，景观节点44处，堆砌景观石3600立方米，安装路灯、景观灯954盏。

【栈道工程】2012年3月10日，海滨栈道工程正式开工，全长1670米，共建设木桥1座、索桥2座、休闲广场2个、停车场3个、下沉谷地1个、观海长廊1座，凉亭3座，8月15日竣工，总投资1750万元。同时6月10日开工建设滨海路栈道工程，北起一等海住宅，南至国税培训中心，全长762米，8月15日竣工。

【生活垃圾处理场及转运站工程】2012年3月10日，全市生活垃圾处理场及转运站工程进场施工，6月20日完工。一期工程设计使用年限10年，日处理垃圾200吨，总投资2450万元。为提高垃圾清运效率，在城区新建垃圾转运站1座。

【高速公路出口及海滨风景区改造】2012年4月1日至5月20日，市城建局对高速公路出口区域进行拓宽和绿化美化工程，投资300万元；建设海滨入口工艺品房、维修加固三礁揽胜观海桥、新建“八一”转盘音乐喷泉3项工程。6月15日竣工，投资487万元。

【古城地下管廊工程】2012年3月30日，市城建局配合古城开发建设指挥部实施供热、供水、供电、排水、电信、燃气管线集中进入古城工程，排水工程投资650万元，6月1日全部完成。

【城市基础设施改造】2012年，市城建局新建和改造老旧街巷道路9条6.4公里，投资816.6万元。新建和改造排水管网14个路段34公里，投资2010万元。铺装人行步道方砖8条道路6.9万平方米，投资915.2万元。安装路灯9条道路578基，投资911.5万元。更新公交车10辆，新增公交线路1条（市医院至新地号），延伸公交线路2条（火车站至法院、邴家至龙回头），总投资324万元。其中，政府投入132.5万元，企业自筹191.5万元。新建和续建小区23个，开发面积125.46万平方米。

【2012年兴城市城乡规划建设局领导成员】

局　　长　刘久生

副 局 长　李　伟　吴成林　崔建华

　　　　　计旭鸿　顾天强

总工程师　赵更民（2012年12月任职）

（周世文）

环境保护

【概况】2012年，兴城市环境保护局以节能减排为重点，扎实开展省级生态市创建活动，促进全市经济建设与环境保护和谐发展。城市空气质量明显好转，优良天数比例达到98%以上，省控重点污染源达标率为100%；城市环境噪声达标率为100%。加大环境违法案件审查，立案4起，执行上年违法案件收缴罚款27万元，无一起行政复议和上诉。全年收缴排污费267万元。

【节能减排治理工作】2012年，市环保局淘汰盛越金属制品厂反射炉、旧门水泥有限公司水泥机立窑，改造龙辉耐火材料厂窑炉，经测算上述3个项目可削减二氧化硫927吨，氮氧化物46吨。市污水处理厂运转正常，达到3万吨/日，再生水回用项目可削减COD219吨、氨氮29吨。

【严控建设项目准入关】2012年，市环保局审批建设项目环境影响评价文件32个、建设项目环境影响登记表10份，完成15家企业的环评验收，对1家企业未批先建的环境违法行为实施现场调查，下达责令改正通知书并予以行政处罚。先后拒批限制类建设项目7个，杜绝新污染源产生。

【环保专项执法】2012年，市环保局深入开展“环保专项行动”，出动执法人员1872人次，检测企业污染治理设施210家次，有效遏制突出环境问题。一是重点整治重金属排放企业环境违法问题。二是加大对污水处理厂 等污染减排企业的现场监察力度，严防污染事故发生。三是展开集中式饮用水源地周边企业整治。在中高考期间发放禁噪通知书60余份，出动执法人员120人次，检查施工工地、企业、娱乐场所、饭店48家次。

【污染源动态更新】2012年，市环保局对全市52家重点企业及10家养殖农业户、51家产生废机油修理厂进行摸底调查，非重点企业、农业源进行污染源动态更新，更新报表100余份，更新数据10000多个。同时，城市环境质量定量考核收集数据1000余个，完成报表40份。

【环境例行监测与有偿服务监测】2012年，市环保局加强对重点企业污染源漏排、偷排、超排现象进行监测，做到“一企一策，专人负责”；对建筑施工噪声、扬尘等人民群众关注的突出环境问题进行经常性监测，确保绿色施工；对环境信访投诉，主要领导亲自处理，监测人员和监察人员及时赶赴现场，准确监测污染情况，认真调查、走访，掌握第一手材料，对违规单位依法查处，确保改正措施落实到位。全年，市地表饮用水、空气质量、噪声等例行检测都达到同期标准，无明显变化，共获得无偿性检测有效数据5688个，有偿性检测36000个，形成监测报告70份。为全市环境治理提供有效数据。

年内，为配合招商引资任务完成，对临海产业区入驻的10家企业开展无偿服务检测，减免检测费用60万元。

【严抓机动车排气污染】2012年，市环保局加强在用车环保审核、监测制度，不合格的机动车一律不予过户。对全市车站公交车辆进行全面排查，督促公交站点对所有车辆必须进行尾气排放监测。全年完成机动车年检15922辆，其中，完成新机动车监测1260辆。全年首检合格15800辆，首检合格率99.2%，全年机动车尾气达标率99.4%。

【调处污染纠纷】2012年，市环保局查处人民群众来信来访及污染纠纷72件，其中民心网1件，水污染14件，大气污染17件，固体废物8件，噪声23件。该局对每一件案件都认真、详细、逐一调查处理，结果及时反馈信访人，信访事件处理率100%，办结率100%，群众满意率98%以上。

【2012年兴城市环境保护局领导成员】

局　　长　荣玉新

副 局 长　刘树坛　张立松　孙长金

（李　政）

交通·电力

交　　通

·公　　路·

【概况】2012年，兴城市交通局以道路工程建设为中心，以公路养护为重点，以争创和谐交通为目标，科学规划，严格管理，全面发展道路交通事业。全年，完成县道沙上线路面大修（高家岭至大寨乡吴家村）27.7公里，投资2850万元。完成农村公路“一事一议”新建沥青和水泥路面140公里，新建桥梁235.6米/24座，投资5054.1万元。完成农村公路维修改造工程72.1公里，其中大修30.3公里，中修41.8公里，投资1327万元。完成三道沟兴黄线路面工程5.6公里。完成临海产业区路面工程1.1公里。

年内，兴城市交通局被葫芦岛市委授予基层先进党委称号。道桥公司党支部被兴城市委授予先进党支部称号。

【城区道路工程】2012年，市交通局道桥公司完成兴城临河大街天河酒楼西侧起至滨海公路止，路长5.75公里，路面宽22米，投资2510万元。广场北延路786.667米，路面宽22米，兴城宁远广场北侧起至102线八吨桥止（上年完成路基改造工程，投资132万元），铺设路面工程投资132万元。龙兴路改造工程（南延路）里程6.2公里，路面宽22米，投资9450万元。八一零路大修工程1.1公里，路面宽22米，温泉起至临河大街止，投资390万元。铂翔路900米，路宽20米，兴海北路大学城门口起至铂翔地产止，投资213万元。黎明路工程1.9公里，宽18米，从兴海北路富祥酒楼西侧起至临河大街止，投资1265万元。河东路1.36公里，路面宽32米，兴海南路市医院起至临河大街止，工程造价908万元。邴家纬九路1.8公里，路面宽22米，滨海公路（邴家村）至海边止，投资1129万元。首山路1.9公里，宽24米，兴海北路胜利桥起至临河大街止。其中完成胜利桥至兴海中街路段550米路面，其余1.35公里待拆迁完成后施工。完成新二高中室外塑胶跑道、路面设施等工程4.65万平方米，造价754.63万元。完成兴城西河大桥263米/1座，总投资1625万元，其中地方配套800万元。年内完成总投资额1.4063亿元。

【建兴高速公路征地动迁】2012年，建兴高速公路征地，途经兴城境内52.1公里，起点药王乡冯屯村大苇沟，终点位于四家屯街道邴家村。涉及药王、郭家、红崖子、旧门、白塔、元台子、古城、四家屯8个乡镇街道，动迁户1101户。其中主线涉及动迁户755户。征占土地300.404公顷，房屋127户11458平方米，林地67.46公顷，零星树木79216株，果树26580株，企事业单位和养殖户14家。经核算，主线部分动迁补偿资金为2.577亿元，完成签订协议进度为99.6%。连接线里程7.13公里，起点元台子乡白马石村至四家屯街道邴家村止，动迁户346户。其中，元台子乡和古城街道47户，征占土地21.74多公顷，房屋11户664平方米，林地近1.87公顷，零星树木6797株，果树923株，企业和养殖户6家；四家屯街道299户，征占土地19.63多公顷，房屋69户6026平方米，零星树木40430株，果树13584株，企业和养殖户3家，连接线部分动迁补偿资金1.29亿元。

【公路养护】2012年，全市共有村级以上公路

1476.125公里。其中国道102线56.954公里，省道114.021公里（兴凌线52.770公里，丹绥线62.510公里）。县道160.144公里，乡道549.552公里，村道595.454公里，总好路率为85%。

年内，养护公司实行规范化养路，路况质量全面提升。整修路基329.1公里，处治翻浆42991平方米，处治坑槽43098平方米，处理路面龟裂63400平方米。强化路容路貌美化，栽植路树34700株，栽植各类美化路树56028株。同时强化村屯路治理，达到顺适畅通。开展桥涵构造物等安全隐患处治，改建险桥14座，对重点路段设置警示标志30余处。新建苗圃1处，栽植各类树苗2万余株。农村公路管理所采取秋季会战形式开展道路养护，整修路基160公里，清运废方1200立方米，新开挖标准边沟68公里，秋季绿化20公里，栽植路树4.3万株。改建险桥2座，补修坑槽12000平方米，新建石砌边沟2500延长米。

【道路旅客运输】2012年，全市有客运线路81条，其中省际5条，市际13条，县际10条，县内53条，营运里程1098公里。有线路营运客车200台，年完成客运量324万人次，完成周转量23100万人/公里，完成营运收入588.6万元，其中线路客车150万元，出租车收入199.6万元，客运站收入239万元，营运总支出635万元，全市有出租车1189台。

地方铁路管理站负责3.2公里的铁路专用线管理。全年，完成过轨量540车，2.72万吨，过轨费收入11.114万元。

【水毁道路抢修】2012年8月4日，兴城市遭受强风暴雨袭击，全市公路交通遭到严重破坏，冲毁村以上公路路基35万立方米；桥梁1747.5延米/85座；过水路面3156延米/67处；涵洞13道；防护工程13600立方米；冲毁公路45条，里程66公里。暴雨灾害造成全市公路直接经济损失6854.5万元。市交通局本着“先通后畅、先易后难、先干线后支线”的办法全力进行恢复。省道兴凌线3公里路基被冲毁，造成交通中断，大量车辆滞留。该局及时启动应急预案，调动铲车3台，大型货车10台，组织抢险队伍60余人紧急赶赴现场，冒雨进行抢修，动用土石方1.5万立方米，经过10余个小时连续奋战，被冲毁路段全线通车。乡道柴地线、南牛线、贝姚线、望金线、王小线等10余条路线全部冲毁，市政府投入200万元，该局筹措80万元进行全力抢修。年内，完成路面恢复30公里，改建桥梁1100米/55座，修复过水路面16071平方米/32处；恢复水毁路基36公里。尚有33公里路面工程、647.5米/30座桥梁工程和部分过水路面未完成恢复。

【客货运市场】2012年，运输管理所以加快运输市场发展为重点，强化市场监管，促进行业稳定，呈现出繁荣发展景象。在40天的春运期间安全运送旅客41.51万人次，更新客运班车9台，延伸县内村通客车线路2条；更新统一标志出租车85台，为旅游城市增添品牌。做好日常车况检查，做到车行万里路，安全行驶每一步，更新出租车15台，更新线路客车7台；增设33座校车10台。高考期间，全市200台出租车成立免费爱心车队，义务接送考生万余次，并提供应急服务，受到社会高度赞扬。

年内，新增货运车辆1000台，载重量7000余吨；新增三轮汽车3台，载重量2.1吨。年末，全市年审货车2440台，三轮汽车170台，基本形成中长途以重型货车为主，短途运输以箱式货车为主的格局。

【运输市场监管】2012年，市运输管理所采取监管、治理、排查等方式规范化管理，净化运输市场。对53台危货运输车辆全部安装GPS安全监管系统，与6家危货运输企业签订责任状，全年无事故发生。加强运输车辆检测，严厉打击擅自改装、改造车辆行为，查处擅自改装营运等车辆案件152件，依法收缴罚没款76万元。查扣非法经营出租车260台，收缴罚没款360万元。年评定车辆4105台，二级维护车辆8620台。培训道路从业人员1200人，年审证4512个，合格率100%。受理投诉及举报案件288起，解决答复后满意率100%。

【2012年兴城市交通局领导成员】

局　　长　王代林
副 局 长　崔清华　刘建生　陈庆友
张文安
李忠华（兼，2012年12月任职）

（田铁军）

·铁　　路·

【概况】2012年，兴城火车站是沈山干线上的一个三等中间站，位于沈山线313公里900米处，负责办理客货运业务。客运工作以安全达标为中心，以“正路风，塑形象”为重点，优质为旅客服务。全年发送旅客999417人，装车2878车，卸车3090车，发送货物175814.1吨，完成净载重6593.5吨，完成客运收入5978.1万元，货运收入547.87万元，建设基金190.39万元，运输收入6525.97万元。

【增开临时客车】2012年，春运增开客车在兴城有停点的车次。

上行	车次运行区段
L10（客）	大　庆——山海关
L24（客）	哈尔滨——天　津
K2082／3	图　们——上　海
K2025／8／5	大　连——石家庄
L814	佳木斯——北　京
K7536	长　春——山海关

下行	车次运行区段
T71（客）	北　京——哈尔滨东
K295（客）	北　京——牡丹江
L181（客）	北　京——哈尔滨
K2026／7／6	石家庄——大　连
K2084／1	上　海——图　们
L813	北　京——佳木斯
K7535	山海关——长　春
K7485	山海关——沈阳北

（马庆杰）

电　　力

·城乡供电·

【概况】2012年，兴城供电分公司坚持按照建设“一强三优”现代公司战略目标，促进“三集五大”“四出”等重要工作全面落实，以创新变革，提速发展为工作主线，安全生产，优质服务，圆满完成各项业绩指标。全年未发生人身伤亡及设备事故。年内，电压合格率达99.981%，供电可靠率达99.952%，供电量完成75443.34万千瓦时，售电量完成67848.91万千瓦时，综合损失率累计完成10.01%，同比升高3.65个百分点；0.4千伏供电量累计完成28287.85万千瓦时，0.4千伏售电量累计完成25884.93万千瓦时，同比增加0.69个百分点。售电平均电价完成619.29元/千千瓦时，同比增加16.95元/千千瓦时。

【春、秋检工作】2012年，兴城供电分公司春检抓执行、抓过程，强化各项安全、技术措施。对发现违章问题，第一时间、第一现场处理。汛期，遭遇罕见暴风雨，降水量达到170多毫米，给供电设施造成严重损失；分公司领导班子和一线职工共同巡视灾情指挥抢修，经过230余人72小时奋战，受灾地区全部恢复送电。秋检期间，强化作业计划刚性执行，杜绝隐患、吸取教训。对14个供电所和生产班组检查，按照“谁主管、谁负责”原则，分工明确，责任到人。开展线路特巡，共发现一般缺陷20件，处理20件，缺陷处理率达到100%。检修项目实施应修必修、修必修好原则。开展安全性评价和隐患排查治理，确保人身、电网、设备安全，有效提高配电设备健康水平。

【电费收缴】2012年，兴城供电分公司充分发挥负控系统购电功能，有效防范电费回收风险。局领导带领相关管理人员分别对电量大户进行走访，加强负控购电工作力度，对可能发生欠费大户提前预警，派专人跟踪守护电费进账情况，确保电费100%回收。

【供电土地清理】2012年，兴城供电分公司对所属的18处房产及运维中心12处房产的土地使用面积进行统计核对，制定土地清理工作推进计划，测绘工作全部完成，办理房产更名手续9处。其他15处的土地使用手续正在办理中。

【反窃电专项检查】2012年，兴城供电分公司组织40名员工，分成7个小组对高损线路、重点对营业场所进行反窃电专项检查。共查出违章289户，窃电25户，追补电量243291千瓦时，追补电费155545.1元，违约使用电费1138440.95元。

【2012年兴城供电分公司领导成员】

经　　理	沈连营（2012年5月离任）
	于学文（2012年6月任职）
书　　记	王俊学（2012年5月离任）
	魏晓巍（2012年6月任职）
副 经 理	朱连勇
	徐忠新（2012年6月离任）
	姚德强（2012年6月任职）
	苏天昌
工会主席	刘　忠（2012年5月离任）
	王　钰（2012年12月任职）
总会计师	赵建光（2012年5月离任）

（李晓野　刘　洋）

·核　　电·

【概况】中核辽宁核电有限公司徐大堡核电厂位于渤海湾西岸辽西走廊。行政区划辽宁省葫芦岛市兴城市海滨乡方安村。厂址15公里范围内有G102、G105、海滨公路、秦沈客运专线、沈山线通过。厂址距绥中县城18公里、距兴城市32公里、距葫芦岛市46公里、距沈阳市292公里、距北京388公里。

徐大堡核电项目于2010年12月经国务院批准正式立项，获得国家发改委允许开展前期工作的“路条”，并被列入国家核电“十二五”规划。项目规划建设6×100万千瓦压水堆核电机组，一次规划连续建设。总投资1100亿元人民币，一期建设周期5年。

2012年，辽宁核电有限公司徐大堡核电厂投资6876万元征地拆迁，解决核电厂5公里范围内280户群众征地拆迁住房问题。投资1.64亿元，建设滨海大道；为42名贫困学生提供爱心资助，与32名贫困学生结成爱心助学帮扶对子；投入12万元，慰问徐大堡村五保户、兴城市敬老院和一些困难家庭，受到群众高度赞誉。

【2012年中核辽宁核电有限公司领导成员】

总经理、党委书记	徐　力
副总经理	周建虎　蔡竹平
副总经理、纪委书记	葛政法
总经理助理	陈　劲　蔡　俊

（高　亮）

·风　　电·

【概况】国电兴城风力发电有限公司隶属于中国国电集团公司的全资子公司，担负兴城风电项目投资建设和管理。风电发电场东南部临海，西北部为内陆。规划场区范围为海滨乡台子里村沿海岸向西南至刘台子乡山东村张庄子屯，宽1～2.5公里，长12公里，占地面积25平方公里。兴城风力发电有限公司位于海滨乡台子里村，员工30人。项目计划总投资9亿元，投资回收期为9.75年。

2012年，海滨、刘台子两个风电场共安装1.5千瓦风电机组54台，总装机容量计81千瓦。发电量达11046万千瓦时。实现税收890万元，实现利润944万元。兴城风电的建设与发展，不仅为地方经济发展提供支持，而且符合国家合理配置资源，开发新能源，实现“可持续发展的能源战略”，具有良好的综合经济效益和社会效益。

·核 电 办·

【概况】2012年，经兴城市机构编制委员会批准（兴编发〔2012〕15号）成立兴城市核电项目办公室，为市政府直属事业单位，正科级建制，编制5名，主任兼任市政府办副主任。主要职责：一是编制、完善全市核电事故厂外应急计划和实施程序，协调、落实检查市内应急组织的应急准备工作；编制兴城市核电事故场外应急演习计划并组织实施。二是组织实施全市核事故应急、核电科普知识等教育宣传工作及应急工作人员的培训。三是负责与核电建设单位及所属职能部门的沟通协调工作；承办市委、市政府交办的需与核电各部门联系、接洽的具体任务。四是负责牵头协调项目建设过程中和运营后遇到的需要该市解决的各种问题。督促相关部门、乡镇落实市委市政府的意见和措施，协调解决各种矛盾纠纷，支持核电项目建设，努力做好服务工作。五是负责推进全市核电关联产业发展工作与核电关联产业招商工作。

年内，市核电办紧紧围绕核电企业确定的时间节点，积极支持企业做好前期各项工作，努力创造条件，争取徐大堡核电项目早日开工建设。协助完成厂区153.67公顷用地，协调做好220千伏场外应急线路拆迁征地补偿工作。配合海滨乡及国土、动迁等部门搞好厂前区11.25公顷征地和800米非居住区173户移民动迁的核量和评估工作，为全面开展移民动迁做好准备。同时，加强核电科普宣传，营造良好发展氛围。协调相关部门，利用广播、电视、互联网、科普大篷车、科普展览等形式与核电企业开展科普宣传。

【2012年兴城市核电项目办领导成员】

副主任　裴志凌（2012年12月任职）

（张　超）

·小资料·

兴城温泉

古称“汤泉”，兴城温泉位于古城东南1.5公里处，兴海南街三段路北。海拔高度10米。泉水属高温弱碱性（PH7.4）食盐矿泉，无色无臭，清澈透明，水温在63—70° C之间，比重1.006，含有钾、钠、钙、镁、硫、氯、氡、镭等10余种元素。泉水可以口服，可以冲洗和浸浴。能治疗风湿性关节炎、大骨节病、颈椎病、腰肌劳损、神经衰弱、高血压、慢性妇科病、皮肤病、以及消化系统、神经系统等多种疾病。据勘测，兴城矿泉水资源丰富，构造范围约4平方公里，共有4穴、12眼，现在每天出水总量可达3000至5000吨，中心泉井在温泉别墅院内。

相传在唐代，此处的温泉就被人们所利用。据考古发现，此处有辽金时期的建筑遗迹。最早有文字记载的，是在北宋许亢宗的《宣和奉使金国行程录》中。明代，这里建有汤泉寺。清代，蒙古扎萨克亲王及蒙民经常到此洗浴。十九世纪二十年代，北宁铁路局将汤泉寺迁到西侧，距原址约300米处。在庙址处为张作霖建一座别墅，落成时，张学良携赵四小姐曾到这里视察。至今，别墅保存基本完好。解放后，这一带陆续建起疗养院。1986年，有疗养院（休养所）35家，床位1.1万张。1988年，有疗养院（休养所）50家，床位1.2万张。2003年达到61家，至2010年，有48家增加或转变功能，多为疗养和旅游接待并重。

信 息 产 业

联 通

【概况】2012年，联通兴城分公司转变观念，创新机制、体制，以3G为引领，以市场占有率为导向，充分发挥品牌优势，持续提升客户感知，全面提升市场竞争能力。主营业务收入实现过亿元目标；宽带同比增幅22.69%；移动业务同比增幅11.91%；沃家庭用户达到1万余户，较好地完成全年各项工作指标。

年内，联通兴城分公司做好隐患排查工作，完成BSS、ESS系统上线，地区核心交换设备3352割接。扎实推进创先争优工作，有1人获兴城市委、市政府优秀共产党员，有1人获优秀党务工作者称号。

【发展3G、2G融合业务】2012年，联通兴城分公司充分发挥全业务运营优势，将3G、2G、宽带、固话全面融合，大力推广以沃家庭A计划、B1计划为主的融合业务，促进3G业务发展。为保证业务增量，公司推出多款智能手机终端，通过存话费、宽带担保等方式赠送手机。针对通信市场"苹果"爱好者众多的现象，公司适时推出信用卡担保，分期付款送手机的政策，全方位满足客户需求。为保证3G、2G业务实现持续增量，充分发挥社会、校园渠道优势，组织校园学生直销员，开展校园营销及代理商3G销售大赛等活动，提升代理商销售能力。

年内，通过公司自有渠道及社会渠道合力发展，公司经营业绩在葫芦岛市全地区总排名中名列前茅。

【维护建设工作】2012年，联通兴城分公司新建市内、农村一体机66处，新装OLT设备11台；新增宽带能力3744线；农、市话宽带设备减容740线，窄带设备共计减容11350线；完成新建住宅小区光纤入户建设15000余户；布放光缆127.8千米；新建2G基站17个、3G基站21个；结合集团公司3 A达标工作，开展机房整治，达标率达到73.1%。调整宽带网络结构，加强网络瘦身力度，提高设备减容速度。

【2012年联通兴城分公司领导成员】

总经理　刘振宇（2012年1月离任）
　　　　周立群（2012年1月任职）
书　记　张力平
副总经理　陈　勇（2012年1月离任）
　　　　季政宝
　　　　兰云凤（女，2012年1月至3月）
　　　　孙　宁（2012年3月任职）

（韩　静）

移 动 通 信

【概况】兴城移动分公司隶属于中国移动通信集团辽宁有限公司。该公司以"移动信息专家"为目标，以"正德厚生、臻于至善"为企业核心价值观，网络覆盖全面，技术领先，智能化程度高，是兴城地区主导通信运营商。移动电话市场占有率超过70%。

年内，该公司积极推进农村、教育、卫生、政务、交通物流等各行业信息化及大中小企业生产办公信息化建设，构建一个由通信设备制造商、网络运营商、信息内容提供商、移动产品经销商、移动客户和社会相关行业组成的合作共赢的产业价值链，服务内容渗透到社会生活方方面面，实现移动办公、移动商务、移动生活，提高人们工作效率和生活质量；投入近万元为留守儿童提供爱贝通手机、话费等通信援助，并联合兴城市南大乡政府到水口村开展落实扶贫工作，对口帮扶贫困村民，资助资金等。

【助力教育行业信息化】2012 年，兴城移动公司联合教育系统深化教育行业信息化进程，为学校建设“校讯通”业务平台，进一步提高学校信息化管理建设水平，改进学校管理模式，针对学生进行个性化辅导；同时，建立一种现代化家校沟通方式，促进学校和家长沟通，便于动态的、全面的对学生进行教育和管理。

【夯实基础提升服务能力】2012 年，兴城移动公司为有效提升客户服务满意度，坚持“软硬结合”，改善硬件配置，提升服务能力，夯实营业服务基础，提高服务质量。强化服务规范；突出短板改善，开展自查及满意度提升服务；完善营业监督，对服务现场进行远程实时监控；全面提高营业厅综合业务处理能力。

【2012 年兴城移动分公司领导成员】
经　　理　王铁刚
副 经 理　刘海荣

（佟志强）

电　　信

【概况】2012 年，中国电信集团公司辽宁省葫芦岛市兴城电信分公司本着“用心服务、客户至上”理念，以市场需求为导向，大力推广电信天翼品牌，以宽带进万家，致力于建设光网城市，全心全意为更多用户提供优质网络通信服务。全年完成业务收入 1614.86 万元，同比增长 21%，较好地完成市公司下达的各项业务指标，被市公司授予“最快进步奖”。

【发展融合业务】2012 年，兴城电信分公司适应形势，改变经营模式，将宽带业务发展延伸到各乡镇、农村，打破乡镇市场零用户局面。改变传统的电缆传输为光纤传输，大大提高通信速度，并且每户赠送电信手机，将更多的绿色服务带到千家万户。

年内，兴城电信分公司完成 12 个乡镇光纤宽带入村建设，FTTH 发展数量、融合率均全市第一。

【电信服务进校园】2012 年，兴城电信分公司经过两年探索经营，校园市场大放光彩，发展用户 2700 余户，在校园内实现考勤、食堂、门禁一站式服务，方便广大学子；并且建立校园内师生 V 网，让教师与学生近距离沟通，为学生提供 3G 智能手机，免费赠送 3G 流量，并完善 WIFI 网络覆盖范围，至年底，WIFI 覆盖全校区。

【2012 年兴城电信分公司领导成员】
经　　理　陈立志
副 经 理　李　文

（李冬丽）

邮　　政

【概况】2012 年，兴城市邮政局在确保代理金融类业务稳步发展基础上，进一步加大邮务类、代理速递物流类业务发展力度，生产经营运行稳中有升，经营运行质量和效益显著提高，实现三大板块业务协调快速发展。全年实现邮政业务总收入 3368.4 万元，同比增长 11.88%，全省规模排名 17 位，增长排名 27 位。邮务类业务收入实现 511.03 万元，同比增长 10.38%。集邮业务实现收入 36.26 万元，同比增长 14.2%。新邮预订完成 24.47 万元，同比增长 2.5%。代理速递物流类业务实现收入 40.09 万元，同比增长 39.34%。实现代理金融类业务收入 2793.1 万元，同比增长 13.03%。理财业务累计销售 8825

万元，有14个网点实现业务突破，完成年计划的129%，实现收入23.38万元。汇兑业务实现收入44.63万元。电子商务业务实现收入159.92万元，同比增长26.4%。分销业务实现收入37.74万元，完成计划的107.8%。保险业务实现收入58.24万元，累计销售规模保费1315万元。储蓄业务实现收入2666.83万元，同比增长14.1%。

【函件业务】2012年，市邮政局在确保常态项目实施基础上，做好新项目复制开发。印制船票22万张，实现收入19万元，同比增长25%；推进贺卡业务，开发定制客户50户，实现收入25.87万元；贺卡业务完成79万元，完成计划的100%；全年函件业务实现收入99.22万元。

【包件业务】2012年，市邮政局精心组织校园包裹和军营包裹揽收工作，确保兴城当地校园包裹和军营包裹100%在邮政部门收寄。累计揽收校园包裹4337件，实现收入10.13万元，累计揽收军营包裹1301件，实现收入4.94万元。爱心包裹累计完成学生型23件，金额2300元；学校型2件，金额2000元；温暖型1件，金额200元。母亲邮包累计完成2件。全年包件业务实现收入60.37万元，同比增长21.1%。

【报刊发行业务】2012年，市邮政局加强报刊收订工作，根据校园报刊方案要求，着重对《不懂安全的大灰狼》进行一次详细市场调查。对全市超过100名幼儿的幼儿园进行逐一走访营销，累计铺货300套，成功营销224套，形成校园报刊流转额5734.4元；成功开发婚庆期刊2期，实现流转额0.3万元；开发兴城农村商业银行形象化期刊，形成流转额3万元。完成大收订报刊流转额326.7万元，完成年计划的93%。全年报刊发行业务实现收入116.09万元。

【绿卡业务及电子银行业务】2012年，市邮政局共开办绿卡33927张，完成年计划的165%；绿卡通累计发放17854张，完成计划的157%，发卡占比为68%，卡均余额4938元；累计加办网银9275户，完成计划的115%；手机银行7790户，完成计划的519%。全局网点逐步形成持续稳定发展格局，加办量与交易量不匹配问题得到明显改善。

【2012年兴城市邮政局领导成员】

局　　长　刘学锋

副 局 长　刘宏伟（2012年3月离任）

（马　跃）

广　电　网　络

【概况】2012年，葫芦岛广播电视网络有限责任公司兴城分公司成立。管辖4.5万余数字电视用户和农村模拟用户。在南关、东山、泳装城、钓鱼台设置便民营业厅4个，覆盖城区用户群，解决用户缴费难问题。该公司强化目标管理，健全激励机制，把任务指标与目标奖惩有机结合，全面实行量化考核奖惩制度。签订层层岗位责任状，增强员工责任感和使命感。同时，加强工程监督、材料成本核算，提高材料利用率和节约率。年内，转换数字电视用户13299个。其中，主终端11336个，副终端1470个，高清493个。全年实现业务收入2000万元，超额完成市公司任务指标。

【网络升级改造】2012年，兴城广电网络拓展业务范围，加大新楼盘配套工程建设，确保用户入住，信号开通。年内，增加用户1.3万户，完成收入417万元。同时，对城乡有线电视网络建设时间过长、线路老化严重、收视效果差的线路进行改造；特别是刘台子、元台子、白塔等乡镇的43个有线盲村、盲屯，改造后效果良好，新增用户5000余户。

【网络维护】2012年，兴城网络分公司管辖4.5万余数字电视用户和农村模拟用户。网络庞大，每一处微小的故障都可能影响到成百上千个用户的正常收视。分公司把网络维护列为日常工作的重中之重。城市维护一二部、农村维修部及各乡镇维修员共同构成维护体系，以用户报修为令，城区故障随报随修，农网故障48小时内排除。同时，制定报修用户回访制度，由专人对报修用户实行电话回访，针对上门时间、故障排除、服务态度等方面听取用户意见，并以此作为员工考核评先的重要依据，客户满意率达100%。

【贴心服务】2012年，兴城网络分公司注重服务细节，“用心聆听，排忧解难”成为客户服务部的服务宗旨，客服人员耐心解答用户疑问，指导用户如何使用数字电视机顶盒，建立全新的收视习惯，被用户称为不见面的知心朋友。

【葫芦岛广播电视网络有限责任公司兴城分公司领导成员】

经　　理　梁会林
常务副经理　查福英
副 经 理　张　军　王秀萍（女）　李宝剑

（张春燕）

·小资料·

白塔峪塔

亦称九窿烟塔、玲珑塔。位于古城西北14公里的九龙山南麓塔沟村北，四周群山环抱。建于辽大安八年（1092），1979年被列为省级文物保护单位。2013年，列入全国第七批重点文物保护单位名单。

塔为实心密檐式砖塔，八面四碑四佛，十三层，存高约43米。塔座为须弥式，塔身每角各有倚柱，每个柱上刻有八大灵塔塔名，由南面左侧倚柱始，至南面左侧倚柱止，依次是：净饭王宫生处塔、鹿野园中法轮塔、菩提树下成佛塔、耆闍崛山般若塔、庵罗卫林维摩塔、曲女城边宝皆塔、给孤园中名称塔、娑罗林中圆寂塔。南西北东四正面各有佛龛，置砖雕佛像，佛龛上部刻有佛名：南为宝生如来、西为无量寿佛、北为不空如来、东为阿閦如来。四隅面各有砖雕碑，碑上面刻着偈语——东南为“寂灭为乐”、西南为“诸行无常”、西北为“是生灭法”、东北为“生灭灭已”。

塔座的东南有一盗洞，是早年被盗掘者所凿，下达12米深处的地宫。1978年，在清理塔下地宫时，发现一方辽代的《掩藏记》石碑，上面记载着建塔时间，这在省内辽塔之中是罕见的。

1972年，在塔的东墙外枯井中曾出土一方元代大德六年（1302）翠峰寺《地产记》石碑，上面记载着该塔所属房产及地界等情况。

塔四周建有围墙，北部有一大门。塔北侧有清代中天寺一座，共九间，至今香火不断。

2010年9月，省文物局拨款对古塔全面维修。

财 政·税 务

财 政

【概况】2012年，兴城市财政局认真履行工作职能，推进财政整体工作实现又好又快发展。全年全市公共财政预算收入实现11.5亿元，较上年增加3亿元，同比增长35.2%。地方财政支出规模突破41亿元，全年地方财政支出实现41.6亿元，较上年增加10.5亿元，同比增长30%；争取上级财政各类补助资金合计为13.8亿元，较上年增加2.2亿元，同比增长18.4%。全年用于城市基础设施等重点建设项目支出17.7亿元，推进城市综合功能明显提升。财政支农单体项目突破0.2亿元，红崖子乡高标准农田示范项目建设投入农业综合开发资金0.26亿元，进一步提升该乡农业综合生产能力。村级道路建设项目投入突破0.5亿元，全年投入一事一议财政奖补资金0.5亿元，专项用于实施村内道路及桥梁建设项目88个，新建水泥路140公里、新建桥涵236延长米。同时，建好用好乡镇政府便民服务中心的基本做法得到省市财政部门的高度评价，并于8月份在财政部信息网站发表。率先在全省推进农民建棚贷款贴息的基本做法，得到财政部充分肯定。兴城市"一事一议"财政奖补工作的基本做法，立项为2012年省财政科研基金项目。兴城市乡镇财政规范化建设工作于9月获得省财政厅表彰奖励。

财政整体管理水平有所创新。多项工作居于葫芦岛乃至全省县区财政前列，葫芦岛市财政信息化建设现场会于3月在兴召开，在财政部举办的全国"六五"普法知识竞赛中，兴城市获葫芦岛财政"六五"普法法规知识竞赛组织工作先进单位的荣誉称号。

【财政监督管理】2012年，市财政局强化服务监督职能，推进财政规范管理水平不断提升。一是财政干部学习培训得到加强。局党委进一步完善《关于创建学习型机关的九条规定》。通过采取个人自学与集体学习、本级财政培训与上级财政培训、邻近县区学习与省内外地区学习相结合等多种方式培训局机关及乡镇财政所干部230余人次，进行全市企事业单位会计从业资格证书培训425人次，培训村级主要负责人惠农政策及村级财务会计基础知识266人。组织全市行政机关、企事业单位财会人员以及辽宁财贸学院大学生2000余人参加全国财政普法网上答题竞赛活动，建立局机关预算执行情况定期分析、财务会计违纪案例研究分析、完善财务会计管理分析等制度，全局干部依法行政和依法理财能力不断提升。二是财政干部优质服务得到加强。局党委进一步完善《关于财政干部服务工作的十条规定》，指导规范财政干部为全市经济发展和创造和谐社会提供优质高效服务。三是国有资产管理职能得到加强。通过规范履行公开、公平、公正的市场运作程序，完成10余宗国有资产处置事项，实现国有资产收益1.9亿元，有效避免国有资产的流失，促进国有资产保值增值。四是政府采购管理职能得到加强。通过采取网上投标形式规范实施政府采购项目43项，涉及货物、工程、服务三大类，实现采购金额4458万元，比项目采购预算节约362万元，节支率为7.5%，相应促进行政事业成本降低。五是不断完善财务监督管理职能。通过采取持证上岗履行财政监督职能，对全市23个预算单位的财务收支情况进行专项检查，查出各类违纪金额553万元，并依据相关财政法规进行严肃处理，收缴违纪款117万元，促进全市财务会计管理工作的逐步规范。六是财政对上综合协调能力得到加强。在全省县区率先同时获得产粮大县、产油大县、生猪调出大县、小型农田水利建设重点县、中小河流治理重点县、万亩高标准农田建设重点县，一事一议财政奖补项目重点县、农民建棚贷款贴息重点县等财政补助政策支持，为全市农业经济发展创造多年难得政策机遇期。

【2012年兴城市财政局领导成员】

局　　长　侯　杰

副 局 长　李宝利　任学林（兼）　王春海

　　　　　张　春（女）

国资局

局　　长　任学林

（李宝利）

税　　务

·国　　税·

【概况】2012年，兴城市国税局发挥“为国聚财，为民收税”的工作职能，全面落实各项税收优惠政策，着力提高组织收入质量；加强税收文化教育基地建设，努力提升纳税服务水平；强化税源专业化管理，大力夯实征管基础；建立健全“五位一体”内控监督机制，全力构建党风廉政建设和反腐败长效网络。

年内，该局全力抓好组织收入工作，落实组织收入原则，加强税收分析和预测。做到税收分析科学，预测准确，实时掌握企业特别是重点税源企业的税收增减变化情况，税收核算部门、征收管理单位做到税源底数清、任务不离心、数字不离口。提高重点税源管理质量，挖掘税收潜力和增量。继续把年纳税50万元以上的企业作为重点监控对象，建立健全100万元以上纳税企业分析预测报告制度，逐户、逐月开展税收增减变化情况分析，一事一议，一户一管，实行差异化、针对性管理。同时，加强对临海产业园区招商引资企业、大型在建项目的税源“看管”，找寻税源增量，确保税收平稳、足额入库。建立涉税信息交换机制，增强税控合力和质效。同时，与地税、国土、规划、建设、工商、公安、银行等相关部门建立涉税信息交换机制，从源头上做好税源管控，保证税收收入良性增长。全年，全局共组织全口径税收收入24532万元，同比增收1634万元，增长7.1%。地方财政一般预算收入实现6769万元，同比增收573万元，增长9.2%；如期高质量地实现首月开门红、半年双过半及全年“两个不低于”的增长目标。税收收入创历史新高。开展税收文化教育基地建设工作。实地走访老干部、记录税收发展历史，探寻兴城税收发展历程，收集大量的实物、图片，征集到许多珍贵史料。全局干部建言献策，经过近一年时间的筹备、施工、装潢、布展，兴城市国税局税收文化教育基地于12月31日开馆。

2012年，该局被葫芦岛市国税局评为“2011年度税收工作嘉奖单位”；被兴城市委、市政府授予“财源建设先进单位”“创先争优先进单位”等多项殊荣；办税服务厅被辽宁省国税局授予“雷锋式办税服务厅”。

【纳税服务进展明显】2012年，市国税局坚持把纳税服务贯穿税收管理全过程，不断丰富服务内容，拓宽服务领域，积极开展政策服务、信息服务，特色服务，实现由单纯办税服务向全方位优质服务的转变。

一是宣传服务更加生动有效。要求干部当好政策宣传员，做好税企联络员，干好企业信息员。4月，该局联合兴城市政府、兴城市地税局、兴城市工商业联合会及辽宁工程技术大学，成功举办“蓝色情怀”文艺演出，启动第21个税收宣传月。同时，旅行社行业税收培训、个体纳税人培训、所得税专题培训、纳税人学校主题培训等系列活动，累计培训各类型纳税人1100余人次，为纳税人创造近距离了解税收、掌握税收知识的互动平台，实现税收宣传“大而全”向“小而精”转变，效果良好。

二是涉税服务更加便捷亲民。发挥纳税服务志愿者品牌效应，继续推行“一窗式”“一站式”“一对一”特色服务，临海产业区企业享受办税绿色通道；进一步精简表证单书，实行发票集中审验，取消税务登记及发票工本费，取消发票审批，降低办税成本。全年免收税务登记及发票工本费16万余元。机关办税服务厅被辽宁省国税局授予全省国税系统“雷锋式办税服务厅”。

三是政策落实更加快速到位。不折不扣地贯彻执行国家关于农产品加工及农业产业化、节能减排、资源利用、自主创新等方面的税收优惠政策。全年，累计办理各项退库5228万元，其中办理出口企业退税5125万元（不含免抵调减）；办理民政福利和资源综合利用企业退税93万元，落实各类减免税560余万元，促进企业的发展壮大。

【征管革新效果显著】2012年，市国税局在充分总结税源专业化管理试点经验的基础上，继续推广、深化专业化管理，形成以取消税收管理员固定管户制度为核心，以税源一体化分析为依托，以集中审验、立体评查为助力的大征管格局。税基管理有效加强，管理员个体优势得到充分发挥，税收管理链条不断捋顺，征管效能大大提高。

一是依法行政筑牢基础。从规范执法程序、细化执法手段、提高人员素质、规避执法风险的角度出发，坚持刨根问底，坚持打防结合，持续开展“两漏户”、非正常户、停业户清理；实行税务登记集中注销，发票集中审验，明确停业户资料封存，查实征收、以票控税与定额加发票相结合，规范个体征管。全年，清理两漏户、非正常户、注销税务登记426户次，实现滞补罚收入26万余元。进一步清除管理死角，打牢征管基础。

二是税源专业化管理收效明显。2011年7月起，全局推行税源专业化管理，在不打破原机构设置的前提下，取消管理员固定管户制度，税管员根据工作需要，被灵活拆分、重组，实现最大执行力。同时，法规科政策指导，税源一体化分析的日趋成熟，全局税源专业化的管理目标更加精确，科长负责制及税收业务派发单的流转，实现税源管理的双向反馈和监督。原由税管员负责的文书受理、一般处罚、催报催缴、发票验旧四类岗责被取消，前置到办税服务厅，大厅在职能设置及技术支持层面真正全职能、无缝隙运作，所有涉税业务实现“一厅流转”。三个征收科14名税收专管员完成亏损企业检查、所得税专家会诊以及各类预警企业检查370户次，调增税额、调减留底、补缴税款1541万余元。

三是一体化分析渐入佳境。局内由信息中心、征收管理科牵头的税源一体化分析工作步入正轨。年内，围绕税负下降较大、税负明显偏低等4个风险点，展开一体化分析，确定4个批次，112户风险企业。经评估检查，问题户18户，占总户数的16.7%，取得评估成果278.6万元。

四是发票管控形成立体网络。对2010年以后全市普通发票使用情况进行专项检查，历时7个月，检查普通发票领购企业1634户，查处问题企业189户，滞补罚收入32.4万元；针对发票验旧数据与申报数据不一致情况，延伸抽取风险纳税人62户，查补税款、滞纳金8.3万元。同时，该局与公安局首次联合开展流失发票专项整治，对CTAIS系统上线以来，25户纳税人125组流失发票逐户逐张查清、查透，有效降低普通发票管理风险。

五是所得税管理质量不断提高。保持汇算清缴面100%的好成绩，781户企业全部参加汇算清缴。专家清理发现问题企业26户，调增应纳税所得额659万元，调减亏损额423万元，滞补罚入库225.4万元，移交稽查4户。按照年初部署，该局重点推行对渔业养殖、石材、泳装、商贸、旅行社、网销等行业的所得税核定，6月底，全局录入CTAIS系统，实行核定征收企业达到390户，所得税核定征收企业户数占总户数的48.08%，核定范围逐步扩大，核定比重实现连续第三年持续增长。

六是纳税评估更加主动有效。年内，以税源一体化分析为索引，以发票检查为主线，全局开展有重点、分行业、“递进式”评估检查，对症下药，高压严打，对有色金属矿采选业、餐饮业、房地产业、汽车零售业，非金属矿物制品业、批发业、零售业中的家电下乡企业及税负较低工业企业8个行业97户纳税人进行纳税评估。其中，有问题的54户，取得滞补罚收入110万元，调减留底、调增所得额75.7万元。对20户微亏企业和连续三年亏损企业进行评查，调整所得额382.5万元，补缴税款1万元。

【2012 年兴城市国税局领导成员】

局　　长　赵大桩
副 局 长　赵春光（2012 年 7 月离任）
　　　　　栗恩和　陈晓辉
　　　　　王焱竑　（女，2012 年 7 月任职）
　　　　　陈海鸥　刘　刚

（杨　光）

·地　　税·

【概况】2012 年，兴城市地税局全局工作实现“三连增”，组织收入创历史新高。全年组织各项税费收入 82070 万元，同比增收 18858 万元，增长 30%；公共财政预算收入实现 76611 万元，同比增收 20111 万元，增长 36%，占兴城公共财政预算收入 11.5 亿元的 2/3。社会保险费完成 27203 万元，同比增收 5036 万元，增长 23%；征收工会经费、残保金、价调基金合计 600 万元，税费完成总量均有较大突破。

【组织收入创佳绩】2012 年，市地税局在经济发展速度放缓的大环境下，狠抓中心工作，采取有力措施，组织收入再创新佳绩。一是科学谋划，强化税收计划调度管理。年初，召开税收收入分析会，准确把握收入形势，增强税源分析的针对性和准确性。在此基础上，科学谋划，合理布局，对收入进度实行时时监控，在季度、半年及进入 12 月份，分阶段对重点税源进行适时分析调度，及时解决影响收入进度的关键问题，科学合理分解计划，责任到人。二是依托“金税三期”，强化征管质量和效率。以“金税三期”为依托，发挥信息化支撑作用，突出抓好信息化的应用。从四月份开始推广“办税通”项目，网站报税等电子报税系统推广应用，把被动收税变为主动掌控。应用“个体户批量扣税”和多功能银行结算终端系统，加强数据管理和系统网络安全管理。紧紧抓住征管考核指标，采取季度通报和年终考核方式，把静态的符号办成监督的动态流程，促进征管工作落实，提高征管质量和效率，在市局考核中，“11 率”指标两项指标合格率分别为 95.95% 和 97.98%，其余 9 项均达 100%。从 4 月起对房地产企业推行建筑项目管理，实现售房涉税信息网络时时监控，确保税款及时入库，坚持税源管理请款通报制度，建立异常数据核实反馈制度，积极推行税源点评制度，以综合数据平台为依托，上下联动，三级点评，进一步强化税源信息分析应用。三是抓点带面，强化收入进度的管控。抓住对组织收入工作有决定性的重点项目、重点税源、重点行业、重点税种。结合兴城的特点，把临海产业区作为重点项目，设机构，派专人准确掌握税源，了解项目进度、资金状况，及时组织税款入库。全年临海产业区入库税款 13200 万元。抓重点税源，紧紧抓住年纳税 1000 万元以上的企业，如四家村企业集团、宏亿房地产、凌河化工、凯森蒙制衣、核电等纳税大户；抓重点行业，针对全局税收有影响的房地产行业、建筑行业，在房地产行业低迷的情况下，管理科组织收入 17400 万元；抓重点税种，加强营业税、土地使用税、房产税等份额大增收有潜力税种的征管，如营业税全年入库 31400 万元，占总收入的 38%。四是堵塞漏洞，强化零散税收的征管。加大清理欠税力度，全力做好个人所得税年所得 12 万元以上自行申报纳税工作。继续做好房产税、土地使用税“两税”清查，结合土地使用税地段等级，等级调整，对前期欠缴的土地使用税和房产税进行认真清理，成效显著。加强房产窗口征收管理，强化价格评估系统应用，完善审核、审批流程，确保应收尽收；推行具有控税功能的“发票管家”系统，加强餐饮等服务行业的征管；加强代扣代征管理，保险公司代征车船税，运管所代征运输车辆税等都有提高。与国税合作，加强砂石涉税管理。通过抓大捡小，聚少成多，确保超额完成全年征收任务。五是规范税收秩序，强化以查促管。加大稽查查补收入、打击税收违法行为工作的力度，实施“一案双查”。注重税源监控、税收分析、纳税评估、税务稽查的有机结合，起到以查促管的作用，全年查补入库款实现 2345 万元。六是争取地方部门支持，强化协调力度。在征收工作中，执法与服务并重，政策宣传到位，税收管理到位。遇到难题主动向地方党委汇报，取得支持帮助，与财政、土地、城建、交通、劳动等部门协调配合，信息共享，完善源头控管，堵塞漏洞，为全局完成任务起到有效地推动作用。

同时，该局认真开展社会保险费征管工作。全年社会保险费完成27203万元，同比增收5036万元，增长23%，是葫芦岛地区征收任务完成情况最好的单位之一。其中县级社保费统筹部分完成全年计划13578万元，为历年最高水平。年初社保科对全市重点费源企业进行全面摸底，积极与社保局联系，联合开展对企业普查，主动摸清社会保险费的费源情况，做到底数清楚，心中有数。特别是建安企业，实行以“票控费”，为完成任务做出较大贡献。

【依法行政和纳税服务】2012年，市地税局狠抓根本措施，依法行政和纳税服务又有新进展。继续坚持依法行政，带动和引导纳税人提高税法遵从度。严格按照法定权限和程序行使权利，做到依法治税，理性征收，在不征“过头税”的同时，应收尽收。认真履行职责。在工作中继续开展执法监督检查，落实税收优惠政策。建立健全执法风险防范机制，引导税务干部自身和纳税人都增强防范法律风险的意识。严格落实问责制度。明确问责主题和方式，确保权力与责任一致，促进税务干部依法行政。

同时，在严格执法中优化纳税服务，构建和谐的税收征纳关系。进一步转变观念，按照建设服务型地税的需要，做好纳税服务工作。规范办税服务厅、“12366”纳税服务热线和税务网站，开通与纳税人沟通的QQ群，建设综合纳税服务平台。提高窗口工作人员服务水平，进一步简化纳税人办税程序，为纳税人提供优质服务。二是强化涉税宣传与咨询，推行纳税咨询限时回复公开承诺制。有效利用各类媒体进行形式多样的税法宣传，发挥社会化税法宣传的作用，认真组织开展第21个税收宣传月活动，全面落实政务公开，自觉接受纳税人和社会监督。三是积极探索、扩大地税在税法宣传、纳税信用等级评定、联合申报、税务稽查、“12366”服务热线等方面的协作，增强纳税服务的合理性，减轻纳税人负担。

在“两基”建设中，曹庄分局代表葫芦岛市地税系统接受检查，获省检查组好评。兴城地税局和曹庄分局获得省局“两基建设优胜单位”称号。兴城地税局被兴城市委评为先进党委。

【2012年兴城市地税局领导成员】

局　　长　臧永军

副 局 长　于慧江（女）　周起生

　　　　　　徐春明　程树仁　贾国伟

（汪文玲）

金　　融

人　民　银　行

【概况】2012 年，中国人民银行兴城市支行结合兴城市经济金融工作实际，履行基层央行工作职责，不断提高金融服务工作水平，较好地完成各项工作任务和支行内部建设工作。认真贯彻落实国家宏观经济政策、中央银行货币政策和总、分行、中心支行工作会议精神，加强窗口指导，促进辖区金融机构更好发挥支持地方经济发展的核心作用。组织辖内各金融机构召开行长（主任）金融联席会。合理运用货币政策工具，充分发挥人民银行支农专项再贷款作用，确保对“三农”的信贷投入，向上级行申请支农再贷款，支持支农信贷投入，保证农业生产的设施农业建设、农、牧、渔业生产资金，农产品收购等资金需求。全年，支农再贷款余额为 5 亿元。调整信贷结构，引导金融机构对小、微企业给予信贷支持。截至年末，银行业金融机构各项存款余额 144.3 亿元，比上年增加 19.4亿元，其中城乡居民储蓄存款余额 119.3 亿元，比上年增加 20.2 亿元；各项贷款余额 75.9 亿元，比上年增加 15.8 亿元。

加强金融稳定防范风险工作，继续执行货币信贷报告制度，及时准确掌握金融结构货币政策执行和风险控制情况。大力开展社会诚信体系建设，优化县域金融生态环境，依法维护国家金融安全，促进社会诚信建设的发展，同地方政府联合，依法打造维护金融安全体系。继续监测农信改革，引导其持续健康发展。农信社实现与地方“三农”经济发展与自身效益的双赢。截至年末，各项存款达 394442 万元，各项贷款 359592 万元，联社财务收支良好，经营实力明显增强。

加强银行卡安全管理。对 4 家金融机构开展银行卡管理情况检查，查看 ATM 机和商户 POS 机 14 台，银行卡开户资料 80 户，对检查出的问题督促及时整改。开展银行卡安全用卡的宣传活动，全市 72 个营业点开展宣传，增强社会公众对银行卡支付的信心。开展两管理两综合，加强行政执法检查。对辖区金融机构依法开展行政执法检查工作。加强业务监管，有效防范资金风险，依照人民银行金融机构执法检查办法，规范开展对金融机构执行有关金融管理规定情况，进行现场检查工作，检查基层央行对金融管理的监督检查能力。

2012 年，该行被兴城市委、市政府授予兴城市社会治安综合治理标兵单位。

【金融服务】2012 年，人民银行兴城支行提升金融服务水平，提高金融服务质量。支持地方中、小、微企业的发展，第一时间为企业办理账户准入和发放贷款卡。全年开立各类单位银行结算账户 935 户，销户 586 户。发放企业贷款卡 627 户，其中年新增 62 户，年审 165 户，补检卡 19 户。查询个人信用信息 153 人次，企业信用信息 13 户次。优质服务，简化手续，优先为企业办理退税，开辟国库拨款绿色通道，使企业更快获得流动资金，加速资金周转。全年办理退库 237 笔，金额 7227 万元。积极为企业、事业单位办理机构信用代码核准发放工作，确保企业及各类机构对外开展业务。办理机构信用代码增量 312 户。加强与财政、税务的沟通联系，确保税收及时、准确入库，全年办理预算收入 70051 笔，金额 275657 万元。办理财政实拨支出 2865 笔，金额 495704 万元。为地方财政两税提供快捷、高效、优质的服务。大力改善农村支付环境，推动金融惠民工程。以农业银行惠农卡为载体，与新农保相结合，在上年 4 个试点乡镇基础上，以“转账电话加农村连锁超市”等模式扩大转账电话布放范围，建立现金代付点388个，年末达到乡镇以下行政村覆盖率90%以上。稳步建立起“支农、惠农、便农”绿色支付通道。开展金融消费者权益保护工作，促进辖区金融市场平稳健康发展。成立领导小组，下设办公室。在辖区开展金融消费者权益保护宣传，向金融消费者提供咨询服务，指导金融消费者依法维权。开展征信、人民币管理、支付结算、国债知识宣传。关注自然灾害影响，第一时间进行灾情调查。针对夏季强降雨造成的损失，成立调查组，深入重灾区考察了解灾情，及时上报，同地方政府一起投入抗灾自救工作，在市中心支行的支持下，增加1亿元支农再贷款用于“三农”生产自救，增强基层央行的影响力。

【2012年中国人民银行兴城市支行领导成员】

行　　长　王　青

副 行 长　安景杰　魏云海

（李　铁）

工　商　银　行

【概况】2012年，工商银行兴城市支行抢抓机遇，应对挑战，各项工作成效显著。截至12月31日，全行各项存款余额102012万元，较年初增加11443万元，其中储蓄存款余额91077万元，较年初增加12754万元，完成市行计划的103%，增量同业第三；对公存款余额10935万元，较年初下降1311万元，对公存款增量位列四大国有银行第一，处在全市金融机构对公增量第二。机构存款余额7655万元，公司存款余额3280万元，日均余额104814万元，较年初增加14300万元，其中储蓄存款日均余额89309万元，较年初增加10986万元；对公存款日均余额15505万元，较年初增加2153万元。各类贷款余额65042万元，较年初增加207万元，其中对公贷款余额51977万元，较年初减少1980万元，同业第一；个贷余额13065万元，较年初增加2187万元，当年累计投放4323万元，同业第一。中间业务收入647万元，完成计划1051万元的61%。实现利润1633万元，完成全年计划4000万元的41%。在全省33家县域支行综合经营绩效考评排名第16位，综合绩效考评、贡献考评和进步考评均得到提升，实现前所未有的突破。

【个金营销活动】2012年，工行兴城支行全面贯彻省市行个金工作部署，结合地域情况，精心组织个金营销活动，市场拓展取得明显成效。年内，面对严峻的市场竞争，倡导全行员工牢固树立“存款立行、存款兴行”思想，实施联动营销和组织营销，从存量市场份额、增量市场份额两个方面开发存款增量市场份额。

一是全年分阶段开展主题营销活动。按照市行的全年整体工作思路，一季度全行发动，明确目标，指标到人，凝聚全员力量，组织开展“党政工群齐联动，全行上下抓旺季”主题营销活动，全员奋战旺季取得实效。截至3月末，储蓄存款净增1.68亿元，位居兴城地区同业第一、网均第一，实现领跑同业的目标。所辖5个网点全部超额完成计划，获葫芦岛市行颁发的储蓄存款工作优秀组织奖、优秀领军行长奖、竞争优胜奖等荣誉称号。二季度开展“夏之绽放群星璀璨”兴城支行2012年二季度个金产品营销和三季度“秋之斑斓”个金产品营销竞赛活动，根据营销业绩分别评选出集体奖和个人优胜奖，奖励培训名额，充分调动员工营销积极性。

二是细化专项绩效考核分配方案。每个网点分别制定科学合理的分配方案，按营销业绩分配专项绩效，做到多劳多得，鼓励员工多营销。

三是员工营销业绩与综合组织绩效挂钩，实行绩效工资浮动制，彻底打破“大锅饭”，调动员工营销积极性。

四是加强宣传，营造揽存声势。年初积极做好旺季宣传工作，编制营销快报，定期进行营销业绩排名，报道典型，极大地推动营销热潮。

【2012年中国工商银行兴城市支行领导成员】

行　　长　张　杰

副 行 长　董晓东

鲍　莉（女，2012年11月任职）

行长助理　鲍　莉（女，2012年11月离任）

（于力君）

建设银行

【概况】2012年，建设银行兴城市支行存款稳步增长，全口径时点存款余额142949万元，比年初新增19088万元，全区排名第二位，其中对公存款时点负增长682万元；个人存款时点新增19770万元。全口径日均新增9693万元，全区排名第一位，其中对公存款日均新增169万元；个人存款日均新增9524万元。贷款萎缩得到有效抑制，各项贷款余额9056万元，比年初增加1237万元。其中，企业贷款下降1190万元，个人住房贷款新增2427万元，贴现新增2293万元。贷款萎缩局面得到抑制，贷款质量继续保持良好。中间业务完成较好，完成中间业务收入631万元。其中，公司条线中间业务收入69万元，个人条线中间业务收入562万元。产品销售再创新高，销售各种理财产品161101万元，三所一柜销售额均居葫芦岛地区前列。销售保险907万元，代理基金6597万元，贵金属累计交易额1443万元。贷记卡发卡2529张。电子银行业务发展迅速，个人网银客户新增7430户，手机银行新增8954户，企业高级版网银新增19户。个人电话、短信新增32811户。在全省一季度旺季营销活动中，旅游所、储蓄专柜双双获得全省“百强网点”，周玉祥获得全省“百佳营销能手”。

【客户增长与维护工作】2012年，市建设银行坚持全员动员、上下联动、努力维护存量客户，充分挖掘目标客户潜力，不断壮大客户群体。

个人客户增长迅速。深入传导“始于客户需求、终于客户满意”的营销服务理念，优先满足客户的产品、服务需求，因人而异，提供差别化、人性化量体裁衣式服务。特别是加强中高端客户的拓展和维护，明确网点经理、客户经理、大堂经理、柜员售后服务职责，使中高端客户服务网络得以建立。截至年末，该行个人结算户新增17762户，其中AUM300万以上客户新增3户，AUM50-300万潜力客户新增95户。

大力发展代发工资业务，对有潜力的存量客户进行梳理，有针对性地下达代发工资计划，全年新增代发工资客户15户，新增代发人数1400余人，促进个人客户批量增长。

年内，对公客户有效提升。借年初新老班子更替之机，逐户走访现有客户及部分潜在客户，稳固客户基础，密切三银关系，得到地方政府及有关部门的支持，拓展客户增长渠道，增强客户满意度，提高客户依赖度。制定公司客户分层次管理维护方案。梳理出对支行有特殊贡献的十大重点客户，由行长及主管行长亲自营销维护；挑选出主要客户40户，由客户经理和会计前台分头维护，促进客户增长和业务发展，巩固客户基础。全年对公客户新增48户。

【贷款工作】2012年，市建设银行面对中小企业贷款停滞萎缩的局面，做好新项目储备工作。从人民银行获取信息，从他行贷款客户中，寻找突破口，筛选优质客户。与招商局、临海产业区管委会联系，储备企业项目。针对泳装企业，建议市行梳理并完善小企业“联贷联保”业务流程。经过努力，达成初步贷款合作意向3户。同时，利用建行个贷品牌优势及成立个贷分中心的有利时机，加强个贷营销力度，签约楼盘4个，全年发放个贷159户，金额2427万元。

【2012年中国建设银行兴城市支行领导成员】

行　　长　陈丰山（2012年2月离任）
　　　　　　牛力增（2012年2月任职）
副 行 长　陈洪仲　白凤朝

（王春燕）

农业银行

【概况】2012年，农业银行兴城市支行坚持有效发展和风险防范并重，提高效益，促进各项业务均衡发展，通过夯实廉政建设和风险排查，稳步开展业务综合营销竞赛活动。业务工作得到有效拓展，员工队伍和谐稳定，较好地完成各项经营任务。

年内，各项存款增量、贷款增量、中间业务收入三大重点指标在兴城地区四大行占比排名第一。进一步推广“惠农通”现金代付点业务，社会形象逐步转好，社会影响力逐步增强，经营效益明显提高。截至12月31日，各项存款阶梯性增长，各项存款指标完成情况良好。各项存款余额20.09亿元，比年初增加3.63亿元。其中储蓄存款净增26500万元，对公存款净增9500万元。中间业务收入增幅较大，收入结构不断优化。全年中间业务收入916万元，同比增收182万元。资产业务稳步拓展，夯实县域发展后劲。年末贷款余额18705万元，较年初增长4163万元，其中法人客户贷款增加1510万元，个人客户贷款增加2653万元。国际结算稳步增长。该行以泳装客户为主导，稳步推进业务发展。国际结算量3291万美元，其中资本金800万美元，结售汇业务量4515万美元，国际业务中间业务收入63万元。

【存款工作】2012年，市农业银行以经营为中心，打好各项存款攻坚战。缜密部署、强化落实。新一届支行党委从理清思路，准确定位，提高认识入手，将存款工作确立为全行加快发展的“生命工程”。支行于年初制定营销竞赛方案，通过“春天行动”动员大会、年中工作会议明确工作重点，落实责任及考核机制，发挥机制促储的作用。借助产品和服务营销，做深做细客户维护工作，奠定扎实的增储稳储基础。在春节期间，支行安排人员分层做好客户慰问维护，实施客户关怀与激励，并以该行的优势产品来吸引客户在他行的资金，提高中高端客户在该行存款的整体贡献度。同时，按照上级行要求，依托CFE、PCRM两大系统，做好客户识别、指派、维护和营销工作，并对优质客户群体实现名单制管理，对不同层次的客户落实分户到人，确保每一位客户都有专人负责，真正把营销、维护工作抓到底。

产品联动营销，锁定高端客户。主动在高端客户群体中大力引荐白金贷记卡，通过产品组合，实现客户资金在该行账户体内循环。坚持“网点为基础、产品为抓手、服务为先导”，发挥产品在组织资金工作中对客户的锁定作用。加强理财产品的销售，特别是高收益并与时点存款高度对接理财产品的销售，增强对关键时点存款的支撑。大力拓展机构类客户。支行以修建建兴高速为契机，积极营销代理补偿款发放工作。成为建兴高速补偿款的发放代理行，并在古城支行、红崖子分理处开立补偿款发放专户，实现代理发放补偿金1.87亿元。

【综合业务】2012年，市农业银行在巩固和深化对存量客户服务的基础上，加大对泳装企业、临海产业区企业、兴城地区支柱企业、兴城地区纳税50强企业的营销力度，坚持“边营销、边储备、边投放、边补充”，层层推进，为持续做大资产业务总量增添发展后劲。

一是加大法人客户营销力度。按照省行“突出重点，特色发展”的原则，对需求500万元以内的以简式快速贷款为主，1000万元以内的以流动资金贷款为主，1000万元以上的以项目贷款为主，抢抓客户，提高服务的主动性和亲和力，提高客户对该行的贡献度，推进客户综合营销和业务综合营销。全年公司业务部为4户泳装企业发放贷款4500万元。对于存量和拓展客户，根据客户的资金需求申请，支行客户部组成专业调查小组，深入企业进行调查，掌握客户信息，了解客户需求，制定客户服务方案，实现“营销有目标，过程有方案，行动有结果”。

二是围绕进出口企业，细化营销举措。兴城地区是省著名泳装出口基地，支行领导干部盯准目标，零距离跟踪，全方位推进。在市行国际业务部指导下，对重点客户制订一揽子金融服务方案，为国际业务发展打下坚实基础。吸引更多的进出口企业到农行办理结算业务，营销新客户4户，开立外币账户14户。

【农行营销】2012年，市农业银行全力推进精准化营销工作，实现零售业务新突破。加大营销力度，实现银行卡、电子银行业务快速发展。以宣传为突破口，提升兴城支行认知度。支行抓住有利时机，开展各项宣传活动。葫芦岛市房交会和葫芦岛市泳装文化博览会同期召开，兴城支行积极开展营销宣传活动，取得良好的营销效果。加大对集团客户的营销力度。

年内，该行"惠农通"工程成果显著。12月12日，召开兴城支行"惠农通"工程总结表彰大会，进一步落实"惠农通"工程小额现金支付业务。邀请409个"惠农通"工程代付点负责人参加会议。会议总结2011—2012年度业绩突出的网点负责人，对农行转账电话、农商通等机具的使用方法进行系统的培训，为"惠农通"工程的进一步推广及明年代理新农合业务奠定技术条件。截至12月末，建立助农取款服务点354个，覆盖全市27个乡镇239个行政村。办理小额支付业务27206笔，支付金额302万元，查询笔数25088笔，金额1281万元。采集"万村千乡市场工程"农家店信息机资料185份，审查合格录入系统132户，审批通过并现场到农家店安装培训78户。

【2012年中国农业银行兴城市支行领导成员】

行　　长　霍卫民

副 行 长　潘永廷　王绍军　刘春鹏

（杨晨星）

中 国 银 行

【概况】2012年，中国银行兴城市支行围绕市行下达的绩效考核指标，制定绩效考核办法，以转型促发展，向管理要效率，较好地完成全年工作目标。截至12月末，全行人民币储蓄存款余额51316万元，较年初新增3627万元，完成全年计划的103%。人民币对公存款余额15599万元，较年初新增256万元。贷款余额23089万元户；贷款发放4628万元；贷款回收3571万元。网银业务个人网银新增户5001个，完成率135%。网银交易量完成8.77亿元，完成率35%。信用卡白金卡完成43张。固话POSS完成13个。代发薪新增2810户，全年任务数2400户，完成率117%。三方存管完成300户，全年任务数180户，完成率166%。中间业务收入309.66万元。对公人民币结算账户新增10户。

【拓展营销渠道】2012年，中行兴城支行对公业务拓展工作取得突破性进展，市政府主要领导对该行在县域经济方面的支持给予充分的认可，截至12月末兴城支行各类授信业务授信余额达5.0亿元，其中公司业务授信余额达2.7亿元，个人授信余额达2.3亿元。通过产品优势及营销力度的加大，该行各项业务在全市经济领域取得广泛的影响力，不断有大中型企业主动与该行洽谈业务，探索合作之路。年内，针对房地产开发企业数量明显减少，有限的开发商成为各家金融机构竞争焦点的情况，该行积极上门营销，努力提高工作效率，取得较好效果。年末，兴城市福兴房地产开发、兴城市兴福房地产开发兴福商贸城项目、兴城金天屹房地产、兴城市江恒房地产等投资实力较强的开发商向该行提供准入材料，成为2013年储备项目。全年与该行合作的房地产开发企业18家，其中业务量较大的有5家，项目储备4家。全年，该行个人消费贷款总投放4628万元。

年内，该行通过多种渠道对兴城市临海产业区入住企业展开营销。辽宁易飞科技有限公司、辽宁苏美尔汽车零部件制造有限公司、辽宁双佳技术有限公司、兴城市恒泰制衣有限公司基本户在该行开立，其中辽宁双佳技术有限公司获该行中小企业授信额度800万元，授信余额300万元；该行多次营销产业区投资最大的沈阳晨光塑料制品有限公司，为其提供POS机等结算工具。

上年10月份，葫芦岛市行将兴城临海产业区3亿元贷款的贷后管理工作移交兴城行。该行积极维护授信资金安全，确保贷款本息按期收回。敦促该授信还款本息纳入年度财政预算，了解财政收支状况，密切关注风险点。同时进一步加强与市政府、市财政以及产业区管委会的工作联系，加深感情，获得支持，取得良好效果。

2012年，该行为扩大储源，拓宽业务，为客户提供更好的环境，将南关分理处迁址到兴城市政府对面，并升格为支行。

【2012年中国银行兴城市支行领导成员】
行　　长　薛大志
副 行 长　李　刚

（郝　艳）

农村信用合作联社

【概况】2012年，兴城市农村信用合作社联合社认真落实“质量年”的各项部署，扎实开展经营工作，主要业务指标全面完成省联社核定的增长计划；把握历史机遇，快速推进筹建农村商业银行工作；完善法人治理机制，提高综合服务能力及合规管理水平；加强党建工作和员工队伍建设，为增强执行力提供保障。截至12月31日，各项存款增量55032万元，较上年同期增加2179万元。各项贷款增量60000万元，较上年同期增加7400万元。涉农贷款增量58894万元，较上年同期增加4135万元。不良贷款余额较年初净下降1790万元，不良贷款率降至4%以下。经营利润实现12269万元，较上年同期增加2330万元。

【开展绩效考核】2012年，市农村信用联社依据省联社印发的绩效考核方案，制定切合自身实际的综合绩效考核方案，推进全年经营工作。将省联社核定的计划指标分解到社，在考核得分计算方式与考核期限上与省联社保持一致，确保联社总体业务指标按进度完成省联社核定计划。加大考核的兑现力度，联社将绩效工资的二次分配权交给基层信用社，并要求基层信用社进一步将计划指标落实到人，联社定期对各营业机构的考核得分进行通报，作为兑现绩效工资的依据。结合绩效考核工作，对经营工作进行紧急调度，针对个别机构个别指标增长缓慢等情况，年内召开12次紧急调度会议，先后对6名信用社主任实行诫勉谈话，增强指标后进社的紧迫感，解决业务指标地区间增长不均衡的问题。同时，联社与各基层信用社签订经营目标责任状，强化全员做好经营工作的责任意识，对综合绩效考核工作形成有益的补充。

截至12月末，联社各项业务指标均完成省联社核定计划，90%以上的营业机构全面完成联社核定计划。

【完善产品营销机制】2012年，市农村信用联社根据省联社关于加强产品营销服务的工作要求，狠抓存贷款营销工作，在实践中不断完善营销机制，提升营销能力，有力地抢占存贷款市场份额。

年内，联社全员吸储，推进存款营销机制建设。引导全员主动开展存款营销工作，通过开展一季度存款竞赛，3月末各项存款余额较年初净增39880万元，占全市金融机构一季度存款增量的33.9%，有力地抢占存款市场份额，为完成全年增存计划奠定坚实基础。加强优质文明规范服务管理，联社与各机构签订《优质文明规范服务责任状》，“飞检”大队依据责任状的条款不定期抽查服务工作，重点检查着装、营业环境、服务礼仪等细致工作，及时通报和督促整改。同时，负债管理部先后两次组织全辖柜面服务人员开展服务礼仪培训，通过优质文明规范服务吸引客户，促进各项存款余额的自然增长。集中力量把握重点储源，建立可持续发展的存款营销机制。截至12月末，兴城联社各项存款增量和日均存款增量分别完成省联社核定计划的101.91%和131.76%，在激烈的竞争形势下发挥存款营销工作的优势。

同时，兴城联社集中营销提升信贷管理和服务水平。为规范贷款管理，提高信贷业务的经营效益和社会效益，从年初开始实行信贷业务集中管理，并落实省联社要求积极推进信贷业务前中后台分离工作。在保留基层信用社小额信用贷款的基础上，将大额贷款的营销和审批归由联社集中开展，一方面确保信贷资源在产业和地区间的合理配置，另一方面加大贷前调查力度，把好贷款投放关口，通过集中营销有效提升信贷服务水平。完善制度，做到有章可循。积极推进“两个工程、一项治理”工作。按照信贷资产质量精细化管理要求，顺利完成信贷资产十级分类工作。扎实推进信贷业务操作流程改造工作，择优选拔133名信贷人员充实到前中后台信贷岗位，通过岗前培训，有效保证前中后台业务的顺利运行。

同时成立贷后管理委员会，每月定期召开贷款风险专题会议，确保制度的贯彻执行。牢记宗旨，发挥信贷支农主力军作用。截至12月31日，兴城联社各项贷款净投放60000万元，占兴城市金融机构贷款增量的37.9%。在保障全市春耕备耕粮食生产的基础上，重点支持设施农业、设施渔业、传统特色产业、涉农小微企业和各类农民专业生产合作社的发展，为全市农业产业结构升级和城乡经济发展做出积极贡献。

【推进农商行筹建工作】2012年，市农村信用联社把握最佳时机，于4月下旬正式启动农商行筹建工作。葫芦岛办事处杨科主任担任筹建工作小组组长，完成召开社代会、清产核资、整体资产评估、企业名称核准、整改申报材料、向总会提交申报材料等各个环节工作。筹建工作小组历时近半年的时间，协调解决多个关键性难题，在12月下旬取得中国银监会关于筹建兴城农商行的正式批复，为兴城联社加快改制步伐奠定坚实的基础。

【强化法人治理机制】2012年，市农村信用联社结合农商行筹建工作，逐步加强法人治理机制建设，不断提高综合服务能力和管理水平，为向新的运营模式迈进做出充分准备。

发挥稽核职能，提高全员合规意识。联社稽核分局全年开展各类稽核检查6次、160个工作日，累计提出整改要求36个，针对被检查单位管理相对薄弱环节提出稽核建议12条，有效规范业务秩序，增强全员的合规经营意识。

完善责任机制，推进监察保卫制度落到实处。全年监察保卫工作注重完善责任机制，特别强调各项制度的有效落实。加强组织领导，实行“一岗双责”。联社“一把手”分别和机关部室、基层信用社签订《党风廉政建设工作责任状》《案件防控综合治理责任状》《“三防一保”责任状》，明确责任主体、责任内容、责任考核与责任追究，形成党委统一领导、班子齐抓共管、纪检协调督促、部门各负其责、员工共同参与的工作机制。强化学习教育，提高防范意识与能力。突出党性教育、大局观念教育和宗旨意识教育，转发和印发安全保卫及党风廉政建设相关文件24个，并按月对制度学习情况进行检查，全员安保意识与技能得到提高。认真开展各类演练，全年集中开展防火、防盗抢等各类演练42次，167名一线干部员工参加演练，有效提高防范技能。完善监督职能，确保零案件。联社党委和监察保卫部工作人员定期深入基层，督促监察保卫工作责任的落实。推广使用《营业网点安全管理工作日志》，以日志和调取监控录像作为日常检查的依据，充分发挥日志对规范日常安全管理的促进作用。同时，开展“九种人”排查等各类检查23次，将案件防控工作常抓不懈。经过全员的共同努力，兴城联社监察保卫工作实现零发案。

发挥科技支撑作用，保障业务畅通。联社科技部在做好硬件和网络设备维护和保养的基础上，钻研业务，充分发挥科技对经营、管理全面工作的技术支持作用。做好硬件、网络设备的维护保养工作，并制定防雷等工作预案，在雨季之前集中开展防雷设施检查，确保业务系统畅通。按要求对信贷业务3个中心和迁址升格机构进行系统布线，为相关业务的有效衔接提供网络保障。认真开展备份线路升级改造，于12月上旬完成全辖42个网点的光纤接入、机构和路由器安装调试等升级改造工作。加强技术培训与服务，在培训基层信用社设备维护基础知识的同时，每月对设备管理情况进行综合评分，督促基层员工的责任意识。

年内，联社狠抓宣传工作，推进企业形象建设。继续将通联和舆情监测工作纳入综合绩效考核范畴，通过积极的宣传和正确的舆情引导，不断推进企业形象建设。充实通讯员队伍，提高整体宣传水平。机关11个部室和全辖31家营业机构均配备兼职通讯员，组织两次集中培训，明确宣传工作要点。有2人在省联社征文比赛中分获一等奖和二等奖，有2人在兴城市建团90周年征文比赛中并列二等奖。积极组稿和投稿，全年编发联社《工作简报》32期，向各类期刊投稿110余篇，发稿47篇。其中，向省联社“社讯”投稿37篇，发稿22篇，向《辽宁农村合作金融》等刊物投稿60余篇，在辽宁农村合作金融发稿3篇，在《葫芦岛日报》《葫芦岛金融研究与实践》等报纸或杂志上发稿25篇。加强舆情监测与引导，贯彻执行舆情监测日报告制度，设置舆情监测 A、B 岗位，加强舆情监测日常值班，有效维护企业形象。

【2012 年兴城市农村信用合作社联合社领导成员】

党委书记、理事长　李　刚
党委副书记、主任　郭　建
党委委员、监事长　戴　强

（陈　帅）

农业发展银行

【概况】 2012 年，中国农业发展银行兴城市支行结合自身实际扎实开展工作，较好完成年度各项工作任务。截至年末，全行各项贷款余额 35840 万元，较年初增加 5172 万元；各项存款余额 3879 万元，比年初减少 1352 万元；不良贷款比例为零；资产利润率为 1.52%；人均利润 26 万元，比上年实际减少 2 万元；中间业务收入 5.6 万元，完成年度任务的 100%，比上年增加 2.7 万元，其中国际结算业务量实现 429 万美元，完成年度任务的 100%；全年实现总收入 1962 万元；各项支出 1388 万元，收支相抵实现利润 574 万元；地方财政补贴全年应到位 361 万元实现按季均衡到位。

【贷款管理】 2012 年，市农发行根据不同贷款的占用情况和管理要求，实行不同的管理模式并收到良好效果。一是对商业性流转贷款，按照上级行制定的各项贷款管理措施、办法以及具体要求，坚持"谁发放、谁管理、谁收回"的原则，认真贯彻落实贷后管理责任制，并签订责任状。同时本着既坚持原则，又便于管理，既减小企业的还款压力，又降低贷款风险的宗旨，对金豆花生公司和德泰花生公司发放的 4500 万元商业性贷款，采取分期还款方式，把到期日分解为 7、8、9 月份，较好避免企业集中还款压力。截至 9 月末 4500 万元贷款全部收回，实现商业性贷款到期本息"双结零"。二是对各级储备贷款重点做好库存监管工作。在认真做好日常库存核查和定期检查工作的同时，按照省市行的安排，组织开展一、二季度的风险排查工作，3 月份会同市财政局、粮食局、发改委等部门，对地方储备粮油贷款、库存、补贴等进行自查，当月又参加葫芦岛市财政局、农发行、审计局、发改委、粮食局 7 家联合检查，配合上级行完成对储备粮油贷款物资保证和补贴到位情况的专项检查。两级储备贷款、库存及补贴在各种检查中未发现问题。三是对中长期贷款重点做好第一、二还款来源的监管和审计检查问题整改工作。坚持专人定期到企业"实地检查、现场办公"，重点加强对抵押物真实性、有效性、完整性检查，及时掌握抵押土地的出租、出让、出售、转让等动态情况，确保第二还款来源充足；及时与当地人大、政府、财政等部门沟通，确保将贷款利息及当年应归还的贷款纳入当年预算的承诺，并提前催收，以保证利息及贷款的按时足额收回；针对 4 月份总行审计组对该行中长期贷款审计提出的问题和意见，多次召开专题会议对问题进行逐条梳理和整改，抽调专人对档案资料重新整理归档，并责成信贷副主管全权负责。5 月初，所有档案资料收集齐全并编码归档。7 月份，省行序时审计小组提出的账户问题，及时整改完毕。

【业务拓展】 2012 年，市农发行围绕全年经营目标，多角度挖掘潜在能力。一是坚持地方财政补贴专人监管责任制。不断密切与财政部门的沟通、联系，通过协商确定地方财政补贴按季到位的目标。同时明确专人监管、督办。截至 12 月末，由中央财政贴息 259 万元、地方财政贴息 361 万元，计 620 万元全部拨补到位收息入账，全年由各级财政部门承担的实际贷款利息收回率实现 100%。二是加大国际结算工作力度。针对市行下达国际结算业务量同比增加 200 万元实际情况，年初以来进一步加大对开户企业国际结算业务的营销工作，收到成效。截至 12 月末，该行的国际业务结算量 429 万美元，超额完成市行下达的 400 万美元的任务指标。拉动中间业务收入指标的提升，中间业务收费 5.1 万元，国际结算业务收入 0.5 万元，超额完成市行下达的任务指标。三是积极开展对公及同业存款组织工作。通过努力，对公存款有了新的提高，利用现金代收代付的业务往来关系，组织低成本同业存款1000万元，净增利润8万元。

【财会管理】2012年，市农发行全面加强财会基础管理，提升金融服务水平。一是进一步加强业务操作人员对业务知识和会计规章制度的学习，主管领导带头认真学习《中国农业发展银行财务会计制度》《中国农业发展银行会计出纳部制度》内容。严格按照操作规程操作系统，按规定签到和签退，坚持定期对业务IC卡保管检查和使用监督。由于工作到位，该行的综合业务会计系统日常工作进展顺利，操作人员未出现操作性差错，正确完成当日的各项业务，各工作日均能正常签退，各项数据均相符，系统运行保持良好。二是严格执行现金代收代付管理模式。年初与连山农村商业银行签订现金代收代付协议。严格按协议要求办理现金业务，全年对外现金收付额10744万元，实现安全无事故。三是重点落实银企对账工作。年内该行贯彻执行对账单发放和回收实现100%规定，全年发对账单300张，收回300张，实现制度目标。四是认真做好巩固资产清理工作。固定资产盘点清理工作克服时间跨度大，人员更迭等困难。上半年按照上级行文件要求，由主管行长牵头，历时三周对全行固定资产进行初次盘点、清理和核销。12月下旬进行全面彻底的清理核销，达到“一物一卡”清晰明了。

【2012年中国农业发展银行兴城市支行领导成员】

行　　长　纪长君（2012年7月离任）
　　　　　宋　平（女，2012年7月任职）
副 行 长　张东民
　　　　　杜宝党（2012年7月离任）
　　　　　王碧岩（2012年7月任职）

（蔡昊廷）

·小资料·

郜家住宅

也称为将军府，位于文庙东侧，省级文物保护单位。建于1929年，原主人郜汝廉是张学良部下，曾任参谋长、中将师长。此宅具有中西合璧的建筑风格，占地5000多平方米，建筑面积575平方米。分为东西两院，东为花园——么园，西为住宅。西院为两进院落，除耳房外均为尖顶灰瓦房。门房五间，中开门洞。大门南有一座影壁，上有精美砖雕、堆塑——双凤牡丹、福等图案。院中一道花墙，中有一门，北为第二院落。有正房五间，两侧耳房各二间。有东西偏房各三间。正房内基本按照原来的样子布置；偏房内是郜汝廉将军的生平介绍；门房有《日伪时期的兴城》图片展览等。建筑具有中西结合的风格，砖雕精美。东院花园有假山、凉亭、养鱼池；有高大的古槐、古柳、银杏；有石子小路，两旁栽有奇花异草。

商 贸 流 通

商务服务业

【概况】2012年，兴城市服务业局根据市政府2012年第七次政府常务会议精神，6月末以前对下属商业贸易公司、酒类管理办公室两家企业进行最后改制。安置在册职工270人，退休职工56人，养老保险231万元，失业保险53.5万元，处理遗留问题善后资金95万元。两家企业变现资金5920万元已全部上缴财政。大力抓好招商引资。四家村企业集团股份有限公司与北京市鑫福海工贸集团有限公司在兴城共同投资的兴城市大宏门物流商贸城企业，总投资额5.86亿元。总占地面积为100公顷，其中一期占地48公顷，土地补偿已结束，建筑面积为31.36万平方米。挖掘服务业潜力，积极向上级有关部门为企业申请项目扶持资金。向国家和省申报财政补贴项目3个，分别为“万村千乡市场工程”农资配送中心建设项目、天喜电子商务平台建设项目、东辛庄绿斯雅有限责任公司鲜活产品加工流通体系建设项目。6月1日，组织参加由兴城市政府主办，服务业局、旅游局、文化局协办的“兴城市宫廷全羊席申报省级非物质文化遗产名录”点评活动，为兴城市申报省级餐饮类非物资文化遗产奠定基础，并受到辽宁省烹饪专家、学者的好评。

2012年，该局党组被葫芦岛市委授予创先争优先进基层党组织称号，被兴城市委评为创先争优先进党组、精神文明建设工作先进集体、信访工作先进单位、市直机关目标责任制优秀单位、纠风和软环境建设工作先进单位、城乡建设工作二等奖、社会管理综合治理工作标兵单位。

【“两个市场”建设】2012年，市服务业局坚持结合市委市政府的中心工作，特别是经济工作，做好“两个市场”的建设筹备工作，根据市相关文件精神，聘请葫芦岛市顺方投资咨询有限公司作为“两个市场”的招投标代理方，进行网上公开招标，成立领导小组。年内，经市政府同意，该局所属原兴城市燃料公司煤炭经营市场迁移并新建兴城市煤炭交易中心，选址在城市外环路，古城街道北关村五组地段，征地面积5.53公顷，规划面积4公顷，按照省煤炭管理局关于规范煤炭经营市场的要求，由市交通局道桥公司承建，于5月26日开工，7月20日交付使用，总投资926万余元。年内，煤炭交易中心场区建设工程完工，设22个储煤场区，招租入户17家，安装电子监控系统，业务用房正在建设中。

铁西农贸市场作为兴城市人民政府投资兴建的惠民工程之一，由市服务业局所属盛家源商贸有限责任公司组织实施。该市场总投资3900万元，占地1公顷，建筑面积10380余平方米。全部建成后可容纳商户300余家，经营品种上千个，提供就业岗位1000余个。在9月30日开工建设，2013年上半年可投入运营。该市场实行分区分类经营，设蔬菜、粮油、水产品、海产品、豆制品、干货、禽蛋、冷鲜肉、熟食品、调味品10个主要经营区，水冲式公厕，垃圾储运站，环型消防和烟雾报警喷洒系统。市场实行严格的准入制，严把农副产品准入标准。市场设置大型电子屏幕，对各种农贸产品的价格、产地品质及信息进行及时滚动播放，填补兴城市缺少高端标准化农贸市场的空白，缓解南关中心城区市场压力，方便群众生活，进一步改善全市农贸市场的消费环境。

【商务执法】2012年，市服务业局加大商务执法力度，规范市场秩序。一是加强生猪定点屠宰管理，保障肉食品供应安全有序，生猪定点屠宰工作得到进一步加强。城乡定点屠宰场的屠宰能力基本满足全市肉品消耗，为定点屠宰工作达标提供良好基础。日常检查每日进行，包括乡镇集贸市场及城市农贸市场的各零售店。截至年末，查处案件4起，下达整改通知4份，没收生猪产品，并对其作出相应的处理，保证居民吃上“放心肉”。二是加强酒类市场管理，规范酒类市场。该局按照要求全面推行酒类流通管理制度。要求各企业在经营活动中必须开具《酒类流通随附单》，并建立台账管理制度，实现酒类商品从出厂到消费终端全过程的监督管理。针对全市城乡50余家酒类生产、经营销售厂家，加大酒类执法力度，强化酒类执法宣传，酒类市场秩序得到进一步规范，以次充好，经销假冒酒等行为得到有效遏制。截至年末，执法大队二中队办理批发执照3份，零售执照700份，送货车执照5份，收缴价调基金17万元。三是加强成品油，煤炭市场监管。充分发挥服务业部门的职能作用，把保障安全生产和市场供应作为头等大事来抓，截至年末，对全市煤炭市场和加油站（点）进行多次安全生产隐患排查工作，其中发现11起违法煤炭经营业户，同时立案11起，结案11起，罚款金额共2.2万元，确保全市煤炭市场和成品油市场健康、有序的发展。

【家电下乡】2012年，市服务业局扎实推进“万村千乡市场工程”，全面落实“家电下乡”工作。继续实施“万村千乡市场工程”的总体安排部署，结合实际，坚持以试点企业为主体，坚持政府推动与市场运作相结合。截至年末，全市万村千乡“农家店”总数达到438家，农资店103家，行政村覆盖率达到100%，新建“农家店”22户，农家店信息化改造210户。“市场建设”在兴城市形成遍及全市农村各乡镇、村的连锁网络，构建农村现代商品流通的完整体系。

年内，全面落实“家电下乡”工作。“家电下乡”是对农民购买纳入补贴范围的家电产品给予一定比例的财政补贴，是深入贯彻落实科学发展观，扩大内需的重要举措。截至年末，全市“家电下乡”产品销售总金额6958.26万元，销售总数量26359台（部），其中电视8402台、冰箱8146台、洗衣机3703台、电脑858台、空调862台、热水器4322台、微波炉4台、电磁炉62台。全市所有销售网点运行良好，没有出现其他问题。

【2012年兴城市服务业局领导成员】

局　　长　隋文发

副 局 长　王　立　李博学　马学斌

（王　立）

供销合作经济

【概况】2012年，兴城市供销联社发挥供销社在农村市场商品流通的主导地位和主渠道作用，全系统商品销售额1.22亿元，同比增长17.8%，实现商品销售利润120万元。同时，多举措促进基层社发展，在大寨基层社翻建扩建500平方米的恒温库，在红崖子基层社新建花生储存库1座，开展蔬菜收购、加工、储藏业务，完善基层社的基础设施建设，解决当地农民储难卖难的问题。把海滨基层社改建成大超市，紧跟社会发展的节奏，盘活社有资产，方便当地农民群众。

年内，该社获得“葫芦岛市先进党委”和“兴城市先进党委”荣誉称号，获得“中华供销总社普法先进单位”称号。被兴城市委评为“宣传思想工作先进单位”，被市政府评为“宣传、综合治理先进单位”。

【推进“网络建设”】2012年，市供销联社整体推进农村现代化经营服务体系和为农服务组织体系建设，不断扩大服务阵地、服务领域、服务功能。通过科学规划，扎实推进，在农业生产资料、烟花爆竹和农副产品购销网络建设上形成一定规模。充分利用供销社基层经营网点资源，通过网点改造、资产重组、社会加盟等多种形式，在组建日用消费品和农业生产资料连锁店的基础上，组建农村综合服务社，成为供销社及各类涉农组织开展便民服务的多功能的农村社区服务中心。在全市范围内初步建成农业生产资料、日用消费品、烟花爆竹、农副产品购销、再生资源回收等网络连锁经营体系；建立农资配送中心2个（大寨农资配送中心和红崖子农资配送中心）；储存量2000吨以上、烟花爆竹储存库1个，面积1400平方米；“新网工程”“万村千乡市场工程”乡镇级连锁店24个、村级农资连锁店94个，网络总体覆盖率乡级达到100%，村级达到65.7%。该社实施的“新网工程”建设影响力逐年扩大，服务功能逐步增强，成为全市农民心目中的放心工程、希望工程。

【服务“三农”】2012年，市供销联社始终坚持为“农”服务的办社宗旨，通过改变服务方式、提高服务水平、加大服务力度，达到助农增收、企业增效的目的。加速农资网络体系建设，截至年末全市在6个主营公司，20个基层供销社的基础上新建与改造农资连锁农家店118个，村级服务站40个，形成覆盖全市乡村的农资连锁配送服务网络，方便全市农民购买农资。严格经营管理，对农资和日常生活用品严把质量关。特别是对农资市场的管理，严把入口关和出口关，坚持服务承诺制，实行质量负责和责任追究机制。切实保护农民利益，维护供销合作社社会形象。科技指导，基层供销社发挥“庄稼医院”职能，利用墙报、宣传单和培训等方式开展新肥新药推介和使用讲解，接受农民农技咨询，搞测土施肥。有效地传播农科知识，普及农民用肥用药知识。领办、组建农民专业合作社，开展“农超对接”工作。将供销社与专业合作社结合，进一步增强两者经济实力，促进农村商品经济发展。通过发展连锁经营网络，开展“农超对接”，有效解决农产品的卖难、买贵和安全问题，减少中间流通环节，降低成本费用，实现农民增收。截至年末，全市筹办4家农副产品连锁超市，其中水岸绿洲小区的葫芦岛市益农达农产品连锁超市实现运营，与多家农民专业合作社、生产企业签订长期的购销合同。

该社连续三年组织兴城市的农民专业合作社和龙头企业参加辽宁省农村经济合作组织名优产品展销会暨“农超对接”洽谈会，取得丰硕的成果，获得20多个奖项。在2012年第三届展洽会上，葫芦岛市农函大食用菌野驯繁育有限公司现场签订30万元食用菌供货合同，推进全市地方名优特色农产品发展。

全年，全系统销售化肥22005吨，农膜金额595万元，农药金额501万元，确保春耕农资商品供应不断档、不脱销，满足全市农民的生产需要，促进全市农业生产持续、稳定发展，推动新农村建设。同时实现农业增产、农民增收和企业增效。

【2012年兴城市供销合作社联合社领导成员】

理事会主任　闫守庆

监事会主任　赵春义

理事会副主任　张云山

（李长仁）

粮食购销

【概况】2012年，兴城市粮食局在逐步消化粮食企业高达2540万元的并轨债务，使粮食系统在并轨改革中凸显出的近半个世纪历史诸多遗留问题得以较为彻底解决的基础上，重点排查潜在的不稳定因素。企业拖欠职工工资、退休职工医疗费、四级工残职工医疗保险、退休人员遗属待遇、企业联合经营玉米债务等，初步测算，涉及资金额度在200万元。对排查出的潜在矛盾，采取落实责任、依法处置等方式，随机逐步化解，确保粮食部门稳定。年内，在化解矛盾上，纳入法律诉讼程序的经济案6宗，其中法院审结3宗，为国家挽回经济损失90余万元；法院正在审理的3宗。在招商引资工作上，利用沙后所粮库引进凌海九股河饲料有限公司饲料生产项目。沙后所粮库整体租给凌海九股河饲料有限公司，租期15年，租金前5年每年10万元；此后5年每年租金15万元；最后5年每年租金20万元。该公司投资3000万元，建饲料生产基地项目。

2012年，该局向上级争取项目资金到位500万元。其中，向省发改委、农委争取省粮食流通业基础设施建设专项资金到位140万元，用于红崖子粮食储备库和军粮供应站储粮基础设施改扩建项目；农户科学储粮仓建设工程向上级争取资金到位360万元，入户安装农户科学储粮仓2000个。

【粮食流通监督检查】2012年，市粮食局开展2011年至2012年粮食年度秋粮收购监督检查。从2011年末到2012年4月，对市域范围内取得粮食收购资格的19户企业和业户开展检查，出动人员51人次。涉粮企业和业户收购新粮82174吨，其中在兴城市区域内国有企业收购60700吨，非国有企业收购17114吨；跨地区收购4360吨。开展粮食收购资格审核和发证工作。按辽农粮〔2012〕169号文件要求，截至12月末，审核持有《粮食收购许可证》企业和业户8家，新核发《粮食收购许可证》企业1家。取消收购资格企业7家，3家在整改中。开展粮食法规、科技知识宣传周活动。5月中旬，为纪念《粮食流通管理条例》颁布实施8周年，深入城区、乡村集市，开展以“小麦的营养与健康”为主题的粮食科技宣传周活动。悬挂横幅标语3条，发放宣传材料160份，并对群众提出的问题进行现场解答。实施并完成粮油检验检测站设施改造及设备安装并投入运行，填补兴城粮油质量检测专业体系建设的空白。检测站接受并通过省粮食主管部门的验收，具备粮油质量检测资质。兴城粮油质量检测专业体系建设在全省粮食系统介绍经验。检测站建成后，按粮油检测新标准、新要求，开展兴城本级储备粮入库质量检测。检测玉米4批次6000吨，水稻2批次700吨，食用油1批次100吨。进行2012年秋粮收获质量抽样、品质测报。开展粮食流通统计，截至12月末，统计兴城社会粮食收购量为21719吨。

年内，该局加强储备粮油管理，完成轮换出库的储备玉米6000吨、水稻700吨的新粮收购，并于5月末前全部晾晒完毕并达到储藏标准，入仓存储。新增储备成品粮（大米、面粉）品种，陆续组织采购、入库存储。同时，依储备粮管理法规、制度，开展常态保管的监管，确保储备粮油安全储藏。

【2012年兴城市粮食局领导成员】

局　　长　张巨忠

副 局 长　程　德　张柏宁

（程　德）

对 外 贸 易

【概况】2012年，兴城市对外经济贸易局抓住临海产业区快速崛起的历史机遇，做大外经贸总量、提升综合竞争力，进一步转变外贸发展方式，全市外贸工作实现持续稳定的发展。

年内，该局做好政策引导工作，推进企业外贸升级。继续落实国家关于进出口的一系列政策措施，走访重点进出口企业，帮助引导企业进行转型升级，培育出口“名牌”，提升产品的竞争力。同时，及时帮助企业解决生产、经营过程中遇到的突出困难和问题，先后多次到凯森蒙、海思科制药等企业帮助其解决实际困难。改善出口企业结构，继续推进外贸经营主体多元化，推动经营有规模，产品有潜力，出口有效益的私营企业走向国际市场，成为扩大出口的生力军。加大招商引资工作力度，与苏宁电器集团初步达成在兴城建立辽西地区大型综合市场项目，该项目拟引进资金2亿元，建筑面积约为1万平方米，年营业额约达4亿元，年利税约为5000万元，可安排兴城本地下岗、大中专毕业生2000人，为兴城增添综合商务亮点。整合多方资源，努力服务新农村建设。先后与大寨、望海、沙后所等萝卜、土豆、花生产区乡镇多次联系，继续运营以外贸局、乡镇、企业协同运作的经营模式，充分发挥各自优势，达到资源共享目的。积极参加主题概念招商会、中国（葫芦岛·兴城）国际泳装文化节，并以此为契机广交海内外有识之士，为全市外贸工作整体推进打下坚实基础。

2012年，该局全年出口年度目标值7650万美元，完成外贸出口5881.4万美元，同比增长24%，继续保持稳定增长的态势。

【2012 年兴城市对外经济贸易局领导成员】
局　　长 蒋　文
副 局 长 马来林　巴永生　陈洪山

（王大帅）

石　　油

【概况】2012 年，中油兴城经营部现运营加油站 15 座，其中五星、四星级加油站各 1 座，其余均为一、二星级站和达标站。年内，按照分公司要求其中龙泉、曲河、老边、拣金加油站先后实行驻站式经营管理。经营部现有员工 124 人，其中加油站员工总数 111 人。

经营部全年销售任务量 36800 吨，其中汽油 16460 吨，柴油 20340 吨；汽油实际完成销售量 18162 吨，完成计划的 110%，超额 1702 吨；与上年同期完成 15797 吨相比多销售 2365 吨，同比递增 15%。柴油实际完成销售量 22739 吨，完成计划的 112%，超额 2399 吨；与上年同期完成 20729 吨相比多销售 2010 吨，同比递增 10%。非油收入任务 72 万元。实际完成销售量 40901 吨，与上年同期 36526 吨相比多销售 4375 吨，同比递增 12%，汽柴比率为 1:1.3，其中小油槽车纯枪量配送 1200 吨。全年实现昆仑润滑油销售 3000 公斤，实现非油销售额 38 万元。

【加油站销售】2012 年，中油兴城经营部开展灵活多样的销售活动，取得明显效果。

一是抓好加油站客户群体的开发和管理，巩固发展壮大客户群体。不断完善、补充加油站客户档案资料，对固定客户进行完整系统分类，对客户购油加油情况的历史资料进行跟踪分析对比，进一步细化为固定客户群、零散客户群、新增客户群和潜在客户群，经营部拥有固定客户 194 户，全年预计成品油需求量 10000 吨左右（其中汽油 4500 吨，柴油 5500 吨左右），同比增加客户 10 户，增加销售量在 2000 吨左右。做好中国石油会员 IC 卡的发行和管理工作，将加油卡发行作为客户开发的有效载体，设立兴城站、北路站两个发卡换卡点，利用老客户的信息台账及时主动与客户联系，宣传中国石油一卡在手走遍全国都加油这一方便、快捷、准确的优势。3 月 1 日，在分公司领导的大力支持下，经营部与兴城市人民政府采购中心签订《兴城市政府 2012 年机动车辆定点加油项目政府采购合同》，政府所属预算单位机动车辆均统一在该经营部所属 15 座加油站定点加油。截至 12 月末，发行中油卡 3745 张，吸储金额 1941 余万元，卡消费额 2589 万元。

二是以开展“劳动竞赛”为契机，狠抓区内市场开发，寻求新的销售增长点。按照市公司年初部署，结合兴城经营部市场形势，全面落实“促发展、上规模、增效益”劳动竞赛活动。销售量较上年同期有显著增长，其中烟台河站年任务量 2000 吨，实际完成销售量 2821 吨，完成进度的 141%，比上年同期增加 681 吨。

三是按照省公司开展“2012 优质服务年”的活动要求，根据分公司下发的《中国石油辽宁葫芦岛销售分公司“优质服务月”活动方案》的精神，突出“四保”（保供、保质、保量、保安全），强化“两好”（服务好、环境好），着眼“两个满意”（消费者满意、职工群众满意），成立兴城经营部“优质服务月”活动领导小组，制定下发《中油兴城经营部“优质服务月”活动方案》。会后，利用条幅、板报等宣传工具广泛宣传，营造氛围，各站经理组织员工学习活动方案，认真学习《员工礼仪》和《文明用语和服务忌语》。在活动中，推行党团员挂牌服务，发挥党团员在活动中的模范带头作用。

四是按照分公司统一安排，经营部对所属龙泉站、曲河站、老边站、拣金站等 4 座加油站实行驻站承包经营，均取得很好效果，减少加油员 16 人，承包站的销售量均有显著提高。其中曲河站和老边站增量尤为显著，曲河站全年任务量 1000 吨，实际完成销售量 1695 吨，完成全年进度 169%；老边站全年任务量 1400 吨，实际完成销售量 2376 吨，完成全年进度 169%。

五是开展小油槽车配送业务，实现扩销增量。小油槽车全年纯枪量配送量 1200 吨。通过开展劳动竞赛，北路、兴城、城西、烟台河、围屏、四海、老边、拣金等加油站积极联系客户，分别配送到兴城旧门铜矿、好友选矿厂、凌河白灰厂、四和采石场、开元石材场、南大沙场、锦华白灰厂、海边码头旅游船和海滨乡机翻地用油等客户。

六是打造四海加油站为中国石油标准化样板站。四海加油站是分公司全区7座“示范站”中的1座，11月1日，辽宁销售公司月度例会在葫芦岛市召开。会议期间省公司王学冷总经理、吴汉书记带队参观四海加油站，对站容站貌、油品销售、安全管理、服务质量、昆仑好客、五小文化等给予高度评价和高度认同，称四海加油站是一座合格的“示范站”。该站全年销售油品2500吨，非油销售7万元。

【加油站管理】2012年，中油兴城经营部按照“程序至上、注重执行”的原则，执行各项制度、标准、规范必须做到强化执行不打折。加强站经理的责任心和执行力教育，加强值班值宿，注重检查负责人在岗率，强调现场管理，销售工作顺利开展。

一是数质量管理工作。高度重视质量管理工作，继续实施质量管理体系的建立和推进工作。充分认识质量管理的重要性，各司其职，把好加油站的进货出货关，定期检测加油机，保证油品的数量质量。杜绝出现日常管理、质量抽检、消费投诉等问题，维护好“中国石油”品牌形象。

二是加油现场和定置化管理。加强加油站员工的培训教育和监督管理，强化“加油十三步曲”“收银六步曲”的培训和网上实训教育基地远程教育培训，组织员工参加省公司职业技能培训定级工作，提高员工队伍能力素质。特别是做好新上岗员工的岗前培训和三级安全教育，做到着装规范、环境整洁，站内设备、物品实行定置化管理，交接班的同时交接站内环境卫生。

三是资金管理、发货票管理。按照财务制度的要求，加强加油站资金、票据的日常管理，安排专人检查审核销售日报及银行回单等相关报表票据，做到日清日结。强化加油站资金平台系统的管理和培训，保证上报数据的及时和准确。

四是安全管理。进一步强化安全管理，全面提升HSE管理理念。开展安全生产大检查活动，加强值班值宿管理，加大安全环保隐患的排查和整改力度，实现隐患治理工作的闭环管理。确定站经理是该部门安全工作的第一责任人。

五是经营部按照中国石油统一标准，对周石站、宁远站的营业室、罩棚、罐区进行整体改造，对北路加油站营业室进行标准化包装，年底前完成罩棚的包装改造。

【2012年中油兴城经营部领导成员】

经　　理　唐　尧

副 经 理　李久龙　曹玉柱

（王卫国）

烟　草

【概况】2012年，兴城市烟草专卖局（营销部）在对“稳中求进”经济运行方针的准确理解和正确把握的基础上，突出做好“市场资源利用、知名品牌培育和成本费用控制”三项重点工作。一是提高监控质量，合理利用市场资源。充分利用卷烟市场监控体系，始终对社会库存、零售价格、市场动态保持密切关注，及时发现、解决倾向性、苗头性问题，防止出现波动。深入分析市场资源，正确处理好“三种”关系，找准结构提升的切入点，重点抓社会库存的消化吸收和农村市场的潜力挖掘。全年销售卷烟20588.31箱，超额完成年度计划，同比增加2.34%；单箱销售收入18446.15元，超过年度计划目标，同比增长21.48%。二是加大知名品牌培育力度，提升销售结构。将黄鹤楼系列、大会堂系列等重点品牌以及低焦油、国产雪茄烟作为结构提升的重点，根据全年计划指标，结合片区实际，按月分解给每名客户经理，并按季度组织考核。加大知名品牌宣传力度，充分利用好促销政策，抓住销售旺季，提升销量。营销部门对计划完成进度按天、周、月、季进行单人和总量跟踪，及时督促，查找分析原因，及时采取对策。三是加强预算、节约和资产管理，控制成本费用。继续严格落实节约管理措施，从细节着手，不断完善具体措施，不断挖掘节约空间，杜绝“跑、冒、滴、漏”现象发生。按照“三抓、三防，发挥四个作用”的要求，狠抓“三重”隐患排查和安保检查，确保平安发展。

【网建工作】2012年，市烟草专卖局（营销部）按照网建第六和第七阶段的任务要求，遵循“四个突出”要求，坚持“四同”原则，探索、深入推进零售户终端建设。一是以突出功能为核心，采取多种手段，充分发挥终端功能作用。通过开展法制宣传、客户培训、市场监管、明码标价等，发挥终端规范经营、产品销售功能；通过知识培训、网上营销、品牌宣传、培育竞赛等，发挥终端品牌培育功能；通过终端培训、站柜助销、卷烟陈列、店面设计大赛等，发挥终端形象展示、宣传促销功能；通过终端进销存软件、网上订货平台、客户“QQ”群，发挥终端信息采集功能；通过建立消费者档案、开展品吸活动、进行消费者跟踪，发挥终端消费跟踪功能。二是以突出服务为途径，构建“亲情”服务体系，努力促进现代终端功能发挥。着眼零售户实际，依据不同客户群体需求，围绕基本服务、标准化服务、个性化服务和增值服务四项基本内容，制定生动化陈列、经营指导、订货指导、业务提升、商银合作、盈利提升等25个具体服务项目，保证每类客户都得到适宜的高水准服务。三是以突出管理为保障，应用多项管理措施，着力打造一流营销网络。通过深入推行“135”工作法、实行业绩指标绩效考核法、采用工作机GPS定位等手段，加强营销队伍建设，提升管理服务能力。四是以突出信息化支撑，加强“三网”建设，应用现代手段建设终端。随着卷烟零售终端信息管理系统的应用、网上订货模式的普及、电子结算的全覆盖以及零售客户QQ群服务功能的不断拓展，信息化对网建工作的支撑作用日益明显，提高工作效率和工作质量。

【内部管理监督和专卖管理】2012年，市烟草专卖局（营销部）扎实推进办事公开民主管理“两项”工作，严格按照“八个监管办法”和“五项保障措施”的要求，对“三项”工作进行监督。组织班子成员、中层干部集中学习内部管理监督的各项规定，树立按程序办事观念、掌握操作规程、认真执行运作程序。严格落实《集体决策议事制度》《局务公开制度》，凡涉及财务收支、人事任免等重大事项，一律按时公示；凡绩效考核、考核评优等关系职工切身利益的事项，全部进行公开。纪检、法规和民主监督小组作用得到进一步发挥，形成多部门合力监管的格局。

专卖管理工作继续围绕“核实、核查、实效”的工作方针，扎实推进专卖内管、市场管理、县级局职能建设三项重点工作。专卖内管以“核实”求实效，内部经营更加规范。在认真落实内管长效机制的基础上，着力构建五项监管流程为一体，四项监管措施综合运用，三种监管方法发挥合力，对重点问题逐一核实的“5431”内部监管模式，取得初步成效。全年发现各类异常线索21906条，重点核实497条，有力地保证内部经营严格规范。市场管理以“核查”求实效，市场环境更加规范。继续以“清市场、端窝点、断渠道、破网络、抓主犯”为工作重点，坚持“全面整治、突出重点、打防结合、标本兼治”的工作方针，紧密结合工作实际和市场动态，创新管理方法、整合管理措施，重点建设“7593”零售终端监管模式和“10374”打假破网长效工作机制。零售终端监管模式和打假破网长效工作机制的构建和深入落实，极大地推进两项工作的开展，全年，查处涉烟案件118起，查获非法卷烟2446.64件。端掉卷烟藏匿窝点5个，查处非法运输案件7起，破获“9·4”“3·31”运输环节国际网络案件，与葫芦岛市烟草局联合侦破“3·1”网络案件，抓捕涉案人员28人，刑拘28人，批捕17人，判刑17人。随着全国行业“创建优秀基层单位”活动的不断推进，兴城局提出“年年创优，保持长优”的奋斗目标。围绕“六项”创优重点工作，以“核实、核查、实效”为主要手段，创造性地开展“六有”模式落实、市场监管体系构建、打假打私长效机制打造等工作，获得全省唯一一家“全国烟草行业县级烟草专卖局标兵单位”荣誉称号。

【2012年兴城市烟草专卖局领导成员】

局　　长　赵去非

副 局 长　曹玉明　王　昕

（刘春亮）

科 学

科学技术

【概况】2012年，兴城市科学技术局加强农业科技示范，发展高新技术产业，不断提升科技企业创新能力，加大知识产权保护力度，大力实施“科教兴市”战略，较好地完成各项工作任务。

年内，科技创新促进新农村建设，引进新品种35个，新技术15项，建立示范基地20个，引进高层次人才20人，开展20期作物栽培技术培训班，培养农民5000余人次。新增农村科特派学员91人，为农村经济发展提供有力的科技支撑，改善全市的产业结构和种植结构。

科技扶持创新型企业。新增市级高新技术企业3家，省级高新技术企业2家，全市高新技术企业累计12家；获葫芦岛市科技进步二等奖3项；新增民营科研机构和民营科技型企业2家；高新技术产品增加值5300万元，高新技术产品增加值增长率达到20%。全年申请专利69项，有效发明专利拥有量21项，其中新授权6项。

【科技富民强县项目】2012年，市科技局以国家“富民强县”项目为支撑，有力推动农业产业优化升级。

一是全面完成良种引进和良种繁育工作。年初，组织相关乡镇到阜新风沙研究所、山东农科院、唐山农科院等科研院所和辽宁省花生产业研发中心考察调研，结合花生品种特性、兴城市气候和花生种植区域特点，从阜新风沙研究所、山东农科院、唐山农科院等科研院所选定花育23、花育20、花育28、阜花12、唐9808、唐花10等20余个优良花生原种，为红崖子、围屏、郭家、药王、望海、碱厂、南大、元台子、旧门、沙后所10个乡镇统一进购32.5万公斤原种。为进一步惠农，市政府对每公斤花生种补贴4元。该次引种做到种源明确、质量优良，是30年来全市花生品种更新更换规模最大的一次，促进全市种植产业结构调整。

二是全面完成技术工程的各项任务。高产栽培示范田面积1333.33公顷，核心面积800公顷。成功推广新品种、测土配方施肥、地膜覆盖、病虫害防治等关键技术。其中大垄双行地膜覆盖技术为首次引进应用，该种技术以大垄双行机械播种、机械覆膜、机械收获为主体技术，对作物的通风、透光，增加积温，提高产量有明显的效果。基地建设过程中，该局在提供种源的同时，在各生育时期聘请各级专家授课、答疑，对作物长势进行跟踪调查，及时将拌种药剂、除草剂、杀虫剂、生长调节剂等药品送到示范户手中。示范区花生平均亩产达到300公斤，比全市花生平均亩产增长75公斤，增幅达33.3%。总增产150万公斤，增加经济效益750万元。

安全控害示范田面积1333.33公顷，核心面积400公顷。通过引进唐油4号、花育23号和花育34号等抗病高产新品种、增施有机肥、减少化肥用量、综合运用农业防治、物理防治、化学防治、生物防治等措施进行病虫害防治，提高全市优质花生的品质。该局与农技部门相配合，5月下旬与测报人员深入田间调查花生蚜虫发生量，6月下旬根据害虫比例推广高效、低毒菊酯类农药，农药残留量在检测范围之内。年内，示范田平均亩产达到236公斤，比平均亩产225公斤增产11公斤，增幅达4.89%。总增产22万公斤，增加经济效益110万元。

全程机械化作业示范田面积1333.33公顷，核心面积333.33公顷。使用机械化播种、除草、铲趟、起收、摘角、脱粒，地面落果率和埋果率显著降低，减少人工费用，达到节约增效的目的。示范区平均亩产249公斤，增产24公斤，幅度达12%。总增产48万公斤，增收240万元。机械化作业显著提高经济效益，成为花生生产高产、高效的主要手段，利于大面积推广应用。

三是培训工程。以辽宁省风沙所和国家花生阜新综合试验站为技术依托，国家花生试验站于洪波站长和省风沙所研究员崔瑞组成技术组开展技术培训。时间主要在冬季农闲时和春季播种前，在花生生产主产区的10个乡镇开展技术员及科技示范户集中培训，同时结合农时深入各花生种植乡镇、村组开展花生高产栽培技术培训现场观摩会，到田间指导农民应用先进实用技术，培训指导20余次，培训人员达2000人次，发放技术资料5000份。

【农业科技创新】 2012年，市科技局加快现代农业建设，提升农业科技水平。

一是引进新品种。该局通过走访农业先进市县考察学习，与大专院校、科研院所建立联系，结合兴城市气候环境，从果树研究所引进早香酥等新品种；建农业观光示范园6.67公顷；引进荷兰番茄粉丽、粉迪尼，建立高产示范园2公顷；引进脱毒甘薯25—2等10余个新品种，建立北方国家甘薯示范基地33.33公顷；引进花育、唐科和伏花系列花生优良品种20余个，建立花生示范基地2000公顷。在年内全市大部分乡镇遭受洪涝灾害，导致病害严重，造成不同程度减产的情况下，示范基地获得丰收，甘薯示范基地淀粉类甘薯平均亩产3500公斤以上，鲜食类甘薯平均亩产2000公斤以上，平均亩产产值达到4000元；花生示范基地的漯花4087、阜花18、泉花646等品种，品质优良，抗病性强，平均亩产达到270公斤，比普通品种增产50公斤。

二是农民技术员培养与农民创业。在果树研究所举办二期农民技术员培训班，邀请辽宁省经纪人协会陈文成会长、省科技厅研究员闫园园及中国农科院果树研究所部分专家授课，培训农民技术员75人，另选送16名学员到辽宁农业大学及辽宁省农业职业技术学院进行学习。截至年末，全市新增科特派学员91名。全市合作社累计116家，其中农民技术员创办合作社20家，葫芦岛市玄宇食用菌合作社被认定为2012年省优秀经济合作组织，是兴城市唯一一家省民营科研机构，获得省优秀产品等多项荣誉称号。

三是引进人才。引进国家级、省级专家10余人，先后举办技术讲座和现场进行咨询指导40余次，培训农民3000人次，发放资料10000余份。

【服务创新型企业】 2012年，市科技局加大创新型企业服务力度，促进科技成果与经济发展有机结合。

一是积极开展高新技术企业和产品认定工作。推进工业重点科技平台建设，深入园区对企业开展调研工作。年内新增国家级高新技术企业2家，分别为兴城粉末冶金有限责任公司和葫芦岛工大迪安科技有限公司；市级高新技术企业3家，分别为兴城市金种子有限公司、辽宁亿科新型材料有限公司、辽宁晨光塑料有限公司。

二是打造产学研结合的产业技术创新链，促进优秀科技成果与经济建设有机结合。年内新增2家产学研合作企业。辽宁旭隆科技有限公司引进上海雅达特种涂料有限公司的改性酚醛特种防火保温板生产技术与配方，并联合长春大学、北京建材学研究院进行合作，投资8000万元，在兴城临海产业区兴建以研发、生产、销售为一体的综合化企业，实现产值5500万元；辽宁亿科新型材料有限公司与中国地质大学合作生产年产3000吨矿物TiO2符合白色颜料项目，计划投资6000万元，可形成产值8000万元。

三是加快科技成果转化。兴城绍敏果树专业合作社“八月红梨优质高效生产关键技术研究与应用”项目、兴城市畜牧总站项“无公害生猪生产综合配套技术推广及产业集成”项目、葫芦岛市恒星沃土科技开发公司“稀土系列肥料试验示范推广”项目，通过葫芦岛市级成果鉴定，均获葫芦岛市政府科技进步二等奖。

【科技项目申报】 2012年，市科技局加强科技项目申报工作，推动企业科技进步。年内，该局申报国家级科技项目2项，省级科技计划项目6

项，葫芦岛市级项目8项。其中，列入葫芦岛市科技计划项目3项，辽宁易飞科技有限公司的“新型节能粮食集中干燥成套设备及智能水分在线检测控制系统”项目，提高粮食品质，增加农民收入，有助于降低粮食干燥能耗，减少污染，真正做到节能减排，加快农业生产方式向产业化和集约化转变。项目建成后年产量50万套，年销售收入2亿元，实现利润2121万元。兴城市碧海缘水产养殖有限公司的“循环水养殖技术可行性研究”项目可提高整套设备的水平，达到高效、实用、低成本的要求，并对国内工厂化养殖场及育苗场起到示范带动作用。项目规模17000平方米，建成后年销售收入1000万元，农业增加值150万元，年利润200万元。

同时，该局服务科技企业，做好项目的储备和管理。深入临海产业区对入住并形成生产能力的企业逐一进行调研，了解企业状况和重点项目，储备辽宁苏美尔汽车零部件制造有限公司的“汽车同步器齿环全自动化锻造生产线”、辽宁晨光塑料有限公司的“高光质太阳能增产大棚膜”、辽宁旭隆科技有限公司的“酚醛防化保温板”等一批科技项目，上报工业科技攻关及产业化计划预备项目2项、重大成果转化预备项目2项。对兴城市生物产业重点企业——“辽宁海思科制药有限公司”“兴城市金种子有限公司”“葫芦岛农函大玄宇食用菌野驯繁育有限公司”等多个企业进行调查，了解企业发展情况。

【科技宣传工作】2012年，市科技局按照省科技厅安排部署，围绕“携手建设创新型城市”的主题，安排部署系列活动，联合组织新闻媒体和各单位，利用部门优势，加强协作，进一步扩大科技周活动影响。在送科技下乡活动中，邀请葫芦岛市蔬菜办副主任赵晶赴羊安乡，采取集中培训和一对一指导相结合的方式，为农民传授棚菜种植技术及病虫害防预防治知识，并就栽培户关心的问题和难题给予帮助指导。在科技服务进社区活动中，邀请市中医院董金荣主任到温泉社区为群众讲解中医保健知识，针对中老年朋友普遍关注的高血压、冠心病、糖尿病等多发性疾病进行讲解，为群众进行义诊。在地震知识进校园活动中，特邀葫芦岛市地震局王爱民科长到胜利小学开展地震知识讲座，图文并茂地为学生讲解地震知识及应对措施，提高中小学生应对突发事件能力。在市电视台的支持与配合下，开办专题栏目《与科技同行》。科技局在全市范围内挖掘科技优秀人才及典型事迹，如粉末冶金有限公司的韩盛君为汽车同步器系列产品的研发做出的突出贡献；市农业推广中心副主任王艳霞走遍花生产区的每个乡镇为农民讲授花生栽培技术，为全市农业科技发展起到关键作用；市中心医院胸脑外科张国宏主任主持的脑胶质瘤切除等多项手术填补地区技术领域的空白。邀请市食品药品监督管理局副局长李秋艳通过电视宣传、深入第一幼儿园等校区的方式，主讲《中高考考生饮食安全与保健》。通过普及科学知识，展示科技成就，宣传科技方针政策，全市科技人员的积极性和主动性普遍得到提高，人民群众通过自身感受和亲身体验，了解科技创新、支持科技创新、参与科技创新和科普活动。

年内，该局进一步加强科普基地建设。兴城市高家岭中心小学主抓宣讲和培训绿色生态课程，从不同层面及角度诠释绿色生态理念，对民众了解掌握中国绿色生态产业技术和方法发挥很大作用，被辽宁省认定为“绿色生态科普实践基地”。

【科技人才队伍建设】2012年，市科技局以项目建设和科技合作为载体吸纳高层次人才。聘请市内外高级技术人才参与科技项目实施，通过组织实施一批重大科技创新项目，吸引集聚一批创新型科技人才。组织企业申报海外学子创业周高层次人才引进工作，兴城市粉末冶金有限公司、兴城市水泵制造有限公司、晨光塑料有限公司招聘研究生、本科生20余名。国家级、省级项目的实施，吸引中国农科院、阜新风沙作物研究所、北京建材学研究院等10多位领军专家的参与，培养带动本土人才1000余人，示范作用显著。

年内，该局加强农村科技创新人才培养。时值专家服务年期间，开展一系列为农村服务的工作。一是充实科技特派队伍。先后聘请国家级果树专家汪景彦、辽宁省花生首席专家于洪波、省优质梨育种专家李俊才等10余个专家到科技特派服务团中，组建一支集国家、省、市级的专家、技术员和各相关部门管理人员的科技特派团队。二是国家、省级专家进行讲座夯实技术重点，带技术、带品种、建基地。4月，该局聘请辽宁省花生产业首席专家、风沙地改良利用研究所花生室主任于洪波研究员授课。先后到红崖子乡、郭家镇、围屏乡、南大乡、望海乡等花生产业重点乡镇举办5期“兴城市花生关键技术集成研究与示范项目”培训班，为农民讲授国内外花生产业发展情况，详细讲解选种、整地、施肥、病虫害防治等花生栽培关键技术，对农民在生产中遇到的问题进行现场答疑。5月，该局邀请省果树所李俊才主任等4位专家到药王、沙后所等乡镇进行实地考察指导，指导建立高标准示范园。6月，该局在果树研究所举办农民技术员培训班。7月，该局邀请省农科院和省老科联的6位专家到兴城对2.67万公顷花生产业基地建设项目进行考察，对兴城市花生产业结构调整进行全面指导。三是市级专家指导常规化。市农业中心、动监局、植保站专家先后到高家岭乡、药王乡、南大乡、沙后所镇、望海乡进行技术指导，通过发放科技资料和书籍、定期上门服务等方式，在蔬菜种植、花生栽培和生猪养殖、林果栽培等方面对农民开展技术培训和帮扶，及时解决生产技术难题。

建立专业技术人才信息库，为经济建设储备人才队伍。截至2012年底，全市各类科技人才8472人，其中经营管理人才1314人，专业技术人才7158人（农业技术人才590人，其他专业技术人才6568人）。

地 震 监 测

【概况】2012年，兴城市地震站开展一系列的地震监测和地震知识宣传和普及工作，取得一定的成绩和社会效果。为配合“5·12”汶川地震纪念活动，在市区开展地震知识和地震自救互救及紧急避险等相关知识的宣传活动。通过摆放宣传板、发放地震知识宣传手册和宣传单、电视台新闻传播的形式，向广大市民宣传及普及地震知识，讲解地震来临时自救互救和紧急避险的基本技能。继续开展地震知识进校园宣传活动。在市南一小学和胜利小学，邀请葫芦岛市地震专家，分别采取摆放地震知识宣传板、宣传图（册）和播放地震知识幻灯片的形式，向广大师生普及地震知识。配合市政府、安监局及相关单位，联合在兴城海滨，开展生产安全月宣传及启动活动。

同时，地震站为落实省、市地震局的工作要求，举办地震宏观信息员、宏观观测员培训班。邀请葫芦岛市地震专家详细讲解地震宏观知识及在宏观观测中需要注意的相关事项，与会学员通过培训，了解地震宏观知识，掌握宏观监测技能，得到全面系统的培训。按照国家、省、市地震局的工作部署，为配合世界标准日宣传活动，制作宣传标语，向市民宣传世界标准日的意义，提醒市民注意生命安全，加强安全防范意识，积极了解各类安全标准的相关知识，增强监督意识。

年内，地震站继续加强宏观及微观地震监测。在现有的地震微观监测手段的基础上，通过加强观测意识，提高监测技能，更好地履行社会职能。加强地震宏观信息员、宏观观测员的管理，建立兴城市地震宏观信息网，及时准确掌握宏观信息。做好地震监测资料的整理存档工作，地震资料达到系统化、信息化。

【2012年兴城市科学技术局领导成员】

局　　长 朱庆贵

副 局 长 王木林　张雪松

（卢　迪　朱泽会）

教 育·体 育

教 育 综 述

【概况】2012年，兴城市教育事业全面发展。优化资源配置，合理调整布局。全市8项教育建设工程，6项工程相继投入使用。其中，二高中新校区工程总投资1.7亿元，校舍总建筑面积6.3万平方米；5所农村学校危改工程投资2038万元，新建面积1.11万平方米，消灭D级危房3332平方米。2项新开工工程联合中学和实验学校，投入资金10205.2万元，新建校舍面积4.24万平方米。在建工程中，联合中学教学楼主体完工，宿舍和食堂框架完成；实验学校1号教学楼西半部分和东半部分2层框架完成，2号教学楼、食堂和艺术汇报厅主体完成。两校竖向工程图纸设计完成，正在进行招标核量工作。2013年新建工程临海产业区九年一贯制学校、兴城市第二幼儿园、东辛庄明德关站小学三个项目的前期规划设计和可研立项工作完成。

年内，市教育局加强师资力量，择优聘用大学毕业生121人。年末，全市拥有各级中小学校170所。其中，新建和改造中小学校46所；全市在校学生58643人。其中高中在校生8653人，增加443人；初中在校生16880人，减少294人；小学在校生33110人，增加701人。年内，全市为省内外各大中专院校共输送新生3003人，其中本科生1452人，专科生1551人。

2012年，兴城市教育局荣获国务院颁发的“全国两基”工作先进单位称号。

【信息化建设】2012年，兴城市加大投入力度，推进教育信息化建设。借局机关、进修、电大和二高中搬迁新址之机，争取市政府投入1100万元用于改善机关的办公条件和学校的教育教学设施。各校增加投入，积极推进信息化建设进程。温泉小学新添置18套交互式电子白板，实现班班通，并定期开展交互式电子白板使用培训，提高教师的教育信息化应用水平；东辛庄小学新建高配置的网络中心、多媒体计算机网络教室与办公网络。学校利用校园信息网络系统，建成丰富的资源库，方便教师的工作。上学期，兴城教育网加大日常维护工作力度，加大信息员工作管理与指导力度，为打造省市优秀教育网站做出不懈的努力。继续完善《兴城市教育视频点播》系统及教育教学资源库建设，讲座、课例、教学素材等内容都发布完毕，把“农远”资源下载到网站上，有权限的各校师生随时可浏览下载，为教育教学提供各类素材。8月，中央教育电视台第一频道播出兴城市以“信息化建设让兴城教育插上腾飞的翅膀”为主题的专题片，充分展示全市教育信息化建设取得的成果。11月，市教育局代表葫芦岛参加辽宁省电教馆组织的教育信息化建设座谈会，并作经验介绍，与会领导对兴城教育信息化建设取得的成果给予充分肯定。

【首批校车投入运营】2012年10月30日，兴城市首批10辆校车投入使用，并举行发车仪式。兴城市委书记于学利、兴城市人大常委会副主任张亦喆、兴城市副市长范立民、兴城市政协副主席田中林出席仪式。仪式上，范立民发表讲话，介绍兴城市首批投入使用校车的有关情况。为解决兴城乡村学生上学难、出行险的突出社会问题，兴城市政府正式启动校车覆盖工程。兴城财政拨款300余万元购买10辆校车，由兴城市汽车客运总公司进行试点运行并管理，按需分配到各个乡镇。第一批校车试点涉及4个乡镇、12所中小学，有近4000名中小学生受益。校车覆盖工程的启动，标志着兴城市构建安全保障型社会又迈出坚实的一步。

学 前 教 育

【概况】2012年，兴城市教育局巩固幼教成果，不断壮大幼教事业。继续推进学前教育三年行动计划的实施。一是争取专项资金，继续加大乡镇中心园建设的力度。共改扩建乡镇中心园4所，包括三道沟中心园、碱厂中心园、海滨中心园、白塔中心园，改扩建面积7000平方米。三道沟中心园开园，碱厂、海滨、白塔3所中心园内外装修工作接近尾声。二是加大幼儿教师队伍建设，分期分批对各级各类幼儿园园长进行在岗培训，实行园长、幼师准入制度。通过观摩、讲座等方式，全面提升幼儿教育师资队伍的综合素质。完成培训82人，每人培训达42学时。三是时刻关注幼儿安全。在市政府统一领导下，与有关部门联合，通过宣传教育、地毯式排查、年检等方式，对幼儿园的交通、消防、饮食、游戏、校舍等方面逐一排查，取缔非法办园8所，确保幼儿园师生安全。

年内，兴城一园作为全市唯一公立幼儿园，继续发挥省级示范性幼儿园的示范辐射作用。该园以“放大教师效应提升管理智慧”为目标，积极推行“学习+激励”的管理模式；注重基础设施改造，优化活动空间；打造精良的师资队伍，促进教师专业化成长；创设特色活动区，组织开展丰富多彩的教学活动，在全市幼儿教育工作中起到示范引领作用。年内，一园2名教师论文荣获辽宁省优秀论文，7名教师执教的活动课被评为葫芦岛市优质课，15名教师在葫芦岛市活动区评比中荣获优秀奖。

中小学教育

【概况】2012年，兴城市教育局围绕“办让人民满意的教育”的工作目标，继续推进省义务教育均衡发展示范县（市）建设工程，大力开展中小学标准化学校创建活动，推动全市教育的健康、持续、协调发展，加快兴城教育现代化建设的步伐。年内，全市有16所中小学向葫芦岛市申报标准化学校验收，13所学校在葫芦岛市教育局检查验收中进入合格行列，其中包括华山、围屏2所九年一贯制学校，羊安、红崖子、药王、刘台子4所初中，羊安、高家岭、望海、刘台子4所中心小学以及三道沟东门、拣金英伦、郭家宏运3所村小，合格的标准化学校数量居葫芦岛市之首。三道沟东门小学，在没有“双高普九”投入的情况下，自行投入20万元打造标准化学校，得到市局检查组成员的认可和高度评价，为全市标准化学校建设工作树立典型。市教师进修学校在葫芦岛市示范性教师进修学校评比中，荣获总分第一名。

强化德育教育。全市在“育人为本、德育为首”理念的指导下，创新德育模式，搭建活动平台，提高德育实效，推进全市德育工作向更高水平迈进。从2009年起，药王小学开展经典诵读传承传统美德活动，“触摸心灵，润物无声”的德育教育经验获得省教育厅的认可，成为全市德育教育的亮点。2012年，省教育厅将兴城市经典诵读活动作为德育教育的典型经验上报到教育部。

全市高考成绩喜人。高考本科上线1561人，上线率为50.73%；专科上线994人，上线率为32.3%。其中600分以上人数一高中34人，三高中1人，盛世高中2人。中考成绩比上年有所降低，统招分数线、定向分数线仍比绥中、建昌高10多分，择校分数线比其他两县区高100多分。

【课改工作】2012年，市教育局深化课改，扎实推进，切实提高教学质量。在课改进行中，该局面对困难，及时调研，集中精力解决，建立城内外与城乡之间长期稳定的“校对校”结对协作关系，加快提高农村薄弱校教学水平和办学质量。年内，葫芦岛市中小学“实施有效教学，打造高效课堂”管理现场会在兴召开，葫芦岛市教育局领导和各县区教育同仁对兴城教育给予高度评价，认为近年来兴城教育的发展“理念现代，内涵厚重，条件优良，配置均衡，管理一流”。

兴城市一中、南一、郭家小学跻身辽宁省首批课改实验校行列，在葫芦岛各县区中数量最多。兴城一中在“1371”教学模式的框架下，探究适合各学科特点的学科模式，如物理学科的新知探索模式，地政学科的大预习大展示模式，历史学科的大循环课堂教学模式，学科特色在课堂中体现的越发明显。一中每学期接待外市学习的教师1000多人次，为兴城市和葫芦岛市课改向纵深发展起到引领作用。羊安中学、药王中学、东辛庄中学、曹庄中学、大寨中学、四中、二中、沙后所中学、围屏中学、白塔中学等校不断完善导学案和课堂教学模式，由过去的初级三段六步发展为“5436”模式，四环七步三查，三步九环互动等模式，课改工作有序高效，极大地提高课堂效率。

小学各校课改实验全面铺开，由七支（七家课改实验校）独秀，演变为遍地开花。南一小学的“活力课堂”得到省市领导的高度赞誉，课堂充满师生的生命活力，洋溢着求实、探究、创新的气氛；郭家小学将实验班范围扩大，2至6年级的八个班均进入实验行列，语数学科同时跟进，形成具有本土特色符合本校实际的教学模式。温泉、曹庄、刘台子、东辛庄、海滨5所小学在实践中不断完善模式，课改成果日臻成熟。

【教学质量】2012年，市教育局加强教学管理力度，提高薄弱学科教学质量。认真贯彻落实葫芦岛市《加强中小学课堂教学有效管理，切实提高教育质量的意见》精神，严格执行《兴城市中小学教育教学管理工作意见》。各校在做实做细常规管理的基础上，按照素质教育要求，积极探索教育教学规律，营建高效教学管理模式，努力实现科学管理、科学施教、科学育人。各校对综合实践、科学等薄弱学科给予足够的重视，引导学生重视“小科”课程，激发学生的学习兴趣，把培养学生思维与动手能力作为重要任务。全年，小学科做出大文章，科技创新活动成果斐然。东辛庄小学学生张天昊的自制教具《平视太阳测高仪》代表辽宁省参加全国第八届中小学生天煌杯优秀教具展评，获二等奖，学校被葫芦岛教育局评为先进集体；高家岭小学学生作品《辽西地区小农机具开发与利用联合调查科技实践活动》荣获全国第27届青少年科技创新大赛“科技实践活动”三等奖，学校被确定为辽宁省省级科普基地，并被评为辽宁省青少年科技教育示范学校，荣获第27届辽宁省青少年科技创新大赛“十佳科技实践活动”集体奖，被葫芦岛教育局评为先进集体。

【艺术教育】2012年，市教育局巩固艺教龙头地位，艺术活动开展丰富多彩，艺教成绩硕果累累。在兴城市中小学生才艺大赛中，各校精心选拔出的100多名选手参加器乐、舞蹈、声乐比赛，评出一、二、三等奖及优秀奖；为促进专业交流，举办全市中小学音乐教师钢琴大赛，共有21名选手参赛，南一小学李知晓等取得优异成绩。温泉小学合唱队参加葫芦岛市首届新年音乐会，受到一致好评；经省市推荐，参加全国第四届中小学艺术展演活动。在葫芦岛市教育局组织的教学标兵和精品课评选中，全市20名艺体教师荣获“教学标兵”或“精品课教师”称号；在葫芦岛市“三队两组一活动”评比活动中，兴城市参赛的曹庄小学等6所学校学生获奖，64名教师获“三队两组一活动”指导证书；在全省“三队两组”评比活动表彰大会上，南一、温泉两校的17名教师获省“三队两组”指导证书。

【体育教育】2012年，市教育局加强体育课堂教学指导，全面落实教育部关于切实保证中小学生每天一小时校园体育活动的有关规定，活动内容更加丰富多彩。各校均能从实际出发，因季节、气候和条件不同，制定不同的活动内容，包括广播操、校操、太极操、独轮车、集体舞、竹竿舞、轮滑、跳绳等丰富多彩的课间体育活动。温泉小学、南大小学和四中等学校活动开展出色，被评为葫芦岛市“一小时校园体育活动”先进学校。10月，在葫芦岛市学校军训及阳光体育运动开展成果汇报大会上，南一小学的千人球操和曹庄小学的200人独轮车表演受到大会的高度赞扬。年内，南一小学荣获辽宁省中小学实施体育艺术“2+1”先进学校。11月，南一小学荣获2012

年全国中小学阳光体育运动“优秀案例奖”，辽宁省仅有两家获殊荣。

【校园安全工作】2012年，市教育局加强校园安全，狠抓综合治理，认真组织排查，准确把握信息，从源头上避免上访情况的发生，确保全市教育系统的稳定。全年共受理民心网举报投诉直办平台群众诉求20件，全部办结，其中获得民心网最高评价五星件5件。对群众举报的信访及时立案，发现一起查处一起。对排查出的矛盾、问题进行梳理分类，登记造册，逐一分析原因，逐一明确牵头单位和责任领导，逐项研究制定整改措施，确保矛盾问题得以妥善解决。年内，民心网办理工作获葫芦岛市第二名，该局被省政府纠风办评为民心网诉求案件办理先进单位。

在维护系统稳定的同时，该局时刻把校园安全工作放在首位。加大安全工作人防、物防、技防投入力度，全市有保安169人，安装监控探头1525个，配备红外报警系统345个，新建中小学校园门房30个，改建警务室18个，建立校园周边治安岗亭18个，增加乡镇街道等基层治安防控人员56人。年内，局安全股等相关职能部门多次开展校舍安全、校车安全、食品卫生、消防安全等检查活动，强化安全意识，布置防范措施。对被鉴定为D级危房的校舍（46024平方米），采取果断措施，立即停用并安排拆除，属于A（66458平方米）、B（82903平方米）、C（99714平方米）级危房及时进行维修和加固；开展交通安全检查2次，查处违法违规接送学生车辆3台；查出大小消防安全隐患74处，整改64处，限期整改10处。将全市各中小学的小卖店全部关闭，并在食品药监局的协助下对各校食堂进行整改，均办理《餐饮服务许可证》。市政府大力支持学校校车安全工作，10月30日，首批10台校车投入使用，并纳入公司化管理。兴城的校园安全工作得到葫芦岛市教育局领导的充分肯定，在温泉小学召开葫芦岛市校园安全工作现场会，温泉小学获得省“和谐校园”称号。一中、曹庄中学、南一小学、三道小学获得葫芦岛市“平安和谐校园”称号。曹庄中学等10所学校获兴城市“平安和谐校园”称号。全市创建平安校园面达100%，达标率95%以上。

【教育惠民工程】2012年，市教育局抓好民生工程，落实惠民政策，打造良好形象。政府资助、教育资助、社会资助等保障机制不断完善，年内严格资格审查，确保惠民政策落到实处。一是继续实施高校学生生源地信用助学贷款工作，共受理高校助学贷款学生75人，贷款金额42.13余万元，比上年（贷款17.15万元）提高145.66%，解决贫困大学生家庭的燃眉之急。二是认真落实高中寄宿制困难学生用餐补助工作。为确保公平、公正，增强工作的透明度，该局和3所高中对享受补助学生516人（其中有低保证的492人，特困24人）采取学校内部公示形式，累计发放专项资金371520元，全部打入学生就餐卡中，该举措得到学生家长的一致好评。三是发放中央专项彩票公益金“励耕计划”资助金。坚持“公开透明、量入为出、突出重点、专款专用”的原则，办好、办实民生工程，认真做好评选工作，全市共有25名经济困难教师受到资助，资助标准为每人1万元。在兴城市尚属首次。

职业教育

【概况】2012年，兴城市教育局改善办学条件，激发职教生机活力。中职招生工作顺利，共招生410人。全市共有8所初中学校完成或超额完成教育局下达的指标，其中围屏九年一贯制学校、高家岭中学、药王中学招生工作走在各校的前面，碱厂九年一贯制学校、三中、南大中学、一中、白塔中学较好地完成招生任务。职教中心自主招生人数多于往年，首次实现和高职院校联合办学。初职教育基地建设又有新特色。9月29日，葫芦岛市教育局和学院领导参观白塔中学的绿色基地建设，并给予高度评价，兴城电视台进行新闻报道。曹庄中学利用校内的有限土地种植新品种果树，开发校本教材，刘台子、羊安、南大等农村初中多方寻找外联基地，有效地进行劳动技能培训。小学综合实践活动有新发展，以高家岭等7所小学为试点，启动综合实践活动学科课改实验工作。10月末，在刘台子小学召开葫芦岛市小学综合实践活动区域研讨会暨兴城市小学实践活动学科课改启动仪式，受到葫芦岛市学院领导高度评价。年内，南一、药王小学2名教师获得省级优质课。

民办教育继续清理整顿各种违规民办教育机构，严把办学执照的审批关，严把教学质量关。对无证非法办学点下发停课整改通知；对有证办学机构进行防汛、防雷工作部署，保证机构安全办学。全市民办教育朝着规范有续的方向发展。

【兴城电大】2012年，兴城电大校园搬迁顺利完成，新校建设圆满结束。办学规模又上新台阶，在校生总数连续两年突破千人，办学由急剧滑坡逐渐走上稳中有升的态势。教学改革不断深入，“开放教育”“网络教育”两大品牌优势逐渐凸显。年内，在市教育局协调下，努力实现学校办学硬件建设高起点、高标准、高质量、适当超前目标，利用政府采购资金80万元，全面更新学校办学条件，新购置计算机90台、教学专用服务器3台，建成专、本科标准化网络教室2个、多媒体网络教室3个，新建图书室1个、电子图书室1个、视听阅览室1个、会议室1个、学习体验区1个、档案室1个，新接入光纤专线、全面更新办公桌椅和教师办公计算机，精心打造现代化校园。至9月上旬，全部完成教室、办公物品的转移。在搬迁工程中，全校教职工服从学校统一安排，克服困难，将人、财、物安全转移至新校舍。新校舍的全面启用，为成人教育事业的长远发展创造基本条件，为兴城电大申请转型为“辽宁省国家开放大学兴城分校”奠定坚实的基础。

年内，该校继续加强招生工作。广泛宣传，开拓市场，树立可持续发展观，拓宽招生专业，探索合作办学。合作高校达到10个，开设专业达到55个。春季招收开放学员100人，奥鹏学员190人。秋季招收开放学员106人，奥鹏学员147人。全年共计招生543人。成人高中招生77人。超额完成招生任务。在校生总数1179人。招生工作、教育教学工作得到省市电大领导的肯定，全年向兴城地区输送专、本科毕业生419人。

教　师

【召开教育名师表彰暨教师节庆祝大会】2012年9月6日下午，兴城市教育名师表彰暨教师节庆祝大会在市政府会议中心召开。兴城市主要领导于学利、赵家鹏、康伟、张学军、卢广金等出席会议，各乡镇（街道）、市直部门主要领导，全市各校校长、受表彰的优秀教师、优秀教育工作者参加大会。会上，兴城市副市长卢广金作教育工作报告。兴城市委副书记、代市长赵家鹏宣读兴城市委、市政府《关于表彰全市优秀教师和优秀教育工作者的决定》。白金霖等5人被授予“兴城市名校长”荣誉称号，何静等10人被授予“兴城市教学名师”荣誉称号，王雪宁等10人被授予“兴城市名班主任”荣誉称号，沈文新等20人被授予“兴城市优秀教育工作者”荣誉称号，栾玉宏等141人被授予“兴城市优秀教师”荣誉称号。出席会议的领导为受表彰的优秀教师和优秀教育工作者颁奖。兴城市委书记于学利在会上作重要讲话。代表兴城市四个班子向受到表彰的名师、名班主任、名校长、优秀教育工作者和优秀教师表示祝贺，向全市广大教师和教育工作者致以节日的问候。大会结束后，与会领导和教师观看由师生表演的文艺节目。

【招考教师阳光操作】2012年，市教育局连续第三年实施公开教师招聘工作，继续坚持公开、公平、公正原则，坚决打破“关系网”“潜规则”，坚决杜绝“暗箱操作”，以打造“阳光政府”取信于民，一批高学历、高素质、高水平的大学毕业生投身于教育事业，赢得广大干部群众的高度赞誉。10月21日，兴城市公开招聘教师笔试在兴城高中举行。该次公开招聘教师考试共设37个考场，1100余名考生参加文化考试。考试执行高考标准，实施严格安检和考场通信屏蔽。判卷、录分地点设在外地，全程监控，并于次日凌晨1时在兴城市政府官方网站上发布《2012年兴城市公开招聘教师考生笔试成绩公示》和《2012年兴城市公开招聘教师拟参加体检考生名单》。该次招聘全市有121名新教师走上工作岗位。

【非公教师统计上报工作】2012年，兴城市根据省市文件通知精神，结合全市农村非公办教师群体的实际，由乡、市两级对农村非公办教师发放养老补助进行审查，乡镇、街道上报初审合格人员4612人，市农村非公办教师养老补助发放专项工作领导小组办公室复审后，合格人员4597人，不合格人员15人。

【教育科研】2012年，市教育局抓实教育科研工作，促进教师专业化发展。进一步完善市、县两级“十二五”科研课题的立项，各级骨干教师积极主持或参与课题研究，聚焦课堂教学，以课题研究带动教师专业发展。进修学校强化课题过程管理，深入基层学校20余所，重点检查研究计划的执行情况，加强立项与结题指导力度，对于在研究过程中违背教育教学规律、违背教育科研规律和不按研究计划实施的问题予以及时纠正。截至年末，全市“十二五”正式批准立项的各级课题为215项，其中省级规划课题6项，市级规划课题93项，兴城规划课题112项，家长学校课题4项。所立课题类别齐全，以省课题为牵引，市、县课题为依托，大中小紧密结合，触及学校教育教学改革的多个层面。全年征集科研论文100余篇，经评审推荐，80篇论文被评为“辽宁省科研管理协会优秀科研论文”。

【教师整体素质】2012年，市教育局继续通过开展新教师培训、全员培训、班主任培训等方式加强师资整体素质的培训力度。年内，以“打造高效课堂”为主题，分别对2011年分配的110名教师和2012年分配的121名新教师进行培训，每一位学员均顺利地完成学习任务并取得较好的成绩。利用一个月的时间，完成全市30个中心小学、市直学校的《中小学教师职业道德》全员培训任务，取得预期效果。开展以“崇尚师德，树我形象”为主题的班主任培训活动，挑选优秀骨干班主任组织“我的为师之路”演讲比赛，有6名教师获一等奖，7名教师获二等奖。各校采取多种有效的方式开展教师培训工作，一高中实施青年教师培养“1369”工程，开展读百家书、进百所校、听百节课、受百人传活动，狠抓技能练兵，提高青年教师素质。

【2012年兴城市教育局领导成员】

局　　长　王晓章（2012年12月离任）
　　　　　冯　刚（2012年12月任职）
副 局 长　李春彬　白金霖　姜桂茹（女）

（王玉娟）

群　众　体　育

【概况】2012年，兴城市群众体育、竞技体育、学校体育、体育设施建设均有长足进步，全民健身意识大幅提高，体育产业得到充足发展。市委、市政府对体育工作十分重视，多次对全市体育工作的现状、体育场馆和体育设施的布局进行调研。并对现有体育基础设施进行科学的整合。提出重新建设兴城市全民健身广场的规划，规划科学、实用、标准高、投资大，场地选址利市容建设，利全民健身。体育部门大力加强体育辅导员队伍培训和体育专业人员的培训，不定期组织全市体育教师太极拳培训，二高中太极拳队初具规模，达1000人；组织部分体育教师田径裁判员的培训；组织2期体育辅导站基层体育辅导员的培训。

年内，市政府和教育局对全市体育比赛及场馆维修总投入达15万元。对体管中心管理经费投入6.4万元。各基层单位对体育场馆、场地、健身广场的设施投入超过200万元，有110个村建成高标准的村级全民健身广场。体育设施逐步完善，群众参与体育健身的热情空前高涨，在城区，晚上宁远广场、林疗广场、北门外、南门外、海滨广场和各小区广场，成千上万人进行健身活动。

2012年，全市举办多次大型体育活动。3月末至年末，学校的“阳光体育”活动贯穿全年。由教育局体卫股制定计划，主要领导带队分阶段进行验收检查。广播体操的推广和学校的大课间活动纳入各学校的考核指标。第三个“全民健身日”活动，组织太极拳、健身舞展演和老年健身活动展演。年内，举办或承办第十二届全市乒乓球职工联赛、职工象棋赛、老年门球赛、社区篮球赛、青少年乒乓球赛、全市职工篮球赛、“迎新年”公路系统职工篮球赛、排球赛。

竞技体育

【概况】兴城体校是葫芦岛市县级唯一保存下来的业余体校。每年均为上级体育专业队伍输送大量人才，2012年为上级院校输送运动员10人。8月，在沈阳举行的辽宁省少年田径赛上，兴城市运动员获女子乙组400米栏第六名，男子甲组400米栏第七名。9月，承办葫芦岛市田径赛。

（姚志华）

2012年兴城市体校输送运动员名单

表6

序号	姓名	输送单位	所在组	教练
1	谭　军	北京体工队	跨栏	杜江月
2	沈连发	江苏省体工队	跨栏	杜江月
3	许金名杨	江苏省体工队	跨栏	杜江月
4	刘红娟	江苏省体工队	跨栏	杜江月
5	李宇腾	北华大学	全能	李海龙
6	范思佳	哈尔滨体院	全能	李海龙
7	赵致翰	北华大学	全能	李海龙

文　化

文化工作

【概况】2012年，兴城市文化局调整充实文化局、图书馆的领导班子。完成新华书店改制转企和兴华剧场、电影院、歌舞团3个转企买断单位的137名职工安置收尾工作。图书发行、借阅工作再上新台阶。新华书店完成图书发行任务，高中收费教材销售额230万元；初中、小学的免费教材发行420万元；门市销售11万元，总计销售发行661万元。并向农村义务献书800册，总计金额3500元。图书馆面向社会，为读者服务。利用五月图书宣传周和省图书社联合举办新书展销让利活动，展销近1个月，展销图书10万余册，向社会广泛宣传“感受文化、拥抱图书”的理念。利用下架图书的资源优势，在羊安乡、安居小区建立图书馆活动站，先后流动借阅图书5000余册。截至10月末，图书馆藏书总数达到18万册，在葫芦岛各县区图书馆藏书名列首位。

【群众文化活动丰富多彩】2012年，市文化局加快农村文化站室建设。完成19个农村文化站建设收尾工作，经文化部验收全部合格。新建设农家书屋127个，完成省文化厅下达的239个农家书屋的建设任务；同时，完成19个文化站和239个农家书屋的文化基础设施配套、专职兼职管理人员的培训。完成1.26万平方米的27个社区文化室和文化广场建设收尾工作，其中27个文化广场占地8400平方米。农村逐步建立艺术协会，组建乡、镇文学、书法、美术、音乐、民间艺术队伍，成立葫芦岛地区首家农民摄影家协会，丰富农民的文化生活，发掘和保护农村文化中有价值的文化遗产。文联、文化馆通过举办农村文化站长辅导班、农民歌手选拔赛，为全市农村选拔培养近百人的业余文化文艺骨干。

年内，该局抓重大节日文化活动，活跃城乡群众文化生活。圆满完成春节文艺晚会、焰火燃放、庆“五一”“十一”及“八一”慰问演出等项活动。举办大地情深“兴城之夏”文化广场活动，先后演出9场，观众达10万人。组织辅导城市文化广场常年开展群众文化活动，秧歌汇演3场、声乐器乐展演4场、街舞展演近300余场。举办文化下乡活动。为丰富农民文化生活，春节期间，开展送图书800册、送春联500对、送演出2场的文化“三下乡”活动。

【文化市场监管效果显著】2012年，市文化局加强文化市场管理，全市有各类网吧、歌厅、印刷厂、书店240余家，从业人员3000余人。严查文化娱乐经营场所。会同工商、公安、环保、旅游等部门对文化娱乐场进行联合检查8次，处罚网吧50户，收缴盗版图书2000余册、盗版光盘1000余本。文化市场稽查大队荣获葫芦岛市“扫黄打非”先进集体，有2人荣获葫芦岛市先进个人。

文物保护

【概况】2012年，兴城市文化局认真贯彻执行《中华人民共和国文物法》，做好全市城乡文物保护工作。对全市的文物保护单位及文物点的实际保护情况做出详细调查。结合“三普”普查成果，相继申报市级、省级文物保护单位15处，其中张家店遗址、大窑坑遗址、赵坟地遗址、“清白家风”牌坊、汤上村六角井、朝阳寺烽火台、宁远州第二小学堂被葫芦岛市政府列为葫芦岛市级文物保护单位。继续进行《兴城历史文物丛书》的编辑工作。配合兴城市城乡规划建设局完成对传统村落调查登记工作。完成全国第二次地名普查工作中的关于兴城市的古遗址、古建筑、古塔等登记上报工作。做好第七个“世界博物馆日”的宣传工作。整理收集流散于全市农村有价值的各种石碑刻。配合民政部门对王承斌墓地修缮及申报县级文物保护单位的工作。在省考古所专家的带领下，对白塔峪塔地宫进行清理，并对地宫内的文字做了拓片，丰富白塔峪塔地宫的资料。做好雨季各级文物保护单位的隐患排查工作。配合市政府及文化局做好古城开发及文物保护维修工作。做好文物保护单位的安全消防工作。

2012 年，该局对文物、文化遗产进行有效维修保护。研究编制《兴城古城保护规划》，通过国家文物局的审批，并由兴城市政府报送省政府待公布。勘探测绘编制《兴城城墙》维修方案，报送国家文物局待批。先后完成《兴城古城安全防范工程设计方案》《兴城古城消防系统工程方案》《兴城雷击防护工程设计方案》。完成朝阳寺山烽火台的维修工程。完成白塔峪辽代白塔的维修工程。完成古城宁远客栈和宁远戏院地下文物勘探测绘工作。完成《全羊席》照片、文字、影像文本的制作，申报辽宁省非物质文化遗产。

【2012 年兴城市文化局领导成员】

局　　长　郭长林

副 局 长　王晓平（兼）

刘　伟（2012 年 9 月任职）

于秀丽（女）

刘锦忠（2012 年 6 月任职）

（李　　密）

报　　刊

【概况】2012 年，兴城时讯社围绕市委、市政府中心工作，以领导的关注点、群众反映的热点、社会关注的焦点作为《兴城新闻》宣传工作的着力点，细心制定宣传报道计划，超前谋划，开辟专栏，以社论、消息、述评、通讯、图片新闻、专题报道、系列报道等形式，灵活多样地开展宣传报道，把市委、市政府的重大工作和各项决策，及时、准确宣传到各级各部门、基层一线、千家万户，统一思想，凝聚力量。

年内，时讯社开辟“兴城好人”专栏，集中宣传身边的典型。发表《“国防老人”高尚之举感动众人》《李建权和他的爱心 QQ 群》《爱做好事的好的哥》《生命的感动》《像雷锋一样“傻”的人》《任中静：不拿人品当废品》等人物通讯，在社会上和读者中产生强烈反响。

【重大采访任务报道】2012 年，时讯社做好重大采访任务的宣传报道工作。圆满完成全国政协人资环委调研组到兴考察的报道；省委副书记、省长陈政高到兴调研并现场办公的报道，提出高水平规划、保护和开发古城；副省长谭作钧率省直有关部门负责人到兴进行工作调研的报道，详细了解古城保护开发情况，对兴城的古城保护开发工作给予充分肯定；省政协副主席、省委统战部长孙远良到兴调研的报道，对兴城临海产业区的发展提出希望和建议；省政协调研组到兴城调研医疗卫生工作的报道；葫芦岛市委书记孙兆林到华山街道绿化村落实帮扶项目的报道。一系列重大采访和报道任务的完成，对于推进兴城的经济发展起到举足轻重的作用。

【“两会”宣传报道】2012 年，时讯社做好两次“两会”的宣传报道工作。会议期间，记者、编辑加班加点，做好每个环节的策划、采访、写稿、审稿、编排，圆满完成两次两会的宣传报道任务。会前，开辟“委员风采”“代表风华”专栏，对市人大、市政协推出的优秀代表、委员进行集中宣传。新考入的 3 名记者，第一次参与两会的报道，在集中培训的基础上，让其以练带训，边学边干。3 人采写的《医者仁心自崇高》《海外扬名攀高峰》《他的未来不是梦》等人物通讯，《凝神聚力，共谋发展》《兴城前行的铿锵足音》《扬帆起航，再创辉煌》《乘势而上，书写华章》等会议侧记，给两会报道带来新气象。

【重点项目和重点工程报道】2012年，时讯社对重点项目的引进、落户、建设过程，重点企业的成功经验进行深入采访，吸引客商到兴投资创业，推动全市开放型经济发展。如《兴城市重大项目集中开工暨红麦坊海滨温泉旅游度假村项目奠基》《兴城着力打造“中国温泉之城”》《兴城古城保护开发工作全面启动》《治疗水稻稻曲病农药项目落户兴城》《船舶和桥梁配套项目进驻临海产业区》《葫芦岛馨予现代农产品深加工基地（项目）奠基》《兴城城墙再次入选中国申遗预备名单》等新闻。开设“全面振兴县域经济，实现三年倍增计划”“落实全市干部会议精神，必保完成全年各项任务”“抗洪齐心协力，救灾众志成城”“创先争优在兴城”“奋力创佳绩，喜迎十八大”等专题专栏，组织一批有新闻价值，有指导性、典型性、可读性的稿件。如《政通人和事业兴——兴城市经济社会又好又快发展纪实》《兴城财政首月实现开门红》《公安局全力为经济和社会发展保驾护航》《农信社三项举措力保农用资金到位》《一月份国税收入质量高亮点多》《兴城6个泳装企业品牌上榜》《兴城花生多宝鱼成功注册国家地理标志商标》《“十一”黄金周兴城旅游收入创新高》《兴城临海产业区上海招商结硕果》等，通报情况，交流经验，有力地促进各项工作的开展。做好市乡换届选举工作的宣传报道，营造风清气正的换届氛围。下半年，兴城市乡全面进行换届选举。时讯社加强换届选举的动态报道，开辟“严肃换届纪律，确保风清气正”“换届工作在基层”“换届知识问答”等专栏。发表《兴城市宣传严肃换届纪律推出新举措》《羊安乡做到换届与日常工作两手抓两不误》《兴城市举办换届选举知识竞赛》《兴城市换届督导会议提出：严肃换届纪律，确保风清气正》等文章，为市乡全面进行换届选举工作营造风清气正的良好氛围。

【新闻特色工作】2012年，时讯社在增强新闻特色上下功夫。一是在宣传口径上，强调指导性。强化新闻策划，力求增强指导性，努力以深度扩大影响力，以广度强化吸引力，全面提高舆论引导水平。刊登各类先进典型，用报纸指导工作。二是在内容选择上，增强服务性。从当地百姓和客户商家的角度去解读经济、社会生活中发生的经济事件，为商家和读者搭建一个双赢的平台。年内，组织众多集新闻性、本土性、服务性强的报道，进一步增强报纸的服务性。在加强解读经济现象、经济政策的同时，要求记者深入基层，转变文风，加大对百姓关注热点问题的报道力度，力求服务群众，更好地为人民群众服务。通过增加报纸与读者的互动空间，增强报纸的影响力。三是在报道选题上，突出可读性。以鲜活的本土新闻为主体，加大群众关注的热点、焦点问题的报道力度，如增加言论文章、群众读者来信、记者专访等栏目，采写有深度、有力度的关注文章，增强报纸可读性。在民生报道方面，主动做好人民群众普遍关心的生态保护、医疗卫生、就业上学、食品安全、价格波动、供暖供水等社会热点问题的舆论引导，切实发挥理顺情绪、化解矛盾、解决问题、维护稳定、促进发展的作用。增强报纸的可读性，得到读者的认可。四是在版面设计上，注重欣赏性。《兴城新闻》采用彩色印刷后，报纸的图片审美效果明显。在工作实践中，适当增加摄影专版，报纸版面更富有视觉冲击力，文图并茂、耳目一新。有时一张报纸发表图片近20幅，新闻更真实、更生动、更鲜活、更直接。五是在具体实践上，注重实效性。年内，为了丰富版面内容，增强报纸可读性，积极策划各种活动。为庆祝建团90周年，在团市委的协调下，在全市范围内开展庆祝建团90周年“党在我心中”文学作品征文活动。广大文学爱好者积极参与，踊跃来稿，收到稿件100余篇，该报作为主办单位之一，拿出三个副刊版面，刊发征文作品。征文评出一、二、三等奖和优秀奖30名，并予以表彰。为了反映兴城近年来的发展变化，由市直机关工委牵头，举办“爱兴城，爱家乡”文学作品征文活动。征文收到来稿近百篇，该报通过副刊发两版征文作品。征文组委会和评委会评出一、二、三等奖和优秀奖36篇，并开会予以表彰。两个活动产生巨大轰动效应，扩大兴城的对外知名度。继续深入开展“走基层、转文风、改作风”活动。在狠抓编采人员作风建设的同时，大力提倡记者深入基层、深入到改革攻坚的第一线，捕捉鲜活的新闻，多报道得人心、暖人心、稳人心的事，关注基层，关注民生。在加强与乡镇、街道党委沟通的基础上，更加紧密地与各乡镇、街道的通讯员进行沟通和交流。规定记者下去要与通讯员接触，编辑要主动向通讯员约稿，极大地调动通讯员的写稿积极性。全年，各乡镇、街道通讯员在《兴城新闻》上发稿233篇，其中1人最多的达33篇。通讯员稿件总的来看，篇数和质量，均比上年有较大幅度的提高。加大对外宣传的奖励力度，更好地宣传兴城。在完成《兴城新闻》编采任务的同时，把搞好对外宣传作为一项重点工作来抓。制定外宣工作奖励制度，重奖在上三级党报刊发稿件的编采人员，并作为评选先进的重要条件。全年，编采人员在《辽宁日报》《葫芦岛日报》等党报主流媒体上稿70篇，受到市领导的表扬。

【2012年兴城时讯社领导成员】

社　长　高　峰

副社长　周锦文　马恩伟（2012年12月离任）　张亚新（女）

（周锦文）

广 播 电 视

【概况】2012年，兴城市广播电视局坚持百花齐放方针，丰富群众精神文化生活。一是认真办好电视节目。兴城电视台根据大众需求，突出地方特色，科学合理设置节目，推出《中国旅游》《时尚汇》《纪时60分》等栏目。年初，为方便群众了解每天天气状况，在《兴城新闻》节目后增加天气预报节目，受到群众的欢迎。新办的《这里是兴城》栏目，全方位介绍兴城民间故事、民俗、旅游景点。坚持从正规渠道引进具有版权证明的首轮电视剧、优秀影片、传统剧目和各类综艺节目，并组织专人进行审查，做好审片记录，严把节目格调定位和片源质量。围绕迎接党的十八大主题，组进12部优秀系列革命题材影视剧和《党史纪事》44集专题节目，并在兴城综合频道黄金时段播放。二是电台节目全新改版。调整时段，改进包装，全天播出19小时10分，其中直播5小时，录播13小时10分钟，转播《中国之声》60分钟。改版后的节目更加丰富，推出《资讯飞扬》《919零距离》《妈咪总动员》等31档自办栏目，并通过全天热线电话、短信平台、QQ留言方式，与听众互动。同时，为更好地为听众服务，在春运、特殊天气、学生高考时，即时播报公路铁路春运信息，路况情况、高考注意事项等内容，做到为听众贴心服务。三是积极开展电影公益放映活动。该局按照省市统一部署，积极开展公益电影放映活动，制定工作方案，将公益电影放映延伸至乡、镇、村、社区，为农民送上画面清晰、音质保真、内容精彩的电影文化大餐，完成公益场次放映任务。全年在239个村、27个社区公益放映电影2590场，观众达56万人次，丰富全市人民群众业余文化生活的同时，为促进和谐社会的发展和社会主义新农村建设营造良好的文化氛围。

【新闻立台】2012年，市广播电视局始终把新闻宣传工作作为首要任务来抓，牢牢把握正确的舆论导向，坚持“三贴近”原则和“节目立台、质量立台”思想，努力超越自我，着力打造具有地方特色的精品节目，不断提高宣传水平，为全市经济发展和社会进步提供强大的舆论支持和精神动力。

年内，该局实行新闻改革，增上工作日新闻。从3月1日开始将每周三次新闻改为周一到周五日播新闻，周六为一周要闻回顾，周日为专题，大大增强新闻的时效性，做到当天新闻当天播发。围绕中心工作，抓好重大主题报道。紧紧围绕市委、市政府中心工作和全市重大活动，开设“代表四季风”“委员五彩风”“两会专栏”“聚焦重点工程”“保质量、促发展”“劳模群英谱”“党组织书记谈基层党建”“巾帼风采”“与科技同行”“布病防控进行时”“喜迎七一”“岁海扬帆”等系列报道。开展“走基层、转作风、改文风”活动，在节目中开设“记者走基层”专栏，采用鲜活的语言，报道百姓关注的内容。为了迎接党的十八大胜利召开，开设《喜迎十八大争创新辉煌》《创先争优在基层》《开启新征程》《科学发展在兴城》专栏，为党的十八大召开营造浓厚舆论氛围。在抓好全市重大活动重大主题报道的同时，积极为各科局提供新闻服务，凡是符合新闻宣传规范的，均全力配合，记者配合司法局采写司法宣传日、安监局采写安全宣传日，团委采写学雷锋等活动进行报道。坚持节目评审创优机制，提高宣传水平。为了增强编采播人员争先创优意识，提高节目质量和宣传水平，打造《兴城新闻》《钟鼓楼之声》《菊花之约》《记者视野》等精品节目。坚持落实“新闻稿件A B C档评审制”“六好”评比制度和外宣上稿奖励稿费制度三项评审创优机制，提高记者多写稿、写好稿的积极性。全年，两台在自办节目中播发各类新闻稿件1380篇，其中工业方面的100条、农业方面的420条、民生方面的460条、城建及重点工程方面150条、其他方面250条。两台播发专题54期，其中钟鼓楼之声18期、菊花之约19期、记者视野17期，有310篇新闻稿件被上级新闻单位采用播出，有11篇新闻稿件和论文在省里获奖。

【安全优质播出】2012年，市广播电视局认真落实国家、省、市广播电视各项政策、法规、坚持从高从严，努力提高广播电视行业管理水平，有力地保证广播电视安全优质播出。一是抓好广告播放管理。坚持执行国家广电总局17号令和广告播出的有关规定，实行专人负责制，对拟播放的广告内容和企业资质进行认真审查，对性病等违规广告一律不予播放，严把播前审查关，确保广告导向正确，内容健康，坚决杜绝错播、人情广告、关系广告等人为事故的发生。二是抓好安全播出管理。该局为确保安全播出无事故，始终坚持以“安全防范”为中心，并把防范“法轮功”邪教组织作为防范工作的重点。成立防范工作领导小组，制定《广播电视安全播出应急预案》和防范的具体措施，形成一个组织严密，指挥有力、责任明确、调度灵活、反应快捷的组织体系。党的十八大召开期间组织人力增强重点部门和重点地段的值班和巡查力度，24小时值班，确保安全优质播出。年内，对发射机房楼内外进行彻底维修，消除安全隐患，全年实现安全优质播出和各种人为灾害事故为零的好成绩。

【2012年兴城市广播电视局（台）领导成员】

局　　长　梁会林（2012年2月离任）
台　　长　宋　平（2012年12月任职）
副 局 长　江兴波

（于　宏）

档案、年鉴、地方志

【概况】2012年，兴城市档案局新馆落成并投入使用，于6月18日正式对外开放。该馆是抢抓中央预算内投资县级档案馆建设的契机，争取到上级投资390万元，全部用于新馆建设。新馆总建筑面积4000平方米，其中档案库房1500平方米，可容纳未来30年档案进馆需求，新馆安装变频中央空调、消防自动报警系统、防盗监控系统，达到国家档案馆建设标准。

【档案工作】2012年，市档案局鉴于全市涉及搬迁单位较多的情况，对43家单位进行档案执法检查，确保档案工作向法制化轨道迈进。积极配合兴城临海产业区建设，着力推进青山水库移民工程等重点项目档案登记指导工作，共指导形成重点项目档案160卷、870件。全面启动创建社会主义新农村档案工作示范县（市）工作，顺利通过检查验收。开展葫芦岛德卿蔬菜种植农业合作社建档试点工作，指导破产企业档案登记及接收。对兴城市第一次水资源普查、水利工程移民、新型农村社会养老保险工作，对工商业户诚信企业、殡葬服务单位及市委办、海洋局等36个单位的档案工作进行指导，总计归档1150卷、12000件。指导完成检察院、地税局档案管理晋升省特级、气象局档案管理晋升省一级工作。同时，进一步夯实档案收集、接收、利用、开放等基础业务工作。利用5个月时间，完成3000箱档案资料搬迁工作。征集到第二届中国（葫芦岛·兴城）国际海滩·泳装文化博览会相关资料；

征集1966年兴城县委工作证1件；征集中国优秀旅游城市、与韩国济洲道结为友好城市、“争取项目和资金工作先进单位”奖状、奖杯、证书等荣誉档案7件。接收文书档案205卷、744件，鉴定档案13个全宗、55卷。编写1999年至2010年《档案馆指南》，向社会开放年满30年的档案45个全宗、314卷。全年接待利用者176人次，提供相关档案资料1086卷（册）。

2012年，为提高全市文档人员的业务技能，组织全市22名文档人员参加省、市档案局举办的业务培训班，向上级档案部门推荐学术论文2篇。分地点、分人员、分形式举办培训班15期，培训人员370人，向农村干部、农民免费发放《辽宁省县域经济政策法规性文件汇编》光盘500余张。

【年鉴工作】2012年，市档案局完成120余家单位年鉴资料的收集、编写、校对工作，年末《兴城年鉴》（2011~2012）印刷出版。同时，为《辽宁年鉴》提供兴城部分的年鉴稿件共8个条目3000字，为《葫芦岛年鉴》提供兴城部分的年鉴稿件12个条目5000字。为《兴城词条》提供兴城部分资料（著名人物、重大事件）11个条目、6000余字。

【地方志工作】2012年，市档案局完成《兴城市志》初稿的修改、整理工作，形成共24篇120万字。年末定稿，并上报上级主管部门审核。

【2012年兴城市档案局领导成员】

局　　长　王建华（女）

副 局 长　王天月　赵宏宇

梁　婷（女，2012年12月任职）

（张　驰）

·小资料·

钟鼓楼

俗称鼓楼。坐落在古城内十字大街交叉处，即古城的中心，平面呈正方形，边长20米。始建于明景泰五年（1455），东为钟楼，西为鼓楼。嘉靖四十三年（1564）重修；崇祯十五年（1642）拆除。清乾隆四十六年（1781）奉旨在原址重修，将原来的钟楼、鼓楼合为一楼，是一座双层歇山式建筑。其下部为城堡式楼座，楼座下有券门各通四大街、四门。楼座西壁北侧有小门，蹬石阶可上阁楼。楼座上部是两层楼阁，内有木梯上下。第一层阁楼四周有围廊，每面六柱五间。灰瓦覆盖，为歇山式卷棚顶，通高17.6米。钟鼓楼在古代战争时用以报警；平时则用于报时——四街的店铺何时启市、何时闭市。2005年，国务院将其列为全国重点文物保护单位。

卫　生

卫生发展综述

【概况】2012年，兴城市卫生局不断深化医疗卫生体制改革，全市卫生事业得到健康、持续、稳步发展，公共卫生服务体系基本完备。一是覆盖全市城乡的医疗预防保健网络基本形成。年内共有市属医疗卫生机构59家，其中市直医疗预防保健单位15家、乡镇卫生院24家、独立农村防保站20家。有职工2802人，其中离退休755人，在职2047人。在职职工中有卫生技术人员1420人，占在职职工总数的69%，其中有高、中、初级职称的分别为60人、434人、926人，平均每千人拥有卫生技术人员2.5人。此外，全市还有村卫生室356家，村医生378人，社区卫生服务中心（站）24家，驻军、驻在医疗机构7家，私营医院9家，个体诊所164家。全市共有编制病床1355张，其中市内760张、乡镇卫生院595张，平均每千人占有床位2.4张，基本上满足全市人民的医疗预防保健需求，方便群众就医。二是医疗设备不断更新。全市共有核磁共振、螺旋CT、三维彩超、C型臂X光机等万元以上大型医疗设备3473台（件），总价值6360万元，提高疾病的临床确诊率。三是医疗技术水平明显提升。市医院成功开展心脏冠脉造影术、微创介入手术和放射疗法治疗恶性肿瘤等项目；中医院、妇女儿童医院、血栓病医院等都具有较强的专科特色，该些医院医疗水平的提升带动全市医疗整体水平的提升。全年，全市医疗业务总收入达2.69亿元，比上年同期增长36%。

年内，卫生局招商项目葫芦岛波尔莱特农牧有限公司，总投资5000万元，占地2公顷，年生产饲料8万吨，年产值3.2亿元，利润1000万元，于4月份投产。

【新型农村合作医疗稳步发展】2012年，全市共有399724人参加新农合，参合率达97%。人均筹资标准由上年230元增加到290元，筹资总额达1.16亿元。参合农民受益程度稳步提高，据统计，全年门诊补偿32万人次，补偿金额2777万元；住院补偿3.4万人次，补偿金额8109万元；基金使用率达94.6%，极大地缓解农民因病致贫、因病返贫问题。全市新农合统筹资金最高支付限额提高到全国农民年均纯收入的8倍以上，且不低于6万元。新农合政策范围内住院费用支付比例达75%以上，与实际住院费用支付比例之间的差距明显缩小，门诊统筹支付比例进一步提高。

【扩大实施基本药物制度】2012年，市卫生部门在继续巩固基层医疗机构实施国家基本药物制度的基础上，启动村卫生室实施国家基本药物制度。按要求，全市各乡镇村卫生室、各社区卫生服务站于5月1日起全部实行网上集中采购国家基本药物。截至年末，药品采购总金额为1.16亿元，配送总金额为6910万元，入库总金额为6340万元。12月，兴城市卫生局被辽宁省卫生厅评为全省实施基本药物制度工作先进单位。

公　共　卫　生

【基本公共卫生服务】2012年，兴城市卫生局大力开展基本公共卫生服务工作。年内，国家下拨资金823万元，用于免费为城乡50万居民建立健康档案，建立电子档案30万份；管理糖尿病患者1.6万人次、高血压患者3.4万人次、65岁以上老年人1.8万人次；免费为适龄儿童接种各类疫苗4万余人次；免费为白内障患者手术350例；完成全市8个月至6周岁儿童麻疹疫苗补种7484人次，接种率97%；制作发放健康教育宣传板1632个、光盘168张、宣传资料73万余份。重大公共卫生妇幼项目进展顺利，全市孕产妇系统管理率达93.27%，儿童管理率达96.98%。农村孕产妇住院分娩3327人，补偿率达100%，目标人群叶酸发放3833人，发放率达115%，农村孕妇孕中期免费超声筛查3060人，筛查率为92%。全年未发生孕产妇死亡。出生缺陷率和5岁以下儿童死亡率分别下降至0.9‰和0.5‰。

【卫生防疫】2012年，市卫生局加强重大疾病、传染病防控工作。一是建立健全甲型H1N1流感、霍乱、手足口病等重大传染性疾病的监测、预警、报告和防控机制。全年共发生乙类、丙类传染病15种1599例。二是加强重大传染病防治，推行结核病防治规范化管理。三是开展艾滋病防治知识宣传教育，对娱乐场所干预1359人，发放宣传资料2101份，安全套5815个。对683人进行VCT检测。四是加强计划免疫工作，“四苗”覆盖率达98%。五是加强碘盐监测、碘缺乏病病情监测、碘盐监督监测和布氏病宣传及疫情防治工作。六是完善公共卫生相关应急预案，组织开展各类突发公共卫生事件应急处置知识和技能培训演练，应对公共卫生突发事件的整体能力得到明显提高。七是结合全市特点开展行之有效的爱国卫生工作。以改水改厕带动农村环境卫生的改善，以九亿农民健康教育提高农民的自我保健能力，开展以灭鼠为中心的除四害工作，为全市新农村建设奠定社会大卫生基础。

2012年，兴城市卫生局被评为辽宁省健康教育与健康促进工作先进集体。

【卫生监督】2012年，市卫生局加大卫生监督执法工作力度。一是促进卫生监督队伍规范化建设，加强对全体卫生监督员培训和考试考核，并对其监督执法工作开展稽查，开通投诉、举报电话，自觉接受群众的监督。二是加大《职业病防治法》宣传，强化放射诊疗工作管理，开展用人单位职业健康检查。三是加强医疗单位消毒管理，对不合格的医疗单位限期整改。四是加大食品安全监管力度，建立健全覆盖全市的食品安全网络，对全市食品安全助理检查员、信息员269人进行培训。开展地沟油、瘦肉精、非法添加和滥用食品添加剂等专项整治工作。五是依法监督医疗机构，对问题严重的几家村卫生室依据相关法规给予行政处罚。

爱国卫生

【概况】2012年，兴城市爱国卫生工作开展以“清洁卫生、美化环境、消除四害、爱我家园”为主题的爱国卫生“清洁月”活动，集中解决群众关心的一些难点、热点问题，全市上下以前所未有的工作强度和工作力度，狠抓各项工作落实，农村改水改厕工作效果显著，健康教育工作蓬勃发展，城乡以灭鼠为重点的除四害工作达到国家规定标准。全市城乡环境得到明显改善，卫生总体水平得到明显提高，爱国卫生工作跃上一个新的台阶。

一是清洁月活动扎实有效。全市从4月12日到5月12日在全市城乡广泛开展以“讲文明、讲卫生、讲科学、树新风、建小康”为主题的爱国卫生清洁月活动，以城乡环境综合整治为重点，广泛发动群众，专业队伍和群众会战相结合彻底整治城乡结合部、农贸市场、铁路沿线和公路沿线、居民住宅小区以及城区和小城镇卫生脏、乱、差问题。发动全市干部、职工、企事业单位、中小学生和驻军驻在单位参加义务劳动。张贴卫生标语口号70条幅，发放卫生条例知识手册近万份，发放传单6500余张。全市城乡参加劳动人数达3万余人次，动用车辆近1000辆，消灭卫生死角1000余处，清运垃圾1600余吨。在省市爱国卫生清洁月活动复检中，均受到好评。

二是农村改水改厕工作取得明显实效。市爱卫会多次召开乡镇、街道主管卫生工作的领导会议，市政府与乡镇、街道签订《改水改厕责任状》，并在沙后所南门外村、羊安乡柳蒿村召开改厕工作现场会；在自来水公司水厂召开改水现场办公会；在羊安、红崖子、南大、三道沟、沙后所等5个乡镇、5个村新修节水、高压卫生厕所1000座，卫生厕所普及率达75%。自来水普及率达88%。

三是以灭鼠为重点的城乡除四害活动收到较好效果。市政府先后召开2次灭鼠除四害工作动员大会，签订《灭鼠责任书》。市爱卫会成立2支消杀队伍，春、秋两季开展灭鼠工作，夏季开展灭蚊蝇、灭蟑螂工作，统一组织、统一购药、统一投放，对啤酒厂等重点行业20多个部门进行重点灭杀；对城区87座公厕（其中水冲公厕12座）及84处垃圾排放点、中心广场、火车站和6个居民小区实行垃圾重点消杀，取得较好的效果。

四是健康教育普及工作全面铺开。为提高市民健康水平，爱卫会制定健康教育工作计划，引导健教工作。开展以学校为基础，医院为龙头，宣传为导向，行业为重点的健教工作。多次在街头开展宣传，在曹庄防保站、市医院、华山街道、城东街道东关社区等设立四个健教示范区，并要求乡、村、社区设立健教专栏，宣传防病灭病卫生知识，发放宣传单10000余份，宣传手册1000余本。同时，在三道沟乡、曹庄镇、红崖子乡、大寨乡、旧门乡和华山街道开展健康教育检查工作，取得良好效果。

五是加大爱国卫生监督检查力度。市爱卫会结合实际，制定卫生检查标准15条，爱国卫生工作公开承诺制4条，形成卫生检查制度。即每月一次大检查，每季度一次大评比，采取明察暗访的方法，现场检查，当场打分，按机关目标考核办法进行卫生检查投票、打分，通过检查年内评比出兴城爱国卫生先进单位，评选出兴城市爱国卫生先进个人予以奖励并颁发荣誉证书。年内，市法院、市公安局、市一高中、市二高中4个优胜单位荣获省爱国卫生工作先进单位。

【2012年兴城市卫生局领导成员】

局　　长　王光辉

副 局 长　刘援跃　曹　锋

王华松（2012年12月离任）

朱伟瑞　高景贵

（白小红　高景贵）

人口和计划生育

【概况】 2012年，兴城市人口和计划生育局稳定低生育水平，加强阵地建设，优质服务，依法行政，人口计生工作呈现出持续、稳定、健康发展的良好局面。年内，全市新出生人口3230人，完成出生人口计划95%；人口出生率5.86‰，较控制指标低0.31个千分点；计划内出生人口3135人，计划生育率97.06%；深入开展关爱女孩行动，采取有力措施综合治理出生人口性别比偏高问题，新出生人口中，男孩1664人，女孩1566人，出生人口性别比106:100；全面完成全员人口信息录入工作，完成信息录入539307人，信息数据变更率和综合统计准确率达到98%以上。人口和计划生育经费全部纳入财政预算并独立核算。全市人口计生事业经费投入人均29.50元，比上年增长0.7%；流动人口管理服务经费纳入财政预算，全年投入达34万元，较上年提高17%；及时按标准兑现独生子女父母退休补助费，兑现率达100%，全面解决城市父母双方均无工作单位独生子女父母奖励费，兑现率达到100%。奖扶、特扶和农村避孕节育免费技术服务经费配套资金按比例足额安排，2012年奖扶配套资金全部到位。

年内，全市26个乡（镇）、街道均设有独立的人口计生办公室，每个乡（镇）、街道人口计生办至少有3名工作人员，在7个街道安排流动人口管理公益岗位，乡（镇）有兼职流动人口管理员。每村核定2–4名人口计生中心户长，中心户长由“乡聘村用”，由人口计生局进行统一培训，按标准落实人口计生中心户长报酬，市计划生育服务站纳入财政全额拨款保障范围。落实信访领导包案制度。公开“12356”阳光计生服务热线，市级以上转办的信访事项回复率达到100%；信访初案结案率、息访率达100%；全年无进京访、集体访和越级上访，妥善解决因体制改革造成的“农转非”下岗工作人员的生活保障，及时消除上访隐患，促进社会和谐稳定。免费孕前优生健康检查项目开展情况。下发《兴城市免费孕前优生健康检查实施方案》，成立“孕优”工作领导小组，派专人参加省人口计生委组织的业务培训，购置必需的仪器装备。10月20日，召开免费孕前优生健康检查项目启动大会，完成1244名目标人群健康检查，到年末健康检查完成90%。建立财政投入为主、社会捐助为辅的“生育关怀救助公益金”，目标公益金规模达46.5万元；2012年紧急救助独生子女死亡家庭4户，救助资金2万元；为22名独女户、双女户困难家庭应届统招本科生每人发放助学金1000元，建立独生子女“双特”家庭电子档案，为1800名育龄妇女免费代理计划生育手术意外险，为25名出险妇女办理险后理赔。

【扎实开展计生工作】2012年，市人口和计生局加强领导，坚持和完善计划生育目标双线管理责任制。始终把人口计生各项指标纳入各级党委、政府的任期目标，与经济工作同检查、同部署，认真进行检查考核，在全市经济工作会上表彰奖励计划生育工作先进集体。坚持每年独立召开一次计划生育工作会议，市政府与各乡（镇）政府、街道签订人口与计划生育年度工作责任目标，列入政府年度重要工作进行督察。同时，注重实效，多形式开展宣传培训活动。以重大节日为平台，向群众广泛宣传计划生育政策法规和计划生育、优生优育、生殖保健知识。开展阶段性集中专题宣传活动。强化计划生育新闻宣传，在电视台开设计划生育专栏，在《葫芦岛日报·兴城新闻》开设计生专版。

年内，该局以人为本，进一步推进优质服务工作。以创建省级优质服务示范站（所）为载体，加强计划生育技术服务体系建设。以孕前优生健康检查项目为载体，提高出生人口素质。抓好常规生殖健康优质服务工作。开展“五送”服务，拓展避孕药具发放渠道。同时，依法行政，切实维护国策权威和群众利益。建立违法生育行为举报查实奖励机制，把社会抚养费征收置于群众监督之下。多措并举开展“阳光计生”行动。强化流动人口计划生育管理与服务。开展创建省级流动人口管理服务示范市活动，制定下发《兴城市创建省级流动人口计划生育管理服务示范市实施方案》，建立部门协调，综合治理的工作机制。实行均等化免费技术服务。注重抓好流动人口信息化建设。提高全市流动人口信息交换平台的工作质量和水平。

【落实计生惠民政策】2012年，市人口和计生局关注民生，全面落实各项计生惠民政策。全面落实城镇“双无”人员独生子女父母奖励费和城镇退休职工独生子女父母补助金。新增农村部分计划生育家庭奖励扶助对象1308人，奖扶金额941760元，新增计划生育特别扶助对象51人，特扶金额61200元，全部发放到位。政法科组织人员对2006年以来奖扶、特扶对象资格进行再见面确认，对由于各种原因导致奖扶、特扶条件不符的对象给予及时退出，共退出奖扶对象资格539人，保证两项制度公平、公正。计划生育协会开展帮扶救助计划生育困难家庭活动，提升计划生育家庭的荣誉感，体现对计划生育家庭的优先优惠。建立计划生育手术系列保险制度，出险妇女在精神上得到慰藉、经济上得到补偿。

【2012年兴城市人口和计划生育局领导成员】

局　　长　陈景礼
副 局 长　徐安兰（女）　陈　勃
　　　　　张胜利（2012年6月离任）

（董寿国）

社 会 生 活

民 族 工 作

【概况】2012年，兴城市有人口54.6万人，26个少数民族，少数民族人口31.62万人，占全市人口总数的58%，有15个民族乡，享受民族乡待遇的镇3个，是辽宁省最大的少数民族聚居县，葫芦岛市民族工作重点区域，民族事务工作管理任务非常繁重。兴城市民族宗教事务委员会围绕全市的中心工作，切实把加快民族工作和民族乡村的发展摆到更加突出、重要、紧迫的位置，围绕“共同团结奋斗、共同繁荣发展”主题，加大感情、资金、科教投入，用真情、真心、真力，促进民族经济长足发展，提高少数民族群众的生活水平。完成《民族乡（镇）基本情况统计制度》《民族乡基本情况调查》《少数民族聚居村基本情况统计》。结合兴城实际，完善《民族经济项目库》，收录涉及农业、果业、渔业、畜牧业、文化、教育、卫生等方面102个项目，并录入省项目库。实施以项目牵动、科技联手为主要内容的民族经济发展战略。立足资源优势，加快特色优势产业培育。

年内，少数民族经济发展项目成为民族地区的经济亮点。市民宗委共向上级争取项目资金185万元，本级少数民族人口补助32万元，累计下摆各种民族专项217万元。扶持农业、牧业、果业和基础设施建设项目21个。其中，民族乡发展资金项目6个。分别为红崖子满族乡花生新品种繁育基地20万元；碱厂满族乡碱厂水库生态果园建设15万元；旧门满族乡金樊村大梨沟山杏栽植项目10万元；南大满族乡北大村饮水工程10万元；元台子满族乡花生新品种繁育基地10万元；大寨满族乡马铃薯新品种更新项目10万元。少数民族经济发展资金项目5个。少数民族地区补助项目8个。少数民族人口补助项目2个。

2012年，市民宗委接受省、市、县人大、政协的专项检查，严格执行国家有关公民民族成分确定的规定，为25名少数民族人口恢复、更改民族成分。加强清真食品的生产经营与管理。全市有回族、维吾尔族等穆斯林民族人口355人，境内有清真饭店7家。为切实维护少数民族人口的权益，深入基层调查走访，发现问题及时处理。避免造成伤害少数民族人口感情事件的发生和民族纠纷的出现。为所有清真饮食生产经营单位重新核发《清真食品生产经营准营证》，进一步规范管理。

宗 教 工 作

【概况】兴城市有佛教、道教、天主教、基督教四大宗教，信教群众近3万人，有宗教活动场所27处，其中基督教16个堂点、天主教1个堂点、佛教寺庙8处、道教2处，分布在全市16个乡镇街道，有教职人员60多人。兴城市民族宗教事务委员会从贯彻宗教政策法规入手，以整顿宗教秩序、加强宗教事务管理为主要工作方向，坚持不断抓“双文明”（争创文明宗教活动场所和文明信教公民）活动的开展，引导宗教与社会主义社会相适应。鼓励和引导宗教人士参加社会公益事业，南大满族乡护国寺兴建的敬老院，免费收养23名孤寡老人和残疾人员，为接火台小学捐助价值2万元的桌椅。组织平安宗教活动场所创建活动。与民政部门积极协调，为生活困难的35名宗教教职人员办理低保，保障金发放到每个人手中。做好教职人员备案工作，为多名宗教教职人员组织填报资格备案表及相关资料。上报的备案材料已转到各宗教团体进行认真审核。组织甲类宗教场所和财务试点场所9名财会人员参加市宗教局财务培训。会同公安消防部门对全市宗教活动场所进行消防安全检查，彻底消除场所消防安全隐患，办理消防安全合格证。宗教活动场所实现党的十八大期间稳定有序，重大节日无安全隐患。

年内，市民宗委开展换证登记工作。对批准登记场所加强管理，保护其合法利益，做好协调服务工作；对批准筹建的场所，完善监督职能，加大检查力度；对确属信教群众需要、基本具备条件的场所逐步纳入管理，依法予以申请；对不具备条件、没必要设立场所的进行查封。为4个基督教活动点办理审批手续。同时，妥善处理“4·11”（一死两伤者均为新疆维吾尔自治区居民、维吾尔族、女性）交通事故，稳定全市大局。

2012年，兴城市民族宗教事务委员会被授予省2012年度双文明活动先进单位，2个宗教活动场所被评为省双文明活动先进单位，2人被评为省双文明活动先进个人。1人获辽宁省民族团结进步创建活动先进个人。兴城市民族宗教事务委员会被授予葫芦岛市民族团结进步、葫芦岛市民族经济工作先进单位。

【2012年兴城市民宗委领导成员】

主　　任　徐　宏

副 主 任　赵仲华

（隋春茹）

劳动和社会保障

【概况】2012年，兴城市劳动和社会保障局把促进就业作为民生头等大事，落实公益岗位、社保补贴、小额担保贷款、技能培训等就业扶持政策，在公共就业服务大厅开设16个服务窗口，用工和求职信息实时发布，26个乡（镇）、街道劳动保障服务平台全覆盖，组织开展“春风行动”“民营企业招聘周”“就业援助月”3场大型招聘会，缓解全市企业用工难和劳动者求职难问题，尽最大努力解决就业的结构性矛盾，岗位和人员实现良性对接，保持全市就业局势基本稳定。全年实现实名制就业8381人，完成年计划6000人的139.6%；城镇登记失业率为3.25%，控制在3.5%的年度目标内；帮助1196名就业困难人员实现稳定就业，零就业家庭保持动态为零。发放公益性岗位补贴和社保补贴1291万元；“4050”灵活就业人员社保补贴897万元，惠及3099人。高校毕业生千企万岗计划见习69人，完成年计划50人的138%。扶持创业带头人37人，带动就业243人，分别完成年计划的106%和121.5%。发放小额担保贷款200万元，完成年计划的100%。农村劳动力转移就业总人数83766人，完成年计划8.1万人的103%。普惠制就业培训5812人。失业保险参保18257人，完成年计划17837人的102%。其中企业参保人数为8501人；事业参保人数9756人。基金征缴804万元，完成年计划680万元的118%。向市人力资源和就业信息系统上传空岗信息8662条，完成年计划5000条的173%，准确率100%。全面实施就失业登记制度，发放全省统一的《就业失业登记证》22136本。

年内，全面启动劳动保障监察“两网化”管理工作，全市设置网格27个，组建劳动保障监察中队26个，配备工作人员55人。用人单位信息动态采集入库率95%。全市企业劳动合同签订率稳步提高，达到99%。处理欠薪案114件，为3564名农民工追讨工资4761万元，清理拖欠农民工工资偿还率100%。建立以工资保证金为主要内容的预防和解决拖欠的长效机制，受理农民工投诉举报案件法定期限内结案率100%。仲裁案件当期结案率100%。

2012年，在葫芦岛市政府对兴城的绩效考核中，涉及劳动和社会保障局的工作获得满分。局党委被葫芦岛市委授予“创先争优先进基层党组织”称号。在民生工程建设方面取得的成效，多次获得葫芦岛市人社局和兴城市委、市政府的充分肯定和表彰。连续四年被葫芦岛市政府授予

“先进集体”称号，10月12日被国务院评为“全国新型农村和城镇居民社会养老保险工作先进单位”。

【社保工作】2012年，市劳动和社会保障局完成社会保险征收和发放工作。企业基本养老保险在职参保人数41827人，完成年计划41769人的100.1%。城镇职工基本医疗保险参保人数55601人，完成年计划55382人的104%；城镇居民医保登记参保人数53759人，完成年计划54877人的98%。工伤保险参保人数25279人，完成年计划25201人的100%。生育保险参保人数15846人，完成年计划15801人的100%。企业养老保险统筹基金征缴13578万元，完成年计划13578万元的100%。确保1.2万名企业退休人员养老金按时足额发放，连续八年提高企业离退休人员基本养老金，2012年月人均增加退休金186元，月人均退休金为1410元，全年企业职工养老金总支出19153万元。新型农村和城镇居民养老保险参保人数25.3万人，新农保参保率为91%，超出计划指标11个百分点。其中参保缴费19万人，缴费率92.8%，超出计划指标12个百分点，生存认定达到100%。截至12月末，新型农村和城镇居民社会养老保险领取待遇人数6.7万人，养老金累计支出6473万元，发放率100%。

【劳动和社会保障职能】2012年，市劳动和社会保障局充分履行职责，努力改善民生，在落实“劳有所得、病有所医、老有所养”惠民政策上狠下工夫，创造和谐稳定的社会环境、公平正义的制度环境、优质高效的服务环境。

加强就业工作，推进公共就业服务能力建设。按照制度化、专业化、社会化的要求，建设9581平方米就业和社会保障服务中心。一楼就业服务大厅由总服务导台、务工等候区、信息发布区、职业介绍区、就业和失业管理区、劳动保障事务代理区、就业培训服务区和辅助功能区等组成，就业服务工作的基层平台管理、用工备案、劳务输出、失业登记、就业援助、技能培训等工作，全部纳入窗口服务。大厅设有16个服务窗口，配备先进的平面电视招聘信息板和大型的LED全彩显示屏，实时发布用工和求职信息，可容纳百家用人单位的招聘和千人进场应聘，并备有休息座椅和饮用水，提高公共就业服务质量和效率。

加强新农保工作，统筹城乡发展。为将城乡居民社会养老保险惠民政策落到实处，该局通过“四个强化”措施，全力推进城乡居民社会养老保险全覆盖。一是强化政策宣传，做到工作内容更透明。通过印发宣传单、制作宣传板、悬挂条幅等形式，做好政策宣传工作。同时，市城乡居民社会养老保险经办机构定期发布工作简报，利用各类招聘会，设立政策咨询台，现场答疑解惑，提高城乡居民参保积极性，扩大参保覆盖面。二是强化监督考核，做到工作责任更明确。量化细化乡镇政府、街道办事处、相关责任部门城乡居民社会养老保险工作目标任务完成情况和基础工作管理情况考核指标，具体内容包括组织机构人员设置、参保登记及保险费收缴管理、待遇支付及生存认证管理、政策业务咨询和举报受理等四个方面，通过实地验收、数据对照等方法量化评分，作为对乡镇政府、街道办事处、相关责任部门奖惩依据。三是强化上门服务，做到参保工作更贴心。各级新农保经办工作人员进村入户动员应参保人员积极参保、应缴费人员及时缴费，确保按时完成参保和缴费任务。四是强化基金监管，做到社保基金更安全。建立完善财务规章制度，提高基金管理层次，对领取养老金的城乡居民进行常态化生存认证，并不定期开展与企事业单位参加养老保险人员数据库比对工作，对重复参加养老保险情况及时处理。

加强养老保险工作，提高社会保障水平。认真做好扩面征缴和支付工作，形成“政府领导、部门配合、企业参与、社会认可”的企业养老保险扩面征缴工作格局，通过政策引导、专项稽核、法律约束、社保经办机构能力建设等手段，加强领导，强化措施，深挖潜力，与地税部门形成征收合力，对建安企业实行税费同征，确保全年统筹基金征收任务如期完成。稳定提高社会保险待遇水平，在普遍调整的基础上，向退休早、养老金相对偏低的人群给予特殊调整，2012年调整待遇后，企业退休人员月人均养老金从2005年的每月458元，增加到每月1410元，确保企业退休人员养老金按时足额发放，退休人员晚年生活质量和幸福感明显提升。

加强医保工作，提高统筹层次。实行市级统筹管理模式，实现葫芦岛市范围内就医“一卡通”。全市中小学生、新生儿童、低保对象全部纳入医保覆盖范围。实行定点医疗机构分类结算的办法，有效抑制医疗费过快增长，上调待遇标准，职工和居民医保待遇水平较上年增长5%，居民医保财政补助标准提高到年人均240元。加大城镇居民医保扩面力度，通过入户调查、政策宣传等形式，全年新增居民参保缴费5300人。

【和谐劳动关系】2012年，市劳动和社会保障局继续做好劳动合同制度实施，会同总工会、企业家协会、工商业联合会等组织，连续三年开展小企业劳动合同制度、农民工劳动合同签订——“春暖行动”，全年劳动合同签订5200人次，劳动合同鉴证率99%。依法推动集体合同签订率，会同总工会加强工资集体协商制度建设，全市119家餐饮服务、泳装加工企业有80%以上建立工资集体协商制度，行业性、区域性工资集体协商工作取得明显成效，树立兴城市泳装行业工资集体协商和兴城市兴隆大家庭民企工资集体协商等先进典型。

年内，该局加强劳动监察执法工作，维护社会稳定。建立健全工资支付和欠薪突发事件处置长效机制，建立完善建筑领域农民工工资保证金制度，从源头上预防和治理拖欠、克扣农民工工资行为，保障农民工合法权益，维护社会稳定。开展日常巡视检查、专项检查和书面审查，规范企业用工行为。全年组织开展清理整顿人力资源市场秩序、用人单位遵守劳动用工和社会保险法律法规情况、安全生产领域“打非治违”、健全建筑行业实行农民工工资保障金制度等四项专项行动，累计检查用人单位354家，下达限期整改通知书35份，处罚决定书29份，惠及劳动者1.5万人。畅通举报投诉渠道，对外公布举报投诉电话和邮箱，建立完善应急处理机制，全年共接待来信、来访、来电3700多人次。

加强劳动争议基础工作，提高争议调处能力。按照“调解为先、调裁结合”的原则，推动建立大调解工作格局，全力推进劳动争议仲裁院建设年工作，着力构建基层劳动争议调解、行业调解、人民调解、行政调解和司法调解等多渠道的劳动争议调解体系，全市建立69个基层劳动争议调解组织，共有专兼职调解员293人。同时，加强仲裁档案归卷管理工作，实行仲裁员持证上岗制度，为仲裁庭更换制度看板，配备专用座椅、投影仪、实物展台、庭徽等设施。

【劳动事务】2012年，市劳动和社会保障局加强职业教育培训，增加就业机会。技工学校办学条件和教学质量有了较大提高，建设实习厂房1000平方米，争取省人社厅教学实训设备价值200万元。在车工、数控、钳工、焊工、电工电子等专业的基础上增加驾驶专业，累计培训4514人，为社会和用人单位培养大量有素质的劳动者。加强事转企工作，激发发展活力。理顺事业单位职能，加快体制创新，全年组织实施5家事转企及改制工作，涉及职工388人。组织协调辽宁工程技术大学培训中心（原商业疗养院）整体划转兴城市接收与管理。

年内，该局强化信访工作目标责任制管理，建立领导接访制度。对不符合政策规定的诉求，耐心细致地做宣传解释、说服教育和引导工作；对诉求合理，但相关政策尚未明确规定的，要求各业务部门、科（室）在深入调研基础上，提出积极办法，推动政策完善和问题的早日解决；对属职责范围内的，落实诉求办理责任人，并跟踪督办。全年解决政府交办案件6件，接待信访群众2200人次，通过民心网解决百姓诉求7件。加强法律服务工作，参与社会管理创新。通过就业招聘会、“12333全国统一咨询日”等活动，发放宣传单、设立咨询台、悬挂宣传条幅等方式，向用人单位和劳动者普及法律知识。积极开展“六五”普法活动，变被动执法为主动上门服务，执法人员深入施工现场，宣传法律、法规和规章，劳动者学会运用法律武器维护合法权益，避免使用极端方式讨薪行为的发生。

【劳动宣传和招商】2012年，市劳动和社会保障局加大劳动保障工作宣传力度，充分发挥信息工作参谋助手作用。围绕劳动保障中心工作，加大正面宣传，注重舆论引导，通过电视、网络、报纸等媒介，大力宣传劳动保障政策法规、做法及经验，为劳动保障各项工作顺利开展营造良好的社会环境，增强影响力。《兴城市大力加强宣传文化建设》《兴城市一卡通方便异地就医》《兴城市“四措施”预防企业欠薪》等信息被《中国劳动保障报》采用，《兴城开通“绿色通道”为农民工讨薪，84名安徽籍农民工节前讨回工资130万元》信息刊发在8月10日《葫芦岛日报》第1版，《兴城市就业和社保惠民政策大排查成效明显》等信息被《葫芦岛日报·兴城新闻》广泛报道，《清理拖欠农民工工资686万元》被评为2012年市直机关第二季度最佳实事。

年内，该局加强招商引资工作，保障企业用工需求。牢固树立“招工就是招商”“用工服务就是优化招商引资环境”的理念，凭借市场无形之手和行政服务之力，畅通就业渠道，实施技能提升工程，帮助企业解决招工难问题。全年培训劳动力2467人，取得初中级职业资格证书299人，举办招聘会2场，转移输出劳动力81514人，全市劳动力转移趋势由主要向外输出向内转与外输并重转化，满足全市企业用工需要。

【劳动服务工作】2012年，市劳动和社会保障局采取有效措施，提高服务质量和效率，以求真务实的工作态度取信于民。会同残联、总工会、妇联、人事等部门开展“就业援助月”“春风行动”“民营企业招聘周”活动，针对就业困难人员、农民工求职就业和企业招聘用人需要，提供政策支持和就业服务。活动期间累计发放宣传材料1.4万份，实现就业502人，为近万名劳动者和202个用人单位提供就业服务，帮助1155名就业困难人员实现稳定就业，提高社保工作效率。创新工作方法，实现办事窗口向社会资源延伸，在葫芦岛银行、邮储银行兴城各营业网点开通灵活就业人员养老保险、医疗保险银行缴费系统，充分借助银行服务资源，开始实行银行代缴代付业务。同时，“4050”灵活就业人员、公益性岗位人员社保补贴实现即缴即补。

年内，该局加强社保基金监督。内部监督上进一步规范岗位设置与职责分工，建立经办人、科长、分管领导三级责任人制度。支付程序监督上实行社保中心、街道、社区、代发银行共同审核把关。行政监督上制定《社会保险基金监督管理规定》，成立基金监督机构，落实人员、工作和制度。外部监督上加强与财政、审计等部门沟通协调，形成监督合力。全年对领取待遇人员生存认证8万人次，追回多领冒领养老金37.4万元。注重治理建筑领域欠薪行为。与城建、信访、公安等部门密切配合，开通农民工讨薪“绿色通道”，进一步加大对建设领域农民工工资支付情况的执法检查力度，依法查处拖欠、克扣农民工工资问题。对恶意欠薪逃匿的，加强行政执法与司法联动，依法严厉打击，努力保证农民工工资基本无拖欠。加强对施工企业的欠薪制约，对有欠薪行为的建设施工企业在《辽宁省工程建设领域信用管理系统》公开曝光，有1家欠薪企业被通报批评和公开曝光。

2012年，全局受理各类案件140件，涉案金额3886万元，惠及3564人，法定期限结案率100%。

【2012年兴城市劳动和社会保障局领导成员】

局　　长　吴忠权

副 局 长　王国华　王兴海

（赵　江）

村和社区建设

【概况】2012年，兴城市民政部门全面贯彻落实第十三次全国民政会议和国家、省、市年度民政工作会议精神，提高民生保障能力，加强社会管理创新，完善公共服务体系，维护社会稳定，在“服务大局，保障民生，突破创新，加强管理，提升能力”上下功夫。开展城市和谐社区和“农村社区建设实验全覆盖”示范单位创建活动。做好第十届村民委员会换届选举后信访工作。认真做好接待、解释，与上级业务主管部门沟通，为市政府提出建议,协助市政府妥善处理上访案件。

年内，继续做好对“难点村”治理和“四议一审两公开”工作制度情况督导检查，发现问题及时处理。起草兴城市关于落实村务公开全面检查实施方案，抽调纪委、组织部、农发局等部门组成联合检查组，对全市村务公开、民主管理进行全面检查，采取听、看、议、打分办法进行，突出民主决策、民主理财、民主监督三大检查重点。经过检查评定，元台子等20个乡镇、街道被评为优秀，4个乡镇被评为合格，1个街道被评为基本合格，1个乡被评为不合格。抽检的51个村分别被评为优秀、合格、基本合格、不合格等不同等次。对在检查中发现的问题，及时与乡镇街道进行沟通，提出整改意见，体现检查的实效性。

民政局针对全市城市社区办公用房紧张的情况，起草《关于解决我市城市社区公共用房问题的建议》，解决社区办公用房，改善社区办公环境。8月份对全市社区现状开展调查，包括社区公共用房的性质以及省、市、县帮建情况；社区办公经费情况、每年需要支出的款项；社区协助政府部门开展工作情况；社区工作队伍的人员组成情况；制约社区发展的瓶颈问题；近两年社区建设规划等多项内容，并起草关于全市城市社区建设的实施意见。

2012年，按照《中共辽宁省委办公厅辽宁省人民政府办公厅关于印发〈辽宁省首届全民读书节活动方案〉的通知》（辽委办发〔2012〕23号）和辽宁省民政厅、辽宁省妇联《关于组织城市社区居民向农村中小学和农家书屋捐赠图书活动的通知》的安排部署，组织全市市直各部门开展向农村中小学和农家书屋捐赠图书活动。历时15天，接受捐赠图书1.3万本，并转赠给农村小学和农家书屋。

社会救济

【城乡低保】2012年，兴城市民政局对城乡低保进行再排查，坚持动态管理。针对葫芦岛市审计局通过车管、工商、公安等部门的核实认定，对查出有小汽车的城市低保户全部予以取消；对死亡的低保户分别进行更名和取消；对有个体工商执照的低保户，分别进行处理。通过再排查全年累计取消城市低保户1213人，停发低保金30.21万元。对最后确定的农村低保户进行张榜公示，公开接受监督。兴城市的低保排查专题经验，得到省、市有关部门的充分肯定。

完成城乡低保提标工作。根据辽政办发〔2011〕72号、葫政办发〔2012〕9号文件通知要求，城市低保标准由295元提标到350元，平均每人每月提高55元，月增加低保资金63.7万元，年内增加资金763.8万元。截至9月末，全市有城市低保6703户、11470人，月发放低保资金283.2万元。农村低保标准由每人每年1570元调整到2050元，年人均增加480元。全市有农村低保20034户、25845人，年共计增加资金1310万元。城乡低保提高标准均达到或超过上级要求的提标标准。

规审城乡低保档案。在上年重新排查认定的基础上，对所认定的低保对象的纸质档案进行归档立卷，电子档案按国家数据采集软件的要求进行整合梳理。

【特殊群体保障】2012年，市民政局加强农村五保供养工作。一是核准五保人数，建立五保对象档案，重新核发五保供养证。为杜绝五保对象死亡后继续领取五保供养金事件发生，制定五保对象核实工作实施方案。通过重新核准，确定全市符合条件的五保人员4108人，其中集中供养635人，分散供养3473人。取消群众负担时期，由各村确定的不符合五保条件对象130人。二是完成农村五保供养标准提高工作。根据上级文件要求，集中供养和分散供养五保对象年人均标准分别提高600元，集中供养标准达到每人每年3760元，分散供养标准达到每人每年2620元。年需增加资金246.5万元。

落实60年代精简职工生活待遇。依据辽宁省人民政府办公厅《关于调整60年代精简退职职工生活待遇标准意见的通知》（辽政办发

〔2008〕85 号）精神，对符合标准的精简老职工予以接收、登记、上报、审批；对不符合政策要求的做好解释工作。对已享受待遇的 240 人进行复查复检，及时、准确掌握增减情况。

全面落实孤儿保障制度。规范孤儿认定和资金发放程序，进行孤残儿童普查登记工作，完成孤残儿童信息系统的基本数据输入，全市有孤儿 107 名，其中 9 名入省孤儿学校。建立健全孤儿档案。

做好托管中心的规范化管理。市托管中心自运营以来接收托管人员 170 人次。

【社会救助】2012 年，市民政局开展低收入居民家庭收入经济状况试点工作。兴城市作为省市试点单位，4 月份市政府成立居民家庭经济状况核实工作领导小组，主管市领导任组长，成员单位由民政、财政、公安、人力资源和社会保障、城建、工商、税务、人民银行、教育、计生等部门组成，以便进一步加强部门协作，加快信息共享系统建设，增强认定工作能力。试点工作取得一定成果。为有效实施社会救助、社会福利等社会保障制度，健全社会救助体系，扎实推进社会救助家庭经济状况核对工作，葫芦岛市民政局等 12 个部门联合印发《葫芦岛市社会救助家庭经济状况核对实施方案》和《葫芦岛市社会救助家庭经济状况核对办法（试行）》（葫民发〔2012〕26 号）。

农村医疗救助“一站式”结算服务和大病救助试点工作。9 月份之前全市落实农村医疗救助 1098 人次，救助资金 173.1 万元。10 月、11 月重点抓好农村医疗救助“一站式”结算服务和大病救助试点工作。同时，开展对农村低保户家庭儿童重大疾病专项救助工作。根据市民政局与市卫生局、市红十字会共同下发的《关于开展农村儿童重大疾病救助的通知》（葫民发〔2011〕16 号）。对农村低保户家庭儿童患有的 6 种重大疾病给予专项救助。年内有 3 名儿童得到救助，救助资金分别为 3 万元、5 万元、15 万元。

城乡低保户的就学、应急、殡葬等救助以及城市低保的住房、取暖、物价补贴正常开展。落实 2011 年度农村大学生救助本科生 259 人 ×2000 元，专科生 403 人 ×1500 元，中专、技校生 55 人 ×1000 元，总救助金额 1158500 元（扣除已救助数）。2012 年，救助城市低保户子女大学生 483 名，其中中专生 34 人，大专生 216 人，大学本科生 223 人，共计发放就学援助金 82.5 万元。城市医疗救助与居民医疗保险衔接，参保率和救助申请率比上年有明显提高。城市低保全年应急救助 2 户，2.3 万元，减免城市低保对象丧葬费 29 人，1.6 万元（截至 9 月份）。

加大元旦春节期间贫困家庭救助力度。根据全市城乡困难群体的实际情况，对城市低保对象 6933 户，每户救助 300 元，资金 208 万元；农村低保对象 20847 户，每户救助 200 元，资金 417 万元；农村五保对象 4077 户（集中供养 635 户，分散供养 3442 户），每户救助 200 元，资金 82 万元；农村低保边缘户 4000 人，每人救助 100 元，资金 40 万元。共发放生活救助资金 747 万元。

全面建立临时救助制度，妥善解决城乡贫困户的突发性、临时性生活困难。通过健全完善社会救助体系，不断提高救助水平，困难群众的生活得到进一步改善。

【防灾减灾】2012 年，市民政局切实加强防灾减灾机制建设。按照“分灾制”要求，积极争取筹措资金。如实向上争取的同时，积极动员社会捐款。春节前一次性接收社会捐款 135 万元，有效保障灾民的基本生活。重新修订《兴城市自然灾害救助应急预案》。利用“5·12”国家减灾日，在全市进行大规模的防灾减灾宣传，在南门口设立宣传站点，所有大街悬挂大型标语，发放宣传材料 5000 份，并通过电视、电台、网络等媒体，普及防灾减灾知识，提高全市人民对防灾减灾的认识和重视程度。为保证农村特殊困难群体的春耕生产，购买 1.5 万公斤种子和 60 吨化肥，下拨到各乡镇街道，救助种地困难户 5000 余户。

年内，开展救灾工作。8 月份发生特大洪涝灾害，农村困难群体房屋倒塌损坏极为严重，部分灾区群众生活困难，组织 5 个工作组，由 5 位局领导带队深入到乡、村、户查灾、核灾、报灾，并根据灾情向上级民政部门争取到救灾款800万元，为54户房屋全部倒塌完全无自救能力的低保对象家庭建房，每户补助25000元；为有部分劳动能力需重建的235户低保对象帮建住房，每户补助10000元；为低保、五保和低保边缘户925户因水灾造成房屋严重受损家庭，每户补助3000元。截至10月末，所有建房、修房工作全部完成，入住率达到99.8%。同时在冬荒期间为灾区群众购进粮食衣被等生活物品，保证大灾之年灾区群众居住安全，维护社会稳定。

优抚、安置

【概况】2012年，兴城市有各类优抚对象4146人，其中在乡老复员军人715人、带病回乡退伍军人94人、抗美援朝民兵民工96人、在乡老复员军人遗属758人、“三属”94人、伤残军人312人、参战退役人员74人、60周岁老退伍军人1866人、60周岁部分烈士子女68人、新中国成立前老党员113人（含双重身份的老复员及残疾军人44人）。各项优抚政策落实到位，提标后的优抚资金社会化发放到位。完成1954年11月1日以后入伍，现年满60周岁以上农村籍老退伍军人认定审批工作。认定1866人，资金于2012年第一季度发放到位（从2011年8月执行）。完成60周岁烈士子女认定审批工作。对居住在农村和城镇无工作单位、18周岁以前没有享受过定期抚恤金且年满60周岁的烈士子女，共认定68人，资金于2012年第二季度发放到位（从2011年7月执行）。完成部分涉核退役人员的身份认定，共认定242人。完成优抚对象电子档案录入；开展农村散葬烈士墓的普查工作，完成土地征用、规划设计、争取资金工作，待省资金到位后，拟把农村8338平方米470个散葬烈士墓迁入烈士陵园；完善优抚对象的医疗保障制度，开展“关爱功臣活动”。春节前为生活困难的优抚对象及新中国成立前老党员共1253人发放一次性生活救助金，标准为每人140元。

年内，安置工作宣传贯彻新修订的《兵役法》和《安置条例》，推进退役士兵职业教育和技能培训，重点抓好退役士兵岗位落实、就业推荐、经费保障、机构建设。全市共接收2011年冬季退役士兵230人，其中农村籍184人，城镇籍46人。经推荐介绍有41人参加省级培训，兴城拟办4期培训班，对其余人员进行培训。全市现有复员干部14人，各种生活补贴、保险、取暖待遇落实到位。兴城现有无军籍职工86名，工资、津贴发放到位。军休干部服务管理进一步加强，军休干部“两个待遇”得到保障，军休服务站自身建设成果明显，被省市评为“和谐家园”。

社会事务

【概况】2012年，兴城市民政局加强社会组织分类指导，有重点的培育发展行业协会、农村专业经济协会、公益性社会组织和民办非企业单位。依法对全市的民间组织进行年度检查，依法办理民间组织登记、变更、注册手续。新登记社团7家，无违法登记。取缔违规民办非企业1家（兴城市神州航空俱乐部）。努力提高救助管理工作的数字化管理水平，认真界定救助对象，减少强讨恶要、职业乞讨及“跑站”现象的发生，充分发挥流浪未成年人救助保护中心的功能和作用，有效减少街头未成年人流浪乞讨数量。全年共救助城市生活无着的流浪乞讨人员338人次，其中未成年人8名。切实加强对社会福利企业的监督、指导和服务工作，有效地维护残疾职工的基本权益，促进福利企业健康发展。全市有社会福利企业6家，1月至9月完成产值（营业销售）1000万元，实现利税22万元。

【区划地名工作】兴城市第二次全国地名普查试点工作从2011年10月正式启动，到2012年12月，历时一年零三个月，基本完成五个阶段，近20项工作任务，共编写地名目录2386条，填写地名普查登记表2386章，并进行电子录入，填写地名标志登记表135张，拍摄多媒体照片4352张。形成地名普查资料15项，上报成果7项，编发普查《简报》9期。兴城市顺利通过葫芦岛市、辽宁省两级检查、验收，获一致好评，并荣获葫芦岛市地名办公室颁发的“先进单位”称号。年内，编纂《中华人民共和国政区大典·辽宁分卷·兴城词条》，经过策划，向市政府呈报实施方案，以政府名义召开全市动员大会，动员全市所有乡镇、街道和部委办局，历时3个月时间，完成28个词条，7万余字的编纂上报工作。同时，完成《2012年辽宁省行政区划手册》的编纂上报工作。为加强地名规章建设，依据《地名管理条例》，参照《葫芦岛市地名管理办法》，结合兴城市地名工作实际，起草《兴城市地名管理实施意见》，经政府常务会批准，印发全市执行；报请市政府批准，调整兴城市地名委员会。经专家论证，报请市政府批准，对滨海大道、临河大街等6条街路予以正式命名。

年内，针对近几年曹庄镇新建房较多的情况，开展门牌号码的普查、补调工作。同时，注重对地名管理的理论研究工作，由张贵云撰写的《强化地名管理，提升地名公共服务水平》论文，获首届东北三省区划地名理论研讨优秀奖，并收入《东北三省区划地名论文集》。

【婚姻登记工作】2012年，市民政部门办理结婚登记3680对；离婚登记1040对；补领婚姻证1200对；出具查询婚姻登记记录证明4500份；查询婚姻登记档案498份。接待电话或当事人咨询超万人次。通过争先创优和行风建设，婚姻登记处自身建设得到进一步加强。先后获得“辽宁省一级婚姻登记机关”“全国婚姻登记规范化单位”称号。6月28日正式启动新软件，登记信息进入国家数据库，实现婚姻登记信息全国联网。

【殡葬管理与殡葬服务】2012年，市民政部门在巩固100%火化率同时，重点抓平坟工作。根据兴城市政府的整体规划和城市发展需要，为了创造良好的投资环境，打造“海滨温泉新城”，净化滨海观光环境，从2月15日至5月10日，核查、认定、登记、落实、平迁坟墓264座。其中，郈家湾新城79座，周家村葫芦岛船院整体搬迁动迁185座。完成王承斌墓园的修复重建工作，于4月5日揭碑落成。同时，规范城乡殡葬用品市场，进一步加强殡仪服务规范化管理。

【老年人服务维权工作】2012年，市民政部门开展“社会养老服务体系建设推进年”活动。引导和鼓励社会力量兴办养老服务机构，重点从平台建设、队伍建设、信息建设、制度建设和深化服务内容、丰富服务模式上取得突破。年内全市共有国办养老服务机构6所，床位总数达到1149个。收住老人730人，其中五保、“三无”635人。全面落实老年人优惠优待政策，为全市老年人免费发放《老年优待证》和《老年证》，由市财政出资为90—99岁高龄老人发放长寿补贴，每人每月50元；100周岁以上老人每人每月200元，从2012年第三季度调整到每人每月300元。旅游景点、展览馆、公园等公共场所免费为70周岁以上老人开放。医疗门诊对老年人免收挂号费，并开设优先服务窗口。司法部门开设老年人优先窗口，成立老年人法律援助组织，为老年人减免费用，提供法律援助。在农村普遍签订《农村家庭赡养协议书》，有效改善农村老人自我养老能力较弱现状。继续与人寿保险兴城支公司合作，开展“关爱老年人健康行动”保险活动，全市有8000余老年人参加意外伤害保险。1月至9月份办理《老年证》和《老年优待证》500个。

【2012年兴城市民政局领导成员】

局　　长　郝大欣（女）

副 局 长　李贵海　冯宝良　王兴凡

李春生

金玉志（兼，2012年9月离任）

（闫　丽）

乡·镇·街道

羊安满族乡

【概况】羊安满族乡位于兴城市城区西侧，地处兴城河中下游西南岸，东与兴城市区毗邻，南与曹庄镇和沙后所镇相连，西与红崖子满族乡交接，北与白塔满族乡以河为界，属城乡结合部，交通便利，京沈高速公路出口坐落在该乡境内，南北有国道102线、京沈高速公路、京哈铁路、京沈高速铁路通过，东西有兴西、兴洪县级公路穿过，交通、通信发达，地域优势明显。全境傍山沿河三分丘陵七分平原，土质肥沃，北部土质略呈黏性。辖区总面积80平方公里。乡人民政府设在柳蒿村。该乡辖羊安、白铁、龙王嘴子、十八家子、辛庄子、佟屯、刘八斗、望宝、闫屯、芹菜、柳蒿11个行政村，39个自然屯。有汉族、满族、蒙古族、苗族、彝族、傈僳族等。2012年末，全乡总人口21350人。其中，农业人口20525人，非农业人口825人。人口自然增长率1‰。

2012年，全乡社会总产值实现6亿元，同比增长8%；其中农业产值1亿元，工业产值5亿元。全乡工业企业达到117家。农民纯收入1.8亿元，人均纯收入8650元，同比增长15.3%。一般预算收入561万元，同比增长14.9%。招商引资企业大红门物流中心47.2公顷征地工作完成。安福瑞制衣有限公司、葫芦岛凯斯科技有限公司扩建工程开工。

【农业经济稳步发展】2012年，羊安乡以农业经济为主，农业以种植养殖为重点，全乡农业经济稳步发展，农业基础设施得到进一步巩固。全乡农作物总播种面积2600.42公顷，粮食总产量22510吨，其中玉米产量22331吨。省级玉米高产创建项目再次落户该乡，创建总面积200公顷，其中有13.33公顷核心示范区和1.67公顷科学试验区，试验区内进行4个品种，16种不同种法、不同肥料配比试验。示范区建设进展良好，亩产量达到860公斤。乡政府对6个村333.33公顷土地开展土壤有机质提升项目，共购进有机肥500吨。提升地块有机质含量，疏松土壤，培肥地力，增强农业生产后劲。设施农业进一步发展。在望宝村、柳蒿村新建设施农业小区3个，新建高标准日光温室38个。有3个小区处在紧张建设中。打造绿化村。在羊安、柳蒿两个村植树8250株；在龙王嘴子南山补植侧柏1000株，在闫屯、望宝两村植树9000株。雨季造林栽植侧柏55000株。结合青山治理工程，在龙王嘴子村上沟发展平欧榛子20.4公顷，栽植榛子22700余株。畜牧工作。乡政府投入防疫经费8000余元。兴城市裕泰和现代化养猪生产合作社建设进展顺利，完成基建5000平方米。祥鑫合养殖专业合作社兴建进行中，设计年饲养量鸡60000只，肉牛300头，土建工程完成。猪出栏28841头，猪肉产量2386.22吨；牛出栏846头，羊出栏846只，禽出栏2.7041万只。猪存栏23926头，羊存栏5307只，家禽存栏10.0641万只。水利工作。对贾河河道进行疏浚，疏通河道3000米，清除河道内树木1000余株，同时对贾河一处险段进行整修，垒砌200延长米石头护坡。

【农经工作有序完成】2012年，羊安乡落实粮食综合补贴信息的上报、公示和粮食直补资金核对工作；完成2011年度良种补贴发放、2011年度村财乡代管账务处理及2012年建账工作、2011年度村级“一事一议”项目账务、文本整理及上报工作；在对村级集体经济组织资金、资产、资源进行摸底登记的基础上，将登记表和各种经济合同输入电脑，形成电子档案进行管理；对刘八斗村陈欠款进行清查核实，寻找当事人、经手人说明情况，理清事实，为刘八斗村节省资金20万元；完成2012年度农作物保险工作，全乡投保1616公顷，占全乡耕地面积63.5%；对2004到2011年村级财务资料进行标准化归档。

中共羊安满族乡委员会

书　记　张晓坤

副书记　付锦川　王海斌

羊安满族乡人民政府

乡　长　付锦川

副乡长　马　东（2012年9月离任）

刘　晓

张　刚（兼，2012年6月任职）

王立民（2012年9月任职）

陈　雪（女，2012年9月任职）

羊安满族乡人大主席团

主　席　刘国生

（奚　光　张　永）

元台子满族乡

【概况】元台子满族乡位于兴城市境东北部，东邻龙港区双树乡，南接古城街道，西和华山街道、白塔乡毗邻，北与葫芦岛市连山区接壤，全乡总面积111.5平方公里。乡人民政府设在药王、田屯两村之间。该乡辖四方、英昌、灰山、五家子、药王、田屯、元台子、姜女、八里9个行政村。2012年，全乡总人口18340人。其中，农业人口17609人，非农业人口731人。人口自然增长率-9.6‰。

2012年，全乡耕地面积2721.4公顷，粮食总产量15240吨。大力发展反季节温室大棚蔬菜生产，新增棚菜面积20公顷。全乡累计发展蔬菜大棚80公顷。2012年，农业总产值11424.8万元。农民人均纯收入6862元。工业总产值46976万元，新增企业有永发高压仪表阀门厂、八里村冷饮厂以及改扩建的田屯液化气站等。

【惠农政策】2012年，元台子乡政府向群众发放粮食直补资金220万元；发放家电下乡、汽车、摩托车补贴资金18万元；争取“一事一议”财政奖补资金280万元，用于修村通水泥路4条，总长8公里，其余则主要用于农田水利基础设施建设、植树造林、道路维护、文化办公设施建设等。年内新修河坝1200延长米，打机井75眼，完成133.33公顷引水上山工程及5000人饮水安全工程。完成荒山造林573.33公顷，封山育林333.33公顷，新建文化广场3座，安装太阳能路灯152盏。

【建兴公路征地补偿动迁工作】建兴高速公路途经元台子乡姜女、八里两村，共7.21公里，总面积63.2公顷，动迁补偿户577户。2012年，土地补偿款及平均分配部分，全部发放到各农户手中，征地补偿和动迁工作圆满完成。

中共元台子满族乡委员会

书　记　吴海清

副书记　王　伟

刘振兴（2012年2月离任）

龚　坚（2012年9月任职）

元台子满族乡人民政府

乡　长　王　伟

副乡长　曹卫清　孙敬民

马　浩（兼，2012年6月任职）

宋　喆（女，2012年9月任职）

元台子满族乡人大主席团

副主席　周洪斌

（吴　峰）

白塔满族乡

【概况】白塔满族乡位于兴城市境东北部，东邻元台子乡，南与羊安乡隔河相望，西与红崖子、旧门两乡为界，北与华山街道毗邻，总面积68.1平方公里。乡人民政府设在白塔村。该乡辖白塔、朗月、塔沟、上范、老边、清水6个行政村。2012 年末，全乡总户数为 3903 户，总人口 12286 人。其中，男 6324 人，女 5962 人；农业人口 11793 人，非农业人口 493 人。人口自然增长率 –0.31‰。

2012 年，白塔乡国民经济总产值实现 6.5 亿元，同比增长 15%，财政收入突破 600 万元，同比增长 20%；固定资产投资 9000 万元；农民人均纯收入 9500 元，同比增长 20%，粮食总产量实现 8517 吨。

【构建南菜北果生产格局】2012 年，白塔乡积极调整种植结构，形成南菜北果的农业生产格局。年内，在清水村千亩高效农业示范基地的基础上，再在清水广粮屯南建一高标准设施农业示范小区。小区规划、预算、征地、办电、打井等前期工作全部完成。同时，针对乡内地区干旱少雨的气候条件，乡政府决定在北部山区原水果生产转变以干果生产为主。2012 年在全乡范围内试种近千亩的核桃和榛子，并在老边村建成一个高标准的榛子示范园。通过新项目的示范和推广，努力形成全乡农民增收新的增长点。

【发展养殖业】2012 年，白塔乡出栏肉食鸡 60 万只，蛋鸡存栏 10 万只；年末生猪存栏 18000 头，母猪存栏 2463 头，出栏生猪 19000 头。畜牧小区建设发展势头迅猛，建设完成畜牧小区 6 个。老边村林蛙试养大获成功。

【加强林业工作】2012 年，白塔乡完成造林 816.33 公顷，其中春季造林 64 公顷，秋季造林 352.33 公顷，封山育林 400 公顷。完成上范村、白塔村的林权证办理工作。乡里投入防火经费 10 余万元，购置灭火机 30 余台，每村 2 台，灭火机均由专人负责保管和使用。乡里成立由 30 人组成的防火队，各村成立不少于 10 人的扑火队。全乡形成救火队伍网络化格局。年内，对违规野外用火者经济处罚 20 余人，拘留 5 人。全乡除个别有烧荒现象外，未发生较大山林火灾。

中共白塔满族乡委员会

书　记　张守利

副书记　许佳成　刘鑫焱

白塔满族乡人民政府

乡　长　许佳成

副乡长　李晓波

李铁雷（兼，2012 年 6 月任职）

王　琪（2012 年 9 月任职）

王　琰（2012 年 9 月任职）

白塔满族乡人大主席团

主　席　梁树华

（冯海涛）

望海满族乡

【概况】望海满族乡位于兴城市境西南部，东与海滨乡相连，南与东辛庄镇为邻，西南与南大、围屏两乡为邻，北与沙后所镇交界，总面积 81.4 平方公里，乡人民政府驻地望海村。该乡辖望海、范罗、柳家、新白、黑庄、于家、牛营子、朱家、曲河、四方台 10 个行政村，67 个自然屯。2012 年末，全乡总人口 20381 人。其中，农业人口 19544 人，非农业人口 837 人。人口自然增长率 5.1‰。有汉族、满族、蒙古族、瑶族、苗族。

2012 年，全乡耕地面积 4133.3 公顷，引进花生优质原种 4.5 万公斤，增产 15 余万公斤，增加收入 120 余万元。花生总产量 600 万公斤，产值 4800 万元。新建蔬菜大棚暖棚 3 个，冷棚 10 个。引资企业葫芦岛九股河食品有限公司 6 月试投产，日屠宰能力为 4 万只，安排就业 274 人，带动肉食鸡养殖业快速发展，全年全乡出栏肉食鸡 350 万只，纯收入 700 余万元。2012 年末，农业总产值实现 1.67 亿元。工业总产值完成 11.53 亿元。完成税收 215 万元，农民人均纯收入实现 7930 元，比上年增长 20%。

【招商引资企业投产】2012 年 6 月 21 日，在望海乡投资近亿元的葫芦岛九股河食品有限公司经过近两年的施工建设试投产，试投产期间日屠宰能力由10000只逐步增加到20000只，就地解决200余名劳动力就业。乡党委政府积极为该企业投产做好服务工作，帮助企业解决各种难题，为企业发展创造良好的环境。

【推进小城镇建设】2012年，望海乡进一步完善农村基础设施、改善农村生活环境。安装太阳能路灯80盏，改造望海村村部及文化室300余平方米；治理整顿乡农贸市场；投资10余万元治理102国道两侧边沟垃圾，修建边沟1公里；修建102国道与范罗、黑庄村连接涵桥2座。完成水泥路面铺设15.5公里，修建漫水桥1座、孔桥4座，过水路面120延长米。投资15万元完成曲河、范罗、于家等村路基改造6.5公里。

【改善民生】2012年，望海乡始终把改善民生作为工作重点，全面落实对种粮农户的粮食直接补贴、良种补贴、农业保险政策。其中粮食直补56.74万元；良种补贴29.95万元；农业保险完成保费收缴19.3万元，受“8·4”水灾农民得到保险理赔资金57万元。全乡订购储粮仓414个，每个粮仓国家补贴1800元，享受国家补贴资金74.52万元，可仓储玉米3100吨。投入56.1万元对5户低保户、散保户的险房进行重新修建，对25户险房户进行帮建，对62户险房户进行维修；投入16万元对8户低保户、五保户险房进行帮建；援建单亲母亲住房3户。投资30万元完成望海中心小学、柳家小学、朱家小学校舍改造。

中共望海满族乡委员会

书　记　程树志

副书记　张玉山

周　旭（2012年9月离任）

李福全（2012年9月任职）

望海满族乡人民政府

乡　长　张玉山

副乡长　赵　品（2012年9月离任）

李福全（2012年9月离任）

陈金龙（兼，2012年6月任职）

崔　浩（2012年9月任职）

刘明晔（2012年9月任职）

马云国（2012年9月任职）

望海满族乡人大主席团

主　席　郭玉福

（栗　放　李　利）

海滨满族乡

【概况】海滨满族乡位于兴城市境东南部，距市区30公里。东、南均濒临渤海辽东湾，西南与刘台子乡接壤，西与东辛庄镇、望海乡毗邻，北与沙后所镇隔烟台河相望，总面积81.6平方公里。海岸线长19.6公里。乡政府设在海滨村东沙嘴屯。该乡辖李金、王屯、海滨、项家、董屯、刘屯、苏屯、双堆子、方安、台里10个行政村，39个自然屯。2012年末，全乡总户数4332户，总人口15361人。其中，男7702人，女7659人；农业人口14869人，非农业人口492人；少数民族人口占86.3%。人口自然增长率8.8‰。

2012年，全乡耕地面积2275公顷。播种面积2273公顷，粮豆总产量11925吨，油料总产量413吨，温室无公害蔬菜总产量7420吨。家畜饲养量达1.28万头，家禽饲养量达14.2万只。大型渔船193艘。海参养殖池塘面积956公顷，多宝鱼工厂化养殖鱼棚面积26公顷，淡水养殖面积172公顷。全乡工业企业66家。其中，盐场8家，服装加工厂18家，水产品加工厂28家，渔船、农机修造厂10家，渔网厂1家，制鞋厂1家。建筑工程队23支，从事客、货营运的汽车89辆，加油站4家，商饮服务点122家。2012年，全乡国民经济总产值3.9亿元，农村全口径经济收入1.35亿元，地方财政收入99.5万元，农民人均纯收入8640元。

【综合开发高标准农田项目全面完成】2012年，海滨乡继续完成国家农业综合开发高标准农田示范项目，平整土地60公顷，打机电井117眼，挖掘大口井20眼，建大型方塘1座，安装输水管路51公里，架设输电线路5.7公里，安装变压器4台，建筑水泥路1.6公里，沙石路16.8公里，栽植路旁防护林12公里，总投资1300万元。

【设施农业不断提高】2012年，海滨乡新建辽沈4型高标准示范大棚1.5万平方米，铺设输水管路560米，架设供电线路240米，建看护房8座。恢复受灾倒棚136栋，共发展秸秆反应堆大棚600栋，植物生长灯大棚6栋，发展食用菌生产大棚12栋。推广优势蔬菜品种5个，淘汰低效品种3个。组织专业技术培训6次，培训菜农380余人次。

【做好核电项目协调服务工作】2012年，海滨乡积极做好核电项目协调服务。在上年完成一期征地142.5公顷、动迁居民105户等相关工作的基础上，年内又完成11.3公顷征用土地和171个动迁户的核量和评估，两个安置小区开始规划，撤乡建镇工作的小城镇规划建设也在运作当中。

【公益事业迅速发展】2012年，海滨乡大力发展公益事业。一是投资100万元建成高标准便民服务大厅和文化站，水利站和"一村一所"幼儿园在建设中。二是深入推进"新农保"和"新农合"工作，全乡"新农保"参保率98%，"新农合"参保率99%以上。三是民政部门为低保户、五保户报销医药费11.4万元。为困难大学生申请补助金3.8万元。为低保户申请建房资金21.5万元，申请房屋维修资金15万元。四是在全乡范围内修筑公路13.6公里。其中，灌区外环路5公里，台里村1.6公里，董屯村4公里，项家村3公里。五是植树1500棵，完成13.33公顷造林任务。

中共海滨满族乡委员会

书　记　郑艳春（女）

副书记　杨荣蔚

邢宝臣（2012年9月离任）

陈志强（2012年9月任职）

海滨满族乡人民政府

乡　长　杨荣蔚

副乡长　赵国辉（2012年9月离任）

陈志强（2012年9月离任）

李　海（2012年9月任职）

张兴锋（2012年9月任职）

王召君（2012年9月任职）

李铁根（兼，2012年6月任职）

刘达耕（兼，2012年6月任职）

海滨满族乡人大主席团

主　席　邵　灵（女，2012年9月离任）

赵国辉（2012年9月任职）

（赵国新）

刘台子满族乡

【概况】刘台子满族乡地处六股河与渤海交接处，位于兴城市境西南端，东南临渤海辽东湾，西南以六股河与绥中县隔河相望，西北与东辛庄镇接壤，东北与海滨乡毗邻，总面积40.2平方公里。乡政府驻地前刘台子村，距兴城市区47公里。地势东高西低，东部沿海，南以六股河起，北至海滨乡交界处，构成南北狭长低丘地，中西部为开阔的临河滨海平原。下辖前刘台子、李维、蚂蚁、蛇山、山西、山东、凤鸣、阎家、潘家、盐锅10个行政村。2012年，全乡总户数4535户，总人口14747人。其中，男7498人，女7249人；农业人口14119人，非农业人口628人。人口自然增长率5‰。有汉族、满族、蒙古族等。其中，满族7307人。

2012年，全乡耕地面积1860公顷，实现社会总产值12384万元，工业总产值1937万元，农业总产值7212万元。农民人均纯收入7028元。

【发展高效农业】2012年，刘台子乡加快农业结构调整，发展设施农业。一是加快农业种植结构调整，在原有194个大棚的基础上，年内投资近1亿元，在李维村、盐锅村、前刘村、潘山村、蚂蚁村等村新建蔬菜大棚502个。新成立蔬菜综合发展合作社3个。二是养殖业稳步发展。全年家禽出栏量超过21万只，生猪存栏量14482头，牛、羊存栏量6268只。三是水产养殖业取得新收获，全乡海洋捕捞产值4180万元，海产品养殖产出5560吨，其中贝类4250吨，产值3410万元。

【开发旅游业】2012年初，刘台子乡邀请市旅游局组织30余家旅行社到该乡设计开发旅游线路和项目。乡政府积极引导沿海有条件的村和农民先行一步，抢先尝到开发旅游业甜头，年内组建3个旅游合作社，带动渔家乐农民100余家，培育该乡新的经济增长点。

【做好民生工作】2012年，刘台子乡饮水主管道9公里铺设完成，5个村安装上自来水，3个村建设安装中。新建或翻修村部10个，10个村的文化广场全部建成，葫兴两市以该乡的村建广场、路灯为样板召开现场会。农村文化书屋遍布全乡。

【建设综合服务场所】刘台子乡在潘山村境内滨海路西侧，建设刘台子满族乡综合服务场所，该项目2011年动工，2012年入驻，总投资340万元。工程总占地0.782公顷，建筑面积2100平方米，下设便民服务中心1100平方米，财政所400平方米，文化站300平方米，劳务保障所300平方米。

中共刘台子满族乡委员会

书　记　王华日

副书记　王建海　万真东

刘台子满族乡人民政府

乡　长　王建海

副乡长　闫绍有（2012年9月离任）

方艳博（女，2012年9月离任）

李晓东（兼，2012年6月任职）

李　雷（兼，2012年6月任职）

石　伟（2012年9月任职）

方　岩（2012年9月任职）

艾枫月（女，2012年9月任职）

刘台子满族乡人大主席团

主　席　许少波

（张树新）

大寨满族乡

【概况】大寨满族乡位于兴城市境西南部边缘，东和东辛庄镇相邻，西南和绥中县隔六股河相望，西北与高家岭乡相接，北和围屏乡交界，总面积84.8平方公里。沈山高速公路和秦沈高速铁路横穿该乡4个村，102国道在该乡东侧。乡人民政府设在新立村新立屯。该乡辖新立、大寨、吴家、马圈、郭家屯、王相、李相、贳家、沙河、花营、牛彦、张家、罗家、兴旺14个行政村。2012年末，全乡总人口23850人。其中，农业人口22997人，非农业人口853人。人口自然增长率0.3‰。

2012年，全乡有耕地面积3353.33公顷。土豆种植面积2000公顷，乡政府筹措资金100万元从黑龙江为农民引进土豆良种“中薯一号”300吨；大根萝卜种植面积2000公顷，收入8000万元。全乡社会总产值完成8.16亿元，其中工业总产值5.5亿元，农业总产值1.86亿元，第三产业总产值0.8亿元。农民人均纯收入8600元。

【农田基本建设】2012年，大寨乡投资800万元进行土地整改，新造耕地33.33公顷，平整土地800公顷。新增机电井配套96眼，修田间作业路20公里，治理河道3000延长米。

强化农村基础设施建设，从2010年开始大寨乡积极争取一事一议项目，至2012年末，共完成一事一议30个项目，其中桥涵14座，小型水利设施8个，修路4条2500米。在新立村罗家村建文化广场2个，安装路灯122盏，总投资184.8万元，有效改善农村村貌和基础设施建设。

【乡村和谐稳定】2012年，大寨乡依法治乡、治村工作迈出新步伐，“五五”普法工作全面开展。综治办、司法所、派出所三位一体。年内，综治办、司法所共处理土地纠纷、住宅纠纷40起，派出所处理刑事案件15起，治安案件35起，社会治安良好。全乡10所学校全部配备保安人员，为师生安全提供有力保障，有效制止不法分子的不法行动。乡派出所在严打斗争中加大对邪恶势力打击力度，为全乡经济建设提供良好的社会环境。

中共大寨满族乡委员会

书　记　孙　伟

副书记　魏东升　周晓明

大寨满族乡人民政府

乡　长　魏东升

副乡长　刘忠忱

马恩国（2012年9月离任）

张杰臣（兼，2012年6月任职）

张晓东（2012年9月任职）

张　微（女，2012年9月任职）

大寨满族乡人大主席团

主席　王玉涛

（李　扬）

南大满族乡

【概况】南大满族乡位属烟台河流域，东通沙后所镇，南邸望海乡，西接围屏乡，北毗碱厂乡。总面积119.16平方公里。乡人民政府设在南大村柴家屯。该乡辖南大、前夹山、后夹山、北英、陈胖、北大、后五、水关、红旗、三家、前五台、新民、北岭、满屯、接火台15个行政村。2012年末，全乡总人口21497人。其中，农业人口20422人，非农业人口1075人。人口自然增长率6.5‰。

2012年末，南大乡耕地面积4141.8公顷，实现社会总产值16500万元，农民人均纯收入6305元。

【重点项目实施】2012年，南大乡狠抓重点项目实施。一抓农业综合开发。在新民村开发百亩精品玉米高产试验田项目，采用不同品种，不同播种技术，以及不同施肥量，进行对比试验。用以挑选最适宜当地种植的品种，并在后期进行推广种植。投资267万元，修建农业综合开发项目道路9公里，为项目开发提供便利条件。二抓林业生产与建设，全年实现植树造林73.33公顷。三抓千亿斤粮食项目验收工作。完成土地平整面积200公顷，修建机井70眼，修建水渠800米，顺利通过省、市相关部门验收。四抓300公顷果树土地节水灌溉后续工程，在前山村、后山村、南大村、北英村铺设节水灌溉管线。在后山村修建一座塘坝，储水量可达2万立方米，解决后山村果农的果树灌溉问题。

【便民服务中心投入使用】2012年10月9日，南大乡便民服务中心正式开始投入使用。该中心建筑面积近1600平方米，大楼主体共三层，整合基层服务站、财政服务中心等多个办公单位，办公设施完善，为保障服务群众提供更加优越的条件。

中共南大满族乡委员会

书　记　张　雷（2012年2月离任）

张大志（2012年6月任职）

副书记　张大志（2012年6月离任）

金玉志（2012年9月任职）

门晓芳（女，2012年9月离任）

马　东（2012年9月任职）

南大满族乡人民政府

乡　长　张大志（2012年6月离任）

金玉志（2012年9月任职）

副乡长　石　伟（2012年9月离任）

薛喜东

吴立新（兼，2012年6月任职）

王　强（2012年9月任职）

侯昌男（2012年9月任职）

南大满族乡人大主席团

主　席　赵恩志

（谷熹明）

围屏满族乡

【概况】围屏满族乡位于兴城市境西南部山区，

距兴城市区45公里，境内有沙高、围兴、望金等县级公路与国道102线连通，东和南大乡相邻，南与望海乡、大寨乡交界，西与高家岭乡毗邻，北与碱厂乡接壤，总面积112.46平方公里。乡人民政府设在围屏村。该乡辖北边、太平、往户、围屏、茶家、团瓢、陈粮、云台寺8个行政村。2012年末，全乡总人口13033人。其中，农业人口12419人，非农业人口614人。人口自然增长率1‰。

2012年，围屏乡耕地面积2443公顷，林地5000公顷。全乡实现社会生产总值1.2亿元，年均增长9%。固定资产投入累计实现1.3亿元，年均增长10%；工业总产值实现1740万元，年增长5%；第三产业增加值累计完成1342万元，年均增长9%；财政收入实现230万元，年均增长9%；农民人均纯收入5900元，年均增长10%。全年实现税收147万元。

【高效农业】2012年，围屏乡加强农业科技培训和新品种引进，发挥科技对农业生产的促进作用。邀请葫芦岛市生产力促进中心组织的科技专家，开展马铃薯、红薯种植技术和花生种植与病虫害知识培训，组织棚菜种植户到高家岭乡参观育苗基地，接受棚菜生产技术培训。年内，引进花生良种40000公斤，繁育花生良种133.33公顷。

【水利基础设施建设】2012年，围屏乡打水泥沉井35眼、深水井34眼，建设1万立方米方塘一座，10万立方米塘坝一座，满足46.67公顷耕地发展两茬作物和53.33公顷林地发展干果、水果的用水需求。开展耕地水源建设和机耕路建设，完成280公顷高标准农田年度的建设任务，提高粮食生产能力。全年粮食总产量8278吨，花生总产量2380吨。

【新农村建设】2012年，围屏乡申报“一事一议”财政奖补项目4项，申请项目资金400余万元，修建水泥路109000延长米，修建桥涵1座，长17余延长米。

中共围屏满族乡委员会

书　记　张雨新

副书记　吴孝公　魏军生

围屏满族乡人民政府

乡　长　吴孝公

副乡长　姚景馥（2012年9月离任）
李贵军（2012年9月离任）
张　明（兼，2012年6月任职）
陈　刚（2012年9月任职）
崔作勇（2012年9月任职）
赵晓爽（女，2012年9月任职）

围屏满族乡人大主席团

主　席　梅连营（2012年9月离任）
姚景馥（2012年9月任职）

（陈世哲）

高家岭满族乡

【概况】高家岭满族乡位于兴城市境西南部，背靠大青山，西隔六股河与绥中县相望，东与围屏乡相连，南与大寨乡接壤，北与三道沟乡连接，总面积84平方公里。乡人民政府设在高家岭村。全乡有丰富的花岗岩石材资源。汤上村有富含多种元素的温泉地热资源，是旅游、休闲、疗养的最佳圣地。该乡辖西边、郭家、拉马、树林、永和、高家岭、靳家、汤上、满井、宋斗10个行政村。2012年，全乡总人口15860人。其中，农业人口15182人，非农业人口678人。人口自然增长率2.8‰。

2012年，全乡耕地面积1967公顷，粮食总产量8665吨。花生总产量1240.8吨。棚菜种植151公顷，产值710万元。汤上村温泉淡水养殖面积4公顷，产鱼150吨。全乡工农业总产值实现4.13亿元。农民人均纯收入6500元。乡财政总收入174.8万元，向上争取项目资金936万元，招商引资企业实现税收557万元，全社会固定资产总投资1亿元。全乡有工业企业34家。主要以加工石材为主线，产供销一条龙生产线18家。

【现代设施农业】2012年，高家岭乡继续调整农业产业结构，以发展现代设施农业为重点，引导农民走产业化发展之路。一是改建蔬菜大棚250个，建小区10个。全乡有蔬菜大棚4000余座，面积533.3公顷。2012年被评为葫芦岛市蔬菜基地。二是133.3公顷节水灌溉工程全部施工完毕，二、三茬作物种植规模不断扩大，经济效益得到显著提高。三是用秸秆反应堆、植物生长灯等先进技术指导农民棚菜生产，引进种植新品种，改善农产品质量，提高产量，增加农民收入。四是全乡有5个农民专业合作社，其中有2个省级合作社；聘请专家教授举办农民科技培训班15次，加快科技创新步伐，培养经纪人队伍，促进全乡蔬菜产业快速发展。设施农业生产成为全乡支柱产业，农民增收的主导产业。

【旅游产业】2012年，高家岭乡为加快打造温泉特色小镇建设，创建“关外第一泉”。与沈阳蓝德集团签订汤上温泉整体开发项目，该项目建设有序进行中，一期1.4万平方米酒店主体完工。按照《兴城市高家岭乡汤上村温泉度假旅游2011-2020发展规划》，该乡多方筹资加大投资力度，完善软硬件环境，推动高家岭乡旅游产业快速向前发展。全乡拥有较大型旅游宾馆5家，农家乐宾馆30家，共有床位1000个。接待外地游客18万人，旅游业收入1.2亿元。

【石材工业园区】2012年，高家岭乡党委、政府积极开展招商引资工作，福建、山东、黑龙江、大连的投资商纷纷投资石材企业，并引进新的采石加工技术，有力带动全乡石材产业的发展。年内，新增规模以上商业企业1家、工业企业5家；新增工业企业8家，新增商业企业28家。工业企业增加值增长53%，商业企业增加值增长38%。全乡石材产业不断扩大，形成规模化生产，带动多个产业共同发展，经济效益、社会效益可观。

【新农村建设】2012年，高家岭乡加快新农村建设步伐，乡容村貌得到较大改善。1480平方米高家岭乡便民服务中心综合楼完工并交付使用，农民群众来乡办事，享受“一站式”服务；农贸市场改建工程接近完工；小城镇街面下水工程在6月底完成；1.6万平方米街面门市房（二层）封顶；汤上村5000平方米生活垃圾填埋场建成；全乡新安装路灯150盏；新修屯屯通水泥道路8.4公里，桥涵2座，文化广场2个；在宋斗村和满井村打深井25眼，完成节水灌溉工程133.3公顷。

中共高家岭满族乡委员会

书　记　邓育先

副书记　韩铁征　张彦民

高家岭满族乡人民政府

乡　长　韩铁征

副乡长　吕跃飞　金永新

张飞龙（兼，2012年6月任职）

聂长利（2012年9月任职）

高家岭满族乡人大主席团

主　席　肖国华

（刘　妍）

碱厂满族乡

【概况】碱厂满族乡位于兴城市境西部，东与红崖子乡、南大乡相邻，南与围屏乡毗连，西与三道沟乡交界，北与郭家镇、药王乡接壤，总面积163.1平方公里。乡人民政府设在碱厂村白店屯。该乡辖白庙子、蒋家、朱家、长岭、杨树、四间、碱厂7个行政村。2012年末，全乡总人口11905人。其中，农业人口11326人，非农业人口579人。人口自然增长率4.2‰。

2012年，碱厂乡耕地面积1872公顷，实现农业总产值8123万元，工业总产值23847万元，农民人均纯收入3396元。全年全社会固定资产投资累计1924万元。

【干果基地建设】2012年，碱厂乡大规模发展榛子和核桃种植。通过建设张家沟干果基地和干果示范园等方式鼓励带动全乡种植户的发展。全乡引进核桃苗1.1万株，榛子2万株。发展大榛子120公顷，核桃26.67公顷。着手打造张家沟农业科技园区。该园区集核桃及榛子油加工、副产品加工、温室大棚、餐饮中心、接待中心为一体的综合性产业园区。

【基础设施建设】2012年，碱厂乡筹措资金350万元建成碱厂乡综合办公大楼。特别是便民服务中心的建成，提升政府服务职能，细化服务环节，极大地方便百姓。安装路灯150盏，安装自来水285户，修建水泥路2条7.1公里，修建漫水桥2座，农村危房改造17户，村容村貌进一步改变。

【高效农业】2012年，碱厂乡发展蓝莓育苗小区3.33公顷，被评为葫芦岛现代农业示范基地。种植中药材26.67公顷，两茬作物200公顷。节水滴灌工程完成333.3公顷，总投资400万元。

【扶贫帮困工作】2012年，碱厂乡完成整村推进工作，使用扶贫资金34万元，受益农户732户，受益人口2094人。医疗救助5.6万元，丧葬补助5000元，险房修建补助19万元。

中共碱厂满族乡委员会

书　记　王　猛

副书记　刘　强

苏长江（2012年9月离任）

关　键（2012年9月任职）

碱厂满族乡人民政府

乡　长　刘　强

副乡长　宗永平

李宏宇（2012年9月离任）

刘　祺

王悦峰（兼，2012年6月任职）

冯艳玲（女，2012年9月任职）

碱厂满族乡人大主席团

主　席　赉殿忠（2012年7月离任）

苏长江（2012年9月任职）

（苏继富）

三道沟满族乡

【概况】三道沟满族乡位于兴城市境西部边远山区，东邻碱厂乡，西南与绥中县宽邦镇隔河相望，西北与建昌县平山子村毗邻，北与药王乡接壤，总面积169.9平方公里。乡人民政府设在三道沟村。该乡辖西门、东门、黑沟、汪家、三道沟、三道沟里、戏台、巴家、头道沟、凉水泉、黄埃子11个行政村。2012年末，全乡总户数5831户，总人口20440人。其中，农业人口19690人，非农业人口750人。人口自然增长率0.01‰。

2012年，社会生产总值完成13915万元，同比增长10%，固定资产投资完成5000万元。其中，移民村基础设施建设4000万元。全乡经济收入以农业为主，播种面积1467公顷，推广新型抗旱种子，粮食总产量5726吨。建温室蔬菜大棚20座；种植优质特色高效经济作物花生161.7公顷、地瓜70公顷。农民人均纯收入2148元。

【农业、农村工作】2012年，三道沟乡实现小流域治理200公顷，新建大坝800米，果树滴灌配套水泵272个，铺设节水管道12万米，深挖蓄水方塘20座，惠及全乡11个村。三道沟乡果业合作社被评为全国示范农民专业合作社，推广的SOD果树生产技术荣获葫芦岛市“SOD绿色食品生产关键技术研究与推广”科技成果二等奖，该乡苹果被注册为“兴城苹果”，填补兴城无地理标志证明商标的空白。

【社会保障工作】2012年，三道沟乡完成新型养老保险收缴工作，参保率90%。办理失业保险305人。实现劳务输出1000余人。因青山水库修建大坝，泄洪受阻，致使在8月4日的水灾中造成严重损失，该乡投入人力物力组织生产自救，修建水毁道路15公里，组织转移人员1350人次，累计450户，投入19.8万元为56户百姓修建破损房屋、为3户特困家庭新建房屋，为15户棚菜种植户协调贷款，帮助其开展生产自救。

【青山水库移民工作】2012年，三道沟乡全力做好青山水库的移民工作。

第一期移民工作。2012年完成的基础设施工作：一是连接第一期3个村和第二期巴家村的6.5公里黑色油漆路面和两旁护栏铺设完成。二是第一期3个后靠点规划建房676户，建移民安置房312户，移民全部入住。修建宽10米的主干路2312米，宽8米的巷路3942米，宽6米的环路1320米，预防地质灾害挡土墙470米，并为每个后靠点配套建设公厕2座，垃圾箱2个。三是架设高压线路6.8公里，3个后靠点实现通自来水、通电、通电话、通有线电视。四是根据后靠点的实际情况，在第一期3个后靠点填方区填土垫地，为选择后靠点的移民每户提供0.013公顷的临时菜地，共移土造地5.27公顷。为移民开垦设施农业用地12.47公顷。修建后靠点与线上土地的连接路，长3566米、宽5米，其中新建漫水桥2座，总长63米，管涵6座。从2011年12月25日至2012年8月25日，与第一期移民共签协议1352户，占第一期总户数的93%，签订协议人口4163人，占第一期总人口的95%。第一期拆除房屋1004户，第一期淹没区内近95%的树木采伐完毕，第一期移民安置工作结束。

第二期移民工作从2012年3月初开始启动，至12月24日为前期准备工作阶段。其间，按辽宁省兴源勘测公司提供的数据，对各村土地进行实地丈量，并按地类确定到村民组；8月21日组织召开第二期移民动员大会；9月复核移民个人实物量，计算移民实物量补偿，并与葫芦岛市青山水库管理局共同对第二期移民个人实物量补偿进行核对；10月8日至9日对移民干部进行移民相关法律法规、移民工作注意事项以及移民协议签订工作的具体操作规范的培训；11月初组织村组按照法定程序确定征地补偿分配方案和分配人口，并张榜公示，接受移民监督；12月初对第二期后靠安置点进行选址、规划和实物量核查等工作。12月25日开始与第二期移民签订协议，年末签订移民协议896户，占第二期总户数的83%。

中共三道沟满族乡委员会

书　记　张永强

副书记　刘　星（2012年2月离任）

　　　　刘振兴（2012年2月任职）

　　　　韩继成（2012年12月离任）

三道沟满族乡人民政府

乡　长　刘　星（2012年2月离任）

　　　　刘振兴（2012年2月任职）

副乡长　高桂秋（女，2012年2月离任）

　　　　张志刚　孙长宏

　　　　金志强（2012年2月任职）

　　　　赵子梁（兼，2012年6月任职）

三道沟满族乡人大主席团

主　席　王凤昌

（何连营）

红崖子满族乡

【概况】红崖子满族乡位于兴城市境中部，属于半丘陵山区。距兴城市区15公里，东与白塔、羊安两乡相连，南和沙后所镇、南大乡毗邻，西和碱厂乡、郭家镇接壤，北与旧门乡交界，全乡总面积150.1平方公里。素有“中国花生之乡”的称誉。乡政府设在红崖子村。该乡辖红崖子、汤屯、梁家屯、二道边、三道边、古城子、周屯、老付马、二台子、大山台、英树沟、小山台、新齐、吴家屯、老烧锅、拣金、边壕子、团山子、大东沟19个行政村，87个自然屯。乡内有汉、蒙古、满、傣少数民族。2012年末，全乡总人口29153人。其中，农业人口27257人，非农业人口1896人。人口自然增长率5.56‰。

2012年，全乡国内地方生产总值达到9.086亿元。其中，工业总产值3.238亿元，农业生产总值3.568亿元，其他（含第三产业）生产总值2.28亿元。个体工商户及私营企业1890家，总产值21.1亿元，增加值3.8亿元，利润总额9862万元，利税237万元。实现招商引资1.5亿元，农业重点项目建设投入2600万元，发放粮食直补及综合补贴500余万元。耕地面积4772.2公顷。

农民人均纯收入8887元，较上年增加1408元，增长18.8%。全乡形成畜牧养殖企业12家、棚菜生产小区7个，年产蛋肉类副食品7560.7吨，产值1.2亿元。年产蔬菜1026吨。

【农田水利】2012年，红崖子乡党委、政府积极普及集中供水，新建水井9眼，布控主管线9210米，新增农村自来水用户928户。新增农田水利配套设施184套，其中机电井160眼，维修大山台村方塘2座，大口井8眼，蓄水池14个，主要分布在拣金、红崖子、大山台、二台子、小山台和英树等村；新增和维护河道护堤2450米。水利项目建设有效改善农田用水和河道治理，增强对水利条件的可控性，为设施农业的发展创下良好条件。

【小城镇建设】2012年，红崖子乡对街区逐步进行改造，规范楼房标准，并逐步完成改水改厕、绿化美化、道路硬化等工程。投资427万元，自修水泥路9.6公里，排水渠1820米，桥涵2座，路灯80盏，文化休闲广场1300平方米。全乡村级公路通达率100%，村屯道路硬化覆盖率70%以上，路边排水设施超过18公里，太阳能路灯798盏，全民健身活动场所6个，共7300平方米，红崖子乡容村貌焕然一新，居民生活环境明显改善。

【民生工作】2012年，红崖子乡共有1671人享有农村最低生活保障补助待遇，25人享受城镇低保待遇，296人享有分散五保和集中供养待遇，262人享有优抚保障待遇。年救助困难群众328人，发放被品棉服等救灾物资200件（套），开展城乡大病救助164人次，发放救助款288048元，帮助危房险房重建、翻建35户，援建资金26.4万元，救助大学生31人，发放补助资金5.25万元。实现普惠制培训220人，劳务输出600人。

【文化建设】2012年，红崖子乡十分重视文化建设，为8个村配备体育健身设施，新建农家书屋19个，新增各类书籍1万册，藏书总量达到4万册，举办科技培训班6期，培训人数500余人次。创建网络交流平台“红崖子花生网”，实时发布花生产业信息及动态；创办《花生之乡》报纸，是省内唯一一张乡级报纸，报纸以“关注民生，传达民意，切实为广大农民朋友服务”为宗旨，真实反映全乡的社会、经济、生活等各方面工作与民情，发行面广，出刊6期，引起良好的社会反响。

中共红崖子满族乡委员会

书　记　毕　伟
副书记　王　峰
　　　　寇文会（2012年9月离任）
　　　　赵　超（2012年9月任职）

红崖子满族乡人民政府

乡　长　王　峰
副乡长　赵　超（2012年9月离任）
　　　　任　丽（女）
　　　　郝春林（兼，2012年6月任职）
　　　　刘　军（2012年9月任职）
　　　　宋忠宝（2012年9月任职）
　　　　佟弟光（2012年9月任职）

红崖子满族乡人大主席团

主　席　王守金（2012年1月离任）
副主席　刘贺利（2012年9月任职）

（史文吏）

旧门满族乡

【概况】旧门满族乡位于兴城市境北部，在兴城河上游，据市区25公里。省级公路318（兴玲公路）贯穿全乡。东与华山街道接壤，南与红崖子乡毗连，西和郭家镇、药王乡交界，北与葫芦岛市连山区杨郊乡相邻，总面积83.3平方公里。该乡辖旧门、李屯、半道子、望川、金樊、三道、刘屯、草白8个行政村。乡人民政府设在旧门村。2012年末，全乡总人口10600人。其中，农业人口10093人，非农业人口507人。人口自然增长率0.036‰。

2012年，全乡耕地面积1407公顷，种植优质花生267.47公顷，杂交玉米1073.8公顷，大豆51公顷，蔬菜10公顷。养殖业持续发展，猪存栏26000头，牛存栏1050头，羊存栏9800只，肉食鸡存栏16万只。引进先进技术在李屯村和三道村新建立体化养殖场2座，年出栏18万只。

该乡以矿山企业为主，境内有丰富的铅、锌、钼、金、铁、灰石等矿产，有矿山企业4家，砖厂1家，水泥厂1家。工业总产值17200万元。全年农、林、牧业总产值9400万元。农民人均纯收入5388元。

【乡村基础性建设】2012年，旧门乡狠抓基础性建设，农业产业健康发展。各村筹措资金维修村屯水毁道路4000延长米，水毁小桥14座，维修水毁田间作业路13公里。铺设田间作业路5000延长米，打井10眼，方塘4座。“一事一议”项目3个，投资25万元，修5米宽的高标准水泥路面5000延长米。

加强森林资源保护，在山前打隔离带50米，秋季造林33.33公顷，完成全年造林任务。

【民生保障工作】2012年，旧门乡着力抓好计划生育、民政救济、劳动保障等工作，切实为群众提供满意优质服务。投入资金7万元对计划生育中心服务站进行维修，并配备先进仪器，方便育龄妇女检查及医疗。

年内，该乡审批受理房屋新建户1户，翻建户5户。成立困难群众住房领导小组，协同民政办到实地进行资格会审特事特办，难事快办，为困难户和单亲母亲建房提供方便。金凡和草白村单亲母亲新房竣工。完成标准劳动保障所建设，对全乡1256名新农保人员实行指纹验证信息采集。

中共旧门满族乡委员会

书　记　徐大治

副书记　梁　爽　邱　枫

旧门满族乡人民政府

乡　长　梁　爽

副乡长　张旭伟　刘文良

王洪亮（兼，2012年6月任职）

肖强卫（2012年9月任职）

旧门满族乡人大主席团

主　席　肖　英

（刘首振）

药王满族乡

【概况】药王满族乡位于兴城市境西北部边缘地区，东与旧门乡、郭家镇相邻，南和三道沟、碱厂两乡毗邻，西与建昌县药王庙镇交界，北同葫芦岛市连山区新台门镇接壤。总面积138.4平方公里。该乡辖叶屯、杜屯、药王、谷屯、裴屯、立兴、三头、丁家、六家子、冯屯、金家11个行政村。乡人民政府设在裴屯村塔下屯。2012年末，全乡总人口16485人。其中，农业人口15805人，非农业人口680人。人口自然增长率–0.29‰。

2012年，全乡播种面积1761.7公顷，经济作物种植面积320.5公顷，总产量6790吨。发展蔬菜设施小区1个，改建蔬菜大棚44座。农业总产值实现1.1亿元，人均纯收入2972元。建成畜牧养殖小区7个，牛存栏925头，生猪16027头、羊9414只、家禽161129只，畜牧总收入实现1850万元。工业总产值实现2.4亿元。完成叶屯村、冯屯村果树节水滴灌工程，铺设地下主管道1万延长米、地上网状管道10万延长米；六股河支流截潜工程648延长米。

年末，该乡被兴城市委、市政府评为优秀单位，并荣获建兴高速公路动迁工作突出贡献单位称号。

【深化农业产业结构调整】2012年，药王乡巩固脱毒地瓜、小杂粮种植面积，种植脱毒地瓜40公顷，谷子、红小豆、富硒花生等小杂粮66.67公顷；引进新品种花生2.3万斤，种植40公顷；在裴屯村塔下屯新发展蔬菜设施小区1个，占地3公顷，建蔬菜大棚14座。

【加强基本农田改造】2012年，药王乡在立兴村、裴屯村完成166.67公顷千亿斤粮食田间增产作业工程，完善水利、电力配套基础设施建设，打蓄水量3000立方米的方塘4座，深水井20眼，大口井10眼；配备各种潜水泵21台，发电机3台，改善农业生产综合条件。

【大力发展林果业】2012年，药王乡因地制宜发展林果生产，增加农民收入。完成春季造林任务173.33公顷，其中小开荒综合治理133.33公顷，大规模造林66.67公顷。为项固养蚕业发展，在冯屯村栽植桑树4万株。完成六家子村火石岭精品果园建设工程，栽植新品种果树1万株；老果园改造工程，栽植新品种苹果树12万株，其中冯屯村栽植10万株，叶屯村2万株。谷屯村在建兴高速公路出口处建设百亩采摘园，引进新技术，栽植新品种密植苹果树、桃树共1万株。

中共药王满族乡委员会

　　书　记　张人杰

　　副书记　李贵民　谭晓军

药王满族乡人民政府

　　乡　长　李贵民

　　副乡长　金德鑫　王　军

　　　　　　冯艳玲（女，2012年10月离任）

　　　　　　杨爱兵（兼，2012年6月任职）

　　　　　　韩金龙（2012年10月任职）

药王满族乡人大主席团

　　主　席　张　晨

（郭　松）

曹 庄 镇

【概况】曹庄镇位于兴城市境东部，东濒渤海湾，南临沙后所镇，西接羊安乡，北与宁远街道隔河相望，总面积73.5平方公里。102国道、滨海大道纵穿境内。海岸线长17.5公里，临海产业区和现代渔业园区位于该镇；镇政府设在大甸子村。该镇辖大河口、四城子、泡河、朱家、沙屯、大英堡子、小英堡子、中兴、老滩、上坡、七里、后湖、安相、大甸子、头台子、曹庄16个行政村和七〇一九、东华、曹庄3个社区。2012年末，全镇总人口35942人。其中，男17604人，女18338人；农业人口32239人，非农业人口3703人。人口自然增长率7.12‰。

2012年，全镇耕地面积3266公顷，农作物播种面积3847.8公顷。其中，粮豆播种面积3527.5公顷，总产量28417吨；经济作物面积320.3公顷，蔬菜瓜果播种面积362.3公顷，产量8777吨。全镇共有蔬菜大棚1195座，占地面积128公顷，无公害示范基地2个。大牲畜饲养1406头，猪存栏25041头，出栏39296头；羊存栏3687只，出栏4235只，饲养各种家禽18.3万只，肉蛋奶总产量3877吨；水产品总产量40500吨。农业总产值75000万元，农民人均纯收入8889元。

年内，该镇有工业企业485家。其中，规模企业1家，泳装厂39家。工业总产值实现68000万元。

【农业产业化建设】2012年，曹庄镇完善二期3个村千亿斤粮食田间技术管理工程建设，投入资金190万元，打机井56眼，修100米×80米的方塘1座，维修田间作业路5.5公里，平整土地200公顷。全面落实粮食直补、良种补贴、农机补贴、农业保险、家电下乡补贴等各项惠农政策。发放粮食综合补贴481781.25元，补贴面积3475.35公顷。全镇农业保险参保金额149568.94元，参保面积1847.15公顷，参保率60%。

【小城镇建设】2012年，曹庄镇充分利用“一事一议”财政奖补项目，全面加强各村基础设施建设。申请财政奖补资金861万元，铺设村水泥路面5个14.2公里，修建宽7米、长80米的桥涵1座，排水边沟1000延长米。全镇16个村道路基本实现村村通，达到道路硬覆盖标准。投资90多万元，新建高标准村部3个，扩建1个，维修1个。争取专项资金，安装自来水1200多户。

年内，老滩新村回迁村民全部迁入新居，该村被葫芦岛市评为新农村建设试点村；四城子村36户连体二层农民新居及镇政府400平方米便民服务大厅竣工交付使用。

【临海产业区建设】2012年，曹庄镇积极推进临海产业区建设，配合做好规划区内拆、迁、占农民稳定工作。圆满完成青山水库移民村建设项目18.67公顷征地核量、南河大道征地3公顷、部队输油管道临时占地铺设2公里和国家电网兴城供电公司农村低压线路改造临时占地架线7800米。

【农村安全监管】2012年，曹庄镇加大违章建筑查处力度，专门成立城管中队，打击各类违章乱建、挖沙取土、圈地乱占现象，查处拆迁各类违建10余起；加强辖区内企业安全监管，扎实开展隐患排查和专项整治活动，及时排除各类安全隐患4起，整治4起，未发生重特大安全事故。

【档案资源功效】2012年，曹庄镇牢固树立“档案面向社会管理、服务社会民生”意识，开发档案信息资源，编写《大事记》《组织机构沿革》《档案事例汇编典型材料》。同时开展档案服务利用工作，接待村民查阅档案60余人次，查阅档案213卷次，解决村民矛盾纠纷16起，挽回经济损失10万余元。

中共曹庄镇委员会

书　记　孟凡勇

副书记　李壮林　王春生

曹庄镇人民政府

镇　长　李壮林

副镇长　陈宝贵（2012年9月离任）

陈宝彬　李志强

王立平（兼，2012年6月任职）

胥东杰（兼，2012年6月任职）

路金鹏（2012年9月任职）

朱　博（2012年9月任职）

曹庄镇人大主席团

主　席　杨印山

（柏福喜）

东辛庄镇

【概况】东辛庄镇位于兴城市境西南隅，东与刘台子、海滨两乡相邻，南与绥中县隔六股河相望，西与大寨、围屏两乡毗连，北同望海乡交界。国道102线，沈山铁路横贯镇区，京沈高速公路、电气化铁路穿镇而过，交通方便快捷。总面积82.6平方公里。镇人民政府设在东辛庄村。该镇辖东辛庄、西辛庄、张虎、谷屯、半拉堡子、王宝、西地、周石、孙岭、南二台子、东关站、西关站、胡家坟、陈屯14个行政村和东辛庄1个社区。2012年末，全镇总人口31721人。其中，农业人口27950人，非农业人口3771人。人口自然增长率8‰。农民人均纯收入8477元。

2012年，全镇耕地面积3733.33公顷，复垦整理土地13.33公顷。社会总产值实现8.5亿元，农村经济总收入2.8亿元，工业总产值4.5亿元，市场交易额完成13亿元，社会商品零售总额3.8亿元，年均增长15.6%。年末，该镇党委被葫芦岛市委评为先进党委，该镇被评为葫芦岛市思想政治工作先进单位、文明乡镇。

【六股河沿岸开发建设】2012年，东辛庄镇利用绥中县大开发、大建设契机，制定六股河东岸域内1平方公里控制规划。控规内7.33公顷土地被葫芦岛陆胜公司依法征购，并实施开发前期准备工作。兴东汽车维修中心、兴城众翔汽车销售有限公司、长宏机器制造有限公司等域外或外资合伙企业先后落户六股河桥头段102线两侧。

【优化结构兴产业】2012年，东辛庄镇完成农业设施小区建设6个，新建温室大棚122栋；投资285万元打机电配套井32眼，增容变压器4台，修方塘5座。全面推进周石村千亿斤粮食节水灌溉工程和西地村膜下滴灌节水灌溉工程。新增农业专业合作社3家。年内，绿斯雅农副产品有限公司被葫芦岛市评为农事龙头企业。兴源奶牛专业养殖合作社被评为市级专业合作社。

【推进城乡一体化进程】2012年，东辛庄镇投入1000余万元实施水、电、路、通信等基础设施建设。其中，投入340万元，新修建镇村两级道路7公里；投入322万元，完成8公里镇区排水管网工程；投资140万元的污水处理厂完成土建工程及设备安装与调试；投资80万元，完成服装市场维修工程；投入135万元，完成镇区3万平方米道路铺修工程；新安装太阳能路灯87盏；投资15万元扩建垃圾掩埋厂。镇区规模扩大到3.5平方公里，镇区道路硬化率、镇区亮化率均达到100%。维修、改造农村低保户危房212户。完成"一事一议财政奖补"项目10项。

年内，该镇强化综合治理，成立10人组成的城镇管理队伍。购置保洁车和垃圾箱40余套，清理占地小市场2处，清理违章建筑30余户。镇容镇貌得到明显改观。

中共东辛庄镇委员会

书　记　韩维邦（2012年12月离任）
　　　　王铁军（2012年12月任职）
副书记　王铁军（2012年12月离任）
　　　　于　腾（2012年12月任职）

东辛庄镇人民政府

镇　长　王铁军（2012年12月离任）
　　　　于　腾（2012年12月任职）
副镇长　马荣波（2012年9月离任）
　　　　何春军
　　　　金志强（2012年2月离任）
　　　　于占东（兼，2012年6月任职）
　　　　单宝贵（2012年9月任职）
　　　　刘国涛（2012年9月任职）
　　　　常　皓（女，2012年9月任职）

东辛庄镇人大主席团

主　席　李卫民

（陈正丰）

沙后所镇

【概况】沙后所镇位于兴城市境东南部，东临辽东湾，南与望海、海滨两乡相连，西与南大乡接壤，北邻曹庄镇，总面积113平方公里。镇人民政府设在西关村。该镇辖城内、南门外、西关、烟台、前王、后王、乱泥、王家洼子、龙王、五里、荒地、石屯、焦家、闻家、桃园、五王16个行政村和沙后所1个社区。2012年末，全镇总人口39684人。其中，农业人口36201人，非农业人口3483人。人口自然增长率为-0.5‰。

2012年，全镇有各类民营企业150家，服装、泳装生产加工企业82家，从业人员5600余人。全镇社会总产值实现15亿元，其中工业总产值实现8亿元。财政收入943万元。粮食总产量18595吨。生猪出栏56958头，存栏38540头。农民人均纯收入9236元。

【农业基础设施建设】2012年，沙后所镇大力改善农业生产条件，农业综合开发及千亿斤粮食工程累计完成投资1700万元。打机电井360眼，架设低压线路40公里，置大型农机具10万套。平整及土壤改良666.67公顷，新增造地面积30公顷。发展农业合作社6家，新建设施农业小区2个，发展新农村经纪人120余人。

【科学种田】2012年，沙后所镇推进农业综合开发，实施配方施肥。组织农业技术人员，深入村屯指导农民科学种田，合理调整种植结构。引进和推广农业新品种12个，新技术5项。镇村两级举办各类培训班50余次，培训人员3000余人。推出科技示范户100多户。

【民营企业】2012年，沙后所镇加大招商引资力度，强化服务技能，实行全方位服务，一站式办公，营造良好投资环境。年内，投资11.6亿元的葫芦岛市鑫宇农产品公司入驻沙后所镇，完成该项目前期6.67公顷试验示范基地及16公顷办公厂房用地征地工作。

中共沙后所镇委员会

书　记　杨德军
副书记　徐树强　张玉平

沙后所镇人民政府

镇　长　徐树强

副镇长　陈云新　关秉哲　赵长义

王世颖（兼，2012年6月任职）

周　凯（兼，2012年6月任职）

刘　骞（女，2012年9月任职）

沙后所镇人大主席团

主　席　徐　一

（王　莹）

郭　家　镇

【概况】郭家镇位于兴城市境西北部，距古城30公里。东南与红崖子乡为邻，东北与旧门乡接壤，南与碱厂乡交界，西北与药王乡毗连，总面积119平方公里。镇人民政府设在孙家村李家屯。该镇辖孙家、张沈、大石、郭家、棋盘、陈家6个行政村和东华1个社区。2012年末，全镇总户数3804户，总人口10673人。其中，男5713人，女4960人；农业人口9576人，非农业人口1097人。人口自然增长率–1‰。

2012年，全镇有耕地面积1500公顷。其中，花生种植面积766.67公顷，杂交玉米333.33公顷，五味子、金银花等药材20公顷，各类谷物、蔬菜400公顷。实现工农业总产值2.4亿元，比上年增长15%，农民人均纯收入5100元，比上年增长17%；农村贫困人口脱贫370人，脱贫率达20%；完成地税收入121万元，国税收入15万元。年内，争取上级财政专项资金1122万元。其中，节水滴灌工程320万元，张沈村榛子园育苗基地150万元，林业专项资金236万元，千亿斤粮食田间工程资金180万元，土地整理专项资金236万元。

【产业结构调整】2012年，郭家镇加强农业产业结构调整，力促农村发展、农民增收。根据资源优势和市场需求，引导农民宜种则种、宜林则林。发放种植优质花生良种5万公斤，高效优质化肥20吨，花生种植面积766.67公顷，杂交玉米333.33公顷，五味子、金银花等药材20公顷；栽植大果榛子133.33公顷，山榛子153.33公顷，形成大果榛子和山榛子600公顷；投资150万元在张沈村兴建6.67公顷大果榛子苗繁育基地1座；完成造林面积266.67公顷。

【基础设施建设】2012年，郭家镇实施“一事一议”项目工程，修建硬覆盖水泥路面6.7公里，解决群众出行难问题。完成建兴高速公路郭家段征地拆迁工作，征地66.55公顷（含改线1.602公顷），拆迁房屋48户，征占树木等共计164户。完成千亿斤粮食田间工程333.33公顷，打直径1.5米沉水井100眼，修田间作业路5.5公里；整理土地53.33公顷。铺设管路32000米，打直径1.5米大口井15眼，打多管井13座，修建小型方塘2座。

【社会保障工作】2012年，郭家镇严格审核低保户资格，做到应保尽保。及时发放老复员军人及非公办教师养老金，做好五保户供养工作，保障贫困人员基本生活。为困难户维修房屋23户97间，重建房屋12户14间，困难救助142户。建立健全农村医疗体系和养老体系。全镇新型农村养老保险参保人数达到应保人数的89.87%；新型农村合作医疗参合人数达到应参人数的103.40%。

【案件查处】2012年，郭家镇把案件查办工作作为反腐倡廉的“拳头工程”来抓，配备专职纪检副书记。完善案件查办规章制度，加强案件查办工作。年内，查处违纪案件5起，处分涉及惠农政策大排查违纪党员5人，配合市纪委查处案件1起，处分党员2人。

中共郭家镇委员会

书　记　刘　恕

副书记　王铁华　王　薇（女）

郭家镇人民政府

镇　长　王铁华

副镇长　胡永春

田　壮（兼，2012年6月任职）

朱德本（2012年9月任职）
胡同军（2012年9月任职）

郭家镇人大主席团

主　席　张玉华

（赵时东）

宁　远　街　道

【概况】宁远街道位于兴城市区西南部，东邻城东街道，南连曹庄镇，西与羊安、白塔两乡毗邻，北与古城街道接壤。街道办事处设在兴海南街老马路2号，轻工市场西侧。该街道辖南关、南甸子、西一、西二4个行政村和老马路、铁西、西关3个社区。总面积10平方公里。2012年末，全街道总人口27190人。其中，农业人口10639人，非农业人口16551人。人口自然增长率1.2‰。

2012年，全街道有耕地面积346公顷。其中，粮豆播种面积249公顷，总产量1899吨；花生126公顷，每公顷产2250公斤。蔬菜种植面积60公顷，总产量3652.9吨；蔬菜大棚155个，占地面积9.67公顷；新型农村合作医疗参合人数13151人，享受居民最低保障人数3349人。粮食直补333950元。有各种企业1308家。其中规模以上工业企业11家，建筑企业2家。有大型海鲜、蔬菜、水果批发市场4家，大型商场4家。企业总产值130766万元，实缴税金4417万元。农民人均纯收入8242元。

【路网建设】2012年，宁远街道投资180万元，修建3条具有排水功能的村路。其中，投资30万元修建西二村张家胡同，310延长米，宽3.5米；投资75万元修建棉织厂胡同，846延长米，宽5米；投资75万元修建佟屯环路，1200延长米，宽5米。

【综治维稳保平安】2012年，宁远街道设立调解委员会8个，有专职调解员42人，兼职调解员46人。其中，婚姻纠纷6件，邻里纠纷32件，赡养纠纷3件，土地纠纷8件，宅基地纠纷9件，其他纠纷10件，调解率100%，调解成功率达92%。

中共宁远街道委员会

书　记　曹玉琢

副书记　张立东　张　阔

宁远街道办事处

主　任　张立东

副主任　陈洪生（2012年9月离任）
关　键（2012年9月离任）
齐　冰　陈　健
郝大金（兼，2012年6月任职）

人大街工委

主　任　陈洪生（2012年9月任职）

（雷国良）

古　城　街　道

【概况】古城街道位于兴城市古城内及城北部，东南与城东街道相邻，西和宁远街道相连，北同元台子乡接壤，总面积14.85平方公里。街道办事处设在古城延辉街头道牌楼西侧。该街道辖北关、花园、北半道子、东八里4个行政村和永宁、春和、城北3个社区。2012年末，全街道总人口27085人。其中，农业人口6496人，非农业人口20589人。人口自然增长率3.93‰。

2012年，全街道有耕地面积414.33公顷，粮食总产量2379吨，生猪出栏43827头，家禽存栏82441只。完成税收392万元。其中，国税293万元，地税99万元。完成固定资产投资7.0888亿元。比上年增长1672.2%；新增规模以上企业2家，增长率为28.6%；新增工业企业16家，工业增加值1.18亿元，同比增长20%；新增商业企业8家，商业企业增加值0.2亿元，同比增长20%。工业总产值完成8.727亿元，增长20%，农业总产值1221万元，增长15%。农民人均纯收入7762元。

【无公害养殖】2012年，古城街道继续完善东八里长宏养猪合作社和华元牧业畜牧小区建设，采取公司加农户运作模式，促进无公害生猪养殖专业化、规模化、集约化发展。年内，东八里村长宏养猪合作社投入资金200余万元进行扩建，新建猪舍3栋，面积1800平方米，新增猪舍72个，年出栏肥猪2.6万头。成为葫芦岛市龙头企业、辽宁省核心育种场、农业部示范基地。

【旅游业】2012年，古城街道加强基础设施建设，投资500多万元，修建明清战史馆，占地面积17077.4平方米。运用声、光、电等手段，再现明清战事场景。投资50多万元，修葺部家住宅和周家住宅。年内，在新增加旅游景点袁崇焕纪念堂、明清辽东战史馆的同时，利用果园、鱼塘开展乡村采摘、垂钓、吃农家饭等特色项目。全年接待游客350万人，门票收入509万元，比上年增长13%。未发生旅游安全责任事故。

【公共就业服务体系建设】2012年，古城街道登记农村劳动力有就业愿望人员1424人，有培训愿望14人。有组织劳务输出102人，占输出计划的108%；无组织劳务输出52人，就近就地转移1502人，零就业家庭成员援助9人，公益性人员岗位安置70人，"4050"灵活就业人员登记697人，享受"4050"社保补贴697人，办理就、失业证609个，就业实名制登记836人，普惠制培训73人；享受失业保险待遇57人，企业退休年检2572人，办理城镇居民社会养老保险668人。

全街道参加农村新型合作医疗6517人，新增279人，参合率96%，常住人口参合率100%；新农保参保人员2385人，参保率87%。有城市低保户1508户，2645人；农村低保户663户，1008人；五保31人，优抚对象106人。发放救济金35.8万元。其中，助学救助258人次，26万余元。有64户低收入家庭申请到经济适用房。开展劳动力转移和新增农事企业项目，低收入群体脱贫365人。

【全民性文化活动】2012年，古城街道逐步完善村级文化休闲广场配套设施升级改造工程，5个文化广场内均安置健身器材7～10件，设有篮球架、凉亭等。4个农家书屋有效开放时间超过300天，接待群众1500人次；远程教育体系覆盖街道4个行政村、3个社区，方便村（居）民及时了解农业资讯、政策法规、科学种植养殖等科技信息。各村广泛开展农民群众集中读书、知识竞赛、表彰科技致富带头人、篮球比赛等文体活动。3个社区依托"星光老年"之家，组建社区秧歌队和文艺演出队，丰富居民业余文化生活。

【民生工程】2012年，古城街道大力解决村民吃水难问题，为4个村975户村民安装自来水。投入60多万元，在东八里村修建道路2000延长米。投资13万元，改造危房25户。花园村投资30多万元，修建学子路和党员路200延长米。发放粮食直补1707户，5.6万余元；粮种补贴6.1万余元，农资综合补贴1707户，35万余元；家电下乡车辆补贴64辆，4万余元；农业保险完成保费收缴8400余元，农民得到理赔款1.5万元。

【古城保护工作】2012年，古城街道与市动迁办一起，对北二街844户居民进行入户调查，确保拆迁工作全程公正、公开、合法、规范，保质保量保时完成核量工作。年内签约527户。

【建兴高速公路征地补偿】2012年3月，建兴高速公路建设全面启动，该项工程涉及古城街道东八里段里程1.558公里，占地面积8.25公顷（不含改水、改路面积1.09公顷），涉及房屋5户，面积413.46平方米。其中，农民住房3户，面积341.94平方米，看护房2户，面积71.52平方米，果树1139株，各种林木2857株。征地补偿款总金额6169275元。涉及农民口粮田、机动地、园田地、开荒地等四类地的占地补偿5261630元全部发放完毕。地上附属物与各户协议全部签订，涉及补偿款706872元。

中共古城街道委员会

书　记　阎立奎

副书记　李宝文　杨建军

古城街道办事处

主　任　李宝文

副主任　张茂奎

李卫国（2012年9月离任）

李艳凤（女）
马德军（兼，2012年6月任职）
闫　超（2012年12月任职）

人大街工委

主　任　李卫国（2012年9月任职）

（雷　贺）

温泉街道

【概况】温泉街道位于兴城市区东北部、古城正东，东与钓鱼台、四家屯街道相邻，北与龙港区双树乡毗连，西南与城东街道接壤，总面积17.5平方公里。街道办事处设在兴海北街二段48号、体育场东侧。该街道辖胜利1个行政村和首阳、温泉、康宁、建海、兴海桥、东山6个社区。2012年末，全街道总人口55783人。其中，农业人口1848人，非农业人口53935人。人口自然增长率2‰。

2012年，全街道实现工业总产值5.32亿元；社会总产值4.3亿元；全年完成税收1712万元；比上年增长30%。家禽饲养量1.79万只；运输业170户，年收入980万元；餐饮服务业496户，年收入3600万元；劳务输出930人；个体工商835户；私企300家。农民人均纯收入15100元。

【街道经济工作】2012年，温泉街道以温泉水开发为重点，建立集商贸、休闲娱乐、住宅为一体的生态城市中心。招商立项金天屹项目工程，7月份破土动工，引资7亿元全部到位。街道私营个体企业达到300家，创造产值2.5亿元，销售收入2.8亿元。引导失地农民发展多种经营项目。商饮服务业由上年78户增加到108户，运输业由113户增加到170户，劳务输出由200人增加到240人，家庭饲养大户达到32户。

【高标准社区】2012年，温泉街道筹措资金140万元，建起一座840平方米街道行政办公中心。财政、民政、人口计生、劳动保障等业务工作实现大厅办公。3个社区实施标准化社区工程。

【政务公开】2012年，温泉街道组织开展“5·15”政务公开日活动，设立政务公开咨询处，发放多种宣传单1000余份，现场解答居民群众各类咨询问题40多人次。街道办事处实行机关政务公开；对民政、计划生育、劳动保障相关工作实行办公程序公开、公示上墙；各社区对公益性岗位人员、城市低保户公示；胜利村做到民主理财、村财乡管、计生指标、土地补偿、粮食直补等村务公开。

【计生工作】2012年，温泉街道开展双失业家庭独生子女费情况普查登记，落实60周岁无儿户和双女户奖抚政策。开展人口计生科技周宣传活动，发放宣传单400多份，免费发放避孕药品200多件，免费为育龄群众体检500多人次。

【劳动保障工作】2012年，温泉街道加强对公益性岗位人员管理，严格实行考勤制度和实名制上岗。加强新农保和城市居民医疗保险工作，新增医保185人，新办理就业失业证237本。

中共温泉街道委员会

书　记　闫久利

副书记　刘志刚　蔡　宁

温泉街道办事处

主　任　刘志刚

副主任　郭欲仑（2012年9月离任）
张志裕　杨立东
张　军（兼，2012年6月任职）
康桐楀（2012年12月任职）

人大街工委

主　任　郭欲仑（2012年9月任职）

（张　茜）

四家屯街道

【概况】四家屯街道位于兴城市境东北部，东临辽东湾，南与钓鱼台街道相邻，西与温泉街道毗连，北与龙港区双树乡接壤，总面积23平方公里。辽宁工程技术大学、辽宁财贸学院2所高校位于该辖区。龙兴路、滨海大道贯穿辖区。拥有海岸线5公里，海洋资源十分丰富，浅海养殖成规模化发展。该街道辖四家、邴家、周家、纪家4个行政村和四家1个社区。街道办事处设在四家村。

2012年末，全街道总人口7819人。其中，农业人口7230人，非农业人口589人。人口自然增长率10.3‰。农民人均纯收入10258元。

【海水养殖形成新格局】2012年，四家屯街道寻求新的经济增长点，引导农民由原始海上捕捞转向养殖、加工并举的新路子。养殖从海虹、扇贝等老品种逐渐向高效益的螃蟹暂养、牙鲆、鲮鲆养殖等高产出、高效益品种转化。年内，该街道海水及井盐水精品养殖产值超过5500万元，产量9000吨。

【林果生产采用新技术】2012年，四家屯街道投入资金1万元，运用纯生物制剂对146.67公顷林木进行美国白蛾防治，减少农药对人畜的危害，提高果品质量。果树嫁接新品种3000棵，套袋50000个。

【二、三产业得到发展】2012年，四家屯街道在人均土地逐年减少情况下，加大培训新型农民力度，转移富余劳动力500人，实行以工补农，以商富农，大力发展第二产业，第三产业。开发旅游资源，拓宽经营范围，增开家庭宾馆60户，实现床位4000张，纯收入达1200万元。

中共四家屯街道委员会

书　记　郭荣新

副书记　赵恕也　陈　强

四家屯街道办事处

主　任　赵恕也

副主任　张　莹（女）

龚　坚（2012年9月离任）

吕君德

胥东杰（2012年3月离任）

弓　箭（兼，2012年6月至9月）

李宝刚（兼，2012年6月任职）

周　勇（2012年12月任职）

人大街工委

主　任　门晓芳（女，2012年9月任职）

（周雨墨）

城东街道

【概况】城东街道位于兴城古城东南部，东与温泉街道相连，西与宁远街道毗邻，南与曹庄镇接壤，北与龙港区双树乡交界，总面积23平方公里。街道办事处设在兴海北街康宁桥南。该街道辖东一、东二、南辛庄、新地号、韩家、干柴6个行政村和东关、城南、月亮河3个社区。2012年末，全街道总人口22049人。其中，农业人口11147人，非农业人口10902人。人口自然增长率2.69‰。

2012年，全街道实现社会总产值80467万元，增长27%；工业总产值63609万元，增长16%；固定资产投资4933.8万元，增长65%；商品零售总额实现58714.9万元，增长48.37%；实现税收1741.3万元，增长47%；农民人均纯收入7500元，增长25%。

【开通河东南延路】2012年，兴城市政府决定修建河东路北起市医院交通岗，南至临河大街高标准公路，彻底解决南门口交通瓶颈问题。城东街道承担市政府对南辛庄土地征用动迁工作，涉及征地36.93公顷，7个村民小组，270个承包户，3000多人，各项补助基本到位。河东路南延工程顺利实施，年内通车。

【保障民生】2012年，城东街道加大街村基础设施建设，投资782.4万元，争取上级奖补资金255.9万元，完成6条13.4公里水泥路和50米桥涵修建。为东二村和辛庄村铺设两条引水线，解决500户村民吃水问题。为6个村15户贫困农民筹措资金，翻修险危房13所，翻建住房2所，总面积1092平方米；向因水灾导致房屋倒塌的11户，每户发放补助3000元；1户因灾重新翻建住房补助2.05万元；43户农村贫困家庭、3个城市社区困难群众84人，人均领取补助300元；农村患病低保户50人得到大病救助；59名城乡贫困大学生每人得到1000—2000元资助。

【综治工作成果显著】2012年，城东街道大力开展“平安兴城”创建活动，接到上访案件14起，核查解决12起。综治办化解矛盾纠纷27起，其中家庭纠纷23起，土地承包纠纷4起。司法所调解民事纠纷72起。派出所辖区发生刑事案件11起，破获5起；民事案件查结45起，拘留39起，罚款40人。

【惠民排查力度不断加大】2012年，城东街道从维护群众利益出发，组织精干人员12名，召开座谈会15次，用一个月时间分组对6个村、3个社区就“三资”管理、征地拆迁补偿、落实“新农保”“新农合”、计划生育、建房收费、“村村通”“一事一议”进行全面排查，排查率达100%。查出问题4件，取消不符合条件低保户18户；收回违规领取粮食直补资金10885.17元；处理违纪违规人员2名。

【养殖业上新台阶】2012年，城东街道辖区新建标准暖圈4050平方米，清贮池19个；4家规范化养殖小区东一村东兴养猪场、干柴村天源养猪场、韩家村孔德文养猪场、韩果农场肉鸡养殖场初具规模。同时，加大村屯零散养殖户养殖环境改善治理，改变粗放养殖模式。

中共城东街道委员会

书　记　李家仁

副书记　陈维政　马　军

城东街道办事处

主　任　陈维政

副主任　冯　欣（女）　赵旭光

王廷华（2012年9月离任）

刘　勇（兼，2012年6月任职）

薛宇宏（2012年12月任职）

人大街工委

主　任　王廷华（2012年9月任职）

（史庆海）

钓鱼台街道

【概况】钓鱼台街道位于兴城市境东北隅，东濒辽东湾，南以兴城河与曹庄镇交界，西和温泉街道毗连，北与四家屯街道接壤，总面积7平方公里。街道办事处设在兴海南街四段路南。该街道辖红石碑、钓鱼台2个行政村和海口、海河桥、黎明3个社区。2012年末，全街道总人口15800人。其中，男8388人，女7412人；农业人口6548人，非农业人口9252人。

2012年，全街道完成社会总产值101256万元，同比增长10%；企业增加值15373万元，同比增长9%；营业收入81415万元，同比增长10%；利润总额3457万元，同比增长10%；新增固定资产投入38085万元，同比增长20%。农民人均纯收入9818元，增长15%。

【旅游服务业】2012年，钓鱼台街道引导失地农民从事旅游服务业，成立旅游业协会，并制定长远规划。推出赶海、捕鱼、果园采摘等特色旅游项目，兴建家庭宾馆130家。年收入800万元。

【安全生产监督】2012年，钓鱼台街道加大安全生产管理力度。5月和10月两次组织安监站、派出所、工商所、技术监督局等相关部门对辖区内安全生产危险源、建筑工地、重点部位、特种设备、公共聚集场所及服装泳装厂所等进行重点监督检查，并建立健全登记台账；与各业主签订安全生产责任书60余份，对存在安全隐患单位下达整改通知书3份。

【惠民政策】2012年，钓鱼台街道积极做好优抚工作。有优抚对象48人，城市低保户183户、303人，农村低保户214户、350人，做到应保尽保。并为145名残疾人做好扶残助残服务。农村居民参加新农合4286人，新农合参保率达到

100‰。落实计划生育家庭奖扶各项优惠政策，投入12600元在辖区悬挂大型标语4条，灯杆宣传板17块，大型宣传板1面，小型宣传板4面，取得良好效果。组织育龄妇女生殖健康普查800人次，计划生育率达100%，人口出生率达7.47‰，社会抚养费征收率达100%，计划生育工作始终处于全市前列。

年内，街道有农村劳动力1417人，其中组织劳务输出112人，就近就地转移890人，务农人员605人，全部登记备案，录入系统。

【河流生态治理及防汛抗旱】2012年，钓鱼台街道加强防汛工作，投入10余万元，对2.6千米河道进行清淤。储备铁锹50把，编织袋8000条，石料100立方米，铁线2000米等防汛物资。成立由机关干部20人，每村50人组成的防汛抢险队，在每个村、社区人流密集区设立山洪泥石流宣传板，防汛人员告示板共12块。美化河道两侧环境，铺设彩砖步道，栽种树木，增设垃圾箱。

【街道教育工作】2012年，钓鱼台街道为辖区学校筹措资金16万元，全面启动校园绿化、美化、净化、亮化工程，改善办学条件。年内，在教育局组织的全市小学二年级、四年级抽考中，辖区学校成绩名列全市第4名，在上学期毕业班升学会考中名列全市第5名。

中共钓鱼台街道委员会

书　记　李红光

副书记　韩忠民

　　　　李迎辉（2012年9月任职）

钓鱼台街道办事处

主　任　韩忠民

副主任　崔红梅（女，2012年9月离任）

　　　　李美佳

　　　　李　莹（女，2012年12月任职）

　　　　刘文峰（2012年12月任职）

　　　　王光涛（兼，2012年6月任职）

人大街工委

主　任　崔红梅（女，2012年9月任职）

（李　想）

华 山 街 道

【概况】华山街道位于兴城市境东北部，东与元台子乡毗连，南和白塔乡接界，西与旧门乡为邻，北同杨家杖子经济开发区接壤，总面积70.4平方公里。街道办事处设在绿化村。该街道辖上长茂、下长茂、四合、绿化、羊草5个行政村和锦华、锦山2个社区。2012年末，全街道总人口20006人。其中，农业人口8385人，非农业人口11621人。人口出生率为3.73‰，自然增长率0.97‰。

2012年，全街道有耕地面积758公顷，粮食作物播种面积587.13公顷，粮食总产量3385吨。有军工企业1家，民营企业30家，其中规模以上企业6家。实现生产总值10.03亿元，比上年增长20%；全社会固定资产投资额实现5800万元，比上年增长45%；商业企业总产值1.02亿元，比上年增长28%；规模以上工业企业总产值实现6.94亿元，比上年增长41%；农民人均纯收入5708元，比上年增长26%。乡级财政收入1085万元，比上年增长6%。完成全口径税收1994万元。

年内，华山街道新增十星级文明户23户，达到171户，覆盖全镇5个村、2个社区。上长茂村被评为葫芦岛市文明标兵，锦华社区被评为葫芦岛市文明社区。

【党务公开联系点】2012年，华山街道作为辽宁省纪委在葫芦岛市唯一的党务公开联系点、全省17个联系点之一，努力探索党务公开工作新形式、新办法。开办简报、网站，改版村务公开栏；率先开展“三资”清查，第一个成立村务监督委员会，并定期向兴城、葫芦岛、辽宁省纪委报送信息和经验材料。

【乡村新变化】2012年，华山街道绿化村新建318平方米二层办公小楼；铺设黑色路面7.4公里；落实榛子园项目36.33公顷；王郭屯148户村民喝上自来水；帮助天泰养牛场协调贷款200万元、食用菌基地协调贷款800万元、隆杞养猪合作社协调贷款20万元；为困难户常彬翻盖72

平方米三间北京平新房，购买仔猪5头，并新建发酵猪舍1个。四合村利用组织部村部改造资金5万元翻新旧村部；利用“一事一议”奖补政策修建文化广场；落实榛子园项目13.33公顷，涉及农户50户；化解村级债务60万元，占总数的53.5%。玄宇食用菌合作社工厂化改造，生产能力由日产1万菌棒提高到日产3万菌棒，引导农户加入食用菌的合作经营。

【“三资”管理】2012年，华山街道将上年末开展的农村集体“三资”清查所有数据进行汇总，立卷归档，建立电子档案，清查结果公示，并与各村签订委托代理协议。年内，全市“三资”清查管理现场会在华山街道召开，各乡镇街道农经站长参加，华山街道做经验介绍。农村集体“三资”管理工作走上规范化、制度化轨道。

【弱势群体】2012年，华山街道对农村低保和城镇低保进行调整，清退不合格低保户193户、329人，新增贫困户108户、131人，做到应保尽保，应退尽退。年内，全镇有农村低保户1085户，1551人；城镇低保户907户，1937人；散五保户49人；优抚对象68人；残疾人272人。帮助68名贫困大学生完成学业，救助金额达11万元。争取上级受灾贫困户危房救助资金40.8万元，新建21户，维修51户。全街道22名90岁以上老人全部享受每年600元的补助金。投资15万元，为煤沟、灰沟31户百姓架设新线路，解决困扰群众多年的电力问题。

【尊师重教】2012年，华山街道加大教育投入力度，改善办学环境。投资32万元为九年制学校铺设黑色跑道1972平方米，边石680延长米；对羊草小学进行重新粉刷。同时街村两级投资11万元为中小学取暖，学校环境得到进一步改善，高标准通过“双高普九”验收。年内，华山中学54名考生全部升入上级学校，其中14名学生考入兴城高中。

【招商引资工作】2012年，华山街道引进辽宁晨光集团二期工程，落户兴城临海产业区，总投资8亿元，占地面积23.6公顷。东和碳素有限公司改扩建二期工程，总投资2400万元，在建设中。

【争取上级资金】2012年，华山街道积极争取上级专项资金，强力推进项目建设。全年争取专项资金969.2万元。争取中省级财政专项资金140万元，用于镇卫生院建设；争取省市两级专项资金310.8万元，用于绿化、四合村黑色路面7.4公里建设；争取省级财政林业专项资金193万元，用于春季、秋季造林；争取省市两级财政专项资金50万元，用于水利站建设；争取省市两级财政专项资金19万元，用于绿化村自来水工程；争取省级财政专项资金10万元，用于四合村青山工程；争取葫芦岛市财政专项资金102万元，用于绿化、四合、羊草村土地整理；争取葫芦岛市财政专项资金10万元，用于下长茂村河堤治理；争取葫芦岛市财政专项资金10万元，用于上长茂村“8·4”河堤治理；争取葫芦岛市专项资金5万元，用于绿化村酵床养猪；争取兴城市专项资金40.8万元，用于贫困户危房改造；争取兴城市财政专项资金26.9万元，用于上长茂、四合村废弃矿井封堵工程；争取兴城市财政专项资金15万元，用于治理上长茂村松山尾矿库；争取兴城市财政专项资金11万元，用于绿化村河堤维修；争取兴城市财政专项资金10万元，用于绿化村、下长茂村、食用菌专业合作社的榛子园、食用菌打井；争取兴城市专项资金11万元，用于资助贫困大学生完成学业；争取兴城市专项资金4万元，用于贫困单亲母亲危房改造；争取兴城市专项资金6000元，用于贫困户危房改造。

中共华山街道委员会

书　记　陈玉斌

副书记　谷彦晟　沈大江

华山街道办事处

主　任　谷彦晟

副主任　乔秀华（女）　张洪哲　张永强　王文辉（兼，2012年6月至12月）

人大街工委

副主任　冯春荣（2012年9月任职）

（曹春龙）

大 事 记

2013年兴城市大事记

1月

4日

兴城市委召开全市领导干部大会，安排部署2013年重点工作。

6日

兴城市七届人大常委会召开第二次会议，审议并通过红崖子满族乡与海滨满族乡撤乡建镇议案。

8日

兴城市残联召开第五次代表大会。总结五年来兴城市残疾人事业发展所取得的成绩，明确今后五年残疾人工作的主要任务，选举产生市残联第五次代表大会主席团和执行理事会。

12日

兴城市召开“一卡通”发放工作大会。17万农民实行财政涉农补助资金“一卡通”。

14日

由兴城市委常委任组长和有关部委办局负责人组成的5个检查考核小组，对各乡镇街道2012年度党政领导班子和主要领导干部贯彻落实科学发展观情况及贯彻落实党风廉政建设责任制和推进惩防体系建设情况进行考核。

17日

兴城市政府启动“送温暖献爱心”捐款活动。

19日

兴城市动监局开展屠宰检疫专项检查行动，让百姓吃上放心肉。

21日

▲以“就业帮扶，真情相助”为主题的2013年就业援助月专项活动在全市全面展开。

▲兴城市政府举行国家教育发展基金会“励耕计划”资助金发放仪式，全市25名贫困教师每人获得1万元资助金。

22日

兴城市交警队、运管所、客运总公司、客运站等部门联合召开2013年春节运输动员大会，确保春运工作安全、优质、有序。

24日

兴城市政府召开“两退一围”攻坚战动员会。从即日起，对全市25度以上的坡耕地及政府规划的林业用地上的所有小开荒进行清退。

25日

▲兴城市旅游局召开全市旅游安全生产工作会议。兴城市旅游行业联合党支部成立。

▲兴城市非公有制经济人士和各民主党派成员捐款15.4万元，送到58户困难群众家中。

27日

在辽宁省十二届人大一次会议第二次全体会议上，张文成、李玉环当选全国人大代表。

29日

驻兴武警8620部队政治部副主任王耀东到共建单位海滨乡，看望军属、老复员军人和贫困户。

30日

由兴城市旅游局招商引资的兴城古城宁远客栈、戏院项目签订正式开发建设协议。

31日

▲兴城市委召开六届五次全会，对2012年度全市干部选拔任用工作进行民主评议。

▲由兴城市委宣传部牵头，兴城市文化广

播影视局主办的文化下乡活动在郭家镇集市拉开帷幕。

本月

▲兴城市获辽宁省“新农村建设档案工作示范市”称号。

▲辽宁省核工业二四六医院被省新型农村合作医疗管理中心评为“新农合诚信单位”。

2月

2日

葫芦岛市与兴城市书法家在兴隆大家庭的大厅内挥毫送春联。

3日

辽宁省委副书记、省政协主席夏德仁，辽宁省人大常委会副主任李文科、副省长刘强到兴城走访慰问老劳模和困难家庭。

5日

葫芦岛市委书记孙兆林到兴城走访慰问低保户和农村优抚对象。

6日

▲青山水库移民入住临海产业区新居。

▲兴城市举行“生育关怀、牵手圆梦”助学金发放仪式，来自全市各乡镇计生贫困家庭的54名女大学生，领到每人每年3000元的助学金。

16日

▲兴城市委召开全市领导干部大会。传达省委、省政府召开的县委书记、县长座谈会议精神，部署全市各项重点工作任务。

▲兴城市政府召开郦家湾城市规划区管理综合整治工作会。

22日

兴城市委召开村“两委”换届选举工作会议，全市村“两委”换届选举工作全面启动。

23日

兴城市举办2013年秧歌汇演。全市各个乡镇街道的11个秧歌代表队，在宁远广场欢度蛇年元宵佳节。

24日

兴城大红门物流商贸城项目正式签约。该项目由四家村企业集团股份有限公司和北京市大红门服装商贸城市场中心合作投资兴建。

3月

4日

兴城市成立传承雷锋精神的公益性队伍——张焕荣爱国主义宣传总队。

6日

由全国妇联、中国妇女发展基金会、中国邮政集团公司联合开展的“母亲邮包”捐赠活动在兴城市启动。

8日

辽宁省和葫芦岛市村级“两委”换届选举工作督导组走进四家屯街道四家村，实地检查兴城市村级“两委”换届工作的开展情况。

9日

兴隆大家庭举办“狮牌杯”全民健康徒步大行动，有200多位市民参与，用实际行动喜迎全运会的到来。

12日

▲兴城市委召开党建、经济暨农村工作会议。

▲兴城市乡科级领导干部集中述职。

14日

兴城市政府召开春季重大动物疫病防控工作会议。从3月15日起至4月30日，用一个半月时间，对辖区内所有应免畜禽进行禽流感、口蹄疫、猪瘟和高致病性蓝耳病等重大动物疫病进行集中强制免疫。

15日

▲兴城市药监局集中销毁一批假冒伪劣食品、药品，用实际行动向市民作消费维权宣传。

▲兴城市政府召开房地产企业座谈会。全市30多家房地产开发企业负责人参与座谈。

20日

▲兴城临海产业区组织召开银企对接会，

构建银企双方交流合作、共谋发展的平台，在把企业招进来的前提下，确保留得住，更要发展好。

▲葫芦岛市市长都本伟到兴城，就渤海船舶职业学院新校址建设、富都酒店、兴城河治理、晨光塑料、徐大堡核电站、高家岭汤上温泉等重点项目建设情况进行调研。

21日

葫芦岛市政协主席郑宏伟带领调研组到兴城临海产业区，对新型城镇化发展情况进行专题调研。

22日

▲兴城临海产业区管委会组织园区用工企业到三道沟满族乡，举办青山水库移民务工现场招聘会，把就业岗位送到移民家门口。

▲建兴高速公路征地动迁工作会议在兴召开。会上总结2012年建兴高速公路工作，表彰在征迁工作中的先进集体和先进个人。

23日

兴城市政府召开统计、农村危房改造、护林防火工作会议。

24日

由兴城市旅游主管部门、涉旅企业等14家单位组成的旅游资源宣传推介队伍，赴遵化、北京、保定、石家庄、廊坊等地开展宣传推介活动。

28日

▲兴城市总工会召开三届十三次全委（扩大）会议。

▲兴城市政府召开全市推进“一事一议”财政奖补和“一卡通”发放工作会议。

29日

▲兴城市政府召开青山工程和创建国家森林城市工作会议。

▲由兴城市政府、市旅游局主办的2013旅游推介会，历时6天圆满落下帷幕。

31日

兴城市红崖子乡政府和中国民生银行葫芦岛分行共同举办“中国民生银行兴城红崖子花生产业城市商业合作社”成立暨揭牌仪式。

本月

▲兴城市首山野生动物保护站成功救治4只国家二级重点保护野生动物——秃鹫，并放归大自然。

▲盛京银行落户兴城市。

4月

2日

▲兴城市政府召开爱国卫生工作暨清洁月活动动员会议。全面启动以“清洁环境，保护健康，共促文明”为主题的第25个爱国卫生清洁月活动。

▲兴城临海产业区青山水库二期移民安置楼正式开工。

▲兴城市政府再次召开治理整顿“吃空饷”工作会议。

▲兴城市政府召开2013年人大代表建议和政协委员提案交办工作会议。

9日

共青团兴城市第六次代表大会在兴城人民会堂召开，全市各条战线的178名团代表参加大会。

14日

国家林业局长春专员办督查组一行到兴城检查野生动物保护和疫源疫病监测防控以及湿地管理工作。

15日

▲在兴城二高中体育馆举办“红双喜·开拓杯”全国少儿乒乓球赛。全国13省29市的409名运动员参加比赛，国家体育总局授予兴城市体育局特殊贡献奖。

▲兴城市委组织部被人民网评为“基层党建宣传示范单位”。

17日

兴城市直机关工委举办公文写作与处理知识竞赛。

18日

葫芦岛市委书记孙兆林到兴调研重点项目进展情况。

25日

兴城市召开社会管理综合治理工作会议。

26日

兴城市政府举办2013年温泉旅游经贸推介会。来自北京、天津、长春、哈尔滨、通辽等11个城市的旅游局领导、旅游业人士参加会议。

27日

▲兴城市委召开首届劳动模范表彰大会。臧永军等10人被授予特等劳动模范荣誉称号，刘久生等53人被授予劳动模范荣誉称号。

▲兴城市委召开创建省级文明城市动员大会，全面部署创建工作。

28日

▲兴城市旅游局、药监局、安监局、技术监督局等10个部门组成联合执法检查组，对市内中等规模以上的宾馆、饭店等涉旅单位进行“五一”节前旅游安全联合大检查。

▲泰国碧武里市青少年访问团到南一小学进行友好访问。

5月

4日

兴城市教育局举行感动校园第二届十佳青少年颁奖典礼。

7日

▲共青团兴城市委组织的“青年文明礼仪大讲堂”活动正式启动。

▲辽宁红崖子花生物流园项目正式启动。标志着我国北方首家最大规模的花生专业贸易中心和集散地全面开工建设。

9日

东北三省各市、县区体育教研员、主管校长、中小学体育教师等1000余人到兴城，参加为期两天的东北三省第九届中小学体育教学现场观摩会暨优秀课例展示活动。

10日

▲辽宁省省政府副秘书长陈淑珍就产业区工业地产项目的规划、投资规模、产品市场等问题，到临海产业区展开调研。

▲兴城市政府就古城延辉门楼、钟鼓楼修缮工程进行公开招标，北京房修一建筑工程有限公司中标。

11日

兴城市城市管理综合执法大队与公安、边防等多部门联合执法，对四家屯街道邴家村违章建筑进行强制拆除。

12日

兴城市召开农村环境综合治理暨当前重点工作推进会议。

14日

兴城市粉末冶金有限公司举行国家高新技术企业授牌仪式，标志着兴城市民营企业由粗放型发展模式逐步向产学研一体化的现代企业模式转变。

15日

葫芦岛市政协主席郑宏伟、秘书长佟民率产业发展专题调研组，对兴城房地产业发展情况进行调研。

17日

核物理学家、中国科学院院士王乃彦，中国核能行业协会常务理事兼副秘书长徐玉明，应邀到兴进行核能知识科普讲座。

19日

兴城市旅游局在文庙举行“爱我家乡，游我兴城”中国旅游日活动启动仪式。

20日

兴城市200多名新当选的村（社区）党支部书记、村主任走进课堂，进行为期两天的岗前培训学习。

22日

兴城市政府召开农机购置补贴政策落实情况专项检查暨抗旱播种工作会议。

23日

▲兴城市委召开领导干部大会，贯彻落实辽宁省省长陈政高、副省长赵化明到葫芦岛市调研讲话精神，鼓足干劲、攻坚克难，圆满完成年初制定的各项目标任务。

▲兴城市农村贫困家庭劳动力技能培训班开班。

25日

兴城市直机关工委举办“迎全运、爱家乡”

长跑活动。

26日

兴城市企业基本养老保险扩面征缴“百日行动”启动。

27日

兴城市举办创建省级文明城市万人签名活动。

本月

▲“五一”小长假期间，兴城共迎来游客4万人次，同比增长5.2%，旅游总收入17万元，同比增长70%。

▲经辽宁省政府批准，海滨满族乡更名为徐大堡镇，红崖子满族乡更名为红崖子镇。

6月

4日

由兴城市劳动和社会保障局、人事局、教育局、总工会、工商业联合会联合举办的2013年民营企业招聘周活动正式启动。

8日

由中国古都学会城墙保护专业委员会主办、兴城市文物局等8家地方文保部门协办的“中国明清城墙联合申遗展”在宁远书院举行。

13日

▲由兴城市体育局、市直机关工委、总工会、教育局联合主办的“连山农商银行杯”2013年兴城市男子篮球联赛在东山体育馆举行，共有37支球队报名参赛，赛程7天。

▲兴城市举行导游员统一着装仪式。

14日

兴城市政府召开种植业农业保险工作会议。

15日

由兴城市体育局主办、兴城市羽毛球协会筹建工作组承办的“兴隆大家庭杯”首届民间羽毛球赛在沈阳军区温泉疗养院健身馆举行，有20支羽毛球队参加比赛。

17日

兴城综合频道全新打造的生活资讯类节目《百姓生活》开播，展示兴城广播电视新形象。

18日

▲葫芦岛市农村环境治理现场会在羊安满族乡召开。

▲兴城市召开2013年中考工作会议。年内普通高中计划招生2800人，全市参加普通高中招生考试3878人，参加中专、中师考试235人，设有4个考点共139个考场。

19日

▲兴城市政府召开专题会议，安排部署2013年“一事一议”财政奖补村内道路建设。

▲兴城市机关工委联合市委办、政府办督察室组成督查组，对市直机关部分单位纪律作风和环境卫生情况进行暗访。

21日

葫芦岛市市长都本伟带领市直各部门、各县市区主要领导到兴城参观考察。

24日

辽宁兴城农村商业银行股份有限公司召开创立大会暨股东大会第一次会议，标志着兴城信用联社深化改革工作取得阶段性成果。

27日

在葫芦岛市法治文化广场举办的辽宁省法制宣传“沿海行”系列活动总结仪式上，兴城市被授予辽宁省法治文化建设基地称号。

本月

兴城市委书记于学利在人民网·中国共产党新闻网推出的“百名书记畅谈中国梦”节目中接受专访，阐述“中国梦”、畅谈“兴城梦”。

7月

1日

▲葫芦岛市委书记孙兆林到四家屯街道四家村和曹庄镇泡河村，走访慰问新中国成立前老党员刘玉财和周国相。

▲兴城市政府组织实施的重点惠民工程——兴城市铁西农贸市场落成营业。

▲兴城市工商局按照《葫芦岛市餐饮服务

业专项整治工作方案》，要求餐饮行业停止对一次性餐具收费。

3日

兴城市政府召开惠农政策落实情况专项检查工作会议，明确检查指导思想目标、内容以及方法和步骤。

5日

兴城市有6人作品入选由辽宁省文学艺术界联合会、辽宁省美术家协会主办的“美丽辽宁——优秀美术作品展”。

7日

2013年“文明兴城、共建共享”第二届乡村文艺展演在药王满族乡拉开序幕。

9日

兴城市政府召开2013年餐饮服务食品安全工作会议，华悦酒店、天和大酒店等20家餐饮服务单位荣获兴城市首批餐饮服务食品安全监督量化分级管理A级单位。

10日

▲从即日起至8月25日，兴城市委宣传部面向全社会公开征集“兴城精神”表述语及其内涵解读。

▲国家文物局专家和辽宁省文物局领导到兴城，对文物保护工作进行现场指导，并对宁远客栈项目提出建设性意见。

13日

“数字电视情系三农”大型文艺演出在曹庄镇老滩村文化广场拉开帷幕。

18日

▲兴城市政府召开预防青少年违法犯罪工作会议。

▲兴城市第二届“水保杯”农民书画展在宁远书院开幕。

19日

兴城市科学技术协会召开第三次代表大会，有170多名科技工作者参加大会。在市科协三届一次全委会上刘光辉、高桂秋分别当选为市科协主席、副主席。

22日

▲兴城市“百县千乡万村无邪教创建活动”在宁远广场正式启动。

▲辽宁省委宣传部、省文明办领导到兴慰问曹庄独轮车表演队。

24日

农业部渔业局副局长崔利锋、国家安全总局二司副司长官山月到兴城小坞码头，检查兴城市伏季休渔和安全生产情况。

25日

▲兴城市委书记于学利主持召开市委中心组扩大会议，专题学习中共中央和辽宁省党的群众路线教育实践活动工作会议精神，安排部署全市党的群众路线教育实践活动。

▲兴城市独轮车队在第十三届全国独轮车锦标赛上获得团体冠军、独轮车篮球比赛团体冠军、独轮车技巧团体冠军。兴城市选手获得全部43枚金牌中的25枚，金牌、奖牌总数均列第一。

26日

▲兴城市第七届人大常委会举行第六次会议，任命刘希杰、安庆芳为兴城市人民政府副市长。

▲兴城市工商联与海伦市工商联喜结友好商会，进一步推动两市优势互补，促进两市经济发展。

30日

“八一”前夕，兴城市委、市人大、市政府、市政协的领导走访慰问驻兴部队官兵。

31日

▲兴城市政府召开加强乡镇财政规范化建设会议。会议要求，进一步加强乡镇财政“双基”建设，推进财政科学化精细化管理。

▲兴城市政府召开农村环境综合治理推进会。

本月

▲辽宁省非物质文化遗产保护中心工作人员到兴城，录制省级非物质文化遗产红崖子镇“满族大秧歌”。

▲在第五届海峡两岸关爱下一代成长论坛上，兴城第一幼儿园园长王丽应“中国关心下一代工作委员会”邀请，代表国家优秀园长参加论坛，并获得百佳园长和优秀园长称号。

▲兴城7名运动员代表葫芦岛市参加由辽宁省体育局主办的2013年辽宁省青少年田径比

赛，获得铜牌5枚，团体总分65.5分的好成绩。

8月

5日

由中国服装协会、葫芦岛市人民政府、辽宁省经济和信息化委员会共同主办，辽宁省服装协会、辽宁省服装设计师协会、兴城市人民政府、兴城市泳装行业协会联合承办的2013年“丽汤温泉杯”第二届中国（葫芦岛·兴城）国际泳装模特大赛举行颁奖晚会。

6日

第三届中国（葫芦岛·兴城）国际沙滩·泳装文化博览会举行北方创意经济峰会系列之“全产业全营销”论坛。

7日

在葫芦岛市移动文化广场举行葫芦岛市第二届群众文化节暨第三届“泳博会”系列文化广场活动之“群星竞放耀滨城”县（市）区文艺汇演兴城专场演出。

8日

▲在葫芦岛市一高中体育馆举办由中国服装协会、兴城市人民政府共同主办，辽宁省服装协会、兴城市泳装行业协会承办的风尚兴城——装典中国·中国服装年度品牌巡演。

▲葫芦岛市市长都本伟、副市长杨维率领6个县市区及相关部门领导，先后到兴隆大家庭、海滨景区，实地察看兴城市夜经济发展情况。

▲兴城市在宁远广场举行首次全民健身成果展示晚会。

13日

辽宁省政府对沿海经济带重点园区进行调整，正式批复兴城临海产业区更名为兴城滨海经济区。

14日

兴城市委召开六届五次全委（扩大）会议。会议号召，全市广大党员干部和人民群众，要振奋精神狠抓落实，为圆满完成全年任务目标而努力奋斗。

15日

葫芦岛市妇联到兴城市举行援助贫困学子暨宫颈癌、乳腺癌“两癌”救助金发放仪式，4名贫困“两癌”患者和7名贫困学生领到共计61000元的救助金。

16日

兴城旅游民间工艺品展示会在海滨景区拉开帷幕。

20日

▲葫芦岛市委书记孙兆林在葫芦岛市委常委、组织部部长蹇丹陪同下到兴，就如何开展以“为民、务实、清廉”为主题的党的群众路线教育实践活动，解决“四风”问题，到羊安满族乡柳蒿村调研。

▲中核集团组织在职专家、院士、全国劳动模范20余人到兴参观考察徐大堡核电工程项目。

24日

首山丽汤温泉旅游度假区项目——丽汤温泉酒店主体竣工暨丽汤梦之湾样板区举行启幕公开盛典。

27日

羊安满族乡被团中央农村青年工作部评选为2013年度“全国农村基层团建示范乡镇”。

30日

▲兴城农村信用合作联社成功改制为兴城农村商业银行。

▲兴城市水务局正式挂牌成立，成为葫芦岛市第一个县区级水务局。

31日

兴城市240名独轮车运动员，装扮成十二运吉祥物小斑海豹“宁宁”的形象，参演辽宁省沈阳市举行的全国十二届运动会开幕式。

本月

经过近13个月的紧张施工，兴城滨海经济区兴海66千伏输变电工程全部竣工并正式投入运行。

9月

1日

兴城市被国家体育总局授予“全国群众体育先进县”称号，兴城曹庄小学被国家体育总局授予“全国群众体育先进单位”称号。

2日

兴城市红十字会首个救护员培训班开班，来自金种子宾馆的30余名工作人员参加培训。

6日

兴城市政府召开第三次全国经济普查动员大会。

9日

兴城市政府召开2013年教师座谈会，来自社会各界的代表和优秀教师代表欢聚一堂，共同庆祝第29个教师节。

12日

民革兴城市支部委员会、兴城历史文化学会联合举办座谈会，纪念吴景濂诞辰140周年。

16日

兴城市钓鱼协会和老年体协共同举办首届金秋老干部钓鱼联谊会。

17日

▲兴城市归国华侨联合会召开一届三次全委（扩大）会议，40余名侨联委员和部分归侨侨眷代表参加会议。

▲辽宁核电科普展览在沈阳军区兴城疗养院温泉疗养区开幕。

27日

“创建文明城市，共建美好家园”2013年兴城之夏文化广场文艺展演闭幕式暨教育局专场文艺演出在宁远广场举行。

10月

8日

“十一”期间，兴城市共接待游客55万人次，同比增长63%，旅游总收入3.01亿元，同比增长63%，旅游接待人数和收入再创历史新高。

9日

▲兴城市政府组织副县级以上离、退休老干部一行20余人，对全市重点工程项目进行视察，并召开座谈会，认真听取老干部对兴城市经济社会发展的意见和建议。

▲兴城市首个水上音乐喷泉建成并试喷成功。

10日

兴城市政府召开全市妇女创业小额担保贷款工作会议，妇女创业小额担保贷款工作开始启动。

12日

辽宁省“四化”竞赛活动检查团莅临兴城，对城市绿化、美化、净化、亮化工作进行检查考核。

13日至19日

兴城市卫生局开展“服务百姓健康行动”义诊周活动。

15日

辽西古城文化研讨会在兴城举行。

17日

▲经国家档案局测评组专家评定，兴城市档案馆成功晋升为国家二级综合档案馆。标志着兴城市档案事业进入一个新的发展时期。

▲兴城市美术家协会在宁远书院举办“为霞尚满天”老年人国画展。

18日

兴城市人大常委会组织全国、省、市、县四级人大代表，通过实地察看、听取汇报、座谈交流等形式，对全市2013年重点项目建设情况进行视察。

22日

兴城市委、市政府组织6个街道领导和相关部门负责人及部分重点房地产开发商，到绥中县东戴河新区参观学习。

29日

兴城市委、市政府举行城乡项目建设拉练会。对年初以来的各项工作进行一次全方位的“回头看”，看项目，听汇报，议发展，展示成绩，鼓舞士气，分析问题，查找差距，动员全市上下以更加饱满的工作热情冲刺第四季度，确保完成全年工作任务。

31 日

“兴城市劳动力转移培训——阳光工程食用菌培训班”在位于华山街道的“葫芦岛市玄宇食用菌专业合作社”正式开班。该次培训班面向全市 300 余名农民进行免费食用菌技术培训。

本月

▲在第八届中国辽宁（沈阳）国际农业博览会上，兴城市沙后所镇郁盛农产品加工有限公司生产的即食海蜇荣获金奖，成为该届博览会上葫芦岛地区唯一一家获奖产品。

▲在上海举行的 2013 中国国际金属成形展览会上，兴城市粉末冶金有限公司选送的锻件产品荣获“神工奖”。

▲兴城市文明委决定在全市开展“最美兴城人”评选表彰活动，设置“最美医生”“最美教师”“最美记者”“最美的哥”“最美保洁员”“最美志愿者”“最美少年”等荣誉称号。

▲兴城市医院签约加入“盛京医疗联盟”，正式成为中国医科大学“盛京医疗联盟”成员单位。

11 月

1 日

由兴城市文学艺术界联合会主办的创建省级文明城市“我的家乡我来建”文学作品征文结果揭晓。

5 日

来自辽宁省湿地保护中心、省环境科学研究院、辽宁大学的 4 名专家学者齐聚兴城，对兴城河口湿地公园总体规划进行评审论证。

12 日

全国中小学幼儿园秋季安全工作交叉检查组在省市教育厅、综治办、公安厅等校园安全管理部门领导的陪同下，到兴城市南一小学、第一幼儿园、曹庄中学和海滨九年一贯制学校检查学校安全工作。

15 日

兴城市“2013 年非高危行业主要负责人和安全员培训班”开班。来自全市非高危行业主要负责人和安全员 100 余人参加培训。

17 日

“前进渔场杯”中国水草大师赛总冠军在广州琶洲展馆正式决出。兴城市刘寅龙以一缸名为《翠岭》的作品摘得桂冠。

18 日

▲梅迪亚斯普（葫芦岛）帆船游艇制造项目奠基仪式在兴城滨海经济区举行。

▲兴城市首家企业文联——辽宁省核工业二四六医院文联挂牌成立。

▲兴城市“农商银行杯”青年歌手电视大奖赛在兴隆大家庭拉开战幕，历时 5 天。

19 日

非营利性组织乐施林眼康服务中心到兴城，为兴城市辽工大附中及一高中“早期飞行学院培训基地”捐赠眼康双目可调式治疗仪 50 台。

21 日

▲兴城市委召开市委常委班子民主生活会征求意见座谈会，广泛征求基层意见和建议。

▲兴城市政府召开 2013 年廉租住房租赁补贴协调会。

26 日

兴城市政府召开政府班子民主生活会征求意见和建议座谈会，广泛征求社会各界对政府班子和班子成员的意见和建议。

27 日

▲兴城市政府举行《走进兴城历史文化丛书》首发式，该丛书一套六册，16 开本。

▲兴城市工商业联合会红崖子镇分会成立，并召开第一次会员大会。

28 日

▲兴城市“创森杯”《我们的森林城市、我们的美丽家园》摄影书法大赛优秀作品展开幕。

29 日

▲兴城市政府召开全市重点消防隐患督促整改协调会，对参会单位存在的火灾隐患和消防违法行为进行督促整改。

▲兴城市旅游行业协会召开第三次会员代

表大会，选举产生新一届协会理事、常务理事、会长、副会长、秘书长、副秘书长。

本月

▲兴城市妇女儿童医院新建的门诊输液观察室正式投入使用。该输液室专为婴幼儿患者开设，占地300平方米，配置72张输液椅。

▲兴城市再次获得产粮油大县奖励资金988万元，其中产粮奖励808万元，比上年增加159万元；产油奖励180万元，比上年增加20万元。

12月

3日

▲由葫芦岛市慈善总会，兴城市慈善会、市人民医院共同开展的“慈善血透析项目”启动仪式在兴城举行，该项目为兴城市城乡低保、“五保”家庭中的尿毒症患者提供免费的血液透析治疗。

▲兴城市召开进一步整顿医疗秩序、打击非法行医专项整治工作会议，针对全市医疗市场存在的突出问题，开展打击非法行医专项行动。

4日

▲凌晨1时，刘台子乡山西村村民宋广生因先天性心脏病医治无效去世，家人帮其完成捐献眼角膜的遗愿。宋广生成为兴城市首例眼角膜捐献者，也是葫芦岛市首位眼角膜捐献者。

▲由葫芦岛团市委、希望办、学联、青年志愿者协会和科技馆联合开展的“大手牵起小手，爱心放飞梦想”暖冬行动走进药王乡谷屯小学，为留守儿童送去关爱。

5日

兴城市政府举办“绿动兴城”2013年创建国家森林城市专题文艺演出。

6日

▲由兴城市总工会、兴城市直机关工委、兴城市妇联联合举办的“创文明城市、展兴城风采”文明礼仪大赛决赛圆满落幕。

▲兴城市召开见义勇为先进个人表彰会，郭家镇孙家村村民魏哲获“见义勇为公民”荣誉称号。

7日

“兴城翼鲤达泳装杯”2013年辽宁省县区少年游泳比赛在兴城举行，全省12支代表队205名小选手参赛。

9日

兴城市委召开六届六次全委（扩大）会。市委书记于学利动员全市各级党组织和广大党员干部，锐意进取、攻坚克难，大踏步向全省发达县（市）行列迈进。

10日

葫芦岛市首批廉政文化建设示范单位揭牌仪式在兴城市曹庄中学举行。

11日

辽宁省委副书记许卫国到兴城进行工作调研。葫芦岛市委书记孙兆林，市委副书记白雪峰，市委常委、组织部部长蹇丹以及兴城滨海经济区党工委书记伊效民、市委书记于学利，市委常委、组织部部长李肖等市领导陪同调研。

12日

兴城市委常委班子召开以“为民务实清廉”为主题的2013年度民主生活会。葫芦岛市委书记孙兆林参加会议，并发表重要讲话。

16日

兴城市小坞国家一级渔港建设工程举行开工仪式。

17日至19日

中国人民政治协商会议兴城市第七届委员会第二次会议召开。来自全市各界的248名政协委员参加会议。会议补选4名政协兴城市七届委员会常务委员。

18日至20日

兴城市第七届人民代表大会第二次会议隆重召开。大会以无记名投票的方式，选举葫芦岛市第五届人民代表大会代表62人；补选兴城市第七届人民代表大会常务委员会委员4人。

21日

“2013年葫芦岛市少年乒乓球赛”在连山区训练馆举行，兴城市体育局组队参赛，在7个县区10个代表队的激烈角逐中，温泉小学代表队获得女子团体第三名，兴城代表队获得“体育道德风尚奖”。

24日

▲辽宁省农村环境治理督察组到兴城，就农村环境治理工作进行检查验收。

▲兴城市12岁胡金雨获得“魅力香港国际青少年艺术节”辽宁赛区选拔赛西乐类双排键电子琴专业儿童E组金奖。

28日

国家文物局文物保护专家到兴城，对城墙保护维修方案补充方案进行论证，并验收古城延辉门、钟鼓楼、文庙油饰维修工程。

本月

▲兴城市粉末冶金有限公司与日本3名专家组成的企业技术创新、产品开发科技研发团队取得丰硕成果。团队成员田中秀明先生获得辽宁省“友谊奖”称号。

▲兴城市文物局从河北曲阳定制16门“红夷大炮”，分别架设在古城的春和门、延辉门、威远门的瓮城上。“红夷大炮”采用铸铁制成，每门重750公斤，造价1.8万元。该大炮完全按照辽宁省博物馆馆藏的原兴城古城“红夷大炮”样式制造。

▲兴城农村商业银行被中国纺织工业联合会授予“纺织产业集群地区发展服务荣誉奖”。

·小资料·

磨石沟塔

亦称西塔、双山古塔，位于红崖子镇磨石沟屯西北的袋状山谷中。经省内专家鉴定此塔为辽代建筑，1979年列为省级文物保护单位。2013年，列入全国第七批重点文物保护单位名单。

塔存高17.4米，为八角形空心密檐式九级砖塔。塔座为须弥式，塔身八面。东西南北四面是砖雕券门，门分两扇，上下有圆门钉，两扇门皆有门环。门两旁各立一胁士，长袍垂膝，两手合成拱式。四个隅面均为砖雕碑，每块碑上各刻一类似梵文的大字，暂时不能辨认。碑上部雕有飞天秀女，单手举莲，体态轻盈，裙带飘舞。塔内部空心为六角椎体形，底部较宽，直径为3.61米；顶部较窄，直径约1.5米。

古塔地处山坳，四周松树、槐树、柞树密布，塔西北的黑凤山及西南山脊有明代边墙、烽火台，附近学校的师生经常到此野游。

概 貌

基本情况

【行政区划】2013年，兴城市积极配合城镇化进程，做好行政区划调整工作。完成红崖子和海滨两个乡的撤乡建镇工作，5月经省政府批准（辽政〔2013〕96号）设立红崖子镇和徐大堡镇；完成设立临海街道办事处工作，9月经省政府批准（辽政〔2013〕177号）设立临海街道办事处，将曹庄镇的老滩村、中兴村划归其管辖；8月完成将东辛庄镇的周石村和大寨满族乡的马圈村划归绥中县城郊乡管辖的调整工作（辽政〔2013〕161号），涉及兴、绥两县（市）的界域勘定工作正在进行。全市辖13个满族乡，6个镇，8个街道，分别为羊安满族乡、元台子满族乡、白塔满族乡、望海满族乡、刘台子满族乡、大寨满族乡、南大满族乡、围屏满族乡、高家岭满族乡、碱厂满族乡、三道沟满族乡、旧门满族乡、药王满族乡、曹庄镇、沙后所镇、东辛庄镇、郭家镇、红崖子镇、徐大堡镇、古城街道、宁远街道、城东街道、温泉街道、钓鱼台街道、四家屯街道、华山街道、临海街道，下辖235个行政村，29个社区。

【气温】2013年，兴城市平均气温为8.8℃。8月份为全年平均气温最高月，月平均气温为24.5℃，较常年高0.6℃；1月份为全年平均气温最低月，月平均气温为–10.4℃，较常年低3.0℃。年极端最高气温为35.7℃，出现在7月4日；年极端最低气温为–24.8℃，出现在1月2日。

2013年各月平均气温表

表1　　单位：℃

月份	1	2	3	4	5	6	7	8	9	10	11	12
平均气温	–10.4	–5.6	0.7	7.3	18.3	20.9	24.3	24.5	17.9	10.6	2.8	–5.5

【降水】2013年，全市总降水量为435.9毫米，较常年少146.3毫米。春季（3月至5月）降水量为32毫米，较常年少55.8毫米；夏季（6月至8月）降水量为292毫米，较常年少96.7毫米；秋季（9月至11月）降水量为109.8毫米，较常年多12.9毫米，冬季（12月至2014年2月）降水量为3.4毫米，较常年少5.5毫米。全年共出现2场大于50毫米的降水，分别是7月1日至2日和7月15日至16日，降水量分别为51.1毫米、52.7毫米。

2013年各月降水量表

表2　　单位：毫米

月份	1	2	3	4	5	6	7	8	9	10	11	12
降水量	0	2.1	14.7	15.7	1.6	92.6	129.2	70.2	64.3	45.5	0	0

【风】2013 年，全市平均风速为 2.9 米 / 秒。其中春季（3 月至 5 月）平均风速为 3.9 米 / 秒；夏季（6 月至 8 月）平均风速为 2.5 米 / 秒；秋季（9 月至 11 月）平均风速为 2.6 米 / 秒。全年 7 级以上大风日数为 7 次，最多风向为北北西风，频率为 13%。

2013 年各月平均风速表

表 3　　单位：米 / 秒

月份	1	2	3	4	5	6	7	8	9	10	11	12
平均风速	2.4	3.1	3.9	4	3.8	2.9	2.2	2.5	2.2	2.6	3.0	2.4

【日照】2013 年，全市年日照时数为 2957.1 小时，较常年多 193 小时。年平均日照率为 67%。

【霜冻】2013 年，全市春季最后一次霜冻出现在 4 月 24 日，较常年晚 4 天；秋季第一次霜冻出现在 10 月 14 日，较常年晚 9 天。全年无霜期日数为 173 天，较常年少 3 天。

【灾害性天气】2013 年，兴城市出现大风天气 29 天，并伴有灾情发生。其中 3 月 21 日，在羊安乡附近，电塔被大风刮倒，造成经济损失 10 万元；8 月份受大风天气影响，全市受灾人口总数为 4300 人，农作物受灾面积为 340 公顷，成灾面积为 240 公顷，绝收面积为 100 公顷，直接经济损失 300 万元。

2013 年，兴城市出现雷电天气 10 天。6 月 27 日，兴城市气象局自动采集器被雷暴击坏，直接经济损失 3 万元。

（唐　帅）

【人口】2013 年末，全市（户籍）总人口 542299 人，非农人口 131846 人，非农人口占总人口的比重为 24.3%。全年出生人口 3282 人，人口出生率为 5.96‰；死亡人口 2619 人，死亡率为 4.76‰；自然增长率为 1.20‰；计划生育率为 98.35%。全市有满族、蒙古族、回族、锡伯族、朝鲜族等 32 个少数民族，其中以满族为最多，有少数民族人口 329070 人。

（商　航）

国民经济和社会发展

【概况】2013 年，兴城市深入实施“工业化、城镇化、农业产业化和民生保障”四项战略，牢牢把握转型升级、可持续发展这一主线，全力应对各种困难挑战，全市经济平稳较快增长，运行质量稳步提升，社会生产和谐有序，城市建设日新月异，民生保障逐步完善。全年全市 GDP 总量完成 1513329 万元，按可比价格计算，同比增长 12.8%。其中，第一产业增加值 216858 万元，同比增长 4.5%；第二产业增加值 754680 万元，同比增长 17.2%；第三产业增加值 541791 万元，同比增长 10.4%。产业结构比为 14.3 ∶ 49.9 ∶ 35.8。分季度看，一季度增长 10.9%，二季度增长 13.9%，三季度增长 12.8%，四季度增长 12.8%。剔除不可比因素，按可比价计算，2013 年全市 GDP 总量与 2008 年相比年均递增 19.4%。

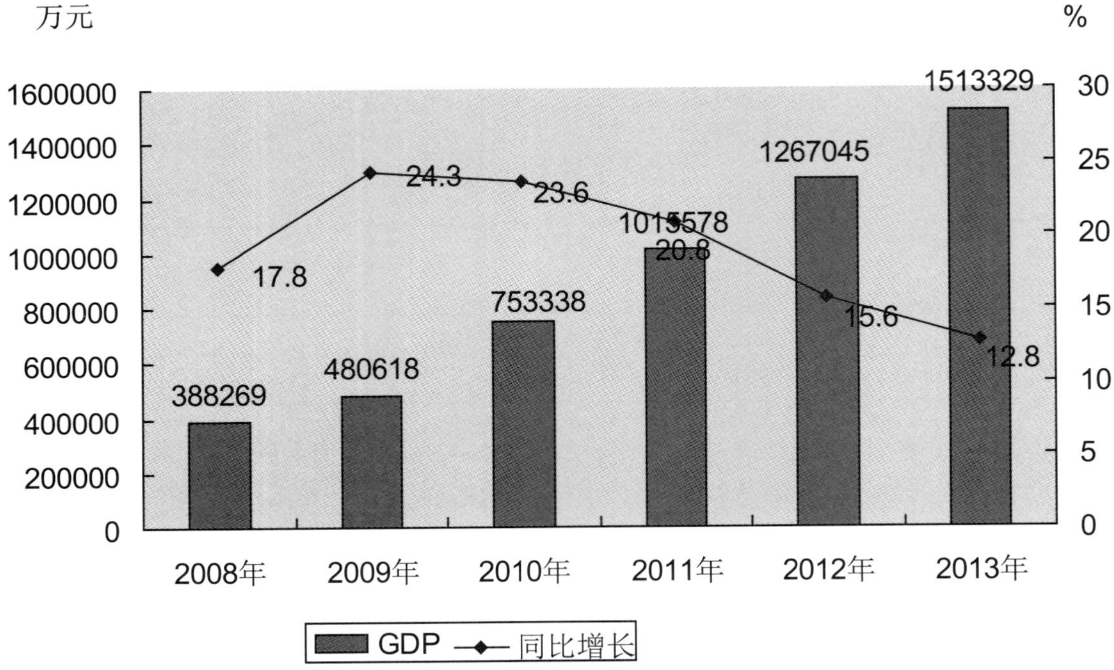

图 1　2008 年至 2013 年国内生产总值及其增长速度

【农业】2013 年，兴城市农林牧渔及服务业总产值实现 489266 万元，同比增长 28.6%。其中，农业总产值 132829 万元，增长 27.3%；林业总产值 9311 万元，增长 34.7%；牧业总产值 187701 万元，增长 43.4%；渔业总产值 150933 万元，增长 15.3%；农林牧渔服务业总产值 8492 万元，增长 11%。

全年粮食种植面积 42160 公顷，比上年减少 547 公顷；全年粮食总产量 27.3 万吨，油料作物总产量 3.9 万吨，蔬菜总产量 19.9 万吨，肉蛋奶总产量 13.1 万吨，水果总产量 6.3 万吨，水产品总产量 15.6 万吨，油料作物、蔬菜总产量同比增幅较大，粮食、肉蛋奶略有增长，水果和水产品同比下降。全市全年完成造林面积 7467 公顷，其中人工造林 2800 公顷，无林地和疏林地新封山（沙）育林 4667 公顷。

主要农副产品产量

表 4

指标	单位	2013 年	增长（%）
粮食总产量	吨	272649	0.1
蔬菜总产量	吨	199120	131.3
水果总产量	吨	63202	–4.6
肉蛋奶总产量	吨	130519	7.2
水产品总产量	吨	156350	–16.2

农业产业结构持续优化。创建国家粮油高产示范区3个，完成节水滴灌2333.33公顷。新建和改扩建设施农业小区200个，新建畜禽养殖小区15个，建成1万平方米的省级工厂化蔬菜育苗中心。新栽名优果树59.2万株，发展经济林1000公顷。新增农民专业合作社100家、市级以上农事龙头企业8家，九股河饲料加工项目竣工，馨予农产品深加工项目有序推进。农业基础设施建设不断加强。完成水利骨干工程135项，治理水土流失面积5000公顷。修建"一事一议"村内道路121.2公里、安装路灯1105基，新建农村文化体育广场47个。筹集资金6856万元，全面启动农村环境治理工作，重点支持49个试点村建设，配备村内保洁员147人，修建道路边沟629公里，植树29.4万株，建设垃圾收集处理设施1959个、养殖粪便处理设施65个、高压水冲厕所1000个，东辛庄镇建成兴城市首个乡镇污水处理厂。

全年化肥使用量5.5万吨，比上年增长1.5%。全市总用电量76403万千瓦时，比上年增长12.6%，其中工业用电量19659万千瓦时，比上年增长6.7%。

【工业和建筑业】2013年，全市工业生产稳定增长，泳装产业集群不断壮大，徐大堡核电项目顺利推进，规模以上工业企业达到93家。成功承办第三届国际沙滩·泳装文化博览会。泳装园投产企业达到8家。支持泳装电子商务发展，签约入驻阿里巴巴中国产业带，网络交易额突破10亿元。全年，全市全部工业增加值36.2亿元，比上年增长22.6%。实现规模以上工业企业总产值1796208万元，比上年增长34.7%；规模以上工业企业主营业务收入1725600万元，比上年增长33.7%；规模以上工业企业产品销售产值1742003万元，比上年增长33.3%；产销率达到97%。

全年建筑业增加值45808万元，比上年增长7.4%。全市具有资质等级的总承包和专业承包建筑业企业总产值455231万元，比上年增长30.4%；全年房屋施工面积178.2万平方米，比上年增长35.3%；房屋竣工面积124万平方米，比上年增长1.4%。

【固定资产投资】2013年，兴城市固定资产投资保持较快增长。全社会固定资产投资总额实现1456354万元，同比增长28.8%。其中，城镇固定资产投资1291616万元，同比增长26.9%；农村固定资产投资164738万元，同比增长46%。投资总额中工业投资264281万元。

房地产投资全年完成237663万元，同比增长117.8%。房地产施工面积255.9万平方米，同比增长50.9%。房屋竣工面积25万平方米，同比增长192.5%。

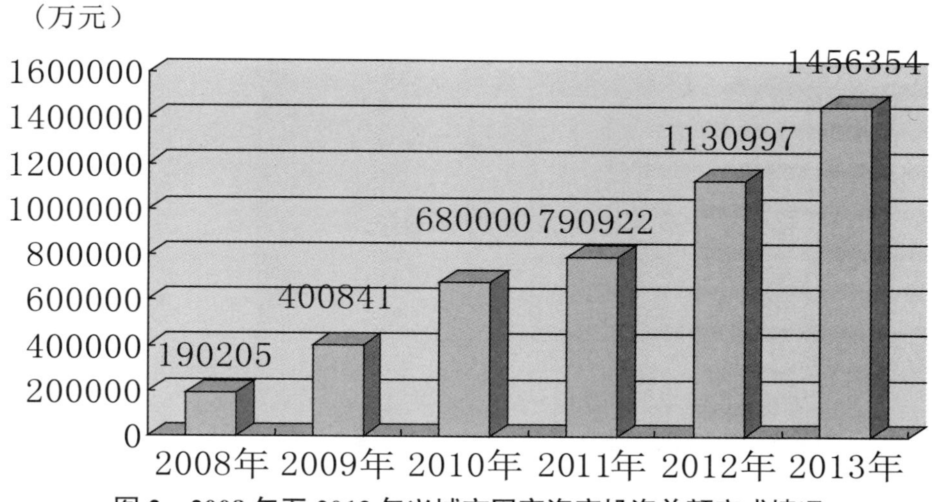

图2　2008年至2013年兴城市固定资产投资总额完成情况

【交通和邮电及旅游业】2013年，兴城市交通邮电业平稳运行。全市交通运输仓储及邮政业增加值5.6亿元。全年完成客运量277.8万人次，完成客运周转量18057万人公里，完成营运收入588万元。全市实现邮政业务总量3234万件，比上年增长2.6%；邮政业务收入实现3553万元，比上年增长5.4%。电信业务总收入实现12921万元。

旅游业持续向好。高家岭汤上温泉酒店、首山丽汤温泉酒店主体竣工，海上海酒店正式营业，新增快捷宾馆67家，旅游服务功能不断增强。积极开展旅游宣传推介，强化旅游行业监管，全年接待国内外游客550万人次，比上年增长19.6%；旅游总收入突破30亿元，比上年增长20%。

【内、外贸易业】2013年，兴城市社会消费品零售总额639433万元，比上年增长13.8%。分行业看，批发零售贸易业实现零售额564722万元，比上年增长13%；住宿餐饮业实现零售额74711万元，比上年增长20.3%。分城乡看，城镇实现零售额429321万元，比上年增长13.8%；乡村实现零售额210112万元，比上年增长13.9%。

对外经济贸易充满活力。全年外贸出口供货总值232752万元，比上年增长25%。兴城市成为首批省级花生出口示范区，引进省外内资120亿元，实际利用外资1.03亿美元。

【财税与金融】2013年，兴城市公共财政预算收入132741万元，比上年增长15.4%，地方财政收入306846万元，比上年增长7.0%。全市公共财政预算支出285846万元，比上年增长19.5%，地方财政支出443037万元，比上年增长6.4%。其中，科技支出3650万元，比上年增长17.1%；农业支出40917万元，比上年减少11.2%；教育支出54382万元，比上年减少16.8%；社会保障支出44885万元，比上年增长33.3%。全年各项税收总额实现121085万元，比上年增长13.6%。其中，国税实现26000万元，比上年增长6.0%；地税实现95085万元，比上年增长15.9%。

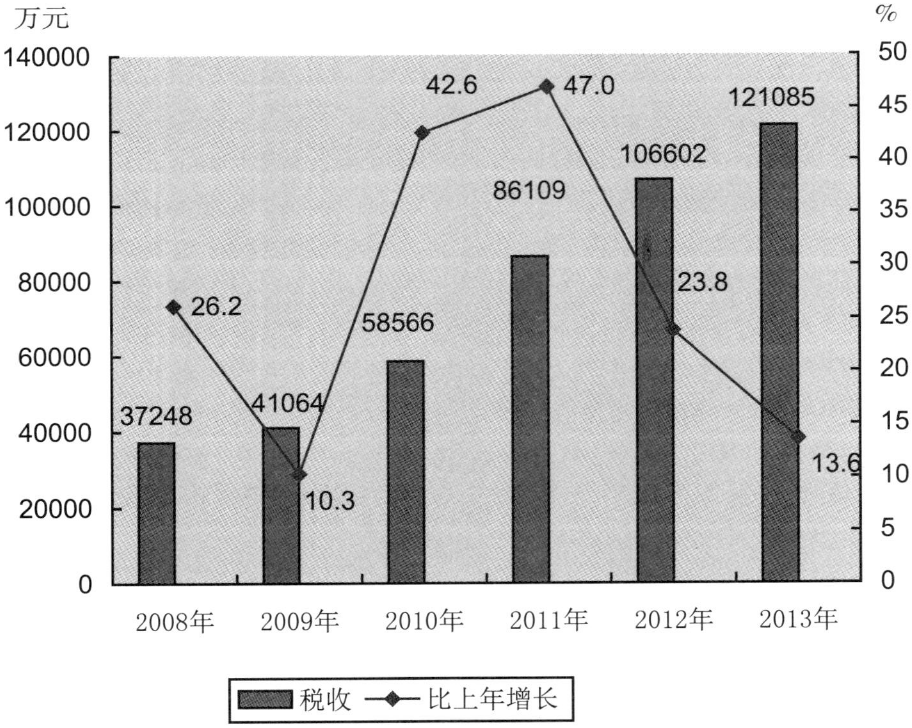

图3　2008年至2013年兴城市税收总额及其增长速度

年末，金融机构各项存款余额1736985万元，比上年增加293619万元。其中，城乡居民储蓄存款余额1341115万元，比上年增加148207万元；各项贷款余额1137122万元，比上年增加377729万元。

【城市建设、环境保护和安全生产】2013年，滨海温泉新城建设全面展开，加快推进道路工程建设，“三横六纵两环”路网格局基本形成。国际比基尼广场展览中心主体完工，香港俊安泉海御龙湾进场施工，富都红麦坊旅游度假区、天诚泳业服务平台、大唐龙海湾城市综合体等完成前期准备工作。古城保护利用步伐加快。完成钟鼓楼、南门城楼维修和文庙油饰，国保单位安防工程投入使用。完成北二街554户居民搬迁，南辛庄回迁楼和宁远驿馆、宁远戏院主体完工，与中广国际传媒有限公司达成古城整体保护利用合作意向。

城市面貌明显改善。坚持用高标准规划引领城市发展，编制各项发展规划21个。“兴盛之城”城市主题雕塑正式落成。兴城河综合治理二期工程过半，河口省级湿地公园通过审批。筹集资金2.89亿元，修建首山路等城市干道31.7公里，安装路灯263基，铺设人行步道方砖6万平方米，新建和改造10千伏电力线路150公里。高标准实施龙兴路绿化、兴海公园和首山入口改造等工程，新增城市公共绿地12.4公顷。深入开展城市环境综合整治，拆除违章建筑3.7万平方米，移除违栽苗木15万株。

安全生产方面，全年，全市共发生各类事故12起，死亡12人，直接经济损失121.9万元。其中，生产安全事故2起，死亡2人，直接经济损失120万元；交通事故10起，死亡10人，直接经济损失1.9万元。

【科技、教育、文化、卫生和体育】2013年，兴城市科技项目申报工作有新进展，全年共申报国家、省、市三级项目11项，成功立项4项；审定市级高新技术企业2家，全市拥有国家、省、市级高新技术企业14家；年内审定高新技术产品2个。全年全市共申请专利112项，新授权专利64项，其中发明专利4项。年内获葫芦岛市级科技进步奖2项，其中兴城市花生新品种“花育34”引进与大面积推广项目获葫芦岛市级科技进步一等奖；葫芦岛市工大迪安科技有限公司“对接锚杆煤巷支护技术研究与应用”项目获葫芦岛市级科技进步二等奖。

教育事业快速发展。投入资金1.33亿元，建成辽宁工大附属中学、南一小学新校区，完成城区教育资源整合；建设省级标准化学校40所；新建乡镇中心幼儿园4所、改扩建7所。滨海经济区九年一贯制学校主体完工，第二幼儿园开工建设，渤海船院新校区竣工。公开择优聘用131名大学毕业生，全部充实到农村教师队伍。年末全市拥有各级中小学校154所。其中，新建和改造中小学校1所；全市在校学生54549人。其中高中在校生8461人，比上年减少192人；初中在校生15581人，减少1597人；小学在校生30507人，减少2603人。全年，全市为省内外各大中专院校输送考生2828人，其中本科生1405人，专科生1423人。

文化体育事业成果显著。曹庄小学独轮车队在第十二届全国运动会上精彩亮相，兴城市荣获“全国群众体育先进县”称号。新建社区书屋7个，举办第二届农村文化节和“兴城之夏”文化广场活动。白塔峪塔、磨石沟塔被评为国家级重点文物保护单位。“走进兴城”历史文化丛书出版发行。兴城市被评为辽宁省社会主义新农村建设档案工作示范县（市），档案馆成功晋升为国家二级综合档案馆。

医疗卫生体制改革不断深入。18家乡镇卫生院全部回归公益性，市医院康复综合楼和120急救中心投入使用。免费为农村适龄妇女进行“两癌”筛查1.6万人次。人口和计划生育基层服务网络不断完善，兴城市获得省人口和计划生育综合改革示范县（市）称号。年末共有各类卫生机构61个，其中，正规医院6家，农村卫生院27个；卫生防疫和防治机构4家（都在城内）；食品监督1家；妇幼卫生保健机构1家。市本级卫生机构拥有床位1455个；从事医疗卫生工作人员1973人，其中，医师以上人员352人。

【人民生活和社会保障】2013年，兴城市城乡居民生活收入持续增长，年末全市在岗职工平均工资36328元，比上年增长34.3%。

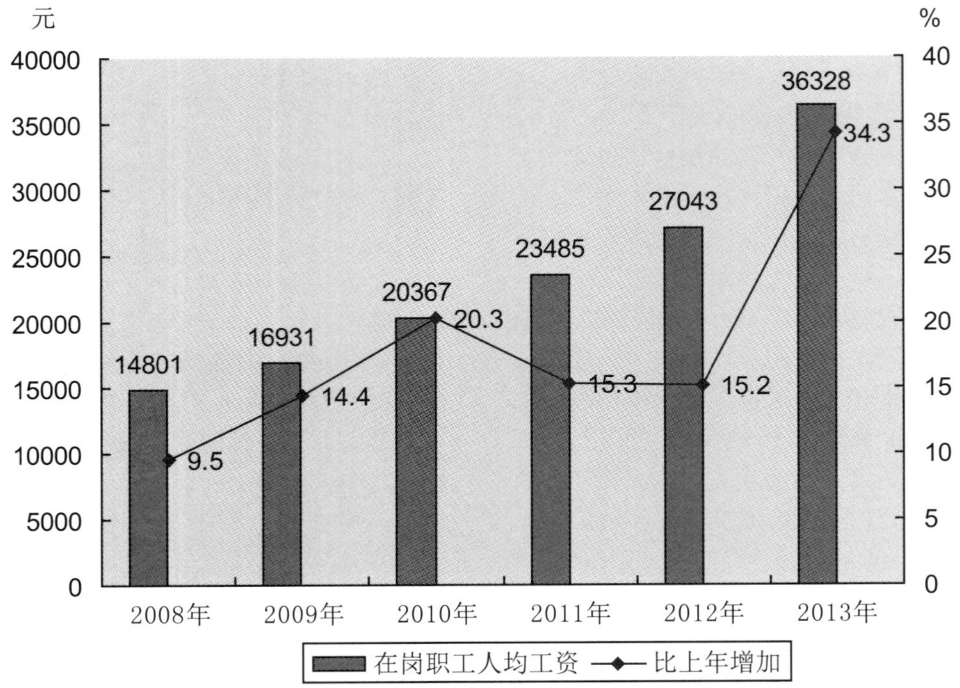

图4　2008年至2013年在岗职工人均工资及其增长速度

全市抽样调查显示的农民人均纯收入10083元，比上年增长12.1%。

2013年，兴城市社会保障能力持续增强。社会养老、城镇医疗、失业、工伤、生育保险参保人数分别达到31.7万人、11.4万人、1.8万人、2.8万人和1.8万人，实现基金收入3.9亿元，比上年增长23.9%。新农合人均筹资标准提高到350元，将肺癌等12种疾病纳入重大疾病保障范围。筹集资金6288万元，完成11家单位改制工作，妥善解决990名职工长远生计问题。筹集资金567万元，提高城乡低保户、五保户补助标准。发放救灾、救济、救助款2058万元，受益群众3.7万人。

（市统计局）

党 政 机 关

中国共产党兴城市委员会

【全市领导干部会议】 2013 年 1 月 4 日，兴城市委召开全市领导干部大会。会议传达有关信访文件精神，通报 2012 年全市信访工作情况，部署 2013 年特别是春节期间的信访工作。会议通报葫芦岛市对兴城市惠民政策大排查工作的反馈意见，并就下一步工作提出具体要求。

市委书记于学利指出，信访是一个地区、一个部门各项工作的晴雨表，是该地区、该部门主要领导全局观念、政治意识、工作能力的折射。于学利要求，惠民政策大排查工作要建章立制，强化监督，抓重点，抓典型，全面做好 2013 年惠民政策大排查工作。春节前及 2013 年重点工作要抓早、抓实、落实到人头，强化资金保障、土地指标保障、软环境保障，确保重点项目按时开工建设，实现 2013 年各项工作的良好开局。

兴城市四个班子秘书长以上领导、临海产业区副主任、各乡镇街道党委书记、市直部门、群团及驻在单位主要领导参加会议。

【兴城市村“两委”换届选举全面启动】 2013 年 2 月 22 日下午，兴城市召开村“两委”换届选举工作会议，葫芦岛市委换届选举第一督导组人员出席会议。兴城市村“两委”换届领导小组及办公室成员，驻各乡镇街道督导组成员，乡镇街道党委书记、副书记、组织委员、民政助理参加大会。会议由副市长刘晓军主持。

会上，市委常委、组织部长李肖部署换届选举工作，就换届实施方案进行解释说明。根据有关规定和上级要求，兴城市委、市政府决定，从 2 月 22 日起至 5 月 31 日止，全市村党组织和第十一届村民委员会（简称村“两委”）进行换届选举。村党组织换届选举工作分为研究部署和动员准备、人选推荐考察、组织选举、后续保障四个阶段；村委会换届选举分为准备、选民登记、选举、整章建制、总结验收五个阶段。

市委书记于学利在会上结合实际强调三点意见。一是提高认识，强化责任，积极稳妥地推进村“两委”换届工作。各级党组织一定要以高度负责的精神，提高认识，增强政治责任感和使命感，全力以赴保证村“两委”换届工作积极稳妥地推进。要充分认识换届工作的重要性；要高度重视换届工作的特殊性；要正确分析换届工作的复杂性。二是把握政策，依法操作，着力抓好村“两委”换届选举工作。各级党组织一定要正确把握换届工作力度和节奏，依法依规、有步骤、有组织地抓好换届选举工作。深入调查研究，精心做好选举前的准备工作；加强培训，准确把握换届工作方针政策；严格标准，选优配强村“两委”班子；要严肃纪律，确保换届工作风清气正。三是精心组织，加强领导，确保换届工作圆满成功。村“两委”换届工作的总体要求、政策规定和具体措施都已明确，关键是要认真抓好贯彻落实。要加强领导，加强协调配合，抓好督查指导，抓好换届宣传。同时，要正确处理好“三个关系”。要正确处理换届与发展的关系，换出好班子、好队伍、好作风，为加快新农村建设提供坚强的组织保障；要正确处理换届与稳定的关系，换出团结、换出干劲、换出和谐，提高创造力、凝聚力和战斗力；要正确处理换届与日常工作的关系，“两不误、两促进”，切实做到人心不散、干劲不减、秩序不乱、工作不断。

葫芦岛市委督导组组长刘国权在会上讲话。

【全市党建、经济暨农村工作会议】 2013 年 3

月12日，兴城市在兴城人民会堂第一会议室召开党建、经济暨农村工作会议。四个班子秘书长以上领导、临海产业区中层以上领导出席会议。各乡镇、街道党政一把手、党委副书记、宣传委员、纪检委员、综治委员；市直各部委办局、群团及驻在单位主要负责人、主管政工领导，部分市直部门中层以上干部；受表彰的先进单位代表等共计600余人参加会议。兴城市委副书记柴力君主持会议。

会上，兴城市委副书记、市长赵家鹏对上年经济和农村工作做简要总结和分析，并对2013年经济和农村工作进行总体部署和安排。兴城市委常委、常务副市长范立民宣读《关于表彰2012年度贯彻落实科学发展观、绩效考核、重点项目建设及纳税先进单位的决定》及受表彰单位名单。

兴城市委书记于学利作重要讲话：兴城市经济发展面临的形势是机遇与挑战同在，困难与希望并存，总的来看机遇大于挑战，希望大于困难。主要原因一是经过多年的努力，兴城已经步入经济发展的快车道。二是广大干部群众渴望发展、盼望发展的决心和信心从来没有如此强烈。三是省委、省政府，葫芦岛市委、市政府对兴城的经济和社会发展给予高度重视。这些因素都是兴城加快发展的动力和源泉。

于学利指出，抓好新形势下的经济工作就要继续围绕"一大奋斗目标"，深入实施"四项发展战略"，破解"四个难题"，处理好"六个关系"。"一大奋斗目标"即加速向全省经济发达县（市）行列迈进。"四项发展战略"即工业化、城镇化、农业产业化和民生保障。"四个难题"即项目、资金、土地指标和软环境建设问题。"六个关系"即战略与战术的关系，速度与质量的关系，重点工作与一般工作的关系，内部挖潜与争取外援的关系，政府主导与市场运作的关系和改革、发展与稳定的关系。

于学利强调，面对新形势、新问题，要提高管党治党水平，经受住"四个考验"，防止"四个危险"，全面提高党的建设科学化水平。一是要围绕中心、服务大局，努力营造促进兴城经济发展的宣传舆论氛围。要用理论武装头脑，抓好舆论宣传，加强精神文明建设，不断提升文化软实力。二是夯实基础，锻造队伍，为兴城谋事创业提供坚强的组织保障。要以村"两委"换届为契机加强基层党建工作，要加大对干部的培养、选拔和使用力度，要强化非公企业党建工作。三是惩防并举，标本兼治，切实加大纪检监察工作力度。要认真贯彻党风廉政建设责任制和强化一岗双责，继续推进"五大系统"建设，完善惩防体系建设。四是维护稳定，创新管理，努力开创政法工作新局面。要做好信访稳控工作，继续开展"平安兴城"创建活动，加强和创新社会管理，建设人民满意的政法队伍。五是凝心聚力，加强联系，努力发挥统战工作优势。六是改进作风，真抓实干，努力打造学习型、效能型、服务型机关。要转变机关作风，强化考核工作，真抓实干，明确责任，以只争朝夕的姿态投入到工作中去，为早日进入全省发达县（市）行列做出贡献。

【贯彻落实陈政高讲话精神】2013年5月21日至22日，辽宁省省长陈政高、副省长赵化明到葫芦岛市调研时强调，当前，要坚持抓好经济运行，在重大问题上进一步统一思想，实现工作、思想、作风三个根本性转变。5月23日，兴城市召开领导干部大会，动员全市上下迅速贯彻落实陈政高讲话精神，鼓足干劲，攻坚克难，圆满完成年初制定的各项目标。

市委副书记、市长赵家鹏传达陈政高讲话精神，重点指出陈政高对兴城经济发展的建议和要求，即在发展泳装产业集群的同时，建设一个新的产业集群；利用城、泉、山、海、岛等得天独厚的自然资源，全面启动旅游项目。

就如何贯彻落实陈政高讲话精神，市委书记于学利强调，要结合兴城实际，发挥优势，突出重点，全面准确理解贯彻执行省长讲话精神；进一步明确责任，分解任务，加大工业项目的招商引资力度，走出去，请进来，在实践中学习招商，研究招商；集中精力抓好重点项目建设、软环境建设、党风廉政建设，以及当前的抗旱春播工作。

参加会议的有，兴城市四个班子秘书长以上领导，临海产业区中层以上领导，各乡镇、街道党政主要领导，市直各部委办局、群团及驻在单位主要负责人。

【市委六届五次全委（扩大）会议】2013 年 8 月 14 日，中共兴城市委六届五次全委（扩大）会议在人民会堂第四会议室召开。会议的主要任务是：认真贯彻落实省市委全会精神，总结年初以来工作，安排部署当前和以后一个时期的工作，进一步动员全市广大党员干部和人民群众，振奋精神，狠抓落实，为圆满完成全年任务目标而努力奋斗。市委委员、候补委员、市纪检委员、市四个班子秘书长以上领导，各乡镇、街道党委书记、乡镇长、街道办事处主任、市直各部委办局主要领导、重点企业负责人参加会议。会议由兴城市委常委、常务副市长范立民主持。

市委书记于学利在会上代表市委常委会向全委会作题为《振奋精神，狠抓落实，为圆满完成全年任务目标而努力奋斗》的工作报告。报告共分三个部分，简要回顾年初以来的主要工作，并对当前和以后一个时期的主要工作进行安排和部署。报告提出，面对错综复杂的外部环境和稳增长的巨大压力，全市各级党政组织和广大党员干部，一定要以时不我待的责任感和紧迫感，全身心投入到经济发展的实践中去，确保完成全年各项任务目标。报告指出，开展以“为民务实清廉”为主题的党的群众路线教育实践活动，是党的十八大做出的战略部署，是党中央“从严治党、加强党的建设”的重大决策。从突出特色、突出学习教育、突出查摆问题、突出党的建设、加强民主政治建设五个方面入手，以提高党的执政能力为目标，全面加强党的思想、组织、制度、作风和党风廉政建设。市委副书记、市长赵家鹏就如何贯彻落实工作报告提出意见。会议以举手表决的方式通过兴城市委书记于学利所作的工作报告。

【创建省级文明城市】2013 年 9 月 3 日下午，创建省级文明城市工作阶段性汇报会在中共兴城市委三楼会议室召开。会议的主要任务是听取兴城部分重点单位前一阶段创建省级文明城市工作情况的汇报，总结不足，并对下一步工作进行再动员、再部署。与会人员观看创建省级文明城市第一阶段专题汇报片《城市，因文明而美丽》。兴城市 24 家“创城”办成员单位主要领导参加会议。会议由市委常委、宣传部部长郭荣新主持。

会上于学利指出，自 4 月 27 日开始创建省级文明城市工作以来，全市上下齐心协力，特别是参建成员单位、领导小组，积极落实兴城市委、市政府的部署，认真领会精神，“创城”工作收到良好的效果。对于下一步工作提出四点指导意见。一要学深学透中央、省、市关于精神文明创建工作的方针政策，以其为理论依据，深入开展“创城”活动。二要立足岗位，将“创城”工作融入到日常生活中。三要利用各种载体，开展丰富多彩的活动，全力推进文明城市创建工作。四要继续加大宣传力度，让“创城”工作家喻户晓。五要加大对创建省级文明城市工作物质方面和精神方面的投入力度。

【市委六届六次全委（扩大）会议】 2013 年 12 月 9 日下午，兴城市委六届六次全委（扩大）会议在兴城人民会堂第四会议室召开。兴城市委委员、候补委员、兴城市纪委常委，不是兴城市委委员、候补委员的四个班子秘书长以上领导，兴城滨海经济区中层以上干部，各乡镇、街道党政一把手，市直各部委办局、群团及驻在单位及部分重点企业负责人参加会议。

兴城市委书记于学利受兴城市委常委会委托，向全会作题为《全面贯彻十八届三中全会精神大踏步向全省发达县（市）行列迈进》的报告。动员全市各级党组织和广大党员干部，锐意进取、攻坚克难，大踏步向全省发达县（市）行列迈进。报告指出，年初以来，面对复杂严峻的经济形势，市委牢牢把握“稳中求进”总基调，深入实施“四项发展战略”，正确处理好“六个关系”，全市经济、政治、文化、社会、生态文明和党的建设都取得新的成绩。报告指出，2014 年是全面贯彻落实党的十八大和十八届三中全会精神的重要一年，也是兴城市大踏步向全省发达县（市）行列迈进的关键一年，做好明年的各项工作，意义重大。报告提出，要迅速掀起学习宣传贯彻落实十八届三中全会精神热潮，深入扎实开展党的群众路线教育实践活动，不断提高党的建设科学化水平。

会议通过于学利所作的工作报告。会上，于学利还对兴城市2013年度干部选拔任用工作作了专题报告，与会人员通过填写民主评议表的形式，对2013年度兴城市干部选拔任用工作、县市区委书记履行干部选拔任用工作职责情况和新选拔任用的干部进行民主评议。

兴城市委副书记、市长赵家鹏主持会议。就如何贯彻落实好会议精神，强调要迅速传达全会精神，结合好、学习好、贯彻好全会精神；振奋精神，狠抓落实，做好当前的各项工作，提前谋划好明年的工作，全面开创全市发展的新局面。

【督查调研与机要保密工作】2013年，市委办公室全力抓好决策督查，全年开展大型督查7次，形成督查专报23篇。着力抓好专项督办，办理省市及本级领导批示17件，办结率达100%。积极开展调研，全年共深入基层及企事业单位调研7次，撰写《兴城市倾力支持核电项目建设》等调研报告7篇。机要保密工作做到确保市委与上级党委机关的工作联系和通讯畅通。全年共接收外部明传电报128份，内外部密码电报221份，收发传真286份，利用公文传输系统下发会议通知125次。成功召开上三级视频会议达90余次。

2013年中共兴城市委领导成员

书　记　于学利

副书记　赵家鹏

柴力君（2013年2月至7月）

常　委　张学军（2013年2月离任）

范立民（2013年2月任职）

崔海明（2013年2月离任）

骆忠山　赵兴华　李　肖

杨洪斌　郭荣新（2013年2月任职）

市委办公室

主　任　苏文波

副主任　王旭阳（2013年3月离任）

王维达（2013年2月离任）

赵林江（兼）

罗志成（兼，2013年3月任职）

李　冶（2013年7月任职）

蔡立生（2013年12月任职）

（雷云凤）

·组织工作·

【概况】2013年，中共兴城市委组织部以抓好党员干部学习贯彻党的十八大精神、领导班子思想政治建设、组织开展党的群众路线教育实践活动为重点，以建设讲党性、重品行、作表率的组织部门为保证，着力提高全市党的建设和组织工作科学化水平建设。年内，全市共发展党员460人，其中学生34人、农村党员268人、市直126人、企业32人；女党员189人，少数民族党员213人，35岁以下党员264人，大专以上文化程度258人。调整干部171名，其中提拔使用74名，平调重用78名，免职19名。接收2013届5名选调生并妥善安置。

【村“两委”换届工作】2013年，兴城市村“两委”换届选举工作2月22日全面启动，村级党组织4月21日完成换届选举工作，村民委员会5月10日完成换届选举工作。共选举产生村党组织委员814人，村委会成员869人，村党组织书记、村委会主任“一肩挑”的村69个。兴城市委组织部一是抓组织，确保换届选举工作顺利开局。成立村“两委”换届工作领导小组和换届领导小组办公室，建立市领导包乡镇（街道）责任制，召开驻乡督导组及办公室会议7次。二是抓排查，及时掌握重、难点村矛盾问题。从2012年11月开始，全面进行摸底排查工作，化解矛盾纠纷问题124个。三是抓培训，规范推进换届选举工作。举办全市乡镇（街道）党委副书记、组织委员，各村党组织书记、主任培训班，下乡指导培训30余次。四是抓宣传，为换届工作营造浓厚舆论氛围。各乡镇、街道充分利用标语、广播、电视、黑板报、村务公开栏、文化广场等多种形式进行大力宣传，全面推行“四项承诺”，营造风清气正的换届环境。设立举报信箱，解答电话咨询200余人次，收到举报信30余封，接待群众来访120人次。完成市直机关党总支（支部）80余家换届选举工作。

【群众路线教育实践活动】2013年，市委组织部结合实际、高度重视，做好群众路线教育实践活动准备工作。一是开展党的群众路线教育“万名党员百日调研”活动。6月中旬到9月末，围绕“联系基层、问计于民、改善民生、化解矛盾”等内容，按照6个层面，分门别类预设42个调研选题，组织全市约万余名在职党员深入基层、深入群众开展调查研究，全市参加10899人，走访群众20873人次，撰写调研日记3792篇，撰写调研报告2131篇，征求意见1630余条。二是认真开展“五排查、五整治”活动。交通局修路21.6万米，整修道路36万米，惠及22个乡镇，有效解决群众出行难问题；水务局投资3328万元，修建农村饮水工程118处，解决6.34万群众饮水问题；民政局清理取消不符合条件的城乡低保，重新核定城市低保5981户9994人，农村低保21363户26779人；卫生局组织医疗专家进行大型义诊活动2次，免费看病及健康咨询2000余人次；羊安乡清理垃圾1498车6442吨；刘台子乡疏通菱角河道4000延长米，初步解决盐锅村夏季易遭涝灾的难题。三是扎实推进“双联系”活动。36名副县级以上领导干部深入基层党组织31个、企业36家，累计100余人次，梳理问题5大类86个，帮助做好事实事96件。市委组织部和扶贫办帮助南大乡前山村确定适合该村的秸秆生物饲料发展畜牧业项目；市长赵家鹏向兴城宏亿房地产推荐滨海温泉新城，解决公司办公用房问题；常务副市长范立民协调相关部门促进热电有限公司热源厂建设和低温供暖小区改造。

【党务工作者教育培训】2013年，市委组织部针对不同层次、不同类别、不同需求的农村基层干部，开展订单培训，本着缺啥补啥、啥弱补啥的原则，有针对性地组织专业培训，基层干部能力素质明显提高。4月27日举办党务工作者培训班，全市26个乡镇、支部书记和市直600多名基层党务工作者参加以“党的十八大知识辅导”“严格履行组织程序做好党员发展及教育管理工作”和“正确履行职责远离渎职犯罪”为主要内容的培训；5月20日至23日，分两批对全市237个村和27个社区的439名村、社区书记和主任进行集中培训“充电”；各乡镇、街道认真学习习总书记“中国梦”“中国特色社会主义道路”“反腐倡廉”“实干兴邦”“党的群众路线”等系列讲话内容，召开专题培训会156次、学习交流会83次。

【农村党建工作】2013年，市委组织部突出重点、强基固本，扎实做好农村党建工作。一是打造农村经济增长点。起草市委书记抓党建工程立项书，下发“强村富民、固本筑基”工程实施方案，打造10个强村富民基地，在沿海、城郊、山区、平原形成以党组织为纽带的产业网络。二是指导各乡镇、街道做好换届后班子交接、离职村干部思想疏导等工作。刘台子、南大、沙后所、药王等乡镇、街道采取“以会代训”、专家授课等方式开展新任人员培训。三是进一步完善村级组织配套建设。符合离任村级正职生活补助发放条件的775人，所需资金55万余元到位；152个大村办公经费增加到2万元，对“一肩挑”村干部提高工资标准，申请社区配套经费16万元，申请村级活动场所维修经费80万元。四是完成基层党组织晋位升级长效机制。确定东辛庄镇王宝村、碱厂乡朱家村等19个村为第二轮后进村，建立后进村党组织整顿建设工作台账和第一书记台账。五是对全市各乡镇、街道党建工作、村部管理和使用、党委书记抓党建项目、党费收缴、远程教育等工作进行检查，检查结果纳入年度科学发展观考核。

【首次乡科级领导干部集中述职】2013年，市委组织部为全面检验领导干部履职尽责情况和工作状态，增强责任感和主动性，探索提高干部执政能力的新机制，首次进行乡科级领导干部集中述职，古城街道等8个乡镇、街道主要领导，发改局等8个行政局局长，汇报该单位2012年工作情况，市领导和与会者进行认真评议，或提出问题，或给出建议，整个述职过程全程录像，并在电视台播出。

【调整补充后备干部】2013年6月17日，市委组织部全面启动乡科级副职后备干部调整补充工作，实行“一荐一推一试一察”（个人自荐、组织推选、统一考试、组织考察）选拔模式，由个人自荐，党委（党组）把关，推选3～5人，向思想政治优良、年轻、高品质、高学历、高文化素质干部倾斜，着力形成“学而优则进、能而优则进、干而优则进”的良好风气，从符合条件的234名干部中录取50名后备干部，市纪委全程监督，实现阳光操作，选人用人的公信度得到进一步的提高。

【社区党建工作】2013年，市委组织部开展“选派机关干部到社区工作”和“在职党员进社区”活动，下派27名在职党员干部深入社区开展党建工作，指导7438名在职党员在工作之余走进社区。温泉街道兴海桥社区党支部书记杨贤军带领27名在职党员开展“在职党员奉献日”活动，集中清理道路、宣传栏和楼道内的广告杂物；31名居住在老马路社区的在职党员报到后，和社区党支部书记、工作人员一起回“家”，让居民尤其是困难家庭感受到社区党组织的温暖和党员的“正能量”。

【企业党建工作】2013年，市委组织部凝心聚力、夯实基础，稳步推进企业党建工作。

一是狠抓组建，扩大非公党建工作覆盖面。全市有非公党组织118个，向非公企业派驻党建指导员193名，联系企业693家，实现党的组织在全市非公企业中的全覆盖。二是典型引路，推进非公党建工作上新层次。重点培育上规模的企业党组织、发挥典型的示范作用。华润雪花啤酒有限公司党委开展“五爱五为”活动、“党员亮牌”等活动，金种子公司党支部被确定为省级非公党建示范点。三是建章立制，促进企业党建规范化。下发通知明确非公党组织组建条件和程序、工作流程及所需文件标准化样本。四是因企制宜，提升非公企业党建工作质量和水平。向全市55家重点非公企业选派工商、地税、国税、技术监督局等市直相关职能部门“一把手”任党建指导员。五是完成《全国非公企业党建工作会议进展情况统计表》等上报工作，向葫芦岛市推荐非公党建先进典型材料，按月上报非公企业月报表。

【组织信息工作】2013年，市委组织部加大力度、积极宣传，信息工作成效明显。

一是兴城市委组织部获人民网基层党建宣传示范单位和葫芦岛市组织系统调研信息宣传工作先进集体”荣誉称号；《兴城市“四项跟踪”推进后进村党组织整顿建设工作》被评为特殊贡献奖。李也获“信息和新闻宣传工作先进个人”荣誉称号；岳泽楷获“调研工作先进个人”荣誉称号。《兴城市把创先争优活动作为常态工作来抓》一文被评为优秀调研课题。二是上报30余篇有影响力网宣文章（1篇在人民日报发表），在中国组织人事报上发表《辽宁兴城干部述职全面“晒”》，在《共产党员》杂志发表《兴城市念好四字诀提升干部述职实效》，兴城市选用后进村第一书记经验文章入选省委组织部《怎样当好第一书记》一书，在人民网和中华先锋网上发表《辽宁兴城：“四项承诺”为村干部戴上“紧箍咒”》。在《葫芦岛组工信息》《辽宁日报》《共产党员》《葫芦岛日报》上发表文章30余篇。三是为进一步提高信息工作质量，11月成立调研室，专门负责信息工作。四是《兴城市组织史资料（第四卷）》六个部分编纂完毕，收录单位162家，约30万字。

【党代表联络】2013年，市委组织部完善党代表联络办公室工作。一是建章立制，组建机构。上年11月起在各乡镇街道党委及部分市直部门设立党代表活动室，进一步畅通党代表倾听群众呼声、了解社情民意、解决实际问题的渠道。二是在全市村和社区普遍建立“两代表一委员”工作室。争取在下年6月，把各级代表委员全部编入相应的工作室，实现有一处固定场所、有一支活动队伍、有一套工作制度的基本要求。三是积极探索党代表在闭会期间发挥作用的有效途径，试行乡镇党代会年会制，确定刘台子乡为党代会年会制试点乡。四是保持沟通联络，定期对党代表活动小组进行调整。五是认真开展活动，党代表任期制工作取得明显成效。代表提案反映的“吃空饷”问题得到解决。

【远程教育和电教工作】2013年，全市共建有远程教育站点240个，其中农村站点206个，街道社区站点34个，开通率100%，使用率82%。累计学习时长14750小时，占全市学习时长的68%，位居葫芦岛市各县（市）区首位。坚持学用情况双月通报制度，强化“一乡一站点”和学用情况“百村（社）”调查工作，结合全市开展的万名党员百日调研活动，制作专题教学课件并上报葫芦岛市电教中心。完成村“两委”换届和党建工作宣传报道，完成网络舆情监督，录制影音资料50小时以上，报送新闻20余条。

【干部教育培训】2013年，市委组织部扎实推进干部教育培训工作。一是做好后备干部培训工作。联合市委党校对全市100名乡科级副职后备干部进行培训，开设“社会热点问题分析”“发展健康网络文化”“实现中国梦”“加强党风廉政建设”等课程，安排学员赴临海产业区考察，组织撰写心得体会并进行小组讨论。二是联合市人事局、市委党校举办为期9天的公务员骨干培训班，培训学员300人。对党的十八大精神、公务员基本能力、职业道德与行为规范、公文写作等方面进行辅导。三是完成上级调训任务，配合葫芦岛市委组织部调训干部17人次。

【领导干部日常监督工作】2013年，市委组织部在葫芦岛市各县（市）区中率先成立干部监督管理办公室，强化对干部工作的监督管理。一是把领导干部的监督管理与经济责任审计工作相结合，充分发挥经济责任审计的监督作用。下半年委托审计局对交通局、城建局等10家重点单位主要领导进行离任审计，客观评价领导干部在任期内经济责任履行情况，为组织人事部门正确、科学地考核和任用干部提供重要而具体的根据。二是受理2个“12380”举报呈批单，均予以答复。三是做好干部任前公示监督工作。全年共发布44个公告，公示期间坚持办公室有人值班，电话有人接听，方便人民群众的监督举报。

【人才强市工程】2013年，市委组织部统筹推进，以用为本，全面实施人才强市工程。

一是进一步规范人才管理。及时更新人才信息。对全市各类人才进行调查摸底，各部门、单位建立相应的人才档案，方便掌握人才动态，实现对人才的跟踪管理。由市委组织部牵头，两次召开相关部门、单位领导参加的联席会议，落实人才工作政策措施，征求到对全市人才工作的意见和建议20余条。二是重点加强实用人才的培训。加强农村实用人才培训力度，在上级人才管理部门和省内高校的支持下，选送有知识、懂技术的优秀农民到高校进行学习100余人次，回乡后带领群众实现科技致富。组织劳动就业管理部门，对城区下岗职工和再就业职工开展技能培训5场次，为其实现再就业提供技能支撑。发挥高级人才优势，开展帮带活动，卫生、教育、农业等部门有副高级以上职称的专家与相应的人才结成对子，实地进行传授、培养，实现共同提高、共同服务社会。三是多渠道引进高层次人才。围绕“科技兴市、人才强市”方针，征求滨海经济区内及其他企业对高层次人才的需求意向，用人单位准备企业概况、人才引进资格条件等材料，制作宣传兴城及企业的专题片，完成基础材料准备工作。通过网站、招商平台引进人才，不失时机地向外推销兴城、宣传兴城。据不完全统计，截至年末，有百余位高层次人才到兴创业发展。

【2013年兴城市委组织部领导成员】

部　长　李　肖

副部长　韩忠香

　　　　谭友顺（2013年2月离任）

张守利（2013 年 2 月任职）
李爱华（2013 年 3 月任职）
姜修非（兼，2013 年 2 月离任）
佟艳民（兼，2013 年 3 月离任）
张新华（兼）
李以君（兼，2013 年 2 月任职）
李　伟（兼，2013 年 3 月任职）

代表办

主　任　谭友顺（兼，2013 年 2 月离任）
张守利（兼，2013 年 2 月任职）

副主任　李冬梅（女）

企工委

书　记　韩忠香（兼，2013 年 3 月离任）
李爱华（兼，2013 年 3 月任职）

（何　雷）

·宣传工作·

【概况】2013 年，中共兴城市委宣传部以学习宣传贯彻党的十八大及习总书记在全国宣传思想会议上的讲话精神为主线，以创建省级文明城市和加强干部理论学习教育为重点，在思想道德和精神文明建设、对外宣传、文化事业发展上下功夫。全面深入地宣传市委六届四次全会和全市经济党务工作会议确立的全市经济社会发展总体要求、主要任务和措施，宣传全市经济社会发展中的好做法、好经验及可喜成果。

【创建省级文明城市】2013 年 4 月 27 日，市委宣传部创建省级文明城市正式启动。

首先，成立高规格的创建省级文明城市工作领导小组，形成一把手亲自抓、分管领导具体抓、行政领导自觉抓，一级抓一级，层层抓落实的强有力的组织领导机制，并与 120 个部门签订创城责任状，保证文明城市创建工作的扎实开展。按照“全国创建文明城市标准”制定《兴城市创建省级文明文明城市实施方案》及《兴城市创建省级文明城市工作任务体系分解表》，建立创城工作领导小组，各工作小组按照任务体系分解表各司其职，统一协作，整体推进文明城市的创建。

第二，加大创城宣传工作力度，提高广大群众参与热情。各新闻单位采取多种形式对创城宣传，开设“文明你我他”“创建大家谈”文明写真等专栏和创城专题网页，制作一系列创城电视公益广告；印发《创建文明城市、建设美好家园》致全体市民一封信；利用短信平台，发送创城标语口号 10 万余条；利用出租车、公交车及候车亭、建筑工地外墙等处张贴创城标语 3000 余条，大型广告标语 8 处，利用商场、企事业单位的大型电子显示屏滚动播放创建文明城市标语口号，提高全民知晓率。重点宣传报道市民文明素质提升、文化设施建设攻坚、市区交通秩序优化、市政管理创优、市容市貌集中整治、市场规范建设管理等方面的动态消息。

第三，加强文明细胞建设，提升文明建设感召力。巩固开展“文明村”“文明社区”“文明家庭”“文明单位”创评工作，以“围绕中心、服务群众、提高素质、改进作风”为目标开展争先创优活动。全市窗口单位服务行业深入宣传行业文明礼仪规范，普及文明礼仪知识，提升行业人员文明礼仪素质，推进文明城市创建工作。7 月启动兴城精神表述语征集、提炼活动，征集作品共计 1849 条，11 月启动最美兴城人申报评选工作。年末评选出马文臣、马龙、计清云、刘波、李建权、李云辉、李荟萃、宋广生、张焕荣、张迪 10人为最美兴城人。

【理论学习教育】2013 年，市委宣传部切实加强市乡党委（党组）中心组和领导干部的学习，推进学习型党组织建设“排头兵工程”。市委中心组按照学习计划组织集体学习 6 次，充分发挥示范带头作用。广大党员干部通过研读党的理论创新成果，研读党的十八大报告，研读马克思主义经典著作，达到用中国特色社会主义理论体系武装党员干部、教育人民群众的目的。组织在党的十八大精神上有研究的专家学者和领导干部宣讲党的十八大精神，扩大宣讲覆盖面，提高宣讲实效性。全年共组织理论宣讲 65 场，受教育群众 2 万余人。

【思想道德和精神文明建设】2013 年，市委宣传部以多种形式加强思想道德和精神文明建设。

开展向道德模范和身边好人走访、寄发贺卡、拜年信、慰问品、慰问金等活动。春节走访慰问道德模范及提名奖获得者、身边好人，帮助解决生活中实际困难；开展网上祭英烈活动。清明节期间，为缅怀先烈，加强对全市广大学生的爱国主义教育和集体主义教育，组织全市中、小学生2万多人进行网上献花、网上献歌、网上留言、浏览革命纪念馆和革命人物先进事迹。以“网上祭英烈”互动平台，倡导网络祭祀、文明祭祀的新理念；学习郭明义争做当代雷锋“志愿服务”活动。发动全市广大团员青年、青年文明号和社会各界爱心人士为农民子女捐款共计1万余元，分别捐助25名学生。开展“学习雷锋做美德少年”网上签名寄语活动。全市共有94530名中小学生参加。徐云帆、郭凌莉同学荣获葫芦岛市第六届全市“道德小模范”荣誉称号。

在农村精神文明建设工作中，抢抓亮点，创新载体，树立品牌。参与城乡共建工作92个村，参与共建各级各类文明单位92个。发放道德信贷贷款证600个，累计金额2000万元。在品牌建设中，深入挖掘，不断完善，涌现南大乡“农民大学堂”典型。全市有8个村申报省级“最美乡村”示范村。

【新闻外宣工作】2013年，市委宣传部接待市级以上媒体30余家，记者70余人，有关兴城的新闻通讯共400余条在葫芦岛市级以上媒体、报刊上报道。

1月4日，辽宁电视台《黑土地》栏目组对三道沟乡移民工程进行报道，并拍摄同期声；1月27日，中央电视台纪录电影《长城》栏目组在兴城拍摄影像资料并在中央13套播出；3月4日在兴城二中举办“纪念毛泽东等老一辈革命家为雷锋同志题词50周年暨张焕荣爱国主义宣传总队成立授旗仪式”，葫芦岛市国防办人员、兴城市四大班子领导及相关科局人员、部分中小学生参加，邀请辽宁电视台、辽宁日报社、葫芦岛电视台、葫芦岛报社等6家媒体参加；4月7日，辽台李志军主任带21人到兴城拍摄《美在北方》栏目拍摄时长约15分钟的宣传片，主要拍摄古城、海滨、温泉，并在4月18日至4月20日在辽台生活频道播出；5月23日辽台记者艾小川在兴城采访望海乡黑庄村患全身骨瘤的14岁女孩，对民政局大病救治问题进行了解，呼吁社会爱心人士为女孩治疗疾病募捐；6月至7月期间多家媒体记者分别在兴城采访、拍摄泳装产业基地，了解泳装文化，并对泳装协会会长进行专访；11月27日，《“走进兴城”历史文化丛书》首发式在兴隆重召开，邀请省、市级多家媒体参加。

年内，提升网络对外宣传水平。重点抓政府网站管理机制建设，完善信息员队伍体系，对各单位报送信息数量进行综合排名，上半年上稿量8000篇。建立网上宣传、网上监管、网上评论“三位一体”工作机制，切实提高政府网站的应对能力和宣传水平。

【文化事业发展】2013年，市委宣传部联合文化广播局、文学艺术联合会、政法委、妇联、科协等多家单位到郭家镇开展“三下乡”活动；举办2013年春节联欢晚会、焰火晚会、全市秧歌汇演、灯展等活动；8月，配合葫芦岛市委宣传部，在第三届中国（葫芦岛·兴城）国际沙滩·泳装文化博览会期间安排文艺演出；在宁远广场举办多场文化广场活动，并在全市各乡镇举办第二届乡村文艺汇演。抓好《宁远文学》《古城文艺》《兴城摄影》等刊物的创作出版工作，深入挖掘兴城市深厚的文化底蕴，提高城市的知名度。

【2013年兴城市委宣传部领导成员】

部　长　崔海明（2013年2月离任）
　　　　郭荣新（2013年2月任职）
副部长　李文政（2013年2月离任）
　　　　梁会林（2013年7月离任）
　　　　王维达（2013年2月任职）
　　　　韩　祎（女，2013年2月任职）
　　　　谢　涛（女，兼）

（周　琳）

·统战工作·

【概况】2012年5月，中共兴城市委统战部以“大团结、大联合”为主题，以服务民营经济发展为重点，进一步解放思想，强化统战工作。年内，组织召开的民营企业家培训班2期150人次，组织50余位民营企业家参加葫芦岛市委统战部组织的培训班，组织各类考察2次，召开座谈讨论3次。成立工商联民营企业调解纠纷领导小组。在工商联六届二次执委会上成立民营企业法律维权服务中心。全年为企业调解纠纷4次，协调企业用工人员工资5次，提供法律维权服务13次。完成《泳装产业发展情况调研报告》，为破解兴城市泳装产业发展难题提供有效依据。

【党外人士队伍建设】2013年，市委统战部配合市委制定并下发《关于贯彻〈中共中央关于加强新形势下党外代表人士队伍建设的意见〉的实施意见》。7月份举办党外代表人士培训班，参加人员70余人。在市委3次提拔科级领导干部工作中，先后有2位民主党派成员、6位党外代表人士得到安排。其中有1位担任科级正职，有2位分别担任检察院、法院副职。公开选拔8位党外人士充实到党外后备干部队伍中。

【侨台工作】2013年，市委统战部走访三胞眷属40余人次，捐赠慰问金2万余元；为6位三胞及眷属协调有关部门解决低保、赴台继承遗产等事宜，避免台属受诈骗2起，为3名黄埔军校同学会会员和2名国民党起义投诚人员争取生活费8760元，接待台胞40余人次。

【2013年兴城市委统战部领导成员】

部　长　赵志民

副部长　赵云山

王建忠（2013年7月离任）

对台办

副主任　王晓峰（2013年3月任职）

（王晓峰）

·老干部工作·

【概况】2013年，中共兴城市委老干部局管理离休干部272人。其中按单位性质分为机关74人，企业86人，事业112人；按时间分为抗日离休干部14人，解放离休干部258人；按级别分实职副县及以上离休干部3人，享受副县及以上待遇离休干部80人，其他离休189人。年内，订阅《老同志之友》741份，《晚晴报》127份。在老干部阅览室订阅20余种党报党刊、生活杂志等。老干部文化团体达到5个，累计活动人数300人左右。为太极拳协会、戏剧家协会、老年合唱团等输入成员近百人。

【重大节日走访慰问】2013年春节期间，兴城市领导在市委老干部局工作人员的陪同下对17名抗日离休老干部，3名实职副县处级离休干部，61名困难离休老干部，42名特殊困难离休老干部，共计123人进行走访慰问；重阳节前夕，市委办、组织部等部门召开全市实职副县及以上级别的离退休干部座谈会，并参观滨海经济开发区及重点市政工程，听取老领导对兴城发展的意见和建议，会后由老干部局代表市委、市政府对参会60位老领导进行走访慰问，发放慰问金6万元；在重阳节同期，老干部局召开离休干部座谈联欢会，到场离休干部80余人，大学学员50余人参加联欢活动。

【强化服务管理】2013年，市委老干部局履行干部包人联系老干部制度、来访首问制度，谁接待谁督办，谁分管谁负责的责任追究制度，把落实处理老干部信访案件作为全局工作重点，对老干部提出的问题不推诿、不扯皮，及时办理、回复、反馈。营造和谐稳定的社会环境。全年共接待来访的老干部及其子女30余人，来访咨询电话200多次。为免除老干部奔波葫芦岛市医疗保险中心与兴城两地之间的劳顿之苦，承担起代为老干部发放医疗保险门诊结余费用的工作。代发放金额22万元，得到老干部及其家属的一致好评。

【加强“两个阵地”建设】2013年，市委老干部局加强活动中心和老干部大学建设，开展各类活动。活动中心每天接待活动人员约70人，局里派专人负责卫生清扫，无偿提供饮用热水，努力为活动人员营造良好环境。老干部大学根据学员意愿和调查结果，新学期伊始增聘教师、调整设置科目。学员在元旦、春节、重阳节期间分别进行联欢活动，3次外出踏青、游玩，每月末举行老干部大学歌会。“七一”前夕，结合“党员密切联系群众进社区”活动，联合温泉街道，深入到温泉社区安居小区开展庆祝建党纪念日活动。8月份，联合何氏眼科医院、老龄委等单位，在老干部大学为社区老人和老干部、老干部大学学员免费检测，并举办眼病常识的讲座。

【2013年兴城市委老干部局领导成员】

局　长　李　伟（2013年3月任职）
副局长　张志宽
　　　　　马恩国

（于飞跃）

·直属机关党务工作·

【概况】2013年，中共兴城市直属机关工作委员会以开展各种活动为载体，全面加强机关党的建设，机关党组织的创造力、凝聚力和战斗力明显增强。通过“市直机关领导帮带村党组织书记”“结穷亲，手拉手，奔小康”及“党员干部走进千家万户”等活动，进一步拓展深化创先争优活动内容。为庆祝全国第十二届运动会倒计时100天，激励全市人民爱家乡的热情，举办“迎全运爱家乡”长跑比赛。为丰富和活跃全市广大干部职工文体活动，提高身体素质，举行乒乓球比赛和羽毛球比赛，取得良好效果。

【举办公文与写作处理知识竞赛】2013年，市直机关工委为进一步推进学习型、效能型、服务型机关建设，提高机关干部队伍整体素质和工作水平，激发机关干部全员学习、自觉学习的积极性，提高广大干部对公文写作重要性的认识，激发学习公文写作知识的热情，于4月17日举办市直机关公文与写作处理知识竞赛，市直单位各选派2人参加竞赛。政府办获一等奖，林业局、物价局获二等奖，纪检委、民政局、广播电视台获三等奖。

【实施工作目标责任制活动】2013年，市直机关工委为全面提升工作目标责任制活动的效能，目标办根据几年的工作经验和基层的意见，同时结合上级的文件精神和兴城市的经济发展现状，将考评内容进行重新调整，增加健康机关建设等内容。调整后，考评内容分为5大类18项，涵盖市直机关建设的各个方面，成为考评市直机关运行的有效载体。年末，评出优秀单位31个，达标单位42个，不达标单位1个，市直机关优秀科室10个，市直机关先进工作者15人。

【2013年兴城市直机关工委领导成员】

书　记　姜修非（2013年2月离任）
　　　　　李以君（2013年2月任职）
副书记　史秀艳（女）

（王海望）

·党校工作·

【概况】2013年，中共兴城市委党校根据新形势的要求和不同类型干部的思想工作实际，以基本理论教育、基本政策教育、党性党风教育、国情市情教育、素质能力教育为基本单元，设置30个教学专题，举办各类培训班11期，培训干部1420人次。

【干部培训工作】2013年，市委党校举办两期“村党支部书记、村委会主任培训班”，一期“社区书记、主任培训班”，一期“党外代表人士培训班”，一期“公务员骨干培训班”，一期“乡科级后备干部培训班”，两期“要求入党积极分子培训班”。与市委组织部、宣传部共同举办“正副科级领导干部学习十八大精神报告会”，与市委宣传部共同举办“宣传理论骨干学习十八届三中全会精神报告会”，与市委统战部共同组织企业厂长经理参加的“经济形势与企业管理报告会”。

【宣传教育工作】2013年，市委党校以党的十八大、十八届三中全会精神为主要内容，抽出骨干教师组成宣讲团，采取“流动党校”的形式，开展理论宣传教育工作。全年为市委中心组学习辅导讲课2次，为市直单位政治学习和乡村党员冬训夏训辅导讲课30余次，受教育面达3000余人次。

【2013年兴城市委党校领导成员】

校　　长　（暂缺）

常务副校长　金景山

副 校 长　曹志琴（女）

（曹志琴）

兴城市人民代表大会常务委员会

【**概况**】2013年，兴城市七届人大常委会树立有位、有为、有威的工作理念，以正能量推动"创业兴城、宜居兴城、文化兴城、活力兴城"建设。全年共召开主任会议14次，常委会会议9次，听取和审议"一府两院"专项工作报告12个，开展专题调研9次，作出决议、决定和审议意见25项。依法任免国家机关工作人员130人次。受理群众信访77件次、197人次。

【**服务经济建设大局**】2013年，市人大常委会紧紧围绕经济建设中心，提升服务能力，提供法制保障，推动目标任务的落实。

加强计划、预算执行情况的审查监督。听取和审议市政府关于计划和预算执行情况的报告及决算报告、审计工作报告，督促市政府及相关部门加强预算管理，严格预算执行，维护审计权威，提高资金使用效益。

审议决定重大事项。严格依照法律程序，作出设立临海街道办事处的决定；作出将曹庄镇老滩村、中兴村划归临海街道办事处管辖的决定；作出红崖子乡、海滨乡撤乡设镇的决定；作出将大寨乡马圈村、东辛庄镇周石村划归绥中县管辖的决定。

支持政府推进工作。组织全国、省、市级和兴城市人大代表对全市14个重点项目进行视察。9月，对农业产业化建设进行专题视察，实地掌握情况、分析存在问题，提出拓宽渠道、延长链条的建议。

【**维护群众根本利益**】2013年，市人大常委会持续推进民生改善，努力让发展成果更多、更公平地惠及广大群众。

促进解决民生重点问题。市人大常委会对社保基金的收缴使用和管理工作进行调研，针对扩面难度日益加大等困难和问题，作出审议意见，督促市政府及相关部门迅速落实，保证社保基金的安全和可持续运行。

促进解决民生热点问题。3月初，市人大常委会组织代表对河道治理工作进行视察并提出意见。市政府和水利部门及时做出安排，对全市重点河流、堤防和险工险段进行治理和修复。

促进解决民生难点问题。2012年，大寨乡93名农民工与丹东一家就业服务机构签订劳务输出合同，每人交付1万元保证金。但该家服务机构不履行合同，拒还保证金。2013年1月，市人大常委会向市人民法院提出处理意见，追缴全部保证金，保证农民工合法权益不受侵害。

【**提供良好法治保障**】2013年，市人大常委会坚持在"党委领导、人大主导"的法治格局下行使职权，努力为经济社会发展提供良好的法治保障。

保障法律法规贯彻实施。连续三年对《中华人民共和国食品安全法》贯彻实施情况开展执法检查，要求市政府和相关部门落实各项保障、深化宣传教育，让百姓真正吃上放心食品。常委会听取和审议市政府社区矫正工作情况的报告，作出有针对性的审议意见。

保证司法职权正确行使。针对涉及兴城市人大代表的2起案件，市人大常委会多次召开主任会议，并邀请司法部门和法律工作者认真研讨，最终依据《中华人民共和国代表法》和《中华人民共和国地方组织法》的有关规定，作出对一名人大代表许可采取、另一名不予许可采取强制措施的决定。

维护社会大局和谐稳定。对重点信访问题，市人大常委会领导亲自过问，信访机构跟踪督办，促使其得到妥善解决。年初，樱花园小区17号楼居民反映某酒店翻建将导致居民楼房采光不足问题。市人大常委会及时与规划部门沟通，按有关规定责令停工，终止酒店侵害居民权益的行为。

【七届人大二次会议】2013 年 12 月 18 日上午，兴城市第七届人民代表大会第二次会议在人民会堂开幕。大会应到代表 240 名，实到 232 名。不是市人大代表的市政府、市政协、市人民武装部的领导，退休老干部代表，驻军驻在单位和民营企业代表，参加市政协七届二次会议的全体政协委员，各乡镇、街道党委负责，市人大常委会各机构和市直各部门、各单位的领导，以及公民代表，葫芦岛市委派驻兴城七届人大二次会议换届纪律督查组的工作人员列席会议。

开幕式由市人大常委会主任张学军主持。大会议程：一、听取和审议兴城市人民政府工作报告；二、审议兴城市 2013 年国民经济和社会发展计划执行情况与 2014 年国民经济和社会发展计划（草案）的报告，审查和批准兴城市 2013 年国民经济和社会发展计划执行情况的报告与 2014 年国民经济和社会发展计划；三、审议兴城市 2013 年财政预算执行情况和 2014 年财政预算（草案）的报告，审查和批准兴城市 2013 年财政预算执行情况的报告和 2014 年财政预算；四、听取和审议兴城市人民代表大会常务委员会工作报告；五、听取和审议兴城市人民法院工作报告；六、听取和审议兴城市人民检察院工作报告；七、选举。

兴城市人民政府市长赵家鹏作《政府工作报告》，报告分两部分：一、2013 年工作回顾；二、2014 年工作安排。与会代表书面审查兴城市 2013 年国民经济与社会发展计划执行情况和 2014 年计划安排的报告、兴城市 2013 年财政预算执行情况和 2014 年财政预算的报告。

12 月 19 日，出席兴城市七届人大二次会议的代表举行第二次全体会议。听取和审议主席团常务主席、市人大常委会主任张学军所作的《兴城市人民代表大会常务委员会工作报告》。听取兴城市人民法院院长项雷所作的《兴城市人民法院工作报告》，听取兴城市人民检察院检察长叶蓬所作的《兴城市人民检察院工作报告》。

12 月 20 日，兴城市七届人大二次会议在人民会堂第一会议室举行第三次全体会议，238 名代表出席会议。会议以无记名投票方式，选举产生 62 名葫芦岛市第五届人民代表大会代表、4 名兴城市第七届人民代表大会常务委员会委员。会议通过各项工作报告的决议。

会议收到代表建议、批评和意见共计 67 件。其中，农业方面 13 件，工业、交通方面 14 件，城市建设方面 14 件，教育、科学、文化、卫生方面 13 件，政法及其他方面 13 件。

【2013 年市人大常委会历次会议】

第二次会议，1 月 6 日召开。会议的议题是：通过关于批准红崖子、海滨满族乡撤乡设镇的决定。

第三次会议，2 月 6 日召开。会议的议题是：通过关于接受冯刚辞去市七届人大代表职务的决定；通过市人大常委会 2013 年工作要点；通过市七届人大常委会代表资格审查委员会组成人员名单；决定人事任免事项。

第四次会议，4 月 3 日召开。会议的议题是：通过关于接受王伟等辞去市七届人大代表职务的决定；决定人事任免事项；审查和批准《兴城市 2012 年财政总决算情况的报告》；审查和批准《兴城市 2013 年部门预算（草案）的报告》；听取和审议《兴城市社区矫正工作情况的报告》；通过兴城市人大常委会关于许可对七届人大代表石连奎采取强制措施的决定。

第五次会议，5 月 23 日召开。会议的议题是：听取和审议市政府关于兴城市社保基金收缴使用和管理情况的报告；决定人事任免事项；通过兴城市人大常委会关于将大寨满族乡马圈村、东辛庄镇周石村划归绥中县管辖的决定；通过兴城市人大常委会关于设立临海街道办事处的决定；通过兴城市人大常委会关于将曹庄镇老滩村、中兴村划归临海街道办事处管辖的决定；听取和审议本溪市公安局高新分局《关于提请兴城市人民代表大会常务委员会批准对兴城市人大代表王华宁采取强制措施的报告》。

第六次会议，7 月 26 日召开。会议的议题是：听取和审议市政府《关于我市 2013 年上半年财政预算执行情况的报告》；听取和审议市政府《关于兴城市2013年上半年国民经济和社会发展计划执行情况的报告》；听取和审议市政府《关于兴城市2012年度财政预算执行及其他财政收支情况的审计工作报告》；听取和审议市政府《关于兴城市贯彻实施〈中华人民共和国食品安全法〉情况的报告》；通过《兴城市人大常委会规范性文件备案审查办法》；通过兴城市人大常委会规范性文件备案审查委员会组成人员名单；决定人事任免事项。

第七次会议，9月26日召开。会议的议题是：听取和审议市政府《关于兴城市河道治理情况的报告》；听取和审议市政府《关于市七届人大一次会议人大代表建议、批评和意见办理情况的报告》；通过《兴城市人大常委会关于红崖子乡、海滨乡撤乡设镇有关问题的决定》。

第八次会议，11月20日召开。会议的议题是：听取和审议市政府《关于兴城市2012年财政预算执行和其他财政收支审计有关问题整改情况的报告》；听取和审议市政府《关于兴城市国民经济和社会发展第十二个五年规划中期执行情况的报告》；通过关于召开市七届人大二次会议时间的决定；通过关于接受王铁军等辞去市七届人大代表职务的决定；通过关于恢复岳敬东市七届人大代表职务的决定；通过关于补选市七届人大代表的决定；决定人事任免事项。

第九次会议，12月5日召开。会议的议题是：决定市七届人大二次会议的有关事项；通过市人大常委会工作报告；通过关于代表变动情况和补选代表资格的审查报告。

2013年兴城市人大常委会组成人员及其办事机构

·兴城市人大常委会·

主　任　张学军
副主任　董永开　张亦喆（女）　田克明
　　　　韩维邦
委　员　王文志　王艳霞（女）　刘凤涛
　　　　许殿金　李玉环（女）　李　刚
　　　　李　君　李海峰　李　彪
　　　　杨德海　佟德元
　　　　宋　丹（女）　张　昕　张　新
　　　　金　镝　赵友谊　赵更民
　　　　魏　民

·人大常委会办事（工作）机构·

办公室
　主　任　许殿金
　副主任　柏春辉（2013年3月离任）
　　　　　曹东宁（女，2013年12月任职）
研究室
　主　任　金　镝
　副主任　田赞喜（2013年3月任职）
教科文卫工作委员会
　主　任　张　昕
　副主任　韩　英（女）
法制工作委员会
　主　任　杨德海
　副主任　程　宏
财政经济工作委员会
　主　任　杜志军
　副主任　张玉岐
人事代表选举工作委员会
　主　任　李　君
　副主任　张红梅（女）
信访工作委员会
　主　任　王文志
　副主任　（暂缺）
老干部管理办公室
　主　任　（暂缺）
　副主任　隋　伟

（田赞喜）

兴城市人民政府

【综述】2013年，兴城市地区生产总值实现

1513329万元，比上年增长12.8%；全社会固定资产投资总额实现1456354万元，比上年增长28.8%；公共财政预算收入实现132741万元，比上年增长15.4%；社会消费品零售总额实现639433万元，比上年增长13.8%；在岗职工平均工资36328元，比上年增长34.3%；农民人均纯收入10083元，比上年增长12.1%。主要经济指标实现平稳较快增长。

一、农业产业结构持续优化。粮食总产量达到27.3万吨。创建国家粮油高产示范区3个，完成节水滴灌2333.33公顷。新建和改扩建设施农业小区200个，新建畜禽养殖小区15个，建成1万平方米的省级工厂化蔬菜育苗中心。新栽名优果树59.2万株，发展经济林1000公顷。新增农民专业合作社100家、市级以上农事龙头企业8家，九股河饲料加工项目竣工，馨予农产品深加工项目有序推进。“兴城苹果”被评为国家地理标志证明商标，华山街道被评为辽宁特产“食用菌”之乡。

农业基础设施建设不断加强。完成水利骨干工程135项，治理水土流失面积5000公顷。实施小坞渔港扩建工程。青山水库3个移民新村和滨海经济区二期移民回迁楼交付使用，安置移民1051户，水库具备蓄水条件。建兴高速44.97公里主线施工进展顺利，7.13公里连接线路基工程完工。

新农村建设步伐加快。完成撤海滨乡设徐大堡镇、撤红崖子乡设红崖子镇。新建乡镇便民服务中心4个，创建葫芦岛市新农村示范村6个、省美丽乡村示范村12个、农村公共服务运行维护机制试点村100个，实施项目到户扶贫1889户。修建“一事一议”村内道路121.2公里、安装路灯1105基，新建农村文化体育广场47个。筹集资金6856万元，全面启动农村环境治理工作，重点支持49个试点村建设，配备村内保洁员147人，修建道路边沟629公里，植树29.4万株，建设垃圾收集处理设施1959个、养殖粪便处理设施65个、高压水冲厕所1000个，东辛庄镇建成兴城市首个乡镇污水处理厂。

二、工业化进程明显提速，工业实力稳步提升。

滨海经济区发展势头良好。兴城临海产业区更名为兴城滨海经济区，成立临海街道办事处。完成5.6公里海防堤、兴海二次变、研发中心、金融中心、商务酒店建设。组织“走出去、请进来”主题招商活动21次，意大利游艇工业园、小微企业园、福建中海源海洋生物制品产业园、上海海宝复合材料工业园成功落户。

泳装产业集群不断壮大。成功承办第三届国际沙滩·泳装文化博览会。泳装园投产企业达到8家。支持泳装电子商务发展，签约入驻阿里巴巴中国产业带，网络交易额突破10亿元。全市泳装企业达到573家，兴城市被中国服装协会授予“中国服装品牌年度推动大奖”。

徐大堡核电项目顺利推进。大力开展核电知识普及活动，群众核电安全意识明显增强。顺利完成11.27公顷土地征用和173户移民搬迁，为核电项目建设创造良好条件。

企业整体实力显著增强。规模以上工业企业达到93家，比上年增加8家；总产值实现180亿元，比上年增长35.3%。协调金融机构发放工业贷款7亿元，争取省、市专项扶持资金3450万元。全年新增省著名商标8个、市著名商标10个、省名牌产品4个、市名牌产品2个。

对外经济贸易充满活力。外贸出口供货总值232752万元，比上年增长25%，兴城市成为首批省级花生出口示范区；引进省外内资120亿元，实际利用外资1.03亿美元。

三、城市化建设步伐加快，城市品位显著提高。

滨海温泉新城建设全面展开。加快推进道路工程建设，“三横六纵两环”路网格局基本形成。国际比基尼广场展览中心主体完工，香港俊安泉海御龙湾进场施工，富都红麦坊旅游度假区、天诚泳业服务平台、大唐龙海湾城市综合体等完成前期准备工作。

古城保护利用步伐加快。完成钟鼓楼、南门城楼维修和文庙油饰，国保单位安防工程投入使用。完成北二街554户居民搬迁，南辛庄回迁楼和宁远驿馆、宁远戏院主体完工，与中广国际传媒有限公司达成古城整体保护利用合作意向。

城市面貌明显改善。坚持用高标准规划引

领城市发展，编制各项发展规划21个。“兴盛之城”城市主题雕塑正式落成。兴城河综合治理二期工程过半，河口省级湿地公园通过审批。筹集资金2.89亿元，修建首山路等城市干道31.7公里，安装路灯263基，铺设人行步道方砖6万平方米，新建和改造10千伏电力线路150公里。高标准实施龙兴路绿化、兴海公园和首山入口改造等工程，新增城市公共绿地12.4公顷。深入开展城市环境综合整治，拆除违章建筑3.7万平方米，移除违栽苗木15万株。

四、服务业发展充满活力，服务功能更加健全。

商贸物流业繁荣兴起。铁西农贸市场投入使用，东关农贸市场主体竣工，轻工市场完成改造重新营业。红崖子花生物流园一期、旧门集贸市场、大红门物流商贸城一期、兴隆大家庭二期和银象宁远城主体完工。华润万家、华联集团大型商贸企业成功落户。

新兴服务业开始起步。在龙兴路两侧规划占地100公顷总部基地，11家企业总部签约落户。银行金融机构发展到16家，存贷款余额分别实现1736985万元和1137122万元，均创历史新高。推进万象家园、嘉山墅、香林水岸等高档居住小区建设，房地产开发面积达到180万平方米。

旅游业持续向好。高家岭汤上温泉酒店、首山丽汤温泉酒店主体竣工，海上海酒店正式营业，新增快捷宾馆67家，旅游服务功能不断增强。积极开展旅游宣传推介，接待国内外游客550万人次，旅游总收入实现30亿元。

五、民生工作全面加强，社会事业繁荣发展。

就业工作稳步推进。安排城镇实名制就业8869人，转移农村劳动力就业8.5万人，发放小额担保贷款1575万元，扶持315名妇女自主创业，城镇登记失业率控制在3.2%以内。

社会保障能力持续增强。社会养老、城镇医疗、失业、工伤、生育保险参保人数分别达到31.7万人、11.4万人、1.8万人、2.8万人和1.8万人，实现基金收入3.9亿元，比上年增长23.9%。新农合人均筹资标准提高到350元，将肺癌等12种疾病纳入重大疾病保障范围。筹集资金6288万元，完成11家单位改制工作，妥善解决990名职工长远生计问题。筹集资金567万元，提高城乡低保户、五保户补助标准。发放救灾、救济、救助款2058万元，受益群众3.7万人。

教育事业快速发展。投入资金1.33亿元，建成辽宁工大附属中学、南一小学新校区，完成城区教育资源整合；建设省级标准化学校40所；新建乡镇中心幼儿园4所、改扩建7所。滨海经济区九年一贯制学校主体完工，第二幼儿园开工建设，渤海船院新校区竣工。公开择优聘用131名大学毕业生，全部充实到农村教师队伍。

医疗卫生体制改革不断深入。18家乡镇卫生院全部回归公益性，市医院康复综合楼和120急救中心投入使用。免费为农村适龄妇女进行“两癌”筛查1.6万人次。人口和计划生育基层服务网络不断完善，兴城市获得省人口和计划生育综合改革示范县（市）称号。

文化体育事业成果显著。曹庄小学独轮车队在第十二届全国运动会上精彩亮相，兴城市荣获全国群众体育先进县称号。新建社区书屋7个，举办第二届农村文化节和“兴城之夏”文化广场活动。白塔峪塔、磨石沟塔被评为国家级重点文物保护单位。“走进兴城”历史文化丛书出版发行。兴城市被评为辽宁省社会主义新农村建设档案工作示范县（市），档案馆成功晋升为国家二级综合档案馆。

群众切身利益问题得到有效解决。投入资金2.07亿元，新建铁西热源厂，铺设供热管线88公里、给排水管线44.7公里，改造城市低温区35万平方米、供水管网8000户；建成城区中心客运站，修建城市巷道20公里；完成农村五保户、低保户危房改造1002户，援助单亲贫困母亲建房147户，实施保障性住房115户。全市公职人员年均增加津补贴14400元，首次发放职工取暖费补贴。市政府年初承诺的10项民生工程全部兑现。

生态环境持续改善。实施蓝天工程，城市空气优良天数达到98%以上。推进节能减排，完成化学需氧量削减390吨、二氧化硫削减73吨。深入实施青山保护工程，清退小开荒3967公顷，围栏封育500公里，植树造林5533公顷。

六、财源建设成效显著，支撑发展能力不

断增强。

财政收入稳步增长，公共财政预算收入132741万元，比上年增长15.4%，地方财政收入306846万元，比上年增长7.0%。全市公共财政预算支出285846万元，比上年增长19.5%，地方财政支出443037万元，比上年增长6.4%。全年各项税收总额实现121085万元，比上年增长13.6%。其中，国税实现26000万元，比上年增长6.0%；地税实现95085万元，比上年增长15.9%。

七、民主法制和精神文明建设扎实有效，和谐兴城建设取得新进步。

自觉接受人大依法监督和政协民主监督。办理人大代表建议50件，政协委员提案164件，办复率达到100%。

开展省级文明城市创建活动，重新修订市民文明公约。国防动员和双拥共建取得新成绩。加强基层组织建设，完成村民委员会换届。加强"六五"普法，兴城市荣获省法治文化建设示范基地称号。加强软环境建设，完善惩治和预防腐败体系，开展惠民政策大排查，处分违纪人员55人。加强信访工作，受理群众来信来访639件次，息访率达到90%以上。加强安全生产和社会管理综合治理，重特大安全生产事故为零，破获各类刑事案件789起，兴城市被省政府评为"十二运"安保维稳工作先进县（市）。

【请示】

1月11日，兴城市人民政府向葫芦岛市人民政府报送（兴政〔2013〕3号）文件，《关于将兴城临海产业区晋升为省级经济开发区的请示》。

1月16日，兴城市人民政府向葫芦岛市人民政府报送（兴政〔2013〕8号）文件，《关于兴城市红崖子、海滨满族乡撤乡设镇的请示》。

2月21日，兴城市人民政府向葫芦岛市人民政府报送（兴政〔2013〕11号）文件，《关于建设兴城市公共资源交易中心综合楼的请示》。

3月29日，兴城市人民政府向葫芦岛市人民政府报送（兴政〔2013〕23号）文件，《关于确定青山水库三期移民时间节点的请示》。

3月29日，兴城市人民政府向葫芦岛市人民政府报送（兴政〔2013〕24号）文件，《关于青山水库二期后靠点征占林地问题的请示》。

3月29日，兴城市人民政府向葫芦岛市人民政府报送（兴政〔2013〕25号）文件，《关于拨付青山水库移民安置专项资金的请示》。

4月8日，兴城市人民政府向葫芦岛市人民政府报送（兴政〔2013〕27号）文件，《关于王建华同志赴香港进行经贸洽谈的请示》。

5月7日，兴城市人民政府向葫芦岛市人民政府报送（兴政〔2013〕39号）文件，《关于部分单位进入兴城市公共资源交易中心综合楼办公的请示》。

5月9日，兴城市人民政府向葫芦岛市人民政府报送（兴政〔2013〕43号）文件，《关于优化调整生态公益林的请示》。

5月29日，兴城市人民政府向葫芦岛市人民政府报送（兴政〔2013〕59号）文件，《关于设立兴城市临海街道办事处的请示》。

6月28日，兴城市人民政府向葫芦岛市人民政府报送（兴政〔2013〕70号）文件，《关于于学利同志赴俄罗斯、意大利、瑞士进行经贸洽谈的请示》。

7月2日，兴城市人民政府向中国服装协会报送（兴政〔2013〕74号）文件，《关于举办中国国际泳装展的请示》。

7月4日，兴城市人民政府向葫芦岛市人民政府报送（兴政〔2013〕75号）文件，《关于赵家鹏等同志赴香港进行经贸洽谈的请示》。

7月9日，兴城市人民政府向葫芦岛市人民政府报送（兴政〔2013〕77号）文件，《关于提前支付兴城市新城区中心客运站建设专项资金的请示》。

7月15日，兴城市人民政府向葫芦岛市人民政府报送（兴政〔2013〕78号）文件，《关于修改兴城市土地利用总体规划的请示》。

8月28日，兴城市人民政府向葫芦岛市人民政府报送（兴政〔2013〕94号）文件，《关于修改兴城市徐大堡镇和刘台子满族乡土地利用总体规划（2006—2020年）的请示》。

9月5日，兴城市人民政府向葫芦岛市人民

政府报送（兴政〔2013〕104号）文件，《关于兴城市2013年移民扶贫整村（屯）搬迁集中安置配套资金的请示》。

9月6日，兴城市人民政府向葫芦岛市人民政府报送（兴政〔2013〕105号）文件，《关于王建华等同志赴香港进行经贸洽谈的请示》。

10月30日，兴城市人民政府向省畜产品安全监察所报送（兴政〔2013〕129号）文件，《关于修建兴顺大街路经原兴城蜜蜂原种场相关事宜的请示》。

12月9日，兴城市人民政府向葫芦岛市人民政府报送（兴政〔2013〕140号）文件，《关于拨付青山水库三道沟乡第二期移民补偿资金的请示》。

12月10日，兴城市人民政府向葫芦岛市人民政府报送（兴政〔2013〕141号）文件，《关于申报2013年度后期扶持人口的请示》。

12月23日，兴城市人民政府向葫芦岛市人民政府报送（兴政〔2013〕145号）文件，《关于恢复设立兴城市渔港监督机构的请示》。

【报告】

1月16日，兴城市人民政府向葫芦岛市人民政府报送（兴政〔2013〕7号）文件，《关于兴城市2012年度推进依法行政工作情况的报告》。

3月20日，兴城市人民政府向葫芦岛市第五届劳动模范先进集体评委会报送（兴政〔2013〕21号）文件，《关于推荐葫芦岛市第五届劳动模范和先进集体的报告》。

4月9日，兴城市人民政府向省扶贫办报送（兴政〔2013〕28号）文件，《关于报送兴城市扶贫康居工程实施方案的报告》。

5月6日，兴城市人民政府向葫芦岛市人民政府报送（兴政〔2013〕37号）文件，《关于兴城市扶贫康居工程配套资金落实情况的报告》。

5月28日，兴城市人民政府向葫芦岛市人民政府报送（兴政〔2013〕57号）文件，《关于同意将大寨满族乡马圈村东辛庄镇周石村划归绥中管辖的报告》。

6月27日，兴城市人民政府向葫芦岛市人民政府报送（兴政〔2013〕69号）文件，《关于古城保护开发有关情况的报告》。

9月16日，兴城市人民政府向葫芦岛市人民政府报送（兴政〔2013〕106号）文件，《兴城市人民政府关于青山水库工程淹没区实物量复核情况报告》。

12月3日，兴城市人民政府向葫芦岛市人民政府报送（兴政〔2013〕139号）文件，《关于兴城市2012年教育工作自评情况的报告》。

12月20日，兴城市人民政府向葫芦岛市人民政府报送（兴政〔2013〕143号）文件，《关于兴城市关闭小煤矿情况的报告》。

12月26日，兴城市人民政府向葫芦岛市人民政府报送（兴政〔2013〕149号）文件，《关于兴城市高永波、杨志瑜就兴城市政府征收决定一案上诉省高法有关情况的报告》。

12月25日，兴城市人民政府向葫芦岛市人民政府报送（兴政〔2013〕153号）文件，《关于兴城市2013年消防工作的报告》。

【批复】

1月5日，兴城市人民政府向兴城市民政局下发（兴政〔2013〕2号）文件，《关于同意学苑街命名的批复》。

1月14日，兴城市人民政府向兴城市城建局下发（兴政〔2013〕6号）文件，《关于同意郑玉彬拟出让地块规划条件的批复》。

1月18日，兴城市人民政府向兴城市安监局下发（兴政〔2013〕9号）文件，《关于同意兴城市安全生产监督管理局2013年安全监管执法计划的批复》。

1月22日，兴城市人民政府向兴城市规划处下发（兴政〔2013〕12号）文件，《关于同意刘八斗村外环路西侧拟出让地块规划条件的批复》。

1月25日，兴城市人民政府向兴城市规划处下发（兴政〔2013〕13号）文件，《关于同意沥青拌合站东侧拟出让地块规划条件的批复》。

1月25日，兴城市人民政府向兴城市规划处下发（兴政〔2013〕14号）文件，《关于同意原文化局办公楼拟出让地块规划条件的批复》。

2月25日，兴城市人民政府向兴城市规划处下发（兴政〔2013〕16号）文件，《关于同意河畔花园南侧拟出让地块规划条件的批复》。

3月18日，兴城市人民政府向兴城市规划处下发（兴政〔2013〕20号）文件，《关于同意调整东二村城东加油站西侧出让地块规划条件的批复》。

4月2日，兴城市人民政府向兴城市安监局下发（兴政〔2013〕26号）文件，《关于同意葫芦岛市兴城星海66KV变电新建工程81#铁塔高处坠落事故调查报告的批复》。

4月17日，兴城市人民政府向兴城市规划处下发（兴政〔2013〕31号）文件，《关于同意弘熙园三村拟出让地块规划条件的批复》。

4月17日，兴城市人民政府向兴城市规划处下发（兴政〔2013〕32号）文件，《关于同意金秋园西侧拟出让地块规划条件的批复》。

4月23日，兴城市人民政府向兴城市规划处下发（兴政〔2013〕35号）文件，《关于同意城东街道办事处韩家村拟出让地块规划条件的批复》。

4月25日，兴城市人民政府向兴城市规划处下发（兴政〔2013〕36号）文件，《关于同意干柴村102线西侧拟出让地块规划条件的批复》。

4月1日，兴城市人民政府向兴城市水利局下发（兴政〔2013〕41号）文件，《关于同意组建兴城河河道治理工程项目法人的批复》。

5月8日，兴城市人民政府向兴城市民政局下发（兴政〔2013〕42号）文件，《关于同意兴城临海产业区临海大街等23条街路命名的批复》。

5月14日，兴城市人民政府向中石化葫芦岛石油分公司下发（兴政〔2013〕51号）文件，《关于同意迁建中国石化葫芦岛石油分公司兴城三号加油站进场建设的批复》。

5月17日，兴城市人民政府向兴城市安监局下发（兴政〔2013〕52号）文件，《关于同意兴城市冠亚混凝土有限责任公司“5·5”机械伤害事故调查报告的批复》。

5月17日，兴城市人民政府向兴城市安监局下发（兴政〔2013〕53号）文件，《关于同意兴城市曹庄镇大甸村田相屯“5·1”触电事故调查报告的批复》。

5月25日，兴城市人民政府向兴城市安监局下发（兴政〔2013〕54号）文件，《关于同意兴城市弘熙园小区C—7#楼外墙保暖作业“5·11”高处坠落事故处理意见的批复》。

5月28日，兴城市人民政府向兴城市规划处下发（兴政〔2013〕55号）文件，《关于同意北关村瀚森木业北侧拟出让地块规划条件的批复》。

5月28日，兴城市人民政府向兴城市规划处下发（兴政〔2013〕56号）文件，《关于同意北关村102线南侧拟出让地块规划条件的批复》。

5月28日，兴城市人民政府向兴城市安监局下发（兴政〔2013〕58号）文件，《关于同意兴城市曹庄镇王立民个体养鱼“5·27”触电事故初步调查报告的批复》。

5月31日，兴城市人民政府向兴城市地税局下发（兴政〔2013〕60号）文件，《关于同意征收临海产业区企业房产税土地使用税的批复》。

6月4日，兴城市人民政府向兴城市规划处下发（兴政〔2013〕61号）文件，《关于同意曹庄镇老滩新村北侧拟出让地块规划条件的批复》。

5月24日，兴城市人民政府向兴城市公安局下发（兴政〔2013〕62号）文件，《关于同意对兴城轻工市场重大火灾隐患予以挂牌督办的批复》。

6月4日，兴城市人民政府向兴城市规划处下发（兴政〔2013〕63号）文件，《关于同意纪家村龙兴路东侧拟出让地块规划条件的批复》。

6月9日，兴城市人民政府向兴城市规划处下发（兴政〔2013〕64号）文件，《关于同意原技工学校拟出让地块规划条件的批复》。

6月9日，兴城市人民政府向兴城市规划处下发（兴政〔2013〕65号）文件，《关于同意南辛庄临河大街北侧拟出让地块规划条件的批复》。

5月16日，兴城市人民政府向兴城市农发局下发（兴政〔2013〕66号）文件，《关于同意兴城市原种场转企改制的批复》。

6月19日，兴城市人民政府向兴城市财政局下发（兴政〔2013〕67号）文件，《关于同意核定2013年度土地融资规模的批复》。

6月19日，兴城市人民政府向兴城市城建局下发（兴政〔2013〕68号）文件，《关于同意城市防洪应急预案的批复》。

6月27日，兴城市人民政府向兴城市城建局下发（兴政〔2013〕71号）文件，《关于同意沙后所镇和平路等5条街路命名的批复》。

7月2日，兴城市人民政府向兴城市防汛抗旱指挥部下发（兴政〔2013〕73号）文件，《关于同意兴城抗旱预案的批复》。

7月5日，兴城市人民政府向兴城市规划处下发（兴政〔2013〕76号）文件，《关于同意公安局东侧拟出让地块规划条件的批复》。

7月17日，兴城市人民政府向兴城市安监局下发（兴政〔2013〕79号）文件，《关于同意兴城市乾和红木制品有限公司新建3号厂房“6·26”钢结构工程坍塌事故调查报告的批复》。

7月19日，兴城市人民政府向兴城市规划处下发（兴政〔2013〕80号）文件，《关于同意煤炭交易中心东侧拟出让地块规划条件的批复》。

7月23日，兴城市人民政府向兴城市林业局下发（兴政〔2013〕81号）文件，《关于同意建设辽宁兴城河口省级湿地公园并成立管理处的批复》。

7月23日，兴城市人民政府向兴城市防汛抗旱指挥部下发（兴政〔2013〕82号）文件，《关于同意兴城市山洪灾害防御预案和兴城市防御洪水方案的批复》。

7月24日，兴城市人民政府向兴城市城建局下发（兴政〔2013〕84号）文件，《关于同意东辛庄镇老水产院内木材厂道西侧拟出让地块规划条件的批复》。

7月25日，兴城市人民政府向兴城市城建局下发（兴政〔2013〕85号）文件，《关于同意沙后所南门外村沙上线西侧拟出让地块规划条件的批复》。

7月25日，兴城市人民政府向兴城市城建局下发（兴政〔2013〕86号）文件，《关于同意102线东辛庄段379+380公里北侧老村部院内拟出让地块规划条件的批复》。

4月2日，兴城市人民政府向兴城市水利局下发（兴政〔2013〕88号）文件，《关于同意组建兴城市河道治理工程项目法人的批复》。

8月28日，兴城市人民政府向徐大堡镇政府下发（兴政〔2013〕93号）文件，《关于同意兴城市徐大堡镇总体规划（2013—2030）的批复》。

8月28日，兴城市人民政府向兴城市规划处下发（兴政〔2013〕96号）文件，《关于同意鑫海达汽车修理有限公司西侧拟出让地块规划条件的批复》。

8月23日，兴城市人民政府向兴城市公安局下发（兴政〔2013〕97号）文件，《关于同意对葫芦岛九股河食品有限公司重大火灾隐患予以挂牌督办的批复》。

9月4日，兴城市人民政府向兴城市城建局下发（兴政〔2013〕99号）文件，《关于同意旧门乡集贸市场拟出让地块规划条件的批复》。

9月4日，兴城市人民政府向兴城市规划处下发（兴政〔2013〕100号）文件，《关于同意原木材公司院内地块规划条件的批复》。

9月4日，兴城市人民政府向兴城市规划处下发（兴政〔2013〕101号）文件，《关于同意原汽车客运总公司（油库）拟出让地块规划条件的批复》。

9月4日，兴城市人民政府向兴城市规划处下发（兴政〔2013〕102号）文件，《关于同意原中兴房地产开发有限公司（干疗院内）地块规划条件的批复》。

9月4日，兴城市人民政府向兴城市规划处下发（兴政〔2013〕103号）文件，《关于同意调整原锦州财培中心院内规划条件的批复》。

9月23日，兴城市人民政府向兴城市城建局下发（兴政〔2013〕120号）文件，《关于同意东辛庄老市场拟出让地块规划条件的批复》。

10月12日，兴城市人民政府向兴城市城建局下发（兴政〔2013〕121号）文件，《关于同意兴城市城市供热专项规划的批复》。

9月29日，兴城市人民政府向兴城市规划处下发（兴政〔2013〕122号）文件，《关于同意水岸绿洲住宅小区西侧拟出让地块规划条件的批复》。

9月29日，兴城市人民政府向兴城市规划处下发（兴政〔2013〕123号）文件，《关于同意原胜利小学北侧拟出让地块规划条件的批复》。

9月29日，兴城市人民政府向兴城市规划处下发（兴政〔2013〕124号）文件，《关于同意蓝天花园南侧拟出让地块规划条件的批复》。

10月28日，兴城市人民政府向兴城市规划处下发（兴政〔2013〕125号）文件，《关于同意联合中学周边拟出让地块规划条件的批复》。

10月28日，兴城市人民政府向大寨乡政府下发（兴政〔2013〕126号）文件，《关于同意大寨满族乡为兴城市大寨土豆地理标志产品保护申请机构的批复》。

10月28日，兴城市人民政府向兴城市规划处下发（兴政〔2013〕127号）文件，《关于同意原北关五金院内地块规划条件的批复》。

11月6日，兴城市人民政府向兴城市规划处下发（兴政〔2013〕130号）文件，《关于同意东山市场东侧拟出让地块规划条件的批复》。

11月8日，兴城市人民政府向兴城市安监局下发（兴政〔2013〕131号）文件，《关于同意兴城市丽汤小洋房21号楼“11·1”机械伤害事故调查报告的批复》。

11月11日，兴城市人民政府向兴城市规划处下发（兴政〔2013〕132号）文件，《关于同意原四家渔业队拟出让地块规划条件的批复》。

11月21日，兴城市人民政府向兴城市公安局下发（兴政〔2013〕133号）文件，《关于同意对兴城市美路威制衣有限公司重大火灾隐患予以挂牌督办的批复》。

11月27日，兴城市人民政府向兴城市规划处下发（兴政〔2013〕136号）文件，《关于同意东河河口西侧拟出让地块规划条件的批复》。

11月27日，兴城市人民政府向兴城市规划处下发（兴政〔2013〕137号）文件，《关于同意温泉豪苑南侧拟出让地块规划条件的批复》。

12月17日，兴城市人民政府向兴城市水利局下发（兴政〔2013〕142号）文件，《关于同意组建兴城市新城区供水工程项目法人的批复》。

12月23日，兴城市人民政府向兴城市公安局下发（兴政〔2013〕144号）文件，《关于同意对兴城市美路威制衣有限公司等2家政府挂牌督办重大火灾隐患企业予以摘牌的批复》。

12月23日，兴城市人民政府向兴城市水利局下发（兴政〔2013〕146号）文件，《关于同意组建兴城市水闸除险加固工程项目法人的批复》。

12月25日，兴城市人民政府向兴城市环保局下发（兴政〔2013〕148号）文件，《关于同意淘汰兴城市凝聚矿业有限公司等三家落后生产线的批复》。

12月26日，兴城市人民政府向兴城市城建局下发（兴政〔2013〕150号）文件，《关于同意组建兴城河入海口海防堤工程项目法人的批复》。

12月23日，兴城市人民政府向兴城市公安局下发（兴政〔2013〕154号）文件，《关于同意对兴城轻工市场政府挂牌督办重大火灾隐患企业予以摘牌的批复》。

12月28日，兴城市人民政府向大寨乡政府下发（兴政〔2013〕155号）文件，《关于同意大寨满族乡为兴城市大寨大根萝卜地理标志产品保护申请机构的批复》。

【决定】

4月9日，兴城市人民政府向旧门乡政府下发（兴政〔2013〕29号）文件，《关于确认旧门乡三道村聂贵林地界线蚂蚁沟小道的决定》。

3月28日，兴城市人民政府向兴城市城建局下发（兴政〔2013〕87号）文件，《关于表彰建兴高速公路兴城段征迁工作先进集体先进个人的决定》。

【通知】

1月11日，兴城市人民政府向各乡镇人民政府、街道办事处及有关部门下发（兴政办发〔2013〕1号）文件，《关于转发兴城市财政涉农补助资金“一卡（折）通”发放实施方案的通知》。

1月18日，兴城市人民政府向各乡镇人民

政府、街道办事处及有关部门下发（兴政办发〔2013〕2号）文件，《兴城市人民政府办公室关于印发兴城市严厉打击破坏青山资源违法犯罪专项整治行动实施方案的通知》。

1月25日，兴城市人民政府向各乡镇人民政府、街道办事处及有关部门下发（兴政办发〔2013〕3号）文件，《关于印发兴城市禁止“跑冰”工作实施方案的通知》。

1月25日，兴城市人民政府向各乡镇人民政府、街道办事处及有关部门下发（兴政办发〔2013〕4号）文件，《关于转发兴城市“两退一围”攻坚战役实施方案的通知》。

1月25日，兴城市人民政府向各乡镇人民政府、街道办事处及有关部门下发（兴政办发〔2013〕5号）文件，《关于做好2013年春节运输工作的通知》。

2月16日，兴城市人民政府向各乡镇人民政府、街道办事处及有关部门下发（兴政办发〔2013〕6号）文件，《关于印发兴城市2013年〈政府工作报告〉主要工作任务指标分解表的通知》。

3月23日，兴城市人民政府向各乡镇人民政府、街道办事处及有关部门下发（兴政办发〔2013〕7号）文件，《关于转发兴城市农村危房改造实施方案的通知》。

4月9日，兴城市人民政府向各乡镇人民政府、街道办事处及有关部门下发（兴政办发〔2013〕8号）文件，《关于加强流行性出血热防治工作的通知》。

4月8日，兴城市人民政府向各乡镇人民政府、街道办事处及有关部门下发（兴政办发〔2013〕9号）文件，《关于印发兴城市重点农业工程项目和支农资金管理实施方案的通知》。

5月3日，兴城市人民政府向各乡镇人民政府、街道办事处及有关部门下发（兴政办发〔2013〕10号）文件，《关于组织开展全省第七届“5·15”政务公开日活动的通知》。

5月8日，兴城市人民政府向各乡镇人民政府、街道办事处及有关部门下发（兴政办发〔2013〕11号）文件，《转发葫芦岛市人民政府办公室关于进一步做好“两退一围”工作的紧急通知》。

5月8日，兴城市人民政府向各乡镇人民政府、街道办事处及有关部门下发（兴政办发〔2013〕12号）文件，《关于转发兴城市农机购置补贴政策落实情况专项检查实施方案的通知》。

5月28日，兴城市人民政府向各乡镇人民政府、街道办事处及有关部门下发（兴政办发〔2013〕13号）文件，《关于转发兴城市蓝天工程实施方案的通知》。

6月7日，兴城市人民政府向各乡镇人民政府、街道办事处及有关部门下发（兴政办发〔2013〕14号）文件，《关于开展全市政务公开工作检查的通知》。

6月10日，兴城市人民政府向各乡镇人民政府、街道办事处及有关部门下发（兴政办发〔2013〕15号）文件，《关于报送2013年上半年工作总结和下半年工作安排及“十二五”规划执行情况中期总结的通知》。

6月13日，兴城市人民政府向各乡镇人民政府、街道办事处及有关部门下发（兴政办发〔2013〕16号）文件，《关于转发兴城市2013年开展绿化美化净化亮化竞赛活动实施方案的通知》。

6月17日，兴城市人民政府向各乡镇人民政府、街道办事处及有关部门下发（兴政办发〔2013〕17号）文件，《关于印发兴城市2013年应急管理工作方案的通知》。

6月20日，兴城市人民政府向各乡镇人民政府、街道办事处及有关部门下发（兴政办发〔2013〕18号）文件，《关于转发兴城市2013年度地质灾害防治方案的通知》。

7月30日，兴城市人民政府向各乡镇人民政府、街道办事处及有关部门下发（兴政办发〔2013〕19号）文件，《关于转发兴城市加强乡镇财政规范化建设实施意见的通知》。

7月25日，兴城市人民政府向各乡镇人民政府、街道办事处及有关部门下发（兴政办发〔2013〕20号）文件，《关于转发加快全市夜经济发展实施方案的通知》。

6月2日，兴城市人民政府向各乡镇人民政府、街道办事处及有关部门下发（兴政办发

〔2013〕21号）文件，《关于进一步做好民心网政策咨询办理工作的通知》。

8月22日，兴城市人民政府向各乡镇人民政府、街道办事处及有关部门下发（兴政办发〔2013〕22号）文件，《关于转发兴城市2013年纠风实施方案的通知》。

8月19日，兴城市人民政府向各乡镇人民政府、街道办事处及有关部门下发（兴政办发〔2013〕23号）文件，《关于印发2013年度兴城市政府对政府工作部门及直属事业单位绩效考评实施方案的通知》。

8月23日，兴城市人民政府向各乡镇人民政府、街道办事处及有关部门下发（兴政办发〔2013〕24号）文件，《关于转发兴城市加强“十二运”安保期间消防安全工作实施方案的通知》。

8月30日，兴城市人民政府向各乡镇人民政府、街道办事处及有关部门下发（兴政办发〔2013〕25号）文件，《关于印发兴城市诚信政府建设工作实施方案的通知》。

9月24日，兴城市人民政府向各乡镇人民政府、街道办事处及有关部门下发（兴政办发〔2013〕26号）文件，《关于印发兴城市农村公共服务运行维护机制建设试点工作实施方案的通知》。

10月11日，兴城市人民政府向各乡镇人民政府、街道办事处及有关部门下发（兴政办发〔2013〕27号）文件，《关于报送2013年工作总结和2014年工作安排的通知》。

10月15日，兴城市人民政府向各乡镇人民政府、街道办事处及有关部门下发（兴政办发〔2013〕28号）文件，《关于开展兴城市2013年侨情普查工作的通知》。

10月17日，兴城市人民政府向各乡镇人民政府、街道办事处及有关部门下发（兴政办发〔2013〕29号）文件，《关于加强农村气象灾害防御有关工作的通知》。

10月30日，兴城市人民政府向各乡镇人民政府、街道办事处及有关部门下发（兴政办发〔2013〕30号）文件，《关于做好农村危房改造工作的补充通知》。

11月20日，兴城市人民政府向各乡镇人民政府、街道办事处及有关部门下发（兴政办发〔2013〕31号）文件，《关于转发兴城市2013年廉租住房租赁补贴实施方案的通知》。

11月29日，兴城市人民政府向各乡镇人民政府、街道办事处及有关部门下发（兴政办发〔2013〕32号）文件，《关于转发〈葫芦岛市行政执法人员文明执法规范〉的通知》。

11月29日，兴城市人民政府向各乡镇人民政府、街道办事处及有关部门下发（兴政办发〔2013〕33号）文件，《关于转发〈关于进一步规范葫芦岛市行政机关行政执法行为的指导意见〉的通知》。

12月2日，兴城市人民政府向各乡镇人民政府、街道办事处及有关部门下发（兴政办发〔2013〕34号）文件，《关于印发兴城市2013年度依法行政考核方案的通知》。

12月5日，兴城市人民政府向各乡镇人民政府、街道办事处及有关部门下发（兴政办发〔2013〕35号）文件，《关于开展气象灾害应急准备认证工作的通知》。

12月20日，兴城市人民政府向各乡镇人民政府、街道办事处及有关部门下发（兴政办发〔2013〕36号）文件，《关于做好我市当前政府信息公开重点工作的通知》。

12月12日，兴城市人民政府向各乡镇人民政府、街道办事处及有关部门下发（兴政办发〔2013〕37号）文件，《兴城市人民政府办公室关于印发兴城市中长期动物疫病防治规划（2013—2020年）的通知》。

12月24日，兴城市人民政府向各乡镇人民政府、街道办事处及有关部门下发（兴政办发〔2013〕38号）文件，《关于进一步做好兴城热线办理工作的通知》。

12月26日，兴城市人民政府向各乡镇人民政府、街道办事处及有关部门下发（兴政办发〔2013〕39号）文件，《关于转发兴城市生猪调出大县奖励资金使用方案的通知》。

12月26日，兴城市人民政府向各乡镇人民政府、街道办事处及有关部门下发（兴政办发〔2013〕40号）文件，《关于转发兴城市清理整治违规渔具实施方案的通知》。

12月30日，兴城市人民政府向各乡镇人民政府、街道办事处及有关部门下发（兴政办发〔2013〕41号）文件，《关于印发兴城市室外公共场所体育设施维护管理办法的通知》。

2013年兴城市政府领导成员

市　长　赵家鹏
副市长　范立民
刘希杰（挂职，2013年7月至12月）
王建华
袁虎迪（挂职，2013年2月离任）
刘　星　王月娟（女）　刘晓军
安庆芳（挂职，女，2013年7月至12月）
市长助理　张兴生　阎忠军
市政府副县级督学　吴忠权（2013年2月任职）
政府办公室
主　　任　郭永泽
副 主 任　王建华(女,兼,2013年2月离任)
张立仁（2013年3月离任）
张志新　张　军　谭晓明
纪长生（2013年3月任职）

（刘蓓芳）

·人事工作·

【概况】2013年，兴城市人事局努力构建运转协调、务实高效的人事公共服务体系，人才资源开发工作扎实推进。完善编制实名制管理，完成事业单位分类，推进文化体制改革，绩效考评工作上半年在葫芦岛各县（市）区综合排名第一。年内，招聘教师131人，招聘兴城市人民法院司法警察服务中心工作人员25人，聘请外国专家1名，考录国家公务员29名，选派“三支一扶”大学毕业生4名，公开招聘35周岁以下未就业的全日制普通高等院校毕业生156名，安置转业军官8人。

【人事人才工作】2013年，市人事局办理人事代理205人次，人才库接收毕业生档案275份，向外单位发送、转递档案95份，出具毕业生落户介绍信418份，办理毕业生就业协议301份，出具各种证明193份。

【科技干部服务工作】2013年，市人事局办理计算机考试合格证21人，办理经济师、统计师、会计师和卫生系列资格证书189人，考核各单位专业技术人员5760人。初级职称审批163人，中高级职称审核803人。经省“三支一扶”办公室招募的2013年毕业生，4人到岗。

引智工作取得新进展。辽宁亿科2012年申报的重点项目“UPVC塑料门窗型材企业经营管理与型材生产技术”获批，德国专家材料科学方面博士后恩斯特·博特纳亲临现场指导生产15天，初见成效。辽宁久隆泳装集团有限公司申报的“纺织花版面料研发和泳装款式设计项目”引进国外技术管理专家重点项目获批。

【工资福利审批工作】2013年，市人事局办理机关工作人员级别工资滚动升级388人、机关工作人员工资升档131人。办理事业单位薪级工资升级11979人。事业单位人员变动232人。办理机关事业单位死亡人员丧葬费、抚恤金126人，遗属生活困难补助36人。办理伤残人员伤残保健金提高标准审批151人。办理机关事业单位退休人员305人，其中机关41人，财政拨款事业编制164人，自收自支事业编制100人。

进一步规范津补贴。审批在职职工9950人，人均增资1139.75元；审批退休人员5029人，人均增资845.39元；审批离休人员166人，人均增资1306.74元。对机关事业单位职工取暖费申报材料进行细致的审核，共计审核11393人。其中，在职职工6960人；离退休人员4386人；退养人员47人。

【编制管理工作】2013年，市人事局从4月初开始，在全市集中开展又一次治理整顿“吃空饷”活动。该次治理整顿“吃空饷”工作涉及全市351个党政群机关和事业单位。其中，党政群机关85个，事业单位266个。涉及全市财政全额拨款人员10716人。通过两个半月的集中整治、认真清查，共清理出“吃空饷”人员79人。截至6月末，在全市机关事业单位“吃空饷”人员当中，有50人返岗，12人办理停发工资手续，17人办理病休手续。同时，精心安排和部署事业单位分类改革前期准备工作，按照事业单位分类目录对全市431家事业单位做了分类工作。

【2013年兴城市人事局领导成员】

局　　长　张新华

副 局 长　刘　敏　沈文辉（女）

（马　彪）

·信访工作·

【概况】2013年，兴城市信访局认真做好领导干部接访下访、及时就地解决信访等重点工作，全力维护群众合法权益，为全市经济发展和社会和谐创造稳定的社会环境。全年本级信访总量为3960人（件）次，同比上年同期下降15.17%；来信0件，同比上年同期下降100%；集体访208批3191人次，批次同比上年下降10.34%，人次同比上年下降14.38%；个人访468批769人次，批次同比上年下降21.74%，人次同比上年下降16.14%。

【推进市领导干部接访下访包案制】2013年初，中共兴城市委下发《关于做好市领导信访接待工作的通知》，对市级领导定期接访工作提出具体要求。兴城市信访局对接访的信访事项进行登记，制作台账、并及时交办、跟踪督办。市领导把接访现场当考场，把信访群众当考官，把信访事项当考题，把群众满意当答案。全年，市领导接访205批2396人次，其中，个人访78批149人次，集体访127批2247人次。90%以上信访问题得到及时解决。

年内，市领导通过开展带案下访活动，深入基层开展群众工作，确保信访问题得以彻底解决。供暖问题是群众反映强烈的热点难点问题。市委书记于学利、市长赵家鹏多次召开专题会议研究部署，供暖质量得到提升。

2013年，对重点信访案件继续实行领导包案制。包案领导切实做到“四包”即包掌握情况，包思想转化，包处理解决，包息诉息访。全年实行领导包案33件次。

【做好敏感时期信访工作】2013年，市信访局全力做好全国“两会”“十二运”时期的信访工作，在敏感时期未发生大规模的越级访事件。一是加强责任追究制度。为确保全国“两会”“十二运”顺利召开，市委、市政府专门召开全市信访稳定工作会议部署工作。对信访维稳工作进行严格问责，严格执行省委确定的“四条红线”规定，凡是触碰“四条红线”的一律问责。二是加大重点人员稳控力度。对重点人员123人实施重点稳控。落实主要领导包保稳控责任，加大稳控工作力度，做好稳控工作，确保不发生进京、去省越级访。三是市领导重视敏感时期的信访案件及时督办，加大稳控力度。在重点时期信访局及时与涉案部门沟通，要求职能部门认真对待处理信访问题，加强对上访人员思想疏导和稳控工作，坚决不上交矛盾，把人员稳控当地，把问题化解在萌芽。

【提高信访办案效率】2013年，市信访局为适应新时期新形势下信访工作的需要，创新信访工作，努力提高工作效率。一是进一步畅通信访渠道，加大接待受理力度，增加工作力量。实行后备干部驻厅接待工作，减少信访群众候等时间，减少人员聚集。二是进一步加强督查督办。年内信访自立案件19件，排查重点信访案件497件。三是加强对全国信访信息系统的应用管理。全年通过信访信息系统集中交办的15件信访案件、24件网上信访案件，在规定期限内全部办结。上三级交办案件6件，全部办结。

【2013年兴城市信访局领导成员】

局　　长　张兴生

副局长 刘雪松 杨景生
赵海伟（2013年3月任职）

（夏 双）

兴城滨海经济区

【概况】2013年8月13日，经省政府批复，兴城临海产业区正式更名为兴城滨海经济区，确定经济区的经济定位和功能定位，经济区的发展进入一个崭新历史阶段。为加强经济区社会管理，推进城市化进程，促进经济区产业升级，经济区向上级部门申请设立临海街道办事处，9月23日获得省政府批复。临海街道办事处正式成立并行使职能。

年内，经济区深化服务取得新进步，服务中心建设进一步加强。工商、地税、国税、国土、城建、安监、民防等驻区部门服从大局、服务企业，帮助企业办理各项手续，解决企业遇到的各种难题，为促进经济区发展作出积极贡献。扶持企业力度进一步加大。经济区及时将国家支持企业发展政策传达到每一家企业，帮助企业完善条件，争取享受上级支持政策，为企业争取国家、省、市专项资金和贷款贴息1051万元。通过经济区的积极争取，双佳、工大迪安、红光等3家公司的4种产品被认定为辽宁省创新型中小企业“专精特新”产品，晨光塑料技术中心被认定为“省级企业技术中心”。同时，做好党的群众路线教育实践活动前期准备工作。经济区全体党员干部分组进行“走基层”活动，深入企业了解情况，掌握企业发展动态，征求企业意见60余条。多次协调组织消防、路政、工商、供电等部门到企业现场办公，帮助企业解决一批在手续办理、建设和生产过程中遇到的困难和问题，促进企业的建设和发展。

2013年，经济区以夯实基础、全力招商、强化服务为重点，以项目建设为牵动，强化措施，狠抓落实，经济区呈现健康发展的良好势头。截至到年末，经济区公共财政预算收入完成2.43亿元，比上年增长77.4%；全区固定资产投资总额完成39.9亿元，比上年增长40%；规模以上工业总产值完成99.7亿元，比上年增长49.1%。全年，经济区项目建设有序进行。继续实行领导干部包项目责任制，多次组织开展项目调度会，对在谈项目、签约项目、在建项目进行梳理归类，加大洽谈、督促和跟踪服务力度，促进项目的落户和开工建设，为经济区平稳发展奠定基础。截至年末，经济区累计开工项目达到68个，其中已投产项目34个，在建项目34个。

【基础设施建设扎实推进】2013年，经济区继续加大基础设施建设投入，“七通一平”面积达到8平方公里。重点完成6项基础设施工程，一是投入资金9939万元，5.6公里海防堤工程竣工交付使用，进一步增强预防风暴潮等自然灾害，提高防潮减灾能力，有效保障经济区企业、职工的生产生活和生命财产安全。二是总投资7318万元的2×4万千伏安二次变及线路工程正式投入运行，为葫芦岛地区第一座智能化变电站，为经济区的发展建设提供充足的电力保障。三是完成污水管网改造工程1910米，新建污水提升泵站1座。四是修建生活区道路1.3公里，经济区居民出入更加便捷。五是继续实施填海和路基回填工程，完成回填面积59公顷，动用土石方250万立方米。六是继续完善配套服务设施，研发中心、金融中心、商务酒店全部竣工交付使用；1.3万平方米九年一贯制学校完成小学部教学楼建设；6.7万平方米青山水库二期移民新居竣工入住。

【经济区招商引资实现新突破】2013年，经济区紧紧围绕产业定位，举办“走出去、请进来”大型招商推介会21次，先后在北京、上海、深圳、安徽、山东等地举办大型投资环境说明会，组织多个招商小组开展主题考察招商100多批次，全年实际到位内资100亿元，实际利用外资1亿美元。同时，全力推进产业集群化发展，积极进行工业地产招商，游艇工业园、小微企业园、海洋生物制品产业园、海宝复合材料工业园等项目先后落户经济区，总投资达26亿元。

2013年中共葫芦岛兴城滨海经济区工作委员会及工作部门领导成员

·兴城滨海经济区管委会·

工作委员会书记　伊效民（2013年6月任职　副市级）
工作委员会常务副书记　于学利（2013年6月任职）
管委会主任　赵家鹏（2013年6月任职）
管委会副主任　马华生（正县级）
管委会副主任　闫忠军　刘　志　董玉明
管委会主任助理　赵　振

·兴城滨海经济区管委会工作部门·

办公室
主　任　王旭阳（2013年3月任职）
副主任　张建国
纪长生（2013年3月离任）
经发局
局　长　赵福运
副局长　李守东　王靖宇
规划建设局
局　长　闫忠军（2013年3月离任）
周燕驰（2013年3月任职）
副局长　周燕驰（2013年3月离任）
赵明月（2013年3月任职）
财政局
局　长　王　刚
副局长　李　强（2013年3月任职）
招商服务局
局　长　陈晓艳（女，2013年3月任职）
副局长　王　冠
李忠亮（2013年3月至11月）
李　驰（2013年11月任职）
刘晓东（2013年12月任职）

（张建国）

中国人民政治协商会议兴城市委员会

【概况】2013年，兴城市政协及其常委会组织全体政协委员围绕全市中心，认真履行职责，全年召开全会1次，常委会4次，主席办公会议15次，开展视察、调研等活动10余次，参加活动委员300余人次。年内，成立委员联络工作办公室，创办《委员信息交流》期刊。

【调研视察】2013年，市政协先后围绕推进新型城镇化建设、城市供水管网改造、设施农业发展、药品安全监督管理、泳装产业发展进行专题调研。由政协主席或副主席带队，深入一线，全面了解情况，找准问题，提出切实可行的意见、建议，精心撰写调研报告。经主席办公会、常委会审议通过后，提交市委、市政府。《关于城市供水管网改造情况的调研报告》，市委书记于学利、市长赵家鹏分别作出重要批示。市政府第七次常务会议，审议通过《关于市政协城市供水管网改造调研报告所提意见、建议落实方案》，要求各部门要本着“实事求是、积极稳妥、统一规划、分步实施”的原则，力争利用二至三年时间，完善水源工程建设、供水管网改造和数字化管理工作，城区供水质量明显改善。《关于我市设施农业发展情况的调研报告》《关于我市药品安全监督管理情况的调研报告》，得到市委、市政府高度关注。

市政协就兴城滨海温泉新城建设、农村公路建设、人口和计划生育等工作，进行多次大型视察。采取走访现场、听取汇报、座谈研讨等形式，总结经验，找出存在的困难和问题，研究解决问题的途径和办法，形成高质量的视察报告，为市委、市政府决策提供参考。

【提案工作】2013年，市政协强化提案征集、审查、立案、督办、反馈和评议等环节工作。政协七届一次会议期间收到委员提案171件，经审查立案151件。并确定重点提案7件，由政协领导牵头督办，做到重点提案重点办。《关于加强兴城河（包括烟台河）生态环境保护的提案》被列为一号提案，由政协主要领导亲自督办。在办理过程中，采取集体交办、重点催办、联合督办、现场查办等举措，有力地促进提案办理工作的落实。10月末，全部办结并答复委员本人，基本上做到“事事有回音，件件有着落”。

【助推新农村建设】2013年，市政协的经济和工商联界活动组主动提出帮扶一个村搞建设的倡议。在政协的协调下，选定刘台子乡潘山村为帮扶村，并制定潘山村发展规划，先后召开帮扶工作协调会、对接会。11月末，筹集帮扶资金10余万元，其中一部分资金投入潘山村建设。政协民族宗教、群团等活动组和农林界、文化等界别委员，分别开展到农村送科技、送文化、以及扶贫帮困等一系列活动，为群众解疑难、送温暖、办实事。

【政协兴城市七届二次全体会议】2013年12月16日至19日，政协兴城市第七届委员会第二次全体会议在市行政中心第一会议室召开。市委、市人大、市政府、滨海经济区主要领导参加会议。在兴城工作的省和葫芦岛市政协委员，各乡镇、街道、市直各部门、群团单位、部分驻兴单位不是该届政协委员的主要领导应邀列席会议。会议听取并审议政协七届一次会议以来常务委员会工作报告；听取并审议七届一次会议以来政协委员提案办理情况的报告；列席市人大七届二次会议，听取并协商政府工作报告和其他报告；选举产生王维达、殷海涛、吴健、滕玲四名常委；听取市政协七届二次会议提案审查情况的报告；审议通过关于常委工作报告和提案办理情况报告两个决议。

【2013年政协兴城市第七届委员会历次常委会议】

第二次常委会议，2月27日召开。会议传达市委六届四次全委会议和全市领导干部大会精神；审议通过政协常委会2013年工作要点；通过人事任免事项；崔海明主席就如何做好全年工作提出要求。

第三次常委会议，7月31日召开。会议听取市委常委、常务副市长范立民代表市政府作《关于上半年全市经济运行情况的通报》；通过人事任免；审议通过《关于新型城镇化建设的调研报告》《关于我市城区供水管网改造工作的调研报告》；崔海明主席在会上发表讲话。

第四次常委会议，10月11日召开。会议审议通过《关于兴城市设施农业发展情况的调研报告》,《关于药品安全监督管理情况的调研报告》;审议通过《兴城市政协委员履行职责量化考核实施方案》；崔海明主席作重要讲话。

第五次常委会议，12月3日召开。副市长刘希杰在会上通报市政府关于市政协七届一次会议以来提案办理情况；听取政协七届委员会委员变动情况的说明，审议通过《关于赵去非等同志不再担任政协兴城市第七届委员会委员、常务委员职务的报告》《关于推荐王维达等7名同志担任政协兴城市第七届委员会委员的报告》《拟增补政协兴城市第七届委员会委员提名名单》《关于推荐王维达等4名同志担任政协兴城市第七届委员会常务委员的报告》《增补政协兴城市七届委员会常务委员人选提名名单》；审议政协七届二次会议相关文件，包括常委会工作报告（征求意见稿）、提案办理情况报告（讨论稿）以及大会议程、日程、执行主席名单、秘书长、副秘书长名单、提案审查委员会名单、工作机构；审议通过《关于兴城市泳装产业发展情况的调研报告》；崔海明主席讲话。

2013年政协兴城市委员会组成人员及其办事机构

·政协兴城市委员会·

主　席　崔海明
副主席　赵志民　王晓章　吕　伟（女）　王华松
秘书长　张跃进
常　委　丁桂清（女）　于秀丽（女）　弓　箭　马　磊（女）　王　英（女）　王华宝　王宏伟

王学文　王建忠　王振兴
石忠厚　卢国境　邢云涛
刘彦芳　刘铁开　孙晓盈
纪红茹（女）　苏东瀛　杜永顺
李　丹（女）　李　岚（女）
李　娜（女）　李宏伟　李春彬
李秋艳（女）　何世维　王维达
张　伟（女）　张　扬
张　春（女）　张立松
吴　健（女）　张学智
陆丽君（女）　陈晓冬（女）
欧阳永乐　周　佳　单　新
赵月春　滕　玲（女）　赵秉收
徐　利　徐　宏　郭　建
郭海英（女）　崔建华　韩玉祥
韩忠香　熊波澎　樊殿斌
殷海涛

· 政协办事机构 ·

综合办
　　主　任　王振兴
　　副主任　杜立新
经济办
　　主　任　李宏伟
　　副主任　李永生
宣教办
　　主　任　单　新
　　副主任　马恩伟
提案办
　　主　任　弓　箭
联络办
　　主　任　纪红茹（2013 年 7 月任职）

（马恩伟）

中国共产党兴城市纪律检查委员会

【概况】2013 年，兴城市纪检监察机关采在党员干部中深入开展党的政治纪律教育和党章教育活动，进一步增强党性观念。加强对干部选拔任用工作的监督，市委调整提拔领导干部 6 批次，其中提拔领导干部 65 人，未出现“买官卖官”现象。加强换届纪律，确保 26 个乡镇街道、237 个村级党组织、村委会换届选举工作依法进行。同时，加强纪检监察机关自身建设，调整纪检委、监察局领导 7 人，其中交流出去 2 人、内部提拔重用 4 人、调入 1 名副书记；提拔室主任 7 人；调入一般干部 7 人。

【改进工作作风】2013 年，市纪检监察机关结合开展群众路线教育实践活动，整治“四风”，重点解决党政机关和党员干部特别是领导干部身上存在的突出问题。一是解决公车配备使用上存在的突出问题。对乡镇、街道公车使用情况进行专项检查，公务用车 57 辆，符合规定 10 辆，用公款购置落户在个人或其他单位名下的 33 辆，借用 13 辆，租用 1 辆。存在比较严重的违规购车、公车私用问题和国有资产流失风险。年内上述问题均得以纠正。二是解决公务接待上存在的奢侈浪费问题。年初，纪检监察机关在贯彻规定上不打折扣，出台“严禁工作日中午饮酒”“招待用餐须提前向市纪委报告备案”等制度规定。组织 7 个检查组对公务接待场所、费用的明察暗访和监督检查。全市厉行节约反对浪费工作取得明显成效，仅接待费用与上年相比下降幅度达 35% 以上。三是解决检查、考核、评比过多过滥问题。通过召开乡镇街道党委书记座谈会、市直有考核任务部门协调会，重新调整考核指标体系，制定《考核评价体系实施细则》，严禁各部门、各单位再另行组织对乡镇街道的检查考核工作。四是狠刹“升学宴”、祝寿等敛财风。查处党员干部操办“升学宴”3 起，3 名操办者均受到党内严重警告处分，并被免职；15 名参加、纵容“升学宴”的党员干部均受到党内警告或行政警告处分。

【领导干部廉洁自律工作】2013 年，市纪检监察机关在党员干部中重点进行反腐倡廉形势教育、警示教育和岗位廉政教育。分层次举办全市乡科级领导干部、后备干部和村支部书记（主任）培训班；组织千名党员干部观看电影《先遣连》；开展廉政文化“六进”活动，11个示范点通过葫芦岛市纪委检查验收；利用廉政短信平台，向市、乡、村及基层站所2097名党员干部发送廉政知识、换届纪律、典型案例等短信19035条；积极配合、参与省纪委大型活动，向省纪委警示教育基地报送县志4本、图书15本、照片74张及人物志4篇；参加省纪委万人书“廉”活动，征集上报作品315幅。

【查办违纪违法案件】2013年，市纪检监察机关加强对基层纪委办案工作的督办指导工作，把办案工作作为考核评价乡镇街道党风廉政建设工作的最重要指标，调动基层党委、纪委的办案积极性。注重发挥反腐败协调机制和工作机制的作用，加强与公、检、法和审计等部门的案件配合、信息通报和案件移送工作，司法机关向纪检监察机关移交案件10件10人。在落实案件查办制度和工作流程中，做到依法、文明、安全办案，确保被查处人、举报人、证人以及办案人员的安全。年内，重点查办党员干部失职渎职、贪污贿赂、损害群众合法政治经济权益、借机敛财等方面的案件，对村级两委换届期间发生的信访问题，给予高度重视，做到查处及时、处理到位。全市查结案件155件，处分党员、干部155人。

【优化经济发展环境工作】2013年，市纪检监察机关以多种形式加强优化经济发展环境工作。一是开展政风行风建设。对重点审批服务窗口单位进行明察暗访，重点整治吃拿卡要和庸懒散奢行为。深入社区、中小企业和个体工商户，通过座谈、个别谈话和问卷调查，听民意、查摆纪律作风方面的问题。在机关事业单位查出“吃空饷”人员79人，均作返岗、病休和停发工资处理。二是针对重点部门开展专项治理工作。为根治公路“三乱”问题，对近几年来运管、交警、路政等涉路执法部门的人员编制、经费来源、经费支出、罚没收入等情况，进行深入调查。排查出自收自支、经费拨款不足、运行成本过高和维护部门利益等问题。兴城市委、市政府非常重视，全力支持纪检委制定的相关措施。三是充分发挥行政权力运行电子监察的作用。加强行政审批网上电子监察，截受理网上审批业务2398笔，办结2392笔，办结率达99.8%。未出现黄牌、红牌警告。市政府投入80余万元，建成电子监察监控中心大屏幕终端显示器和操作系统，新增10个审批大厅视频监控，做到对15个服务大厅的实时监控。四是认真查办民心网诉求案件。收到群众诉求302件，办结276件，获高星件6件，五星件137件。群众生产、生活中遇到的实际问题得到有效解决。五是成立核电工程纪检组。成立由市纪委书记任组长的核电工程纪检组。主要查办干扰、阻挠、损害核电工程建设的违纪违法行为，协调司法部门打击黑社会“保护伞”。

2013年中共兴城市纪律检查委员会组成人员

书　　记　骆忠山
副 书 记　李希扬
　　　　　张曼颖（2013年2月离任）
　　　　　宋　丹（女，2013年3月任职）
　　　　　赵殿柱（2013年3月任职）
常务委员　陈秀生　郭永海
　　　　　王德鑫（2013年2月离任）
　　　　　冯　欢（女，2013年3月任职）
委　　员（按姓氏笔画排序）
　　　　　王德鑫　冯　欢（女）
　　　　　李　杰（女）　李文政
　　　　　李以君　李希扬　张曼颖
　　　　　张新华　陈秀生　赵志刚
　　　　　赵殿柱　姜修非　骆忠山
　　　　　郭永海　谭友顺
监察局
局　　长　李希扬
副 局 长　冯　欢（女，2013年3月离任）
　　　　　王力群（2013年3月任职）
　　　　　齐　兵（2013年3月任职）

（罗　军）

群众团体与民主党派

兴城市总工会

【概况】2013年，兴城市总工会以普遍建立工会组织、普遍开展工资集体协商为重点，突出抓好“六个专项行动”工作，努力把广大职工团结在党领导的工会组织中来，维护好广大职工群众的合法权益，充分调动和发挥广大职工积极性和创造性，在改革开放和现代化建设中发挥工会组织应有的作用。年内，兴城市有基层工会1994个，会员64559人；其中区域性工会26个，行业工会4个（泳装行业、旅行社行业、高家岭石材行业、沙后所服装行业）。

【深入实施送温暖工程】2013年，市总工会对不同层面的特困职工、劳模进行慰问，慰问困难职工1300人次，投入帮扶资金85万元，发放大米7500公斤；开展“金秋助学”，慰问困难学生57名，慰问金额57000元；争取葫芦岛市总工会对兴城市31名困难学子进行资助31000元；重点加强农民工帮扶，开展为农民工“送清凉”“送亲情”等系列活动，投入慰问金额44600元。加强困难职工帮扶中心建设，按照省总工会“六个专项行动”要求，在社区企业及行业工会建立52个帮扶站；多方筹集资金，为其中27个帮扶站投放资金13.5万元；培养扶持8个创业带头人，建立爱心超市、爱心药店、爱心医院、爱心学校、培训基地、职业介绍6个服务平台，为困难职工提供优质服务，结合实际情况，做好“一帮一”工作。

【强化职代会和工资集体协商建制】2013年，市总工会充分发挥职代会作用，职代会制度落实到基层民主政治建设中。全市开展职代会和厂务公开的事业单位156家，建制率100%；国有、集体及国有控股企业34家，建制率100%。非公有制企业有563家，建立职代会和厂务公开制度503家，建制率89%。

年内，开展工资集体协商，建立工资集体协商指导员队伍，并配备专、兼职协商指导员4人，在全市开展行业工资集体协商4家、区域性工资集体协商26家，独立开展工资集体协商企业62家，共计签订集体合同或工资专项集体合同509家，签订率达到85%；其中20家泳装行业进行“工资专项集体合同”二次协商。强化职代会和工资集体协商建制，服务基层，促进职工和企业双赢，取得较大成效。

【规范劳动用工监督检查专项行动】2013年，市总工会大力开展规范劳动用工监督检查专项行动，着力打造“有为型”工会。全市百人以上工业企业开展班组安全建设和管理18家，活动开展率达80%。协同劳动、安监部门成立联合检查组，对百人以上高危工业企业进行专项检查，对不合格企业下达整改决定。百人以上高危工业企业签订劳动安全卫生专项集体合同8家；建立事故隐患档案和职业危害档案企业8家。建立健全劳动法律监督组织，成立专、兼职的劳动法律监督员队伍，并联合劳动部门联合执法。检查用工单位450家，涉及劳动者1.4万人，查处违反劳动法律法规案件19起，补签劳动合同53份。推进职工名册制度，登记职工6625人，劳动合同签订率达98%。同时，下发《关于建立基层工会劳动法律监督委员会的通知》，全市26个乡镇街道工会成立劳动法律监督委员会。

【推动企业文化职工文化建设】2013年，市总工会大力开展推动企业文化职工文化建设专项行动，着力打造“服务型”工会。与兴城市直属机关工委、兴城市妇女联合会联合举办“创文明城市，展兴城风采”文明礼仪大赛活动，充分展示兴城职工群众的良好形象，带动全市努力形成讲文明、守礼仪的良好环境。市总工会指导各基层工会开展职工文体活动，提升文化氛围。全市百人以上企业16家开展职工文体活动和企业和谐文化建设活动，活动开展率100%。百人以上企业全部建立职工书店，市总工会对兴隆大家庭、市医院等4家职工书屋进行改造，兴隆大家庭被评为省级职工书屋，房产处职工书屋被评为省级职工书屋示范点。

【弘扬劳模精神】2013年，市总工会以创建“工人先锋号”为载体，开展建市以来首届劳模评选活动，授予臧永军等10人为兴城市特等劳动模范荣誉称号，授予刘久生等53人为兴城市劳动模范荣誉称号。评选表彰“十大杰出技术工人”，对任学武等10名兴城市各行业的技术工人代表进行表彰。开展向李兆奎学习、评选葫芦岛市“十佳医生”“十佳护士”“优秀医生”“优秀护士”活动。弘扬劳模精神，宣传职工先进典型，激励广大职工群众，发挥工会在促进安全生产中的作用。

【2013年兴城市总工会领导成员】

主　席　赵兴华

副主席　佟德元　殷海涛

魏冬娜（女，2013年3月离任）

徐大治（2013年2月任职）

（钱莹瑾）

共青团兴城市委员会

【概况】2013年，共青团兴城市委员会以品牌活动为特色，以组织建设为保障，以青年致富创业为重点，提升组织、引导、服务青年和维护青少年合法权益的能力水平。年内，召开共青团兴城市第六次代表大会，圆满完成全市237个行政村团组织换届工作，在全市新建非公有制团组织60个，培训乡镇街道、村、学校、企业、机关团委书记和少先队辅导员300余人，带领广大青年为兴城市进入全省发达县市行列发挥生力军作用。

【强化青少年思想道德教育】2013年，团市委在团员青年中开展“中国梦·我的梦”“红领巾心向党”“青年马克思主义者培养工程”等主题教育活动，扎实推进“学党史、知党情、跟党走”“我与祖国共奋进·我为兴城献青春”主题教育实践活动，切实提高青少年爱党、爱国、爱家乡的浓厚热情。

【完善新媒体引导青年工作】2013年，团市委建立多层次、广覆盖的新媒体工作机制，广泛运用“兴城团讯”“兴城共青团网站”“兴城共青团微博”、QQ群、论坛等多种新媒体载体推进教育引导工作，全面开创共青团新媒体工作的新局面。

【开展预防青少年违法犯罪工作】2013年，团市委成立青少年教育保护委员会办公室。扎实推进“模拟法庭”、法制教育进校园、青少年网络文明行动、维权岗行动日、共青团与人大代表、政协委员面对面等活动20余次，最大限度增强青少年知法、懂法、维权意识。兴城二中在葫芦岛市中学生模拟法庭大赛中获得第二名。

【服务青年就业创业】2013年，团市委开展一系列服务青年就业创业活动，取得阶段性成果。一是先后举办“阳光猪舍养猪技术”“花生栽培”等各类实用技术培训班15期，发放农业科普资料2000余份，培训农村青年600人次；培养和选树农村青年致富带头人19名，先后申请小额贷款45万元，涉及15个项目，带动70人就业。二是开展岗位练兵、导师带徒、青工技能大赛等活动，推进“青年安全生产示范岗”的创建，新建青年就业创业见习基地2个，提供见习岗位135个。三是积极争取省青年企业家协会、青联委员到兴城市临海产业区参观考察，为招商引资工作搭建平台。

【深化青年志愿者行动】2013 年，团市委新建法制宣传、科普维权、文明出行、爱心公益、医疗卫生等 8 个志愿者服务站，在全国第十二届运动会、第三届中国（葫芦岛·兴城）国际沙滩·泳装文化博览会、“雷锋日”“国际禁毒日”等活动中深入开展一系列大型志愿服务行动30余次。在“十二运”志愿服务活动中，兴城市真爱空间协会志愿者服务站获得省级“十二运志愿服务标兵服务站”称号。开展“青年文明礼仪大讲堂”巡讲活动，为兴城市创建省级文明城市营造良好的社会氛围。

【帮扶弱势青少年群体】2013 年，团市委通过开展“中国梦·七彩梦”“梦想漂流瓶、关爱青春行”“共青团关爱农民工子女”等多种爱心捐赠活动，筹集善款 3 万余元，为全市 100 余名家庭贫困、品学兼优的学生解决实际困难。启动“心手相牵·快乐成长”为主题的共青团关爱行动，开展“七彩课堂”学业辅导 25 次、亲情陪伴 21 次、自护教育 19 次、感受城市 4 次，有效缓解弱势群体的现实问题。开展希望工程“圆梦大学”行动，筹集希望工程助学资金 12 万元，为 30 名家庭贫困的大学新生圆上大学梦。

【2013 年共青团兴城市委员会领导成员】

书　记　李　彪（2013 年 3 月任职）
副书记　李　彪（2013 年 3 月离任）
　　　　马　磊（女）

（周爽祎）

兴城市妇女联合会

【概况】2013 年，兴城市妇女联合会以服务大局、服务基层、服务妇女为根本任务，以开拓创新为动力，以加强妇联组织自身建设为保障，团结带领全市广大妇女为加快建设沿海经济强市、共建共享幸福生活做出新贡献。在 2013 年村两委班子换届选举中，全市 237 个村的妇代会主任全部进两委。兴城市首家南大乡“辽宁省儿童成长乐园”成为辽宁省成立的首批“儿童成长乐园”之一。年内，争取省妇联建设资金 17 万元，在碱厂乡新建妇女儿童之家。母亲安居工程中 147 名单亲贫困母亲作为受援户住房全部完工。

【“双学双比”竞赛活动】2013 年 3 月，市妇联聘请果树研究所、农技中心等部门的专业讲师举办农村妇女实用技术培训班；组织东辛庄、南大、元台子、羊安等乡镇的 200 余名妇女在东辛庄镇的大会议室举办花卉种植技术培训班，聘请花店专业工艺师现场演示如何打点花束。4 月，组织华山、旧门、红崖子等乡镇的大棚种植户在羊安乡科技培训基地聘请马世宇开展食用菌系列种植技术培训，培训妇女 170 人。

年内，市妇联在各乡镇举办科技培训班 21 期，培训妇女 3200 人次；与市农发局阳光办联合走村入户，在南大乡后山村等 8 个村举办农业种植技术培训 12 期，培训妇女 426 人。全年发放各类科技书籍 4000 余册，音像资料 2000 份。

【“绿化家园·巾帼行动”活动】2013 年，市妇联在全市妇联系统全面启动“绿化家园·巾帼行动”活动。4 月 12 日，市妇联组织 40 名机关女干部、100 名巾帼志愿者到白塔乡朗月村参加义务植树活动，栽植山杏 630 株，椿树 210 株，侧柏 260 株，正式拉开巾帼绿化活动的序幕。5 月 28 日，在刘台子乡组织妇女 87 人参加义务植树活动，种植侧柏 3000 余株。全年，共组织各乡镇街道妇联开展植绿、护绿活动 12 次，参与妇女 1600 人次，植树造林 133.33 公顷，栽植各种苗木 23000 株。

【贯彻落实男女平等基本国策】2013 年，市妇联按照省妇联《关于深入推进男女平等基本国策“六进”活动的通知》精神，与市委党校进行沟通协调，将国策宣传教育纳入党校教学计划，并专门安排教师进行授课。7 月中旬，在市委党校悬挂“辽宁省男女平等基本国策宣传教育基地”牌匾并举行揭牌仪式。10 月 15 日至 16 日，市妇联在海得隆大酒店举办为期 2 天的全市基层妇联干部培训班，设置妇联工作基本知识、技能、贯彻落实男女平等基本国策、依法维护农村妇女儿童权益、女性综合素质的提升、核电知识普及等课程，市妇联干部、各乡镇街道和社区妇联主席、部分村妇代会主任100余人参加培训。

【权益维护行动】2013年，市妇联联合计生局、法律援助中心、妇幼保健所、城乡就业局等部门，在轻工市场门前举办“三八”维权法律宣传活动，发放《中华人民共和国妇女权益保护法》《中华人民共和国婚姻法》和“两癌”政策解答等宣传材料1000余份，现场设立法律咨询台，为妇女提供关于婚姻、继承、医疗等方面咨询30余人次。

开展法律援助行动，向全国妇联申报实施“中国妇女法律援助行动”项目，申请到援助资金3万元。为兴城市20位贫困妇女提供法律援助服务，其中刑事案件2件，民事案件11件，行政案件1件，执行案件6件，涉案金额共计80余万元，为受援人挽回经济损失546526元。

年内，市妇联充分利用维权服务工作站等载体，受理来信来访来电信访案件69件，其中婚姻家庭类49件，劳动权益及社会保障类14件，其他类6件，受理率100%，调处率98%。

【“两癌”检查工作】2013年，市妇联为确保“两癌”免费检查民生工程落到实处，与市卫生局、市财政局联合下发《关于印发兴城市农村妇女“两癌”检查项目实施方案的通知》，对兴城市“两癌”检查工作进行总体部署，市乡分别成立项目工作领导小组，安排专人负责。市妇联多方协调，争取省政府项目配套资金428571元和兴城市政府项目配套资金15万元。累计对23个乡镇街道的农村妇女及部分服装、泳装企业的女职工进行健康检查，完成10000人次的宫颈癌检查和6002人次的乳腺癌检查。

【实施子女助学工程】2013年，市妇联为帮助贫困学子实现梦想，对兴城市9名贫困大学生给予每人2000元的助学款。另外，争取省妇联每人1000元的助学款，资助考入二本以上院校的贫困大学生16人；争取葫芦岛市妇联每人3000元的助学款，资助考入二本以上学校的贫困大学生7人。

【“母亲邮包”捐赠活动】2013年，市妇联积极响应全国妇联的号召，发动社会各界采取“一对一”捐助模式，将内含日常必需品的“母亲贴心包”或“母亲暖心包”递到贫困母亲手中，解决其生活中的实际困难和迫切需求，引导公众关注贫困母亲，关爱社会弱势群体，促进社会和谐发展。妇女节期间，市妇联在羊安乡政府举办“母亲邮包”捐赠仪式，向该乡20名贫困母亲捐赠“母亲邮包”。全年接收到社会各界捐赠的“母亲邮包”753个，总价值11万元。

【2013年兴城市妇女联合会领导成员】

主　席　宋　丹（女，2013年3月离任）
　　　　　魏冬娜（女，2013年3月任职）
副主席　张旭辉（女，2013年3月离任）
　　　　　韩　祎（女，2013年2月离任）
　　　　　吴　健（女，2013年3月任职）
　　　　　李晓楠（女，2013年3月任职）

（徐　铮）

兴城市残疾人联合会

【概况】2013年，兴城市残疾人联合会围绕“人人享有基本医疗保障”的目标，不断扩大医保范围。为全市城镇和农村残疾人缴纳城镇居民基本医疗保险和新型农村合作医疗，残疾人参加新农合率达到100%，实现病有所医、医有所保。扶贫救助机制进一步巩固，受益范围逐步扩大，扶残助残工作取得新成效。4360多名贫困残疾人被纳入低保，占全市低保总人数的38%。城镇残疾职工全部优惠参加养老和医疗保险，农村残疾人全部优惠参加新型农村合作医疗，80%农村和城镇残疾人参加养老保险，并享受到比正常人更加优惠的政策，其中55～59周岁的89名重度残疾人提前领到每人每月55元养老保险金。开展精神残疾人医疗救助工程，继续实施贫困精神病患者免费服药，彩票公益金救助项目免费服药150名，免费住院救助8名，为精神残疾人及其家属提供帮助。残疾人扶贫解困工程，农村贫困残疾人危房改造项目完成60户。在贫困残疾学生助学工程上，有2名残疾考生，8名贫困残疾人子女考上大学。张嘉琦、王志恒2名贫困残疾大学生和程凤、高阳等8名贫困残疾人子女得到救助。

年内，全市19个乡镇、7个街道建立残疾人协会，选聘专职委员290名，形成以残联为主导、乡镇（街）残联为骨干、村（社区）残疾人协会为基础的“三级”残疾人组织网络，残疾人组织为基层残疾人服务的能力和水平不断提高。

2013年，市残联严格执行办理残疾人证标准，规范办证程序，为26个乡镇、街道的7969名残疾人办理残疾人证；第二代残疾人证微机统一管理，完善残疾人证管理和查询系统，实现资源共享。规范开展残疾人机动轮椅车燃油补贴发放工作，为全市175名肢体残疾人代步车发放燃油补贴45500元。

【残疾人康复服务工程】2013年，市残联加强残疾人康复工程建设，社区康复服务成效显著。二级以上医院全部设立康复科室，完善市级康复指导站3处（精神残疾指导中心、智力残疾指导中心、肢体残疾指导中心），巩固加强镇街康复指导站26处，建立村（社区）康复站264个，并全部建档。发放辅助器具312件。借助广播和电视打广告的方式广泛宣传残疾人辅助器具项目的有关政策，基本实现残疾人“人人享有康复服务”的目标。

年内，市残联继续做好“光明行动”白内障复明工程，为86名白内障患者施行复明手术，人工晶体植入率95%，脱盲率达100%。扩大社区康复开展面，对康复员和康复协调员进行培训，各康复站均按要求开展残疾人康复需求调查，为成年智力残疾人和稳定期精神病患者提供心理咨询、娱疗、日间照料等康复服务，盲人定向行走训练，转介服务及时、有效，残疾人满意率达到99%，社区康复验收实现96分高分达标的成绩。继续开展普及型假肢安装，全年装配假肢52人。智力残疾康复指导中心设在爱心康复学校，聘请有经验有学历的教师4名，为全市前来学习的智力残疾儿童和孤独症儿童进行抢救性康复辅导。

【残疾人托养保障工程】2013年，市残联根据全市残疾人托养工作的现实，开展残疾人阳光家园居家养老工作，对全市26个乡镇街道进行全面调查，给予240名残疾人发放托养服务（家庭）资助资金14.4万元。并完成“阳光家园”数据库的录入。残疾人托养服务体系日益完善、社会服务体系有所发展。

【残疾人就业工程】2013年，市残联大力开展残疾人就业工程。一是以培训促就业，利用现有资源和条件对残疾人开展实用技能培训。7月18日在徐大堡镇李金村残疾人就业培训基地开展大棚蔬菜种植技术培训班，邀请农业办蔬菜专家王文选对该镇65名残疾人进行大棚种植技术培训，并现场发放施肥器60个。8月8日，在红崖子镇聘请省高级农艺师王艳霞为41名残疾人讲授花生种植技术。全年有32人参加计算机培训，其中有6人通过中级职业技能鉴定，超额完成职业技能鉴定任务。二是借助节日进行就业和培训宣传。1月23日18点，市残联、市劳社局、市人事局三家联合，在兴隆大家庭一楼大厅举办兴城市2013年就业援助月主题活动日暨现场招聘会。现场发放政策宣传单3000张，就业手册、各种登记表格3000份，提供就业岗位90个。现场讲解国家残疾人就业政策，集中安置残疾人和按比例吸纳残疾人的具体要求。帮助每一位援助对象和吸纳残疾人的用人单位熟知政策、落实政策，收到很好的宣传效果。三是采取集中就业、分散就业相结合的方式，多渠道、多形式安置残疾人稳定就业。年内按比例安置5名残疾人就业。四是多次深入各家企业了解用工需求。年内，与兴城市水泵厂联合举办专场招聘会，到会的残疾人王大勇、曹伟、王泽道、黄强等9人当场和企业达成用工意向，会后陆续介绍残疾人到企业实地考察，先后有6人和企业签订劳动合同。五是创业带就业，大力支持、鼓励残疾人自主创业。年内，扶持侯军、祖东、张余等5名自强残疾人（省级扶持1人，市级扶持4人），省市残联免费提供一定的设备支持（冰箱、电脑等）。事业有了一定规模，当选为“残疾人创业带头人”。残疾人刘凤英开办的宝凤畜禽养殖专业合作社作为市残疾人就业培训示范基地，辐射带动残疾人脱贫致富，培训残疾人38名，安置残疾人10名。六是依法收好、管好、用好残疾人就业保障金。全年完成130万元，超额完成任务（任务指标120万元），为残疾人就业、培训提供有力保障。

【残疾人法律救助工程】2013年，市残联扎实开展信访维权工作，残疾人合法权益得到切实维护。受理残疾人来信来访、网上民声、市长热线60余人次，办结率达到100%，未发生一起重复访、集体访、越级访和非正常上访等残疾人涉法问题。同时，给要求法律援助的残疾人开介绍信到法律援助中心联络站，由专人专门负责残疾人法律援助工作，建立健全案件登记、档案和统计制度，为广大贫困残疾人提供优质、优惠、优先、无偿的法律援助。

【2013年兴城市残疾人联合会领导成员】

理 事 长 田景宏

副理事长 王丽霞（女） 刘 敏（女）

（王丽萍）

兴城市工商业联合会

【概况】2013年，兴城市工商业联合会加强组织建设，把企业规模大、个人素质高、社会影响好的非公有制经济人士吸收到工商联组织中，全年发展会员7人，召开第六届委员会第二次执委会议，增补12名副主席，20名执委会执委，表彰2012年度“参与公益事业先进个人”“企业转型升级先进个人”和“参政议政先进个人”各6名优秀企业家。组织广大工商联会员开展“送温暖、献爱心”扶贫捐款活动，合计募捐16.8万元，组织企业家到药王、海滨、钓鱼台街道现场扶贫58户，捐赠资金4.4万元，市工商联对扶贫点药王乡杜屯捐赠资金5万元。

【为民营企业发展服务】2013年，市工商联发挥自身作用，为民营企业解决难题，助其发展壮大。一是当好民营企业顺利发展的“服务员”。市工商联经常深入企业，帮助协调解决在生产、经营中出现的困难和问题。帮助益丰制衣等多家企业落实无抵押贷款，帮助火力速旋汽配制造有限公司解决消防问题。二是当好民营企业合理发展的“联络员”。市工商联发挥桥梁和纽带作用，促进民营企业与政府及有关部门的沟通和了解，推荐广大民营企业家参与到各级杰出人物评选活动。其中有5位企业家获得葫芦岛市杰出人物殊荣，选取2位优秀企业家参加全省优秀社会主义建设者评选活动。三是当好民营企业科学发展的“引导员”。鼓励和引导会员通过增加资本投入等途径实现企业转型升级，做大做强企业，不断提升竞争力。年内，凯森蒙集团等多家会员企业实施规模以上资本增加项目8项，实际增加投入4亿元。

【开拓服务工作新渠道】2013年，市工商联加强与乡镇企业的联系，搭建平台做好基层工作，经多次调研考察，帮助乡镇成立工商联沙后所分会和工商联红崖子分会。辽宁省工商联将兴城市设为基层商会试点县。协调关系帮助会员解决问题。协同总工会、劳动就业局和教育局组织民营企业招聘周活动，组织企业会员86家，招聘人员196人。帮助企业解决用工难问题。开展非公有制经济人士理想信念教育实践活动。按照省委统战部、省工商联实施方案要求，召开动员大会，制定并下发《关于兴城市开展非公有制经济人士理想信念教育实践活动的实施方案》。深入开展调研活动。市工商联组织机关干部和部分企业家历时4个月，在全市首次完成资料翔实、内容完备、观点准确、建议科学合理的《泳装产业发展情况调研报告》，为破解兴城市泳装产业发展难题提供有效依据。

【2013年兴城市工商业联合会领导成员】

主 席 李玉环（女）

党组书记 赵云山

专职副主席 王建忠（2013年7月任职正科级）

副主席 王秀娟（女） 王学文 王宝兰（女）

石忠厚　刘彦芳　刘雪艳（女）
李海峰　杨卫东　郑兴刚　梅邵冉
周淑贤（女）　王华宝　王忠良
李宝武　张　新　陈志强　于桂清（女）
孙晓盈　邢汉林　苏东瀛　张力源
王艳红

秘书长　石宏声（2013 年 3 月任职）

（石宏声）

兴城市归国华侨联合会

【概况】2013 年，兴城市归国华侨联合会关心侨眷生活，注重维护侨眷权益。春节前夕，对重点归侨侨眷进行走访调查，针对家庭收入偏低、身患重病等生活贫困侨眷进行走访慰问。通过向省、葫芦岛市侨联及兴城民政部门争取资金，不断扩大对生活空难归侨侨眷的慰问、帮扶范围，帮扶的归侨侨眷由上年的 5 户增加到 16 户。

年内，市侨联开展第三次侨情普查活动。发挥自身优势，认真做好参政议政工作。主动为侨界政协委员开展调研、视察搭建平台。为归侨侨眷解决实际困难、办实事 6 件；接待归侨、侨眷来访 12 人次，解决侨眷维权事件 2 件。

2013 年，市侨联向葫芦岛市侨联报送重点工作信息 10 余条，在葫芦岛各个县（市）区侨联信息报送工作名列前茅，并多次被省侨联作为省内侨联工作经验交流信息，在《辽宁侨声》刊物上发表。

【2013 年兴城市归国华侨联合会领导成员】

主　　席　吕　英
副 主 席　赵月春

（赵月春）

兴城市红十字会

【概况】2013 年 7 月 31 日，兴城市红十字会从市卫生局中分离，独立设置，隶属于兴城市人民政府群团组织，并提格为正科级建制。为适应变化新形势的要求，在人员配置上，本着“精干、专业、效能”的原则，由原来的 3 人调整为 5 人。经市政府协调，安排新的办公场所，市财政下拨一定数量的需求资金，为全市红十字会开展工作奠定坚实的基础。

年内，该会建立会员单位 50 家，会员人数达 1143 人，志愿者 656 人，医疗救助队 32 人，建立红十字家园项目 10 家，配送价值 13 万元的物资，方便家园的群众生活。为 12 名学子发放博爱助学资金，共计 12000 元；为 1 名髋关节置换患者申请救助；为 7 名患儿申请辽宁省少儿血液救助，其中 5 人得到救助款。宋广生成为兴城市、葫芦岛市首例眼角膜捐献者，并被兴城市委、市政府评为 2013 年度最美兴城人。该会共与 17 人签写眼角膜捐献自愿书，9 人签写器官捐献自愿书。

【红十字活动】2013 年，红十字会把宣传当做组建后最重要的工作来抓。通过新闻媒体宣传红十字精神，扩大群众的认知面。建立红十字会网站，进行法律讲座，普及红十字会知识。深入城乡和学校进行面对面的深度讲法。筹备宣传标语、简报、图片进行动态宣传。同时，组织社区居民、企业员工、机关干部、大学生等进行五期救护员培训。分别是“金种子宾馆救护员培训班”“宁远街道老马路社区救护员培训班”“临海产业区救护员培训班”“辽工大一期救护员培训班”和“辽工大二期救护员培训班”，共培训救护员 152 人，经过考核、考试，全部获得国家救护员证书。年内，应急救护知识普及人数达到 800 余人，每个学员都掌握常见突发事件的自救互救方法，并通过实际操作演练，提高应急突发事件的能力。10月 18 日，该会组织 7 名乡镇卫生院院长赴沈阳参加为期半个月的国家红会“红十字边疆行”培训班。12 月 1 日第 26 个“世界艾滋病日”，该会与辽宁工程技术大学联合举办艾滋病知识预防讲座，真正将艾滋病宣传工作落在实处，活动取得较好的效果。

【2013 年兴城市红十字会领导成员】

会　　长　王建华

常务副会长　李秋艳（女，2013 年 7 月任职）

（张丽君）

科学技术协会

【概况】2013 年，兴城市科学技术协会充分发挥科普活动载体的积极作用，开展一系列行之有效的科普活动，增强城乡人民科普意识，拓宽农民增收的领域，提高农产品科技含量，促进农业增收、农民增效、居民增智和经济社会科学发展。

一是实施科普惠农兴村计划，推动新农村建设。市科协以科普惠农兴村计划为载体，推动农村科普基地建设和科普人才培养。年内，全市建有各类农村专业技术协会和科普基地 63 个，会员总数 1.4 万人，带动农户 2 万余户。兴城市果树专业技术协会被辽宁省科协、省财政厅授予先进单位，获省奖补资金 10 万元。截至 12 月末，全市共有 7 个农技协科普基地、8 个项目荣获国家和省级荣誉，累计获得国家省补资金 110 万元，有力地推动新农村建设。

二是依托农技协及科普示范基地，推行新品种、新技术。年内，市科协从山东引进花生新品种花玉 2 个，从黑龙江引进早大白、尤金等马铃薯 2 个，引进果树新品种 3 个，大田及经济作物 15 个，果树新品种 1 个。9 月份，在辽宁省“科普之冬”暨优质农产品进超市活动中，兴城市有 7 个优质农产品参加展示展销，有 3 个农产品与辽宁兴隆大家庭集团签订长期供货协议，延长产品链条，增加产值达 500 万元。

三是组织开展城乡科技培训工作。市科协建立一支专兼职相结合、相对稳定的城乡科技培训队伍和综合专家服务团，活跃在城乡开展科技培训。全年，共组织专家服务团进村、进社区 185 人次，举办农业技术培训班 76 场次。通过田间技术指导、答疑解惑、播放科技 VCD 等方式，重点指导农民近 1.5 万人次，赠送技术资料、科技书籍 2 万册，全市农民科学种田技能和社区居民科学素质大幅提高。

年内，市科协加强基层组织建设，把建设科技工作者之家工作落到实处。积极探索建立适应市场经济体制要求的组织体制、运行机制和活动方式，提高学会、协会自主、自立、自强、自律的能力，提高会员在学会、协会中的主体地位，竭诚为会员和科技工作者服务，增强对会员和科技工作者的凝聚力，全年新成立各类协会 17 个，向省、市推荐优秀论文 27 篇，有 24 篇分别获奖。同时，召开市科协第三次代表大会。

【社会化科普】2013 年，市科协深入实施《科学素质纲要》，构建社会化科普工作。全市总体科普能力明显提升，全民科学素质工作稳步推进。

一是年初调整充实市《科学素质纲要》领导小组，召开科学素质工作领导小组研讨会。全市 70 个以上行政村建立科普图书室，26 个乡镇建起科普宣传栏，21 个社区建立科普大学。市科协在城区人流密集地建起科普宣传橱窗，为科普大学购置培训设备及科普培训教材和宣传资料。年内，市科协投入近 30 万元购置科普宣传车，全市科普服务能力得到进一步提高。

二是科普示范典型的辐射作用有效发挥。市科协推进社区科普益民服务站建设，利用社区现有资源，以社区科普志愿者服务队为载体，以创建优秀科普社区为目标，积极组织开展各项科普活动，得到省、葫芦岛市科协的充分肯定。年内，温泉街道兴海桥社区科普益民服务站被省科协授予优秀科普益民服务站称号，获得奖补资金 10 万元。

三是城乡科普活动丰富多彩，公民科学文化素质显著提升。年内，以各项科普主题活动为载体，开展形式多样、群众喜闻乐见的科普活动。以“科普之冬”与“三下乡”活动相结合，把优质科普资源更多引向农村、社区、学校，协调科普工作小组成员单位为农民送去丰盛的科技文化卫生大餐。主题科普活动内容丰富，形式多样，把各种科普知识送到千家万户。以食品安全与公众健康、保护生态环境、建设美丽葫芦岛为主题，开展全国科普日系列活动。市直机关、学校、社区、乡镇街道通过网络和答题卡答题近万份。市科协与广电合作，利用电视、电影播放科普专题片。

5月17日，聘请中国科学院院士、核物理专家王乃彦进行核能科普知识讲座。青少年科技教育工作成绩斐然。校园科普活动力求贴近生活、启发智力、营造学、爱、用科学的良好氛围，开展流动科技馆进校园、科普剧汇演、七巧板制作等各项科技活动。在9月份葫芦岛市科普剧汇演中，兴城市参演的3所小学分别取得名次，受到奖励。

【2013年兴城市科学技术协会领导成员】

主　席　刘光辉

副主席　李占东（2013年7月离任）

　　　　高桂秋（女）

（刘光辉）

文学艺术界联合会

【概况】2013年，根据《兴城市文化体制改革实施意见》（兴委发〔2012〕20号）文件精神，市委、市政府决定兴城市文学艺术界联合会独立设置，为群团单位，正科级建制，核定事业编制7名，经费来源纳入兴城市财政全额预算。

年内，市文联积极开展丰富多彩的文艺活动，全市文学艺术创作和发展繁荣进入一个全新局面。为全市人民搭建良好的文学艺术平台，提升浓厚的文化氛围，取得一定的成果。文联在原有的作家协会、曲艺家协会、美术家协会、书法家协会、摄影家协会、音乐家协会、戏剧家协会、民间艺术家协会、舞蹈家协会、兴城历史文化学会、老年书法家协会的基础上又增加新成员，分别为兴城手风琴学会、二四六文联（企业文联）。各协会文艺阵地不断扩充，美术家创作基地、摄影家创作基地、音乐家活动基地、舞蹈家活动基地。创作队伍不断壮大，一些党员干部、离退休干部职工、社会青年、农民、中小学生都加入到文艺队伍中来，为文学艺术事业的繁荣与发展输入新鲜的血液，壮大文学艺术界的队伍。文联现有各级会员1743名，省级会员105名，国家级18名。

2013年，市文联办好文学艺术刊物。自办刊物有《古城文艺》，监办《宁远文学》《兴城文史》《兴城摄影》等刊物。《古城文艺》每期以大量的文字和图片形式记录兴城悠久的历史文化，展现变化中的兴城魅力，受到广大读者和文艺爱好者的好评。

【文艺活动】2013年，市文联开展丰富多彩的文艺活动，艺术创作不断创新，精品工程建设和文学艺术事业快速发展。在组织开展好“争先创优”“改进工作作风”的基础上，以文学艺术繁荣发展为己任，积极组织开展工作。

年内，市文联配合市委、市政府精心举办一年一度的春节文艺晚会，全市180名文联协会骨干参加演出。送文化下乡，组织书法家协会会员为郭家镇的农民朋友们送去春联及文艺节目，把美好的春的祝福及和谐之声送进寻常百姓家，增添节日的欢乐气氛。5月27日上午，由市委宣传部主办、市文联承办、兴隆大家庭协办“创建省级文明城市万人签名活动”启动仪式在兴隆大家庭门前隆重举行。市委副书记柴力君，市委常委、宣传部部长郭荣新，市人大常委会副主任张亦喆，市政府副市长安庆芝，市政协副主席王晓章出席启动仪式。市文联各协（学）会文艺工作者以及兴隆大家庭、工商局、信用联社、供水总公司等单位代表和现场市民700余人参加签名活动。启动仪式上，市领导、各单位代表以及现场市民在15米长的条幅上郑重写下自己的“文明承诺”，表达以实际行动为全市创建省级文明城市贡献力量的信心和决心。

10月20日举办“我的家乡我来建”征文活动，共收征文稿件100多篇，经过认真筛选有31篇入围。

年内，市文联组织人员参加葫芦岛文联、文广局群众艺术馆举办的书画大赛，参展作品120幅，分别获得不同奖项。

【摄影家协会】2013年，市文明办、市体育局、市文联、市摄影家协会共同举办的2013活力兴城——精彩健身瞬间摄影大赛获奖作品在宁远广场展出。两个月来，共收到参赛作品400余件。作品从不同角度充分表现全市体育爱好者积极向上的精神面貌。经评委会认真评选，评出一等奖2幅，二等奖4幅，三等奖8幅，优秀作品66幅，评委作品8幅。年内，2012年度香港第四届全国摄影艺术展览揭晓。兴城市摄影家有10幅作品在该次大展上获奖。其中，邸玉伦的《大地之吻》获花卉及动物类金奖；孟广勤的《梦中的小船》获广告及人物类银奖；张永强的《回家》获花卉及动物类铜奖。邸玉伦的《荷塘素描》、王英鹤的《丹霞地貌》（组照）和《牧马人》、孟广勤的《晨雾中的驴》和《万马奔腾》、韩文民的《海上扒蛆工》和韩中华的《绿江晨曲》获优秀奖。全市有辽宁省摄影家协会会员34人。

【音乐家协会】2013年8月17日17时，由哈啤、兴城市音乐家协会举办的兴城好声音选拔赛，在20名选手中产生前3名，分AB两组选手对抗，赛中分别选出6名选手参加最后决赛。战宇获一等奖，王一璇获二等奖，王琦等获三等奖。获奖选手获得10月28日在葫芦岛举行的中国好声音门票，第一、二名选手同中国好声音选手李代沫等同台演出。该次活动历时3个月，兴城好声音的报名选手200多人。

【手风琴学会】2013年6月18日，成立兴城市手风琴学会，揭牌仪式在老干部局四楼举行，学会共有会员100余名，为手风琴爱好者提供展示和对外交流音乐知识平台。

【书法家协会】2013年4月26日，兴城市第七届书法临帖作品展在市职专三高中体育馆举行开幕式。共展出作品88件，其中评出获奖作品6件，优秀作品奖27件。6月14日，第四届中国成都国际非物质文化遗产节“笔墨东方---2013中国书法艺术国际大展·国际论坛”在成都国际非物质文化遗产园开幕。兴城市书法家魏春雷应邀出席论坛，其论文《“临”“帖”说》同时收入《笔墨东方---2013中国书法艺术国际论坛研究文集》。7月7日，兴城市“大光明杯”中小学师生书法大赛开幕仪式在兴城市大光明眼镜店举行。7月18日，兴城市第二届“水保杯”农民书画大赛在宁远书院开幕，并评选出一、二、三等奖。10月1日至3日，书法家协会在兴城交通疗养院举行兴城市第五届书法临帖班，聘请辽宁省国展书法作者王军轩、刘长龙到兴对会员进行临帖、创作辅导，并对会员作品进行点评。葫芦岛市书法家协会主席团成员也参加该次活动。共有近60余位作者参加。

【历史文化学会】2013年6月16日，兴城历史文化学会石瑞良、常德义、杜志刚及市文管处王帅军、石捷声，专程到刘台子、东辛庄、绥中等地进行考察，搜集整理历史人物吴三桂的相关资料。沿途查看保存完好的“东关驿站”石碑、地藏禅寺碑等文物。通过考察，对明清时期宁远的历史人物、历史事件、古建筑遗存等有了进一步认识。8月31日，兴城历史文化学会对吴景濂在兴城的故居遗址进行考察，进一步收集整理其早期活动。在古城内走访老人，调查吴景濂故居和私塾馆遗址。到古城外花园村，同村领导和村民座谈，调查吴景濂的出生地故居遗址，专程到吴景濂早年创建的韩家沟果树农场进行考察。

【美术家协会】2013年7月5日至10日，在辽宁省文学艺术界联合会、辽宁省美术家协会主办的“美丽辽宁——优秀美术作品展”上，兴城市有6人作品入选，是兴城参加省级美术展览入选历史人数最多的一次。7月5日，11人参加“辽宁风情绘画展览”，7人入围。

【民间文艺家协会】2013年4月25日，民间文艺家协会为兴城传统民间手工技法——“药王丝线”上报葫芦岛市非物质文化遗产中心。举办董宁兴城满族刺绣展及打造兴城特色旅游纪念品——“满族刺绣”交流会。8月6日，兴城市民间文艺家协会副主席王峰代表兴城市文联和兴城市民间文艺家协会参加在葫芦岛龙湾和平广场举办的第三届（葫芦岛·兴城）国际沙滩·泳装文化博览会暨首届葫芦岛文化创意民俗工艺品展示会，会展期间兴城市委书记于学利、兴城市旅游局局长李文政及文联主席王晓平先后到展示会，参观王峰的葫芦工艺品，给予很高的评价，并要求王峰一定要把葫芦工艺品打造成代表兴城文化旅游的一个品牌推广出去。8月16日至18日，市民间文艺家协会承办的首届兴城旅游民俗工艺品展示会在海滨举行。该次展示会葫芦岛地区和兴城参展商户30多家，参观人数5万多人次，展商交易金额20余万元，

【舞蹈家协会】2013年9月12日晚，市舞蹈家协会在绿园舞厅举办国际标准舞联欢晚会，市文联、市体育局领导参加晚会，晚会邀请中国职业标准舞季军、东南亚职业标准舞冠军中国国际标准舞总会WDC国际评审、广东文艺职业学院摩登舞主教导师冯斌先生、多次荣获全国国标大赛冠军的李东升先生、来自香港的于小姐、黄校长等嘉宾参加联欢晚会，与兴城国标舞爱好者欢聚一堂，并做精彩的表演，为兴城国际标准舞水平的提高奠定良好的基础。

【戏剧家协会】2013年，市戏剧家协会在宁远广场举办“创建文明城市、共建美好家园”“兴城之夏”文艺展演“戏剧专场”，打造良好城市形象。为传承京剧事业在南一小学开展“老少共语中国梦”活动。协调开展“辽宁省评剧票友研讨会”。

【2013年兴城市文学艺术界联合会领导成员】
主　席　王晓平
副主席　李　丹

（李　丹）

中国国民党革命委员会兴城市支部

【概况】2013年，中国国民党革命委员会葫芦岛市委员会兴城市支部加强政治学习，进一步提高全体党员素质，教育和动员党员热爱本职工作，积极参政议政。党员中8名是兴城市七届政协委员，在政协七届一次会议上，提交议案11件，其中涉及城市管理、教育改革、新农村建设等，反映社情民意16条，引起有关方面重视，获得较好的社会效应。

【开展公益活动】2013年，民革兴城市支部春节前走访两个困难家庭并送慰问金1000元。在春季开学前，支部全体成员到碱厂中小学看望连续4年帮扶的5名学生，并送现金2000元。副主委苏登科、候玉环为2名困难学生购买自行车和生活用品。中秋节前，为碱厂敬老院180余名老人送去水果月饼。支部成员、兴城市胃肠医院院长张涛带领8名医生和相关检查设备，免费为老人们体检，受到良好社会评议。

【2013年民革兴城支部领导成员】
主　委　吕　伟（女）
副主委　侯玉环（女）　苏登科

（卢国境）

中国民主同盟兴城市总支部委员会

【概况】2013年，中国民主同盟兴城市总支部委员会通过盟员自学和支部、总支集体学习，运用座谈会、专题研讨会、辅导报告会、参观考察等途径，加强全体盟员的自身建设，提高参政党成员的政治水平和能力，向民盟省委、葫芦岛市政协、葫芦岛市委统战部、民盟葫芦岛市委报送信息和建议10余条。年内，有2人正式加入民盟，民盟兴城市总支部成员增至21人。

【热心社会服务】2013年，民盟兴城市总支部关注经济、政治、文化和社会各项事业的发展进步，关注社会和人民群众的热点、难点问题，就职业教育、人口计生、生态保护、医疗卫生等方面，深入开展调查研究，撰写出高质量的调研报告。

年内，先后2次组织盟内医务界盟员，开展医疗咨询活动，义诊服务达104人次；开展民

盟葫芦岛市委"捐资助学 扶助贫困大学生行动"；开展春节到敬老院慰问老人奉献爱心活动，捐献数件医疗保健用品。

【2013 年民盟兴城支部领导成员】
主　委　张亦喆（女）
副主委　张立松　韩玉祥

（赵霄循）

中国民主促进会兴城市支部委员会

【概况】2013 年，中国民主促进会兴城市支部委员会强化自身建设，提高整体素质，完善档案、调研、信息等规章制度。支部持续开展与药王中小学"一对一"捐资助学活动，被资助学生王欣以优异成绩考入大连外国语学院日语高翻专业。会员撰写论文《坚持"以党为师"核心价值理念，为推进中国特色社会主义民主政治发展贡献力量》被选送参加辽宁省统战理论研讨会。年内，发展 1 名民进会员，支部会员增至 12 人。

【提高参政议政水平】2013 年，民进兴城市支部会员中担任葫芦岛市政协委员 4 人，兴城市政协常委 2 人，政协委员 7 人。在政协葫芦岛市四届四次会议期间，支部委员提交提案 8 件，全部立案；递交信息 4 条。政协兴城市七届一次会议期间，支部委员提交提案 15 件，全部立案。内容涉及教育、文化、交通、城建、安全、依法行政、旅游等多方面内容。支部向民进省委、葫芦岛市政协和葫芦岛市委统战部报送的社情民意信息多篇被采用。

履行调研、民主监督职责。支部会员积极参加各自小组的调研考察等各项活动，参加葫芦岛市、兴城市组织部对兴城县级干部考核、推荐副县级领导活动。通过民主监督、参政议政工作，会员们对相关方面的情况有进一步的认识和了解，积累一定的素材，参政议政能力得到进一步提高。纪红茹、潘建为、张伟、郝光、张玉清分别荣获民进葫芦岛市委"参政议政工作先进个人二、三等奖和优秀奖"。

【2013 年民进兴城支部领导成员】
主　委　纪红茹（女）
副主委　范国志

（纪红茹）

中国农工民主党兴城支部

【概况】2013 年，中国农工民主党兴城支部对内部工作进行新的分工和调整，明确职责，实行分工与合作。加大对党员干部队伍的培养，努力为后备干部提供学习锻炼的机会，吸收政治、业务素质高，代表性较强的活动骨干和基层组织工作积极分子作为后备人选。年内，有 1 人正式加入农工党，兴城支部党员增至 10 人，其中 8 人是人大代表或政协委员。在葫芦岛市、兴城市两会期间提交议案提案 26 件，搜集整理社情民意信息 21 份。

【社会服务活动】2013 年，农工党兴城支部先后开展两次调研活动。一是组织党员考察徐大堡核电项目，每位党员都成为核电项目的宣传者，支持核电项目建设。党员们在徐大堡镇农业蔬菜大棚开展科技支农活动，邀请农业专家为农民讲解农技知识，解决种植中的实际问题，无偿赠送价值 2000 元的农药。二是到碱厂乡开展以"倡导生态文明，共建美丽兴城"为主题的扶贫支农活动，为乡里的贫困户送去价值 5000 元的生态肥，并由专家细心讲解使用方法，从根本上解决农户们的实际困难。

【2013 年农工党兴城支部领导成员】
主　任　李秋艳（女）
副主任　王艳霞（女）

（李秋艳）

地 方 武 装

人 民 武 装

【概况】2013 年，兴城市人民武装部按照“突出一个主线，夯实两个基础，提高三个能力，利用四个优势”的工作思路，全面推进单位建设科学发展。开展“深化干部队伍教育管理、强化法令号令规矩规则、弘扬光荣传统优良作风”专项教育整治活动，重点解决“不听招呼”“不守规矩”“精神状态不振”等八个方面具体问题。加大专武干部的调整使用力度，提拔使用专武干部 8 人；定期开展战备教育，适时修改完善各种战备方案预案，加强重大节日和重要时段的战备值班；创办《武装工作通讯》期刊，完成军区级刊物报道 11 篇，国家级 2 篇。

【双拥共建】2013 年，市人武部注重发挥兴城驻军多、军兵种齐全的优势，积极发挥桥梁纽带作用，在密切军政军民关系上赢得军地双方认可。年内，为 79 名复员军人核实身份，帮助落实相关待遇；免费为 127 名军属进行孕情普查并提供生殖健康服务；协助教育部门完成 46 名报考军校和国防生政治考核工作。兴城市委、市政府对部队建设高度重视和关心，为“048”训练基地引水管线改造、8620 部队家属楼用地、武警 8623 部队用电线路改造和战备公路维修等提供大力支持。

【征兵工作】2013 年，市人武部针对国家将征兵时间由冬季调整为夏秋季的问题，直面当兵冷、征兵难的实际，多措并举破解征兵难题。一是加大宣传力度。利用手机短信、临街和出租车 LED 屏幕、宣传海报、标语条幅、录音广播等方法，构建“纵向到底、横向到边”的全方位立体式的宣传网络，发放传单 3 万份，张贴标语 1200 多条，悬挂条幅 112 条，确保每名适龄青年都了解掌握征兵政策，营造“当兵光荣”的浓厚氛围。二是将政审工作提前到体检工作之前。以往，在体检结束后，部分应征青年由于政治和学历原因不够条件而被淘汰，影响上站人员的合格率，浪费大量的人力、物力、财力。年内，在体检前将报名应征人员的年龄、学历、政治表现等进行先期审查，确保上站体检人员的政治条件都能符合要求，保证兵员质量。三是制定相应的奖惩措施。在征兵工作动员部署会上，市领导还与各乡镇党委书记、部长与各乡镇武装部长分别签订责任状，明确各单位的征集任务和奖惩办法，对完成好的单位给予通报表扬，对完不成任务的单位，年底取消该乡镇街道的评先资格，确保征兵工作顺利实施。全年完成 229 名兵员征集任务。

【应急能力建设】2013 年，市人武部遂行多样化军事任务能力明显提升。在巩固全国民兵调整改革试点成果基础上，继续探索“四个突出、四个转移”和“四多编四不编”等基干民兵组织建设新模式，圆满完成上级赋予的 3 类 19 支队伍 2591 人的基干民兵编组任务。在民营企业建立组织的经验措施和基层武装部、基层民兵营（连）建设标准规范得到军分区认可，建设标准一直走在葫芦岛市前列。

【抗洪抢险演练】2013 年，市人武部承担防汛任务最重的青山水库库区抗洪抢险工作。为做好该项工作，协调市水利局、气象局、三道沟乡政府等相关单位先后 6 次组织召开现场会进行专题研究，对可能出现险情地点、路线、破坏程度进行勘察和评估，在组织指挥、通信方式、人员调动、机动路线、物资保障等方面进行翔实的准备，制定《兴城市青山水库抗洪抢险行动预案》。市政府购置橡皮舟以后，组织民兵骨干在碱厂水库进行5天的系统训练，达到人人会安装、会操作使用、会排除简单故障的标准，确保在发生汛情时，能够按照预案，第一时间到达现场、第一时间展开救援。

【2013年兴城市人民武装部领导成员】

部　　长　吴玉勇
市委书记兼人武部党委第一书记　于学利
政治委员　杨洪斌
副 部 长　王秀亭

（周明磊）

人民防空

【概况】2013年，兴城市民防局采取多种形式，加强防灾减灾和民防知识的普及宣传，着力营造民防建设的良好社会氛围，不断加大民防宣传教育力度，收到较好社会效果。每月对全市防空警报器、通信指挥车进行维护保养。防空警报试鸣警音覆盖率达100%。

【审批结建工作】　2013年，市民防局加强执法检查力度，依法收缴、使用人防易地建设费，未发生一起漏建、漏收的情况。全年批结收取结建费562557.10平方米，收取人防易地建设费7190742.60元。地下空间开发利用工作有新突破，批建地下人防工程4000平方米，收取人防工程四项费用36万元。

【专业队伍整组】2013年，市民防局完成人防七种专业队伍整组。其中，治安中队50人、运输中队40人、抢险抢修中队60人、通信中队30人、消防中队20人、防化防疫中队20人，医疗救护40人，人人建立档案，个个落实到位。主要任务是战时担负维护治安、抢险抢修、医疗救护、防火灭火、防化防疫、保障通信联络等任务。

【2013年兴城市民防局领导成员】

局　　长　贺明杰（2013年2月离任）
王光辉（2013年2月任职）
副 局 长　刘占一　沈文丽（女）　裴文海
周　旭（2013年2月离任）

（王　辉）

法　　治

政治委及综治工作

【概况】2013 年，兴城市政法各部门积极推进平安建设、法治建设，通过改革制度和加强政法队伍建设，不断提高政法工作质量，保持和巩固兴城市和谐稳定的社会环境。年内，处理 4 名发生违纪行为的政法干警，其中有 3 人被调离政法工作岗位，另外 1 人移送司法程序。破获“法轮功”组织案件 3 起，打击处理“法轮功”组织人员 18 人。

【提升社会管理水平】2013 年，市委政法委在全市推广羊安乡社会管理“四个中心”建设经验、推广华山街道、曹庄镇铁路护路联防、旧门乡“两劳”人员安置帮教、永宁社区创建“无传销社区”、安居小区平安和谐小区建设、大寨乡乡村两级调解庭建设及沙河村人民调解等工作经验，促进全市社会管理水平不断跃升。年内，完成对中医院改扩建项目的社会风险评估，确保该项目如期立项，排除不稳定因素，避免重大项目引发的群体性上访事件和其他事件。全力开展校园安全及周边治安秩序整治工作。为全市 279 所学校幼儿园配备保安员 121 人，专职保卫人员 501 人。

【做好敏感时期的维稳工作】2013 年，在全国“两会”及党的十八届三中全会期间，兴城市主要领导亲自接待上访群体 10 次，涉及 136 人；接待个体访 10 次，涉及问题 18 个。通过领导协调和交办，所有问题得到及时解决，保证相关群体和人员的稳定。市委政法委与教育部门和各高校密切配合，加大防范力度，提前做好预防，坚决制止有可能出现的非法聚集活动，对辽宁工程技术大学、辽宁财贸学院的 38 名不在校学生，进行详细摸排，在确保学生没有串联迹象的情况下，责成学校对其做进一步的监控，确保不发生校外串联。“十二运”期间，加大对重点领域和重点人员的稳控力度，做好广大学生的思想工作，确保“十二运”顺利进行。

【改进执法作风促进公正司法】2013 年，市委政法委通过执法检查、案件督办、案件评查等方式对全市公检法司各政法部门开展督查，下发各类规范性文件 3 份、各类案件督办单 5 次、调阅各类案件卷宗 9 本，解决办案程序不规范、法律文书填写不规范、卷宗装订和存档不规范的问题，并处理相关责任人员。成功化解 5 件涉府积案，涉案金额 13.7 万元。推进案件质量管理年活动，确定全市案件质量管理年活动联系点 4 家。通过案件质量管理工作，改进执法理念、执法作风和规范政法各部门的执法办案水平。充分发挥审判监督职能作用，受理各类再审案件 7 件，纠正不当裁判，促进司法公信力的提升。

【2013 年兴城市政法委员会领导成员】

书　记　赵兴华

副书记　赵锦山（2013 年 2 月离任）
陈玉斌（2013 年 2 月任职）
项继飞（兼）　李彦学
宋长江（兼）　赵友谊（兼）
明志旭

社会治安综合治理委员会办公室

主　任　赵友谊

副主任　曹旭东

维护社会稳定工作领导小组办公室

主　任　宋长江

副主任　陈志成

（李国旗）

公　安

【概况】2013 年，兴城市公安局深入推进“迎全运·练精兵”安保技能大比武活动，以勇争一流的信心，重点开展五方面工作，即积极强化班子建设、着力推进管理创新、从紧从严培训队伍、积极开展公安宣传、狠抓优抚措施落实。通过高质量的政治工作，为全局公安工作提供有力的政治、思想和素质支撑。年内，实行民警因公伤亡保险和重大疾病保险，切实解决民警的后顾之忧；加大装备投入，为办案单位配备数码摄像机、照相机、录音笔、执法记录仪、数字对讲机，为巡特警大队配备高端警务应用装备，新购通信指挥车等警务车辆，全局警车总数达到 226 台。

【信息化建设工作】2013 年，市公安局信息化建设与应用取得明显成效。一是考核任务完成质量高。该局紧紧围绕省厅、市局考核细则中的基本项目和加分项目，组织全警全力攻坚，按时按要求高质量完成每个建设项目。在葫芦岛市考核评比中，以绝对优势名列各县区第一名。并以新指挥大厅建设为契机，全力提升应急指挥调度工作信息化深度应用水平，在 3 月 19 日召开的全省公安机关应急指挥调度工作推进会上，得到省厅的大力推广。二是实战作用有效发挥。兴城市公安局坚持以“大情报”系统建设与应用为核心，通过狠抓制度建设，在日常工作中实现指令有效落地；狠抓深度研判，在实战工作中实现情报主导警务；狠抓信息预警，在维稳工作中实现服务领导决策。为引领实战提供有力支撑。全年共打处积分预警重点人员 207 人，侦破各类违法犯罪案件 281 起，各项指令均名列葫芦岛前茅。

【社会治安防控体系建设】2013 年，市公安局加强对城区内的 11 所重点中小学、幼儿园进行校园周边秩序整顿，夜间对城区内主要的居民小区、重点部位进行巡逻，并根据时间段合理调控警力，有效发挥巡防体系打击现行、震慑犯罪、增强群众安全感的作用。全年出动车辆 2300 余辆次，8600 余人次参与巡逻，盘查可疑人员 665 人次，可疑车辆 649 辆，消除治安隐患 11 起，帮助群众解决困难 573 次，接受锦旗 6 面，收到感谢信 8 封。

【严打专项行动】2013 年，市公安局开展保春耕生产、餐桌保卫战、打击多发性侵财犯罪、扫毒害保民安、肃毒害创平安等严打专项行动。共立刑事案件 753 起，破刑事案件 763 起（含上年），逮捕 175 人，移送起诉 360 人，取保候审 327 人，刑事拘留 445 人，抓获各类逃犯 143 人。其中，当地逃犯 119 人，外省逃犯 12 人，省内外市逃犯 12 人，命案发 6 起，破 6 起，破案率为 100%，侦破命案积案 1 起，打掉侵财类犯罪团伙 35 个，抓获侵财犯罪嫌疑人 146 人。破获省目标案件 3 起，涉毒案件 34 起，刑拘 43 人，行政处罚 89 人，强制隔离戒毒 11 人，社区戒毒 11 人，打掉涉毒场所 7 个，涉案冰毒 1300 余克、麻古 400 余粒，扣押车辆 5 台、冰壶 87 个，弩 1 把，管制刀具 64 把。

【治安管理】2013 年，市公安局强化治安管理。一是加强危爆物品管理。对民警配枪、用枪实行严格管理、监督和检查，确保公务用枪万无一失。加大对 20 名涉枪重点人员、6 名涉爆重点人员的管控措施，严密监控重点人员的动态。全年共收缴小口径步枪 2 支、气枪 3 支、废旧炮弹 1 发、军用子弹 217 发、猎枪子弹 13 发；收缴管制刀具 105 把、仿真枪 395 支；收缴炸药 24 公斤、雷管 12540 枚、索类爆炸物 6850 米、剧毒物品 80 公斤。二是加强特种行业管理。对全市歌舞厅、桑拿浴、麻将馆、旅店、废旧金属收购等场所进行专项整顿。三是严格烟花爆竹的安全管理。组织开展烟花爆竹安全专项整治，严厉打击非法制贩、存储、运输、燃放烟花爆竹等违法行为。查办非法储存烟花爆竹案件8起，扣押烟花爆竹204箱零342件，行政拘留8人。四是加强户口、身份证和护照管理。审批办理户口主项业务290户，为群众办理第二代居民身份证17980张，办理军人身份证270张，临时身份证1300张。办理出国护照1020本，清理解决跨省市重复人口35人。

【交通安全管理】2013年，市公安局严厉查处严重交通违法行为，开展春季客运、校车安全、行人闯红灯、酒驾、三超一疲劳和改装车等交通安全专项整治和“两节”“两会”、春节灯展、高考、中考、国家领导人视察和全运会等交通安全保卫工作，共出动警力10600人次，警车3400台次。组织开展各类交通安全宣传活动128次，悬挂宣传条幅327幅，印发宣传品48000余份，增设交通标志105块，交通信号灯11处，施划交通标线25600延长米。查处各类交通违法行为58852起，破获刑事案件53起，刑事拘留54人，行政拘留41人，有效压降交通事故的发生。全市共发生各类交通事故44起，死亡47人，受伤21人，直接经济损失6.79万元，与上年同期相比，交通事故和受伤人数分别下降72.15%和89.81%，死亡人数和直接经济损失分别下降16.07%和71.45%。全年未发生一次性死亡3人以上的特大交通事故。

【消防安全管理】2013年，市公安局狠抓社会化消防宣传和火灾隐患排查整治工作，全年接警出动337次，其中扑救火灾278起，抢险救援55起，社会救助4起，抢救、疏散群众70人，火灾伤亡人数为零。共检查社会单位44011家次，发现火灾隐患3032项，督促整改2989项，下发责令改正通知书1915份，临时查封单位16家，三停单位28家，罚款41.07万元，行政拘留95人，行政警告163人，确立政府挂牌督办重大火灾隐患单位3家。

【安保工作】2013年，市公安局圆满完成“十二运”安保、中央领导人警卫及大型活动执勤工作任务。“十二运”启动后，局党委将“十二运”安保工作作为中心工作和核心任务。多次召开会议研究部署，并实地到驻地检查指导安保工作。详细制作蹦床比赛场馆安保、火炬传递及火炬转场安保方案和富都宾馆驻地安保工作平面图版，落实安保岗位实名制。组织全体执勤民警进行多次安保培训，同时进行岗位职责考试，参加安保工作演练20次，出动警力3600余人次。协调兴城火车站，对60名X光机安检员进行安检岗位实战练兵，制作安保岗位执勤职责卡。通过演练和实战练兵，实现定岗、定位、定人、定责的安保要求。

在安保攻坚阶段，又承担中央主要领导N1355警卫任务。参战民警从容面对两线作战的双重压力，周密组织、科学部署，多次勘察现场，调整方案、组织演练。400名执勤民警克服连日奋战的疲劳和不利的天气因素，连续7小时冒雨执行任务，高标准地完成N1355警卫任务。

安保工作期间，市公安局每天出动156名警力，负责葫芦岛赛事场馆安保，出动168人全天候24小时在运动员驻地兴城富都国际饭店进行安保，共检查出各类刀具40余把，打火机850余个，火柴近400盒，香烟30余盒，各类禁带物品600余件，确保运动员住地及场馆的绝对安全。

【2013年兴城市公安局领导成员】

局　　长　项继飞
政　　委　王志才（2013年5月任职）
副 局 长　赵志刚　杨承列
　　　　　王志才（2013年5月离任）
纪委书记　赵志成
副 局 长　安　宝　李洪刚　张　伟
　　　　　李一强（2013年7月任职）

（商　航）

检　　察

【概况】2013年，兴城市人民检察院依法批捕各类刑事犯罪136件180人，起诉227件291人；依法立案侦查各类职务犯罪案件11件14人。连续三届被最高人民检察院评为“全国文明接待室”，年内又被评为“全国文明接待室示范窗口”；

被辽宁省委、省政府授予“省级文明单位”荣誉称号，被辽宁省检察院授予“优秀基层检察院”荣誉称号；被葫芦岛市委宣传部评为思想政治工作先进单位。

【严肃查办和预防职务犯罪】2013年，市检察院始终把贪污贿赂、渎职侵权等职务犯罪摆在突出位置来抓，重点查处一批群众反映强烈、容易激化社会矛盾、影响社会发展和稳定的职务犯罪案件，充分发挥检察机关在反腐倡廉建设中的职能作用，全年共依法立案侦查各类职务犯罪案件11件14人。其中，贪污案件4件7人，行贿案件3件3人，各类渎职侵权案件4件4人。该院坚持标本兼治、打防并举，将查办职务犯罪与开展职务犯罪预防工作有机结合，促进公正清廉政务环境的建立。以服务“三农”为重点，抓住农业设施、水利设施、畜牧业投入、交通道路建筑工程、滨海新区海防堤工程、土地出让动迁五条主线，围绕资金的来源、支出、用途进行全程预防，确保资金用到实处。积极开展个案预防、专项治理、系统预防等工作，变事后惩治为事前预防，有效地防止职务犯罪的发生，为深入开展专项治理工作打好基础。

【发挥法律监督职能】2013年，市检察院强化侦查活动监督，进一步完善落实重大案件介入侦查机制，严格落实审查逮捕阶段讯问犯罪嫌疑人制度，坚决依法排除非法证据。追捕犯罪嫌疑人4件7人，适时介入公安机关的侦查活动35次。强化审判活动监督，对法院的一审判决、裁定，从认定的事实、罪名是否准确，适用法律是否得当，量刑是否属畸轻畸重等进行审查，提请抗诉案件4件，提出抗诉案件5件。强化刑罚执行和监管活动监督，高度重视在押人员举报和申诉，加强对超期羁押问题的监督，加强看守所监管执法检察。提出口头纠正意见10件，发《纠正违法通知书》9件，受理在押人员及其家属的控告案件1件。强化民事行政诉讼监督。该院组织干警深入贯彻学习新修改的民诉法，坚持抗诉与息诉并重，耐心做好申诉人的服判息诉工作，积极化解矛盾，维护司法权威。

【创新检察工作机制】2013年，市检察院将学习贯彻修改后的刑诉法、民诉法作为提升执法能力的契机，创新检察工作机制，规范检察权的运行。成立案审小组，主要开展疑难案件研究讨论，推进案件质量管理。4月初，新建案管大厅正式投入使用，积极探索新的工作方法，努力实现“统一收送案、统一流程监控、统一案件信息查询”的“三个统一”，提高执法透明度。充分发挥检委会职能。全年召开检委会26次，讨论案件26次90件，研究重大事项4次3项。进一步强化检委会办公室职能，充分发挥专职委员的作用。成立未成年人刑事检察工作办公室。在公诉环节中牢固树立“立足挽救，重在预防”“着重感化，突出维权”“教育为主，惩罚为辅”三种思想观念。与信访办建立联动机制，指派青年干警定期轮流到信访大厅接访，为政府信访工作提供法律支持。开通远程视频接访，提高举报线索受理工作的科技含量，达到地区一流先进水平，切实将矛盾化解在基层，化解在萌芽状态。

【2013年兴城市人民检察院领导成员】

检 察 长　叶　蓬
副检察长　郭谱谦（2013年2月离任）
　　　　　李　杰（女）　闻志刚
　　　　　王　显（2013年4月离任）
　　　　　黄　勇（2013年4月任职）
　　　　　毕姗姗（女，2013年11月任职）
纪检组长　王　哲

（刘　欢）

法　院

【概况】2013年，兴城市人民法院开展以立案公开、审判流程公开、庭审公开、审务公开等方面的司法公开活动。在法院网站上推行裁判文书上网，提高审判活动透明度，扩展社会监督渠道。对群众来信来访反映的问题，必接必查，及时回复。全年共受理各类案件3060件，审（执）结2790件，结案率为91.2%。到社区、乡镇走访群众160余人，为群众提供法律咨询300余次。

【刑事审判】2013年，市法院依法惩处刑事犯罪，维护社会安全稳定。共审结刑事案件306件，判处罪犯342人，其中判处5年以上有期徒刑32人。严惩抢劫、盗窃等多发性犯罪，进一步增强人民群众的安全感。审理拒不支付劳动报酬案件3件，充分运用法律强制手段及调节功能，有效解决拖欠农民工工资问题。审理因醉酒引发的危险驾驶案件44件，从严重罚，充分体现醉驾入刑的法治目的。严格执行量刑规范化制度，准确把握宽严相济的刑事政策，全年共判处缓刑63人，管制7人，单处罚金17人。

审结未成年人刑事案件19件29人，其中判处缓刑10件14人。注重庭前、庭中、庭后的教育感化，并积极参与社会治安综合治理，主动与社区、妇联、司法所等部门协调沟通，共同落实帮教措施，积极走访，努力挽救未成年罪犯，保障未成年人健康成长。

【民商事审判】2013年，市法院妥善处理民商事案件，积极化解矛盾纠纷。受理民商事案件2132件，占案件总数69.7%，审结1987件，相关案由136个。审结土地征用、土地承包经营纠纷案件47件，依法促进农村和谐稳定。审结人身损害赔偿、劳动争议、医疗纠纷等案件49件，依法保障民权、民生。审结婚姻家庭类案件684件，着力保护妇女、未成年人、老年人的合法权益，促进社会文明健康发展。审结商事案件356件，依法保护诚实守信，制裁违约欺诈。在大寨满族乡93位村民诉丹泓境外就业有限公司劳务合同纠纷一案中，市法院仅用5天时间为93位村民讨回风险抵押金93万元。坚持合法自愿原则开展诉讼调解，正确处理调解与判决的关系，充分发挥各自的作用和优势，做好各个环节的辨法析理、服判息诉工作，促进矛盾纠纷实质性解决，努力实现案结事了。全年民商事案件共调解结案412件，撤诉473件，调撤率44.5%。

【行政审判】2013年，市法院审结行政诉讼案件26件，撤诉3件，稳妥审理政府信息公开、行政许可等新类型案件。积极推行行政诉讼交叉管辖和庭审方式改革，依法保护行政相对人诉权，解决起诉难问题；庭审过程凸显当事人诉讼主体地位，完善符合行政庭审内在要求的诉辩流程。在法律、政策的框架下，推行诉外沟通、庭前对话、庭中协调的工作方式，注重维护行政相对人合法权益的同时，注重规范行政机关依法行政。审查各类行政非诉执行案件174件，协调化解23件。

【案件执行工作】2013年，市法院努力解决执行难，维护申请执行人的合法权益。共执结各类案件452件，标的额4200万元，其中促成当事人自动履行及双方和解127件。执行工作中，积极学习、贯彻新民诉法和刑诉法，规范执行程序，强调执行质量，有效解决一批金融、涉府等重点积案。为进一步化解执行难问题，加强执行联动机制建设，健全与工商、银行等部门的数据共享、查询机制。在公安机关配合下，加大对拒不履行裁判文书的制裁力度，全年共责令被执行人报告财产26次，司法拘留10人次，移送刑事立案侦查1件，公布不诚信当事人18件次。

【审判方式改革】2013年，市法院逐步建立符合工作实际，运行良好的审判工作机制。一是推进审判管理现代化。完成信息化基础建设，推行庭审同步录音录像，并通过数字化法庭网上实时传送庭审活动，方便群众快速及时了解相关庭审情况。建成电子签章、网上办公、电子档案、裁判文书纠错和数字化办公系统，为审判方式改革提供坚实的运行保障。二是推进行政审判方式改革。行政诉讼案件实行集中交叉管辖，审判实行新的庭审模式。兴城法院作为全省试点单位，一改过去一步到庭的四段式庭审方式，精简审判流程，设立审前会议，增设主审人报告阶段，推行审前会议协调，提高行政审判质量和效率。三是加强案件研讨工作，提高案件质量。成立刑事和民事审判专业委员会，对疑难案件进行论证研讨，不做裁决，为认定案件事实与适用法律提出意见和建议，为法官和审判组织提供理论参考，进一步提高法官专业化水平。压缩审判委员会讨论案件范围，同时建立领导亲自参加庭审制度，及时掌握审判信息，着力提升案件审判质量。

【2013年兴城市人民法院领导成员】

院　长　项　雷
副院长　汪希林　丛立峰　杨明宇
　　　　张福友
　　　　赵红梅（女，2013年3月离任）
　　　　李　霁（2013年3月任职）
　　　　孟凡斌（2013年3月任职，挂职2年）
纪检组长　毕晓秋（女）

（张连城）

司 法 行 政

【概况】2013年，兴城市司法局新建成的司法服务中心交付使用，对促进司法行政工作起到重大作用。全市各司法所共调解矛盾纠纷3608件，成功调解3560件，成功率达到98.7%，有效地把矛盾纠纷化解在萌芽状态。投资20万元新购置4台警车配给司法所。年内，兴城市被省依法治省办授予法治文化示范基地，兴城市司法局被省司法厅授予人民调解先进单位，被葫芦岛市依法治市办评为“六五”普法先进单位。

【社区矫正工作】2013年，市司法局加强社区矫正工作信息化建设。各司法所为每名社区矫正人员建立电子档案，实现社区矫正人员从接收到解矫全过程的网上动态管理。强化人员管理，严防脱管、漏管。组织社区矫正人员开展集中教育、参加公益劳动、进行心理辅导及听取思想汇报等。对于不服从管理、拒不接受改造的社区矫正人员，及时给予警告。全年累计给予警告24人次，经申请由市人民法院裁定收监执行1人。

【“六五”普法工作】2013年，市司法局全面推进“六五”普法工作，深入开展法律进机关、进乡村、进社区、进学校、进企业、进单位“法律六进”活动。一是交通安全进校园。市司法局联合交警队、关工委编辑《中小学生交通安全知识读本》，较为系统地介绍交通安全知识和有关常识，三年级以上中小学生人手1册。司法所所长任中小学法制副校长，到学校宣讲交通安全知识。二是开展“法律进企业”活动。律师到金种子公司和粮食直属库，对企业管理人员、工人就企业生产经营中所涉及的相关法律法规知识进行讲课，收到较好效果。三是开展法制宣传活动，提高普法宣传的趣味性和实效性。在兴城南关轻工市场门口举办“三八”妇女维权法律服务日大型法律咨询活动，开展“5·15”政务公开宣传活动，编排小品《车库门前》和快板舞《人民调解进万家》成功上演，得到省、葫芦岛市司法行政部门领导一致好评。

【优质法律服务】2013年，市司法局拓展公证、律师和法律援助的服务领域，为广大人民群众提供优质的法律服务。在新办公楼内，为公证处设立便民服务大厅，方便群众办理公证业务。对于病重不便到大厅办理公证业务的群众，提供上门服务。同时，公证处主动参与青山水库移民动迁、银象宁远城项目动迁等业务公证，为顺利动迁提供有效的法律依据。全年完成公证8644件，其中民事类公证836件，经济类公证7653件，涉外类公证155件，收取公证费200万元。法律援助中心维护困难群众合法权益，全年承办法律援助案件549件，其中民事诉讼援助案件20件，民事非诉讼援助案件520件，刑事援助案件7件，行政诉讼援助案件2件。接待咨询315人次。法律援助中心被省司法厅确定为“省规范法律援助中心试点单位”。明城律师事务所解答法律咨询996人次，代理各类案件49件。

年内，公证处被省司法厅授予“优秀公证处”，被葫芦岛市委授予“精神文明先进单位”。

【2013年兴城市司法局领导成员】

局　长　于宝兴
副局长　许志刚　苏玉国　张志学

（杨晓伟）

旅　游

旅游开发

【概况】2013年，兴城市旅游工作取得新的成效，旅游品牌吸引力和知名度不断提升，旅游服务质量和旅游产品结构不断优化，旅游市场进一步呈现出“规范、诚信、安全、文明”的新气象，旅游业整体保持良好的增长势头。全年累计接待国内外游客550万人次，实现旅游综合总收入30.1亿元，同比增长22.2%。

【旅游宣传】2013年，市旅游局积极开拓市场，强化促销，助推旅游产业快速发展，不断创新思路，探索新方法，宣传促销工作取得新的成绩。

一是抓住时机“走出去，请进来”。为了切实加大兴城旅游的宣传促销力度，抓住时机“走出去”进行旅游推介。3月末，该局组织旅游景点、旅行社和部分星级酒店在北京、遵化、石家庄、保定、廊坊五市成功举办温泉旅游经贸推介会。同时，积极邀请各地旅行商走进兴城，了解兴城。4月末，紧紧抓住锦州世界园林博览会的有利时机，圆满完成2013温泉旅游经贸推介会。两次大型推介活动累计辐射15个城市，吸引各城市有带动力的旅行商410余家，12家媒体参与报道，累计发放宣传资料9000余份，解答市民、旅行社旅游咨询1.3万余人次，对于助推兴城温泉旅游产业发展，打造温泉休闲、疗养保健和历史文化旅游目的地产生积极的重要影响。

二是组织多形式推介活动，为企业间合作搭建平台。充分利用媒体宣传的声势及影响，把人气引入形成口碑传播。一方面，成功举办国内知名媒体走进兴城活动。兴城优质的旅游环境通过搜狐汽车、新浪、新浪微博、网易等16家知名媒体权威的推荐和点评，被更多的游客所了解。另一方面，成功举办北京易游280家旅行商商贸洽谈会，全新开拓精品旅游线路10余条，有效促进兴城与周边兄弟城市旅游资源共享，加快形成景区联盟。

三是精心包装，加大对旅游景区的宣传推介力度。邀请业内知名人士专业指导，出版完成《兴城旅游》一书，展现兴城最优秀的旅游资源和风土人情，对各大景区进行重点推介。此外，实施景区交通指引牌设置工作。会同公路、交通等多部门在主要干道设立景区指引牌，在高速公路两侧凸出护坡涂漆旅游形象宣传标语，进一步完善旅游服务功能，提高景区的可进入性，增强兴城的旅游影响力。

【旅游资源开发】2013年，市旅游局夯实基础，多措并举，稳步推进旅游资源开发水平。

一是特色旅游产品开发进程加快。为推动全市特色旅游商品开发工作，组织市内满绣、菊花女饺子、温泉泥等相关企业参加葫芦岛旅游商品展，兴城的特色旅游商品受到主办方和游客的大力肯定。组织承办兴城旅游民俗工艺品展示会，参观人数达5万人。认真贯彻市委要求发展“夜经济”，组织市内旅行社考察“夜经济”发展情况，与旅行社签订发展“夜经济”责任状。

二是旅游资源普查及资料收集工作全面铺开。完成重点乡镇旅游资源普查、资料搜集工作，依托各乡镇、街道开展全市住宿设施普查工作及旅游抽样调查工作。

旅 游 服 务

【概况】2013年，兴城市旅游局外塑形象，内强素质，着力提升涉旅人员文明程度。一是规范化服装管理，展示兴城旅游队伍良好形象。本着“规范、整洁、文明、舒适”的原则，全市所有导游员实施统一服装管理。此外，旅游行政执法人员统一服装，彰显兴城旅游产业朝着更加健康、文明、规范化方向发展。

二是加强涉旅从业人员培训，实现旅游服务意识和服务水平双提升。该局先后举办消防安全知识、旅行社规范经营、导游员岗前、普惠制“餐厅服务”、辽宁省旅游行业管理人员培训5次，培训对象涉及旅行社经理、导游员、星级宾馆酒店服务员等，参培人员564人次。通过高质量的培训提高旅游从业人员整体素质、提升旅游服务质量，为旅游业平稳较快发展提供坚实保障。

三是开展旅游行业创文明系列活动，创城工作与旅游发展共促进。一方面以创建省级文明城市和中国旅游日为契机，深入开展“爱我家乡，游我兴城”中国旅游日活动，不断提升市民文明意识、旅游意识和休闲意识。另一方面向全市旅游企业、导游员发放创建文明城市宣传胸牌500多个，并组织涉旅企业通过多种方式响应兴城市创建省级文明城市号召。第三，联合市文明委等多部门向餐饮企业发放文明餐桌牌，鼓励餐饮企业文明经营，倡导就餐者不剩饭、不剩菜，节约粮食，珍惜资源。

【旅游市场管理】2013年，市旅游局加强旅游行业管理，注重旅游市场健康有序发展。一是开展旅游安全生产大检查。“五一”“十一”假期来临之前，该局联合文化局、药监局等14个相关部门对全市各景区、宾馆、酒店、码头、客运车船、娱乐场所等涉旅企业进行安全工作大检查。二是加强对星级饭店管理，提升星级饭店行业的整体形象。该局对全市12家星级饭店进行年度星级评定式复核，从饭店的必备项目、设施设备及服务项目等六个方面进行全面检查评定。三是对旅行社进行年度业务综合检查。包括旅行社的基本状况、2013年的经营情况、经营场所证照及投诉电话等公示情况、投保旅行社责任保险情况和存储质量保证金情况等。四是加大旅游市场稽查力度，全年共检查团队1520余个，接到投诉15起，投诉结案率达到100%，满意率达100%。

年内，该局多层次、多角度广泛深入开展《中华人民共和国旅游法》学习宣传活动。以旅游市场主体和广大旅游者为重点，采取媒体宣传、座谈交流、资料发放等方式宣传《中华人民共和国旅游法》。着力提高旅游经营管理者素质，引导从业人员守法经营、诚信从业。重点做好旅行社及“一日游”治理整顿、星级饭店服务质量提升工作。

【2013年兴城市旅游局领导成员】

局　　长　高玉文（2013年2月离任）
　　　　　李文政（2013年2月任职）
副 局 长　范越博　张晓克　邢宝臣

（张　虹）

风 景 区 管 理

【概况】2013年，兴城市风景区管理局紧紧围绕“发展旅游、开拓市场、形成产业”三大主题，不断增强“大开发、大建设、大发展”意识，坚持“景区围绕旅游建设、管理围绕旅游服务”的发展战略，以创建“和谐景区、平安景区、文明景区”为目标，着力治理硬环境，提升软环境，提高管理服务水平，进一步完善旅游环境，景区档次得到提升，在国内外知名度越来越高，全年接待游客量达135万人次。

年内，该局高度重视景区的安全工作，积极开展“安全生产月”活动和“百日安全生产大检查”工作。在注重实效方面，采取多项整改措施。一是认真做好疏导交通工作，责成专人负责车辆疏导管理工作，确保景区道路畅通。二是加强海上安全治理，投资16万元铺设游艇航道浮标，在限定游艇运营区域的同时，规范游客嬉水范围，有效地保障游客的人身安全。三是对景区内的宾馆饭店进行安全隐患大排查，发现隐患，责令其整改。四是投资修复浴场照明设施。五是为保证景区消防安全，明令禁止在景区燃放烟花爆竹和孔明灯，同时集中力量对兴海栈道景区的枯草败叶进行清理，消除消防安全隐患。六是在景区消防区用电线路设置图物标识，以免发生人身安全事故。各项措施达到“全覆盖、零容忍、严执法、重实效”的要求。全年，无一例安全事故发生。

【景区环境建设】2013年，市风景区管理局围绕全市经济社会发展和景区环境建设，以综合环境治理为着力点，加大景区管理力度，开展一系列综合治理整顿工作。

第一，着力景区硬环境治理，提升景区旅游品牌档次。一是海滨浴场内礁石爆破清理。年初，该局提出关于浴场内礁石爆破清理的请示，并获得市政府的批准通过，礁石爆破清理工作于4月末完成。解决游客被礁石划伤的问题。二是浴场沙滩清理净化。对第一浴场内的沙滩进行为期三天的地毯式清理，共清理各类垃圾、碎石2.3吨。三是兴海公园建筑垃圾清理。为进一步美化兴城海滨景区整体环境，按照市政府指示精神，于4月9日启动兴海公园建筑垃圾清理工程，清理各类垃圾总量3860立方米。四是兴海公园重新绿化。6月初，在完成兴海公园建筑垃圾清理的基础上，对游艺设施拆除后黄色地面进行平整绿化，绿化面积达23000平方米，以草皮铺装为主，以景观花坛为辅。同时，铺装黑油石路面近2000平方米。五是兴海栈道景区电力管网铺设。针对兴海栈道景区因地理位置等原因断电缺水，与海军基地后勤部取得联系，经过协商，部队同意为地方建设提供便利条件，可以办理正式用电手续，整个景区用电正常投入使用。六是兴海栈道景区美化绿化。于5月初逐步实施基础设施的维修维护和配套设施的建设，修建保安室2座、智能门禁系统2个、环保厕所2个。同时，清理建筑垃圾6.4吨，平整土地1100平方米，绿化面积600平方米。七是三礁揽胜景点美化净化工程。三礁揽胜景点乱涂乱画现象严重。在重新粉刷凉亭墙壁的基础上，安排专职看护人员1人全天候巡视检查，一经发现乱涂乱画的现象及时制止，并及时重新粉刷，保证景点的美化净化。

第二，着力景区软环境建设，提升服务管理水平。景区在醒目地段安装户外大屏幕，全天候循环播放兴城风光宣传片及景区的各项通知通告。大力推进景区标准化建设，提高景区的管理与服务、开发与建设、维护与保障的能力。切实解决在购物消费、交通出行以及处理旅游投诉等方面存在的问题。

第三、着力“打非治违”专项整治，维护旅游秩序。鉴于该局缺乏具备执法资格的行政执法专业人员，在执法工作中出现执法无据、惩治无凭的尴尬局面。经市政府批准同意，成立海滨景区综合执法大队，成员由各职能部门抽调具有执法资格的工作人员组成。“打非治违”工作充分发挥综合执法大队的职能作用，对景区内所有领域、所有行业依法监督检查，对非法经营、违规操作、无照经营、无证驾驶等现象严格依法整治，维护景区内的旅游秩序，营造旅游的安全环境。

【2013年兴城市风景区管理局领导成员】

局　　长　陈晓东

副 局 长　吕　佳

李　宇（2013年3月离任）

武继利

李占东（2013年7月任职）

（陈德刚）

经济管理与监督

发展和改革

【概况】2013年，兴城市发展和改革局大力实施“农业产业化、工业化、城镇化和民生保障”四大战略，全力推进创业兴城、宜居兴城、文化兴城、活力兴城建设。加大重点工作推进力度，编制形成《兴城市2013年重点项目表》，总项目174个，总投资1318.3亿元。其中，续建项目83个，投资173.4亿元；新建项目91个，投资1144.9亿元。

年内，该局审批项目40个，总投资78253.54万元；核准项目35个，总投资316137.29万元；备案项目36个，总投资130628万元。葫芦岛市审批项目7个，总投资26646.74万元。葫芦岛市核准项目5个，总投资85438.29万元；备案项目1个，总投资9851万元。辽宁省审批项目3个，总投资2936万元；核准项目1个，总投资1599万元。

【项目建设】2013年，市发展和改革局加大对开工项目调度力度，掌握项目进度，调查了解项目建设中遇到问题与困难，帮助协助沟通解决。年内，全社会固定资产投资完成141.4亿元；重点在建项目115个，总投资174.4亿元。其中，续建项目60个，总投资75.3亿元；新建项目55个，总投资99.1亿元。

【争取上级资金】2013年，市发展和改革局把争取上级资金作为工作重点，对申请补助资金项目进行储备、筛选，汇总上报；编报《辽宁省文化产业发展项目投资补助申请表》，申请补助项目1个，申请补助资金1000万元。年内，争取上级资金8713.92万元。其中，中央预算内资金7728.92万元，省财力资金950万元，市财力资金35万元。

【2013年兴城市发展和改革局领导成员】

局　长　崔作军

副局长　周志华　李向荣

宋　英（女，2013年3月任职）

（曹晶晶）

统　计

【概况】2013年，兴城市统计局严把统计数据搜集关、汇总关、审核关，统计数据实行档案电子化管理，确保各年度统计报表、统计台账、原始记录等各种资料准确、延续、完整，各项经济指标客观反映全市经济运行情况。全年，提供统计咨询服务380多人次，提供数据8000笔。

【统计基础建设】2013年，市统计局与全市27个乡镇、街道统计部门建立信息共享系统。集中培训10次，下去分散培训28次。各专业与企业间建立QQ群，发现问题，及时处理。基层统计软硬件水平明显提升。

【全力服务经济建设】2013年，市统计局印发《2012年度兴城市统计资料》汇编及2013年《兴城市国民经济主要指标》小册子900余份，完成统计信息、分析资料162篇（经普信息37篇）。其中《兴城市人口老龄化现状及对策探析》《利用用电资料破解经济普查单位清查难题》《县级基层统计工作调研报告》《兴城市服务业发展状况分析》《十年发展铸就新辉煌》等10余篇分别在国家、省级报刊上发表，另有20余篇统计信息分别在《兴城时讯》和兴城政府网站上发表。

【2013年兴城市统计局领导成员】

局　　长　崔俊海（2013年2月离任）
　　　　　　韩铁征（2013年3月任职）
副 局 长　马　勇　肖兴海
总统计师　张　茵（女）

（张　茵）

招　　商

【概况】2013年，兴城市招商局以项目落地为重点，创新方式，努力提升招商引资新水平，取得良好成绩。引进内资项目36个，总投资215.85亿元，到位资金120亿元；同比增长11.1%。其中，园区项目31个，到位资金79.77亿元；园区外项目5个，到位资金40.23亿元；引进外资项目11个，到位资金10257万美元，比上年增长2.57%。其中，合资项目7个，到位资金5877万美元；独资项目4个，到位资金4380万美元；外贸出口10500万美元，比上年增长37.25%。

【主题概念招商】2013年，全市招商引资工作重点以临海产业区为载体，以机械制造和新型建材产业为主攻方向，全面发展装备制造、机械加工、仓储物流、服务培训等产业，凸显园区产业主题；以温泉旅游开发为核心，着力打造多功能于一体的北方滨海温泉新城。重点选招国内外有实力知名企业，开发温泉和城市建设，凸显温泉品牌特色；结合当地花生、苹果、大根萝卜等农业资源优势，打造一批国际化农副产品项目；结合城市发展布局，打造一批现代服务业项目。

【优化招商引资结构】2013年，市招商局瞄准新兴产业、低碳节能环保项目，加强与世界500强、行业100强、知名上市公司沟通和项目对接，精心包装工业、农业、商业项目，结合自身区位、资源优势和产业定位，组织招商团队开展大规模“走出去、请进来”活动20余次；内引外联，宣传兴城投资环境、优惠政策，为招商引资创造良好外部条件。

【2013年兴城市招商局领导成员】

局　　长　宋　毅（2013年2月离任）
　　　　　　郜永刚（2013年3月任职）
书　　记　李文和（2013年2月任职）
副 局 长　张云香（2013年12月离任）
　　　　　　李　俏（女，2013年3月任职）

（鲁雨欣）

物　　价

【概况】2013年，兴城市物价局加强价格宏观调控，规范市场价格秩序，优化发展环境。执行住房收费两级审批规定和“一套房一标价”制度，规范住房收费行为。跟踪市场价格动态，分析预测价格走势。在南关农贸市场建立监测点5个，设立粮、油、肉、蛋、菜等六大类35个监测品种，发送价格监测数据74次，为上级宏观决策提供基础数据。为全市经济发展创造良好价费环境。

【成本调查】2013年，兴城市作为辽宁省成本调查直报县，设有玉米、花生和蛋鸡3个调查品种23户农调点。年内，高质量完成农民种植意向、农户存售粮、农资购买、玉米成本预测等工作任务。8月，辽宁省成本局局长一行对兴城工作进行全面调研，该局结合实践提出“以调代训”做法，得到省、市局肯定和表扬。

【价格收费】2013年，市物价局对国土、城建、海洋、畜牧、水利等部门及各乡镇中小学、医院、农村定点屠宰收费情况进行监督检查，督查收费单位36家，存在问题6家，查处价格违法金额9.58万元；检查农村卫生院药品医疗服务收费，查处违法所得5万元，全部收缴入库。

【价格认证】2013年，市物价局与公检法行政执法部门及企业密切配合，受理各类委托案件200起，估价金额7300余万元。其中，刑事案件147起，估价金额754万元；经济案件2起，估价金额2.5万元；事故定损案件35起，估价金额140万元；价格认证案件14起，估价金额23万元；政府动迁价格认证2起，估价金额6400余万元。保护公民、法人和其他组织合法权益。

【2013年兴城市物价局领导成员】

局　　长　李永林（2013年2月离任）
　　　　　邓育先（2013年2月任职）
副 局 长　崔中华（2013年3月离任）
　　　　　于立群　寇文会
　　　　　王长军（2013年11月任职）

（蔡春英）

工　　商

【概况】2013年，兴城市工商局把服务区域经济发展作为首要任务，以大走访活动为抓手，延伸工作触角，创新服务机制。走访企业168户，提出具体帮扶解决措施100余条；以"业务建设年"为契机，打造"法治工商"。开展食品安全、红盾护农等专项整治，立案处理一般程序案件491件，维护良好市场经济秩序。该局先后荣获葫芦岛市工商系统"党风廉政建设优秀单位"、市直部门"绩效考核优秀单位"等称号；个私协会荣获辽宁省个协系统先进单位；收到个人和单位赠予锦旗5面。

【助力企业发展】2013年，市工商局立足协会服务职能，组织全市泳装、红崖子花生、兴城苹果、兴城多宝鱼、满族刺绣等品牌参加辽宁省品牌博览会、相关品牌推荐会，扩大产品知名度。帮助企业融资扩产，为企业办理动产抵押登记17件，抵押物价值1.4亿元；办理股权质押登记1份，抵押物价值1600万元；扶持下岗失业人员自主创业，帮助就业再就业2300人；帮扶经营困难个体经营者资金2万余元，免费体检112名，金额2.8万元。

【商标兴市全面推进】2013年，市工商局对全市持有注册商标企业进行摸底调查，确立省市著名商标梯队培育计划。弘扬兴城满族刺绣传统技艺，提出先行帮助企业申请"宁"字注册商标予以保护及强化宣传、扩大生产规模等指导性建议，企业"宁"字牌商标被国家商标局正式受理，地理标志证明商标在筹办中。到年末，全市注册商标达到1000余件。其中，驰名商标2件、省著名商标39件、市著名商标42件，集体商标1件，地理标志证明商标1件，商标梯队建设渐成规模。

【夯实为民服务平台】2013年，市工商局依托消费维权职能，联合质监局、药监局、卫生局等部门发放消费维权知识宣传单5000份，宣传册2000册，张贴宣传标语50条，制作并展出宣传板14块，受理消费者咨询50人次，接待消费者投诉7件；受理消费者投诉、申诉、举报、咨询217件，抽检建筑材料、成品油、服装、电动车等商品47个批次，立案30件，为消费者挽回经济损失15.5万元，保障广大群众消费安全。

【食品安全监管】2013年，市工商局组织开展节假日和全运会期间食品、乳制品、粮食市场专项整治6次，食品安全检查7次，检查食品经营户1120户次，查处食品安全违法案件39件；发放《食品流通许可证》615个，变更137个，延续553个；检测乳制品、味精、香肠、果汁饮料等120个批次食品，确保全市流通环节食品质量安全。

【"红盾护农"力度加大】2013年，市工商局检查全市农资经营户248户，规范经营主体，严厉打击制售假冒伪劣农资等坑农害农违法行为。出动执法人员1200人次，车辆150台次，查办农资案件170件。其中，坑农害农案件57件，为农民挽回经济损失55万元。新发展个体工商户 2980 户，私营企业 177 户，内资企业 50 户，农民专业合作社 76 户。

【2013 年兴城市工商局领导成员】

局　　长　丁桂清（女）
副 局 长　王育斌　凌　源　雷　凯
纪检组长　朱晓松

（朱占峰）

技　术　监　督

【概况】2013 年，兴城市质量技术监督局帮扶重点企业申报省市名牌产品。有 8 家企业申报葫芦岛市名牌产品，6 家企业申报省名牌产品。申报“马铃薯高产栽培技术”和“马铃薯复种大根萝卜高产栽培技术”为辽宁省地方标准。申报大寨乡“马铃薯地理标志产品保护”和“大根萝卜地理标志产品保护”，得到上级批准。新办、更换组织机构代码证 1020 户，年检 2000 户。新办条码 1 家，续展条码 8 家。

年内，农资打假和专项整治出动执法人员 80 人（次），对辖区 3 家化肥生产企业、22 家农资销售企业、7 家有资质认定实验室、17 家生产许可证企业拉网式检查，对存在问题企业、实验室限期整改查处。出动执法人员 255 人（次），车辆 114 台（次），巡查、检查企业 84 家（次）。办理案件 12 起，全部结案。

【计量工作】2013 年，市质量技术监督局加大加油机商用衡器、民用四表、测速仪、有毒有害气体报警器监管力度，检查加油站 6 家，在用加油机 14 台，未发现违法违规行为；检查大小集贸市场 22 家，在用计量器具 3200 台（件），检定率 90%。检查医疗卫生单位 15 家，查处个别单位使用未经检定计量器具诊断行为，下达责令改正通知书。检查眼镜店 8 家，计量器具 16 件，检定率 100%。

【特种设备安全监察】2013 年，市质量技术监督局出动执法人员 662 人（次），检查特种设备使用单位 300 家（次），锅炉、压力容器、压力管道、起重机械、电梯、厂内机动车辆 560 余台（件），查出事故隐患 70 余条，下达《特种设备安全监察指令书》69 份；出动执法人员 58 人（次），检查各类使用单位 121 家。其中，石材加工企业 84 家，停止使用各类违法设备 23 台；出动专业人员 20 人（次），整改存在安全隐患烫平机烘筒 5 台、冷库 19 家；检查扶梯使用单位 4 家，安装电梯防夹和防攀爬设施 17 部。举办司炉工、场内机动车和起重机械操作人员培训班 3 期 361 人，特种设备作业人员整体素质和操作技能整体提高。

【专项整治】2013 年，市质量技术监督局开展白酒塑化剂、肉制品、食用油专项整治，检查白酒企业 9 家，查出超限瓶装白酒 6149 箱，散白酒 400 公斤，半成品 22 箱，销毁 230 箱，技术处理瓶装白酒 5414 箱、散白酒 400 公斤。检查肉制品生产加工企业 1 家，熟食加工作坊 17 家，食用油生产加工企业 1 家，以食用油为原料食品生产企业 2 家，肉制品加工企业 2 家，责令停产 2 家。

【技术机构工作】2013 年，市质量技术监督局质检所检验定期产品 72 批（次），合格率 100%；完成委托检验产品 896 批（次），其中泳装检验 151 批（次），泳装出口检验 40 批（次）。计量所强检计量器具 17785 台（件）、非强检计量器具 3620 台（件），合格率均 100%；锅检所检验锅炉 94 台、压力容器 321 台（件）、起重机械 72 台、钢瓶 4286 只，合格率 98%。

【2013 年兴城市质量技术监督局领导成员】

局　　长　牛春伦
副 局 长　梁　军
　　　　　　王德有（2013 年 2 月离任）
　　　　　　龚　健（2013 年 10 月任职）

（吴项全）

审　　计

【概况】2013 年，兴城市审计局充分发挥审计在国家治理中的重要作用和保障国家经济社会健康运行“免疫系统”功能，完成各项审计项目 10 项，涉审单位 93 个，查出主要问题金额 43742 万元。其中，违规金额 22159 万元，管理不规范金额 21583 万元。向被审单位及有关部门提出合理化意见及建议数十条。完成固定资产投资审计项目 178 个，审计核减额 9413 万元，控制政府建设资金流失风险，促进建设和施工单位提高工程质量和投资效益。

【经济责任审计】2013 年，市审计局对 10 个部门主要负责人进行离任经济责任审计。对领导干部在任期间是否存在重大决策失误，单位财政、财务收支是否真实，领导干部个人是否廉洁自律等作为审计重点。查出主要问题金额 509 万元，违规金额 328 万元，管理不规范金额 180 万元。提出审计意见 20 余条。

【2013 年兴城市审计局领导成员】

局　长　李以君（2013 年 2 月离任）
　　　　杨德军（2013 年 2 月任职）
副局长　李宝达　郭玉春
　　　　王晓民（2013 年 11 月任职）
总审计师　王振华　　　　　　（吴　丹）

国土资源管理

【概况】2013 年，兴城市国土资源局着力解决用地指标瓶颈难题，投资 5.172 亿元，收储土地 37 宗 130.17 公顷；出让土地 71 宗 280.8198 公顷，出让金 20.2181 亿元，土地纯收益 15.0461 亿元；收缴采矿权价款、使用费、资源补偿费 155.9937 万元；投资 0.9564 亿元，完成高标准基本农田、土地整理、城乡建设增减挂钩“三个平台”建设，有力地促进全市各项事业发展。

【土地总体规划编制完成】2013 年，市国土局编制完成新一轮《兴城市土地利用总体规划（2006 ～ 2020 年）》、乡镇级规划修编及数据库建设，修整市级规划和徐大堡镇、刘台子两个乡级规划。县级规划涉及调入调出允许建设区 164 公顷，乡镇级规划调整调出调入允许建设区 35.2592 公顷；预审兴城河市政基础设施建设、滨海新城供水工程净水厂用地等 68 宗 240 公顷，其他项目用地初审 5 宗 27 公顷；完成《兴城市基本农田规划》和保护图斑上图，基本农田保有量达 50040 公顷；落实城乡建设用地增减挂钩平台建设，开展航空学院 380.5725 公顷建设用地复垦，经验收确认新增耕地 373.7586 公顷（全部可落实建新地块建设用地指标）。

【城市国有土地经营】2013 年，市国土局呈报农用地转（征）用 17 个批次 124.3001 公顷，落实增减挂钩项目 1 个批次，征用土地 21.4278 公顷。按照经营城市土地计划，投资 5.172 亿元，收储土地 37 宗 130.17 公顷；出让用地 71 宗 280.8198 公顷，土地出让金总额 20.2181 亿元。另供应划拨国有土地 5 宗 366.3307 公顷。

【耕地保护】2013 年，市国土局投资 83.5 万元，在完成基本农田图斑划定基础上，创建基本农田数据库，完善图、表、卡、册等基础档案，签订乡与政府间基本农田保护责任书 22 份，村与乡（镇、街道）责任书 208 份；设计总投资 9564 万元。其中，投资 5108 万元，实施高标准基本农田建设项目 3 个，建设总规模 2634.72 公顷，可新增耕地 9.18 公顷；投资 1823 万元，实施土地整理项目 3 个，建设总规模 1009.79 公顷，可新增耕地 11.39 公顷；投资 2633 万元，实施城乡建设增减挂钩土地复垦项目 7 个，建设总规模 389.4 公顷，可新增耕地 377.4 公顷。

【矿产资源管理】2013 年，市国土局年检矿山企业 104 家，合格 100 家，抽检率 33.3%，合格率占总数的 95.2%；完成全市 53 家 61 项探矿权和采矿权划定、延续（有偿出让）、变更、转让，征收矿产资源补偿费86.1097万元，收缴采矿权使用费1.25万元，收缴采矿权价款68.634万元；动态储量监测65家，建立储量台账55个，提交可采矿产资源储量8954万吨；投资500万元，开展首山、古城老区、高家岭汤上区域地热普查，编制地质灾害防治方案、应急预案，逐点制定临灾避险转移预案。收缴矿山生态环境恢复治理保证金101.577万元。投资113万元，治理“青山工程”闭坑矿山及生态环境。

【土地基础性业务】 2013年，市国土局办理楼房土地登记356宗，地图测绘45宗101公顷，勘测定界图153幅，勘测定界总面积1216公顷，各类违法用地测绘25宗，项目用地现场放线63宗，测绘创收92万元。办理土地所有权登记1206宗178192公顷，各类土地使用权登记1849宗1408.37公顷。其中，机关、企事业单位土地登记460宗948.78公顷，国有土地住宅用地土地登记408宗2.6392公顷，宅基地土地登记835宗292.85公顷，金融抵押贷款登记146宗164.0967公顷。录入数字化档案9856卷。

【国土执法监察】 2013年，市国土局强化国土执法监察，组织国土资源动态巡查100余次。立案查处土地违法案件23宗，收缴罚没款11万元，移送公安机关1宗，申请法院强制执行15宗。开展土地矿产卫片执法检查，勘察监测总面积359.39公顷（耕地面积26.19公顷），经比对，违法用地面积占新增建设用地总面积的比率为0.02%，违法占用耕地面积占新增建设用地占用耕地总面积的比率为0，实现零问责。接待受理上级批办转办事项1件、群众来电、来信投诉事项8件，办结率100%。

【2013年兴城市国土资源局领导成员】

局　长　徐　利

副局长　彭　程　张福贵

王秀红（女，2013年9月离任）

沈朝辉　陈晓峰

（李洪华）

食品药品监督

【概况】 2013年，兴城市食品药品监督管理局加强食品安全监管，确保公众饮食安全。监督检查辖区内24家医疗器械经营企业和107家药品经营企业，进一步规范医疗器械经营行为。查处药品违法违规案件43件，食品违法违规案件148件，保健食品和化妆品违法违规案件5件，严厉打击食品药品违法违规行为。

【食品安全保障】 2013年，市食品药品监督管理局针对“第十二届全国运动会葫芦岛赛事”“2013年‘红双喜·开拓杯’全国少儿乒乓球赛”“2013年奥星杯全国少儿乒乓球赛”“兴城市2013温泉旅游经贸推介会”“共青团兴城市第六次代表大会”等多项重大活动在兴召开的情况，加强定点监督和巡回监督，确保会议期间无食品安全事故，保证来宾和参赛人员在兴期间饮食安全。加大高考期间监督巡查力度，排查各类食品安全隐患，确保师生高考期间就餐安全。

【药品市场监管】 2013年，市食药监局召开全市108家药品经营企业药品流通领域兴奋剂和含麻黄碱类复方制剂专项治理会议，部署药品流通领域兴奋剂、含麻黄碱类复方制剂管理，保障全运会期间药品质量安全。加大对特殊药品、高风险品种监管力度，将常规检查和专项监管相结合，严格规范药品经营企业守法经营。出动执法人员120人次，立案处理6家，责令改正15家。加大医疗机构监督检查力度，处罚52家，责令改正27家，保证医疗机构药品购进、储存规范管理，老百姓用药安全放心。

【2013年兴城市食品药品监督管理局领导成员】

局　长　李海军

副局长　邹宝明

李秋艳（女，2013年7月离任）

沈国靖（2013年12月任职）

（李　明）

农　　业

综　　述

【概况】2013年，兴城市粮食种植面积42160公顷，比上年减少547公顷；粮食总产量27.3万吨，油料作物总产量3.9万吨，蔬菜总产量19.9万吨，水果总产量6.3万吨，油料作物、蔬菜总产量同比增幅较大，粮食略有增长，水果同比下降。农业总产值实现132829万元，增长27.3%；农业产业结构持续优化。创建国家粮油高产示范区3个，新建和改扩建设施农业小区200个，建成省级工厂化蔬菜育苗中心1万平方米；新栽名优果树59.2万株；新增农民专业合作社100家，市级以上农事龙头企业8家。

年内，全市荣获葫芦岛市新农村建设示范村6个，完成新农村基础设施建设项目39个，投资1913.5万元；申报无公害农产品7个，认证绿色农产品3个；农产品农药残留抽检1200个样品，合格率98%。

【新增田间工程】2013年，兴城市在沙后所、曹庄、羊安、旧门、郭家5个乡镇14个村新增粮食生产能力规划田间工程建设项目，投资1250万元。其中，中央投资1000万元，省投资125万元，地方自筹125万元（未配套）。打井343眼，方塘3座，机耕路改造27.5公里，平整土地1000公顷。

【创建粮油高产示范区】2013年，国家粮油高产创建示范区项目建设竣工。完成粮油高产创建示范片4个，国家级示范片3个，省级示范片1个，总示范面积2766.67公顷。通过测产，国家级玉米高产创建示范区平均公顷产54.33公斤，对照区平均公顷产39.13公斤，每公顷增产15.2公斤。花生示范区平均公顷产21公斤，比对照田平均公顷14.87公斤增加6.13公斤。省级玉米示范区平均公顷产50.8公斤，对照区平均平均公顷产38.53公斤，每公顷增产12.27公斤。

【农业产业化经营与出口】2013年，全市投资500万元以上企业73家，年创产值13亿元，带动农户5万户。申报省级农业产业化重点龙头企业4家、市级农业产业化重点龙头企业4家；监测合格省级农业产业化重点龙头企业4家、市级7家；建设葫芦岛市级现代农业示范基地5个。完成出口总额753万美元，其中花生出口总额668万美元。

【农村经济管理】2013年，市农发局完成粮食综合直补等惠农补贴一卡通试点录入，发放粮食直补、综合直补6750万元；核实良种补贴面积36866.67公顷，补贴资金530万元。依据村民意愿投资建设村庄亮化、净化、美化、绿化工程项目31个，涉及11个乡镇12个村，惠及农民2.7万人；项目总投资1681.02万元，其中筹资筹劳122.02万元。新成立农民专业合作组织100家；完成农业保险32400公顷，上缴保费268万元；协助信访、纪检、法制办调处信访案件7起。

（沈伶俐）

果　　业

【概况】2013年，兴城市新植果树666.67公顷（不包括核桃、板栗等），59.2万株，比上年增加 97.3%。其中，苹果 400 公顷，30 万株，主要品种寒富、华红等；梨 234.67 公顷，19.5 万株，品种有锦丰、早酥等；葡萄 10 公顷，7.3 万株；桃、李 23.33 公顷，2.4 万株。各乡镇共栽植干果（核桃、板栗等）233.33 公顷，18.6 万株。完成各种果树套袋 8000 万个，果园推广生草覆盖面积达到 15%，应用果树壁蜂授粉技术面积达到 20%。年末，全市果树面积达到 6066.67 公顷，402 万株，水果总产量 7.8 万吨。

【果树技术培训】2013 年，市果树部门聘请辽宁省果树研究所王宏研究员到华山街道为果农讲授苹果修剪技术，参加学习 60 人；组织果树主产区果农 30 余人到沙后所镇赵光壁果园参观学习先进管理经验和栽培模式；组织三道沟乡果农 20 人到河北省保定市参观学习优新品种梨先进栽培技术。开展科技下乡，现场解答果农提出有关果树生产中遇到各种问题，发放果树技术资料 100 份。

【果树核量】2013 年，市果树部门对原种场征地、徐大堡核电、三道沟青山水库、原油管线工程、中法架线、城建局、农副产品基地及政府贮备用地（南辛庄、红石碑、胜利村等）进行果树核量，完成核量 103.67 万株，补偿金额 3335.9 万元，涉及农户 878 户。

（董丽梅）

农　机

【概况】2013 年，兴城市农机部门围绕农业增产和农民增收目标，大力发展农业机械化。利用国家农机补贴强农惠农政策，推广和引进农机新机具、新技术，全市农业机械化水平取得新突破。实现农机总动力 21 万千瓦，农机装备总值 2.5 亿元，拖拉机保有量 4400 台，农业综合机械化率达到 75%。其中，大中型拖拉机 2205 台，小型拖拉机 2195 台。机引农具 5200 台（套）。机整地 4.83 万公顷，机械播种 4.7 万公顷（其中机械精量播种 3.53 万公顷），机械深施化肥 3.87 万公顷，机械收获 3.33 万公顷。实施深松 0.13 万公顷。落实农机购置补贴资金 186.88 万元，新购置农机具 220 台（套），受益农户 174 户。

【农机补贴】2013 年，市农机部门制定农机购置补贴项目实施方案，利用金农网和公示栏，做到公开、公正、透明，农民直接受益。购置农机具 220 台，补贴 200 万元，完成 186.88 万元，受益 174 户。其中，耕整地机械受益户 63 户，补贴 8.09 万元；种植施肥机械受益户 1 户，补贴金额 0.1 万元；收获机械受益户 1 户，补贴 0.2 万元；收获后处理机械受益户 1 户，补贴 0.9 万元；畜牧水产养殖机械受益户 1 户，补贴 8.5 万元；动力机械受益户 146 户，机具 153 台，补贴 169.09 万元。

【农机服务体系建设】2013 年，全市新建百万农机专业合作社 6 个，分别为国权农机专业合作社、兴达农机专业合作社、启江农机专业合作社、王雷农机专业合作社、树全农机专业合作社、永成农机专业合作社。在以深松作业为主的秋耕整地过程中，充分发挥农机合作社的龙头作用。开展 2 个秋耕整地示范带，即刘台子乡、东辛庄镇、望海乡示范带，南大乡、红崖子镇、白塔乡示范带，示范引导，推动全市深松整地工作。并争取到省财政深松整地补贴资金 10 万元，给予农机合作社作业补贴。

【农机技术推广】2013 年，市农机部门立足全市农业生产实际，重点推广花生生产全程机械化技术，共推广先进适用的花生播种机及花生收获机 278 台（套），实现花生全程机械化面积 1.7 万公顷。同时配合机械种植发展需要，继续推广玉米机械收获技术，全市推广玉米收获机械 17 台，玉米机械收获面积达 0.34 万公顷。

【农机教育培训工作】2013 年，市农机部门推广举办各种类型培训班、现场会、科技讲座、现场指导、现场咨询、科技大集、发放科技刊物、宣传材料等多种形式，广泛地开展农机化培训。

全年培训农机化管理、科技和实用人才300人次，培训农机操作、维修等人员1200人次，其中培训新购机农民300人次。

（武驰原）

【2013年兴城市农村经济发展局领导成员】

局　　长　云彩宽

副 局 长　王建海（2013年2月任职）

陈景军

徐忠臣（2013年3月离任）

李春生（2013年2月任职）

扶　贫

【概况】2013年，兴城市扶贫办公室以解决贫困人口脱贫致富为目标，以项目到户为平台，采取多种扶贫措施，提高扶贫开发水平。投资144万元，在10个乡镇、13个村围绕经济林和经济田两大板块开展项目到户，栽植品种苹果、梨、桃、枣、杏等，投入省级扶贫资金49万元，涉及贫困户850户。经济田项目主要是花生新品种开发、一茬变三茬经济田开发、设施农业建设、百亩无公害棚菜种植、蔬菜保护地等，投入省级扶贫资金36万元，涉及贫困户880户，种植户达到当年脱贫目标。郭家镇陈家村互助式养羊项目，第一批发展57户，养羊1775只，省帮扶资金40万元，总投资160万元。

【康居安置工程】2013年，兴城市移民扶贫整村（屯）搬迁集中安置涉及三道沟乡黄埃子和海滨乡台里2个行政村、100户。海滨乡50户移民安置小区选址在凉水泉子屯北侧丘陵地北坡，占地面积3.07公顷。小区建筑统一标准的北京平房5栋，每户3间，建筑面积135平方米，小区内设置文化广场和绿地。黄埃子村部分移民户有投亲靠友到其他安置点要求，市扶贫办、三道沟乡政府和三道沟乡黄埃子村共同研究，将原50户移民分类安置。30户移民安置到曹庄滨海经济区，15户移民安置到沙后所镇，统一建房；其他5户在本村移民后靠点居住，全部搬入新居。

【劳动力技能培训】2013年，市扶贫办坚持“实用、实际、实效”原则，依托葫芦岛市励志商务职业培训学校、中国农业科学院兴城果树研究所和兴城职专为培训基地，开展贫困村劳动力培训，提高村民素质，增强村民脱贫致富能力。培训600人，培训资金48万元，人均补贴800元。搭建就业平台，联合培训基地推荐其就业，力争“培训一人，输出一人，富裕一家”。

【产业化扶贫】2013年，市扶贫办新争取省扶贫龙头企业3家，分别是兴城市兴旺果业有限公司、兴城市聚思得服装有限公司、兴城市三道沟果树专业合作社。年末，全市扶贫龙头企业达到7家。带动农户3500户，户均增收3000元。

【2013年兴城市扶贫办领导成员】

主　　任　高连营（2013年2月离任）

朱庆贵（2013年2月任职）

副 主 任　张玉海　李绍中

张洪哲（2013年3月任职）

（宋佳鹏）

青山水库移民安置

【概况】2013年，青山水库兴城市移民安置工作领导小组办公室组织三道乡村民签订第二期移民安置协议，到年末，签订1068户，占第二期总户数的99%。新建北地中心小学，建筑面积2638平方米，配套设施完备，年内投入使用；高标准建设后靠点移民安置房二期建房367户，移民陆续搬入新居；完成一期三个后靠点主干道硬化4公里，建1200平方米文化广场3处，安装太阳能路灯90盏，修筑排水沟6公里，在地质灾害区域建设预防地质灾害挡土墙。为滨海经济区征地选择长效补偿移民户建设回迁楼684户，并于10月末全部分配给移民。完成移民后期扶持人口审核和上报工作，为移民发放后期扶持资金248万元，长效补偿资金1693万元。

【2013年兴城市移民办领导成员】

主　　任　张永强（兼）

副 主 任　李贵军

金　锋（2013年12月任职）

（李贵军　金　锋）

林　业

【概况】2013年，兴城市林业局加强生态建设，发展林业产业，打赢"两退一围""创森"攻坚战，取得明显成效，完成造林面积7467公顷。其中，人工造林2800公顷，无林地和疏林地新封山（沙）育林4667公顷，发展经济林1000公顷。完成容器育苗300万杯，裸地育苗350.84公顷，产苗量4025.7万株。总产值实现9311万元，增长34.7%。辽宁兴城河入海口省级湿地公园总体规划设计完成，通过省林业厅专家组论证、评审。

年内，兴城市人民政府荣获"葫芦岛市青山保护工程建设综合考评"第一名、"辽西绿色生态长廊工程建设工作综合考评"第一名，被葫芦岛市人民政府荣记集体二等功。

【国土绿化】2013年，市林业局加大"两退一围""创森"力度，清退小开荒3966.67公顷，退坡地还林80公顷；完成围栏500公里，围栏封育8466.67公顷。绿化达标村屯40个，绿化72公顷。栽植榛子林666.67公顷、山杏333.33公顷，发展经济林1000公顷；农村荒山荒地造林5533.33公顷。其中，林业重点工程造林3133.33公顷，其他工程造林2400公顷。城区新增绿地15.3公顷，绿化覆盖率41.68%。兴海公园绿化面积2.3公顷，人均公园绿地面积14.85平方米。道路绿化85公顷，栽植苗木37.58万株，县域道路林木绿化率82%。水岸绿化230公顷，河流两岸绿化45公里，县域水岸林木绿化率81%。校园绿化5公顷。参加植树44万人，义务植树220万株。

【资源林政】2013年，市林业局加大森林经营力度。完成森林主伐作业15.78公顷，消耗蓄积1474.03立方米；完成低产林改造1.99公顷，消耗蓄积99.91立方米；完成防护林（商品林）抚育31.7公顷，消耗蓄积219.8立方米；完成防护林更新采伐0.99公顷，消耗蓄积438.81立方米；完成防护林（商品林）其他采伐160.08公顷，消耗蓄积6546.9立方米；完成旱死树专项采伐51.09公顷，消耗蓄积6051.29立方米。新建林业专业合作社2家，办理林权变更登记6起。

年内，该局为南关林场、闻家林场、青山林场7975.47公顷林地办理森林保险。其中，防护林7502公顷，商品林473.47公顷。优化防护林、商品林结构，实现调出公益林862.3公顷。其中，国家公益林280.6公顷，地方公益林581.7公顷。

【林政执法监督】2013年，市林业局查处滥伐林木案件41起，处罚行为人41人，补栽树木9725株；查处非法占用林地案17起，处罚行为人17人，收回林地2.61公顷；查处非法运输木材案17起，处罚行为人17人，没收非法运输木材234立方米。

【森林病虫害防治】2013年，全市森林面积48693.33公顷，其中发生病虫害面积17853.33公顷，发生率36.7%，防治17853.33公顷，防治率100%；无公害防治率99%，生物防治率32%，化学防治率1%，苗木产地检疫率100%，疫株率控制在0.1%。调运检疫木材0.8万立方米，复检各种苗木和木材38次。

年内，林业部门没收野生鸟类600余只，全部放飞大自然。救助野生动物13起，有红胸田鸡、白鹭、秃鹫等。

【国有林场】2013年，各级政府投入国有林场资金222.5万元。其中，森林效益补偿资金58万元，石油价格补贴40.5万元，国有林场危旧房改造资金124万元。完成国有林场职工危旧房改造62户。

【2013年兴城市林业局领导成员】

局　　长　徐铁军（2013年12月离任）
　　　　　闫久利（2013年12月任职）
副 局 长　陈云峰　周汉伶　张福军
　　　　　李荣臣
总工程师　马志宇（2013年3月任职）

（徐　岩）

动物卫生监督

【概况】2013年，兴城市动物卫生监督管理局以确保畜产品市场供给、食品安全、无重大动物疫情为中心，发展规模化、标准化养殖。受黄浦江“病死猪”事件、“H7N9禽流感”和国家封山禁牧政策影响，全市猪、牛、羊、家禽存栏分别为55万头、2万头、16万只、310万只，同比减幅分别为2%、6.5%、5%、17.5%；猪、牛、羊、家禽全年出栏分别为82万头、1万头、12万只、685万只，同比减幅分别为3.5%、24%、20%、16.5%。肉蛋奶产量12万吨，同比减幅1.5%。全市未发生重大动物疫情及畜产品安全事件。年内，全市投资2000余万元建设畜禽标准化养殖小区15个。有4个小区畜禽养殖粪便储存设施建成并投入使用，污水处理符合国家排放标准。

【落实优惠政策】2013年，市动监局发放2012年辽宁省生猪调出大县项目奖励资金137万元，养殖小区修复和改扩建资金70万元，“菜篮子”畜产品生产项目扶持资金150万元；落实2011、2012年国家发改委生猪（奶牛）标准化规模养殖场改扩建项目未落实资金170万元、220万元，配合财政部门发放全市上年能繁母猪补贴1743330元。

【获得上级资金支撑】2013年，市动监局加强“菜篮子”项目申报建设工作，有2家（肉牛、肉鸡）养殖企业通过省市验收，获得项目资金100万元；争取生猪调出大县奖励项目，获得省级奖励资金375万元；争取良种补贴资金120万元；投资21万元发展阳光猪舍，建设面积4880平方米，生猪存栏3106头。加强畜牧实用综合配套技术推广，国家投入项目资金30万元，确定兴城市主导产业为生猪、肉鸡。遴选科技示范场、户。选聘34名职工为技术指导员，7名畜牧兽医专家。送检种猪97头，清除淘汰阳性种猪11头。

【重大动物疫病防治】2013年，市动监局加强重大动物疫病防治，全面完成春、秋防疫。免疫动物450.31万头、只，免疫率100%。完成畜禽监测17374份。产地检疫猪、鸡、牛、羊690万头、只，检疫收费112万元；处理案件15起，移交公安机关1起。检测羊6686只，奶牛1310头。其中，阳性羊106只，奶牛3头，全部扑杀并进行无害化处理。全年，无害化处理病死畜禽39710头（只），肉7.21吨。

【2013年兴城市动物卫生监督管理局领导成员】

局　　长　丁志英（2013年2月离任）
　　　　　崔俊海（2013年2月任职）
书　　记　贺明杰（2013年2月任职）
副 局 长　韩玉祥　王志强　李连鹏

（卢　静）

海洋与渔业

【概况】2013年，兴城市海洋与渔业局全力推进重点渔业基础项目建设，实现渔业经济持续健康发展。渔业经济总产值实现20.8亿元，水产品产量完成15.6万吨。其中，海洋捕捞3.96万吨，水产养殖完成11.64万吨。放流对虾4.25亿尾、三疣梭子蟹750万只，梭鱼200万尾，首次放流褐牙鲆40万尾，共计放流量达4.349亿尾，投入放流资金500余万元。

12月16日，小坞国家一级渔港项目建设在兴城开工，项目总投资5480万元，中央、地方投资各占一半。是葫芦岛建市以来第一个国家一级渔港建设项目，是辽宁省“十二五”期间第一个获批的国家一级渔港建设项目。

【渔业安全生产】2013年，市海洋与渔业局成立市、乡、村三级安全生产组织34个，组建渔业抢险救助船队23个，确定抢险救助渔船42艘；按照生产海域编作业组101个，建立安全通信网络组织28个；渔业安全生产责任书签订率100%。开展安全生产大检查6次，208艘88千瓦以上渔船安装北斗通信导航系统终端，确保全年渔业生产无大事故发生。

【水产品质量管理】2013年，市海洋与渔业局开展水产技术推广体系建设，保障水产品质量安全。确立示范基地4个、示范户30个，举办技术培训班7次，参训人员326人次，发放资料360份，技术人员蹲点指导海参池塘养殖326人次。引进"丹法鲆"鱼种10万尾。排查养殖企业230家，全部签订《水产品质量生产承诺书》。5月，农业部渔业局对全市15个企业30个大菱鲆鱼样品抽样检测，合格率100%。

【海域管理】2013年，市海洋与渔业局受理海域使用权审批确权发证3宗，海域使用权抵押登记16宗，海域使用权转让、变更33宗，收缴海域使用金351.3万元。完成徐大堡核电征用139.4公顷海域补偿协议，确保核电顺利施工。执行"海盾、碧海2013"专项执法行动，沿海执法巡查126天次，行程1.5万公里。查处违法案件3起，全部结案，收缴罚款72万元。8月，1500马力中国海监执法艇入列。

【渔政管理】2013年，市海洋与渔业局加强渔业捕捞许可证管理，审验正式证475本，收取资源费62.7万元；审验特定证94本，收取资源费11.9万元；收取海蜇专项基金41.6万元；办理渔业无线电台证245本，收取无线电频率占用费2.45万元。对全市88千瓦以上有远海捕捞能力的渔船签订《包保责任书》208份，制止渔船非法越界捕捞。为534艘渔船发放油补，发放金额近3532万元。

【2013年兴城市海洋与渔业局领导成员】
局　　长　侯九肖（2013年2月离任）
　　　　　张曼颖（2013年2月任职）
书　　记　丁志英（2013年2月任职）
副 局 长　李艳光　李健伟　范越宁
　　　　　李学东（2013年11月任职）

（王洪义）

水　　利

【概况】2013年，兴城市水务局节水滴灌工程实施面积2600公顷，投资2555万元，完成水源和地埋管路工程。完成上年节水滴灌收尾工程，投资2715.5万元，实现节水灌溉面积2066.67公顷。中央重点县和省小农水工程，争取省以上资金1086万元，修建灌溉水源32处，新增和改善灌溉面积926.67公顷。争取上级投资155万元，完成海滨台南排水泵站维修改造工程，保证灌区生产安全。争取省以上资金13545.76万元，完成各类水利工程135项。在葫芦岛市重点水利工程排名中，兴城市获得前6项第一。

【防汛减灾工程】2013年，市水务局河道建设工程争取省以上资金8522.64万元，地方投入7201.76万元。实施菱角河治理工程、兴城河城区段综合治理二期工程、华山镇上长茂河清淤工程、兴城河郭家段河道治理工程、兴城河入海口海防堤工程、临海产业区海防堤工程和临海产业区护岸工程，治理长度44.48公里。

年内，修复水毁工程45处，总长度13.88公里，投资1171万元。完成狼洞子水库在建工程，投资229万元；小苇沟水库除险加固工程，投资244.56万元，完成主体工程。争取省市资金65万元，完成碱厂水库水毁修复工程；争取移民后扶资金123万元，完成防洪工程3项。

【水源建设和生态保护】2013年，市水务局农村安全饮水项目投资610万元，建设自来水工程18处，解决2994户10509人安全饮水问题。投资640万元，完成葫芦岛船舶学院、兴城二高中、石油五厂疗养院、铁西大口井供水工程，兴城河水源改造工程，以及水源和水费自动查收系统建设。投资960万元，完成8000户居民旧管网改造工程。

【水土保持】2013年，市水务局投入资金7万元，进行全方位、多角度水土保持宣传，提高公民水保意识。争取国家投资674万元，市本级投资30万元，地方及群众自筹774万元，完成水土流失治理面积5000公顷。新建成的头道沟坡面径流观测场正式运行，进入国家观测网络。

【水政水资源管理】2013年，市水务局换发取水许可证7套，更换部分用水单位计量设施，整顿高家岭汤上温泉，对渔业园区“钉子户”开展联合执法，征收水资源费300万元。查处水事违法案件7起，移送公安机关2起。出动执法人员170余人次，对8个超采砂场进行重点打击，保证防洪、供水和生态安全。

【水利服务体系建设】2013年，市水务局加强乡村水利服务体系建设，为26个乡镇水利站66人进行编制划转，为全市237个行政村配备水管员。投入资金1082万元，完成全市22个水利服务站建设，购置水利工程服务车20台。

【2013年兴城市水务局领导成员】

局　　长　孙海轩（2013年12月离任）
　　　　　徐铁军（2013年12月任职）
副 局 长　杨春成　丁宝林（2013年12月离任）
　　　　　王亚斌（2013年2月离任）
　　　　　陆　宏　翟玉光（2013年7月任职）

（翟玉光）

气　　象

【气象与农业】2013年，兴城气候特点为气温偏低、降水偏少、光照充足，生长季内农业气象灾害发生较少，作物长势良好。粮食公顷产量呈现丰产态势。春季降水时段分布不均匀，3月气温偏低，降水偏多，土壤解冻缓慢，墒情一直偏湿。4月末，气温迅速回暖，温度明显上升。适播期为4月下旬至5月上旬，因一直未有透雨出现，土壤表层散墒较快，墒情较差，大部分农民等雨播种，错过有利播种时机，各地春播开展时间差异较大。5月，全市平均气温为18.3℃，比历年同期偏高1.8℃，日照总时数320.9小时（常年268.8小时），热量、光照条件充足，降水较历年同期偏少，有利于早播玉米根系深扎，提高作物抗逆性。8月，平均气温24.5℃，较历年同期偏高0.6℃；8月5日受大风冰雹天气影响，部分农田受灾；汛期2次强降水过程，全市无渍涝灾害发生。9月上旬平均气温18.4℃，较历年同期偏低2.7℃。至9月11日，大于等于10度积温为3147.2度·日，较常年同期偏多，利于作物干物质的积累，对作物产量形成有利。

【气象服务】2013年，市气象局改善服务方式，由以往信件邮寄改为电子邮箱、手机短信和纸质材料直接送达，方便快捷，用户和相关领导第一时间收到气象信息，为全市防灾、减灾提前做好预防。年内，该局为相关部门发布决策服务信息94期。

3月至4月上旬，兴城气候持续冷凉，回暖速度极慢，冻土化冻偏晚，土壤偏湿明显，无法备耕，春播进度较往年偏晚。5月无雨，全市大部分地区降水突破历史极小值，气候因素造成春播工作举步维艰。针对异常气候条件，气象局全力做好春耕春播气象服务，发布农业气象决策服务材料5期；春播期气象条件分析1期；春季回暖速度及春旱分析1期；春播期抗旱形势分析1期；春播期农业气象条件分析1期；土壤墒情简报19期；春耕春播气象服务专报8期；实地调查苗情、旱情1次。预报重大灾害性天气（暴雨）3次。秋冬季节以保障粮食收获，棚室蔬菜生产为主线进行农业气象决策服务，制作发布大田作物收获期预报1期，秋收气象服务专报4期，封冻前土壤墒情简报1期。

【2013年兴城市气象局领导成员】

局　　长　邢宇航
副 局 长　张丽敏（女，2013年4月离任）
　　　　　朱苗苗（女）

（陈佳宇）

工　　业

综　　述

【工业生产概况】2013 年，兴城市工业战线广大职工锐意进取，奋力拼搏，深入实施工业化战略，推进工业经济持续健康发展。全年，全市规模以上工业总产值完成 179.6 亿元，同比增长 34.6%；规模以上工业产品销售收入完成 172.6 亿元，同比增长 33.8%；规模以上工业利润总额完成 3 亿元，同比增长 57.9%；规模以上工业利税总额完成 4.5 亿元，同比增长 18.4%。

【工业项目建设强劲推进】2013 年，兴城市经济和信息化局强化跟踪服务和协调指导，突出抓好辽宁晨光塑料有限公司、葫芦岛首钢东华机械有限公司、辽宁瀚森木业有限公司等投资 1 亿元以上项目，确保项目稳妥运行。全市投资 1000 万元以上工业重点项目 59 个，投入资金 25.3 亿元。

【泳装产业集群发展壮大】2013 年，兴城市经济和信息化局在第三届中国（葫芦岛·兴城）国际沙滩·泳装文化博览会期间，组织 40 多个泳装企业参展，帮助企业精心设计展位布局，展现兴城市泳装特色。推进泳装电子商务发展。签约入驻阿里巴巴中国产业带，网络交易额突破 10 亿元。协调民生银行与泳装企业对接，设立泳装中小微企业互助合作基金，解决泳装企业融资难问题。

年内，全市拥有泳装企业 573 个，泳装园投产企业 8 个。兴城市被中国服装协会授予“中国服装品牌年度推动大奖”。

【争取支持政策成绩斐然】2013 年，市经信局围绕国家、省和葫芦岛市支持工业中小企业发展政策，抢占先机，为企业申报项目，争取上级资金 3350 万元。其中，为泳装产业集群争取省、葫芦岛市专项资金 3000 万元；为葫芦岛首钢东华机械有限公司、哈尔滨红光锅炉集团有限公司兴城分公司、葫芦岛凌河化工集团有限责任公司、兴城市粉末冶金有限公司列入省创新型中小企业培育计划争取扶持资金 80 万元；为辽宁海思科制药有限公司获省级技术中心争取专项资金 80 万元；为兴城市粉末冶金有限公司争取省用电补贴、节能专项资金 70 万元；为葫芦岛凌河化工集团有限责任公司、兴城市华山街道上茂松山白灰厂争取葫芦岛市企业发展专项资金 70 万元；为兴城市水泵制造有限公司争取省中小企业发展专项资金 50 万元。

【盐务管理】2013 年，兴城市盐务管理局依法规范盐业市场秩序，打击盐业违法行为，有效防止私盐、不合格盐流入市场。为保证人民群众吃上放心盐，对全市食盐批发零售单位、各乡镇集市开展重点检查。出动检查车辆 60 台次，检查人员 300 人次，发放盐业法规、食盐加碘知识宣传单 2000 份。查处盐业违法案件 5 起。销售食盐 1570 吨，金额 195 万元，上缴税金 8 万元。

【2013 年兴城市经济和信息化局领导成员】

局　　长　张振家（2013 年 3 月离任）
　　　　　李旭明（2013 年 3 月任职）
书　　记　张振家（2013 年 3 月任职）
副 局 长　张　军（2013 年 12 月离任）
　　　　　刘　义
　　　　　韩继成（2013 年 12 月任职）

（赵林清）

工业部门

【概况】2013年，兴城市工业局深化企业改革，维护职工合法权益和社会稳定。集中精力开展原三局物资公司和供销公司职工安置工作。该两个局由于债务纠纷，企业资产被法院执行给债权人，职工合法权益受到严重侵害，形成职工大面积上访。鉴于该资产无法执行回转，该公司经多方努力，政府决定由财政出资340余万元，妥善安置职工，平息两家公司60多名职工长达6年上访。争取资金30万元，解决化工总厂、轻工纸箱厂拖欠职工工资和工程款，保证职工队伍稳定。

【企业改制工作】2013年，市工业局加大对幼儿园、原皮站改制工作力度。对两家企业现有问题和遗留问题进行全面梳理，研究改制职工安置方案。经过近两年努力，幼儿园改制资金得到落实，原皮站改制相关扶持政策争取到位。幼儿园改制安置职工23人，原皮站改制安置职工11人，补发两家职工垫付养老保险金和拖欠部分工资，维护职工合法权益。

【工伤职工待遇】2013年，市工业局根据工伤职工多年来的要求，对照国家关于工伤职工待遇相关政策，千方百计筹措资金10余万元，用于提高工伤职工待遇，解决工伤职工和六十年代精简下放职工生活费，最大限度保持工业系统职工稳定。

【2013年兴城市工业局领导成员】

局　　长　李文和（2013年2月离任）

　　　　　蒋　文（2013年2月任职）

副 局 长　刘　华　李宏宇

（郭加力　任　辉）

安全生产监督

【概况】2013年，兴城市安全生产监督管理局强化监察执法，深化整治工作，努力消除各类安全隐患，保障人民群众生命财产安全，有效遏制较大以上生产安全事故发生。全市发生生产安全事故4起，死亡4人。比上年事故起数下降80%，死亡人数下降80%。其中，工矿商贸事故2起，死亡2人；事故起数和死亡人数分别比上年下降50%。道路交通事故2起，死亡2人；事故起数和死亡人数分别比上年下降87.5%。

【安全培训】2013年，市安监局加大安全知识培训力度，落实安全生产责任制，有效遏制重特大生产安全事故发生。组织非煤矿山企业、危险化学品企业主要负责人培训班1期，培训80人；非煤矿山安全管理人员培训班1期，培训72人；危险化学品企业安全管理人员培训班2期，培训70人；非高危行业主要负责人、安全管理人员培训班2期，培训522人；特种作业人员培训班3期，培训115人；送培训到基层活动2次，培训600人；基层安监行政执法人员培训班1期，培训36人。发送安全生产短信2万余条，发放宣传单5000余份，《安全生产月专刊》3000本，悬挂安全宣传挂图80多张，当场解答群众咨询100余条。在“中国·兴城”网站发表稿件30余篇，在《葫芦岛日报·兴城新闻》发表稿件20余篇，编印《兴城安监动态》4期，发表报道50余篇，在电视台滚动播放安全生产新闻稿件15篇。

【安全生产专项检查】2013年，市安监局在开展重点行业领域的专项整治活动中，强化事故隐患排查和整改措施，坚决杜绝各类生产安全事故发生，确保全市生产安全。全年检查煤矿28次，非煤矿山153次，发现生产安全隐患153处，出动检查车辆153台次，下达责令整改指令书13份，复查意见书13份，制作现场检查记录153份，询问笔录2份，立案审批表2份，处罚告知书2份，强制措施决定书16份，文书送达回执18份，立案审批表2份，案件呈批表2份，结案审批表2份。同时，深入全市工商贸企业、小型露天采石场、危险化学品、烟花爆竹生产经营企业开展安全生产隐患排查治理行动，检查企业185家，查出各类隐患143处，下达责令改正指令书21份，立案查处违法企业4家。

【整顿危险品行业】2013年，市安监局全面检查市内涉氨制企业172个，冷库35家，516人次，制作现场检查记录308份，下达整改指令298份，复查意见书186份，发现隐患126处，完成整改108处。加强烟花爆竹管理工作，发放烟花爆竹经营零售许可证161个。

【监察建筑施工】2013年，市安监局监察施工现场58个，监察生产经营单位186次，发现较大隐患30处，一般隐患389处，下达责令改正指令书64份，制作现场检查记录95份，整改复查意见书64份，全部进行整改。对14个有严重违法行为项目经理部给予经济处罚。检查红砖厂13家，监察26次，发现较大隐患7处，一般隐患28处，下达责令改正指令书7份，制作现场检查记录7份，整改复查意见书7份，全部整改。

【铁路道口安全整治】2013年，市安监局加强铁路道口安全管理和安全教育工作，增加检查频率及夜查次数，与铁路道口监护员签订《安全防护目标管理责任书》。检查道口45次，夜查11次。发现处理问题20件；举办交通安全培训班6期，培训850人。全年安全无事故发生。

【2013年兴城市安全生产监督管理局领导成员】

局　长　李宏伟（2013年2月离任）
　　　　王华日（2013年2月任职）
书　记　高连营（2013年2月任职）
副局长　李旭明（2013年3月离任）
　　　　张东兴
　　　　孟宪利（2013年2月任职）
　　　　张汝生（2013年3月任职）

（杨　明）

热　电

【概况】2013年，兴城热电有限公司狠抓安全生产，落实减亏增效，节能降耗方案。供暖面积196.3万平方米，节煤1万吨，发电量1149万千瓦时，厂用电量451万千瓦时，上网电量697万千瓦时，总耗煤7.3万吨，耗酸9.59吨，耗碱5.8吨，实现总收入4514.4万元。

【设备维护检修】2013年，市热电公司做好夏季检修、运行维护和及时抢修，设备完好率始终保持在98%以上，为顺利安全运行打下良好基础。更换数显电压力表9块，流量表9块。酸洗交换站60个；更换站内温度计30只，放风阀20台，拆装压力表200多块；更换楼内放风40多台，处理二环漏点32处，三环漏点64处；更换阀门锁156台。厂内检定压力表129块；检定、维护DDZ-II型与III型变送器70余台，电动执行器11台，电动门8台，差压流量计9台。

【铁西热源厂工程建设】2013年3月，铁西热源厂立项，占地1.23公顷，建筑面积7395平方米。设计供暖面积78万平方米。5月工程施工，安装46兆瓦热水链条炉1台，11月8日供暖。面积7.3万平方米，取暖费收入160万元，耗煤3400吨，耗水19800吨，耗电33.6万千瓦时。实现当年立项、当年设计、当年施工、当年投产运行，改善铁西居民生活环境和质量。

【窃热查处】2013年，市热电公司加大收费、稽查力度。收费办、管网稽查队、企审科分别走出去，查处偷热、窃热单位和个人，保护供暖用户供暖质量。管网稽查队查出窃热57户，面积6161平方米，追缴取暖费106758元。

【2013年兴城热电有限公司领导成员】

经　理　马　春

（王　芳）

城 建 · 环 保

城乡规划建设

【概况】2013年，兴城市城乡规划建设局加强城市基础设施建设，促进人居环境和城市功能明显改善。改造低温住宅区供暖管网7个，面积35万平方米；增加绿化16.05公顷，公共绿地446132平方米，树木14617株。新建绿地40944平方米，栽植行道树1548株。开发房地产面积180万平方米。征收古城、河东路南延、首山路等8个片区1956户，签补偿协议1367户，面积79160平方米；完成农村危房改造1000户。城镇房屋登记1391.81万平方米。取缔欺街占道和流动商贩1.6万余次，拆除违章建筑134起，清理小招贴和门窗上纸贴5.6万余张，粉刷龙兴路、兴海南北街、政法路等路段两侧老旧建筑物面积3.2万平方米。新增城管执法车辆8台。

【市政建设】2013年，兴城市投资1120万元，完成1514米兴城河入海口海堤防工程；投资1852万元，改造街巷道路34条20公里；投资617万元，铺装人行步道方砖6万平方米；投资1989万元，新建排水管线15.6公里；投资335万元，安装路灯263基。

年内，全市有市政道路85.657公里，人行步道36.6万平方米，路灯2195基，排水管线156公里，检查井3353座，雨水井4048座，排水泵站2座（其中铁西公铁立交桥1座，红石碑1座）。

【环卫保洁】2013年，市城建局新建地下垃圾箱15个，公厕15个，水冲厕所4个，新增环卫设备5台，新增保洁面积42.2万平方米。出动人员1400人次，清理城区温泉河、东河等河床垃圾。

年内，市环卫处负责665万平方米清扫保洁任务。其中，城区650.99万平方米，海滨风景区硬覆盖6.8万平方米，海滩5.7万平方米，绿化带0.65万平方米。旱厕76座，水冲厕所12座及地下垃圾箱污水清除。

【物业管理】2013年，全市有住宅小区157个。其中，有物业管理小区35个、自治管理小区9个、无物业管理小区113个。物业服务企业17家，管理全市近190万平方米小区建筑面积，均为3级资质。其中，在兴城市备案的葫芦岛物业公司3家。

【2013年兴城市城乡规划建设局领导成员】

局　　长　刘久生（2013年2月离任）
　　　　　王代林（2013年2月任职）
副 局 长　李伟（2013年3月离任）
　　　　　崔建华（2013年12月离任）
　　　　　计旭鸿　顾天强　吴成林
　　　　　刘洪涛（2013年7月任职）
总工程师　赵更民（2013年12月离任）

（周世文）

环 境 保 护

【概况】2013年，兴城市环境保护局以生态市建设为契机，严把建设项目审批关。完成环境影响报告表审批项目62个、环境影响报告书4个、企业环评验收15家，建设项目“三同时”执行率100%。协调葫芦岛市审批项目3个。全年环境空气质量达到Ⅱ级标准以上天数占96.5%，省控重点污染源达标率100%；城市环境噪声达标率100%。

【调处各类污染纠纷】2013年，市环保局将各种环境纠纷和矛盾化解在“萌芽状态”。查处群众来信来访及污染纠纷90件。其中，水污染30件，大气污染38件，固体废物7件，噪声14件，其他1件。信访事件处理率100%，办结率100%，有效保障群众环境权益。

【违法案件查处】2013年，市环保局严格按照环境保护相关法律、法规，严格审查环境违法案件。立案12起，下达行政处罚决定书9起，处罚金额76万元；下达责令整改违法行为决定书15件，申请法院执行3件，收缴法院执行款3.69万元。处罚案件无一起行政复议及行政诉讼。

【排污征收】2013年，市环保局为确保排污费依法、全面、足额征收，落实目标责任制，推进排污收费全程信息化；征收与处罚并举，排污费征收呈现稳健、良性发展态势。征收排污费企业448户，收取排污费282万元，并网上公示。

【例行监测与有偿服务监测】2013年，市环保局对重点企业污染源、建筑施工噪声、扬尘等人民群众关注突出环境问题进行经常性监测，确保绿色施工。群众对环境污染投诉，主要领导亲自处理，对违规单位依法查处，确保改正措施落实到位。获得无偿性检测有效数据4676个，有偿性检测65000个，形成监测报告100余份。完成有偿技术服务监测收费50余万元，为全市环境治理提供有效数据。

【严抓机动车排气污染】2013年，市环保局加强全市在用车环保审核、监测制度，不合格机动车一律不予过户。全面排查车站公交车辆，监测尾气排放。年检在用机动车13103辆。其中，新机动车监测2224辆，黄标车与摩托车5458辆，绿标机动车5421辆，机动车尾气达标率99.4%。

【创建生态市】2013年，市环保局组织开展生态乡（镇）创建工作。推荐羊安乡柳蒿村、羊安村、芹菜沟村、辛庄子村、刘八斗村为省级生态乡、村创建单位。加强农村环境综合整治，检查乡镇、街道、村屯以外规模畜禽养殖小区349户，其中停业12户，有环保手续14户。验收郇家村人畜排泄物综合利用项目，投资329.29万元，省专项资金100万元。督导东辛庄镇污水处理厂建设项目，申报计划投资568万元，省专项补助资金140万元。

【2013年兴城市环境保护局领导成员】

局　　长　荣玉新

副 局 长　刘树坛　张立松　孙长金

（李　政）

交通·电力

交　　通

·公　　路·

【概况】2013年，兴城市交通局强化公路养护质量，努力构建文明交通，取得明显成效。县道兴西线路面大修33.1公里，其中水泥路面6.63公里，黑色路面26.47公里，投资3147万元。省道丹绥线路面中修35.7公里，投资3575万元。102线大修5.5公里，县以上公路改建危桥276.5米/12座。完成农村公路“一事一议”工程121.2公里，79条路线；新建桥梁197米/15座；过水路面330米/5处，投资3954万元，其中地方配套资金1186.2万元。完成农村公路大中修改造76.2公里，15条线路，危桥改造191米/5座，投资1999.2万元，地方配套1090万元。农村公路恢复水毁路面67350平方米，桥梁182.6米/7座；过水路面980.9米/22处、涵洞5道；防护工程1866立方米。完成兴城新区中心客运站工程，投资5100万元。工程占地5.017公顷。完成建兴高速公路兴城境内52.1公里动迁，连接线里程7.13公里。

【城区道路工程】2013年，市交通局道桥公司承建兴城辽工大附属中学和南一小学校区道路及运动场工程5万平方米，总投资788万元。其中辽工大附属中学2.5万平方米，投资443.1万元；南一小学运动场及篮球场2.5万平方米，投资344.9万元。产业区路1.3公里，路基和桥1座24米，投资1293万元。兴顺街路全长2.1公里，投资1300万元，路面完成1公里。兴顺街南路618延长米，投资150万元，路基完工。首山路1.01公里，投资912.8万元，路面完成540米。宁海街路1.1公里，投资550万元。

【公路养护】2013年，养护公司整修路基280.4公里，处治翻浆5161平方米，处治坑槽6616.5平方米，处理路面网裂21800平方米，处理丹绥线路面沉陷2245平方米。投资200万元栽植补植102线、沙上线、兴西线树木130万株，美化路容160公里。农村公路管理所开挖标准边沟521公里，整修路肩和林台521公里，清运废方9000立方米，备沙料3000立方米。投资20万元绿化乡村道路24公里，栽植各类树木10万株，修建文明示范路32.1公里。新建沥青拌和站投入生产，生产沥青拌和料10.7万吨，保证道路工程用料。

【运输市场繁荣发展】2013年，公汽公司新购置加长客车16台，投入资金645.8万元。其中，政府投资315万元，职工集资330.8万元。安全运营1038公里，运送旅客997万人次。客运公司新购置客车5台，投入资金150万元。完成客运量278万人次，周转量16680万人/公里。春运期间安全运送旅客38.35万人次。地方铁路管理站完成过轨量825车、4.1万吨。新增货运车辆809台，全市货运车辆达到3259台，对8吨以上货运车辆统一安装GPS安全监管系统。定期开展专项整治，查处违法运输车辆860台，其中无运输许可证200台，擅自改装改型车辆410台，其他违章70台。

全市出租车1189台，全部更新采用双燃料。运管所受理投诉案件730起，求助27次，查处非法经营出租车144台。整改车况差、车容车貌不合格出租车141台，合格率达到100%。

全市汽车维修企业68家，其中一类1家，

二类 18 家，三类 47 家；摩托车维修企业 2 家。

【2013 年兴城市交通局领导成员】

局　　长　王代林（2013 年 2 月离任）
　　　　　侯久肖（2013 年 2 月任职）
书　　记　李永林（2013 年 2 月任职）
副 局 长　崔清华　刘建生
　　　　　陈庆友（2013 年 12 月离任）
　　　　　张文安　李忠华

（田铁军）

·铁　路·

【概况】2013 年，兴城火车站办理客、货业务，为三等站。全年发送旅客 1001917 人，客运收入 6520 万元；装车 2550 车，卸车 2890 车，发送货物 153800 吨，完成净载重 5120 吨，货运收入 460 万元，运输收入 6450 万元。

【增开临时客车】2013 年，春运增开客车在兴城有停点的车次：

车次	运行区段
上行	
K2082	吉　林—上　海
K2288	长　春—昆　明
K7424	沈　阳—绥　中
下行	
K2081	上　海—吉　林
K2287	昆　明—长　春
K7423	绥　中—沈　阳

（马庆杰）

·路　政　管　理·

【概况】2013 年，辽宁省葫芦岛公路路政管理局兴城分局加大超限运输治理力度，切实维护路产路权，实现路政管理全面协调发展。出动执法人员 270 人次，执法车辆 80 辆次，查处违法超限车辆 190 台，取得明显成效。查处路政案件 20 件，破案 20 件，破案率 100%，结案 20 件，结案率 100%；受理路政许可 25 件，办结 25 件；路政审批 11 件，办结 11 件。清除非公路标志 15 个，堆占 23 处 201 平方米，收取赔补偿费 396805 元，罚款 1000 元。

年末，该局被辽宁省路政局授予“辽宁省公路路政管理先进单位”。

【2013 年辽宁省葫芦岛公路路政管理局兴城分局领导成员】

局　长　滕　玲（女）
副局长　师庆华　刘立志

（许　建）

电　力

·城乡供电·

【概况】2013 年，兴城市供电分公司管辖 10 千伏配电线路 64 条，总长 2084.85 公里，0.4 千伏低压线路 3142 公里。配电变压器 2104 台，总容量 241.6 兆伏安。负责全市居民客户 20.31 万户、非居民客户 2.53 万户生产、生活供电任务。全年售电量完成 7.64 亿千瓦时，比上年增加 0.86 亿千瓦时，增长 12.61%。综合损失率完成 9.33%，较上年下降 0.73%。售电平均电价完成 622.31 元 / 千千瓦时，较上年上升 1.17 元 / 千千瓦时。电费回收率 100%。

年内，兴城分公司实现安全生产 7430 天，未发生人身轻伤及以上事故，未发生大面积停电及重大设备事故，电网运行安全平稳。收到表扬信、锦旗 60 余件。

【电网建设】2013 年，兴城供电分公司针对部分线路卡脖子问题，投资 1774 万元，新建 10 千伏线路 9 条，新增装用电户 6185 户，申请容量 78070 千瓦（千伏安），完成计量装置改造 6122 户，更换三相电能表 5100 块，更换单相电能表 15764 块，有效提高居民生产生活用电质量。

【低压改造】2013 年，兴城供电分公司投入资金1865万元，改造低电压台区357个。其中，分公司自筹资金198万元，各供电所自行解决52万元。有效提高供电可靠性，彻底解决部分地区经常停电及电压低问题。

【高损台区管理】2013年，兴城供电分公司强化高损台区管理，分片检查实抄率，对存在问题分类整改。治理高损线路6条，检查台区750个，检查用电户78150户，查出问题10项320条。查处窃电9户，违章233户，追补电量178.59万千瓦时，追补电费6.55万元，收缴违约使用电费53.52万元，有效降低线损率。

【2013年兴城供电分公司领导成员】

经　理	于学文
书　记	魏晓巍（2013年6月离任）
	李　忠（2013年6月任职）
副经理	朱连勇　姚德强　苏天昌
工会主席	王　钰

（邸程程）

·核　电·

【概况】2013年，中核辽宁核电有限公司获得福岛事故后国家重启核电审批的第一批待建核电项目。公司完成项目ATP、总包合同签署、执照申领、军事设施补偿、现场施工准备、桃江主设备转移、核安全局审批及徐大堡新厂址开发与保护等系列工作。项目进入国家能源局、国家核安全局“AP1000小批量”转移项目中，执照申请进度远远领先于国内同批项目，完美体现“辽核效率”，徐大堡核电成为现场最完善、最具备开工条件待建电厂。

【JYK一体化工作】2013年，中核辽宁核电有限公司徐大堡核电站编制年度JYK战略指标分解方案，将重点战略考核任务分解，实施跟踪、预警、协调和控制措施报送中国核电进行监控；成立绩效管理委员会，全面建立以JYK为主线绩效考核体系，完善考核细则；设置双节点控制，推进全员绩效管理项目；实行量化考核和综合评价相结合，激励公司各处室工作积极性。

【实现辽核“九个一”】2013年，徐大堡核电站夯实以“追求卓越、挑战自我”为核心价值观，推进管理创新，提升发展质量和效益；“全面启动、自我诊断”“专项提升、全面整改”。完成中国核电规定动作，涌现出一批优秀管理成果和样板工程，实现辽核“九个一”。

【科学论证选用长叶片】2013年，徐大堡核电站充分利用葫芦岛厂址水温较冷有利条件，经多方研证，汽轮机选用可靠、有运行业绩的阿尔斯通69英寸长叶片，符合汽轮机技术发展科技趋势的同时，满足核电运行安全需求。机组平均出力由125万千瓦提高至129.12万千瓦。徐大堡核电创造AP1000总装机容量最高目标。

【工程建设】2013年，徐大堡核电站完成520万立方米土石方工程爆破、开挖；道路基本形成；地下管廊、室外管线工程完成年度目标。施工期锅炉房运行达到供暖条件，为冬季施工和技术准备提供有力保障。海工工程进展顺利，CV/CA拼装厂房初具规模，搅拌站达到生产条件，220千伏开关站工程安装调试结束，1#核岛顺利验槽，下垫层施工完成。

【2013年中核辽宁核电有限公司领导成员】

总经理、党委书记	徐　力
副总经理	周建虎
副总经理、纪委书记	葛政法
副总经理	蔡竹平（2013年5月离任）
总经理助理	陈　劲　蔡　俊

（闫　林）

·风　电·

【概况】国电兴城风力发电有限公司隶属于中国国电集团公司的全资子公司，担负兴城风电项目投资建设和管理。风电发电场东南部临海，西北部为内陆。规划场区范围为海滨乡台子里村沿海岸向西南至刘台子乡山东村张庄子屯，宽1～2.5

公里，长12公里，占地面积25平方公里。兴城风力发电有限公司位于海滨乡台子里村，员工30人。项目计划总投资9亿元，投资回收期为9.75年。

2013年，海滨、刘台子两个风电场共安装1.5千瓦风电机组54台，总装机容量计81千瓦。发电量达1.19亿千瓦时。实现税收956万元，实现利润-3.09万元。兴城风电的建设与发展，为地方经济发展提供支持，符合国家合理配置资源，开发新能源，实现"可持续发展的能源战略"，具有良好的综合经济效益和社会效益。

·核　电　办·

【概况】2013年，兴城市核电项目办公室协调相关部门，全力支持徐大堡核电项目建设，加快推进核电项目各项准备工作。一是协调相关部门协助核电办理涉及市权范围内各种手续，完成征用土地预审件报批，通过国家预审。协调林业部门处理好核电项目涉及的林地问题。协调气象、档案部门为核电企业提供原始数据，为核电气象观测站和其他设施建设提供依据。二是协助徐大堡镇、国土局、动迁办完成核电厂前区及800米非居住区11.25公顷土地征收和移民动迁工作。4月末前有167户移民签订动迁安置协议并搬出征用区，保证核电厂前区施工按期开始。三是加快核电移民新村基础设施建设，协助相关部门完成2个核电移民新村规划选址，2个新村占地18.13公顷，规划建设320户，其中方安村210户，台里村110户。组织相关部门完成核电新村"三通一平"工作，9月1日移民开始建房，入冬前167户移民搬入新居。四是协调核电220千伏场外应急线路沿途乡镇，及时解决线路施工过程遇到的问题，保证年底前总长19.7公里线路全线架通。

【依托核电项目发展地方经济】2013年，市核电办依托核电项目积极发展地方经济。争取核电资金为方安村小码头架设1.2公里高压电，及时解决周边渔民渔船回港、维修等问题。协调核电企业支持核电施工企业临建生活区及徐大堡小镇基础设施起步区建设。

【核电科普宣传及公众沟通】2013年，市核电办帮助徐大堡核电站协调相关部门利用广播、电视、互联网、科普大篷车、科普展览等形式开展科普宣传，普及核电知识并开展核电公众沟通交流活动，组织核电周边乡镇不同年龄段农民、乡村干部、机关工作人员、学生、商人、工人、待岗人员50余人参加核电项目公众沟通座谈会，由专家答疑解惑，使人们进一步了解核电、信任核电、支持核电。协助核电完成核电项目社会风险评估和民意调查，在核电厂周边5公里、15公里、30公里范围发放公众参与调查表500份，对核电项目参与情况进行问卷调查。通过开展形式多样的科普宣传与公众沟通工作，徐大堡核电项目公众接受率正在逐年提升。

【2013年兴城市核电项目办领导成员】

主　　任　徐忠臣（2013年3月任职）

副 主 任　裴志凌

（张　超）

信 息 产 业

联 通

【概况】2013年，联通兴城分公司坚持以人为本，最大限度调动职工热情，发挥职工积极性、创造力，以文明、优质、诚信服务理念，以全业务运营为根本，努力为客户提供热情、满意服务。完成主营业务收入过亿元目标；完成阶段预算的101.92%，列葫芦岛地区第一位。

【市场营销创佳绩】2013年，联通兴城分公司开展节假日促销、3G普及风暴、渠道攻坚战、宽带风暴、大学城秋季迎新促销、营业厅转型等活动，各项经营指标取得骄人成绩，多次受到葫芦岛市联通公司通报表扬；并荣获全省44个县分公司重点考核第一名。

【维护建设】2013年，联通兴城分公司新建市内、农村一体机项目36项，农村FTTH项目21项。完成中心机房宽带BAS替换、金秋园2期、金城家园等小区FTTH建设、新四路管道改造及光缆割接，南河大桥跨河光缆改迁等工程。开展线路整治，扶正电杆370棵，跨路杆加高104处，更换电缆22.986公里。全面推进宽带“装机一日通”，跟随市政施工改建管道4.2孔/公里。

【2013年联通兴城市分公司领导成员】
总 经 理　周立群（2013年2月离任）
　　　　　孙　宁（2013年2月任职）
书　　记　张力平（2013年2月离任）
　　　　　孙　宁（兼，2013年2月任职）
副总经理　季政宝
　　　　　孙　宁（2013年2月离任）
　　　　　杜仲骞（2013年2月任职）

（韩　静）

移 动 通 信

【概况】2013年，兴城移动分公司以“保客户、促收入、拓新增”为主线，以坚持“客户为根、服务为本”为发展理念，夯实基础，提速建设步伐，扩大网络优势，转变渠道运营模式，加强中高端客户以及集团客户保有工作。拓展区域市场，提升市场竞争力，实现运营收入稳步增长。成为以“TD-LTE”为核心制式全业务运营商。12月4日，中国移动正式开启4G时代。为在网客户提供“不换号、不登记、快速换卡”“两不一快”便捷服务，加快推动4G发展。

【流量经营】2013年，兴城移动公司大力发展数据业务，扩大流量客户规模，无线上网普及率明显提升；通过多种营销服务及宣传，拉动流量增长；校园WLAN、公众WLAN、农村WLAN市场发展，打造“TD+WLAN”无线网络全覆盖。

【推出集团融合产品】2013年，兴城移动公司贴近集团客户多样化需求，推出集团客户融合产品。依托公司移动通信优势，丰富完善集团业务产品和营销体系，有选择地发展固定电话、光纤互联网、集团WLAN等稳定性较高全业务产品，促进集团客户市场固定电话、手机、集团V网综合发展。

【2013年兴城移动分公司领导成员】
经　　理　王铁刚（2013年3月离任）

李艳梅（女，2013年3月任职）
副 经 理 刘海荣（2013年3月离任）
黄　敏（2013年3月任职）

（佟志强）

电　信

【概况】2013年，兴城电信分公司各项业务齐头并进，稳中有升。流量王套餐，月租13元，赠送300M上网流量，本地拨打电话一毛钱，大大满足广大用户上网需求。超快网速、超低辐射、超强保密、超多便利、超值实惠五大优势为用户提供更为快捷上网服务，推动电信业务发展。全业务收入实现1800万元，宽带融合业务比上年增长203.5%。

【电信E9业务】2013年，电信分公司以用户需求出发，推出E9业务，用户只需720元，便可得到两部电信手机、一部固话，并且宽带可免费使用六年。该业务推，为电信发展打开新局面。

【2013年兴城电信分公司领导成员】
经　　理 陈立志
副 经 理 李　文

（李冬丽）

邮　政

【概况】2013年，兴城市邮政局生产经营运行稳中有升，三大板块业务基本上保持平稳发展态势，经营运行质量和效益明显提高。在确保代理金融类业务稳步发展的基础上，加大邮务类、代理速递物流类业务的发展力度，努力实现三大板块业务的协调快速发展，实现邮政业务收入3635.1万元，增幅5.4%。

【邮务类业务】2013年，市邮政局邮务类业务收入累计实现598.6万元，比上年增长26.4%。函件业务实现收入144.3万元，比上年增长45.5%。包件业务实现收入62.5万元，比上年增长3.5%。报刊发行业务实现收入136.9万元，比上年增长17.9%。增值业务实现收入215.9万元，比上年增长35%。集邮业务实现收入37.7万元，比上年增长4.1%。完成下年新邮预定额23.7万元，预定年册692册，套票362套，小版票191套，邮资封19套，大版票13套。机要邮件安全率达到100%。农资分销实现收入55.8万元，比上年增长47.9%。其中，销售大化肥1106吨，形成收入44.24万元。

【代理金融类业务】2013年，市邮政局代理金融类业务收入实现2859.4万元，比上年增长2.4%。其中，储蓄业务收入2717.4万元，比上年增长1.4%。代理保险、理财业务收入112.3万元，比上年增长62.2%。汇兑收入实现29.6万元。

【个性化走访】2013年，市邮政局开展“个性化客户座谈会”，14个支局举办15场形式多样特色走访活动，参加群众310人。16个储蓄网点走访27366户，填写用户满意度调查表27366份。其中，录入用户营销管理系统27366户，跟进意向客户11895户。新增储蓄余额167万元、保险9.5万元、理财190万元、国债380万元、开卡业务81户、网上银行业务40户、商易通意向客户9户。

【2013年兴城市邮政局领导成员】
局　　长 赵去非（2013年2月离任）
康忠生（2013年2月任职）
副 局 长 曹玉明
王　昕（2013年2月离任）
刘　锋（2013年10月任职）

（马　跃）

广　电　网　络

【概况】2013年，北方联合广播电视网络公司葫芦岛分公司兴城分公司以“开拓市场，确保收入，提升服务，树立品牌”为经营方针，自我加压，开拓进取，事业建设取得突破性进展。年内，增加新楼盘用户5300户，增加收入160万元。完成模拟信号收视费518.1万元，增值业务收入123万元，实现总收入2282.6万元。清缴大小锅785个，增加补户1078户，补交收视费4.2万元，增加经济创收44.6万元。城市维护13568次，安装5523次，农村维护46275次，因雷雨造成大面积维护4次，用户满意率100%。

【数字电视整体平移】2013年，广电网络兴城分公司抢占用户资源，对曹庄、白塔两个乡镇实施数字电视整体平移。曹庄镇实现转换用户9810户，占居民总户的98.69%。白塔乡实现转换用户3190户，占居民总户82%。增加农村数字电视用户13000户，实现付费节目成交率99%。平移收尾城区剩余分散平房，转换用户2900户，增加收入52万元。

【2013年广电网络兴城分公司领导成员】

经　　理　梁会林

常务副经理　查福英

副　经　理　张　军　王秀萍（女）　李宝剑

（张春燕）

·小资料·

海滨风景区

主要包括兴海湾、港口湾、邴家湾（长2400，宽30至60米）。其中兴海湾长1500米，宽30至60米。海岸地势开阔，绿树掩映；海滩坡缓沙细，海水深浅适宜，清澈见底。在日伪统治时期，这里就被辟为浴场。1989年，国务院批准为全国重点风景名胜区，是目前我国北方最吸引人的浴场。到海滨，望高大的“洪波涌起”石坊，书画大家范曾先生的题字令人赞赏；巨型的菊花女石雕像树立在海边，惟妙惟肖。雕像西南，临岸原有三座明礁盘踞海中，用栈桥相连，状如玉带；在礁上建两座小亭，一曰雪浪，一曰迎霞，统称“三礁揽胜”。雕像东北侧，有林荫路通向兴海公园、观海广场。亲海林荫路顺着海湾延伸，各具特色的建筑参差相间。万顷碧波，有快艇疾驰如飞；有脚踏小船儿的游人，悠闲自得。沙滩上太阳伞五颜六色，戏水的男男女女扬起阵阵欢笑声。

财 政 · 税 务

财　　政

【概况】2013年，兴城市财政局高标准的开展财政各项工作并取得较好成效。全年公共财政预算收入完成13.3亿元，同比增幅15.4%，实现平稳较快增长。地方财政支出完成47.6亿元，同比增幅14.4%，实现发展成果直接惠及于民。争取上级财政各类专项资金15.9亿元，实现再创新高。财政支出单体项目投入专项资金支出突破2000万元。为红崖子镇1333.33公顷高标准农田示范建设项目投入财政专项资金2600万元，实现农业综合生产能力明显提升。争取“一事一议”美丽乡村示范村建设项目12个、村级公共服务运行维护机制建设试点村项目100个，居于全省县区前列。以便民服务中心建设为切入点的乡镇财政规范化建设初见成效，全省74个县区评比表彰排名第一。以“一人一折”为主要特征的惠农补贴资金一卡通发放试点工作在全省视频会上做典型介绍，予以全省县区推广。在全省县区率先实施乡镇财政档案清华紫光软件管理全覆盖，实现乡镇财政档案规范化管理。在全省县区率先建成县乡信息资源共享平台，实现县乡财政相关信息双向传递网络功能。

年内，该局荣获兴城市委、市政府市直机关目标责任制、财源建设等多项表彰；葫芦岛市政府“就业工作先进集体”、葫芦岛市财政信息工作先进县、全国财政“六五”普法知识竞赛优秀组织奖、省财政厅乡镇财政规范化建设、部门预算编制改革的先进表彰和奖励。

【财政收支】2013年，市财政局做好部门协调工作，扎实推进财政各项收支任务完成。年内，推进各项收入任务实现新突破。一是注重做好与国地税部门的协调配合，促进全年公共财政预算收入任务的完成；二是注重做好与执收部门单位的协调配合，促进全年非税收入任务的完成；三是注重做好与国土部门的协调配合，促进基金收入任务的完成；四是注重做好与劳动部门的协调配合，促进社保五项基金征收任务的完成。不断优化支出结构实现四确保。一是确保全市公教人员的工资性支出需求，同时筹措资金2.7亿元，专项用于全市公教人员调津补贴和补发取暖费支出，初步实现全市公教人员与葫芦岛市同城同待遇；二是确保市乡两级政府的运转性经费支出；三是确保市委、市政府确定的重点项目的必要支出；四是确保地方财政支出规模不断扩大。

【财源建设】2013年，市财政局加大各类专项资金争取力度，扎实推进全市财源建设工作，争取财政各类专项资金再创历史新高。一是与市直各相关部门各乡镇密切配合，形成较强的工作合力，全年累计争取上级财政各类补助资金15.9亿元，为全市经济建设和各项事业发展提供不可缺少的财力支撑。二是推进融资平台，加大融资力度支持财源建设。为支持古城改造、经济适用房和滨海新城基础设施等重点项目建设，临海投资有限公司完成争取5亿元省县域市政建设项目集合债券的前期申报工作。为支持滨海温泉新城土地收储整理项目，盛宁建设投资有限责任公司完成2亿元贷款的前期申报工作，同时与市金融机构协调推进，完成市政府确定全年金融机构贷款余额同比增长30%以上工作目标。

【财政惠农】2013年，市财政局加大财政支持三农工作力度，扎实推进各项惠农政策落到实处。

年内，推进支持农业生产项目建设。一是加大农业生产项目投入工作力度。全年争取上级财政农财项目资金1.6亿元，重点用于中小河流治理、节水增粮和滴灌节水、两退一围、设施农业、技术推广与培训、农村饮水安全等项目建设，相应推进全市农业产业化建设步伐。二是加大农业综合开发工作力度。全年争取上级农业综合开发资金5772万元，实施土地治理项目4个、产业化项目2个、治理土地2666.67公顷，产业化贴息项目11个，相应推进全市农业生产综合能力的不断提升。三是加大粮油生产投入力度。全年争取上级财政支持粮油生产资金7279万元，专项用于支持粮油生产补贴和农民种粮补贴支出，相应推进全市粮油生产规模的扩大与增加。

年内，该局推进支持村级基础设施建设。投入“一事一议”财政奖补资金3954万元，修建村内道路121.2公里。投入“一事一议”财政奖补资金1180万元，实施美丽乡村示范村项目12个。投入综改专项资金500万元，专项用于100个村级公共服务运行维护机制试点村支出。

【财政社保和农村教育】2013年，市财政局加强社会保障体系建设，扎实推进农村教育基础设施不断改善。

一是推进社保专项投入持续增加。争取上级财政各类社保专项资金突破4亿元，确保全市企事业离退人员、城乡居民享受养老待遇人员以及民政优抚救济对象等12.8万人待遇按时发放，并及时按上级要求落实各方面人调待政策，提高城乡居民医疗保险筹资标准和报销比例，确保医改工作的顺利实施。完成400万元小额贷款放贷任务，保证就业再就业工作的顺利开展。安置公益性岗位人员1144人，完成政府下达的1002户农村危房改造任务。

二是不断完善农村教育基础设施。争取上级财政教育专项资金4045万元，专项用于31所农村中小学校舍维修和利用农村闲置校舍改造建设10个幼儿园及10个附属幼儿园等项目建设，进一步改善农村教育基础设施。

【财政管理】2013年，市财政局强化财政部门管理职能，扎实推进多项工作居于全省县（区）财政前列。一是教育培训管理职能得到加强。年内，通过采取组织财政政策业务专题培训与“以会代训”专题培训、组织本级财政专题培训与参加省市财政专题培训、组织到邻近县区财政专题学习与赴省内改革先行县区财政专题学习等多种相互结合的方式，组织市乡村三级专题培训41次、参加培训合计1561人次。全年上报财政各类信息51条、下传财政各类信息52条，均创历年之最。二是财政监督管理职能得到加强。全年完成对全市16户预算单位的财务会计信息质量的全面检查工作，并根据相关财务会计规定对查出的各类财务违纪问题进行相应处理，收缴违纪金额27万元。三是国有资产监管职能加强。全年组织实施国有资产处置活动五宗，实现国有资产经营收益4668万元。同时，完成全市727台公务用车编制核定、上报核批、规范管理办法及实施工作。四是政府采购职能得到加强。全年共启动实施大宗采购项目14项，采购预算金额合计5911万元，实际采购金额5584万元，节支额327万元、节支率5.5%。采购金额较上年增加1126万元，同比增幅20.3%。五是会计监督管理职能得到加强。会同市人事局、监察局对全市93家行政事业单位会计人员从业资格进行专项执法检查，并根据检查结果制定下发相应整改措施。六是非税收入管理职能得到加强。全年组织完成城市基本建设收费直接征收金额6284万元，实现非税收入应收尽收的管理工作目标。七是市直行政事业单位会计集中核算管理职能得到加强。进一步完善全市行政事业单位财务会计管理办法，实现全市行政事业单位会计集中核算规范化、精细化管理的工作目标。八是依法行政管理职能得到加强。实现依法行政“八公开”即局领导班子成员和科室职能公开、部门预算编制定额标准公开、国库集中支付程序和会计核算中心核算程序公开、非税收入项目和收费标准公开、国有资产调剂和处置公开、政府采购项目和标准公开、财政监督职能和程序公开、局机关重要事项决策和管理公开。九是政府性债务管理职能得到加强。年内根据上级财政部门相关要求和实际工作需要增设内设机构债务科，并以全国政府性债务性审计为契机建立政府债务动态管理机制，经审计部门认定截至6月末，全市乡以上政府性债务总额为16.2亿元。十是行政权力运行管理机制得到加强。年内在认真复核局领导班子及23个科室、315个工作岗位、769个廉政风险表现形式、800个防控措施的基础上，层层落实岗位责任，初步建成全局行政权力运行廉政风险防控责任网络体系。

【2013年兴城市财政局领导成员】

局　　长　侯　杰

副 局 长　李宝利　任学林（兼）

王春海　张　春（女）

王永飞（2013年3月任职）

国资局

局　　长　任学林

（李宝利）

税　　务

·国　　税·

【概况】2013年，兴城市国家税务局深挖税源，提升税收管理水平和收入质量。落实组织收入原则，加强税收分析和预测。执行“依法征收、应收尽收，坚决不收过头税，防止和制止越权减免税”的组织收入原则，同时，加强税收分析和预测，准确预测企业特别是重点税源企业的税收增减变化情况，要求各单位对税源管理要做到税源底数清、任务不离心、数字不离口。加大重点税源监控力度，挖掘税收潜力。加强对青山水库及滨海经济区招商引资企业的税源“看管”，对在建项目建设进度、经营情况做到心中有数，确保税收足额入库。建立涉税信息数据交换机制。与地税、国土、规划、建设、工商、公安、银行等相关部门建立涉税信息交换机制，从源头上做好税源管控工作，同时，与公安、税侦依法联合开展打击假发票和违法使用发票案件。加强对发票发售、定额管理、停歇业管理等执法环节的监督检查，大力整顿和规范税收秩序，促进税收应收尽收的同时，保证收入的良性增长。全年，全局累计组织全口径税收收入26000万元，同比增长6%，增收1468万元；完成公共财政收入7577万元，同比增长11.9%，增收808万元，超额完成全年税收收入目标。

2013年，该局文明创建又结硕果。被葫芦岛市国税局评为“2012年度税收工作先进单位”；被兴城市委、市政府授予“财税工作先进单位”“创先争优先进单位”“社会管理综合治理标兵单位”等多项殊荣；华山分局、四家屯分局、沙后所分局获得葫芦岛市精神文明建设先进单位；赵大桩被评为葫芦岛市、兴城市两级劳动模范；张锦萍被评为葫芦岛市国税系统“岗位学雷锋标兵”。

【深挖征收管理质效】2013年，市国税局征管工作以税源专业化管理为核心，继续在打牢基础，查缺补漏，突出专业化、信息化上下功夫，强化专业化评估检查，取得良好效果。

一是征管基础管理持续加强。开展个体户定额情况检查，及时调整定额，提高定额户比例。全局定期定额户增至327户，户数增长2倍多。规范废业清算，一般纳税人废业必须经主管局长审核确认后方可实施，征管工作更加严谨规范。

二是普通发票管理逐步完善。开展五批次专题培训，进一步明确发票管理要求、程序、处罚标准，全局不足起征点纳税人，领购千元版以上大额发票的权限彻底被杜绝；纳税人超三个月未缴销发票的违规行为彻底杜绝；纳税人申报与验旧数据不一致现象大幅减少。

三是系统运行情况良好。数据质量管理系统出错率、改正率大幅降低，改正后错误率保持零纪录，累计扣分为零，均高于省市局规定标准。税收管理员系统、电子档案管理系统、机打发票网上管理平台等5个省局直接监控的征管指标系统运行平稳，实现零失误。

四是纳税评估成果显著。成立税收风险企业数据分析领导小组，准确定户，科学选户，高效查户。共评估检查重点税源、税负偏低、长亏不倒、空壳企业等各类风险企业333户，入库税款、滞纳金、罚款2037万元；调减企业留底、弥补亏损5102万元。评估检查工作，基本实现“重细节、强管理、增实效、促收入”的既定目标。

五是所得税实行专业化管理。由税源管理三科专职负责全局所得税管理，开展所得税专家会诊、汇算清缴，优惠政策辅导、宣传、落实、备案。进行统筹规划、指导，开展统一评查。年内，对7户房地产企业、16户纳税10万元以上企业及2户金融企业开展所得税评查，入库税款700余万元。年末全市房地产企业纳税2000余万元，入库税收同比增长近9倍。在专业化控管所得税行业上，克服税种管理难、查税难，税负低的难题，实现对包括房地产行业在内的大中型所得税企业的有效控管。

六是“营改增”工作顺利铺开。制定《兴城市国家税务局营业税改增值税试点工作实施方案》，成立“营改增”领导小组，对地税划拨企业实地查验确认，填报“调查确认单”，避免出现国、地税“两不管”和“争税源”情况，8月1日，“营改增”政策在兴城顺利启动，9月，首个征期，全市124户纳税人申报率实现100%，入库税收8.5万元，“营改增”试点工作实现平稳过渡、无缝对接和顺利运转。

【助力地区经济发展】2013年，市国税局立足本职，不断优化服务，当好政府与企业间的桥梁，进一步拓宽税收服务经济的领域，积极开展政策服务、信息服务、特色服务，实现由单纯办税服务向全方位优质服务的转变。

一是积极为地方提供决策依据。该局牢固树立税收与经济协调发展观，每月从宏观层面上分析税收增减情况，作出全市经济运行的情况分析。为党委政府提供经济发展决策依据。力求当好政府与企业间的桥梁，宣传税收政策的同时，同步解读地方政府政策，要求各征收单位干部职工要当好促进地方经济建设的“三员”，即当好税收政策宣传员，当好政府与企业间的联络员，当好企业发展的信息员，受到广大纳税人好评。

二是落实政策助企业落户生根。围绕临海产业区建设，努力找准税收政策与区域经济发展的最佳结合点，全面落实各项税收优惠政策，积极优化退免税服务，做好出口退税企业资格认定，强化退税审核，做好退税核查。出口退（免）税工作做到规范、准确、高效、有制约、有监控。截至10月25日，全局金税工程三率继续保持100%，出口退税实现4294万元，调库856万元，较好地支持企业发展。

三是努力提高服务质量。年内，主题宣传效果明显。成功举办“税收文化之旅”主题宣传活动暨第22个税收宣传月启动仪式。兴城市人大、市政府，葫芦岛市国税局、葫芦岛市地税局领导及相关科室负责人，辽宁工程技术大学矿业学院领导，兴城市企业家代表、纳税服务志愿者代表、学生代表、国税、地税干部共计190余人参加活动。同时通过举办“税收文化之旅主题宣传活动”，创新式的把税收宣传上升到税收文化系统教育层面，突破传统宣传方式的局限，最大程度延展税收宣传内涵，丰富税收宣传形式，取得较好的宣传效果。该局提倡有为服务、有效服务、有用服务，尽最大努力简化减并审批程序，减少办税环节，提高服务质效。继续实行“一窗式”“一站式”办结服务、提醒服务、首问责任制等，采用登门纳谏方式，从局领导到税收管理员深入走访新办企业和重点税源企业，听取新办企业对国税工作的意见、建议和要求，坚持服务内容与纳税人需求同步，全面落实各项税收优惠政策。组织窗口人员分批次学习“营改增”政策，多角度解读“营改增”知识，各科室联动做好“营改增”准备工作。全年，一线窗口人员未发生一例与纳税人争执事件，涉税服务工作赢得较好口碑。

【2013年兴城市国税局领导成员】

局　　长　赵大桩

副 局 长　栗恩和　陈晓辉

　　　　　王焱竑（女）

　　　　　陈海鸥　刘　刚

（杨　光）

·地　　税·

【概况】2013年，兴城市地方税务局全局上下迎难而上，共克时艰，实现首季开门红，半年保增长，三季超同期的佳绩。全年全口径税费收入实现95085万元，增收13015万元，增长15.9%；公共财政预算收入实现88100万元，增收11489万元，增长15%；社会保险费完成30632万元，增收3924万元，增长15%；其中，市级以下企业养老保险费统筹部分完成26563万元，同比增收4275万元，增长19%。另外，河道费完成731万元，价调基金完成71万元，工会经费完成452万元，残疾人就业保障金完成193万元。全面完成市政府下达的税费收入指标，为地方的经济社会发展和改善民生提供强大的财力保障。

【抓好组织收入】2013年，市地税局面临全市地方税收形势严峻，税收增长点稀缺，重点税源企业税收下滑趋势明显。一些纳税大户如临海投资有限公司、兴城土地储备中心国有资产出售等一次性税收，累计达28024万元，仅此就占整个地税收入的34.1%，大大增加完成全年税收任务的难度。在分析困难形势的同时，审时度势，科学研判，全面分析，充分评估年内的有利因素，全面掌握全市筹建和续建工程项目，特别是密切关注徐大堡核电、建兴高速、市防汛工程、凯森蒙服装产业基地、丽汤温泉一期、兴隆大家庭、海上海、古城保护、宏亿地产、观海国际等给税收增收注入活力的项目，发扬不怕疲劳，连续作战的顽强作风，集中精力抓税收，圆满完成组织收入工作。

【加强税源管理】2013年，市地税局结合全市实际情况，在征收过程中，采用新的征管模式，在精细管理上下功夫。一是深度分析，分类管理。对全市所有企业进行细化分类，开展分行业、分税种、分项目的深入调查。通过相关经济指标间的比对分析，加强重点税源管理，及时查找对重点税源征管的薄弱环节，有针对性地采取强化措施。二是上下贯通，合力管理。汇聚力量，强化税收收入的分析预测工作。始终坚持月调度制，强化税收分析工作机制，形成党组牵头，规划核算部门、税源管理部门、税政部门齐抓共管的分析监控体系。三是规范程序，落实责任。制定切实可行的分类管理操作程序，在此基础上进一步强化“一岗双责”，征管工作职责分解到人，落实到户，并建立相应的约束机制。四是征管工作采用新考核办法，在考核中把分类管理同“11率”考核、征管软件运用、征管档案管理结合起来，利用其内在联系，理顺管理思路，用新考核办法使考核机制环环相扣，以此有效地促进税源管理向着深细方向发展，进而实现征管的全覆盖。

【征管质量和效率明显提高】2013年，市地税局结合以开展依法行政示范单位创建活动为抓手，以完成上级下达的组织收入任务为目标，通过依法行政、依法治税、全力提升税收收入质量。在依法行政方面，突出一个“严”字：严格规范执法行为，严格落实问责制，严防税收执法风险。充分发挥稽查作用，认真分析当前全市各地地方税收征管中的重点行业、重点区域和征管薄弱环节，根据金税三期所提供的有关数据，认真地研讨有关企业的纳税申报等相关信息，对其进行纳税评估并采取有效措施，收到较好效果。

同时，该局为了提高征管质量和效率，在征收工作中始终坚持精细化管理。一是在重点企业实行专业化管理，进一步完善重点企业税收管理业务体系。二是进一步完善评估模型，细化指标体系，提高风险应对能力，切实搞好数据质量管理，提高数据采集、整理、分析和应用水平。三是结合“发票管家”应用，科学做好纳税人定期定额核定和调整，加强零散税源管理。四是利用“金税三期”，搞好新网上报税系统推广工作，深化信息管税，有效提高征管质量和效率。

在依法行政中，该局认真落实税收优惠政策，切实维护纳税人的合法权益，开展纳税服务，促进征收工作，对提高征管质量和效率起到积极作用。

【2013年兴城市地税局领导成员】

局　　长　臧永军

副 局 长　于慧江（女）　周起生　徐春明　程树仁　贾国伟

（陈素梅）

金　　融

人　民　银　行

【概况】2013年，中国人民银行兴城市支行深入贯彻提升货币政策传导效能，深化作风建设和文明创建，加大金融创新，优化金融生态环境，有力地促进辖内经济金融持续、快速和健康发展。

年内，该行在涉农信贷政策导向效果评估具体实施过程中，坚持客观、公正、公平，依法尊重金融机构合理经营原则。通过评估，得出2013年涉农基础数据，农业银行兴城市支行达到优秀档次。开展对兴城市邮政储蓄银行的综合执法检查和全民普及反假币知识宣传活动。同时，高度重视社会管理综合治理工作，着力构建和谐稳定的工作环境和社会环境。根据单位实际，建立起长效、科学、实用的治安防范工作机制，落实各项治安防范措施，确保安全。2013年，该行被市委、市政府评为“社会管理综合治理工作先进单位”。

年末，全市金融机构各项存款余额1736985万元，比上年增加293619万元。其中，城乡居民储蓄存款余额1341115万元，比上年增加148207万元；各项贷款余额1137122万元，比上年增加377729万元。全市银行金融机构发展到16家。

【贯彻落实稳健货币政策】2013年，人民银行兴城支行积极贯彻落实稳健货币政策，取得显著效果。一是组织召开全市金融系统行长（主任）联席会，进一步分析当前经济金融形势和辖区经济金融运行情况，引导金融机构贯彻落实稳健货币政策。二是制定下发《2013年兴城市货币信贷工作指导意见》，提出年内全市货币信贷工作的总体要求、主要目标、工作重点和工作要求，切实执行稳健的货币政策。三是继续执行货币信贷报告制度，准确掌握各金融机构货币政策执行情况与风险控制情况。四是加强信用体系建设，积极把兴城市建成民众守信意识强、社会信用环境优良、信用管理机制健全有效的社会诚信环境。全年开展对全辖金融机构征信业务管理情况的检查，并对检查情况召开全辖各金融机构主要负责人参加的通报会。五是密切联系政府，引导商业银行信贷投放，支持地方经济发展。

【健全银行内控制度】2013年，人民银行兴城支行完善内控制度，不断优化现代化新型国库。一是对现有内部管理制度进行修订和完善，进一步健全各项管理制度。二是加强应急管理，提高处置突发事件能力。开展ABS系统应急演练，为做好日常会计核算工作打下坚实基础。三是加强印章、密钥、口令管理，严格按照管理制度，密钥到期重新认证、更新。四是认真做好TBS系统升级测试工作，开展业务操作培训、联调测试、数据迁移等工作，顺利完成TBS备用机德升级和联通测试工作。五是加强支付环境建设，推动金融惠民工程。对涉农金融机构的助农取款工作给予大力宣传和扶持。在辖区全面开展农村支付服务指标统计，详尽掌握农村支付环境现状和建设进展情况，按照行政区划绘制“兴城市银行卡助农取款服务点分布图”，以便掌握取款点的分布和建设取款点。

【2013年中国人民银行兴城市支行领导成员】

行　　长　王　青

副 行 长　安景杰　魏云海

（赵　义）

工　商　银　行

【概况】2013年，工商银行兴城市支行围绕全行的中心工作，立足实际，加快发展，完成各项工作任务。截至12月31日，全行各项存款余额107381万元，较年初增加5656万元，其中储蓄存款余额94483万元，较年初增加3693万元，较上年同期增加14903万元，完成序时计划的66%，市行排名第八位，占全市行总增量的12%，12月末四大国有商业银行增量排名第四；日均余额94394万元，较年初增加3317万元，完成市行计划的53%。对公存款余额12898万元，较年初增加1963万元，完成全年计划4671万元的42%，完成市行下达的必保计划，占全市行总增量的4.86%，市行排名第五位；日均余额11937万元，较年初下降3568万元。各项贷款余额51840万元，对公贷款时点余额34940万元，较年初减少17037万元，完成市行计划的70%，个人贷款时点余额16900万元，较年初增加3835万元，累计投放贷款326笔，金额6213万元。中间业务收入523万元，完成计划928万元的56%。实际利润1692万元，完成全年计划2876万元的59%。

【经营指标攻坚战】2013年，工行兴城支行年初召开支行旺季营销启动大会，做到早动员、早落实、早准备。个金专业出台《旺季营销工作安排》、对公专业《法人理财及贵金属业务旺季营销活动方案》，对旺季营销活动进行周密部署。开展劳动竞赛活动，充分调动员工营销积极性。一季度在全行开展“全民皆兵抓旺季党政工团齐联动旺季营销”主题活动，号召全行干部员工，模糊界限概念，协同作战，团结一心，全面实现首季开门红。严格考核方案，强化考核机制，与各部室签订经营目标责任状，确保各项任务的完成。加大对中层干部、指标部门和客户经理的考核力度，绩效与营销业绩挂钩，促进各项指标的稳步上升。一是按照市行奖励分配方案，支行奖励费用全额兑现到网点，各网点制定详细的分配细则，实现按劳取酬、多劳多得。二是支行出台《兴城支行2013年综合组织绩效考核管理办法》，考核指标实行动态调整，每季度初支行将根据省市行工作重点和支行经营实际，对本季度挂钩的考核指标进行调整。三是旺季营销中，所有员工实行“积分派单制”考核，对每名员工下达储蓄存款和各类产品的营销计划，根据营销情况实行千分制考核，营销得分情况与综合组织绩效以及年终考评挂钩，发动全员力量开展营销。

截至3月末，全行储蓄存款净增1.63亿。位居兴城地区同业第一、网均第一，实现领跑同业的目标。所辖5个网点全部超额完成计划。兴城支行获葫芦岛市行颁发的个金业务“支行综合贡献奖”“储蓄存款特殊贡献奖”，所辖营业部、七彩城、首阳、鼓楼4个网点获“网点储蓄存款特殊贡献奖”，有5名客户经理获得“优胜（优秀）客户经理奖”。

【2013年中国工商银行兴城市支行领导成员】

行　　长　张　杰

副 行 长　董晓东（2013年3月离任）

　　　　　张　军（2013年3月任职）

　　　　　鲍　莉（女）

（于力君）

建　设　银　行

【概况】2013年，建设银行兴城市支行认真学习《红线手册》，坚持合规经营，强化可持续科学发展，全面开创工作新局面。存款快速增长，全口径时点存款余额161171万元，比年初新增18414万元。其中对公存款时点新增989万元；个人存款时点新增17425万元。全口径日均新增22540万元，其中对公存款日均新增3442万元；储蓄存款日均新增19098万元，全口径时点及日均新增均排在全区第二位。个贷业务呈现亮点，个人住房贷款累计发放7576万元，全区排名第一位；小企业贷款累计发放720万元，全区排名第三位。贷款质量继续保持良好，不良贷款率为0。中间业务完成良好，完成中间业务收入841万元，排在全区第一位。其中公司条线中间业务收入75万元，个人条线中间业务收入766万元。产品销售再创新高，共销售各种理财产品159953万元，三所一柜销售额均居全区前列。销售保险414万元，代理国债4029万元，代理基金2663万元，贵金属累计交易额793万元。贷记卡新增2497张。电子银行发展迅速，个人网银客户新增12897户，手机银行新增4348户，个人短信新增6440户。

【客户与产品营销】2013年，建行兴城支行充分挖潜，做好客户增长及产品营销工作。深入传导"始于客户需求、终于客户满意"的营销服务理念，用丰富的产品满足客户的需求，吸引、拓展和维护客户资源，全面提升客户的忠诚度和综合贡献度。公司条线不断深化"三银合作"模式，加强"银政、银企、银团"合作关系，服务地方经济，扩大客户群体。对辖内50万元以上客户及政府相关机构客户进行逐户走访，了解客户需求，密切合作关系，对稳定对公客户及存款、做好项目储备起到重要作用。

通过开展"赛服务，创佳绩"活动，全年共组织上门营销活动130余次，新增个人结算账户20878户，对私时点存款达124238万元，销售理财产品16亿元，个人网银客户新增12897户，手机银行新增4348户，个人短信新增6440户。特别是旅游所充分利用E终端，为部队官兵提供上门服务，电子银行业务在省分行名列前茅，获得嘉奖。

【个贷业务】2013年，建行兴城支行着力拓展，打造个贷业务王牌。一是在"提高贡献，稳定质量"的前提下，着力做好个贷业务拓展，持续加大优质楼盘营销，保持楼盘储备和客户资源的稳定增长。全年共签约"世纪华府""海上丽景""金秋园""东方俪城"等4个楼盘，累计发放个人住房贷款367户，金额7576万元，个贷业务成为该行新的发展亮点及业务发展王牌。二是充分依托该行与住房管理中心的良好合作关系，做好公积金存款的归集及委托贷款的发放工作。共归集公积金存款5672万元，发放公积金委托贷款10548万元。

【公务卡营销】2013年，兴城地区在预算单位全面推行公务卡，支行全行上下对营销公务卡工作高度重视，行领导与当地财政部门沟通协调，在当地各家银行的激烈竞争中，成功争取到59家机关事业单位的公务卡发卡任务。各部室密切配合，抽调业务骨干，组成多个服务小组，多次深入机关、事业单位逐户提供上门服务，现场指导，签订协议，解惑答疑，手把手指导填写申请表，达到客户满意。成功签订协议59份，发卡890张。

同时，该行做好八一工资卡辅卡的试点发卡工作，与试点单位沈阳军区兴城疗养院密切合作，克服时间紧迫、流程生疏等多种困难，在总行、省行、市行的多方支持指导下，在规定时间内将工资卡辅卡发放到部队官兵手中，圆满完成发卡试点工作，受到总行、省行调研组的表扬。

【2013年中国建设银行兴城市支行领导成员】

行　　长　牛力增

副 行 长　陈洪仲　白凤朝

（王春燕）

农业银行

【概况】2013年，农业银行兴城市支行存款、贷款、中间业务等重要指标取得有效增长，在全地区四大国有银行中，该行存款、贷款增量增幅双第一。各项存款有效增长。截至12月31日，全行各项存款余额229199万元，较年初净增27863万元。其中，个人储蓄存款时点余额194354万元，较年初净增15000万元，完成全年计划的81.08%，全市排名第二；对公存款余额33080万元，较年初净增11401万元，完成计划193.24，其中同业存款余额1765万元，较年初净增1462万元，完成计划443.03%；日均13931万元，较年初净增459万元。资产业务稳步推进，不良资产清收成果显著。截至12月31

日，全行各项贷款余额29026万元，较年初净增10321万元。其中，法人贷款余额12625万元，比年初新增2135万元，完成全年任务的610%；个人贷款（含农户贷款）余额16401万元，较年初净增8186万元，完成全年任务的181.91%。其中，小额农户贷款余额1255万元，全年累计发放1316万元，较年初下降360万元。委托不良贷款清收137万元，完成计划170%，实现清收额、完成率全市双第一。

中间业务收入、利润完成较好。截至12月31日，全行实现中间业务收入1106万元，完成计划100.68%，同比多收190万元。实现拨备后利润1712万元，完成计划85.17%，同比增加629万元。国际结算营销成果显著。全年实现国际结算量3681万美元，全市排名第二；跨境结算量1123万美元，全市排名第一；结售汇业务量2920万美元，全市排名第二；实现中间业务收入38万元，全市排名第二。银行卡电子银行等中间业务收入完成较快。截至12月31日，企业网银新增134户，完成全年计划121.8%；企业消息102户，完成全年计划170%；企业电话109户，完成全年计划218%。POS商户当年新增29户，转账电话当年新增154台。信用卡分期净增额3021万元，全市排名第二；信用卡中间业务收入253万，全市排名第一；新增借记卡发卡量14452张，完成全年计划170%，增量全市排名第二；新增贷记卡1243张，完成全年计划54%。

其他任务指标完成情况。兴城支行对公账户折效户数净增87户，完成计划181.3%。日均5万元至10万元账户新增8户，日均50万元至100万元账户新增4户，日均1000万元以上客户新增2户。新增个人优质客户1140户，完成计划123.91%，全市排名第三。个人理财产品销售88131万元，完成全年计划55%，销售量全市排名第四；三方存管新增开户数434户，完成全年计划73%，净增量全市排名第一。黄金销售12006克，白银销售8440克。新增优质客户1046户，增量全市排名第二；存折清理2335户，增量全市排名第一。

【业务经营成果显著】2013年，农行兴城支行业务经营成效明显，稳步发展有效推进。一是以资产业务为切入点，积极营销法人客户。分别为兴城市子玉服饰有限公司发放简式快速贷款500万元，兴城市天宇体育用品有限公司发放简式快速贷款380万元，葫芦岛斯达威体育用品有限公司发放流动资金贷款1500万元，兴城市三奇制衣有限公司发放流动资金贷款200万元，兴城市信人体育用品有限公司发放流动资金贷款400万元，兴城市粉末冶金有限公司发放流动资金贷款4290万元，兴城市人民医院发放流动资金贷款3000万元，签发银行承兑汇票50笔，金额483万元。该行与兴城市人民医院建立牢固的合作关系，并签署上门收款业务服务协议，继续深化合作为其安装POS机、ATM等自助设备，同时协助医院在该行开立对公基本结算账户。

二是以新产品新业务对接客户需求，积极营销进出口企业。兴城支行为兴城市兴茂花生有限公司成功办理首笔出口贸易项目跨境人民币业务，交易金额229499.64元，折合国际结算量18.85万美元。为兴城市信人体育用品有限公司发放跨境参融通业务1笔，共计400万元人民币，折合国际结算量327万美元。为葫芦岛斯达威体育用品有限公司发放跨境参融通业务2笔，共计400万元人民币，折合国际结算量327万美元。该业务的成功办理丰富兴城支行国际业务品种，为下一步国际业务新产品的拓展奠定基础。

三是狠抓按揭贷款，强势推进个贷业务大发展。年内，支行以楼盘按揭为抓手，新营销楼盘6个，分别为葫芦岛乾瑞房地产开发有限公司开发的嘉山墅项目、葫芦岛丽汤旅游房地产开发有限公司的首山丽汤温泉旅游度假区、兴城铂翔房地产开发有限公司的通泰首府项目、兴城市亿金城房地产开发有限公司的金城花园项目、兴城宏亿房地产开发有限公司的水木馨居二期项目、兴城三和开发建设有限公司的河畔新城二期项目。新准入按揭楼盘3个，分别为通泰首府、金城花园及水木馨居二期。同时，支行不断丰富个贷业务品种，成功营销兴城兴隆大家庭购物中心D7街“旺铺贷”项目。

截至12月31日，个人一手住房贷款累计

发放385笔，金额7919.5万元；个人二手住房贷款累计发放16笔，金额350.5万元；个人商用房贷款累计发放3笔，金额145万元；个人助业贷款累计发放23笔，金额1138万元；农村个人生产经营贷款累计发放20笔，金额703万元；房抵贷贷款累计发放40笔，累放金额1049.5万元。

【重点项目营销】2013年，农行兴城支行抓重点项目营销，各项业务有序推进。一是银行卡、电子银行业务快速发展。由支行党委班子成员亲自带队，通过上门服务走访市政府、市财政局、教育局等多家单位，成功代理兴城预算单位公务卡结算业务，并成功发卡280张。为92853部队发放军人公务卡72张。支行积极走访部队客户，为辖内10家驻兴部队办理退役金卡702张，全部发放，累计金额761万元。同时，支行成功营销92198部队单位结算账户，并完成开户工作。通过银校合作，为大学城入校新生及高三毕业生发放借记卡1800余张，消息服务近1500户，网上银行842户。营销兴城市贝迪斯制衣有限公司、兵器部疗养院等单位代发工资业务，累计发放借记卡498张，短消息服务498户。在市分行的大力营销和协助下，支行为国家电网兴城供电分公司全体员工办理IC借记卡233张，为中核辽宁核电有限公司办理借记卡120张，悠然白金卡172张。在贷记卡业务快速推进的同时，支行严把信用风险，截至11月末，支行信用卡不良透支率仅为0.07%，全市排名第一。年初支行为兴城兴隆大家庭购物中心新布放4台商户分期POS机，累计布放商户分期POS机11台，完成省行新增“千百工程”优质法人客户1户的工作任务。

二是“惠农通”工程稳步推进。支行出台《兴城支行行级领导、本级部室包片实施方案》，由包片行长带领部室经理及网点人员，深入农户家中，对每个服务点进行走访。全年，信息机共采集客户资料226户，录入系统218户，成功安装203户。信息机共采集客户资料226户，录入系统218户，成功安装203户，实现中间业务收入60万元。“惠农通”现金代付点业务笔数98842笔，交易额3032.14万元。有效户数由年初的98户，增加到218户，全市排名第一。

三是深化新农保服务项目。为进一步扩展机构业务，加强支行与财政部门的合作，该行成功与兴城市城乡居民社会养老保险管理局签订代理农村非公办教师养老补贴代理合作协议。确定该行代理东辛庄、沙后所、红崖子、高家岭等4个乡镇300余名非公办教师养老补助资金的发放业务。发放惠农卡300张，短消息服务、手机银行、电话银行各300户，年增日均存款近30万元，在实现良好的经济收益的同时，能够产生良好的社会效益。

【2013年中国农业银行兴城市支行领导成员】

行　　长　霍卫民（2013年4月离任）
　　　　　胡　浩（2013年4月任职）
副 行 长　潘永廷（2013年4月离任）
　　　　　王绍军（2013年4月离任）
　　　　　刘春鹏（2013年4月离任）
　　　　　高　莹（女，2013年4月任职）
　　　　　李　敏（女，2013年4月任职）

（杨晨星）

中　国　银　行

【概况】2013年，中国银行兴城市支行认真贯彻执行上级行“挣收入抢资源、谋发展促升级”的主线，以“收入、质量、效益”为中心，紧紧围绕市行下达的绩效考核指标，扎实工作，开拓进取，较好地完成全年工作目标。截至年末，全行人民币储蓄存款余额57010万元，较年初新增5694万元，完成全年计划的121%。人民币对公存款余额23055万元，较年初新增5825万元，完成全年计划的145%。贷款余额54792万元；比年初增3723万元，正常类贷款54680万元，关注类贷款112万元。网银业务，个人网银新增户3650个，企业网银交易客户新增60户，手机网银交易客户新增693户。信用IC卡新增发卡量231，白金信用IC卡发卡量47，保障卡新增69，卡专项分期1059。中保余额4.68万元。代发薪资金量8398。三方存管163。净利息收入

2775.6万元，非利息净收入335.08万元。基本存款账户新增33户。

【存款工作】2013年，中行兴城支行为尽快改变全行储蓄存款工作的现状，充分发挥员工的主动性和积极性，以市行组织的“开门红”活动为契机，以部门为考核单位，对储蓄存款分时点和日均双线考核，由部门量化指标到个人，同时在员工中倡导“存款立行”的思维理念，多次强调存款工作特别是储蓄存款工作对中行生存的重要性，行班子成员以自身为表率，积极营销优质大客户，部门负责人以身作则，不断拓宽揽存渠道，员工全体行动，摒弃等靠心理，积极主动营销，较好地完成任务指标。

年内，该行发挥理财产品多品种优势，为客户多渠道搭建理财平台，做大中间业务。一是加大宣传、营销力度，增加理财客户开户量。利用客户前来咨询基金、业务的机会，一方面提醒客户投资的风险，另一方面各个网点配备大堂和理财经理，且对理财人员进行专业培训，客户进一步了解理财产品，认购理财产品。二是加大贷记卡、白金卡发卡力度。将任务指标直接分解到每位员工，同时积极为客户创造用卡环境，促进银行卡业务的开展。三是为客户办理银证转账业务，提供更为专业的理财服务。

2013年，该行始终坚持各层面不定期对网点员工的服务、着装、纪律、业务技能等方面进行检查。同时按照市行下达的机关及营业网点服务检查评分标准的要求，责成综合部每周对所辖网点及部门的服务等方面工作进行检查，检查主要采取现场检查及调阅录像检查相结合的形式，对细节检查上下足功夫，并对检查结果及时下发通报。每次通报都对网点及部门服务工作中存在的问题及时指正。结合辽宁省沿海“五点一线”经济带建设，紧紧抓住临海产业区建设的大好时机及泳装业在兴城的强大优势，加大营销力度。同时吸纳房地产业、财政专户在内优质客户群体，做大做优资产业务，努力提高核心竞争力，为该行的良性发展打下坚实的基础。

【贷款工作】2013年，中行兴城支行防范风险，加大不良贷款清收力度的同时，大力发展资产业务。关注泳装业及地产业的发展进程，全方位提供优质服务。与燕沙制衣、银象宁远城等密切合作，并派专职客户经理及时掌握其企业信息，做好沟通与营销工作，为其提供优质服务，燕沙制衣在该行开立本外币账户，银象宁远城开立结算账户。在防范风险的前提下，开展宣传活动，客户更进一步了解消贷业务品种及其在同业中的优势，继续做亮消贷品牌业务。首先密切关注开发商开发动态，积极营销新的合作商户，为消贷业务发展增强后劲，夯实基础；关注泳装业，使其成为新的业务增长点。注重贷款资料真实性的审查工作，确保每笔业务的真实性，认真逐笔做好实地考察和家访，杜绝虚假按揭情况的发生，确保新项目下零售贷款零不良余额。同时做好个人抵押循环贷款、出国留学保证金贷款等业务，消贷业务继续领跑地区同业，品牌业务进一步做大、做优、做强，零售贷款业务健康开展。

年内，该行以产品促发展的营销理念，推进中小企业贷款发放及卡分期工作，不断加大对中小企业的营销力度，客户经理具备敏锐的市场洞察力和分析能力，适时营销客户和推荐使用产品，实现年度中小企业贷款发放和卡分期两项指标的全面完成。并通过业务的开展和产品的推荐，基础客户群更全面、更优质，更有持续的发展能力，实现客户维护与中间业务收入增长的工作目标。

【2013年中国银行兴城市支行领导成员】

行　　长　薛大志（2013年10月离任）
　　　　　金　丽（女，2013年10月任职）
副 行 长　李　刚（2013年10月离任）
　　　　　庞　博（2013年10月任职）
　　　　　王　飞（女，2013年11月任职）

（郝　艳）

兴城农村商业银行

【概况】2013年，辽宁兴城农村商业银行股份有限公司扎实开展经营工作，主要业务指标全面完成省联社核定的增长计划；把握历史机遇，完成农信社改制组建农商行工作；完善法人治理机制，提高综合服务能力及合规管理水平；加强党建工作和员工队伍建设，为提高执行力提供基础保障。全年各项经营指标全面进步。

截至12月31日，全行各项存款较年初净增102875万元，完成计划63000万元的163.29%。各项贷款较年初净增88350万元，完成计划70000万元的126.21%。涉农贷款增量85945万元，完成计划67100万元的128.08%。农户贷款增量17118万元，完成计划15000万元的114.12%。小微企业贷款余额40734万元，增量19534万元。经营利润14370万元，完成计划14330万元的100.28%。资本充足率13.87%，较年初提高8.28个百分点。

【改制工作】2013年，兴城农商行在银监会批准其筹建后，加快工作步伐，及时完善开业请示材料和各项法律程序。辽宁银监局于7月下旬批准兴城农商行开业，核准公司章程和董事、监事、支行行长等各类高管人员的任职资格。8月30日，该行正式开业后，依据股份制商业银行的治理要求，进一步健全法人治理机制，重点做了三方面工作。一是印发第一届董事会第一次会议表决通过及行长办公会审议通过的38项内部管理制度，实现各项工作、各项业务的有章可循。二是先后召开第一届股东大会第二次会议、第一届董事会第二次会议、第三次会议和第一届监事会第二次会议，表决通过“非检”方案、薪酬分配与绩效考核框架方案等重要决议，进一步推进激励约束机制建设。三是召开全辖高管人员工作会议，外聘专业团队开展全行员工执行力建设培训班和解读党的十八届三中全会精神高管人员培训会议，促进思想统一和全员思维转换。

【绩效考核】2013年，兴城农商行深入开展绩效考核，发挥激励约束机制优势。年初，制定并印发《2013年综合绩效考核实施方案》，将各项经营指标和主要管理指标纳入到绩效考核范畴，把省联社核定的经营计划指标分解落实到各营业机构，同时督促各营业机构将指标进一步落实到人。在此基础上，与各营业机构负责人签订《2013年度经营目标责任状》，以责任的形式促进各项业务的有序推进。根据农商行自身发展的需要，在9月份经董事会表决同意，对绩效考核办法及薪酬分配方案进行修订，并对存款、收息等部分业务指标进行微调，同时通过落实干部联系点制度、召开经营工作紧急调度会等形式，加大对基层支行的指标督导力度，促进各项业务指标的均衡增长。

【组织资金工作】2013年，兴城农商行持续加大资金组织工作力度，初步建立起存款营销的长效机制。一是深入开展存款竞赛活动，先后开展“支农杯”存款竞赛和“农商行杯”存款竞赛，两个竞赛分别实现1.8亿元和2.6亿元的增存目标，推进存款余额的快速增长。二是加强与地方党政的沟通协调，通过领导班子沟通、基层营业机构跟进的上下联动营销方式，年内成功吸收青山水库等项目流动资金存款2.3亿元。三是加强服务促进增存，与基层营业机构负责人签订《优质文明规范服务责任状》，年内集中开展3次优质文明服务礼仪培训班，并将优服工作作为“非检”检查的重要内容，多措并举，有效地强化全员的自觉服务意识，提高综合服务水平，为各项存款特别是对公存款的自然增长奠定坚实基础。

【贷款营销机制】2013年，兴城农商行在深入了解县域经济结构特点和客户实际信贷需求的基础上，明确“坚持三农市场定位、全力支持县域经济发展”的信贷经营方向，不断加强贷款营销机制建设，规范业务操作流程，信贷服务有效发挥促进城乡经济发展和产业结构升级的作用。一是规范贷款业务流程，完善信贷业务前、中、后台各岗位人员配置，结合CM2013信贷管理系统正式上线运营，加强对全辖信贷人员的培训，提高信贷业务办理效率。二是明确“三农”市场定位和信贷投向，在保障全市春耕备耕信贷需求的基础上，信贷投放重点支持设施农业、设施渔业、特色农业、农产品加工、各类农民专业生产合作社等涉农产业发展。同时结合兴城市泳装等产业快速健康发展的新形势，审慎地支持泳装生产、海产品加工等小微企业发展，年初以来净投放小微企业贷款19534万元。其中，对泳装行业的小微企业信贷投放形成地域特色，被中国纺织工业联合会授予“纺织产业集群地区发展服务奖”，为省联社“微商贷”和该行“兴农通”产品推广积累成熟经验和稳定的客户资源。三是深入推进“阳光信贷工程”建设，对外印发宣传手册、晚报和期刊平面广告11万份，扩大“阳光信贷”的服务品牌效应。对内印发并执行《“阳光信贷”工程实施方案》，促进全辖信贷人员的思维转换，提高信贷服务质量。四是积极投放妇女创业小额担保贷款，与兴城市财政局、劳动和社会保障局、人民银行、妇联4部门联合，全年累计向317名妇女发放小额创业担保贷款1585万元。

【会计管理工作】2013年，兴城农商行落实省联社关于会计专项整治的工作部署，通过加强对账、身份信息核查、会计检查等举措，不断完善会计管理机制，全力提高合规核算水平。一是进一步加强对账管理。及时对基层营业机构的会计进行培训，提高全辖会计人员对银企对账工作重要性的认识，同时提高银企对账率。二是扎实开展个人存量身份信息核查工作。积极与各项惠农资金的代发机构进行沟通协调。截至12月末，核查工作全面完成。三是认真贯彻“两综合、两管理”的要求，结合财政惠农资金“一卡通”业务的开展，对24种财政涉农补贴进行归并。四是加大会计核算管理工作检查频率。组织会计、稽核、负债等部门组成联合检查组，实行定期检查和不定期抽查，累计检查29个工作日，检查面达100%。

【农商行内部管理】2013年，兴城农商行结合筹建及挂牌开业工作，注重加强法人治理机制建设，不断提高综合服务能力和管理水平，为全面适应新的运营模式做出充分准备。

一是发挥稽核职能，提高全员合规意识。稽核部全年共开展专项稽核4次、常规稽核检查4次，稽核报告累计提出整改要求23个，针对被检查单位管理相对薄弱环节提出稽核建议3条，现场稽核累计达121个工作日，有效规范业务秩序，增强全员的合规经营意识。

二是完善责任机制，推进监察保卫制度落到实处。年内加强组织领导，实行“一岗双责”。联社“一把手”分别和机关部室、基层营业机构签订《党风廉政建设工作责任状》《案件防控综合治理责任状》《“三防一保”责任状》，并发放《营业网点安全管理工作日志》，明确责任主体、责任内容、责任考核与责任追究，形成党委统一领导、班子齐抓共管、纪检协调督促、部门各负其责、员工共同参与的工作机制。强化学习教育，提高防范意识与能力。在对内开展党性教育、廉政教育、会员卡清退的基础上，对外与兴城市公安局联合开展防范和打击非法集资等宣传教育活动。认真开展各类演练，共集中开展防火、防盗抢等各类演练40余次，有效提高全员的安全防范技能。加强物防建设和技防改造工作。先后对25家营业网点进行监控设备等安防设施改造，在菊花岛支行安装远程监控系统，提高物防和技防水平。同时，开展“九种人”排查、案件风险专项排查等各类检查50余次，将案件防控工作常抓不懈。全年全行监察保卫工作实现零发案，并先后获得辽宁省公安厅授予的“十八大安保工作先进集体”“十二运期间企业内部安全保卫工作先进集体”等多项荣誉。

三是发挥科技支撑作用，保障业务畅通。科技信息部在做好硬件和网络设备维护和保养的基础上，顺利完成移动网络拓普改造工程，充分发挥科技对经营、管理全面工作的技术支持作用。做好硬件、网络设备的维护保养工作，制定应急维修、防雷等工作预案，在雨季之前集中开展防雷设施检查，确保业务系统畅通。加强中心机房管理，制定并执行日检、月检和季检计划，确保机房安全无事故。做好业务系统的升级工作，对全辖信贷管理业务用机全面升级，安装终端控制软件，保障信贷管理系统正常、安全、高效运行。加强技术培训与服务，确保各营业机构设备维护人员全部掌握相关基础知识，每月对设备管理情况进行综合评分，强化基层员工维护网络设备的责任意识。

四是强化人力资源服务职能，提高干部员工队伍素质。人力资源部在完成基层领导班子及成员考核的基础上，明确干部选拔、四项制度等工作重点。充分发挥服务职能，在保障干部员工的切身利益的同时，有效提高队伍素质。认真做好基层班子和员工的年度考核工作，将年度考核结果与基层班子和干部选拔、任用、调整有机结合，提高基层领导班子的战斗力和凝聚力。认真贯彻落实四项制度，促进业务经营的健康运行。深入开展员工培训，提高干部员工综合素质。年内协调机关各部室举办各类培训班21期，培训人员1345人次，并将职业道德教育融入到各类培训当中，有力地提高干部员工的综合素质。做好新员工录用工作。认真做好社会保险统筹工作，解除员工后顾之忧。配合省联社、当地公安机关完成全行干部员工的信息备案工作。

五是发挥工会职能，调动全员工作积极性。落实上级工会的工作部署，从工会角度深入开展创先争优活动，结合“办实事解民忧惠民生”等要求，组织全行员工进行健康检查，定期对辖内10余名困难职工及退休职工进行走访慰问，并针对员工或其家属因癌致贫的情况积极协调争取省联社专项帮扶资金。加强“五小”建设，先后改建多家基层营业机构的食堂，全辖员工的用餐条件得到明显改善。积极组织员工参与各类文体活动，先后开展“关爱女员工健康知识讲座”“五四青年节登山”等主题活动，成功主办或协办兴城市“农商银行杯”第十二届职工乒乓球比赛、青年歌手电视大奖赛等文体赛事，激发员工的爱岗敬业精神和工作热情。年内，该行被省联社工会授予“2012～2013年度先进职工之家”称号。

【2013年辽宁兴城农村商业银行股份有限公司领导成员】

董事长 李　刚
行　长 郭　建
监事长 戴　强
副行长 徐宏伟（2013年8月任职）

（陈　帅）

农业发展银行

【概况】2013年，农业发展银行兴城市支行为确保各项业务经营指标顺利完成，对各项指标进行阶段性分解，并明确相关部门和人员的责任，建立相应的奖惩机制。到年末，各项存款余额10160万元，超市行任务4079万元；实现中间业务收入10.15万元，完成年度任务108%。实现国际业务结算量528.81万美元，超年度任务128.81万美元；实现利润879万元，完成全年任务的120%；地方财政补贴到位率继续实现按季足额到位。

【存款组织与管理】2013年，农发行兴城支行制定《兴城市支行存款组织专项奖励办法》，明确对引进非贷款户企业对公存款及同业存款的员工按日均万分之一予以费用补贴奖励，充分调动全行员工的积极性。同时重点抓四方面工作，一是确保派生存款不流失，通过严格按需支付信贷资金，认真监管企业回流资金，确保信贷资金不转移、不挪用、回笼资金全额归行，有效提高开户企业存款占用水平，全年开户企业实现日均存款4406万元，同比增加940万元。二是力保存量存款不下滑。上年与农商行签订的4个月同业存款1000万元到期后，该行及时进行沟通并力争其继续留存一年，在提升存款占用水平的同时，其0.385%的利率档次为该行全年增加28万元的利润。三是积极发展新的存款客户资源。分别有1户小贷公司和1户民营企业在该行开立一般存款账户，其中小贷公司其贷款发放间隙结余的资本金存于该行，6月份其700万元资本金回笼该行占用4天。四是民营企业其经营资金通过该行周转。

【国际业务和中间业务】2013年，农发行兴城支行制定《兴城市支行国际结算业务奖励办法》，明确对员工新发展的国际结算客户，按其实现的业务量予以千分之一的奖励，有效促进国际结算业务的发展。重点组织开展三方面工作。一是确保已开立账户的企业全额通过该行结算，通过进一步加大沟通、检查和监督工作，有效地解决已开立国际结算账户企业在他行结算的问题，大幅度增加该行的国际业务结算量，到年末，实现国际结算业务量528.81万美元。二是积极营销新客户，全年累计营销新国结客户2户，签订国际结算合同150万美元，其中年内结算量16.95万元。三是确保中间业务应收尽收。对符合评级和咨询顾问收费标准的德泰公司收取相关费用，同时对开户企业明确提出其资产和相关库存要通过该行代理开展保险业务，开户企业通过该行对县级储备库存、保险到期的车辆进行投保，实现保险业务零突破，保费收入0.26万元。

【财政补贴工作】2013年，农发行兴城支行制订《兴城市支行地方补贴到位工作奖惩办法》，对地方财政补贴到位工作建立奖惩机制，实行责任制管理，确保地方财政补贴到位继续保持良好势头，全年实现本息足额均衡到位。明确行长、客户部副主管、客户经理及会计业务部作为责任人，一把手负总责，并明确各责任人的工作职责、操作流程及奖惩标准，就中长期贷款本息归还，及时与政府、财政、平台公司签订纳入预算的承诺书和还款协议书。在实际工作中，对已经上划为市级储备的贷款利息，通过工作实现补贴未到位时由县级财政先行垫付，进而确保全年实现市县两级地方财政补贴996万元按季均衡到位。

【银行业务】2013年，农发行兴城支行年初提出从优化服务入手，加大支农信贷投入，切实履行好信贷支农职责，并以此解决兴城行信贷规模偏小、发展后劲不足的问题，经过全年工作初见成效。全年累计投放各类贷款63984万元，到年末各项贷款余额78822万元，较年初净增42982万元。

一是树立企业需求为先的服务理念。支行逐家企业进行走访慰问，并对企业相关需求进行调研，对企业各种需求在确保合法合规的前提下尽力解决。由于粮油市场低迷，企业经营利润大幅下滑，部分企业提出贷款逐笔发放，回笼资金及时收贷的要求，客户经理第一时间给予满足，帮助企业降低经营成本。以企业需求为先的服务理念，进一步密切银企之间的合作关系，企业更加主动地接受监督与管理，并帮助该行解决一些经营上的问题。

二是扎实做好粮油信贷业务。根据兴城市没有国有粮食收购企业和大型贸易企业的实际情况，支行以支持兴城直属库和红崖子储备库为重点，通过认真执行国家粮油收购和调控政策，确保企业增储、轮换及托市收购计划的顺利实施，保证地产粮食收购工作的开展，全年累计投放各类储备贷款58334万元，支持企业收购、调入粮食7448万公斤。通过早安排、早计划、早到位开展对2户花生企业的信贷支持工作，全年累计投放花生收购贷款5650万元，通过周转使用支持企业收购花生459.54万公斤。

三是积极发展中长期信贷业务。为进一步加大对地方经济发展的支持力度，重点开展中长期贷款营销工作。年初向兴城市委、市政府报送《兴城市农发行信贷支农报告》，对近年来该行信贷支农情况，当前信贷政策及年内的信贷支农思路做了汇报，同时积极做好与兴城金融办的沟通协调工作，积极推进项目营销工作。经政府立项，金融办牵头向该行申报土地储备贷款项目1个，贷款额度2亿元，到年末项目设计的土地指标已经下达，各项资料正在整理完善之中。

【2013年中国农业发展银行兴城市支行领导成员】

行　　长　宋　平（女）

副 行 长　张东民　王碧岩

（宋　平）

商贸流通

商务服务业

【概况】2013 年，兴城市服务业局加强市场体系建设和监管，加大商务执法力度，积极服务于全市经济发展大局。全市为加快发展现代服务业，优化服务业空间布局，突出区域优势产业的聚集效应和辐射功能，规划古城、温泉、滨海温泉新城、物流、中心商贸五大服务业集聚区。年内，古城旅游休闲集聚区、温泉休闲体验集聚区完成规划，并开工建设；滨海温泉新城度假旅游和总部基地集聚区、铁西物流集聚区控制性详细规划编制完成，南关中心商贸集聚区前期工作正在推进。

2013 年，兴城市社会消费品零售总额 639433 万元，比上年增长 13.8%。分行业看，批发零售贸易业实现零售额 564722 万元，比上年增长 13%；住宿餐饮业实现零售额 74711 万元，比上年增长 20.3%。城镇实现零售额 429321 万元，比上年增长 13.8%；乡村实现零售额 210112 万元，比上年增长 13.9%。

【服务业企业发展】2013 年，市服务业局积极促进服务业企业发展。一是服务业限上批零住餐企业。全市有限上批零住餐企业 15 家（原 18 家，停业 3 家），全年新增 10 家，增长 66%。为完成目标，采取服务业局、工商局等 8 家部门和单位与企业结“对子”的办法，一对一上门帮扶，扶持企业发展。二是服务业限上企业。全市有限上企业 72 家，全年新增 11 家（含限上批零住餐企业 10 家），增长 15%。三是服务业领军企业。全市有 5 家服务业领军企业，销售收入 8.75 亿元，平均增速 25%，全部实现增长 15% 以上（指标 15%）。其中兴隆大家庭增长 45%；天喜商贸有限公司增长 23%；宏亿房地产开发有限公司增长 20%；绿斯雅农副食品有限公司增长 17%；菊花女食品加工有限公司增长 20%。上述 5 家企业全年营业收入 12.9 亿元，平均增速 26%。

年内，为提高服务业企业营业收入，全市积极发展“夜经济”，出台《关于加快全市“夜经济”发展的实施方案》，培育南关购物街区、海滨餐饮娱乐区等特色街区，在宁远广场、海滨广场等区域组织大型文艺演出 10 余次，鼓励兴隆大家庭、铁西农贸市场等重点商贸流通企业延时经营，促进夜经济的繁荣发展。三季度全市服务业企业夜间销售收入普遍占全天销售收入的 50% 以上。同时，组织召开 24 家重点批零住餐企业座谈会，全面了解掌握各企业发展情况，健全服务业统计制度，对服务业主要统计数据实行月调度、月分析，动态监测，发现问题及时处理解决。

【重点项目进展情况】2013 年，全市有 8 个项目被列入葫芦岛市服务业重点项目，总投资 52.5 亿元，全部开工建设。其中，比基尼广场展览中心完成主体框架、商业街区正在进行基础施工；大红门物流商贸城建材城及家具灯饰城地下、地上一层已经完工；红崖子花生物流园住宅主体完工、交易大厅正在建设；首山丽汤温泉度假区一期工程酒店部分主体封顶；金天屹城市综合体住宅部分主体完工；兴隆大家庭二期完成地上三层主体建设；宁远客栈、戏院场地及红麦坊温泉度假村完成场地平整工作。

【商务执法】2013 年，市服务业局着力强化市场监管，加大商务执法力度。一是加强生猪定点屠宰。加大生猪屠宰管理执法检查力度，半年对屠宰厂（场）检查20余次，查获未经检验合格肉品60公斤，依法进行销毁。提升生猪定点屠宰企业硬件设施，认真开展第二批次换发证工作。年内，全市生猪屠宰厂（场）缩减为15个，并换发A证企业1户，B证企业14户。

二是加强酒类市场监管。严格实行零售经营备案登记和溯源制度。规范酒类流通秩序，全面落实“随附单”制度。年内有1019家酒类流通企业及2家生产销售企业进行备案，领走配送随附单70余本，按季开展执法检查，确保酒类商品消费安全。全年共查处非法经营、销售假冒伪劣酒类商品2起，有效地净化全市酒类商品市场。

三是加强食品安全监管。成立食品安全工作领导小组，由单位主要负责人任组长，分管领导任副组长，相关科室负责人为成员，具体工作由内贸股负责。建立屠宰企业工作会议制度，每月召开一次业主工作会议，及时传达有关工作要求和做好政策法规宣传。加强生猪定点屠宰厂（场）肉品安全卫生状况的日常监督和管理，督促业主严格执行各项规章制度，及时做好卫生管理和消毒工作，有效防控猪源性疫病传播和扩散。

四是抓好企业的安全生产工作和安全生产专项整治。积极整顿商城（场）行业和屠宰行业的安全秩序，从组织机构建章建制监督检查入手，要求商城（场）行业各购销、运输、储存、使用单位切实履行安全职责，屠宰行业严格执行全员持证上岗，特种设施、特种设备定期检测合格方可使用。局安全工作领导小组对全市生猪定点屠宰企业安全生产工作情况一月一查。

五是市场运行监测和调度到位。认真做好各类市场监测报表报送工作，并督促各样本监测企业加强报表报送工作，完善市场运行监测系统；及时向社会发布监测信息，指导企业积极组织货源，做好外运与内供工作，确保市场供应不断档、不脱销。落实好应急储备企业，全市各大超市、市场商品储备充足，商品种类丰富，物价基本稳定，可保障应急之需。

【市场建设】2013年，市服务业局着力加强市场体系建设，促进经济转型升级。一是继续实施“万村千乡市场工程”。全市“万村千乡市场工程”自启动以来，规模不断扩大，覆盖全市27个乡镇、街道，200多个行政村，乡镇覆盖率达100%。年内完成近300户的信息化改造工程，并积极促进建设鲜活农产品冷链系统、仓储库房、电子商务等。

二是做好商贸镇建设的摸底工作。按照省市商贸城镇建设管理规范文件要求，结合市“十二五”规划，对全市符合商贸镇建设的乡、镇进行摸底调查，为政府开展城镇化决策，提供有力发展的依据。

三是围绕市委、市政府的中心工作，进一步加快市场建设。该局积极做好铁西农贸市场的建设工作，该惠民工程于上年10月1日开工建设，总投资3900万元，占地1公顷，建筑面积达10380平方米，经过紧张施工建设，于年内7月1日正式运营，填补兴城市缺少高端标准化农贸市场的空白，缓解南关中心城区市场的压力，方便群众生活，进一步改善全市农贸市场的消费环境。

四是组织专业技术人员并筹措资金，编辑出版《全羊席》一书。该书以图文并茂形式，传承传统全羊席的技艺，填补省内该方面书籍的空白，为申报省级餐饮类非物资文化遗产奠定基础。

五是积极发展散装水泥，争创模范县市区。该局自挂牌成立散装水泥办公室，监管全市发展推广散装水泥工作以来，为适应散装水泥“三位一体”发展要求，走访全市水泥相关企业8家、建筑工地10家。

【2013年兴城市服务业局领导成员】

局　　长　隋文发

副 局 长　王　立　李博学　马学斌

（王　立）

供销合作经济

【概况】2013年，兴城市供销合作社联合社结合供销系统的工作实际，把握城乡一体化发展和新农村建设机遇，践行服务宗旨，着力构建供销社为“三农”服务的新型流通网络体系建设。在促进企业改制、发展农村现代流通、农业产业结构调整、安全生产等方面取得新的进展和明显成效。

年内，围绕农业产业结构调整，确保农用物资供应。生产资料销售总额7043万元，销售化肥20980吨，销售金额6294万元；销售农药281吨，销售金额623万元；销售农膜97吨，销售金额126万元。全年，全市供销系统购进商品总额8240万元，销售商品总额实现1.36亿元，利润实现130万元。

【供销企业改制】2013年，市供销联社在职工安置和一次性补偿金发放工作中，主要采取的方法是“三公开”“一透明”。三公开：即公开方案，公开发放标准，公开职工补偿金数额。一透明：就是在发放过程政策透明，不搞暗箱操作，让职工安心，最大程度达到公开公平公正，让职工都吃上定心丸。年内，圆满完成物资回收公司职工安置一次性补偿金发放工作。共妥善安置物资回收公司职工316人，其中在职职工194人，退休职工122人。发放款项14项，累及发放资金748.3万元。彻底解决企业职工的后顾之忧，解决退休人员老有所养问题，维护企业的稳定和社会的和谐。

【供销网络建设和基层社的改造】2013年，市供销联社继续围绕新型农村现代化经营服务体系和为农服务组织体系建设开展工作。一是在自我完善和发展的基础上主动出击，加大项目申报力度，积极争取有关部门对项目支持，通过“新网工程”和农业综合开发示范项目申报，争取利农惠农建设扶持资金。二是充分利用供销社基层经营网络，通过网点改造、资产重组、社会加盟等多种形式，组建日用消费品和农业生产资料连锁店，组建农村综合服务社。物资回收公司再生资源分拣加工中心和海滨供销社综合服务中心两个建设项目正在申报筹建中。

同时，狠抓农资公司农资储备配送中心网络建设项目的续建工作。大寨农资配送中心和红崖子农资配送中心建筑面积2400平方米，可储备农资3000吨，充分发挥农资配送中心的主渠道作用。通过现代化交易方式，大大减少流通环节，降低成本，保障供应，促进农资物流配送中心经济繁荣。

【供销企业安全生产经营】2013年，市供销联社为确保企业安全生产经营，防止重大事故的发生，对下属的两个重点企业烟花爆竹经营处和民爆器材公司库区投入10万元进行安全维护。一是修护加固烟花爆竹库区围墙100延长米。二是在两座库区内新增监控设备。三是维修库区内的防爆土堤100立方米。四是扩建消防贮水池。同时定期对两家企业进行安全检查。按照全覆盖、零容忍、严执法、重实效的原则，扎扎实实进行安全生产大检查。检查项目有安全生产责任制落实情况，安全规章制度执行情况，防火设施装备的完好状况，烟花爆竹仓储、民爆器材仓储情况，相关的安全设施配备情况，消防器材使用进行现场测试等方面。全面排查和治理系统内各类安全生产隐患，深化业务领域安全专项整治，建立健全隐患排查治理制度和重大危险源监控机制，提高全系统安全生产保障水平，有效地防范和遏制生产经营事故。

【2013年兴城市供销合作社联合社领导成员】

理事会主任	闫守庆
监事会主任	赵春义
理事会副主任	张云山
	佟艳民（2013年12月任职）

（李长仁）

粮 食 购 销

【概况】2013年，兴城市粮食局依粮食监督检查职能、权限，对兴城市域内持有《粮食收购许可证》的涉粮企业、经营业户12户实施常态执法检查。经查，涉粮企业在收购中，未发生压级压价、抬级抬价、虚报进度等违法、违规行为。在对现有持证企业进行常态检查的同时，对撤回收购许可证的共8户企业，分别向当地工商管理部门发函，将所涉企业的工商执照经营项目栏中剔除粮食收购一项。同时，按省、市粮食主管部门关于粮食行业安全生产属地管理的要求，结合节日安全检查和贯彻省、市粮食主管部门关于在粮食行业安全生产领域开展“打非治违”专项行动的部署，对市域内涉粮企业12家（国有企业4家，非公企业8家）的安全生产情况进行集中检查2次。侧重检查粮食行业安全工作重中之重的消防安全、粮食防护化学药品安全、机械和人工作业安全等。各涉粮企业总体安全形势良好，未发生安全生产事故。其中国有企业安全生产制度严谨、规范、执行力强，达到“五落实”的要求，个别非公企业安全措施尚待改进，对其中4家非公企业下达《安全生产责令整改通知书》，伺机复查。4月初，开展粮食库存检查。对兴城市军粮供应站、红崖子粮食储备库的库存成品粮（大米、面粉）、原粮（玉米、水稻）进行检查。经对成品粮查袋计数、检斤乘和，对原粮进行检尺、利用粮食比重计算吨数，被检查的2家企业库存粮食达到账账相符、账实相符。

年内，该局按粮油检测新标准、新要求，开展兴城本级地方储备粮油入库质量检测。其中检测玉米3批次6000吨；水稻2批次700吨；食油1批次100吨。进行秋粮收获品质测报。从望海、沙后所、红崖子、旧门等乡镇抽取玉米样品45份。经检验，兴城地产玉米品质上好，一等品率达61%，二等品率达39%。开展粮食收购资格审核和新证办理工作。审核办证业户10户，新办证业户2户。

【储备粮管理】2013年年初，兴城市县级地方储备玉米3500吨被上划为葫芦岛市级储备。兴城本级地方储备玉米仅剩2500吨，兴城市政府决定增补3500吨，弥补本级地方储备缺口。同时，对轮换入库的水分偏高、不利于安全储藏的700吨玉米，于11日末完成调剂出库。红崖子粮食储备库在新粮上市期间抓紧收购，并于1月末前，按质按量补足库存。针对春季低温寡照的不利气候，抓紧晾晒，确保安全水分入仓存储。全年，该局适时监控承储储备粮油的各企业，依储备粮管理法规，落实责任，加强管理，确保储备粮油数量准确、质量良好、安全储藏。

【储粮基础设施建设】2013年，市粮食局开展企业储粮设施改造。鉴于红崖子粮食储备库储粮仓房较为陈旧，且容量小，为满足新增储备玉米所需，以及确保储备粮安全，对旧仓房实施改扩建。建新仓房1200平方米，储粮容量5000吨。项目预算投资163万元，其中省财政厅粮食基础设施建设投资105万元，兴城财政配套和企业自筹58万元。该工程于10月末完工。

年内，葫芦岛市下达给兴城计划入户安装农户科学储粮仓4000个，后经调整划拨给南票区500个，兴城实际落实到农户3500个。6月中旬，兴城市政府召开农户科学储粮仓入户安装专门工作会议，将建仓任务分解到11个乡镇的农户，并责成粮食局与农户签订《农户科学储粮仓建设协议》。兴城建设农户科学储粮仓共需资金945万元，其中国家和省财政补贴630万元，农户自筹315万元（不含自建基础工程投资）。兴城施工场地安排在东辛庄、围屏、沙后所、旧门4处。施工队伍统一由省农委面向社会公开招标，确定具备施工安装资质的施工队伍。在兴城的施工队伍于6月份进场施工。为落实兴城农户科学储粮仓建设计划指标和确保粮仓建设施工质量，该局自4月初接到葫芦岛市粮食部门下达的计划始至9月末，组成3个工作组，到各乡（镇）村指导入户安装。深入乡村、农户50余次，保证3500个粮仓落实到农户。储粮仓制作工程于10月初完工，达到质量良好，农户满意。

【2013年兴城市粮食局领导成员】

局　　长　张巨忠

副局长　程　德　张柏宁

（程　德）

对外贸易

【概况】2013年，兴城市对外经济贸易局紧紧抓住滨海经济区快速崛起的历史机遇，继续做大外贸经济总量、不断提升综合竞争力、进一步转变外贸发展方式，跃上新的发展平台。

年内，该局结合国内外市场，经过认真的调研和大量的信息整理，站在企业的角度，为出口企业在对外贸易过程中存在的疑点和漏洞进行答疑解惑，为出口企业提供帮助。针对全市出口企业申请国际商标注册的实际需求，为出口企业寻求在国际贸易中需要解决自主知识产权问题。经过多方努力，达成可为兴城市出口产品申请国际商标注册意向，能够满足全市出口产品申请国际商标注册事项的需求。作为全市外贸出口的主管部门，面对国际贸易出现的新问题、新规则、进口国新的限制性条款等“贸易瓶颈”，提出“内修国际贸易规则，外为出口产品服务”的口号，根据国际贸易出现的新情况，组织摘编相关国际贸易法律法规，并汇编成册，进行有组织专题学习。

全年，全市对外经济贸易充满活力。外贸出口供货总值232752万元，比上年增长25%，兴城市成为首批省级花生出口示范区。引进省外内资120亿元，实际利用外资1.03亿美元。

【做好外贸服务】2013年，市外贸局按照落实“5·15政务公开活动日”的通知精神，进行认真细致的研究，本着促进农村特色产品发展、规模化产量和农民致富的宗旨，紧密结合全市产品出口实际，充分发挥对外贸易主渠道作用，确定服务农村特色产品，组织全市农产品对俄罗斯出口的目标。对药王乡蘑菇、紫薯的种植大户尽早建成出口规模，进行实地现场办公。针对香菇产品的批次、批量供货，建议对现有35个温室大棚分批次种植，从而保证批次供货量。针对香菇产品的初加工（合作社出售的为初级产品，即采摘后装网框箱直接出售）经过去除根部等处杂质后，加之衬垫、包装等，成为出口产品。紫薯产品初具生产规模，建议应建立品牌意识，推介产品。

年内，该局为大寨乡永成蔬菜专业合作社大根萝卜规模化生产、产品初深加工项目备案。开展“万名党员百日调研活动”，编写兴城市产品出口调查报告。撰写《关于组织我市优势农产品大根萝卜初加工深加工出口产品日本市场可行性研究报告》《关于组织我市大根萝卜优势农产品出口日本市场调查报告》《关于组织我市棚菜产品出口俄罗斯市场可行性调查报告》等调查报告。到辽宁兴城金豆花生有限责任公司、葫芦岛兴福实业有限公司调研，了解企业在经济活动中存在的问题和急需解决的诉求。

【2013年兴城市对外经济贸易局领导成员】

局　　长　蒋　文（2013年2月离任）
　　　　　王　伟（2013年2月任职）

副 局 长　马来林　巴永生　陈洪山

（王大帅）

石　油

【概况】2013年，中油兴城经营部现运营加油站16座，其中五星级加油站2座、三星级加油站1座。年内，按照分公司要求除兴城站、北路站、城东站、四海站之外，其余12座年销售量3000吨以下加油站均采取小站经营目标责任制管理。兴城经营部有员工100人，其中合同化用工19人；市场化用工81人，同比减员25人。兴城经营部销售量、非油销售额、昆仑小包装均超额完成年初任务量，连续三年超额完成全年业绩合同指标。

2013年经营部全年销售任务量45300吨，其中汽油18900吨，柴油26400吨；非油收入任务90万元，非油利润13万元；昆仑润滑油9.2吨。实际完成销售量47149吨，完成全年任务的104%，与上年同期40901吨相比多销售6248吨，同比递增15%，汽柴比率为1 ∶ 1.1，其中小油槽车纯枪量配送1509吨。实现非油销售额116万元，完成全年任务的129%；昆仑润滑油完成

9.4 吨，完成全年任务量的 102%。实现全年安全环保责任事故为零的目标。汽油实际完成销售量 22369 吨，完成全年任务量的 118%，超额 3469 吨；与上年同期完成 18162 吨相比多销售 4207 吨，同比递增 23%。柴油实际完成销售量 24780 吨，完成全年任务量的 94%，与上年同期完成 22739 吨相比多销售 2041 吨，同比递增 9%。

【加油站经营】2013 年，兴城经营部采取灵活多样的方式开展经营工作，取得显著成绩。

一是以持续开展 2013 年葫芦岛分公司“促发展、上规模、增效益”劳动竞赛为契机，推进管理升级，提升效率、效益和品牌，狠抓区内市场开发，全面完成全年各项经营管理考核指标。按照市公司年初部署，结合当地市场形势，号召全员促销，通过主动热情态度，方便快捷的服务，规范整洁的环境，提高车辆进站率和油箱加满率。零售劳动竞赛活动开展以来，领导班子积极组织，及时召开站经理会议进行动员，要求一线干部员工积极行动起来，并采取一系列促销增效和改进服务的措施，积极应对市场变化，千方百计促销增量。北路站年任务量 7300 吨，实际完成销售量 9105 吨，同比上年增加 2310 吨。

二是抓好加油站客户群体的开发和管理，巩固发展壮大客户群体。年初，经营部组成走访调查小组，由班子牵头，各站经理重点走访每个老客户的用油品种、车辆数量、年需求量、加油时间、联系方式和对加油站的工作要求及建议等基础情况。补充加油站客户档案资料，对固定客户进行完整系统分类，对客户购油加油情况的历史资料进行跟踪分析对比，进一步细化为固定客户群、零散客户群、新增客户群和潜在客户群。在加强客户管理，做好现有固定客户沟通联系的同时，现经营部拥有固定客户 219 户，全年成品油需求量 12000 吨左右，同比增加客户 25 户，增加销售量在 2000 吨左右。

三是积极做好中国石油会员 IC 卡的发行和管理工作，将加油卡发行作为客户开发的有效载体，采用兴城站、北路站两个发卡换卡点，利用老客户的信息台账及时主动与客户联系，宣传中国石油一卡在手走遍全国。4 月 22 日，经营部与兴城市人民政府采购中心签订《兴城市人民政府采购中心 2013 年机动车辆定点加油项目政府采购合同》，合同期限至 2014 年 12 月 31 日。政府所属预算单位机动车辆均统一在经营部所属 16 座加油站定点加油。截至 12 月末，全年发行中油卡 5846 张，吸储金额 13113 余万元。

四是按照分公司统一安排，经营部对所属宁远站、城西站、沙后所站、烟台河站、东新站、周石站、围屏站、滨海路站、龙泉站、曲河站、老边站、拣金站共 12 座加油站实行小站经营目标责任制管理，共减少加油员 25 人，上述加油站的销售量同比均有显著提高。其中周石站和老边站增量尤为显著，周石站全年任务量 2000 吨，实际完成销售量 2699 吨，完成全年进度 135%；老边站全年任务量 2600 吨，实际完成销售量 3256 吨，完成全年进度 125%。

五是积极开展小油槽车配送业务，实现扩销增量。小油槽车全年纯枪量配送 1509 吨，相当于为经营部增加一座一星级加油站的销售量。通过开展劳动竞赛，兴城、城西、东新、宁远、围屏、老边、沙后所等加油站的站经理积极联系客户，分别配送到兴城旧门铜矿、好友选矿厂、凌河白灰厂、四和采石场、开元石材场、南大沙场、锦华白灰厂、海边码头旅游船和海滨乡机翻地用油等客户。小油槽车配送的开展，最大限度的方便客户，同时为经营部销售量增长做出贡献。

【加油站管理】2013 年，兴城经营部按照“程序至上、注重执行”的原则，执行各项制度、标准、规范必须做到强化执行不打折。根据精细化管理的要求，班子成员时刻以大局为重，做到凡事有章可循，凡事有据可查，凡事按程序办，坚持标准、流程规范化，做到有令必行，有禁必止。同时，加强站经理的责任心和执行力教育，加强值班值宿，注重检查负责人在岗率，强调现场管理，为销售工作能够顺利开展提供坚强保障。

一是数质量管理工作。经营部高度重视数质量管理工作，继续实施质量管理体系的建立和推进工作。把质量和信誉作为企业生存之本。充分认识质量管理的重要性，各司其职，把好加油站的进货出货关，定期检测加油机，保证油品的数量质量。杜绝出现日常管理、质量抽检、消费投诉等问题，维护好“中国石油”品牌形象。

二是加油现场和定置化管理。加强加油站员工的培训教育和监督管理，强化“加油十三步曲”“收银六步曲”的培训和网上实训教育基地远程教育培训，组织员工参加省公司职业技能培训定级工作，提高员工队伍能力素质。特别是做好新上岗员工的岗前培训和三级安全教育，做到着装规范、环境整洁，站内设备、物品实行定置化管理，交接班的同时交接站内环境卫生。

三是资金管理、发货票管理。按照财务制度的要求，加强加油站资金、票据的日常管理，安排专人检查审核销售日报及银行回单等相关报表票据，做到日清日结。强化加油站资金平台系统的管理和培训，保证上报数据的及时和准确。

四是强化安全管理。全面提升 HSE 管理理念，将员工的安全教育和考核坚持经常化，积极开展安全生产大检查活动，加强值班值宿管理，加大安全环保隐患的排查和整改力度，实现隐患治理工作的闭环管理。做好“百万工时安全”的统计工作，组织学习事故案例和《危险化学品安全管理条例》，增强全员的安全防范意识。在安全管理上始终坚持“谁主管、谁负责”的原则，明确站经理是该部门安全工作的第一责任人。在实际工作中着重强化事前控制，严格执行操作规程，积极强化源头治理，保证把事故苗头消灭在萌芽状态。积极落实集团公司反违章“六条禁令”，狠刹“三违”“习违”行为。完善市公司下发的应急预案的系统培训和模拟实战演练。提高基层员工对应急突发事件的处理能力，避免人身伤害事故发生。

五是按照市公司统一安排，经营部城东站的营业室、罩棚、罐区按照中国石油统一标准要求进行整体改造；重新启用兴宁站，年底前完成整体改造包装；城西加油站罩棚进行标准化包装；曲河加油站进行罐区改造。9 月市公司新收购的滨海路加油站正式营业。为确保改造工程的尽早施工，经营部领导积极配合施工方办理地方行政部门各项手续的立项审批，在改造过程中严格执行《作业许可证管理规定》《动火作业管理规定》及《高处作业管理规定》等相关规定，严格遵守业务流程，积极配合分公司相关部门做好安全评估，建立施工应急预案和风险识别与削减措施，与施工方签订《工程安全合同书》，并对施工人员进行现场安全教育。对于动火、动土作业，提前办理相关作业票据。认真执行无安全监督人员禁止作业，无相关作业票据禁止作业，无安全防范措施禁止作业，真正落实施工现场管理办法。经营部领导随时对施工场地进行检查，确保施工现场的安全有序。

【2013 年中油兴城经营部领导成员】

经　　理　唐　尧

副 经 理　李久龙　曹玉柱

（王卫国）

烟　　草

【概况】2013 年，兴城市烟草专卖局（营销部）在销量增长和结构提升速度放缓的形势下，全局上下变压力为动力，以狠抓客户经理绩效考核和品牌培育为重点，认真抓实各项保增长措施，做到“稳中有进”，实现新增长。一是推出“五项举措”加强重点品牌培育，引领结构提升。实施“黄鹤楼”“人民大会堂”销售指标绩效激励机制，以考核激发工作动力。建立重点品牌档案，突出科技创新和品牌文化，引导零售业户调整品牌。采取日跟踪、周通报、月分析等多种手段掌握品牌发展动态，时刻关注社会库存、零售价格和市场动态，对动销异常客户进行一对一指导。全年，一、二类卷烟销售比重为 22.58%，同比增加 5.1 个百分点，三类卷烟销售比重为 49.36%，同比降低 3.73 个百分点；四类卷烟销量比重为 15.71%，同比增长 3.71 个百分点，五类卷烟销售比重为 12.34%，同比减少 5.08 个百分点。二是强调“六突出”提高服务能力，推进终端建设。突出统筹规划，制定《零售终端建设实施方案》，明确目标、手段、措施和要求，确保终端建设有序推进。突出信息支撑，安装终端软件 100 户，加强应用指导和服务，打造终端软实力。突出产品陈列，建立《卷烟陈列指南》，展示形象，发挥终端作用。突出服务意识，完善服务体系，提供标准化服务和增值服务，推进终端建设。突出后台保障，开展定期调研、分析市场信息、解决实际问题、加强队伍培训，实现全员建设。突出动态管理，利用门户系统逐户综合分析，全面掌握市场变化趋势，提高运行质量。卷烟零售终端正由单一型向功能齐全型转变，有5%的零售终端基本达到现代卷烟零售终端标准。

全年，全局销售卷烟20697.83箱，同比增长率为0.53%，完成年计划的101.45%；卷烟销售收入首次超过4亿元，达到417207815元；单箱销售收入为20157.08元，同比增长率为9.28%，完成计划的98.33%。

【专卖管理取得新成绩】2013年，市烟草专卖局（营销部）围绕队伍建设、市场监管、证件管理和县级局职能建设四项重点工作，努力提升管理水平，为卷烟营销工作创造良好环境。一是严格绩效考核，激发队伍活力。实施《专卖管理人员业绩考核办法》，与素质考核、市场考核、日常工作考核共同构建起内容全面、办法科学的考核体系，促进专卖人员工作、学习的积极性和主动性。二是转变手段，提高市场监管能力。以“7593”零售终端监管模式、“10374”打假破网长效工作机制为基础，融合国家局烟草零售市场工作指引，积极探索、实践监管方式转型途径，提升工作效率和监管实效。联合公安、工商部门先后开展“百日”“节后”“奔雷”“全运”“双节”5次卷烟市场专项整治行动，保持高压严管态势，取得明显成效。全年查处各类涉烟案件192起，查获卷烟5859.4条，案值408250.7元，上缴罚没款38462.6元，端掉窝点26个，市场净化率保持在97%以上。三是严格监管，提升证件管理规范化水平。严格依照法律规定实施行政许可，加强许可证使用监管，新办零售许可证15件，受理变更983项，受理停业和责令整改171户。采取定期检查、教育转化、联合取缔的办法，加强无证户管理，取缔无证户24户。利用许可证延续时机，纠正不符合信息317条，清理不符合法定条件许可93件，零售许可证延续工作接近尾声，零售群体得到进一步净化。四是狠抓落实，提高县级局职能建设工作水平。以保持“长优”为目标，严格按照2013年“全省县级烟草专卖局标兵单位”评价细则要求，细化工作、明确责任、创新手段、狠抓落实、严格考核，县级局职能建设工作水平得到进一步提升。

【严格规范再上新水平】2013年，市烟草专卖局（营销部）扎实推进办事公开民主管理“两项”工作，严格按照“八个监管办法”和“五项保障措施”的要求，对“三项”工作进行监督。班子成员、中层干部集中学习内部管理监督的各项规定，树立按程序办事观念、掌握操作规程、提高自觉执行运作程序意识。严格执行《局务公开制度》，凡涉及财务收支、人事任免、绩效考核、行政许可等重大事项全部进行公开。全年公开对外事项4类15项，对内公开9类27项，公开信息130条，加强群众监督和社会监督，职工“四权”得到维护。

全面落实内管委派制。按照市局统一部署，设置县局内部专卖管理监督派驻组，设定卷烟监管和执法监管两个岗位，配齐人员、场所和设备，为内管机构的独立性提供保障。不断完善长效工作机制。按照内管工作新要求，认真对照《葫芦岛市烟草专卖局县局内管工作考核办法》规定，对原有内管制度、流程进行全面梳理，完善工作制度17项，修订工作表格23个，巩固“5431”内部监管模式，保障内控制度的科学性和可操作性。明确监管重点，加强日常监管。结合实际，以脱离当地市场需求投放卷烟、行业内人员套购倒卖卷烟作为监管重点，充分利用内管信息系统的预警功能，采取实地调查、预警分析、线索核实等手段，全面监督卷烟分配、送货到户、大户真实销量等关键环节，严厉查处捆绑销售、拆单分摊、虚拟客户、无证批发、套购倒卖等问题。全年定期检查走访调查零售户6075户，同级监管中随车走访72天，电话回访2030户，调查核实异常数据60户，对自营店监管6次；全年核实处置异常线索22191条，实地调查343家零售业户，形成核实工作底稿343份，及时解决苗头性、倾向性问题，提高自律规范能力。加强天价烟治理工作。认真落实治理天价烟的有关规定，采取销售建档的办法，对所有销售出的高价位卷烟一律建档检查，指定专管人员和客户经理，每月进行明察暗访，确保“天价烟”问题不反弹。

【基础管理迎来新突破】2013年，市烟草专卖局（营销部）以加强基础管理作为提升企业管理水平的切入点。一是节约管理得到深入落实。依照葫芦岛市局单项费用考核要求，严格执行《车辆燃油管理办法》和《车辆维修费管理办法》，坚持车辆加油领导批准、专人实地监督；燃油、里程当日核算；修理费事前申报、事中检查、事后核对。深入挖掘节约空间。组织节约意见、建议征集活动和节约研讨活动，发挥集体智慧，探索新的节约措施，共征集各类小建议、小窍门18项，推广6项。制定《车辆燃油、维修节约管理责任追究制度》，根据月度单项费用指标对比结果，及时查明产生问题原因、及时采取解决措施，严肃追究绩效责任。全年节约燃油费33997元、修理费32470元，同比下降13.19%和22.21%。二是现场管理得到不断加强。深入落实《现场管理实施方案》，召开动员会议部署年度工作目标、制定管理标准、明确工作要求，按季度组织检查，提升管理水平。金叶商店建设顺利完成，经营状况良好。积极与移动公司协商，合理、稳妥解决移动信号传输塔拆除工作。解决家属楼物业管理问题，成立物业管理委员会，实现物业费用自理。三是加强预算管理和资产管理。合理使用预算，定期自查自纠，保证预算不挪用、不超标。加强对出租资产的管理，确保增值；对国有资产的保管、使用加强检查监督，提高使用效率，确保不流失。着重解决家属楼采暖二次加压费用不清问题，明晰费用分摊标准，取得业主支持，堵住资金流失缺口。四是加强安全生产工作。安全生产标准化达标工作顺利完成。依据《烟草企业安全生产标准化规范》要求，积极查摆问题、认真排除隐患、及时落实改正措施，明确安全生产责任、提升安全生产意识、加大安全设施投入、加强日常安全检查、提高安全生产能力，安全生产工作有了质的提升，确保企业平安发展。

【2013年兴城市烟草专卖局领导成员】

局　　长　赵去非（2013年2月离任）
　　　　　康忠生（2013年2月任职）
副 局 长　曹玉明
　　　　　王　昕（2013年2月离任）
　　　　　刘　锋（2013年10月任职）

（刘春亮）

科　学

科学技术

【概况】2013 年，兴城市科技局以“经济增长、结构调整、扩大开放、社会和谐”为主线，抓住机遇、开拓进取，以科技驱动兴城市经济社会的全面发展。年内，在农村科技工作上投入资金 20 余万元，引进花生品种 16 个，覆盖 10 余个乡镇。推广包衣花生种、大垄双行地膜覆盖、抗重茬、生长促控等农业技术；邀请专家指导 30 余次，培训农民 3000 多人次；新增科特派学员 40 人。积极扶持创新型企业，列入葫芦岛市科技计划项目 4 项；新增市级高新技术企业 2 家；鉴定科技成果 1 项；获葫芦岛市级科技进步一等奖 1 项，二等奖 1 项；认定省级科学技术普及示范基地 1 处；截至年末，全市共申请专利 112 项，有效发明专利 29 项，其中新授权 4 项。

【农业产业发展】2013 年，市科技局引进花生新品种。从山东盛丰种业引进花小宝包衣花生种，覆盖红崖子、南大、望海、围屏、碱厂等 10 个花生重点乡镇。首次引进花育 34 包衣花生新品种和新技术，对防治苗期病虫害、促进生长发育、提高作物产量的效果显著，是我国重点推广的农业技术项目，该项种植技术在兴城属首次引进应用，平均亩产达 400 公斤以上，增产率 30%–40%；从阜新风沙作物研究所引进阜 9814、阜 9810、阜 16、冀花 7 号、唐 8258 等 15 个优良品种，在沙后所镇建立花生品比试验田，从中选出商品性、丰产性较好的品种，如花育 34 等，为下年引进优质花生品种提供依据。

完成科技富民强县项目，建立花生示范基地，推广配套技术。在红崖子乡、沙后所镇、望海乡、围屏乡建立良种繁育示范基地、高产栽培示范基地、安全控害示范基地、全程机械化作业示范基地各 2000 公顷。在科技局的建议和协助下，从山东花生研究所引进花育 34 花生种 40 万公斤，完成 2666.67 公顷良种繁育基地建设，平均亩产 205 公斤，实现全市花生种全面更新换代；推广大垄双行地膜覆盖、配方施肥、抗重茬、生长促控、综合防治、全程机械化操作等农业技术。在全市春季干旱的情况下，示范基地的花生出苗率高，长势明显好于对照品种。其中，高产示范区花生平均亩产达到 333.8 公斤，比全市花生平均亩产 250 公斤增产 83.8 公斤，增幅达 33.5%，总增产 251.4 万公斤，增效 1257 万元；安全控害示范田平均亩产 272 公斤，比平均亩产 250 公斤增产 22 公斤，增产幅度达 8.8%，总增产 66 万公斤，增收 330 万元，农药残留量在检测范围内，保证花生品质；全程机械化作业示范田平均亩产 287 公斤，每亩获得直接经济效益 152 元，节本增效 456 万元。项目实施三年来，平均亩增效 161 元，人均纯收入增 880 元，农民三年累计增收 1.76 亿元，商品花生出口合格率达 100%，出口创汇 1200 万美元。

同时，加大人才引进和科技培训力度。聘请国家、省、市级专家到花生重点乡镇开展技术培训 90 余次，培训人员达 1.2 万人；发放各类图书、资料 1.2 万余份；培训专业大户、科技带头人 200 余人。

【农业人才引进和培育】2013 年，市科技局引进创新型农业技术人才，完善基层农技推广体系。聘请国家级果树专家汪景彦、辽宁省花生首席专家于洪波、省优质梨育种专家李主任、农业推广中心王艳霞主任等 10 余位国家、省、市专家和科技管理人员组建科技特派团队，分期、分批到兴城进行基地建设指导、技术讲座，进行现场培训和咨询30次，培训农民2000人次，发放技术资料2000份，为基地建设提供有力的智力支持。同时，积极培养农民技术员，提高农民素质。以农村合作组织、协会、种养大户等为重点对象，拓宽宣传渠道、扩大宣传范围，积极落实惠农政策。年内，新增科特派学员40人，全市共有科技特派员532人、农民技术员267人。“送农民上大学”培训班培养一批懂技术、善经营、留得住、用得上的乡土人才，为新农村建设提供人才保障。

【科技自主创新】2013年，市科技局积极提升企业的自主创新能力，培育新的经济增长点。

一是做好项目的储备和申报工作。深入企业调研，做好项目储备。年内申报国家级科技项目1项、省级科技项目7项、葫芦岛市级科技项目11项。其中，4个项目列入2013年葫芦岛科技计划，获上级经费125万元，分别为辽宁晨光塑料有限公司的“年产5万吨高光质太阳能增产大棚模”项目，辽宁旭隆科技有限公司的“12万吨特种酚醛防火保温板”项目，兴城市雅奇泳装有限责任公司的“1000万/件年新式印染面料泳装技术改造”项目，兴城药王乡冯屯蔬菜专业合作社的“日光温室蔬菜优质增产综合技术集成应用与推广”项目。

二是开展辽宁省科学技术普及基地认定工作。6月份，兴城市玄宇工厂化食用菌专业合作社被辽宁省成功认定为省级科学技术普及示范基地。

三是培育创新主体，积极推进创新型企业建设。按照《葫芦岛市高新技术企业及产品认定工作实施细则》规定，深入企业调研，组织相关企业参加市级高新技术企业培训班，帮助企业进行申报。年内审定2家市级高新技术企业及2项高新技术产品，分别是葫芦岛市凯斯科技发展有限公司及产品“角型吊兰”和辽宁旭隆科技有限公司及产品“年产能12万吨特种酚醛防火保温板”项目。年末全市拥有高新技术企业14家，其中国家级高新技术企业3家。

四是推进产学研合作示范工程。根据《辽宁省人民政府关于进一步促进产学研合作工作意见》和《辽宁省产学研合作示范基地认定和管理办法》，为辽宁海思科制药有限公司申报省级产学研合作示范基地。并积极引导企业在发展中做大做强，充分利用国家优惠政策，为企业技术创新、产品升级助力。

五是加快科技成果转化，促进优秀科技成果与经济建设的有机结合。市科技局与农业技术推广中心密切合作，积极致力于兴城市花生新品种“花育34”引进与大面积推广，经济效益十分显著，该项目获葫芦岛市级科技进步（科技成果推广）一等奖；葫芦岛市工大迪安科技有限公司“对接锚杆煤巷支护技术研究与应用”项目通过科技成果鉴定，获葫芦岛市级科技进步二等奖。

六是加强知识产权宣传和执法力度。到葫芦岛市、锦州义县进行联合执法，检查专利产品30余件，进一步整顿和规范全市的经济秩序，加大知识产权保护力度。开展以“实施知识产权战略，支持创新驱动发展”为主题的保护知识产权宣传活动。发放宣传资料100余份，接受群众咨询30余次，加强知识产权的普及力度。

【举办“科技活动周”】2013年，市科技局举办“科技活动周”活动，提升群众科技素质。充分彰显“科技与文化融合，科技与生活同行”的活动特色，为全市争创“省级文明城市”奠定坚实基础。

科技活动周以“科技创新美好生活”为主题，以“进社区、进校园、进企业、进农村”为主要方式，针对各行各业关注的热点问题进行普及宣传。在校园，以普及地震知识、宣传防震减灾为主，广大师生受益匪浅；在社区，主要针对中老年人普遍关注的高血压、冠心病、糖尿病等多发性疾病进行讲解，百姓真正做到科学养生、科学保健；在企业，邀请葫芦岛专利事务所专家亲临企业指导服务，为企业讲解专利知识及以后的发展献计献策，提高企业对知识产权的保护意识；在农村，聘请农业技术推广中心高级农艺师王艳霞为广大农户讲解花生种植及病虫害防治，农民掌握更多、更实用的科学种植技术，真正做到农业增效、农民增收。活动发放宣传资料2000余份，受益人数达2500人。

地 震 监 测

【概况】2013年，兴城市地震站发挥地震部门的行政职能和业务监测工作，利用地震宏观观测和微观观测，地震信息员和速报员的监测方式，积极开展防震减灾知识宣传、普及、教育活动，完成各项地震监测，取得良好的业绩和效果。

年内，一是利用纪念“5·12”四川汶川地震纪念日和防震减灾法颁布日以及辽宁省防震减灾条例实施日，在兴城古城开展防震减灾知识宣传活动，通过摆放宣传板、发放宣传画册、书籍并通过电视新闻和报刊等形式，宣传防震减灾知识，增强和提高全社会群众的防震减灾意识。二是葫芦岛市地震局、兴城科技局、教育局、地震站联合宁远中心小学举行防震减灾知识宣传和抗震自救演习活动，广大师生了解地震知识、地震发生怎么去自救、互救、逃生等常识，并请地震专家讲解地震知识讲座，发放地震知识宣传书籍、画册近1500余本，该活动纳入市科技活动周中。三是参与安全月活动。在市政府、安监局开展的全市安全月活动中，摆放防震减灾知识宣传版，发放宣传材料。四是完成地震监测和防震减灾知识宣传、信息网络管理工作，加强《地震安全性评价和抗震设防》执法力度，达到葫芦岛市政府、地震局、兴城市政府的绩效考核工作合格的标准。五是完成全市地震宏观信息员、观测员、速报员的培训、统计工作，全市的地震信息网络更加完善、健全。六是按照省局要求，完成兴城市的防震减灾工作的基本资料汇总上报工作以及防震减灾相关信息普查工作。七是依据单位的行政职能，全体职工申请地震行政执法证。更好地完成《地震安全性评价和抗震设防》工作的执法力度。八是加强全市的防震减灾工作，完成地震应急指挥机制，充分发挥防震减灾领导小组的作用，重新调整《市防震减灾领导小组成员》。九是提高对地震灾害的综合防御和应急处理能力，结合全市实际情况，市政府制订《兴城市地震应急预案》，完善防震减灾工作。

2013年，辽宁省地震局根据兴城地震部门《防震减灾知识宣传工作》取得的成绩，批给兴城市1个科普示范学校基地，1个科普示范社区。

【2013年兴城市科学技术局领导成员】

局　　长　朱庆贵（2013年2月离任）
　　　　　宋　毅（2013年2月任职）
副 局 长　王木林（2013年2月离任）
　　　　　张雪松
　　　　　袁　伟（2013年11月任职）

（张秀东　朱泽会）

教育·体育

教育综述

【概况】2013年，兴城市教育事业快速发展。兴城市政府投入资金1.33亿元，建成辽宁工大附属中学、南一小学新校区，完成城区教育资源整合；建设省级标准化学校42所；新建乡镇中心幼儿园4所、改扩建7所。滨海经济区九年一贯制学校主体完工，第二幼儿园开工建设，渤海船院新校区竣工。公开择优聘用131名大学毕业生，全部充实到农村教师队伍。全市拥有各级中小学校154所。其中，新建和改造中小学校1所，全市在校学生54549人。其中高中在校生8461人，比上年减少192人；初中在校生15581人，比上年减少1597人；小学在校生30507人，比上年减少2603人。全年，全市为省内外各大中专院校共输送考生2828人，其中本科生1405人，专科生1423人。

【标准化学校建设】2013年，兴城市加大教育投入，标准化学校建设扎实推进。年内，全市标准化学校打造工程共建设42所。在打造标准化学校过程中，政府投入1400余万元，改善硬件条件，为各校成功进入标准化学校行列奠定坚实基础。葫芦岛市教育局对兴城市上报的42所中小学逐家进行省标准化学校检查验收，有27所列入合格行列。兴城市标准化学校打造工程位于葫芦岛市各县区前列。葫芦岛市在兴城召开“葫芦岛市创教育强市暨标准化学校建设工作现场会”，与会领导参观实验小学、附中、南一小学、二高中，市政府的高标准投入以及学校的精细化管理受到与会领导的称赞。市进修学校作为葫芦岛市教育局推荐的唯一一所县级教师进修学校，接受辽宁省教育厅省级示范性进修学校评估，在全省近百所县级进修学校中，被评为第三名。

【国家基础教育质量监测】2013年，兴城市成为辽宁省被教育部抽取的3个监测样本县之一，是葫芦岛市第一家。为做好全国质量监测工作，教育局召开6次培训会，深入监测点校进行现场工作视导，制定并编写近2万字的文件和工作手册，进修学校为各校整理编写语文阅读与写作知识复习提纲。全市14所小学、6所初中顺利完成国家基础教育质量监测任务，为国家提供真实可靠的数据，得到教育部和省厅领导的好评，被评为“全国质量监测工作先进单位”。

【信息技术工作】2013年，市教育局继续开展信息技术工作，取得显著成绩。一是继续开展教育技术中级培训和考试工作。培训模式采取远程与面授相结合的方式，为葫芦岛地区首创。年内累计完成2350余人次中级培训。成功完成11月全国中小学教师教育技术中级水平考试，参考人数共计785人。二是做好兴城教育“两网”建设。按照教育部提出的“三通两平台”要求，仪器站创建“兴城教育网络平台”，全市51所学校均接入平台，并建立各自的校园网站。“兴城教育网络平台”在全国第五届中小学网校大赛中获“全国优秀分站”奖，全省仅3家教育局获该奖项。李德伟获得“全国优秀站长”奖。三是做好教育教学影音资料的摄录编工作。编制的影音资料达到50G，丰富教学资源。

学前教育

【概况】2013年，兴城市教育局继续加大乡镇中心园建设力度，推进全市学前教育三年行动计划的实施。新建幼儿园4所，改造扩建幼儿园7所，总投资1660万元。年内，7所改造幼儿园均已完工并交付使用，4所新建幼儿园正在建设中。在加大硬件投入的同时，进一步加大幼儿园园长和幼师的培训工作。积极组织园长、骨干教师、学科带头人参加各级培训，其中，省级培训25人，市级培训120人，为全面贯彻执行《3～6岁儿童学习与发展指南》奠定基础。

兴城一园作为全市唯一公立幼儿园，始终坚持“以促进儿童身心健康发展为使命，以“办一流教育，为孩子一生奠基”为办园宗旨，创建礼仪性、艺术性、社会性”的办园特色，注重内涵建设。年内，承担100多名葫芦岛市农村幼儿园骨干转岗教师培训工作，省级规划立项课题《家长学校的培训研究》和县级课题《幼儿礼仪教育的研究》结题并分别获一等奖，相继被评为“辽宁省优秀活动区园所”“辽宁省教育科学规划重点研究基地”“省级优秀实训基地”。

中小学教育

【概况】2013年，兴城市教育局坚持“科学管理、立德树人、提高质量、办出特色、均衡发展”的办学思路，围绕“办让人民满意的教育”的工作目标，在全市各校的共同努力下，深化课程改革，全面推进素质教育，各级各类教育得到快速、协调、健康发展，各项工作取得可喜的成绩。

年内，该局加强内涵建设，提升教育质量。以落实省颁教学常规、创“省义务教育标准化学校”为抓手，突出教育的内涵发展。进行常规教学管理的“树标”和“治弱”工作，指导与督促各校落实各项常规管理制度，引导各校切实抓好备课、上课、评课、辅导、作业、考试的规范化、系统化、档案化。全年有13所初中被评为省义务标准化学校。

全市大力推进课程改革与教育创新，加快提高农村薄弱校教学水平和办学质量。课程改革不断深化，以辽工大附属中学、羊安、药王、郭家小学为代表的各学科高效课堂经验在全市得到推广，新课程理念得到充分体现，学生主体地位不断提高。11月26日，葫芦岛市中小学“实施有效教学，打造高效课堂”管理现场会在兴城召开。来自连山、龙港、南票、绥中、建昌和杨杖子等县区教育局主管基础教育的副局长、基础教育股股长、教师进修学校校长、各县区学校校长代表以及兴城市各级主管领导，共140多人参加现场会。观摩辽宁工程技术大学附属中学、药王中学、羊安中学、郭家小学的“高效课堂”模式展示课。年内，其他各校课改见到成效，三中“1+1”六步教学法、四中的“35333”教学模式、曹庄中学的“导、学、探究”模式、东辛庄中学的“四步三段”教学法比较成熟，教师队伍开始实施课改。辽工大附属中学被评为省级课改示范校。

【和谐家校创建】2013年，市教育局充分认识到学生教育需要学校教育与家庭教育形成合力，积极开展和谐家校创建工作。全市各校定期召开家长会，开展家长开放月活动，定期家访，邀请家长参加开学典礼等大型活动。

城区3所学校自暑假启用新校址，学校主动通过“校讯通”、QQ群、家校联系卡、亲子活动、家教经验交流等多种形式，拉近家长与学校的距离，创新与家长沟通的方式，实现家庭和学校教育共谋、成果共享。南一小学被评为“家校共识、家校共建、家校共赢”国家级示范校。

地处偏远农村的药王小学，以经典诵读进家庭为突破口，积极邀请家长到校参加诵读活动。通过参加学校的活动，许多家长的言行发生根本改变，能主动地配合学校、配合教师，做好孩子的教育工作。华山学校继2011年全面启动全校教师大家访后，不断创新家访形式，丰富家访内容。家长农忙时，班主任到田间地头与家长沟通，客观汇报学生在校情况的同时，向家长传授家教经验。中考结束后，校领导班子对家庭困难的毕业生进行走访慰问，同时到当地政府争取资助，帮助家庭困难学生及时进入高中校园学习。

【日常养成教育】2013年，市教育局重视学生养成教育，对学生的养成教育坚持从理论上指导，从思想上启迪，从情感上交流，从行为上训练，教育学生养成良好的行为习惯，为学生的终身发展奠定坚实的基础。

一是养成教育与“创建省级文明城市”活动相结合。年内，全市各校按照教育局下发的创建省级文明城市活动方案，以创建“文明学校”为抓手，通过开展“告别陋习，牵手文明”活动，重点查找学生自身在文明礼貌、遵纪守法、学习习惯、安全行为、勤俭节约等方面存在的陋习。东辛庄小学以科研课题形式，启动“阳光梦想行动”，开展“小手拉大手，文明一起走”主题活动，自己要争做文明学生的同时，向家长传递文明信息，将创城活动延续到社区、家庭，达到共做文明人，共创文明城目标。

二是养成教育与精细化管理相结合。以日常管理为基础，把每一个步骤都做得精心，每一个环节都做得精细，把每一项工作都做成精品。海滨中学、羊安中学、东辛庄中学、大寨中学、三中、四中、三道沟中学坚持精细管理的常态化，做到三个不放松：坚持规范不放松、坚持标准不放松、坚持经常不放松。学校进行全过程监督检查，部门领导、楼层领导、值班领导、区域领导，纵向、横向全时空、全方位管理，不降标准，不留死角，每日汇总，每周总结，从细、从实抓好过程管理。

三是养成教育与主题活动相结合。各校开展系列主题教育活动。温泉小学上学期秉承“育人先育心，育心先有爱，爱之花盛开的地方，教育便有活力”的德育理念，科学设计德育管理模式，开展“让爱在校园升腾”主题系列活动，把德育活动辐射到各个层面、各个角落，变口号为行动，变说理为熏陶，收到良好效果。曹庄中学不断丰富德育工作内涵，树立大德育观，把廉政文化教育作为特色活动开展，学习廉政文化名言警句，观看廉政影片，撰写心得体会，参加廉政书法比赛，参观廉政展室，制作廉政手抄报等，弘扬先进文化，传递正能量。兴城高中实施“己任教育”，坚持大型活动课程化、小型活动社团化，强调“以天下为己任”，培育学生自我管理，促进学生自觉习惯的形成。

【教学质量提高】2013年，市教育局对全市小学五年级部分校进行质量跟踪检测，通过对检测结果的分析，找到影响教学质量的瓶颈问题，找准突破口，从薄弱环节入手，从薄弱学科入手，从薄弱校入手，全面提高教学质量。一是校际间教学成绩首次出现比较均衡的态势。城内不同学校、农村不同乡（镇）中心校3科平均成绩较上年更加趋于均衡。二是部分学校成绩稳中有升。三道沟、南大、围屏近两年成绩一直保持稳定；温泉、古城、西关、曹庄等校成绩稳步提高，旧门、高家岭、华山进步明显，特别是旧门小学表现突出，在该次检测中成绩跻身全市农村学校前列。三是整合后的学校成绩有新突破。整合后的南一小学教学成绩仍然处于领先水平，实验小学学生成绩有不同程度的提升；东辛庄、大寨两校在有村小并入的情况下3科平均分仍然名列农村学校前茅。年内，全市初中期末质量检测工作实现规范化、中考化。

【特色教学】2013年，市教育局强化学校管理，形成精品特色。全市一校一品，百校百色的特色工作取得丰硕成果，部分学校的特色教学活动脱颖而出，引起省市有关领导的极大关注。辽宁教育杂志社记者专程到兴，采访报道教育特色。南一小学的艺术教育特色、兴城一中的课改特色、曹庄小学的独轮车运动、药王小学的经典诵读活动、华山学校的手写中华汉字和口说世界用语特色、白塔中学的绿色教育特色得到充分肯定。该杂志社对以上各校教学特色进行分期连续报导。

【艺术教育】2013年，兴城市艺术教育在“以美辅德、以美启智、以美健体、全面提高”的原则指导下，取得新成绩。市二高中、南一小学、温泉小学、古城小学、刘台子小学、曹庄中学、大寨中学7所学校接受葫芦岛市艺术教育示范校动态评估，得到评估组高度认可。在教育部组织的全国第四届中小学生艺术展演活动中，市教育局荣获优秀组织奖。

年内，该局加强艺术教师队伍建设，举行青年艺术教师教学技能竞赛和中小学音乐教师声乐大赛，南一小学李知晓、附中刘航、西关小学袁静、东辛庄中学宋大勇等分别在大赛上摘金夺银。9月末，市教育局承办“丹心育桃李，倾情建家园”2013兴城之夏文化广场文艺专场演出，展示出全市艺术教育取得的成绩。

【体育教育】2013年，兴城市学校体育工作形成积极向上的健康发展态势。阳光体育活动全面铺开，独轮车、太极拳、球操等传统项目深入开展。学生体质健康标准全面实施，年内，全市53548名中小学生的体质健康标准测试结果成功上报教育部国家数据库，成为葫芦岛市唯一一家100%上报率的县（市）区。各项体育赛事成绩显著，市体育教师代表队参加葫芦岛市中小学校体育教师专业基本功（篮球）比赛获第一名；宁远小学和二高中毽球队在葫芦岛市中小学毽球比赛中分别获小学女子组第二名和高中组第二名；曹庄小学独轮车队在第十二届全国运动会上精彩亮相；兴城市独轮车队在第13届全国独轮车锦标赛上获得团体冠军、独轮车篮球比赛团体冠军、独轮车技巧团体冠军，兴城市选手获得全部43枚金牌中的25枚，金牌、奖牌总数均列第一。

职业教育

【概况】2013年，兴城市初职教育成绩斐然。9月份承办辽宁省综合实践活动实施经验交流会暨“仁者之辉·实践远航”活动成果表彰会。与会人员实地考察白塔中学、南一小学的综合实践活动成果。南一小学栗楠、红崖子小学周红伟、药王小学李红娟3名教师作省级示范观摩课。贺明学、岳良、陈伟的综合实践活动成果在活动中被评为辽宁省级一等奖。10月份，白塔中学陈伟作为辽宁省唯一代表参加全国综合实践活动第七届学术年会并在会上做经验交流。白塔中学、南一小学在会上被评为开展综合实践活动国家级先进单位，岳良等4人被评为国家级课题研究先进个人。在东北三省综合实践活动学科第一届年会上，王志昌、刘建光、刘守国等8人被评为东三省课程管理先进教师。

中职教育成绩显著。葫芦岛市人大对全市贯彻《中华人民共和国职业教育法》进行调研检查，兴城市位列各县区第一。教师王帝代表辽宁省（全省只选5人）参加全国中职学校语文课程“创新杯”教师教学设计和说课大赛，荣获国家级三等奖。学生侯婷玉、吕聪聪参加省中职学校专业技能大赛，获学前综合技能省级优秀奖；周沫、张石获中餐宴会摆台省级优秀奖；吴晶晶和施百庚获中式铺床省级优秀奖。中职招生489人（春招88人；秋招363人；联合办学38人），在葫芦岛地区招生人数位列第二。其中11所学校完成和超额完成教育局下达的招生指标，分别是附中、三中、四中、曹庄中学、围屏中学、刘台子中学、药王中学、华山中学、白塔中学、红崖子中学、碱厂中学。

成人学历教育以电大为主，兴城电大在籍人数实现历史性突破，到年末各层次学员共计1680人。位列全省县级电大招生人数第一，得到中央电大，省电大一致好评，连续三年被省电大评为先进单位，实现一流的办学条件、一流的教师队伍、一流的管理与支持服务和一流的办学质量。

民办教育管理不断完善。5月份对有证办学机构进行年检，对不合格的办学机构取消办学资格，对无证办学进行清理整顿并登记。

教师

【概况】2013年，兴城市教育局坚持“创新培训模式，优化培训内容，改进培训方法，注重培训质量”的工作原则，围绕“细化培训对象，明晰培训目标，延长培训周期”的工作思路，始终坚持“一切为了教师专业化发展服务”的宗旨，以科学发展观统领全市教师的培训工作，全面推进教师全员培训、学科知识培训、校本培训及新教师培训。

年内，分两期对2013年上岗的131名农村中小学教师进行集中培训。以赛代训，开展兴城市第二届中小学青年教师教学技能竞赛活动，该次竞赛9月初启动，11月末全面结束。小学12个学科、中学15个学科的青年教师报名参赛，分别通过理论考试、微型课、课堂教学3个环节的角逐，南一、温泉、实验、郭家中学、刘台子中学、一园被评为团体一等奖；东辛庄小学、刘台子小学、宁远小学、高家岭小学、曹庄中学、三中、附中、围屏学校、华山学校被评为团体二等奖。评出个人一等奖36人，二等奖82人。开展以“我的教育我的梦”为主题的征文活动，全市中小学共推荐稿件116份，其中22篇征文分获一二等奖。药王中学、古城小学、围屏一贯制学校获优秀组织奖。全市各校重视教师培训，二中将电子白板在课堂上的应用作为特色教学在课堂中加以推广，通过专家引领、骨干培训、同伴互助、奖优罚劣等措施，促进教师将电子白板技术与课堂教学有机整合，提高课堂效率，创建高效课堂。海滨学校结合该校年轻教师多，教学基本功不扎实的现状，有效地开展“学教参，上微课”活动，每周组织全体教师学教参，促进教师深入学习参考书，理解把握教材，收效明显。

【教育干部培训】2013年，市教育局加强对教育系统内部的干部管理，采取培训考核相结合的办法，提高干部管理水平。一是加大培训力度。对2010年以来新上任的中小学11名校长和29名副校长进行培训，于10月份成功举办新任校长“我的办学理念与学校可持续发展”主题论坛，12月份分别举办中小学新任副校长“我的教学（德育）管理理论与实践”论坛。二是加大干部考核力度。局党办在11月份对学校领导班子和领导干部进行严格考核，12月20日至21日，局党委利用两个休息日的时间举行全市各校校长年度集中述职大会，局党委委员和各股室负责人参与测评。该次集中述职为校长们提供展示自我的平台，同时极大地促进校长之间管理经验交流和能力的提高，营造“风清气正、干事创业”的良好氛围。

【2013年兴城市教育局领导成员】

局　　长　冯　刚

副 局 长　李春彬（2013年3月离任）

白金霖（兼）　姜桂茹（女）

周　旭（2013年2月任职）

刘朋标（2013年3月任职）

李久仁（2013年3月任职）

（王玉娟）

体育事业

【概况】2013年，市体育局组建，该局以创建省级体育强市为目标，遵循“体育惠民、科学健身、竞训争光、产业兴利”的发展思路，拉动“群众体育、竞技体育、体育产业”三驾马车，践行“用发展经济的理念发展体育事业，用现代企业模式发展体育产业”的理念，不断加大工作力度，全市体育事业呈现出快速、健康、均衡、协调发展的良好态势。

年内，该局加大体育对外宣传力度，拓宽体育交流平台，发挥体育外交的独特功能和重要作用，8月初开通兴城市体育局官方网站，浏览量达37765人次；编印《兴城市体育工作简报》8期；12月份举办兴城户籍内外体育名人联谊活动，为全市体育和经济发展献计献策。

2013年，兴城市被授予“全国群众体育先进县”称号；兴城市体育局被国家体育总局乒羽中心评为承办赛事“特殊贡献奖”；改造东山体育场馆被市直机关工委评为第二季度最佳实事。

【体育产业】2013年，市体育局开发体育产业市场，进一步夯实产业发展的基础。积极立项争取上级体育项目资金：一是争取到财政部东山体育场维修资金80万元。二是新建全民健身中心储备项目国家400万元资金。三是2013年至2015年农民健身工程储备项目国家99万元资金。四是2013年至2015年户外健身场地设施建设储备项目。五是国家青少年业余体育训练助训室10万元器材，全省仅3家。六是争取省和葫芦岛市体育局体育器材项目20万元。七是成功申报国家级青少年体育俱乐部，争取资金36万元。

同时，该局谋求体育产业新的发展，节约政府开支，社会化运作体育赛事。完成《关于加快兴城体育产业发展的调研报告》。编制《兴城市体育项目简介》，积极申报和储备体育项目13个。12月份召开兴城内外体育名人联谊会，推介兴城，招商引资。加强体育产业监管工作。做好高危险性体育经营项目许可发放的准备工作，对全市5家室内游泳馆进行清查填表，将调查结果上报辽宁省体育局。

群众体育

【概况】2013年，兴城市体育局不断完善体育公共服务体系，积极实施体育惠民工程，在第一时间通过中国兴城网站向社会发布《2013年兴城体育惠民十大举措》。一是维修体育场馆。从3月20日起至6月8日，投资近25万元，对东山体育场馆进行彻底整改。清运生活垃圾23车，厕所积粪13车；更换健身器材11件；维修室外厕所2座；更新绿化带60米，新种树木2300株，修剪树木90株；动用40人次，对场内杂草进行彻底清除；对馆内墙壁、地板进行粉刷；对险楼进行拆除清运；聘用全天候保洁员。二是乡镇农民健身工程稳步推进。根据葫芦岛市政府对兴城市政府2013年绩效考核指标要求，行政村健身工程覆盖率达90%，市体育局成立后，进行认真调查。年内，该局积极筹措健身器材，为部分行政村及时配送。

【群众健身】2013年，市体育局增强群众科学健身意识，大力开展全民健身活动。一是历时三个月开展兴城市首届优秀社会体育指导员评选活动。评选出20名优秀社会体育指导员。二是历时3个月举办“活力兴城——精彩体育瞬间”优秀摄影大赛，评选出88幅优秀健身摄影作品。三是成功举办兴城首届全民健身成果展示晚会，城乡互动，1000人参加演出，10000人观看，同时表彰20名优秀社会体育指导员和88幅优秀健身摄影作品。四是在注册218名社会体育指导员的基础上，“承办2013年辽宁省一级社会体育指导员培训”，聘请国家级健身专家培训，再注册882名，累计1100人，完成总人口2‰的任务。五是举办全市中小学教师篮球裁判员培训班。

同时，贯彻《全民健身实施计划》，创新特色健身品牌。“8月8日全民健身日”聘请阜新篮球专家到兴讲学，开展“学校阳光体育”等系列品牌活动，不断营造丰富浓郁的全民健身氛围。

竞技体育

【概况】2013年，兴城市体育局提升业余训练水平，促进竞技体育可持续发展。以备战第十三届全国独轮车锦标赛、2013年辽宁省青少年田径比赛和第十二届全运会开幕式独轮车团体操表演为契机（以下简称“两赛一会”），由该局牵头，成立备战组织领导机构，落实经费、人员和职责任务，多次召开项目召集人、领队会议，研究部署备战工作，对各个运动和表演项目进行深入分析，确定参加运动员、表演员、教练员名单，制订科学训练参赛及安全预案。“两赛一会”提升业余训练总体水平，扩大兴城的影响力。

年内，兴城市体育成果显著。在第十三届全国独轮车比赛中，实力强大的兴城独轮车队获得团体冠军、独轮车篮球团体冠军、独轮车技巧团体冠军。该届比赛共设置43枚金牌，兴城市选手将25枚金牌收入囊中，奖牌总数60枚。其中，选手王振和吴思萍在最后一个项目独轮车10公里马拉松赛中分获男女冠军。金牌、奖牌总数均第一。四家村企业集团张文成、兴城市对外贸易局王大帅、南一小学穆宝山被第十二届全运会组委会确定为火炬手。第十二届全运会开幕式曹庄小学220名学生身着该届全运会吉祥物斑海豹“宁宁”服装参加演出。市体校输出兴城籍队员郝可鑫所在队伍在第十二届全运会男子手球决赛中，勇夺该项目冠军。体校输出的兴城籍队员还有7位参加第十二届全运会，共有4人得分。市体育局组织市体校优秀运动员一行7人代表葫芦岛市参加2013年辽宁省青少年田径比赛，获得5枚铜牌，其中个人3枚，接力2枚，取得团体总分65.5分。市体校教练杜江月被评为辽宁省优秀教练。

2013年，全市升入上级体育院校学生4人，其中许鑫考入北京体育大学。

【体育竞赛】2013年，市体育局积极打造体育竞赛品牌，扩大城市综合影响力。一是彰显特色，扩大主办赛事的规模。重点办好市本级五大赛事，“连山农商银行杯”全市男子篮球联赛；“兴隆大家庭杯”兴城市首届民间羽毛球赛；“人保财险杯”第三届男子社区篮球联赛；“兴城农商银行杯”第十二届全市职工乒乓球暨“谁是球王”争霸赛；兴城市“联通杯”羽毛球比赛。二是提升品牌，高效组织好体育赛事。成功承办中国兴城四家村“红双喜·开拓杯”全国少儿乒乓球比赛；2013年“红双喜·奥星杯”全国少儿乒乓球比赛；第五届辽西五市排球邀请赛。

【2013年兴城市体育局领导成员】

局　　长　李春彬（2013年3月任职）
副 局 长　万立锦（2013年3月任职）
　　　　　张依克（2013年3月任职）

（宋志凯）

·小资料·

觉华岛

古称桃花岛、觉华岛，后称菊花岛，俗称大海山。位于兴城古城东南15公里海域中，距大陆最近处为7.5公里。一座大岛，三座小岛（磨盘山岛、杨家山岛、张家山岛），总面积15平方公里，主岛大架子山海拔198.12米。春夏之际，岛上山花怒放，百鸟争鸣，海风扑人面，浪花抚海岸。登高远眺，但见水天一色，茫茫无际。

战国时称桃花浦、桃花岛，燕太子姬丹策划刺秦王失败，曾藏匿此岛。辽代，称淘河岛。辽代晚期，始称觉华岛。清代末期，因岛上野菊颇多，故改称菊花岛。民国时，划为菊花岛特别区。2009年，改称觉华岛。岛上有耕地3830亩，有渔船近200只。有居民3000多人，半渔半农。

岛北临海处山石嶙峋，岛西南断崖风琢海蚀，鬼斧神工，造化成千米长的怪石滩；岛南巨石形象奇异，似鳄鱼、神龟，似卧龙、海豹，浪花拍打着“海上桃源”；南海沿儿有多处天然浴场，海水清澈洁净；岛上数万亩槐树林、荆条和草地，造就了天然氧吧；数十棵菩提树，枝叶婆娑，拨动着进香者的善心；岛东部野菊花遍山，把幽香留给秋天。大自然赋予觉华岛无限的魅力，她征服了无数的游人。

觉华岛集自然景观和人文景观于一身。是辽东湾内最大的岛屿，是辽宁省沿海500多个海岛中，古迹最多、风景最优美的岛屿。辽代，岛上有寺庙十多座，信徒云集，是远近闻名的佛教圣地。如今，八角井、九顶石、唐王洞几经修葺；大龙宫寺、龙王庙重新修复，晨钟暮鼓，香烟缭绕。这些均为旅游景点。大悲阁、营城子、风凉寺等遗址古迹犹存，是访古者必到之处；岛上有饭店、家庭宾馆近百家。春、夏、秋季，每天海岛至大陆间游船来往不绝。

文　化

文化工作

【概况】2013年，根据市委、市政府的要求，文化局与广播局合并，成立文化广播影视局，同时完成文联、文物局剥离。根据编委的三定方案，完成人员编制、内设机构和人事调整。完成机关、文化市场综合执法大队、文化馆、图书馆、新华书店的5个支部换届选举工作。

年内，该局建立宁远戏院、兴隆大家庭两个特色文化基地，完成兴城《全羊席》、兴城《满族刺绣》申报省级“非物质文化遗产”工作。组织兴城市9个文化企业文化产品项目，参加“第五届中国东北文化产业博览交易会”活动，《满族刺绣》获得优秀参展产品奖，该局获得葫芦岛地区唯一一个优秀组织奖。同时，完成宁远客栈规划设计论证和上报审批工作，为重点项目实施提供保证。城墙维修方案得到国家文物局批准。完成钟鼓楼、南门重点文物本体修复工程招投标工作。古城保护利用修建性详细规划编制完成。

【群众文化活动】2013年，市文广局积极开展活动，群众文化生活不断丰富。一是精心组织新年春节系列文化活动。成功举办2013年春节晚会、十五灯展、除夕焰火晚会、元宵节秧歌汇演。二是组织劳动节、建军节、国庆节的文艺演出活动。三是积极开展“文化下乡”活动。春节前夕，组织“文艺下乡、图书下乡、送春联下乡”活动，为农民送春联500副、送图书2000册，同时送去一场文艺演出。四是先后组织完成“创建文明城市共建美好家园”兴城之夏文化广场8场演出活动；第二届农村文化节6场文艺汇演。五是完成农村公益电影放映3200场。其中夜场经济电影585场，拓展放映完成120场（1～9月）。六是积极扶持和培养群众自办文化典型。组织春天艺术团、老年大学艺术团、金秋艺术团、老年合唱团、东辛庄小剧团、海之韵合唱团、安居小区文艺社团深入乡镇、社区进行文艺演出30余场。七是参加葫芦岛市举办的第二届群众文化节“群星竞放耀滨城”县（市）区文艺汇演，获得一、二、三等奖共17个。八是组织参加“美丽家乡和谐滨城”美术书法摄影展，33人次获得不同奖项。九是文化馆在安居小区和农民工子女较多的南一小学、温泉小学开办艺术培训班；图书馆在安居小区建立图书流通站，送图书1500余册；图书馆成功举办演讲读书活动。年内，文化馆副馆长郑海被评为葫芦岛地区“群文之星”。

【城乡文化基础设施建设】2013年，市文广局完成农村乡镇电子阅览室建设工作规划，先后为14个乡镇文化站的电子阅览室分别配发10台电脑、10套桌椅、1台电视、1台打印机。完成7个社区书屋建设，每个书屋配备2064册图书、3个书柜、电脑和阅览桌椅、牌匾、灭火器等设备。

【文化市场工作】2013年，市文广局建立健全文化市场管理运行制度，促进网吧、电子游艺厅和娱乐场所依法规范经营。坚持开展“扫黄打非”工作，严厉查处侵权盗版、制黄贩黄等非法活动。参加全省岗位大练兵与技能大比武，全面提高市文化稽查人员的执法水平。深入推进校园周边环境整治工作，为青少年健康成长营造良好环境。按时完成文化市场执法管理工作。加大广播、电视、网络安全播出监管力度，全年未发生违规播送、播发等责任事故。年内，文化综合执法大队被评为2013年度葫芦岛市扫黄打非先进集体。

【2013年兴城市文化广播影视局领导成员】
局　　长　郭长林
副 局 长　王晓平（兼，2013年3月离任）
　　　　　刘　伟　于秀丽（女）
　　　　　刘锦忠（2013年11月离任）
　　　　　张志友（2013年3月任职）
　　　　　郭树江（2013年11月任职）

（李　密）

文　物　保　护

【概况】2013年，根据上级文物保护工作的有关精神，兴城市委、市政府决定成立兴城市文物局。兴城市文物局为兴城市政府直属事业单位，正科级建制，独立法人。事业编制18名。

年内，该局认真贯彻《中华人民共和国文物法》，履行“保护为主，抢救第一，合理利用，加强管理”的文物工作方针，提高文物队伍的思想文化素质和业务素质，加强文物本体的保护，充分利用古城文物资源，加快文物保护与利用步伐。结合“创建省级文明城市”活动，着力提升窗口单位服务质量和水平。通过对古城景区全体员工业务培训，在古城景区开展文明上岗、文明接待活动，内强素质，外树形象，讲解等工作更加标准化、规范化、细致化，提高服务水平，树立景区良好的服务形象，受到上级领导的一致好评。随着古城景区管理的加强和服务水平的提高，取得可观的经济效益（由于古城钟鼓楼、南门城楼维修，5月至9月景点关闭，影响景区收入）。截至10月15日，景区门票收入429万元。

【文物保护宣传工作】2013年，市文物局认真做好宣传工作，提高市民的文物保护意识。制作悬挂“创文明古城，建美好家园”“保护古城文物，留住历史记忆”等为主要内容的宣传标语。制作古城风光宣传片，赴沈阳、鞍山、朝阳、阜新等城市宣传推介古城风光。充分利用电视、广播、报纸、网络等媒体宣传古城，推介古城。据统计，向市委“创城办”、政府办、《辽宁日报》《葫芦岛日报》投送稿件35篇。辽宁电视台、葫芦岛电视台多次对古城进行报道，兴城电视台《今日兴城》栏目组，对兴城文物局工作进行宣传报道。

以5月19日第三个“中国旅游日”为契机，落实市政府“爱我家乡，游我兴城”旅游接待活动。接待当地市民游古城2000余人次；接待中小学生，团市委等部门组织的活动；接待全运会期间的运动员、裁判员、教练员、媒体记者、志愿者等游览古城。

年内，该局按照葫芦岛旅游景区规范标准，开展详细自查、填补漏洞。根据AAAA级景区的标准要求，本着美化、亮化、规范化、人性化的要求，组织人员对景区进行一次彻底排查，维修、增设指示牌等设施，为游客营造优美和谐环境。

【文物保护工作】2013年，市文物局夯实基础，突出重点，文物保护工作进展顺利。一是顺利完成全国重点文物保护的维修工作。5月，兴城市政府对古城钟鼓楼、南门城楼进行招投标，北京房修一建和大连古建园林两家公司分别中标，通过国家、省文物专家的指导，两处维修工程科学稳步进行，于9月份完工，准备省专家组验收。9月，完成古城文庙地仗油饰工程的招投标。市政府十分重视此项工作，追加工程款项，对文庙其他殿宇的破损部位进行维修，工程10月31日完工。

二是完成葫芦岛市保护单位红崖子“清白家风牌坊”的维修工作。

三是稳步推进兴城城墙申报世界文化遗产工作。为进一步贯彻落实国家文物局《关于开展2013年中国文化遗产日活动的通知》精神，该局精心策划，认真安排，以文字、图片、展板、条幅等多种形式，广泛开展申遗的宣传活动，6月8日中国文化遗产日，携手南京、西安、台州等8家进入《中国世界文化遗产预备名单》的遗产地，同时举办《中国明清城墙联合申遗展》。

四是有序组织开展文物保护单位的申报工作。向辽宁省文物局上报白塔峪塔、磨石沟塔等文物保护单位有关资料，完成申报国家重点文物保护单位文本，两塔被列入全国第七批重点文物保护单位名单。到年末，兴城市全国重点文物保护单位增加到3家（古城为组合项目，包括兴城城墙、兴城文庙、钟鼓楼、祖氏石坊）。全市现有县级以上文物保护单位49处。年内为更好地保护全市文物，制作文本材料，推荐申报省级文物保护单位2处、市级5处、县级30处。

五是完成全市市级以上文物保护单位的登记工作。根据葫芦岛市文物局《关于开展市级以上文物保护单位情况调研工作的通知》，对市级以上24个文物保护单位进行详细的调查，与保护单位看护人签订看护协议。在调查中，发现破损情况严重的文物，及时上报。

六是“四有”工作再上新台阶，文物档案进展顺利。文物局成立前，所有文物档案都在文物保管所保管，为加强档案管理，在原有档案基础上，实地测量，掌握第一手材料，保证档案的权威性、周密性、完整性。建立纸质和电子两种档案，发挥档案应有的作用。

七是配合省考古所对三道沟青山水库淹没区遗址进行挖掘。文物保管所抽调业务骨干全力配合，共发掘遗址7处，面积3000多平方米。

八是强化全国第一次可移动文物普查工作。根据国家、省市第一次可移动文物普查工作要求，兴城市文物局成立全国第一次可移动文物普查领导小组。组织人员培训，全面开展全国第一次可移动文物普查工作。

九是积极联系西城墙、北城墙设计单位，针对北城墙西段和东北角台海墁开裂，外墙鼓闪等险情，设计抢修方案，及时对两处危险地段进行加固、抢修。

【文物安全管理】2013年，市文物局加强文物安全管理工作，确保文物本体和游客安全。一是健全完善安防、消防措施，保证全市各级文物保护单位的安全。不断健全文物安全管理制度，调整、加强文物安全保卫力量，定期维护影像报警监控设备，严格落实值班、巡查制度，切实发挥“人防、技防、物防”相结合的保护优势，确保各文保单位安全。

二是认真落实责任制，进一步加强野外文物安全工作。针对全市野外遗址点多、面广、线长的实际情况，认真研究加强全市野外文物安全管理的措施办法，具体实行文物局、文物保管所、看护（单位）人三级文物保护责任制，明确保护范围和工作职责，落实资金投入，保证野外文物安全管理措施落实。

三是加强文物监察巡视力度，制止破坏、盗挖文物遗址的行为。针对大寨乡、望海乡文物盗挖事件，文物局出台《关于打击盗掘地下文物的通告》，对盗掘分子起到教育和震慑作用；制止大寨溯本堂、药王三教寺在保护范围内种地和修建违章建筑；超高车辆进出北门，造成文物本体损坏，对司机进行教育，确保文物本体安全。

四是明确职责任务，推动方案落实。文物局安全消防工作领导小组，结合景区的实际，制定安全消防应急预案，与钟鼓楼、南门城楼两个施工单位签订安全责任书，加强全运期间安全保卫工作，安全工作更加规范化、制度化，真正做到任务明确、措施到位、责任到人。

【2013年兴城市文物局领导成员】
局　　长　闫立奎（2013年2月任职）
副 局 长　李　宇（2013年3月任职）
　　　　　　尹天武（2013年12月任职）

（尹者馨）

报　　刊

【概况】2013年，兴城时讯社始终坚持正确的舆论导向，不断创新工作方法、丰富报道形式，报纸质量和宣传效果得到稳步提升。为全面推动“美丽乡村”建设，展现“美丽乡村”建设的新景象、新变化、新成就，举办“美丽乡村”专题大奖赛活动，广大读者积极参与，踊跃投稿，收到稿件50余篇，评出一二三等奖、纪念奖共18篇，并予以表彰。在全市范围内举办好新闻竞赛，评选出“十佳新闻”“十佳新闻人物”。围绕经济建设中心，大力弘扬“干事、创业、为民”精神，营造创业争先的浓厚氛围。丰富副刊等文学创作版面，激发文学爱好者创作热情，为全市文学爱好者提供平台。

年内，时讯社强化队伍建设，修改和细化《2013年度兴城时讯社管理机制量化考核办法》，狠抓报社管理制度的贯彻落实，按照正规化、制度化、科学化要求强化内部管理，推动报社整体工作健康发展。加强对全体编采人员和通讯员队伍的业务培训，制定和完善相关各项制度。加强编采人员自身学习，不断提高政治素质和业务素质。制定关于通讯员管理和用稿的有关制度，完善通讯员经常联系制度，并于8月份召开全市基层通讯员座谈会，加强交流，提升素质，激发热情。加大对外宣传的力度。设立奖励基金，鼓励记者向上三级党报投稿。先后在葫芦岛市以上报刊发稿97篇，让更多的人更好地关注兴城、支持兴城、提升兴城的影响力。

全年，时讯社出版报刊48期，发表各类稿件3000多篇。

【新闻报道工作】2013年，兴城时讯社围绕市委、市政府中心工作，开设专栏，有力地促进各项工作开展。开设“学习贯彻党的十八届三中全会精神系列访谈”“万名党员百日调研”“在职党员进社区”“软环境综合整治”等10余个专版、专栏，报道各部门、各单位在经济社会发展中所取得的成就、贯彻落实会议精神的具体举措，在全市营造浓厚的思发展、谋发展的良好氛围。在做好会议报道的同时，连续推出“好风凭借力”“快马再加鞭”等5篇推动兴城科学发展系列谈社论文章，对市委做出的科学发展战略进行详细解读。利用“让我们的城市更文明”“农村环境整治报道”等专栏，报道《兴城市创建文明城步入快车道》《辛庄子村治理环境有道儿》等相关消息50余篇，并采取多种形式让群众了解创城工作情况。开设知识问答、群众互动等版面，让市民反映创城问题的渠道更加畅通，并及时处理群众反映的问题。开设“文明写真”“不文明行为曝光台”等版面，正面宣传和舆论监督相结合，报道《都来为创建文明城市出份力》等相关消息20余篇。为做好村“两委”换届选举工作，兴城时讯社推出“选‘村官’”等新闻消息和图片专版，营造风清气正的换届氛围。

年内，时讯社加强对重点项目、重点工程建设报道。紧紧围绕政府工作报告中所确定的重点建设项目和骨干工程开展战役性报道。开设“重点工程进行时”“向着目标进发”等专栏，先后对滨海经济区落户项目、古城保护开发、温泉新城建设、城市基础设施建设、农业设施小区建设等方面进行主题鲜明、内容翔实的报道，有力地推动项目的顺利开展。刊发《铁西农贸市场招商》《高家岭温泉小镇建设紧锣密鼓》《银象·宁远城项目已开工建设》等40多篇消息，对重点项目的引进、落户、进展等情况以及成功经验进行深入采访，为顺利完成重点工程项目创造良好的舆论氛围。

做好重大事件及“两会”的宣传报道工作。在接到重大采访任务时，报社精心策划，认真安排部署，记者、编辑保持高度的责任心，圆满完成省和葫芦岛市领导到兴调研等一系列重大采访任务。为做好“两会”报道，报社提前制订好详细的宣传报道方案。为“两会”的胜利召开营造良好的宣传氛围，提供强大的舆论支持。

时讯社为介绍和推广各单位的工作进程和先进经验，先后组织一批有新闻价值，有指导性、典型性、可读性的稿件和图片专版及专栏。比如《喜看移民新生活》《兴城财政一季度再创开门红》《走进住户问冷暖》等报道，“核电”“交警”“计生”等专版，“社区矫正之窗”等专栏，通报情况，交流经验，有力地促进各项工作的开展。在经济和社会发展建设宣传中，兴城时讯社针对当前工作重点、社会热点，以点带面，策划推出“我在现场”“有话要说”“劳模风采”“红绿灯”“提个醒儿”等30余个专栏，为全市的经济社会发展营造浓厚的舆论氛围。

【新闻创新】2013年，兴城时讯社积极创新版面，赢得读者。在内容选择上，以鲜活的本土新闻为主题，加大群众关注的热点、焦点问题报道力度，如增加言论文章、记者专访等栏目，采写有深度、有力度的关注文章，增强报纸的可读性。在版面设计上，进行创新。采用大图片、醒目的大标题及简短的文字，加强报纸的审美效果，整个版面更富视觉冲击力，整张报纸给人一种耳目一新的感觉。同时，增强服务性。要求记者深入基层，转变文风，加大对百姓所关注的热点问题报道力度，更好地服务于人民群众。增加报纸与读者的互动空间，增强报纸的可读性和影响力。增强互动性。在相关版面开辟“读者来信”“替乡亲捎个话”等栏目，刊登读者反映的热点问题及有关部门的答复。

【2013 年兴城时讯社领导成员】

社　　长　高　峰

副 社 长　周锦文（2013 年 12 月离任）

张亚新（女）

董绍壮（2013 年 3 月任职）

（董绍壮）

广播电视

【概况】2013 年，兴城广播电视台面对局台分离、台网分离的形势，面临广告市场急剧萎缩的现状，紧紧围绕市委、市政府的中心工作和战略部署，强力打造“两台”精品新闻栏目，拓展新闻和节目的深度、广度，为兴城经济社会发展大局提供坚强的舆论保障。立足形势，推进事业发展。提出新闻立台、专题兴台、经营富台、队伍强台、制度管台的工作方针。从多个方面入手，促进全台工作快速展开。

一是求真务实，广纳各界意见。台党组聘请 12 名新闻节目监督员，由离退休职工、资深新闻人、有关部门负责人、企业家、市民代表组成，台里定期召开监督会，虚心听取监督员对广播电视工作发展提出的真知灼见。台里专门成立电视节目编审委员会，15 名资深电视和广播工作者参与节目编审，为全台节目把关理脉，集思广益、研究广播电视发展战略，督进新闻、专题、广告等电视和广播节目改革方案落实情况，推行精品战略，对精品栏目、节目进行集中创意、构思，拟定节目设置方案。

二是挖掘潜力，调整机构设置。年内药品广告全线停止播出。面对严峻形势，首先将位于铁西的文艺广告中心迁回台里，人财物统一管理，合理调配资源。同时，从新闻中心、广告中心、电台直播中心及办公室抽调精兵强将，组建专题节目中心。并投入 20 多万元购置 2 台摄像机，以及摇臂、广角镜头、摄影灯、非线性编辑机等影视设备，强力打造专题节目。

【新闻宣传与时俱进】2013 年，兴城广播电视台树立牢牢把握新闻的龙头地位不动摇的工作理念，坚持党的新闻宣传工作方针，坚持以科学发展观为统领，热情讴歌兴城近几年来各项事业所取得的成就，积极宣传改革发展中出现的新生事物，激发广大干部群众推进科学发展的热情，为兴城经济和社会发展提供有效服务。

年内，新闻节目频现亮点。围绕市委、市政府中心工作，在兴城新闻节目中开设《重点工程追踪》《创城在行动》《文明你我他》《共建美好家园》《万名党员百日调研》《喜迎全运会》等专栏，对重点工程、创建省级文明城、村级“两委”换届选举、农村环境综合整治等全市性重点工作进行跟踪报道，弘扬主旋律，传递正能量。全年共播出兴城新闻节目 200 多期，新闻 2000 多条，为市委、市政府及各部门制作专题片和汇报片 27 部，制作、播出“创建省级文明城”“喜迎十二运”等公益广告 120 条，为建设和谐文明兴城营造良好的舆论氛围。兴城人民广播电台免费为听众播发失物招领、寻人启事等公益广告 400 多条，并不定期邀请各方面专家做客直播间，为听众答疑解难，直播 1500 小时。

新闻记者在做好时政新闻报道的同时，深入基层，脚踏实地采写有影响、有价值的调研报告和鲜活的新闻，采写对全局政治、经济发展有推动作用的好作品。该台组织记者开展走基层活动 12 次，全方位报道临海产业区、滨海温泉新城、青山水库移民等重点工程项目进程，以及高家岭、药王、三道沟等乡镇新农村建设开展情况，多角度展示全市发展与建设的成果。

对外宣传再创佳绩。全年在葫芦岛以上媒体播发新闻 300 多条，发稿量在葫芦岛市名列前茅，16条新闻在省广播电视厅和省记者协会举办的优秀新闻节目评选中获奖。年末，该台与葫芦岛电视台新闻中心联合开展新闻报道活动，围绕兴城工业化、农业产业化、城镇化、民生保障四项战略，在《葫芦岛新闻》节目中头条系列播发反映兴城各条战线发展变化的新闻深度报道类稿件。

【自办节目丰富多彩】2013年，兴城广播电视台强力推进自办节目“精品战略”和“本土战略”，内部挖潜、调配人员、引进设备，新上节目，适应本土听众和观众对节目求新求变的需求。

一是打破固有模式，增上新节目。通过大量的调查研究和征求意见，从受众需求出发，对自办的几档节目进行全新改版。新闻节目更加贴近百姓，反映民生。增设三档专题类节目，每期时长30分钟。《百姓生活》是民生类专题节目，反映老百姓所喜闻乐见的身边人、身边事，用亲民的视角感悟生活，体味人生百态。《今日兴城》是一档新闻深度报道类专题，突出跟踪市委、市政府重大决策，深入报道与经济生活联系紧密的重大项目的进展情况。《缤纷新视界》是一档经济娱乐类节目，分为三个版块，开心时尚搭建商桥平台；才艺唱吧实现音乐梦想；健康对白传递养生信息。专题一经推出，深受社会各界的欢迎，提高电视节目的收视率的同时，实现经济效益。

二是拓展节目渠道，活跃电视荧屏。在引进的节目和电视剧选购上，力求内容和质量的完美统一。通过多种途径，选购质量优良、内容丰富、观众喜爱的电视剧。全年引进电视剧5700多集，综艺节目5700多期。同时录制播出春节联欢晚会、六一儿童节晚会、数字电视三下乡晚会、兴城之夏文化广场系列晚会等7场大型晚会。在广告宣传方面，坚持依法依规。突出企业形象展示，打造地方品牌。

【广电安全生产常抓不懈】2013年，兴城广播电视台把安全生产、优质播出列入重要工作日程，制定规章制度，配齐设施，落实责任，定期检查维修，不定期开展安全检查。节假日和重大活动期间，安排专人值班值宿，保证广播电视节目安全优质播出。

该台的广播电视播出设备大多都是90年代购置，老化现象严重，亟待更新改造。经过询价，购置一套节目的播出设备（索贝品牌）需要资金200多万元。为了节约支出，台里投入近8万元，购置播出系统相关部件，由台技术部门自主研发，对兴城电视台新闻综合频道的主备播系统进行改造升级。年内该频道实现数字播出，节目质量得到显著提升，提高市委、市政府相关政策信息和新闻及节目的收视率。

【2013年兴城市广播电视（局）台领导成员】

台　　长　宋　平
副 局 长　江兴波（2013年2月离任）
副 台 长　江兴波（2013年2月任职）
　　　　　　马　达（2013年3月任职）

（韩　苹）

档案、年鉴、地方志

【概况】2013年，兴城市档案局按照省、葫芦岛市档案局的要求和市委、市政府的部署，将创建国家二级综合档案馆工作列为全年重点任务目标，强力推进实施。

一是高度重视。市委、市政府高度重视档案工作，专题立会研究解决档案工作难题，主要领导和主管领导经常过问、现场指导档案工作；政府加大资金投入。在上年国家、省两级财政拨款资金390万元，本级配套1810万元建成高标准档案新馆的基础上，进一步确保专项经费及时足额拨付。为方便工作，配置办公用车和电脑、扫描仪、安全监控、档案密集架等设备。

二是高标启动。创建国家二级馆工作被列为兴城市创建省级文明城市工作的重要组成部分。该局成立创建国家二级馆工作领导小组，召开专题会议研究部署“创馆”工作。通过对照《市、县级国家综合档案馆测评细则》，及时制订“创馆”工作实施方案和考核测评分解表，将《细则》要求的“创馆”工作任务分配到各股室，明确责任，做到工作任务、责任股室、责任人“三落实”。

三是高效推进。加强档案资源体系建设，强化档案科学化、标准化管理。加快馆藏档案和检索工具整理工作，对一批重要档案进行整理、抢救处理。开启档案信息化工作。购进清华紫光软件开展档案数字化工作，建立起案卷、目录数据库，对民国36年（1947年）以来50余年的档案馆藏资料进行数字化著录。形成馆藏档案案卷级目录计16909条；文件级目录计94798条。对与老百姓密切相关的、利用频繁的婚姻、劳动等档案实现率先著录，对馆藏的珍贵照片、音视频进行数字化处理和入库，其中翻拍老照片5548张，为全市档案工作走向规范化、数字化、网络化奠定基础。

四是高质晋升。10月17日，受国家档案局委托，省档案局局长赵焕林率测评专家组到该局测评创建二级馆工作。根据《市、县级国家综合档案馆测评办法》规定，测评组采取听汇报、审查材料、现场咨询、实地查考等方式，从条件保障、基础业务、开发利用、信息化建设等方面对兴城档案馆进行全面认真的核查，兴城档案馆最终以87分高分通过国家二级综合档案馆测评。从档案新馆建成投入使用，到荣膺省级社会主义新农村档案示范县，再到晋升国家二级综合档案馆，兴城档案事业一年一步新台阶。

【档案业务指导】2013年，市档案局立足“三农”服务，全面推进基层档案事业发展。将工作重心更多地转向民生，强化对全市26个乡镇及所属村档案工作的指导、监督、检查，进一步扩大社会主义新农村建设档案工作成果。根据省、葫芦岛市档案局工作部署，与乡镇、财政部门合力推进便民服务中心工程，打造便民服务平台。以曹庄、羊安、元台子、白塔、碱厂、望海6个乡镇为试点，建立起6个高标准、示范性档案室，年底前完成14个乡镇服务中心建档工作。强化基层档案信息化建设，全市26个乡镇、街道便民服务中心全部安装清华紫光档案管理软件并使用。进一步开展林改、婚姻、社保等涉农电子档案的接收进馆工作。

同时，切实依法行政，对47家单位进行档案行政执法检查。继续落实国家档案局“8号令”和“9号令”，积极推进立卷改革，对市委办、统计局、安监局等21家单位档案工作进行指导，整理归档共计679卷、3226件。加强重点档案服务。围绕辽宁沿海经济带建设，开展对兴城滨海经济区档案建档工作的指导，对产业区建设的前期各项材料和文书档案及时进行归档整理，共计32卷、313件。按上级要求填报重点项目档案登记表4份，做到提前介入、监督指导。年内，经过科学有效指导，羊安、曹庄、白塔便民服务中心被省档案局评定为省一级档案工作先进单位。

【档案管理】2013年，市档案局夯实档案基础管理工作，强化档案资源建设。

一是重新确定档案进馆单位名册，开展档案接收进馆工作。按照突出民生，适当提前的原则，进一步拓宽档案收集范围，婚姻、社保等重要民生档案及时进馆，截至年末，共接收文书档案53512件、909卷。

二是注重征集具有地方特色的档案资料。以市委办名义下发《关于在全市范围内开展档案资料征集、收集工作的通知》，征集到《兴城建设与发展的实践和理性思考》文集、《兴城人大志》《政协兴城志》、兴城籍作家出版的文学作品集、图书等72册。征集奖牌奖状荣誉证书19个，征集2012年《兴城新闻》等音像资料260条、时长1270分钟，征集韩文民摄影照片36张，市书法家协会照片2000余张。

三是服务全市经济和社会建设中心工作，积极开展档案编研。完善并印刷《兴城市档案馆指南》一书，编写《兴城市大事记》《兴城市档案馆组织机构沿革》《档案利用实例汇编》《全宗指南》《反腐败案例选编》共5种编研资料。文字总量达15万余字。

四是树立服务为民理念，强化档案利用工作。按照《中华人民共和国档案法》的规定，对馆藏1982年的市委、市政府及各部、委、办、局永久保存的文书档案进行鉴定，依据开放档案管理办法对应开放的档案全部进行开放，共开放档案24个全宗76卷301件。安排专业人员负责百姓关注的婚姻、土地承包等民生档案的查询利用工作，在免收查档费的同时，坚持免费为利用者复印查阅资料，满足人民群众的实际需求。截至年末，接待利用者680人次，提供档案730卷册。

【档案宣传】2013年，市档案局加强法制宣传，提升档案人员工作能力和水平。一是深入学习党的十八大精神，贯彻落实中央“八项规定”和省委“十项规定”，按照市委、市纪委要求，扎实开展党员进社区、万名党员百日调研活动。二是以第9个“国际档案日”为契机，围绕“档案在你身边”的主题，通过广播、电视、报刊、展板、LED显示屏等多种载体，深入机关、企业、社区、乡村开展内容丰富、形式多样宣传活动，提高社会各界的档案意识；积极组织参加国家档案局举办的“档案在你身边”征文活动，报送的6篇征文在省档案系统评选中，获一等奖1篇、二等奖2篇、优秀奖1篇；三是加强档案信息宣传工作。截至年末，在《今日兴城》播发电视专题片1期，档案业务及信息稿件发表在《兴城新闻》5篇，在《兴城信息》15篇，在兴城政府网站14篇。四是加强教育培训工作，举办培训班21期，共计培训文档人员318人次。同时组织4人参加省局业务培训班、38人参加葫芦岛市局培训班，均通过考试取得岗位证书。

【年鉴工作】2013年，年鉴编辑部收集2012年全市各部门年鉴资料共计130余家，60余万字。经过纂写、编辑、汇总，高质量完成既定目标，形成30余万字的初定稿，为下年《兴城年鉴》的出版打下坚实基础。为《葫芦岛年鉴》提供兴城部分稿件11个条目、8000余字；为《辽宁年鉴》提供兴城部分稿件8个条目、6000余字。

【地方志工作】2013年初，中共兴城市委决定将《兴城市志》（1986～2010）记述下限延长至2012年末，兴城档案局向全市各单位下发关于增补《兴城市志》2011年、2012年材料的通知，并于8月末完成该两年材料整理工作。12月末《兴城市志》（1986～2012）近130万字初步完稿。

【2013年兴城市档案局领导成员】

局　　长　王建华（女，2013年2月离任）
　　　　　张旭辉（女，2013年3月任职）
副 局 长　王天月　赵宏宇　梁　婷（女）

（张　驰）

卫　生

卫生发展综述

【概况】2013年，兴城市医疗卫生体制改革不断深入。18家乡镇卫生院全部回归公益性并且实行目标责任制管理，市医院康复综合楼和120急救中心投入使用。免费为农村适龄妇女进行“两癌”筛查14426人次。年末，全市共有各类卫生机构61个，其中正规医院6所，农村卫生院27所；卫生防疫和防治机构4所；食品监督1所；妇幼卫生保健机构1所。市本级卫生机构拥有住院床位1455张；从事医疗卫生工作人员1973人，其中医师以上人员352人。

【卫生惠民】2013年，兴城市卫生惠民工作再现新成果。一是新农合保障制度不断完善。年内，参合率97%，常住农业人口参合率100%，农民年缴费70元/人，筹资标准从2012年280元/人提高到350元/人，筹资总额13861万元。采用新型农村合作医疗卡、居民健康卡、惠农卡“三卡联动”模式，为持卡户提供合作医疗身份识别、参合费缴纳、医疗补偿代发等业务，实现参合农民看病报销一卡通，为参合农民就医、缴费提供便利。建立新农合信息化管理平台，实现民政救助结算与新农合对接，完成“一站式”结算工作，并推行定点医院“直补”方式，缩短住院农民报销支付时间。积极探索利用新农合基金购买大病商业补充保险，并与保险公司签订保险协议，该举措，解决大病患者的就医困难，充分体现市委、市政府对重大疾病患者的关爱。

二是基本药物制度稳步推进。国家基本药物制度继续深化，各医疗机构在药品采购、配备及销售等环节得到进一步规范，临床药品差价让利范围逐步扩大，群众医药费负担显著减轻。全市366家实施国家基本药物制度的医疗机构认真执行国家基本药品目录网上集中采购，实行零差价销售。截至9月30日，采购总金额为2813.64万元，配送总金额为2314.53万元，入库总金额为2297.41万元，极大缓解群众“看病贵”问题。

三是“万名党员百日调研”义诊活动深入民心。卫生局党委组织市医院、中医院、妇女儿童医院、血栓医院、妇幼保健所等党支部，组成一支125人的专家医疗队，开展3次大型义诊活动，免费发放药品32300元，上门为19个乡镇7个社区群众服务，倾听群众呼声，真正把卫生惠民工作做到实处。

四是重大公共卫生项目有序实施。认真贯彻落实各项重大公共卫生服务项目，截至年末，免费为35至64岁农村妇女进行“两癌”筛查，其中乳腺癌筛查6002人，宫颈癌筛查8424人。共为2947名育龄妇女免费发放叶酸，叶酸投放率达122%，2408名农村孕产妇享受到分娩补助，补偿金额从原来的346元提升到500元，补偿率为100%，提高全市出生人口素质，切实保护妇女、儿童身体健康。

【卫生改革】2013年，兴城市医疗卫生机构逐渐步入正轨。羊安、闻家、药王、红崖子、海滨共5家承包到期的乡镇卫生院成功回归公益性，实行乡镇卫生院工作目标责任制管理，确保卫生工作不间断和医疗服务水平不下降，实现回收与管理工作无缝对接。妥善解决防疫站24名未上编人员因工资上访问题，妥善解决痔瘘医院和古城医院20年来人员因待遇上访问题，维护全市卫生系统和谐稳定大局。

设备设施不断改善。全市购置彩超、电子胃镜、全自动血液分析仪等新设备投资630万元，其中市医院采购设备234万元，妇女儿童医院采购设备204万元，中医院采购设备128万元，妇幼保健所采购设备68万元。华山、三道沟两家卫生院，年底投入使用，华山卫生院建筑面积1000平方米，总投资150万元，三道沟卫生院建筑面积800平方米，总投资120万元；妇女儿童医院临时输液大厅建设项目，于11月份竣工并投入使用，建筑面积300平方米，总投资70万元；总投资1500万元市医院康复综合楼及急救中心建设项目于年底投入使用，占地面积8499.72平方米，建筑面积8157.36平方米。

医疗协作效果显著。兴城市人民医院正式成为中国医科大学"盛京医疗联盟"成员单位，可预约挂号、转诊、开展疑难病例手术、远程会诊，联合开展重点专科、特色专科建设和医疗新技术合作，兴城市患者可享受到省级医疗专家的服务、中国医科大学附属盛京医院优质医疗资源。加入"盛京医疗联盟"，兴城市医院在技术上、管理上得到进一步的提高，更好地满足全市人民群众日益增长的医疗需求。

人才队伍不断优化。全年，高级职称考试及答辩通过7人，中级职称考试合格23人，初级职称考试合格34人，护士执业考试合格25人。全市参加医学继续教育学习1594人，参学率达98.2%。

公共卫生

【概况】2013年，兴城市公共卫生工作取得新成效，卫生服务工作得到新提升。全市农村19个乡镇累计建立农村居民电子档案308083份，建档率达82.8%；全市7个社区卫生服务中心累计建立城市居民电子档案135150份，建档率达74.02%；7个社区对65岁以上老年人进行管理，管理率91.8%，健康体检表完整率90%。卫生应急工作能力进一步增强。以信息化为抓手，完善突发公共卫生应急指挥平台建设，组织开展城市应急支撑体系卫生应急建设工作调研，进一步完善各项卫生应急管理制度和应急预案，强化应急队伍建设。及时有效处置各类突发公共卫生事件，全市无重大突发公共卫生事件发生。

【卫生监督执法】2013年，市卫生局认真贯彻执行《中华人民共和国执业医师法》等卫生法律法规，共检查医疗机构350余家。其中，吊销《医疗机构执业许可证》1家，暂吊扣《医疗机构执业许可证》29家，并及时进行停业整改，打击非法行医3起，罚款10万元。

【卫生防疫】2013年，市卫生局各项疾病防控措施有效落实。加强疫情监测报告，全年无突发公共卫生事件和甲类传染病报告。积极开展手足口病、霍乱、艾滋病等传染性疾病及地方病的防治。加强常规免疫管理和安全接种，疫苗接种建卡率100%，建证率99%，接种率95%。

【妇保儿保工作】2013年，市卫生局在全市范围内免费开展孕产妇艾滋病、梅毒和乙肝检测工作，为乙肝表面抗原阳性的孕妇所生的孩子在生后24小时内免费注射乙肝免疫球蛋白，孕产妇系统管理率95%，儿童系统管理率94%。全年，共筛查出高危孕产妇65例，其中危重高危孕产妇17例，转到葫芦岛市级以上医院的有17例，高危孕产妇管理率达到100%，无孕产妇死亡。

爱国卫生

【概况】2013年，兴城市爱卫会按照年初确定的总体工作思路，团结实干，开拓进取，全市的爱国卫生工作上了一个新的台阶。

一是清洁月活动扎实有效，根据省委、省政府的统一部署和《省爱国卫生清洁月活动实施方案》的要求，从4月12日到5月12日在全市城乡广泛开展以"讲文明、讲卫生、讲科学、树新风、建小康"为主题的爱国卫生清洁月活动。发动全市干部、职工、企事业单位、中小学生和驻军驻在单位参加义务劳动。共张贴卫生标语口号、条幅85幅，发放卫生条例知识手册近万份，发放宣传单7500余张。全市城乡3万余人次参加劳动，共清运垃圾1800余吨。

二是城乡除四害活动效果良好。市爱卫会根据省、葫芦岛市爱卫会的部署，在城乡大力开展以灭鼠为重点的“除四害”工作。市政府召开两次灭鼠除四害工作动员大会，并与城乡单位签订《灭鼠责任书》。市爱卫会统一组织、统一购药、统一投放，并成立两支消杀队伍，春、秋两季大力开展灭鼠工作，夏季大力开展灭蚊蝇、灭蟑螂工作，对城区87座公厕（包含12座水冲公厕），84处垃圾排放点、宁远广场、火车站和6个居民小区进行重点消杀，并对宾馆、饭店等重点行业，20多个部门进行重点消杀，取得较好的效果。

三是健康教育普及工作开展顺利。为提高市民健康水平，大力开展卫生保健工作，年初爱卫会制订健康教育工作计划。在全市开展“以学校为基础，医院为龙头，宣传为导向”的引导健教工作，充分发挥“健教科”的作用，多次在街头开展宣传。在市医院、曹庄防保站、华山街道、城东街道东关社区设立4个健教示范区，并要求乡、村居委会设立健教专栏，发放宣传手册千余本。在三道沟乡、曹庄镇、红崖子镇、大寨乡、旧门乡和华山街道等单位开展健康教育检查工作，取得良好的效果。

四是农村改水改厕效果显著。根据省爱卫会的安排，市政府与乡镇、街道办事处签订《改水改厕责任状》。在羊安、三道沟2个乡、2个村新修节水、高压水冲厕所300座。

五是加大爱国卫生监督检查的力度。根据《辽宁省爱国卫生管理条例》和《辽宁省病媒生物预防管理办法》等规定，市爱卫会结合实际，制定出卫生检查标准15条，爱国卫生工作公开承诺制4条，并制定出卫生检查制度15条，驻军驻在单位、宾馆、疗养院卫生检查标准15条。按机关目标考核办法进行卫生检查，并评出卫生先进单位和卫生先进工作者。

【2013年兴城市卫生局领导成员】

局　　长　王光辉（2013年2月离任）
　　　　　　李宏伟（2013年2月任职）

副 局 长　刘援跃（2013年7月离任）
　　　　　　曹　锋　朱伟瑞　高景贵（兼）
　　　　　　李　亮（2013年12月任职）

（高景贵）

人口和计划生育

【概况】2013年，兴城市人口和计划生育局以促进人口和经济、社会、资源、环境协调发展为目标，明确思路，找准重点，突出难点，强化创新，人口和计划生育事业得到全面发展。全年，全市共出生人口3282人，人口出生率5.96‰，自然增长率1.2‰，新出生人口中，男孩1669人，女孩1613人，出生人口性别比103.5（以女性为100）；政策内出生3228人，符合政策生育率98.35%，各项指标均在控制范围内。孕前优生健康检查全市预计应检目标人群3500对，截至年末，有3200对待孕夫妇参加免费孕前优生健康检查，完成任务指标91.5%。

年内，该局加大流动人口管理与服务力度，全市共有流动人口8427人，其中流出人口6707人，流入人口1720人。流入已婚育龄妇女《婚育证明》查验率90%以上，流出已婚育龄妇女办证率98%以上，流出重点对象有效联系率90%以上，均优于目标责任指标，流入已婚育龄妇女计划生育免费基本技术服务到位率100%。

全年，依法行政，认真开展阳光计生活动，及时查处信访案件。接待来信来访23件，无越级上访和集体上访案件发生。开展违法生育专项整治活动，对历年来违法生育行为的对象依法征收社会抚养费，征收到位率60%以上。人口和计划生育基层服务网络不断完善，兴城市获得省人口和计划生育综合改革示范县（市）称号。

【计生管理】2013年，市人口和计生局加强人口计生机构队伍建设，全市26个乡镇街道均设置独立的人口计生办公室，按标准配齐计生助理，按要求对市、乡、村三级计生管理人员进行系统的业务培训，人口计生队伍整体素质得到有效提升。在全市推广应用《辽宁人口信息系统》软件，全员人口数据信息完整准确率和及时变更率均达100%。投资3万余元为各乡镇街道计生办安装专线宽带，实现生育指标审批、生育登记证发放、独生子女父母光荣证办理的网上办公。

年内，市政府和相关责任部门签订《2013年人口计生综合治理目标管理责任书》，及时增补、调整市统筹解决人口问题领导小组成员单位和负责人，进一步明确相关部门的工作职责，相关部门人口计生工作职责落实率为100%。全面落实农村部分计划生育家庭奖励扶助制度和计划生育家庭特别扶助制度。全年，全市新增农村部分计划生育家庭奖励扶助对象1573人，“特扶”对象63人，全面解决城镇“双无”家庭独生子女父母奖励和企业退休职工计划生育奖励待遇，奖励资金及配套资金全部纳入财政全额预算，并及时拨付发放到位。年度人口和计划生育事业费按照省制定标准足额预算到位，积极协调财政部门将流动人口管理服务经费、计划生育基本技术服务经费、“农转非”计生工作人员生活保障经费全部纳入年度财政预算。农村计划生育转移支付资金实行“县管乡用”，确保转移支付资金全部用于人口计生事业，保障工作正常运转。

【计生宣传】2013年，市人口和计生局开展宣传引导，推进新型生育文化建设。深入开展“婚育新风进万家”活动。在社区、村部设立计生文化宣传栏，粉刷固定宣传标语，计划生育公益广告牌等有效载体，大力推进新型生育文化的传播。建成6个优秀计生活动室、6个村级人口文化广场。利用政府采购，为100%村、中心户配备计划生育宣传品。在《葫芦岛日报·兴城新闻》刊发计生专版10期、在省级刊物发表稿件5篇、兴城电视台播出新闻4条。

【计生服务】2013年，市人口和计生局开展优质服务，提高育龄群众生殖健康水平。切实推进计划生育优质服务系列工程。一是积极实施孕前优生健康检查，截至年末，90%的目标人群接受健康检查，投入资金达30万元。二是积极实施生殖健康促进工程。计划生育服务站组织技术服务人员组成服务小分队，深入基层乡镇、村屯，开展生殖健康普查普治、生殖健康知识咨询。为辖区已婚育龄女性免费健康检查15000人次，有效提高育龄妇女的生殖健康水平。

【2013年兴城市人口和计划生育局领导成员】

局　　长　陈景礼
副 局 长　徐安兰（女）
　　　　　张　军（2013年12月任职）
　　　　　陈　勃
　　　　　刘援跃（2013年7月至11月）

计生协会
常务副会长　徐安兰（女，兼）
秘 书 长　田秀丽（女，2013年7月任职）

（董寿国）

社 会 生 活

民 族 工 作

【概况】2013 年，兴城市民族宗教事务委员会开展少数民族农民实用技术培训，采取集中办班与分散培训相结合的办法，对民族乡的少数民族农民进行实用技术培训，聘请农业、果业、畜牧及农业安全生产专家为农民讲解各种生产过程中遇到的难题，全市 13 个民族乡、39 个村，1000 多名少数民族农民受益。在整个培训过程中，共计发放民族政策、法规，民族知识及科普材料 1 万多份，受到少数民族农民的普遍欢迎。

全面整顿清真食品生产经营市场，解决清真不清的问题。对全市范围内的清真食品生产经营单位进行 1 次专项普查，对无证经营等不规范行为进行纠正，为已有的企业重新核发清真食品生产经营许可证，对无证经营但符合要求的企业履行必要的审批手续。

加强民族地区的各项统计工作，为国家制定相应政策提供翔实的第一手材料。按照国家民委的统一部署，实行《民族乡统计报表制度》，对全市 15 个民族乡的 40 个数据进行统计，在规定时间内圆满完成上级安排的工作任务。同时完成对民族乡基本情况的普查。针对全市民族地区经济发展现状，本着有利于民族地区经济发展、有利于少数民族农民提高收入，适时调整《少数民族经济项目库》内容，新调整的项目库收录 156 个发展类经济、文化、教育项目，将根据国家政策进行补助，给民族地区各项事业的发展注入活力。共为 20 名公民严格按照国家规定更改民族成分。为 4 名父母在兴城的外地人口出具更改民族成分证明。

【少数民族专项资金管理】2013 年，市民宗委做好资金项目的申报和监管工作。一是认真做好资金项目的申报工作，抓好项目的论证、评审、推荐上报工作，抓好项目库的建设和管理工作。切实做到项目投放重在基层，项目组织重在落实，项目建设重在效益，项目实施重在监管。二是对拟申报的少数民族经济发展资金、民族乡发展资金和少数民族地区补助资金项目逐项进行调研、认证，主要倾斜到农业、果业、畜牧业和文化建设等方面，为新农村建设注入可持续发展的动力。三是加强对项目资金的督导监管工作。确定望海满族乡塘坝维修工程、元台子满族乡花生品种更新、围屏满族乡脱毒红薯加工和南大新品种果树更新为少数民族发展项目。累计投入民族专项资金 80 万元，改善农业基础设施建设，提高农业科技含量，增加农产品附加值。确定兴城满族刺绣为少数民族人口补助项目，投入资金夯实满族刺绣的发展基础，改善生产环境，促进非物质文化遗产的长足发展。少数民族地区补助资金和民族乡发展资金项目围绕民族地区的民生工程进行投入。同时加强资金项目监管，帮助民族地区加强基础设施建设，发展民族经济，民族专项资金投入实现 200 万元。全市开展三项资金使用情况大检查，开展各类少数民族发展资金监管中存在的突出问题的专项治理。通过检查和治理，确保 2010 ~ 2012 年的资金项目达到全面覆盖。

宗 教 工 作

【概况】2013 年，兴城市民族宗教事务委员会积极引导宗教与社会主义社会相适应，深入贯彻执行党的民族、宗教政策法规。认真组织平安宗教活动场所创建活动，并认真进行督促检查。召开全市宗教界“一创双争”动员大会，并制定活动方案，成立“一创双争”领导小组。与民政部门积极协调，为生活困难的35名宗教教职人员办理低保，保障金发放到每个人手中。做好教职人员备案工作，为60名宗教教职人员组织填报资格备案表及相关资料。备案材料报到各宗教团体审核，上报省宗教团体认定。积极组织甲类宗教场所和财务试点场所9名财会人员参加市宗教局财务培训，重点抓好参加市宗教局财务培训的9个场所的规范建账。组织各宗教活动场所参加葫芦岛市统战部、宗教局建党90周年征文活动，共投稿19篇，其中4篇获奖。会同兴城消防大队对各宗教场所进行消防检查整改，获得验收合格证。针对宗教场所出现的危房、险房情况，积极为宗教场所协调土地、城建房产、消防以及所涉及的乡、镇等相关部门，为宗教场所排忧解难，对宗教领域的稳定起到积极作用。

年内，对宗教场所严格要求，对“两乱”场所认真对待。以省宗教局《关于开展涉及佛教寺庙、道教宫观管理有关问题全面排查的通知》精神为宗旨，以葫芦岛市宗教局的工作方针为指导，彻底治理好“两乱”问题。依法加强宗教管理，日常工作常抓不懈，场所内部管理逐步规范，个别场所内部矛盾逐步化解。非法宗教活动得到有效地遏制，保证宗教的和谐稳定。

【2013年兴城市民宗委领导成员】

主　　任　徐　宏

副 主 任　赵仲华

（隋春茹）

劳动和社会保障

【概况】2013年，兴城市劳动和社会保障局按照市委、市政府的工作安排部署，以政府工作报告所确定的劳动保障工作任务为目标，以推进省级文明城市任务分解指标为重点，以创建人民群众满意的服务窗口为抓手，不断提高干部队伍的执行力，增强服务发展、保障民生的能力水平，较好地完成年初确定的任务目标。

年内，该局完善管理制度。修订完善《依法行政资料汇编》，严格落实服务承诺制、首问负责制、限时办结制等各项规章制度，实行挂牌上岗、立牌服务的办公制度。在就业、社保、医保业务大厅安装行政效能电子视频监察系统，对窗口服务情况进行实时、全程监察。通过电视、报纸等新闻媒体，播发政风行风建设稿件30多篇，葫芦岛市电视台、《葫芦岛日报》对该局悬挂“机关人员去向指示牌”的做法作出专题采访和报道。劳动和社会保障行政审批事项全部纳入电子监察效能系统，按规定网上审批正常退休和提前退休企业人员2713人、“五七家属工”444人，工伤认定28人，评残18人，工伤待遇审批9人。主动接受人大、政协的监督，办理人大建议和政协提案8件，办复率、满意率均达到100%。

2013年，该局获得“连山农商银行杯”2013年兴城市男子篮球比赛第五名；“创文明城市、展兴城风采”文明礼仪大赛团体三等奖，并有1名参赛队员获得个人最佳表演奖。

【劳动就业】2013年，市劳动和社会保障局狠抓就业管理服务，确保就业局势基本稳定。劳动就业所有服务事项全部进驻大厅办理，做好企业用工动态监测，强化用工指导服务，用工和求职信息实时发布，企业用工需求基本得到满足，完善就业失业监测统计制度，发放《就业失业登记证》7103个。全市实现实名制就业1.4万人，城镇登记失业率为3.17%，低于计划指标0.33个百分点，提前一季度完成全年就业工作的各项任务指标。

公共就业服务不断加强。开展形式多样的就业专项活动，集中为就业困难人员、农村转移劳动力、高校毕业生、退役军人等就业群体和用人单位提供政策支持和就业服务，举办“春风行动”“民营企业招聘周”“就业援助月”“农民工就业服务月”4场就业招聘会，共有280家企业提供近万个就业岗位，吸引4000多名求职者入场应聘，有453人与用人单位达成就业意向，有力地缓解全市企业用工难和劳动者求职难问题，实现就业市场供求双方的有效对接。

就业培训机制不断创新。建立普惠制技能培训、职业技能鉴定、推荐就业的联动机制，实行培训质量、技能鉴定与培训补贴挂钩。紧密结合全市泳装产业发展和家庭服务业用工需求，增加服装裁剪、中式面点、育婴、餐饮服务等四个专业，对参加计算机操作技能培训的学员实行免费午餐，相继开展“送技能下乡”“校企联合”等有针对性、实效性的培训活动，培训与就业结合得更加紧密。全年培训城乡劳动力364人，参加职业技能鉴定人数1007人。

就业援助扎实有效。建立以公益性岗位安置和专项政策扶持为主要内容的就业援助长效机制，确保11户零就业家庭成员至少一人实现就业，保持零就业家庭动态管理为零。全年组织60名高校毕业生参加就业见习，对5名困难家庭毕业生进行兜底安置。农村劳动力转移就业8.5万人。全年对“4050”人员及公益性岗位人员发放社保补贴1106万元，3739人从中受益。

创业带动就业取得新成效。将落实好小额担保贷款政策作为促进创业就业的重要手段，简化优化贷款程序，努力帮助有意愿、有需求、符合条件的创业者得到资金支持。营造有利于创业的舆论氛围，突出创业明星的示范引领作用。10月，中央电视台七套《致富经》栏目播出葫芦岛市菊花女食品加工有限公司董事长王艳红创业故事，在全社会引起强烈反响。全年发放小额担保贷款455万元，完成全年任务的114%，实名制扶持创业带头人70人，带动就业539人，分别完成全年任务的108%和135%。

【社会保险】2013年，市劳动和社会保障局狠抓社会保险扩面征缴，确保社保待遇按时足额支付。贯彻“广覆盖、保基本、多层次、可持续”的方针，以基本养老、基本医疗保险为重点，不断健全完善覆盖城乡的社会保障体系。

一是扩面征缴任务圆满完成。积极落实《葫芦岛市人民政府办公室关于在城镇就业的农村居民参加城镇企业职工基本养老保险有关问题的通知》（葫政办发〔2013〕27号）、《进一步完善企业职工基本养老保险扩面征缴政策有关问题的通知》（葫社险发〔2013〕3号）精神，加强政策宣传引导，新增灵活就业人员参保12428人，在葫芦岛市下达的扩面征缴任务指标连年高幅递增的情况下，全市城镇企业职工基本养老保险参保人数和统筹基金收入均全部完成目标任务。年末，城镇企业职工养老、基本医疗、失业、工伤、生育保险参保人数分别达到6.7万人、11.4万人、1.8万人、2.8万人和1.8万人。城乡居民养老保险参保达到24.3万人，其中7.1万名城乡老年居民按月领取养老金，缴费率达到96.5%，待遇发放率和基金上解率达到100%。全市参加事业单位养老保险6102人。五项社会保险基金总收入合计为54458万元，比上年增长30.3%；总支出合计为47188万元，比上年增长28.3%。

二是基金监管能力不断提升。积极落实市人大常委会关于全市社保基金收缴使用和管理情况的审议意见，强化内部制约和外部监督机制，进一步规范岗位设置与职责分工，建立经办人、科长、分管领导三级责任人制度，加强与财政、审计等部门沟通协调，形成监督合力。开展参保退休人员领取养老金资格集中认证和日常认证工作，全年共追回158名已故退休人员因家属未及时办结丧葬抚恤费手续多领养老金65.8万元。加大就医行为的检查力度，全年共抽查病志2840份，发现和纠正违规行为116起，对两家医疗机构做出暂停服务协议、休业整顿的处理，扣结违约金5.2万元。

【劳动者权益维护】2013年，市劳动和社会保障局探索发展和谐劳动关系的途径，妥善解决劳动关系领域出现的突出问题，全市劳动关系总体保持和谐稳定。

全面建立劳动用工备案制度。认真贯彻落实新修订的《中华人民共和国劳动合同法》，加强劳动关系三方协调机制建设，建立以劳动合同管理为基础的劳动用工备案制度，重点对小企业的劳动合同签订、工资发放、参加社会保险等重要用工信息列入劳动用工备案内容，同时将劳动用工备案列入劳动保障年审及专项执法检查内容，提高劳动用工备案率。全年，全市333

家用人单位、4.9万人进行劳动用工备案，劳动用工备案率达96.1%，企业劳动合同签订率达99.8%。会同总工会建立完善企业工资集体协商制度，签订26个区域性、4个行业性及62家规模以上企业工资集体协商合同481份，覆盖职工3万余人。开展新调整的最低工资标准执行情况的专项检查，指导企业建立正常工资增长机制。

劳动保障监察执法有力。切实增强解决拖欠农民工工资工作的自觉性和责任感，加大对用人单位劳动合同、集体合同的签订和工资发放的检查力度，组织开展打击非法用工、清理整顿人力资源市场秩序、农民工工资支付情况的专项执法检查，共检查各类用人单位510家，督促用人单位与9199名劳动者补签劳动合同。变被动接待"上访"为"下访"，在处理建筑施工单位拖欠农民工工资问题上，亲临案发现场，调查处理劳资纠纷，约谈训诫多名欠薪责任人。加大与公安机关的联动打击欠薪力度，8起涉嫌拒不支付劳动报酬犯罪案件被移送公安机关。全年查处拖欠农民工工资案件111件，帮助1154名农民工追讨工资2477万元，收缴农民工工资保证金815万元。

劳动争议得到有效调处。进一步建立健全基层调解组织，在全市26个乡镇（街道）、56个企事业单位建立劳动争议基层调解组织，建立293人的基层调解员队伍。贯彻落实和谐使命行动计划，通过省总工会督导检查验收。推动劳动争议调解仲裁争议处理能力建设，立案受理劳动争议案件105件，涉案金额455万元，当期结案率达100%。

信访矛盾及时化解。强化信访工作目标责任制管理，建立领导接访制度和突发事件快速反应机制，认真办理和及时回复民心网上群众诉求和咨询信息10件，耐心细致地接待和解答来人来电来访2200人次，积极稳妥地推进原种场等11个单位的转企改制工作，涉及920人，未出现到葫芦岛市、去省进京上访事件。

【2013年兴城市劳动和社会保障局领导成员】

局　　长　吴忠权（2013年2月离任）
　　　　　刘久生（2013年2月任职）
副 局 长　王国华　王兴海
　　　　　刘锦忠（2013年11月任职）

（赵　江）

民政工作综述

【概况】 2013年，兴城市民政局以保障和改善民生为主线，遵循统筹兼顾、重点突破的工作原则，切实提高社会保障水平，支持和促进国防建设，加快推进适度普惠型社会福利体系发展，坚定推动基层社会管理创新，大力提升民政公共服务能力，取得显著成绩。

年内，该局以质量化管理为根本，进一步提高民政基础设施建设能力，做好基础设施和便民服务工作。局信息中心在运作中，作为民政工作及信息公开重要门户平台的全省民政网站群部分开通。社会救助家庭经济状况核对系统与相关部门数据交换工作，对城乡低保管理发挥重要作用。民政服务中心于7月份正式建成投入使用，民政基础设施建设水平向前跃进一大步。市救灾物资储备库建成投入使用，全市的救灾物资储备能力大大加强。

2013年，该局以普惠化管理为依托，进一步提高公共服务能力，做好社会福利和公益维权工作。市农村常年病人托管中心规范化服务得到加强，建立托管对象实名制数据管理系统。截至9月底，共有90名农村常年病人接受托管服务。市福利院加强服务管理，坚持养员、家属、社会"三满意"目标，充分发挥社会福利院的职能。现在院养员70名，其中孤儿7名，有5名孤儿入省孤儿学校就学。年内，该局管理的20世纪60年代精简退职职工共计202名。按照上级文件规定，从1月起，提高60年代精简退职职工生活待遇标准，资金按时发放到位。

【孤残儿童】 2013年，市民政局认真做好孤残儿童生活保障工作。一是做好孤儿登记核查工作。1月份对全市107名孤儿进行全面细致的普查，发放调查表，对其衣食住养情况进行详细调查，与孤儿所在的乡、村、户签订孤儿安全、教育协议，切实保障孤儿的权益。二是做好对孤儿的关爱工作。“六一”儿童节前由局领导带队，去省孤儿学校对兴城在校就读的11名孤儿进行慰问，为每人送去500元慰问金。三是按照省市要求，对孤儿保障情况进行网上信息录入和核实工作，建立健全孤儿档案。四是孤儿养育保障金提高标准，及时足额发放到位。

【老龄工作】2013年，市民政局召开老龄工作全委会，调整市老龄委组成人员，老龄工作经费和活动项目经费纳入财政预算，老龄基础工作全面落实，老年维权工作得到保障，各项活动丰富多彩。年内，共办理新版《老年证》328个，《老年优待证》691个；从7月1日起提高高龄老人长寿补贴标准，百岁老人的长寿补贴由原来的每人每月300元提高到600元，90～99周岁的高龄老人长寿补贴标准由每人每月50元提高到100元。全市共有891人享受高领补贴，其中90～99岁的871人，百岁以上20人；未满70周岁的老年人进入公共场所（收费类）享受半价优惠，到公立医院普通门诊免收挂号费，满70周岁的老年人免费进入公共场所（收费类），到公立医院普通门诊免收挂号费政策落实，免费（减半）乘坐城市公交车政策落实工作正在积极协调落实中；7月1日通过发放宣传单、张贴标语等形式对新《中华人民共和国老年人权益保障法》和《辽宁省老年人权益保障条例》进行宣传；通过开展“敬老文明号”创建活动，积极参加“第五届全国敬老助老主题教育”评选活动，积极参加葫市老龄办举办的各项文体活动和“5·15”政务公开日主题活动及春节、重阳节走访慰问活动，有效地营造敬老、爱老的良好社会氛围，老年人的合法权益得到切实保障。

社 会 救 济

【概况】2013年，兴城市民政局全面落实国务院45号文件精神，加强对城乡低保的规范化管理。一是加强动态管理，开展专项核查。按照省市工作要求，全面加强对城乡低保对象的动态管理，开展城乡低保对象专项核查工作。通过与公安、人力资源与社会保障、住建、工商、税务等部门的信息对比和入户调查的方式，对城乡低保对象领取养老金、拥有车辆、死亡、工商登记、纳税记录和就业登记情况及其他存在且不符合城乡低保相关政策的情况进行核查，通过核查共清理取消城乡低保户1837户。其中城市低保户972户，农村低保865户。二是切实落实政策，提高低保标准。根据葫芦岛市葫政办发〔2013〕37号文件精神，为使全市城乡贫困居民基本生活水平适应经济发展形势和基本生活消费需求变化，于7月份将城市低保标准由350元提高到380元，每人每月提高30元；农村低保标准由2050元提高到2316元，每人每年提高266元。新标准从7月开始执行，资金全部发放到位。截至9月末，全市共有城市低保5911户，9786人，月发放保障金331.5万元，人均338.7元/月；农村低保21689户，26928人，月发放保障金282.9万元，人均105元/月。三是做好档案规审和信息录入工作。按照国务院和民政部文件要求加强低保档案管理，保证低保档案资料完整，对所认定的城乡低保文字档案进行归纳，电子档案按国家数据采集软件的要求进行整合梳理，现已基本完成。该局积极开展城乡低保信息系统录入工作，加快实现城乡低保的网络审批和网络发放工作。

年内，该局全面实施农村低保医疗救助“一站式”结算。上半年联合财政及卫生部门开发应用软件，从6月份开始依托新农合网络平台全面实行网络结算，并实现医院、新农合、民政三家网络对接。通过“一站式”结算累计救助6124人，救助金额525.5万元。全面落实各项救助制度。全年发放城乡低保定期差额补助金6949.7万元，其中发放城市低保定期差额补助金3392.7万元，农村低保定期差额补助金3557万元。发放就学援助金93万元，其中发放城市就学援助金70.75万元，农村就学援助金22.25万元。发放殡葬补助金65.5万元，其中城市殡葬补助金5.1万元，农村殡葬补助金60.4万元。发放应急救助金4.9万元，其中发放城市应急救助金2.7万元，农村应急救助金2.2万元。

【救灾减灾】2013年，市民政局以规范化管理为手段，进一步提高突发灾害救助能力，做好防灾减灾和救灾救济工作。一是局里组织三个工作组对各乡镇灾后建房进行认真核实，经村民评议、张榜公示确定78户符合条件对象，并于5月底前将234万元建房款全部拨付到乡镇，由乡镇负责建房进度，7月底前全部完工。对所有建房户分别建立建房档案，包括建房审批表、灾民建房卡、旧房照片、农村低保证复印件、村民评议记录和张榜公示照片等。二是协助城建部门对危房改造申请人员身份类别进行认定。三是将全市农村低保21323户、分散“五保”3306户全部纳入住房保险和意外人身伤害保险。四是加大防灾减灾宣传力度，利用“5·12”国家防灾减灾日，组织全局职工到南门口进行大规模的防灾减灾宣传，发放宣传单2000多份，发放减灾手册500余本。五是抓好应急避难场所建设。全市共确定中型（县级）灾害应急避难场所1个，小型（社区级）灾害应急避难场所17个，全部设立标牌。

【捐赠帮困】2013年，市民政局做好春节期间捐赠帮困工作。2月初按照上级要求，在全市范围开展“送温暖、献爱心”捐赠活动。全市各界积极参加，共接收捐款174万元，全部用于农村低保、“五保”越冬和节日生活救助。在帮困活动中，一是市领导分四片走访4所中心敬老院和部分低保对象，并送去节日慰问品和慰问金。二是为全市26311名农村低保和3394名“五保”每人发放救助金200元，投入资金594.1万元。三是为540名入院集中供养“五保”对象每人发放救助金600元，投入资金32.4万元。为敬老院“五保”老人按每人400元标准购置换季服装，投入资金21.3万元。为敬老院休养员房间配备液晶电视184台，投入资金24.84万元。为每所敬老院发放春节生活补助款2万元，投入8万元。节日期间共为敬老院投入资金86.54万元。

【“五保”供养和敬老院】2013年，市民政局做好“五保”供养和敬老院管理工作。在敬老院管理方面，规范敬老院管理章程，建立有养员代表参加的院务管理委员会，成立伙食、卫生、安全、环境等管理组织。制定院长和各类管理、服务人员工作职责。每季度到敬老院核查人数，以便及时准确了解敬老院人员动态情况。局里统一印制“五保”对象入院协议，严格敬老院进出程序，明确敬老院按季度申报实有人数。通过申报经市政府研究将4所敬老院管理服务人员工资待遇、院工作经费纳入地方财政预算，即管理服务人员按在院休养员实有人数1∶8配置，每名管理服务人员工资确定为每月1000元，并按农村保险形式上保险。工作经费按在院休养员实有人数每人每年600元拨付。

在落实“五保”政策方面，一是规范农村“五保”核实审批工作，年内完成4个季度的调整工作。现在全市共有分散供养“五保”3370人，集中供养“五保”482人。二是提高“五保”供养标准。集中供养的由原来每年3760元，提高到4100元，提高9%；分散供养的由原来每年2620元，提高到2900元，提高10.6%。

【慈善救助】2013年，市民政局配合葫芦岛市慈善总会完成精神康复任务，年内申请精神康复的有30人，通过审批的有16人，审批通过的人员可以免费在兴城康宁医院住院治疗3个月。葫芦岛何氏眼科医务人员为3所敬老院所有老人进行眼科检查，并免费为58名老人配置花镜。落实“春蕾慈善行动”，发放学习用品资助10个乡镇10所小学贫困生300名，资助红崖子小学建“春蕾慈善书屋”1个，资助2万元至3万元的书籍和学习用品。

优抚、安置

【概况】2013年，兴城市民政局以支持化管理为根本，进一步提高双拥优抚安置能力，做好拥军优属和优待抚恤工作。年内时值纪念延安双拥运动70周年，兴城市以争创全省双拥模范城“五连冠”为契机，继续开展科技、文化、政策、法制拥军工作，评选“双两佳”实事，打造“双拥品牌”，取得可喜成果。调整市双拥工作领导小组成员，出台《进一步做好拥军优属工作的决定》等多个文件，双拥工作走上规范化、法制化轨道。双拥文化教育基地和双拥文化活动基地，遍布城乡。军民结成双拥对子115个，开展国防教育8次，受众3000人次，在电视台举办国防知识问答5期、大型文艺汇演15场，发放宣传资料1000余份，办简报、展板10余期，军训学生3.6万多人次，开展军地文化交流6次，援建军营图书室5个，赠送图书3061册，一高中“飞行员早期培训基地”为部队选送飞行员23名，教育局等单位帮助驻军部队培训军地两用人才450余名，为驻军部队输送大中专毕业生150余名，春节、“八一”期间组织各类慰问团11个，赠送慰问金71.7万元。为驻兴部队减免建楼手续费、投资修路、进行电网改造、架设路灯、打井、绿化、提供灭火工具等累计282万元。对军人子女在中考时择优、降分录取，解决部队干部子女跨学区择校就读，为部队随军未就业家属281人发放补助，计生服务站为驻军部队提供健康检查750余人次。“两新”组织安排军嫂、退伍军人670多人。

【优抚工作】2013年，市民政局完成全市各类优抚对象定补抚恤金发放任务。全市现有各类优抚对象4130名，全年共发放定补抚恤金、优待金2442万元，并实行社会化发放。发放方法为：抚恤金、定期定量补助金每季度中旬发放一次，优待金每半年（6月、12月）发放一次。完成优抚对象定补金、抚恤金一卡通发放工作。按照上级统一布置，1月底完成羊安乡一卡通发放试点工作，4月底实现全市各乡（镇）、街道一卡通发放。继续开展“关爱功臣活动”。5月份组织24名重点优抚对象赴丹东“省荣军医院”及“葫芦岛市光荣院”疗养。

年内，烈士陵园建设准备工作完成。1月份开始进行烈士陵园改造准备工作。先后进行勘测、设计、征占土地、征占土地上现有坟墓迁移等工作，完成烈士陵园规划、预算、可行性研究和环评工作。并于清明前迁移烈士陵园后30米12座散葬墓。3月29至4月6日，组织专业施工队伍，按照当地民俗，完成全市散葬农村烈士墓迁移工作。全市散葬农村烈士墓252座，618具骨殖，迁入市烈士陵园246座，其中实名墓9座，无名墓237座，剩余6座仍实行属地管理。4月4日清明节，举行祭扫烈士陵园暨散葬农村烈士墓迁葬仪式。拟入园的烈士骨殖现集中存放在市殡仪馆骨灰寄存库内，待烈士陵园改建后统一入葬。

【安置工作】2013年，市民政局积极开展军人安置工作。一是完成2012年冬季退役士兵档案整理工作。全市共接收2012年冬季退役士兵241人，其中城镇籍46人，农村籍188人，转业三、四级士官7人。二是开展退役士兵推荐介绍就业工作。联合辽宁省退役士兵培训中心推荐退役士兵82人。其中，沈阳方向57人，大连方向25人。三是完成2009至2011年度冬季退役士兵重点安置对象安置工作。根据3月份市政府办公会精神，完成18名重点安置对象政绩考核、指标筹集和安置工作，全部安置到自收自支事业单位。四是完成复员干部生活困难补助提高标准资金发放（每月提高生活困难补助金为100元）。全市现有复员干部14人，其中享受困难生活补助9人、退休4人，2001年复员1人（标准每月1070元，按月发放）。五是完成军队无军籍职工及遗属生活费发放，全年共发放资金330万元。六是军休干部服务管理进一步加强，政治待遇得到落实，生活待遇得到保障，医疗保健扎实有效，文化活动丰富多彩，主动服务周到细致，规范管理落到实处，军休服务管理规范化、人性化水平进一步提升。

社 会 事 务

【概况】2013年，兴城市民政局以创新化管理为突破，进一步提高专项社会事务管理能力，做好依法行政和依法管理工作。加强对社会组织、福利企业的登记管理和指导监督工作。按照市委部署，年内对全市65家社会团体和民办非企业单位进行清理整顿，对长期没有开展活动、审批手续不健全、财务不规范、不参加年检的单位及时进行整改或撤销登记。经检查，有22家单位进行整改，12家单位给予撤销登记。通过清理整顿，全市有福利企业1家，全年销售收入600万元，利税40万元，安置残疾人12名。

年内，该局积极开展救助管理，净化城市环境，维护社会秩序安宁和稳定。全年共救助787人次，其中儿童13人次，精神病人47人次，呆傻病人32人次，大病医治及安置42人次，劝返职业乞讨196人次。

【行政区划和地名工作】2013年，市民政局积极配合推进城镇化进程，做好行政区划调整工作。完成红崖子和海滨两个乡的撤乡建镇申报工作，5月，经省政府批准（辽政〔2013〕96号）设立红崖子镇和徐大堡镇；完成设立临海街道办事处申报工作，9月，经省政府批准（辽政〔2013〕177号）设立临海街道办事处，将曹庄镇的老滩村、中兴村划归其管辖；8月，经省政府批准（辽政〔2013〕161号），完成将东辛庄镇的周石村和大寨满族乡的马圈村划归绥中县城郊乡管辖。

以第二次全国地名普查为契机，强化各项地名管理工作，10月底完成全部归档，共形成普查档案2430卷。标准地址的审批、核定工作有序开展，并于10月8日，将此项日常业务从六楼移至一楼服务大厅，更加方便群众办理。全年共审批新建楼盘（单位）55家，办理个人房屋标准地址核定业务5774件。地名命名工作稳步推进，先后完成临海产业区起步区临海大街等23条街路和沙后所镇5条街路的命名。地名管理理论研究工作取得新成果，由张贵云组织撰写的《以地名普查为契机，强化县级区域地名管理》的论文，在第二届东北三省区划地名理论研讨中再次获得优秀奖。

【婚姻登记】2013年，市民政局婚姻登记处采取有效措施应对1月4日、4月12日、13日、5月20日、21日等具有特殊寓意日子的婚姻登记高峰。1月4日当天办理结婚登记278对，创历史最高纪录。截至10月15日，共办理结婚登记3069对，离婚登记936对，补领婚姻证书1997对，出具无婚姻登记记录证明9152份，查阅原始档案并出具证明658份，接待咨询上万人次。登记、出证合格率达100%，入档率达100%。7月15日，将2000年1月1日至2012年12月31日，共12个年份的婚姻档案，计1788盒，53231件，全部移交市档案局管理。7月20日搬入600平方米的民政服务中心，设立登记大厅、颁证大厅、候登室等，全市的婚姻登记工作跃上一个新的台阶。

【殡葬管理】2013年，市民政局加强殡葬管理工作力度，一是扎实开展殡葬改革宣传，全面贯彻落实殡葬改革方针、政策。二是加强殡葬监管，切实履行殡葬管理职能。三是理顺殡葬管理体制，促进殡葬事业协调发展。四是加强公墓建设，规范公墓经营。年内，全市火化率稳定在99%以上，查处土葬2件，迁移坟墓600多座，对违规经营的农村公益性墓地居龙山公墓做出停业整顿的处理，新建农村公益性公墓5处。市殡仪馆、东辛庄殡仪馆和藏龙公墓管理处，从强化自身建设入手，规范工作流程，提升服务质量，为市民提供低廉、快捷、优质、规范的殡仪服务。截至9月末，接运、火化遗体3847具（市殡仪馆3165具、东辛庄殡仪馆682具）；管理存放骨灰463盒；组织追悼告别会720场次；提供整容、化妆、穿衣等服务近1000具；提供冷藏、守灵服务600余家；为968名低保户实行基本丧葬费用减免60万元；接待治丧群众15万余人。群众满意率保持在99%以上。

村和社区建设

【概况】2013年，兴城市以法规化管理为保证，进一步提高基层组织民主政治建设能力，做好“两委”组织和城乡社区建设工作。

年内，兴城市根据省和葫芦岛市委、市政府的统一部署，依据《中华人民共和国村民委员会组织法》，从2月22日起至5月10日，历经准备、选民登记、投票（选举）、整章建制、总结验收五个阶段，圆满完成第十一届村民委员会的换届选举工作。全市19个乡镇、7个街道，237个村，2032个村民小组，共登记选民

334397人，实际参加选举282458人，参选率为85%。经过正式选举，全市共产生村民委员会成员882名，其中主任237名、副主任和委员645名。连选连任的主任150名，副主任和委员461名，占总数的70%。新当选主任87名，副主任和委员184名，占总数的30%。书记主任一肩挑70名，妇女干部263名，两委交叉任职298名。

同时做好村委会换届选举后续工作。新一届村委会选举产生后，在各乡镇人民政府、街道办事处指导下，完成新老班子交接工作，各村工作有序开展；指导村里根据需要选举村民小组长、设置下属委员会等；协助纪委做好村务监督委员会统一刻制印章和制作牌匾工作，制定村务监督委员会职责、工作流程；做好归档立卷、信息报送工作。5月20日至23日，全市集中完成对新当选村书记和主任的培训工作。培训内容包括当前的政治形势、当好村官必须掌握的法律和业务知识。完成农村社区建设任务，9个农村社区服务中心申报省级补助资金。

在城市社区工作上，完成社区办公用房选址和拟增社区调查和报送工作；对社区书记和主任进行培训。根据葫民发〔2013〕28号文件精神，提高社区工作人员待遇，在原有补贴标准基础上，每人每月增加500元，及时足额发放到位。

【2013年兴城市民政局领导成员】

局　　长　郝大欣（女）
副 局 长　李贵海
　　　　　李红光（2013年12月任职）
　　　　　冯宝良（2013年12月离任）
　　　　　王兴凡（兼）
　　　　　李春生（2013年2月离任）
　　　　　崔建华（2013年12月任职）

（闫　丽）

·小资料·

周家住宅

位于古城南门里西顺城胡同路北，省级文物保护单位。建于20世纪30年代。原主人周永吉是当地较为富庶的人家，农商兼务。住宅是辽西地区标准的囤顶式四合院，结构严谨，布局合理。有门房五间，中开门洞；正房七间，出廊抱柱；东西偏房各三间。院中间有一道花墙，中间有一小门。正房室内基本按原来样子陈列桌椅柜橱等物品，体现当时的生活状况；东偏房是客厅，现在是器物展览；其他房间为展室。

乡·镇·街道

羊安满族乡

【概况】羊安满族乡位于兴城市境东北部，地处兴城河中下游西南岸，东与兴城市区毗邻，南与曹庄镇和沙后所镇相连，西与红崖子镇交界，北与白塔满族乡以河为界，属城乡结合部，交通便利，京沈高速公路出口坐落在该乡境内，南北有国道102线、京沈高速公路、京哈铁路、京沈高速铁路通过，东西有兴西、兴洪县级公路穿过，交通、通信发达，地域优势明显。全境傍山沿河三分丘陵七分平原，土质肥沃，北部土质略呈黏性。总面积80平方公里。乡人民政府设在柳蒿村。该乡辖羊安、白铁、龙王嘴子、十八家子、辛庄子、佟屯、刘八斗、望宝、闫屯、芹菜、柳蒿11个行政村，39个自然屯，有汉族、满族、蒙古族、苗族、彝族、傈僳族等。2013年末，全乡总户数7386户，总人口21405人。其中，男10685人，女10720人；农业人口20572人，非农业人口833人。人口自然增长率2.16‰。

2013年，羊安乡耕地面积2600.4公顷，林业用地面积1733.5公顷，有林地面积1069公顷，退耕还林面积139公顷。在辛庄子、柳蒿等村实施试验示范保护性耕作333.3公顷，在辛庄子村完成节水滴灌200公顷，设施农业建设有新发展。在柳蒿、望宝等村新建设施小区3个，同时引进一个高标准食用菌生产基地，为食用菌生产起到推动作用。全乡总产值实现6.4亿元，较上年同期增长6.5%；农业生产总值完成16936万元，同比增长20%。农民人均纯收入实现11300元，较上年提高15.3%。

年内，位于羊安乡的招商引资企业大红门物流、凯斯科技改扩建工程、安福瑞服装有限公司相继投产，部分企业投产运营，十八家子、辛庄子、柳蒿、刘八斗、羊安、白铁等村的泳装加工业在产业规模和生产效益上有进一步发展。羊安乡初步形成以泳装加工、建筑安装、机械加工三大主导企业为龙头，其他产业迅猛发展的良好工业格局。全乡共有企业117家，工业总产值达5.2亿元。

【新农村建设成绩斐然】2013年，羊安乡公路村村通工程实现行政村之间水泥路面硬化32公里，在5个行政村新铺设水泥和沥青硬化路面9.4公里；全乡农民住房条件明显改善，全乡新建房屋11户1200平方米，翻建房屋14户1800平方米；农村环境干净整洁，修建垃圾收集池135个，铺修村屯道路47公里，挖排水边沟6.5公里，打造辛庄子、柳蒿两村环境治理先进村；实现村村有广播，户户安装有线电视。乡村互联网络及有线电话基本普及，家庭轿车及电脑保有量不断上升。

【社会事业全面发展】2013年，羊安乡各项工作齐头并进。林业工作。全乡共清理小开荒39.87公顷，围栏封育13公里，植树造林33.33公顷，封山禁牧，牛羊实行圈养，与养殖户签订责任状。安全生产工作。年内两次对境内企业进行安全生产大检查，共查访企业132家，下达整改通知书46家，临时查封13家，罚款8家，警告5人。民政优抚工作。全年发放优抚救济款500余万元，困难补助金2.3万元，重新认定低保户906户，1126人，清理不符合条件的低保户19户。社会劳动保障工作。全乡认定309名60周岁以上老人领取养老金；有40名农民参加新农保；培训农民劳动力100人次，劳务输出369人，增强农民就业和再就业能力。文化工作。

乡内建有中心文化站，藏书3万余册。8个村建立文化广场，夏季在柳蒿村组织一次主题为“文明·健康·和谐之梦”的农村文艺汇演。教育工作。2013年全市中考，羊安中学统招升学率名列全市第一。计划生育工作。8月份代表葫芦岛市接受国家计生委检查。

中共羊安满族乡委员会

书　记　张晓坤（2013年3月离任）
付锦川（2013年3月任职）

副书记　付锦川（2013年3月离任）
王海斌
王　旭（2013年3月任职）

羊安满族乡人民政府

乡　长　付锦川（2013年3月离任）
王海斌（2013年3月任职）

副乡长　刘　晓
张　刚（兼，2013年4月离任）
王立民　陈　雪（女）

羊安满族乡人大主席团

主　席　刘国生

（梅爱雪）

元台子满族乡

【概况】元台子满族乡位于兴城市境东北部，东临龙港区双树乡，西和华山街道、白塔满族乡毗连，北与葫芦岛市连山区接壤，全乡总面积111.5平方公里。乡人民政府设在药王村、田屯村之间。该乡辖四方、药王、英昌、田屯、元台子、灰山、五家子、姜女、八里9个行政村。2013年末，全乡总人口为18822人。其中，农业人口18224人，非农业人口598人。人口自然增长率–0.05‰。

2013年，全乡耕地面积2515.8公顷，粮食总产量达15248吨，农业生产主要以玉米、花生、果树为主，以棚菜小区为龙头的新兴农业有长足发展。2013年末，全乡农民人均纯收入为8375元。地方财政收入215万元，同比增长14%，其中地税收入170万元，国税收入45万元。

【农业和农村基础设施不断完善】2013年，元台子乡举办农业科技培训班36场，推广配方施肥、平衡施肥、水果套袋等实用技术28项，引进“花育34”和黑花生等农作物新品种15个，培育省级科技示范户40户，辐射带动农户800余户，为科技示范户无偿提供优质化肥2吨。

特色农业发展步伐进一步加快。在灰山村建设特色大棚草莓观光采摘园1个，面积13.33公顷；在灰山村盖州屯新建生态水果采摘园1个，面积33.33公顷；在姜女村和田屯村新建大棚小区3个，面积10公顷。

在元台子、五家子、英昌、四方、姜女5个村实施自来水工程，铺设自来水管道10800延长米，解决5000余口人的饮水安全问题；完成英昌河田屯段加固河坝170延长米；完成八里河段新堤坝建设400延长米，河道清理3300延长米。完成元台子乡东路总长12.4公里的黑色路面铺设以及路基改造和边沟建设。完成四方村1.2公里、八里村1.4公里、五家子村1.8公里的道路硬化工程。跨度35米的王屯桥和跨度13米的刘屯桥投入使用。

【环境治理效果明显】2013年，元台子乡在姜女村完成道路硬化17公里，实现屯屯通。在姜女村至田家屯村道路两侧进行绿化，栽植侧柏树5000株，共计10公里；治理道路两侧边沟18公里，在姜女村部门前和山崴子屯栽种花卉及村屯绿化5公里；田屯村完成道路硬化1公里；修建过水桥涵7座。投资100余万元，新安装路灯158盏；投资7万元，购置垃圾保洁箱40个，分别安放在姜女村、元台子村、田屯村和药王集市；为彻底改变乡村脏、乱、差的环境，全乡统一行动，大搞卫生清洁活动，共清理生产生活垃圾1600余吨。

【民生工作取得新成果】2013年，元台子乡有“五保”供养人员124人，全部得到妥善安置；年内城乡助学发放11人，金额1.7万元；低保户879户，发放农村低保金156万元，优抚人员174人；“8·4”水灾房屋维修25户，发放维修金6.35

万元；“8·4”水灾政府帮建16户，帮建金额25.5万元；全年医疗救助人员155人，累计报销金额23.82万元。

完成建筑面积130平方米的元台子乡邮政储蓄所建设；市政府拨付资金88.5万元，完成农村低保户危房改造，翻建（D级）26户、维修（C级）21户。

全年发放粮食直补资金29.98万元，良种补贴32.62万元，农资综合补贴225.68万元，能繁母猪补贴7.41万元，库区移民补助1.9万元，并直接进入农民个人账户；全乡收缴农业保险金11.2万元；治安保险完成率达100%。全乡新农保参保人数达到8174人，参合率达到95.64%。

【文化教育工作再上新台阶】2013年，元台子乡成立文化体育指导站，各村按常住人口的标准，每千人安排2名社会体育指导员，组织协调带领群众搞好广场健身活动；完成占地1400平方米的白马屯文化广场、占地1600平方米的梁家屯文化广场、占地1000平方米的枣山屯文化广场建设，全乡文化广场覆盖率达90%以上；新建4个文化书屋，达到村村有文化书屋。2013年，该乡中小学保持控辍率在2.6%；初中入学率达100%；九年义务教育巩固率为99%；初中生考取一高中22人，二高中37人，三高中6人。

中共元台子满族乡委员会

书　记　吴海清

副书记　王　伟（2013年2月离任）

柏春辉（2013年3月任职）

龚　坚

元台子满族乡人民政府

乡　长　王　伟（2013年2月离任）

柏春辉（2013年3月任职）

副乡长　曹卫清　孙敬民　马　浩（兼）

宋　喆（女）

元台子满族乡人大主席团

主　席　周洪斌（2013年3月任职）

副主席　周洪斌（2013年3月离任）

（吴　峰）

白塔满族乡

【概况】白塔满族乡位于兴城市境东北部，东邻元台子乡，南与羊安乡隔河相望，西与红崖子镇、旧门乡为界，北与华山街道毗邻，总面积68.1平方公里。乡人民政府设在白塔村。该乡辖白塔、朗月、塔沟、上范、老边、清水6个行政村。2013年末，全乡总户数为4030户，总人口为12236口人。其中，男6326人，女5910人；农业人口11760人，非农业人口476人。人口自然增长率1‰。

2013年，粮食作物种植面积1095公顷，经济作物种植面积257公顷。有蔬菜大棚22座，推广测土配方施肥等新技术4项、高产玉米新品种4个、更换花生品种5000公斤。完成畜牧小区2个。养羊户达到54户，羊存栏1800只，年肉食鸡出栏40万只，蛋鸡存栏7万只；生猪出栏19679头，母猪存栏2560头，生产仔猪6200头。全乡总产值实现7亿元，同比增长5%；财政收入突破650万元，同比增长10%；全乡固定资产投资额达1.2亿元。农民人均纯收入实现11100元，同比增长15%。粮食总产达3万吨，同比增长8%。

【大力发展林果业生产】2013年，白塔乡根据南菜北果的产业特点，继续发展林果业生产。为配合省“两退一围”和治理小开荒工作，全乡修建围栏30公里，小开荒地上栽植果树苗67公顷，由于乡内林果业发展缓慢，经过考察论证，核桃、榛子种植业比较适合该乡地区发展，决定在老边村成立榛子栽植小区，栽植平欧杂交大果榛子6.67公顷。年内造林任务403.33公顷，春季小开荒造林154公顷，荒山造林50公顷，封山育林工程133.33公顷。

【加强水利基础设施建设】2013年，白塔乡在塔沟、朗月和老边村修筑河堤1050米，在白塔村修筑土坝1000延长米，清理河道3000米，修建便民桥3座，管桥4座，清理河道内的垃圾

870余立方米，清理灌溉井200余眼。在老边村、白塔村修建塘坝2座，全乡共建蓄水池7座，铺设管路6000延长米。总计投资160万元。为解决群众饮水难问题，在塔沟村西塔屯修建井深80米，铺设主管路1500米，入户管路1500米的自来水工程。各村配齐水保员，加强对水资源及水利设施的管理。

中共白塔满族乡委员会

书　记　张守利（2013年2月离任）

　　　　张立仁（2013年3月任职）

副书记　许佳成　刘鑫焱

白塔满族乡人民政府

乡　长　许佳成

副乡长　李晓波　李铁雷（兼）　王　琪

　　　　王　琰

白塔满族乡人大主席团

主　席　梁树华

（冯海涛）

望海满族乡

【概况】望海满族乡位于兴城市境西南部，东与徐大堡镇相连，南与东辛庄镇接壤，西南与南大、围屏两乡为邻，北与沙后所镇交界，总面积81.4平方公里，国道102线、沈山铁路、京沈高速公路、秦沈高速铁路从境内通过。乡人民政府设在望海村，距兴城市区27公里。乡人民政府驻地望海村。该乡辖望海、范罗、柳家、新白、黑庄、于家、牛营子、朱家、曲河、四方台10个行政村，67个自然屯。2013年末，全乡总人口19469人。其中，农业人口18636人，非农业人口833人。人口自然增长率5.1‰。全乡共有5个民族，其中满族人口15830人，占总人口比例的77.1%；汉族人口4502人，占人口比例22.1%；蒙古族人口40人，瑶族人口8人，苗族人口1人，占总人口比例的0.8%。

全乡有耕地4116公顷，花生全乡种植面积2000公顷，总产量达到6000吨。玉米种植面积1333.33公顷，总产量达12000吨，创产值2600万元；葡萄苗种植面积扩大到146.67公顷，葡萄苗可创产值4000万元，利润1600万元，产品远销新疆、浙江、江苏、河北等地。2013年农民人均纯收入9140元。

葫芦岛市九股河食品有限公司，日屠宰能力由上年的2万只增加到4万只，用工人数由274人增加到300人。

【劳务输出增加农民收入】2013年，望海乡葡萄苗木繁育面积增加13.33公顷，达到146.67公顷。该乡组织富余劳动力外出进行葡萄苗嫁接，经济收入结构呈多元化。年内5月中上旬至7月中上旬，全乡嫁接葡萄苗有组织输出1600人，熟练工每人每天可嫁接1500株，每株嫁接费0.3元计算，人均每天纯收入400余元，两个月劳务输出总收入可达2000万元。劳务输出成为该乡增加群众收入最有效、最快捷的增收渠道。

【农田基础设施建设】2013年，望海乡投资120万元，分别在牛营子、柳家、朱家、望海村修方塘4座，维修损坏方塘2座。投资50余万元在于家村西岭屯、四方台村三里屯安装自来水，解决70余户百姓的吃水难问题。治河工程，在黑庄、新白、于家、范罗村完成浆砌石500立方米，石护坡共计2500延长米，河道清淤2公里。

【美丽乡村示范村建设】2013年，望海乡曲河村是省美丽乡村建设示范村，按“高起点规划、高标准建设”的要求，努力打造宜居乡村、和谐乡村，投入资金100万元，安装太阳能路灯133盏，村内排水沟1850米。年内，10个村的垃圾均进行集中清理，在曲河村修建垃圾处理场，对望海村垃圾处理场进行扩展填埋。修建固定式垃圾收集点45座，修建并购置半埋式垃圾桶63个。成立垃圾清运队2支，打扫和清运专职人员8人。治理废品收购点4家。

中共望海满族乡委员会

书　记　程树志

副书记 张玉山 李福全

望海满族乡人民政府

乡 长 张玉山

副乡长 陈金龙（兼） 崔 浩 刘明晔 马云国

望海满族乡人大主席团

主 席 郭玉福

（李 利）

刘台子满族乡

【概况】刘台子满族乡地处六股河与渤海交界处，位于兴城市境西南端，东南临渤海辽东湾，西南以六股河为界与绥中县隔河相望，西北与东辛庄镇接壤，东北与徐大堡镇毗邻，全乡总面积40.2平方公里。乡政府驻地前刘台子村，距兴城市区47公里。地势东高西低，东部沿海，南从六股河起，北至海滨乡交界处，构成南北狭长低丘地，中西部为开阔的临河滨海平原。该乡辖前刘台子、李维、蚂蚁、蛇山、山西、山东、凤鸣、闫家、潘家、盐锅10个行政村。2013年全乡总户数4507户，总人口14711人。其中，农业人口14029人，非农业人口682人。人口自然增长率4‰。

2013年，全乡农业总产值12570万元，工业总产值1434万元。耕地面积1768.53公顷，农民人均纯收入8422元。全乡渔业养殖以贝类、多宝鱼、海参为主，年海产品养殖产量17500吨；畜牧养殖量为2.6万头，家禽为37万只。

【整合大棚资源推进联合种植】2013年，刘台子乡加速棚菜小区建设，以打造油菜种植基地，土豆种植基地为目标，采取集中连片推行产业化。年内，扩大棚菜设施农业产业带，全乡新建蔬菜大棚75座，维修、改扩建550座，增加25个设施农业小区。为提高种植户收益，乡政府积极扶持蔬菜合作社，探索出一条“联合种植模式”的新路子，从种苗、药肥购进、技术指导到蔬菜销售，统一由合作社负责，最大限度保证市场经济条件下农民的收入。全年棚菜产量1.2万吨，产值3600万元，比上年棚菜产量增加0.2万吨，产值增加600万元。

【发展特色旅游产业】2013年，刘台子乡拓宽和发展特色旅游产业，推进第二产业、第三产业健康发展。一是加强技能培训。聘请兴城市劳动就业保障局技术人员为全乡93户“农家乐”和“渔家乐”经营者进行集中培训。二是完善旅游基础设施。该乡海岸线14公里，滩缓水清，乡政府充分利用该资源优势，规划修建2个停车场，在建设中。旅游市场基础配套设施不断完善，在娘娘顶山种植侧槐8000株，为环境建设和旅游发展打造绿色平台。三是开辟旅游线路。年内推出看大风车、登娘娘顶、洗海水澡、品尝海鲜、乘船赶海、篝火晚会、住宿渔家等项目。旅游客人明显增多，达10万余人次，给农民创造旅游收入近5000万元。

【关注和改善民生】2013年，刘台子乡认真落实惠民政策，积极解决群众生活问题。一是乡民政部门、建设部门与包村干部一起对贫困户住房进行摸排，最终确定首批危房改造、险房翻建名单，首批21户贫困户危房得到修缮，翻建20户贫困户险房。二是做好社会救助。办理医疗救助33人次，救助资金7万余元。三是以争取财政投资和村民自筹方式硬化道路4.6公里，改造砂石路6公里，解决盐锅村、潘家村村民出行难的问题，并完成闫家村水泥路面3公里路肩工程。四是清除乡境内菱角河项目区的阻水障碍物，拆除阻水鱼塘12.95公顷，河道清淤长达4000米，将原来河道20米拓宽至40米，并深挖1米，对阻水六孔闸进行拆除，将闸身降低20厘米，有效缓解河道的泄洪压力，彻底解决盐锅村水患问题。

中共刘台子满族乡委员会

书 记 王华日（2013年2月离任）
谭友顺（2013年2月任职）

副书记 王建海（2013年2月离任）
万真东
陈云新（2013年3月任职）

刘台子满族乡人民政府

乡　长　王建海（2013年2月离任）

万真东（2013年3月任职）

副乡长　李晓东（兼）　李　雷（兼）

石　伟　方　岩　艾枫月（女）

刘台子满族乡人大主席团

主　席　许少波

（张树新）

大寨满族乡

【概况】大寨满族乡位于兴城市境西南部边缘，东和东辛庄镇相临，西南和绥中县隔六股河相望，西北与高家岭乡相接，北和围屏乡交界，总面积78.3平方公里。沈山高速公路和秦沈高速铁路横穿该乡4个村，102国道在该乡东侧。乡人民政府设在新立村新立屯。该乡辖新立、大寨、吴家、郭家屯、王相、李相、贲家、沙河、花营、牛彦、张家、罗家、兴旺13个村。原马圈村于2013年8月划给绥中县。2013年末，全乡总人口19312人。其中，农业人口18518人，非农业人口794人。人口自然增长率0.3‰。

2013年，全乡粮食总产量达到40530吨，实现稳步增长，国民生产总值10.78亿元，比上年增长15.1%，财政收入实现335万元，全乡农民人均纯收入10500元。

【特色农业】2013年，大寨乡积极做好农产品商标注册工作。积极与工商局配合，开展“兴城土豆、兴城大根萝卜”地理标志产品保护申报工作，创建特色农产品发展品牌，为全乡马铃薯、大根萝卜产业发展提供品牌支持。同时，加大特色农业扶持力度。一是马铃薯、大根萝卜产业继续稳步发展。全乡马铃薯种植面积达到2000公顷，产量较上年有大幅度增长，马铃薯价格比上年同期增加近1倍，每公顷效益达到75000元左右，全乡马铃薯总产值达到1.9亿元，仅该项人均增收700元。大根萝卜每公顷收入6万元，两项使农民每公顷纯收入达到9万元，农民收入水平大幅度提高。二是强化技术培训。定期举办各类培训班10余次，发放科普宣传材料2000多份，用科技指导农民致富。三是加大农产品新品种、新技术引进力度，引进北大荒集团“中薯5号”30万公斤，在全乡范围内进行广泛推广，亩产量增加1000公斤以上，同时做好新品种培育工作，在罗家等村建立大根萝卜育种基地6.67公顷。四是大力发展裸地蔬菜种植产业，乡内水资源丰富，水利设施完善，全乡裸地菜种植面积达到533.33公顷，种植豆角、西红柿等，大大增加农民收入。

【基础设施建设投资】2013年，大寨乡加大基础设施建设投资。一是实施高标准农田建设项目，总面积680公顷。总投资1200万元。完成路基改造4.4公里，铺设水泥路面2.7公里；维修方塘2座，新建方塘1座；打机电井90眼、建井房90座，铺设地下管道10.7万米；土壤改良200公顷；铺设高压线路2.9公里，低压线路22.5公里，安装变压器5台。二是实施节水滴灌266.67公顷，总投资320万元。三是投资30余万元修建罗家村塘坝1座，投资28万元修建吴家村方塘1座。四是投资18.9万元，修建李相村150延长米护坝1座，投资20万元修建马圈村160延长米护坝1座。五是投资17万元拆除废弃井房10个，维修井房65个。六是新建水利站150平方米，库房200平方米，总投资50余万元。

【道路交通建设】2013年，大寨乡道路交通建设成效显著。一是完成一事一议水泥路面3.8公里。二是协调市交通局修建沙河村大桥1座，主桥长85米，引桥长65米，总投资315万元；修建贝家村大桥1座，主桥长130米，引桥长70米，总投资435万元。三是乡政府向葫芦岛市争取资金25万元，修建罗家村漫水桥1座，长63米，宽5米，总投资14万元。修建沙河村漫水桥1座，长36米，宽5米，投资11万元。乡政府自筹资金2万元，修建花营村孙马屯便桥1座；自筹资金6万元，修建吴家村长270米，宽4米的水泥路1条；自筹资金5万元，对郭家村东洼窑屯1.2

公里坑洼不平的路基进行改造，解决村民出行难问题。

【乡村建设】2013年，大寨乡不断改善生态环境、人居环境和卫生环境，乡村环境治理取得新成效。一是各行政村集中开展路边、河边、村边及村屯内环境卫生整治。累计出人工5700余人次，出动车辆700余台次，钩机铲车70余台次，共清理垃圾2500立方米，拉土方3000余立方米，维修平整村内道路3公里，建垃圾箱120个，配备保洁员30人，总投资80万元。二是实施美丽乡村示范建设项目。在花营村建文化广场2000平方米，安装路灯110盏，总投资100万元。三是做好小开荒还林、超坡地还林以及围栏封育工作。全乡重点部位共有“小开荒”地块361块，面积118.8公顷，该地块清退工作全部得到落实，围栏封育14公里。造林地100公顷，其中果树面积栽植20公顷、榛子4公顷、杨树76公顷。四是加大封山禁牧工作力度。与各村签订封山禁牧责任书300份，并加大乡封山禁牧稽查工作力度，配备专人专业车辆不间断巡逻，有效制止牛、羊等散养现象。

中共大寨满族乡委员会

书　记　孙　伟

副书记　魏东升　周晓明

大寨满族乡人民政府

乡　长　魏东升

副乡长　刘忠忱　张杰臣（兼）

　　　　　张晓东　张　微（女）

大寨满族乡人大主席团

主　席　王玉涛

（张　微）

南大满族乡

【概况】南大满族乡位属烟台河流域，距京沈高速公路出口5公里，东通沙后所镇，南邸望海乡，西接围屏乡，北毗碱厂乡，总面积119.16平方公里。乡人民政府设在南大村柴家屯。该乡辖南大、前夹山、后夹山、北英、陈胖、北大、后五、水关、红旗、三家、前五台、新民、北岭、满屯、接火台15个行政村。2013年末，全乡总户数6044户，总人口21442人。其中，农业人口20451人，非农业人口991人。人口自然增长率-7.5‰。

2013年，全乡耕地总面积4114公顷。农业总产值实现2.1亿元，工业总产值实现1000万元。公共财政收入实现151万元；争取上级专项资金850万元。农民人均纯收入7566元，同比增长20%。

【民生保障逐步完善】2013年，南大乡着力做实事，社会民生保障逐步完善。一是美丽乡村建设。按照“扫、挪、拆、建、种、管”六字方针，在新民、南大、后夹山3个村实施环境综合整治，城镇化生活目标初步实现。二是村民文化活动场所建设。投资120余万元，新建农村文化活动广场8座，总建筑面积1.2万平方米，配备体育健身器材8套。三是争取资金127.5万元，加大对农村贫困户危房改造。四是青山工程。全年共造林199.67公顷，种植经济林8.2公顷，退荒地191.47公顷，退坡地46.01公顷，封育围栏30公里。五是民政救助保障。发放救灾、救助、救济款12万元，受益人口达到580人。清理不合格低保68人，新增低保88人。六是道路建设。新增水泥硬化路面8.5公里，修建路肩25公里，维修桥梁1座，全乡道路基本实现屯屯通水泥路面。七是教育资源优化。投资550万元，占地1万平方米，集理化实验室、多媒体教室等功能为一体的南大中学教学楼投入使用；投资60万元修缮部分村小校园基础设施，改善办学条件。八是物资支农。免费发放新品种苹果树苗1万株；引进新品种花生种10万公斤，直接补贴购置户20万元；免费发放抗旱水泵74台。

【农业发展抓“龙头”】2013年，南大乡抓“龙头”，农业发展驶上快车道。一是培育高效农业“龙头”。位于新民、前五台、后五、南大、北大5个村，总投资1408万元，总面积733.33公顷的南大乡高标准农田建设示范工程通过国家级验收。项目区内修建灌溉井118眼，配套低压管道灌溉设备118套，埋设高压输变电线路2100米，低压输变电线路15500米。该区域内农业生产条件极大改善，农业生产抗御自然灾害能力得到增强，两茬作物种植面积大幅度增加，提高农业产出率。

二是培育蔬菜发展“龙头”。投入资金10余万元，成立南大乡无公害农产品检测站，定期对蔬菜等主要农产品主要污染物进行检测。投入专项资金，积极申请蔬菜绿色产品认证，提高全乡蔬菜产品品质，增加经济附加值。后夹山蔬菜专业合作社种植的茄子、辣椒、西红柿通过国家级绿色农产品认证，以每公斤高于该地0.25元的价格远销到黑龙江。

三是培育养殖发展“龙头”。全乡有年出栏生猪200头以上的养殖户48户，全年出栏生猪57772头；有羊年存栏50只以上的养殖户50户，全年出栏13555只。逐步形成以新民聚鑫源养殖合作社为龙头的养殖产业快速发展新局面，养殖业成为农民收入新的增长点。

四是培育果业发展“龙头”。年内新开挖4座、总蓄水量接近2万立方米方塘，维修塘坝2座，新打机电井23眼，铺设果树滴灌管路1万延长米，用于扶持果业发展。全乡果树种植面积超100公顷，年创产值在500万元以上。后夹山果业合作社生产的红富士苹果通过国家级绿色产品认证，成功注册商标。

中共南大满族乡委员会

书　记　张大志

副书记　金玉志　马　东

南大满族乡人民政府

乡　长　金玉志

副乡长　薛喜东　吴立新（兼）　王　强

侯昌男（2013年12月离任）

杜长成（2013年12月任职）

南大满族乡人大主席团

主　席　赵恩志

（赵品姣）

围屏满族乡

【概况】围屏满族乡位于兴城市境西南部山区，距兴城市区45公里，境内有沙高、围兴、望金等县级公路与国道102线连通，东和南大乡相邻，南与望海乡、大寨乡交界，西与高家岭乡毗邻，北与碱厂乡接壤，总面积112.46平方公里。乡人民政府设在围屏村。该乡辖北边、太平、往户、围屏、茶家、团瓢、陈良、云台寺8个行政村。2013年末，全乡总人口13250人。其中，农业人口12685人，非农业人口565人。人口自然增长率1.9‰。

2013年，围屏乡耕地面积2443公顷，粮食作物面积1160公顷，经济作物面积1683公顷（两茬作物及其他作物面积400公顷）。林地面积5266.67公顷。全乡社会生产总值完成1.34亿元，比上年增长11.67%，农民人均纯收入实现7080元，比上年增长20%。全乡规模以上企业1家，完成产值2300万元。

【农林水工作】2013年，围屏乡在春播遭遇干旱情况下，自筹资金8万元，购置水泵60台，配套管线1500余米，帮助百姓解决水利设施需求，全面进行抗旱抢播抢种。建设13.33公顷花生示范基地1个，用科学种植理念改变农民思想，科学的花生生产技术广泛得到应用。完成133.33公顷节水滴灌工程的建设及安装工程，修建水窖2口，完成4500余米的管道铺设工程，维修塘坝2座，满足项目两侧经济林灌溉需求。在市政府下达“两退一围”工作要求后，召开专题会议，并在全乡范围内广泛宣传。乡里组织资金3.5万元，购买满足农户需要的树苗。年内，完成开荒地围栏60公里，完成开荒地退耕430.67公顷，实现造林426.67公顷，其中榛子经济林160公顷，刺槐林233.34公顷，道路两侧及其他造林33.33公顷，有效的保护林业资源。投资82万元，修筑围屏河河堤1000延长米，该工程在起到防汛作用的同时，对河道进行清淤，达到环境美化的效果。完成围屏村石沟塘坝建设工程，该工程占地面积0.533公顷，可储水3万立方米，可满足塘坝两侧20公顷经济林和耕地水源灌溉要求。

【环境治理工作】2013年，围屏乡制订环境治理规划建设纲要，投资24万元，力争在4个年度内完成围屏乡8个村的环境整治工作。年内，全乡范围内进行环境治理，对8个村的村部进行维修美化，修建垃圾收集池30个。完成河道清淤2.5公里，道路两侧垃圾清理4公里，清理垃圾50余车，投资70余万元，修建1座可连续使用20年的垃圾处理场，环境整治工作初见成效。

中共围屏满族乡委员会

书　记　张雨新

副书记　吴孝公　魏军生

围屏满族乡人民政府

乡　长　吴孝公

副乡长　陈　刚　赵晓爽（女）

张　明（兼）

崔作勇（2013年12月离任）

围屏满族乡人大主席团

主　席　姚景馥

（袁　浩）

高家岭满族乡

【概况】高家岭满族乡位于兴城市境西南部，背靠大青山，西隔六股河与绥中县相望，东与围屏满族乡相连，南与大寨满族乡接壤，北与三道沟满族乡毗邻，总面积84平方公里。境内有沙上、高王等县乡级公路，并与国道102线贯通。矿产资源有重晶石矿、萤石、铜矿、花岗岩、温泉等，其中花岗岩石材资源丰富。汤上温泉含有多种微量元素，建有温泉度假村、洗浴中心、游泳池、宾馆、饭店，是集旅游度假、休闲疗养、商务会议等多功能于一体的旅游胜地。乡人民政府设在高家岭村。该乡辖西边、郭家、拉马、树林、永和、高家岭、靳家、汤上、满井、宋斗10个行政村。2013年末，全乡总户数4731户，总人口15844人。其中，男8359人，女7485人；农业人口14812人，非农业人口1032人。民族有汉族、满族、蒙古族等。满族人口13862人，占总人口的87.8%；汉族和其他少数民族占12.2%。

2013年，全乡耕地面积1997公顷，粮食总产量9927吨，花生总产量1862吨，植树造林35公顷。棚菜种植52.87公顷，产值230万元。修建沼气池250户。全乡农业生产总值1.3亿元。农民人均纯收入7500元。工业总产值3亿元。产品远销山西、天津、北京、沈阳、内蒙古等地。全年接待外地游客20万人次，旅游业收入1亿元。

【农业设施化进展顺利】2013年，高家岭乡有新建高标准日光温室大棚和旧棚500座，20个设施农业小区。西边合作社注册无公害绿色食品，商标注册为“新绿康”，1月份“新绿康”版权证审批完成，注册商标批准使用。黄瓜无公害认证在申请中。

【招商引资效果明显】2013年，高家岭乡招商引资的宁远驿站和大戏院投入施工。宁远驿站和大戏院由北京鼎术天创投资有限公司承建，占地1.56公顷，建筑面积10200平方米，其中地上8200平方米，地下2000平方米，总投资1亿元，基础工程施工中。

【小城镇建设成果显著】2013年，高家岭乡小城镇建设卓有成效。一是该乡“世界温泉部落”第一期项目工程1.4万平方米主体公寓楼工程全部竣工，项目区内动迁工作顺利完成。水处理工程、3000平方米的休闲会馆、锅炉房建设工程设计筹建中。二是石材废料处理场建设进行中。该项目位于高家岭乡靳家村西侧400米处，总投资60万元，主要对高家岭乡现有周边大理石加工厂废料统一进行收集堆积，达到一定量后，统一出售给石材加工厂作为原料，或招商轻体砖厂变废为宝。三是村内道路硬化工作全面铺开。全年对辖区内5个村的村屯路进行道路硬化工程建设，共计修路8.7公里，漫水桥9座，高架桥2座，提前完成村屯道路硬化工作。四是农村环境治理工作效果明显。在全乡范围内集中开展街面改造、三边整治（县、乡公路边沟、屯中道边垃圾、河边废弃物等）和污水、养殖粪便治理为重点的农村治理工作。重点清理主干道卫生、公共场所卫生和杂乱现象，清理乡级公路边沟18公里，动用铲车、钩机26个台班，机动车28台次，人工修理边沟146工日，清理垃圾2300立方米。总投资91万元。在汤上村建立生活垃圾场，成立清洁队伍。

【计划生育工作常抓不懈】2013年，高家岭乡完成全乡农村60周岁奖励扶助人员信息收集整理和电脑信息数据库录入工作，做到不多登、不漏登、不错登，准确率达到100%。全乡共新增29人享受奖励扶助政策。完成0～14周岁独生子女父母奖励人员的统计和审核工作。制作计生宣传板、宣传画30幅，设立避孕药具、药品展示自助室、B超室，全力打造“五点”人口计生文化中心户，即满井村设立政策法规宣传点、拉马村设立基础信息采集点、靳家村设立科技健康服务点、汤上村设立计生权益保障点、西边村设立科技致富交流点，大力宣传计划生育的政策、意义，营造浓厚的舆论氛围。走访慰问双女计划生育贫困户3户，投入资金2000多元，帮助女孩解决上学难问题。

中共高家岭满族乡委员会

书　记　邓育先（2013年2月离任）
　　　　　高玉文（2013年2月任职）
副书记　韩铁征（2013年3月离任）
　　　　　张彦民
　　　　　吕跃飞（2013年3月任职）

高家岭满族乡人民政府

乡　长　韩铁征（2013年3月离任）
　　　　　张彦民（2013年3月任职）
副乡长　吕跃飞（2013年3月离任）
　　　　　金永新　张飞龙（兼）　聂长利
　　　　　任　勇（2013年3月任职）

高家岭满族乡人大主席团

主　席　肖国华

（刘亦峰）

碱厂满族乡

【概况】碱厂满族乡位于兴城市境西部，东与红崖子镇、南大乡相邻，南与围屏乡毗连，西与三道沟乡交界，北与郭家镇、药王乡接壤，总面积163.1平方公里。乡人民政府设在碱厂村白店屯。该乡辖白庙子、蒋家、朱家、长岭、杨树、四间、碱厂7个行政村。2013年末，全乡总人口12119人。其中，农业人口11534人，非农业人口585人。人口自然增长率2.5‰。

2013年，碱厂乡耕地面积为1872公顷，全乡农业总产值8416万元，工业总产值24532万元，农民人均纯收入3396元。全社会固定资产投资累计2106万元。

【特色农业】碱厂乡是农业大乡，地处山区，为发展“山上碱厂、生态碱厂”，结合小开荒退耕还林，该乡党委、政府确定规模发展干果业，主要定位平欧大果榛子。2013年，制定各项鼓励、扶持政策。先后组织300多户栽植户到郭家镇等干果种植基地考察3次。聘请省、市专家进行针对榛子、核桃技术知识培训5次，有近500户种植户掌握种植技术，榛子苗和地块基本落实，张家沟干果基地初见成效。

【美丽乡村】2013年，碱厂乡为按照环境建设年的全年工作部署，结合青山绿水工程，乡党委、政府联系一家生物有机肥生产公司，利用畜禽粪便和秸秆生产制造生物有机肥，实施变废为宝的工程建设，为治理农村环境提供新思路。实现秸秆就近就地还田，提升土壤有机质，解决农村垃圾无处去，污水横流、粪便满地的难题，同时解决农民焚烧秸秆容易造成山林火灾与污染大气的问题，一举三得。

在环境治理过程中，全乡建垃圾箱40个，垃圾处理点7个，生物有机肥初级发酵点10余个，将村屯、道路两侧、河套等处不可回收垃圾和可回收垃圾分别运至垃圾箱和生物有机肥初级发酵点。聘请专业保洁员12名，建立环境卫生管理长效机制，培养村民良好卫生习惯。

【基础设施建设】2013年，碱厂乡修建塘坝4座、水源地工程9处、方塘3座、大口井2眼，铺设地埋管路30公里。在朱家村代屯至尚家沟道路绿化2公里；治理2条河，长岭洪水河、杨树村杨树河，全长1100米；道路硬化2条，蒋家村大屯至沟里2公里，长岭村小寺至潘杜2.3公里。

【扶贫帮困工作】2013年，碱厂乡政府出资12万元为4户（无房或无房照）不符合上级部门资助条件的险房贫困户建房。在春播期间投资3万元为困难家庭解决种子、化肥等物资。年底，四间村15岁女孩韩迪诊断患白血病，乡政府资助1万元。

中共碱厂满族乡委员会:

书　记　王　猛（2013年2月离任）

王德鑫（2013年2月任职）

副书记　刘　强　关　键

碱厂满族乡人民政府:

乡　长　刘　强

副乡长　宗永平　刘　祺　王悦峰（兼）

冯艳玲（女）

碱厂满族乡人大主席团:

主　席　苏长江

（苏继富）

三道沟满族乡

【概况】三道沟满族乡位于兴城市境西部边远山区，东邻碱厂乡，西南与绥中县宽邦镇隔河相望，西北与建昌县平山子村毗邻，北与药王乡接壤，总面积169.9平方公里。乡人民政府设在三道沟村。该乡辖西门、东门、黑沟、汪家、三道沟、三道沟里、戏台、巴家、头道沟、凉水泉、黄埃子11个行政村。2013年末，全乡6301户，总人口19755人。其中，农业人口18925人，非农业人口830人。人口自然增长率0.2‰。

2013年，推广新型抗倒伏玉米新品种，优化粮食品种结构，播种粮谷作物105.73公顷，新建温室大棚35座，维修大棚85座。播种优质经济作物花生55公顷，种植大垄无毒地瓜133.33公顷。全乡牛羊圈养量2.4万头只。大中小型养猪场6个，年生猪饲养量1900头。养鸡场4个，鸡、鸭、鹅饲养量8200只。农民人均纯收入2485元。

【调整果树品种结构】2013年，三道沟乡根据水果市场品种、价格及市场购买力需求，不断更换果树品种。5个果树重点村废除安梨、国光、红星、李子等老品种低价格果树10万余株。更换高产、高价新品种红富士、红王将、韩富、杉沙、锦丰、红南果等果树15万余株。推广SOD果树生产技术，SOD果树示范园面积由原来的13.33公顷发展到26.67公顷。完成果树滴管面积13.33公顷，埋设果树秸秆发酵反应堆2500个，为果树增温、施肥、保水提供保障。

【推进设施农业建设】2013年，三道沟乡继续抓好设施农业发展。一是抓农田基础设施建设。大力发展棚菜生产。该乡因受青山水库淹没影响，实施南棚北移后，发展到三道沟、汪家、三道沟里、黑沟、东门5个村。大棚结构由土棚向砖砼、钢架式大棚发展为62个，修复雨毁大棚90户。二是抓紧果树滴灌设施建设。促进果树高产稳产。增修滴灌管道2万延长米。挖小型方塘10座。挖大口井12眼。可供果树灌溉面积80公顷。三是抓拦河蓄水小河流域治理工程建设。分别在头道沟、三道沟里、黑沟3个村修拦河蓄水工程。年内新修拦河坝8道，修筑两岸导流墙400延长米。增加蓄水量1.2万立方米。拦河蓄水工程为农业发展提供有力的水源保证。

【做好青山水库移民工作】2013年，青山水库移民是三道沟乡政府工作量最大、任务最重、移民区遗留问题最多的一项重要工作。乡政府倾全乡之力，以“5+2”“白加黑”为工作机制，认真落实青山水库在该乡的移民工作任务。一是积极配合市法院依法强迁工作。青山水库第一期移民的3个村共有1483户，兴城市人民法院6月9日和7月6日对第一期移民区未签字户实施依法强迁。在市委、市政府、市法院的指挥下，乡党委、政府全力配合，比较顺利地完成强迁。二是基本完成青山水库第二期移民协议签订任务和移民动迁工作。青山水库第二期签订移民协议2012年12月25日起至2013年6月30日。共签订移民协议1073户，占第二期移民总户数的99.4%。2013年共为移民建设移民新村（后靠点）4个。平整头道沟移民后靠点6000平方米。第二期移民新村水、电、路基础设施工程基本完成，移民入住率85%以上。全年共接待移民来访123人次。其中有108人次得到相应解决。

中共三道沟满族乡委员会

书　记　张永强

副书记　刘振兴　张志刚（2013年3月任职）

三道沟满族乡人民政府

乡　长　刘振兴

副乡长　张志刚（2013年3月离任）

金志强（2013年3月离任）

孙长宏　赵子梁（兼）

刘　勇（2013年3月任职）

三道沟满族乡人大主席团

主　席　王凤昌

（何连营）

旧门满族乡

【概况】旧门满族乡位于兴城市境北部，兴城河上游，距市区25公里，省道318（兴玲公路）线贯穿全乡。东与华山街道接壤，南与红崖子镇毗连，西和郭家镇、药王乡交界，北与葫芦岛市连山区杨郊乡相邻，总面积83.3平方公里。乡人民政府设在旧门村。该乡辖旧门、李屯、半道子、望川、金樊、三道、刘屯、草白8个行政村。2013年末，全乡总人口9688人。其中，农业人口9194人，非农业人口494人。人口自然增长率-5‰。

2013年，全乡耕地面积1410.94公顷。治理小开荒275.73公顷，封育围栏13500米，与629户签订退坡地还林协议，达到100%入户告知。完成植树造林120公顷，栽植刺槐100公顷、榛子20公顷。猪存栏25330头，牛存栏451头，羊存栏13455只，家禽存栏21.68万只，农业总产值实现1.43亿元。境内有丰富的铅、锌、钼、金、铁、灰石等矿产，矿山企业4家，水泥厂1家，工业企业8家，工业总产值实现1.79亿元。国税收入542万元，地税收入100万元，人均纯收入6466元。

【美丽乡村建设】2013年，旧门乡以村屯环境整治为切入点，努力建设乡风文明、村容整洁、生态良好“美丽乡村”。将李屯村和旧门村作为农村环境综合整治示范村，全乡8个村完成道路硬化5公里，村屯绿化1000株，垃圾收集池26个。设置村内保洁人员10人。21个自然屯全部安装自来水管道，受益农户2100户。乡自筹资金800万元，对集贸市场升级改造。完成48户6500平方米门市房及长廊式摊床主体施工。铺设市场内外水泥环路5000平方米，硬化地面1.6万平方米；安装太阳能路灯18盏，广场灯2盏；建机动车停车场1个，建筑面积1700平方米；建恒温冷库1个，建筑面积240平方米。

【生态治理】2013年，旧门乡建成1.5米高防洪墙3000延长米，墙体基础深1米、宽1.35米，加宽及建筑2米高沙土坝3000延长米，防洪墙顶至坝顶设网状板带，坝肩铺设条石。动用沙石土方8万立方米，石方1万立方米。水毁工程完成李屯方塘，三道、金樊、李屯3个村漫水桥工程。金樊村金岭漫水桥投入资金45万元，主桥长110米，宽4米，引桥60米。改造铺设5000延长米路基，其中金樊村1650延长米，半道子村970延长米，望川村480延长米，三道村1900延长米。

【高效农业】2013年，旧门乡致力形成一村一业，一村一品龙头产业发展格局，争取银行贷款360万元，维修改造望川村废弃蔬菜大棚。新建钢架结构高标准日光温室大棚50座，占地7.33公顷；改扩建旧棚21座，种植新品种瑞克斯旺茄子和尖椒。建立果树、养殖、种植专业合作社，扩大肉食鸡养殖小区建设，新建肉食鸡立体化养殖场2座。

【重点农业工程】2013年，旧门乡新增千亿斤粮食田间工程项目平整土地200公顷，新建方塘1座，打水泥沉圈井60眼，修缮田间作业路5.5公里。节水滴灌工程打机井30眼，修建井房30座，配备水泵等机器设备30（台）套，铺设主管道11000延长米。高标准基本农田建设项目733.33公顷，完成田间作业路20公里，河道清淤4906延长米，护坡9424延长米，农用桥涵8座，客土加厚3.2公顷。

【民生建设】2013年，旧门乡民政和土地部门为全乡“五保”低保户翻建住房36户，维修22户，争取资金107万元，全部发放到户。发放优抚、低保、“五保”款、临时救济金等涉农补贴207万余元。清退低保脱贫户28户，新增低保户40户。低保户排查率100%，维护困难群众基本生活权益。新农保参保率90.68%。投资90万元，建成高标准框架结构便民服务中心和水利站大楼，面积800平方米，草白村150平方米客运服务站交付使用。

中共旧门满族乡委员会

书　记　徐大治（2013年2月离任）
　　　　　万国春（2013年2月任职）

副书记　梁　爽
　　　　　邱　枫（2013年11月离任）
　　　　　张　斌（2013年11月任职）

旧门满族乡人民政府

乡　长　梁　爽

副乡长　张旭伟　刘文良　王洪亮（兼）
　　　　　肖强卫

旧门满族乡人大主席团

主　席　肖　英

（王长良）

药王满族乡

【概况】药王满族乡位于兴城市境西北部边缘，东与旧门乡、郭家镇相邻，南和三道沟、碱厂乡毗连，西与建昌县药王庙镇交界，北同葫芦岛市连山区新台门镇接壤。总面积138.4平方公里。乡人民政府设在裴屯村塔下屯。该乡辖裴屯、杜屯、叶屯、药王、谷屯、立兴、三头、丁家、六家子、冯屯、金家11个行政村。2013年末，全乡总人口16485人。其中，农业人口15726人，非农业人口759人。人口自然增长率–3.7‰。

2013年，全乡工业产值实现4.1亿元，比上年增长20%；农业产值实现5475万元，比上年增长10%；粮食总产量8500吨，水果产量1200吨，畜禽肉蛋产量3221吨。乡财政收入385万元，比上年增长0.05%；农民人均纯收入3418元，比上年增长15%。

【基础设施逐步完善】2013年，药王乡加大道路和水利设施建设力度，投资170万元完成三立线路面改造6公里；投资196万元，新建大徐屯—孟诸沟、六家子—大苇沟东沟、裴屯—方家沟村级道路8.7公里。投资320万元建设冯屯村道路16公里。投资340万元新建谷屯、裴屯、立兴、金家、药王、杜屯方塘6座，维修3座；治理裴屯、谷屯、立兴作业区节水滴灌工程200公顷。投资15万元新建冯屯、叶屯村蓄水池5座，总蓄水量25000立方米。投资80万元治理六家子村河道工程1633.7米；投资176万元治理谷屯、药王、裴屯村女儿河河道及支流堤坝水毁工程3000米。

【设施农业稳步发展】2013年，药王乡投资35万元修建冯屯、谷屯2个设施农业小区恒温冷库2座，占地面积200平方米，解决农民销售难问题。谷屯村惠农食用菌专业合作社新建食用菌小区1个，占地面积1.33公顷，新建高标准大棚14座。农民以合作社为依托，开拓市场，增加效益。

【林果业发展壮大】2013年，药王乡深入开展治理小开荒、坡耕地还林和围栏封育工作。调查摸底实测180.4公顷、700户，全部与农户见面并签订协议，完成整地（坡改梯）43.47公顷，栽植果树等树木41.93公顷，购买苹果等苗木98000株；栽植榛子74.07公顷，山杏等64.4公顷；完成超坡地还林4.17公顷，工程围栏55公里；新栽植果树5.8万株，果树总量达到186798株。林果业成为农民收入重要渠道。

【乡村环境得到治理】2013年，药王乡综合整治农村环境，修建垃圾箱13个，建污水处理池2个，修建文化广场5个。冯屯村开展美丽乡村建设，投资70万元安装路灯100盏，修建3000平方米文化广场1个，栽植绿化树木500株，河道综合治理，村内道路全部实现硬覆盖。

【民生改善工作】2013年，药王乡切实解决全乡低保户、散保户住房问题，翻建房屋41户，维修房屋34户。为困难群众解决种子550公斤、化肥5.5吨。春节、重阳节为敬老院老人解决资金5000元，并送去慰问品。解决低、散保户大病求助3户、资金1.2万元。完成移民动迁4户，资金8万元。乡文化站建成投入使用，配备电脑10台、电视机1台，设有阅览室、乒乓球室，丰富农民业余文化生活。

中共药王满族乡委员会

书　记　张人杰（2013年2月离任）
　　　　李贵民（2013年3月任职）
副书记　李贵民（2013年3月离任）
　　　　张　阔（2013年3月任职）
　　　　谭晓军

药王满族乡人民政府

乡　长　李贵民（2013年3月离任）
　　　　张　阔（2013年3月任职）
副乡长　金德鑫　王　军
杨爱兵（兼）　韩金龙

药王满族乡人大主席团

主　席　张　晨

（郭　松）

曹庄镇

【概况】曹庄镇位于兴城市境东部，东濒辽东湾，南邻沙后所镇，西接羊安乡，北与宁远街道隔河相望。102国道纵穿境内，滨海大道镶于东侧海岸线上，交通便利，四通八达。滨海经济区和现代渔业园区坐落于镇域内，海岸线长17.5公里，总面积64.39平方公里。镇政府设在大甸子村。该镇辖大河口、四城子、泡河、朱家、沙屯、大英堡子、小英堡子、上坡、七里、后湖、安相、大甸子、头台子、曹庄14个行政村和七〇一九、东华、曹庄3个社区。2013年9月，原中兴、老滩村划归临海街道管辖。2013年末，全镇总人口31090人。其中，农业人口27641人，非农业人口3449人。人口自然增长率3.82‰。

2013年，全镇总耕地面积3478公顷，粮食作物播种面积3546公顷，总产量22222.3吨，平均每公顷产6270公斤；经济作物225公顷，蔬菜面积129公顷，总产量7460吨。发放粮食综合补贴4115686.82元。3610.56公顷土地参加保险，参保金额185510.1元，参保率达到70%。猪存栏25201头，牛存栏603头，羊存栏3450只，各种家禽13.34万只。当年出栏生猪46394头，牛267头，羊984只，家禽15.25万只，肉蛋奶总产量4400吨；水产品产量40890吨，农业总产值76000万元，农民人均纯收入10502元。全镇工业企业475家，其中规模企业1家，泳装厂36家。工业总产值69000万元。

【农业设施不断壮大】2013年，曹庄镇新建蔬菜大棚16座，旧棚749座，改扩建大棚66座，有蔬菜大棚831座。新增变压器3个，打机电井50眼。推广科学储粮，订购储粮仓200个，解决百姓储粮难问题。

【基础设施建设】2013年，曹庄镇集中整治“五乱”即农村房屋四至外柴草乱垛、粪便乱堆、垃圾乱倒、污水乱排和畜禽乱放问题，全面启动农村环境整治，加大基础设施建设。重点治理老滩村、大河口村、曹庄村以及国道102线两侧，动用人力200余人次，运送垃圾820多吨。规范化建设厕所27个，粉刷墙壁7000平方米；渔船吊迁8艘。修建水泥路四城子段2.3公里，沙屯段1.7公里。清淤贾河下游河道3000米，彻底解决中兴村、老滩村防汛问题。

【计划生育获省表彰】2013年，曹庄镇有已婚育龄妇女6944人，出生性别比为105 ∶ 100，人口出生率6.91‰，人口自然增长率3.82‰，符合政策出生率99%；人口信息录入变更及时率98%。社会抚养费征收率90%以上；孕优率100%。计生各项工作均达到指定标准，荣获辽宁省人口计生系统服务优秀窗口单位，计生助理白宁宁被评为全省计生工作先进个人。

中共曹庄镇委员会

书　记　孟凡勇

副书记　李壮林（2013年11月离任）

田　莹（2013年11月任职）

王春生

曹庄镇人民政府

镇　长　李壮林（2013年11月离任）

田　莹（2013年11月任职）

副镇长　陈宝彬　李志强　王立平（兼）

胥东杰（兼）　路金鹏

朱　博（2013年12月离任）

曹庄镇人大主席团

主　席　杨印山

（柏福喜）

东 辛 庄 镇

【概况】东辛庄镇位于兴城市境南部，东与刘台子乡、徐大堡镇相邻，南与绥中县隔六股河相望，西与大寨、围屏乡毗连，北同望海乡交界，总面积73.39平方公里。距兴城市区36公里；国道102线、沈山铁路、京沈高速公路、秦沈高速铁路横贯其中，镇、村公路四通八达。镇人民政府设在东辛庄村。该镇辖东辛庄、西辛庄、张虎、谷屯、半拉堡子、王宝、西地、孙岭、南二台子、东关站、西关站、胡家坟、陈屯13个行政村（2013年周石村划归绥中县管辖）和东辛庄1个社区。2013年末，全镇总人口30133人。其中，农业人口27369人，非农业人口2764人。人口自然增长率6.5‰。实现农业产值3.5亿元，工业产值6.75亿元。农民人均纯收入10029元。

【新农村建设成效凸显】2013年，东辛庄镇加快种植业和农业产业结构调整，土地产出效益和农民增收能力不断增强。完成周石村、西地村膜下滴灌工程266.67公顷，修建井房20座；新建周石、胡家坟等村方塘3座，打直径18米大口井1眼。全面启动西地、半拉子村一带333.33公顷节水增粮工程，新建3.33公顷农业设施小区1个、温室大棚26个；新增农业合作社11家、养殖小区和养殖户15家。

【城镇功能日臻完善】2013年，东辛庄镇多方筹资、多措并举，投资268万元建设污水处理厂1座，完成村级道路建设7公里；投资80.4437万元实施东福至集贸市场西路路面改造工程，铺设步行方砖7625平方米；完成果树农场保障房建设30000平方米；建筑面积20000万平方米紫金佳苑房地产开发工程收尾。

年内，该镇城镇规模扩大到3.5平方公里。镇区人口聚集率达42%，城镇化率达11%，镇区液化气普及率98%。主要道路硬化率100%，镇区亮化率100%，镇区主要街道绿化100%。投入20余万元，加强环卫队伍建设。环卫工人增加到19人，手推式垃圾车达17辆，专业垃圾运输车1台。环卫队保洁覆盖面从镇区扩大到西辛庄、张虎等5个村屯。清理不规范牌匾26块、占地小市场和停车场2处，规范临街摊点2处，清运各种垃圾300多吨。“五乱”得到有效解决。

中共东辛庄镇委员会

书　记　王铁军

副书记　于　腾
　　　　姜笑海（2013年3月任职）
东辛庄镇人民政府
镇　长　于　腾
副镇长　何春军
　　　　于占东（兼，2013年4月离任）
　　　　单宝贵　刘国涛　常　皓（女）
　　　　董长才（兼，2013年4月任职）
东辛庄镇人大主席团
主　席　李卫民

（陈正丰）

沙后所镇

【概况】沙后所镇位于兴城市境东南部，东临辽东湾，南与望海乡、徐大堡镇相连，西与南大乡接壤，北邻曹庄镇，总面积113平方公里。镇人民政府设在西关村。该镇辖城内、南门外、西关、烟台、前王、后王、乱泥、王家洼子、龙王、五里、荒地、石屯、焦家、闻家、桃园、五王16个行政村和沙后所1个社区。2013年末，全镇总人口39484人。其中，农业人口35952人，非农业人口3532人。人口自然增长率-7.43‰。

2013年，全镇粮食总产量19310吨，实现社会总产值8.45亿元。其中，农业总产值1.95亿元，工业总产值6.5亿元。农民人均纯收入10623元。

【绿色蔬菜工厂全面启动】2013年，沙后所镇招商引资的馨予农产品公司以国家大力提倡的农业产业化、精深化发展为契机，充分整合个体种植农户资源，采用“公司+基地+农户”蔬菜育苗、种植、加工、配送、服务一条龙经营模式，项目总投资11.6亿元。年内，一期工程全面启动，投入9850.77万元，完成6.67公顷试验示范基地及16公顷办公厂房用地征地补偿、平整及企业前期建筑设计、地质勘察、商标注册、环境评估及企业生产设备、运输设备定制工作。

【河道治理力度加大】2013年，沙后所镇加大河道治理工程力度，争取上级资金100万元，乡镇自筹260万元，清淤西关河、南关河2400米镇区河道，两侧修建高标准挡水墙4500米，两旁种植刺槐树1700余株。出动翻斗车、铲车、钩机、三轮车170余班次，劳动力700余人次，处理垃圾1200余吨。

中共沙后所镇委员会
书　记　杨德军（2013年2月离任）
　　　　张人杰（2013年2月任职）
副书记　徐树强　张玉平
沙后所镇人民政府
镇　长　徐树强
副镇长　陈云新（2013年3月离任）
　　　　关秉哲　赵长义
　　　　王世颖（兼）　周　凯（兼）
　　　　刘　骞（女）
　　　　高　飞（2013年3月任职）
沙后所镇人大主席团
主　席　徐　一

（王　莹）

郭家镇

【概况】郭家镇位于兴城市境西北部，距古城30公里。东南与红崖子镇为邻，东北与旧门乡接壤，南与碱厂乡交界，西北与药王乡毗连，总面积119平方公里。镇人民政府设在孙家村李家屯。该镇辖孙家、张沈、大石、郭家、棋盘、陈家6个行政村和东华1个社区。2013年末，全镇总人口10827人。其中，农业人口9578人，非农业人口1249人。人口自然增长率0.061%。

2013年，全镇农作物播种面积1437.6公顷。其中，花生291.06公顷，玉米1086.03公顷，水稻30.51公顷，其他作物30公顷。大果榛子153.33公顷，投资151.8万元；野生榛子100公顷，投资60万元；山杏200公顷，油松160公顷，槐树293.33公顷，其他果树53.33公顷；围栏40公里。工农业总产值实现2.8亿元。其中，农业产值8000万元，工业产值13500万元；劳务经济及第三产业6500万元。农民人均纯收入5500元。畜牧业生产态势良好。新建养殖小区2个，引进优质能繁母猪120头。生猪存栏21900头，防疫密度100%。新增输出转移剩余劳动力1200余人，新增劳务收入600万元，在外务工人员2800人，实现劳务收入1500万元。有工商户95户，新增12户，实现产值1378万元，比上年增长5%；非公企业从业人员880人，比上年增加20人。

【基础设施建设不断增强】2013年，郭家镇开展水利工程建设，投资100余万元，治理孙家村孔沟、李西河道1890延长米，治理郭家村、棋盘村、张沈村河道1700米，建张沈村虎头山屯漫水桥2座。节水滴灌工程投资120万元，控制面积200公顷；投资20万元，完成水毁路面修复8公里；投资35万元，完成水利站规范化建设。实施266.67公顷农业综合开发项目，投资400万元；实施兴城河郭家段河道治理项目，投资200万元。

【环境治理成效显著】2013年，郭家镇加大农村环境治理力度，投入资金88万元，确定孙家村和张沈村为该镇环境治理首批试点村。清运垃圾近700吨，治理村屯路3000余延长米，拉黄夹沙9000余立方米，清理边沟1000米，建垃圾收集池7个，出动各种车辆600余台次，治理河道800米，动员群众近600人次。其余4个村和一个社区各自确定1个自然屯进行治理。

【民生改善进程稳步推进】2013年，郭家镇全面落实强农惠农政策，兑现各种惠农补助资金227.1万元。低保维修5户，翻建18户。投资40万元，在陈家村发展养羊57户、1778只；栽大果榛子40户、34.33公顷。社会保障体系不断完善，新农保参合率达到95%。

中共郭家镇委员会

　　书　记　刘　恕

　　副书记　王铁华　王　薇（女）

郭家镇人民政府

　　镇　长　王铁华

　　副镇长　胡永春　田　壮（兼）

　　　　　　朱德本　胡同军

郭家镇人大主席团

　　主　席　张玉华

（赵时东）

徐大堡镇

【概况】根据辽宁省辽政〔2013〕第96号文件，兴城市2013年5月23日撤销原海滨满族乡建制，成立徐大堡镇。徐大堡镇位于兴城市境东南部，距市区30公里。东、南均濒临渤海辽东湾，西南与刘台子乡接壤，西与东辛庄镇、望海乡毗邻，北与沙后所镇隔烟台河相望。全镇总面积81.6平方公里，海岸线长19.6公里。镇政府设在海滨村东沙嘴屯。该镇辖李金、王屯、海滨、项家、董屯、刘屯、苏屯、双堆子、方安和台里10个行政村，39个自然屯。2013年末，全镇总户数4438户，总人口15740人。其中，男7891人，女7849人；农业人口15242人，非农业人口498人；少数民族人口占86.3%。人口自然增长率8.8‰。

2013年，徐大堡镇国民经济总产值达2.16亿元，农村全口径经济收入1.69亿元，地方财政收入124.5万元，农民人均纯收入10760元。全镇播种面积2274公顷，农作物总产量12万吨，温室无公害蔬菜总产量7500吨。家畜饲养量1.3万头，家禽饲养量达12.5万只。有大型渔船186艘。海参养殖池塘面积956公顷，多宝鱼工厂化养殖鱼棚面积26公顷，淡水养殖面积172公顷。年末，全镇工业企业达71家。其中，盐场8家，服装加工厂19家，水产品加工厂31家，渔船、农机修造厂11家，渔网厂1家，制鞋厂1家。建筑工程队发展到23支，从事客、货营运的汽车104辆，加油站5家，商饮服务点发展到129家。

【生态农业新格局】2013年，徐大堡镇以设施农业为特色的生态农业呈现良好发展态势，无公害蔬菜生产面积400公顷。一是在海滨村建成“高效生态农业示范园”8公顷，在示范园内建设辽沈4型高标准示范温室1.3万余平方米，建筑钢架育苗大棚1万平方米，铺设输水管路560米，架设供电线路240米，修筑田间作业路1000米，修建围栏近1200米，为全镇设施农业树立起样板。二是筹集资金80万元，陆续修复遭受水灾坍塌温室380栋，保证设施农业的发展。三是引进刘绍敏等技术能人3名，承包温室628栋，为带动该镇设施农业向纵深发展注入生机和活力。

【农村环境】2013年，徐大堡镇充分利用“一事一议”政策机遇，加强以公益事业项目为重点的基础设施建设。首先是新建硬化道路9.2公里，改善交通条件。其次是以海滨村为重点，率先实施美化亮化工程建设，在海东路两侧铺设彩砖7000平方米，修建混凝土甬道2500平方米，绘制文化墙1340平方米，建筑花坛72个，设置垃圾箱20个，沿路安装路灯50盏。三是在方安村和海滨村共建设文化广场3处，总面积2500平方米，安装体育健身器材16套，小城镇文化功能更加完善。

【建设移民安置区】2013年，徐大堡镇在完成核电第一批105户移民安置区建设基础上，又在方安村兴建第二批171个动迁户的安置区建设工程，年末基本竣工，动迁户全部搬进新居。为改善人居环境，该镇将台里村第一批50户村民进行整体搬迁移民，移民康居小区初步建成，大多数移民搬进小区。并在各小区配套水、电、照明等基础工程，极大地改善村镇人居环境。

中共徐大堡镇委员会

书　记　郑艳春（女）

副书记　杨荣蔚　陈志强（2013年8月离任）
田　坛（2013年11月任职）

徐大堡镇人民政府

镇　长　杨荣蔚

副镇长　李　海　张兴锋　王召君
李铁根（兼）　刘达耕（兼）

徐大堡镇人大主席团

主　席　赵国辉

（王文选）

红崖子镇

【概况】2013年5月23日，辽宁省政府正式批准撤销红崖子满族乡，设立红崖子镇，所辖行政区域和政府驻地不变。红崖子镇位于兴城市境中部，属于半丘陵山区。东距兴城市区15公里，东与白塔、羊安两乡相连，南和沙后所镇、南大乡毗邻，西和碱厂乡、郭家镇接壤，北与旧门乡交界，全镇总面积150.1平方公里。镇人民政府设在红崖子村。该镇辖红崖子、汤屯、梁家屯、二道边、三道边、古城子、周屯、老付马、二台子、大山台、英树沟、小山台、新齐、吴家屯、老烧锅、拣金、边壕子、团山子、大东沟19个行政村，87个自然屯。镇内有汉、蒙古、满、傣等民族。2013年末，全镇总人口29763人。其中，农业人口28525人，非农业人口1238人。人口自然增长率2.67‰。

2013年，全镇国民生产总值达到10.35亿元，其中农业生产总值达4.103亿元；工业生产总值达3.724亿元；其他（含第三产业）产值达2.622亿元，农民人均纯收入10522元。

【农业产业化】2013年，红崖子镇为提升市场竞争能力，取得贸易主动权，决定实现该地区农业产业的规模效益和品牌效应。新成立花生专业合作组织等18个，新建友洋养殖合作社、兴缘养殖合作社、聚丰畜牧养殖合作社和兴嘉养殖场畜牧小区4个，主要养殖羊、肉食鸡和貉子等，合计投资1310万元。全年实现生猪饲养量12.2万头，其中存栏4.8万头，出栏7.4万头，能繁母猪7939头；羊饲养量1.619万只，存栏9100只，出栏7090只；马、牛、骡等大型牲畜饲养5846头（只）；禽类饲养量达38.52万只，其中存栏14.31万只，出栏24.21万只，达历史新高。

2013年，新建二道边村和三道边村棚菜小区3个，合计大棚68栋，占地10公顷。其中二道边27户57栋大棚升级提质工程顺利展开，全镇的棚菜小区达到20个，累计占地66.67公顷，大棚575栋，形成规模效益和品牌效益。

【花生物流园】2013年，红崖子花生物流园区位于该镇镇区中心地带，距汤李线公路3公里处，规划面积5.21公顷，其中商业及住宅占地2.2公顷，工业用地1.26公顷，花生交易市场占地1.75公顷，年内园区投入资金0.8亿元进行第一期工程建设，工程建设内容主要包括上下水管道、道路配套设施、交易大厅和4栋商业住宅楼建设。所有项目均完成建设，7200平方米的交易大厅和4栋商住楼的24间5400平方米商铺年底投入运营。年内，与新加坡驻大陆的益海嘉里集团和山东鲁花集团进行合作方面的沟通。

【新型社会管理模式】2013年，红崖子镇在梁家屯村开展新型农村社会管理体系试点工程，效果良好，尤其在移风易俗、环境整治、农民自我约束自我管理等方面成果显著。精神文明建设成果有新突破，以前村里办丧事又吃又喝，请鼓乐队坐夜，每晚花费2000余元，一场丧事需3万元。现在，村里的丧事只有“一菜一饭”，全程花费只有4000元左右。全村30多场丧葬事办下来节约60余万元，全部用于村民自家的生产和生活。

【地方文化】2013年，红崖子镇加大地方文化传播，弘扬传统文化。以汇演的形式传播非物质文化遗产“满族大秧歌”。同时探索以“红崖子文化节”的方式，通过电视、报纸、网络、广场活动等途径，用社会中至诚、至孝、至真的正面典型和丰富的文艺节目来宣传国家的政策，发扬传统文化的魅力，增加群众荣誉感和集体主义感；用文化书屋、专家培训的方式增加群众的科技能力。年内，全镇的文化书屋藏书达5万余册，新增办公电脑设备10套，送戏下乡50场次。

中共红崖子镇委员会

书　记　毕　伟

副书记　王　峰　赵　超

红崖子镇人民政府

乡　长　王　峰

副乡长　任　丽（女）　刘　军　宋忠宝　佟弟光　郝春林（兼）

红崖子镇人大主席团

副主席　刘贺利

（史文吏）

宁远街道

【概况】宁远街道位于兴城市区西南部，东与城东街道相邻，南与曹庄镇相连，西与羊安、白塔两乡毗邻，北与古城街道接壤，总面积10平方公里。街道办事处设在兴海南街老马路2号、轻工市场西侧。该街道辖南关、南甸子、西一、西二4个行政村和老马路、铁西、西关3个社区。2013年末，全街道总人口26676人。其中，农业人口10503人，非农业人口16173人，人口自然增长率1.6‰。

2013年，全街道有耕地面积344公顷，农作物播种面积355.2公顷，其中，粮食播种面积249.1公顷，蔬菜种植面积10.54公顷（含日光棚187个）。全街道养殖户291户，其中大牲畜168户，养猪大户77户，养鸡大户46户。农民人均纯收入10675元。

【基础设施建设】2013年，宁远街道把发展城市建设作为中心工作来抓，协调各方面力量，修筑水泥路面13条，2800延长米，投资290万元；西二村修建吊桥北胡同360延长米，宽4米，投资34.56万元；南关村修建一条沙石路450延长米，投资2.8万元；南甸子村修建桥南四里两条胡同路400延长米，投资30万元。维护、更换下水道井盖30套，投资1.2万余元，较好地解决辖区群众行车难、行路难热点问题，为市民出行提供良好交通环境。

【文化广场】2013年，宁远街道修建文化广场3个。分别是南甸子村700平方米文化广场，投资8.5万元；西二村1150平方米文化广场，安装路灯、铺设彩砖、围墙，投资16万元；西一村1000平方米文化广场，投资4万余元。3个文化广场均安装健身器械，成为市民健身、休闲好去处。

【民生工作】2013年，宁远街道开展民生保障工作，取得显著成绩。年内，对辖区内60周岁以上领取新农保待遇人员进行指纹认定普查，认定人员1100人。受理就业换证、办证418人。全街道有低保户2143户3092人。其中，1181户1525人享受农村最低生活保障，962户1567人享受城市最低生活保障。共有“五保”户69人，其中集中供养11人，分散供养58人。全年新农合参合13167人，农业常住人口参合率100%。

全年，救助城乡低保大学生74人。其中，城镇特困生62人，农村特困生12人。

中共宁远街道委员会

书　记　曹玉琢

副书记　张立东（2013年3月离任）

崔中华（2013年3月任职）

张　阔（2013年3月离任）

李晶岩（2013年3月任职）

宁远街道办事处

主　任　张立东（2013年3月离任）

崔中华（2013年3月任职）

副主任　陈　健

齐　冰（2013年11月离任）

郝大金（兼）

崔作勇（2013年12月任职）

陆　颖（女，2013年12月任职）

人大街工委

主　任　陈洪生

（雷国良）

古城街道

【概况】古城街道位于兴城市古城内及城北部，东南与城东街道相邻，西与宁远街道相连，北同元台子乡接壤，总面积14.85平方公里。辖区内有明代古城1座，建于明宣德三年（1428年）。古城城墙、城门楼、钟鼓楼保存完好。文庙、城隍庙、祖氏石坊、郜家住宅、周家住宅等古迹分布城中。街道办事处设在古城延辉街头道牌坊西侧。该街道辖北关、花园、北半道子、东八里4个行政村和永宁、春和、城北3个社区。2013年末，全街道总人口26698人。其中，农业人口6507人、非农业人口20191人。人口自然增长率－1.02‰。

2013年，全街道有耕地面积422.67公顷，粮食总产量3701吨。生猪出栏42110头；家禽存栏18610只。农民人均纯收入8926元。新增规模以上企业1家，总产值104720万元，利润4791万元。在建项目3个，储备项目2个。古城拆迁改造取得新进展，宁远客栈、戏院动工兴建，古城北二街818户征收户，签订征收补偿协议554户。

【发展民生】2013年，古城街道新增公益性岗位29个，完成职业培训135人，就近就地转移1503人，劳务输出101人，办理失业登记证648本，享受“4050”补贴人员501人，企业退休年检2238人，有组织劳务输出102人；普惠制培训73人。参加农村新型合作医疗6755人，新增178人，参合率97.5%。城市低保户1398户、2394人，农村低保户709户、1016人，“五保”户30人。复查城市低保户2057户；为125户符合标准人员办理低保。办理大学生救助119人，为3名残疾人配备床和轮椅，办理90岁老人补贴69人，100岁以上2人。办理民办教师生活补助102人。免费为82对已婚育龄夫妇健康体检；落实国家奖励扶助对象29人，特扶1人。

【环境整治】2013年，古城街道结合辖区实际情况，将种子公司到货场路、铁道口到钢厂地段环境卫生作为重点，出动铲车1台，台班7个，动用清运垃圾车（四轮子）469车次，清运垃圾938吨，参加卫生整治120人次，清理主干道11条。村内道路硬化5620米，道路边沟治理3600米，安装路灯100盏，栽种各种花草树木6000余株，道路绿化6440米，新建垃圾箱35个，聘用保洁员22名。

中共古城街道委员会

书　记　闫立奎（2013年3月离任）
　　　　李宝文（2013年3月任职）
副书记　李宝文（2013年3月离任）
　　　　杨建军
　　　　金志强（2013年3月任职）

古城街道办事处

主　任　李宝文（2013年3月离任）
　　　　杨建军（2013年3月任职）
副主任　张茂奎　李艳凤（女）
　　　　马德军（兼）　闫　超

人大街工委

主　任　李卫国

（雷　贺）

温泉街道

【概况】温泉街道位于兴城市区东北部、古城正东，东与钓鱼台、四家屯街道相邻，北与龙港区双树乡毗连，西南与城东街道接壤，总面积17.5平方公里。街道办事处设在兴海北街二段48号、体育场东侧。该街道辖胜利村和温泉、首阳、东山、康宁、建海、兴海桥6个社区，有驻军驻在单位19家。2013年末，全街道总人口55873人。其中，农业人口1848人，非农业人口54025人。人口自然增长率3‰。

2013年，全街道家禽饲养量1.49万只；餐饮服务业160户，年收入4300万元；个体工商户1419户，私企350家；工业总产值实现5.92亿元；农民人均纯收入15100元。

【完善基础设施】2013年，温泉街道协调城建部门投资40万元，铺设村屯道路1000延长米、5000平方米，实现村屯道路全部硬化。胜利村自筹资金27万元，在村屯主要道路旁安装路灯40盏；投资8万元，建地下垃圾收集点2个；投资20万元，疏通改造郈屯入口臭水沟，减少环境污染。

【落实惠民政策】2013年，温泉街道大力实施就业、再就业和社会保障工程。新安置公益岗位27人；办理“4050”灵活就业人员享受社保补贴登记682人；小额担保贷款25人，贷款额125万元；办理《就业失业登记证》938人；登记领取失业保险金59人；有组织劳务输出220人；引导性培训50人。深入开展社会保障工作。新农合、新农保参保率100%；城市居民医疗保险增办132人；企业退休人员年检3535人次，异地生存认证80人次。新办农村计生奖励扶助对象10人，特别扶助5人；办理夫妻双方均无工作单位人员独生子女奖励169人，兑现100%；四术免费8人。

中共温泉街道委员会

书　记　闫久利（2013年12月离任）
　　　　刘志刚（2013年12月任职）
副书记　刘志刚（2013年12月离任）
　　　　陈庆友（2013年12月任职）
　　　　蔡　宁

温泉街道办事处

主　任　刘志刚（2013年12月离任）
　　　　陈庆友（2013年12月任职）
副主任　张志裕　杨立东　张　军（兼）
　　　　康桐楀

人大街工委

主　任　郭欲仑

（张　茜）

四家屯街道

【概况】四家屯街道位于兴城市境东北部，东临辽东湾，南与钓鱼台街道相邻，西与温泉街道毗连，北与龙港区双树乡接壤，总面积23平方公里。辽宁工程技术大学、辽宁财贸学院2座高等学府位于该辖区。葫芦岛市龙兴路、滨海大道穿辖区而过，交通便利，四通八达。拥有海岸线5公里，海洋资源十分丰富，浅海养殖成规模化发展。街道办事处设在四家村。该街道辖四家、郈家、周家、纪家4个行政村和四家1个社区。2013年末，全街道总人口8476人。其中，农业人口7753人，非农业人口723人。人口自然增长率6.1‰。

2013年，全街道养殖总饲养量9.5万头（只），生猪2.5万头，家禽6.1万只，牛羊0.3万头（只），其他0.6万头（只），全面实施无死角防疫。工业总产值94594万元，粮食总产量1416吨，国民生产总值11.41亿元。农民人均纯收入15061.94元。

【动迁工作稳中有序】2013年，四家屯街道成立征收管理办公室，协助市政府完成滨海温泉新城征地动迁等各项工作，保证工程顺利施工。建兴公路连接线征占大小果树1.5万株，零星林木3.7万株，水井19眼，涉及补偿款720万元，全部发放到户；涉及临时建设房屋5户，450平方米，大小型方塘各1座，新型保温地窖2户，220平方米，动迁合同签署完毕后全部清理；征占有照房屋69户，签订协议31户搬迁，发放补偿金178万元。规划区内7条路网全面启动开工；比基尼广场完成部分动迁、搬迁，公路净地同时推进。

【选举工作有新意】2013年，四家屯街道第十一届村民委员会严格规定候选人条件。一是新当选村书记和支部委员年龄必须在45周岁以下；二是新当选村书记学历高中以上，新当选的支部委员学历初中以上；三是连任村书记和支部委员年龄和学历适当放宽。在公开、公正、透明前提下，选举产生村级两委班子成员44人。其中，女委员9名，两委交叉任职3人，村书记、村主任一肩挑1人。大专及以上学历12人，高中及以上学历7人，初中及以下学历25人；年龄45周岁以下14人。四家村和郈家村新当选村书记年龄分别是35周岁和42周岁，均为大学学历。最小新当选支部委员年龄31周岁。

中共四家屯街道委员会

书　记　郭荣新（2013年3月离任）
　　　　张晓坤（2013年3月任职）
副书记　赵恕也（2013年12月离任）
　　　　陈　强（2013年12月任职）

四家屯街道办事处

主　任　赵恕也（2013年12月离任）
　　　　陈　强（2013年12月任职）
副主任　张　莹（女）　吕君德
　　　　李宝刚（兼）　周　勇
　　　　张　新（2013年3月任职）

人大街工委

主　任　门晓芳（女）

（周雨墨）

城东街道

【概况】城东街道位于兴城古城东南部，东与温泉街道相连，西与宁远街道毗邻，南与曹庄镇接壤，北与龙港区双树乡交界，总面积23平方公里。街道办事处设在兴海北街康宁桥南。该街道辖东一、东二、南辛庄、新地号、韩家、干柴6个行政村和东关、城南、月亮河3个社区。2013年末，全街道总人口21845人。其中，农业人口11148人，非农业人口10697人。人口自然增长率5.97‰。

2013年，全街道有耕地655.53公顷，其中粮食作物589公顷，总产量3220吨；蔬菜66公顷，总产量3730吨。社会生产总值实现8.97亿元，增长27%；财政税收实现5268万元，增长20%；固定资产投资9000万元，增长25%；社会消费品零售总额3.872亿元，增长48.37%；农民人均纯收入9000元，增长15%。

【房屋动迁和土地征收】2013年，城东街道依法依规有序有效开展房屋动迁和土地征收工作，维护村民合法利益诉求的同时，按市政府要求如期进行。召开座谈会2次，多次深入农户做好宣讲解疑，保证土地征收工作如期推进。严格管理辖区内市规划区土地，对非法栽种、违建临时建筑坚决予以清除。联合派出所、特警、城管3家执法部门，拔除偷栽葡萄苗1.13公顷，清除违规搭建大棚铁骨架500延长米，拆除临时建房30平方米，有力地打击非法手段获取补偿违法行为。

【新农村建设】2013年，城东街道加大环境治理力度，投入资金10万余元，彻底清除6个村、3条河（南河、东河、复疗河）、15条村内主要干道、1条铁路沿线生活、建筑、杂草、白色污染物等积存垃圾1130吨、建筑垃圾200立方米、河道清淤500延长米，新建垃圾点25个；出动装载机、勾机、翻斗98台次，人员230人次。筹资294万元，新修水泥路面4条，建设施齐全文化广场3个。成立秧歌队、花鼓队、健身操队，丰富村民农闲时间的文化生活，提升村民生活品质。

【惠民大排查】2013年，城东街道组织精干力量，分组对6个村、3个社区“三资”管理等八个项目逐项全面排查，发放宣传册1500册，培训排查干部54人次，制定配套措施9项，入户700户，排查率100%。排查出问题3件，处理违规人员5人，追缴非法套取资金660元、取消不合格低保户50户。提供职业培训40人，为9人提供每人5万元两年无息贷款，帮助下岗无业人员再次创业。为48户贫困户申办低保，对12人进行大病救助16989.2元，资助23名贫困家庭大学生升学，协助干柴村10户困难村民翻建住房，资助38户贫困户7600元。

中共城东街道委员会

书　记　李家仁（2013年2月离任）
陈维政（2013年3月任职）
副书记　陈维政（2013年3月离任）
张立东（2013年3月任职）
马　军（2013年11月离任）
齐　冰（2013年11月任职）

城东街道办事处

主　任　陈维政（2013年3月离任）
张立东（2013年3月任职）
副主任　冯　欣（女，2013年4月离任）
赵旭光　刘　勇（兼）
薛宇宏
翟立臣（2013年12月任职）

人大街工委

主　任　王廷华

（史庆海）

钓鱼台街道

【概况】钓鱼台街道位于兴城市东北隅，东濒辽东湾，南以兴城河为界与曹庄镇交界，西和温泉街道毗连，北同四家屯街道接壤，总面积7平方公里。街道办事处设在兴海南街四段路南。辖红石碑、钓鱼台2个行政村和海口、海河桥、该街道黎明3个社区。2013年末，全街道总人口15630人。其中，农业人口5700人，非农业人口9930人。人口自然增长率0.5‰。

2013年，全街道完成社会总产值98000万元，同比增长10%；营业收入89000万元，同比增长10%；利润总额4500万元，同比增长11%；新增固定资产投资12500万元，同比增长20%。农民人均纯收入9670元。

【人口和计生服务体系】2013年，钓鱼台街道组织育龄妇女生殖健康普查2次，受益育龄妇女800余人次；综合节育率100%，人口与计划生育统计准确率100%，人口与计划生育知识普及率95%，已婚育龄妇女“三查”率100%。计划生育率100%，人口出生率7.47‰，性别比100：104；常住人口信息平台人口覆盖率、身份证完整率98%，社会抚养费征收率100%。

【劳动保障】2013年，钓鱼台街道以社区为平台，竭力帮扶辖区失业人员以各种形式实现就业和再就业。广泛开发岗位，推荐适宜岗位工作。街道有农村劳动力1417人，组织劳务输出112人，就近就地转移890人，务农人员605人，全部登记备案，录入系统。

中共钓鱼台街道委员会

书　记　李红光（2013年12月离任）
　　　　赵恕也（2013年12月任职）

副书记　韩忠民　李迎辉

钓鱼台街道办事处

主　任　韩忠民

副主任　李美佳　李　莹（女）
　　　　王光涛（兼）　刘文峰

人大街工委

主　任　崔红梅（女）

（李　想）

华 山 街 道

【概况】华山街道位于兴城市境东北部，东与元台子乡毗连，南和白塔乡接界，西与旧门乡为邻，北同连山区杨家杖子省级经济开发区接壤，总面积70.4平方公里。街道办事处设在绿化村。该街道辖上长茂、下长茂、四合、绿化、羊草5个行政村和锦华、锦山2个社区。2013年末，全街道总人口20040人。其中，农业人口8326人，非农业人口11714人。人口自然增长率3.36‰。

2013年，全街道完成工业总产值110411万元，实现工业增加值27951万元，完成全口径税收2444万元，实现一般财政预算收入1109万元。农民人均纯收入6850元。

【重点项目扎实推进】2013年，华山街道投资42.8万元，建成200平方米库房和150平方米二层办公楼；投资106万元，建设总建筑面积420平方米公共行政服务中心；投资210万元，建成1000平方米二层医院综合楼；中心幼儿园建设项目正式启动，总建筑面积2230平方米；投资82.5万元，改造C级危房25户，D级危房25户；投资106万元修建下长茂村水泥路面5.4公里；投资39.2万元修建四合村灰沟水泥路面1.4公里。投资27万元，修建四合村灰沟公益性公墓10公顷；投资30万元，安装新型太阳能路灯72盏。投资3万元，修建下长茂村大屯自来水工程。投资48万元安装自来水管线，涉及居民148户。投资28万元，修复绿化村王郭屯漫水桥、四合村灰沟大桥、羊草桥、锦山大桥4座桥梁。

【工农业生产稳中求进】2013年，华山街道春季新栽侧柏64公顷，推广榛子种植25.33公顷。在下长茂村429户推广新型玉米铁研53号种植，扶贫到户资金16万元。选示范户10户，推广种植新品种花生花玉34号，其中7户每公顷产超过5475公斤。食用菌基地工厂化生产线二期扩建，新增投资300万元，生产规模达到日产3万菌棒。

年内，该街道招商引资再上新台阶，引进河北迁安贯头山酒业有限公司，计划投资3.3亿元；东和碳素二期工程新增投资2400万元，华源汽车铸件厂新增投资2000万元。投资45万元治理松山尾矿库，保证汛期安全。

中共华山街道委员会

书　记　陈玉斌（2013年2月离任）
　　　　谷彦晟（2013年3月任职）

副书记　谷彦晟（2013年3月离任）
　　　　沈大江（2013年3月任职）
　　　　陈志强（2013年3月任职）

华山街道办事处

主　任　谷彦晟（2013年3月离任）
　　　　沈大江（2013年3月任职）

副主任　乔秀华（女，2013年9月离任）
　　　　张洪哲（2013年3月离任）
　　　　张永强
　　　　纪　东（2013年1月任职）
　　　　王　科（2013年12月任职）

乔占英（2013年12月任职）

人大街工委

副主任 冯春荣

（曹春龙）

临海街道

【概况】2013年9月3日，兴城市临海街道经辽宁省人民政府批准成立，属兴城市人民政府派出机构。地处兴城市中心城区以南10公里，兴城滨海经济区内，东北与曹庄镇接壤，西南与沙后所镇毗邻。辖区总面积24.52平方公里。该街道辖老滩村、中兴村2个行政村（8个自然屯）和锦绣、兴工2个社区。2个社区以滨海公路为界，滨海公路以北为锦绣社区，滨海公路以南为兴工社区。社区主要负责滨海经济区内工业区从业人员及服务区青山水库移民等近万人的事务管理。2个村原属曹庄镇管辖，因其在兴城滨海经济区范围内，为便于统筹规划和统一管理，划归临海街道管辖。2013年末，全街道总人口9989人，其中2个行政村人口4915人，生活区职工住宅2000余户。全街道有耕地592.97公顷。

临海街道交通便利，滨海公路贯穿东西，辖区内教育、卫生、餐饮、商贸等公共服务设施齐全，企业众多。签约入驻企业52户，主要以高性能复合材料和泳装企业为主，企业职工达5000余人。临海街道的设立，改善辖区内社区及行政村的生活、文化、医疗等基础设施，提高群众生活水平，进一步完善滨海经济区起步区城市功能，实现经济区社会科学有序管理，促进经济区上规模、上档次、上水平，为滨海经济区的发展创造良好的社会环境。

中共临海街道委员会

书　记 李壮林（2013年11月任职）

副书记 邱　枫（2013年11月任职）

马　亮（2013年11月任职）

临海街道办事处

主　任 邱　枫（2013年11月任职）

副主任 雷　达（2013年11月任职）

刘首阳（2013年11月任职）

高守家（2013年12月任职）

人大街工委

主　任 马　军（2013年11月任职）

索　　引

说　　明

一、本索引采用主题分析法，按主题词首汉语拼音音序顺序排列，同音字按声调排列，同音同调字按下个字的音序排列。

二、类目、分目采用黑体，款目后的阿拉伯数字表示内容所在的页码，数字后的字母（a、b）分别表示左、右栏。

·2013年鉴·

A

爱国卫生 142b
爱国卫生概况 142b
安监 90b
安监概况 90b
安全度汛 91b
安全监管 168a
安全监管工作 90b
安全生产监督 175b
安全稳定 56a
安全宣传 91a
安全优质播出 139a
案件查处 170b

B

白塔林业 156a
白塔乡 155b
白塔乡概况 155b
白塔养殖业 156a
帮扶体系 44a
包件业务 101a
保护性耕作 78b
保障民生 174b
综治工作 175a
报告 29a
报刊 136a
报刊发行 101a
报刊概况 136a
便民服务中心 160b
标准化 71b
标准园 78a
殡葬管理 153a

C

财会管理 116a
财税与金融 12b
财政 103a
财政·税务 103
财政概况 103a
财政监督 103b
参与动迁 63b
参政议政 39a
残疾人法律救助 48a
残疾人就业 47b
残疾人康复 47a
残疾人托养 48a
曹庄镇 167a
曹庄镇概况 167a
产品营销 113b
产业化扶贫 80b
产业结构调整 170a
产业区概况 37b
产业区及部门领导 38b
产业区建设 168a
产业区招商 37b
场所建设 159a
城东街道 174b
城东街道概况 174b
城建 92a
城建·环保 92
城建概况 92a
城建环保 13a
城区道路 94a
城市改造 92b
城市供水 87b
城乡低保 150a
城乡一体化 169a
城镇住户调查 68a
创先争优表彰 16b
创造良好环境 36b
春、秋检 96b
村和社区 149b
村和社区概况 149b
存款 111a

D

大事记 1
大寨乡 159b
大寨乡概况 159b
贷款 110b
贷款管理 115a
党校 22b
党校概况 22b
党校领导 23a
党政机关 15
档案 139b
档案概况 139b
档案工作 139b
档案资源 168a
滴灌节水 76a

地方武装 55
地方志 140b
地税 106a
地税概况 106a
地下管廊 92b
地形地貌 7a
地震监测 127a
地震监测概况 127a
电费收缴 96b
电化教育 19a
电力 96b
电信 100a
电信服务 100b
电信概况 100a
电信领导 100b
钓鱼台街道 175b
钓鱼台街道概况 175b
东辛庄镇 168b
东辛庄镇概况 168b
动监 83a
动监概况 83a
动物防疫 83b
督查调研 16b
对台统战 20b
对外宣传 19b

F

发展二、三产业 174a
发展和改革 67a
发展和改革概况 67a
法律保障 62a
法律监督 61a
法人登记 35b
法人治理 114a
法院 61b
法院概况 61b
法治 58
反窃电 97a
防汛 85b
防灾减灾 151b
非公教师统计 133a
风 8a
风电 97b
风电概况 97b
风景区概况 65b
风景区管理 65b
扶贫 80b
扶贫帮困 163a
扶贫概况 80b
服务产业区 70a
服务民生 70b
服务能力 100a
服务企业 125b
服务三农 119a
服务社会 45b
妇女儿童 46b

G

改善民生 157a
概貌 7
干部培训 22b
干果基地 162b
高标准社区 173a
高家岭概况 161b
高家岭乡 161b
高速动迁 94b
高速征地补偿 172b
高效农业 158b
高效农业工作 161a
高效农业生产 163a
个金营销 109b
耕地占补 74a
工商 70a
工商概况 70a
工行 109a
工行概况 109a
工行领导 109b
工业 89
工业部门 90a
工业概况 89a
工业和建筑业 10b
工业局概况 90a
工业项目 89a
工业综述 89a
工资福利 35b
工资集体协商 43a
公安 59a
公安概况 59a
公共卫生 141b
公共卫生服务 141b
公路 94a
公路出口改造 92b
公路概况 94a
公路养护 94b
公信力 61b
公益事业 158a
供电 96b
供电概况 96b
供电土地清理 97a
供销合作 118b
供销合作概况 118b
供销网络 118b
古城保护 172b
古城街道 171b
古城街道概况 171b
固定资产投资 11a
关爱青少年 45a
管网改造 91b
广电 138a
广电概况 138a
广电网络 101b
广电网络概况 101b
广电网络领导 102b
郭家镇 170a
郭家镇概况 170a
国民经济 9b
国民经济概况 9b
国税 104a
国税概况 104a
国土资源 73a
国土资源概况 73a
果树核量 78a
果业 78a
果业概况 78a

H

海滨乡 157b
海滨乡概况 157b
海水养殖 174a
海洋与渔业 84a
海洋与渔业概况 84a
海域管理 84b
函件业务 101a
河道 86b
河流治理 176a
核电 97a
核电办 98a
核电办概况 98a
核电概况 97a
核电领导 97b
核电项目协调服务 158a
红盾护农 71a
红崖子花生 80a
红崖子乡 164b
红崖子乡概况 164b
后进村整顿 18a
花生高产栽培 76b
华山街道 176b
华山街道概况 176b
华山招商 177a
环保 93a

环保概况 93a
环保执法 93a
环境监测 93b
换届选举 24b
会员参政 48b
会员招商 48b
惠民排查 175a
惠民政策 175b
惠农政策 155b
婚姻登记 153a

J

机关党建 21b
机关党务 21b
机关党务概况 21b
机关工委领导 22b
机关作风 22a
积案 37a
基本农田 166b
基本情况 7a
基本药物制度 141b
基层党建 17a
基层民主 18b
基础设施 38a
基础设施建设 170b
基础设施建设工作 163a
绩效考核 113a
计量 71b
计生 173b
计生工作 144a
计生惠民 144b
技能培训 80b
技术机构 72b
技术监督 71b
技术监督概况 71b
技术培训 78b
加油站管理 122a
加油站销售 121a
家电下乡 118a
价格调节基金 69b
价格管理 69b
价格举报 69b
价格认证 69b
监督工作 41b
检察 61a
检察概况 61a
碱厂乡 162b
碱厂乡概况 162b
建设项目 37b
建兴公路征地 155b
建行 110a
建行概况 110a
建行领导 110b
降水 8a
交通 94a
交通·电力 94
交通管理 59b
交通和邮电 12a
教师 132b
教师素质 133a
教学质量 130a
教育 128
教育概况 128a
教育惠民 131b
教育科研 133a
教育名师 132b
教育综述 128a
街道教育 176a
街道经济 173a
街道养殖业 175a
节能减排 93a
节水 86a
巾帼科技致富 46a
金融 108
金融服务 108b
经济管理与监督 67
经济领域统战 20a
精神文明创建 19b
警务改革 60b
竞技体育 134b
竞技体育概况 134b
纠风 41b
旧门乡 165b
旧门乡概况 165b
就业帮扶 70b
就业服务体系 172a
决定 32b
军民共建 55a

K

开发旅游业 159a
抗旱 85b
科技 124a
科技队伍 126b
科技富民 124a
科技概况 124a
科技项目 125b
科技宣传 126a
科教文卫 13a
科普教育 50b
科普宣传 50a
科协 49b
科协概况 49b
科学 124
科学种田 169b
客户工作 110a
客货运市场 95b
课改 129b
矿产资源 73b

L

垃圾处理场 92a
劳动保障 173b
劳动服务 149a
劳动关系 148a
劳动和社保 146a
劳动和社保概况 146a
劳动竞赛 43a
劳动事务 148b
劳动宣传 148b
劳动用工 43b
劳动争议 43b
老干部 20b
老干部概况 20b
老干部局领导 21b
老年教育 21b
老年人服务 153b
离休干部信访 21a
理论工作 19a
理论研究 23a
联通 99a
联通概况 99a
联通领导 99b
联席会议 36b
联系点 176b
廉政建设 42a
廉政文化 41b
粮食购销 119b
粮食购销概况 119b
粮食流通 120a
两个待遇 21a
两个市场建设 117a
两会报道 136b
林果生产 174a
林果业 167a
林业 81b
林业病虫害 82b
林业概况 81b
林业站 83a
林政执法 82a
临客 96a
领导班子建设 18a
领导接访 36a

刘台子乡 158b
刘台子乡概况 158b
六股河开发 168b
路网建设 171a
旅客运输 95a
旅游 64
旅游产业 162a
旅游服务 65a
旅游服务概况 65a
旅游服务业 175b
旅游开发 64a
旅游开发概况 64a
旅游宣传 64b
旅游业 12a
旅游业工作 172a
旅游资源 7b
履行职权 24a
绿卡业务 101a

M

美术家协会 52a
民兵组织 55b
民防局领导 57b
民革 53a
民革概况 53a
民间文艺家协会 53a
民进 54a
民进概况 54a
民盟 53b
民盟概况 53b
民商事审判 62a
民生 165a
民生保障 166a
民生工程 172b
民生工作 159a
民生热点 24a
民营企业 169b
民主监督 39a
民族 145a
民族概况 145a
母亲安居工程 46b

N

内、外贸易业 12a
纳税 106a
纳税服务 104b
南大乡 160a
南大乡概况 160a
南线环网工程 91b
南延路 174b
年鉴 140a
宁远概况 171a
宁远街道 171a
农产品出口 77a
农村工作 163b
农发行 115a
农发行概况 115a
农工党 54a
农工党概况 54a
农机 78b
农机安全 79a
农机补贴 78b
农机概况 78b
农建 85b
农经工作 154b
农经管理 77b
农情信息站 76b
农商行筹建 114a
农田基本建设 159b
农田水利 165a
农田项目 157b
农信社 113a
农信社概况 113a
农信社领导 115a
农行 110b
农行概况 110b
农行领导 112a
农行营销 111b
农业 76
农业 10a
农业产业化 167b
农业产业化工作 77a
农业产业结构 166b
农业概况 76a
农业基础设施 169b
农业经济 154a
农业科技 125a
农业科技推广 77a
农业生产格局 156a
农业综述 76a

P

排气污染 93b
排忧解难 21a
批复 29b

Q

企业投产 156b
气温 8a
气象 87b
气象服务 88a
气象与农业 87b
千亿斤粮食项目 76b
侨联 49a
侨联概况 49a
侨联领导 49b
桥情普查 49b
青山保护工程 82b
青少年教育 44b
请示 27b
庆“三八” 46a
区划地名 152b
权益维护 46b
群团与民主党派 43a
群众体育 133b
群众体育概况 133b
群众文化 135a

R

热电 91b
热电概况 91b
人才队伍 35b
人防概况 56b
人防结建费 56b
人防指挥通信 57a
人口 9a
人口和计生 143b
人口和计生概况 143b
人民调解 62b
人民防空 56b
人民生活和社保 13b
人民武装 55a
人民武装概况 55a
人事 35a
人事概况 35a
人事局领导 35b
人行 108a
人行概况 108a
人行领导 109a
日照 8a
融合业务 99a
融合业务工作 100b
弱势群体 177a

S

三道沟乡 163b
三道沟乡概况 163b

三资管理 177a
森林防火 82b
森林经营 82a
沙后所镇 169a
沙后所镇概况 169a
商标兴市 70b
商贸流通 117
商务服务业 117a
商务执法 117b
商业概况 117a
设施农业 158a
社保工作 146a
社保职能 147a
社会保障 170b
社会保障工作 163b
社会管理 58b
社会救济 150a
社会救助 151a
社会矛盾 58a
社会生活 145
社会事务 152b
社会事务概况 152b
社区矫正 63a
摄影家协会 52a
深化服务 38a
审计 72b
审计改革 72b
审计概况 72b
生态公益林 81b
十八大维稳 58b
石材工业园区 162a
石油 121a
石油概况 121a
食品安全 72a
食品安全监管 71a
食品安全整治 74b
食品药品犯罪 59b
食品药品监督 74b
食品药品监督概况 74b
市财政局领导 104a
市残联 46b
市残联概况 46b
市残联领导 48a
市城建局领导 92b
市档案局领导 140b
市地税局领导 106b
市动监局领导 84a
市发改局领导 67b
市法院领导 62b
市风景区领导 66b
市扶贫办领导 81a
市服务业局领导 118b
市妇联 45b
市妇联概况 45b
市妇联领导 46b
市工商局领导 71a
市工商联 48b
市工商联概况 48b
市工商联领导 49a
市工业局领导 90b
市公安局领导 60b
市供销联社领导 119b
市广电局领导 139b
市国税领导 106a
市国土局领导 74b
市海洋与渔业局领导 85a
市核电办领导 98b
市环保局领导 93b
市纪委 41a
市纪委概况 41a
市纪委组成人员 42b
市检察院领导 61b
市交通局领导 96a
市教育局领导 133b
市经信局领导 90a
市科技局领导 127b
市科协领导 51a
市劳社局领导 149b
市粮食局领导 120b
市林业局领导 83a
市六届人大五次会议 23a
市旅游局领导 65b
市民政局领导 153b
市民宗委领导 146a
市农发局领导 79a
市七届人大一次会议 23b
市气象局领导 88b
市人大 23a
市人大概况 23a
市人大历次会议 24b
市人大组成人员 25b
市人口和计生局领导 144b
市人武部领导 56b
市审计局领导 73a
市水利局领导 87b
市司法局领导 63b
市统计局领导 68b
市外贸局领导 121a
市委 15a
市委领导 17a
市委六届三次全会 15a
市委六届四次全委会 16b
市卫生局领导 143a
市文化局领导 136a
市文联领导 53a
市物价局领导 70a
市烟草局领导 123b
市药监局领导 75b
市移民办领导 81b
市邮政局领导 101b
市招商局领导 69a
市政府 26a
市政府领导 35a
市政府综述 26a
市政协 39a
市政协概况 39a
市质监局领导 72b
市总工会 43a
市总工会概况 43a
市总工会领导 44b
示范园 78a
书法家协会 52a
树立目标 16a
双学双比 46a
霜冻 8a
水毁道路 95a
水库移民 81a
水库移民概况 81a
水库移民工作 164a
水利 85a
水利概况 85a
水利工程 86b
水利基础设施 161a
水利普查 86b
水土保持 87a
水资源管理 87a
税务 104a
司法概况 62b
司法行政 62b
四家屯街道 173b
四家屯街道概况 173b

T

特色农产品 79a
特殊群体保障 150b
特种设备 72a
体育教育 130b
贴心服务 102a
铁路 96a
铁路概况 96a
通知 32b
统计 67b
统计调查 67b
统计服务 68a
统计概况 67b
统战 20a
统战部领导 20b

统战概况 20a
投资审计 73a
土地储备 73b
土地规划编制 74a
团市委 44b
团市委概况 44b
团市委领导 45b

W

外贸 120b
外贸概况 120b
网建 123a
网络升级 101b
网络维护 101b
网站 20a
望海乡 156b
望海乡概况 156b
围屏乡 160b
围屏乡概况 160b
违法行为 74a
维护建设 99a
维稳 58a
卫生 141
卫生防疫 142a
卫生概况 141a
卫生监督 142a
卫生综述 141a
位置面积 7a
温泉街道 173a
温泉街道概况 173a
文化 135
文化概况 135a
文化活动 172a
文化建设 165a
文化市场 135b
文化综述 135a
文联 51a
文联概况 51a
文史学会 53a
文物保护 135b
文物保护概况 135b
污染纠纷 93b
污染源 93a
无公害养殖 171b
五大系统建设 41b
舞蹈家协会 52b
物价 69a
物价概况 69a

X

戏剧家协会 52b
现代设施农业 162a
乡·镇·街道 154
乡村和谐稳定 159b
乡村建设 166a
乡村新变化 176b
项目年 67a
项目政策 89b
消防管理 60a
小城镇 167b
小城镇建设 165a
小城镇建设工作 157a
校车 128b
校园安全 60a
校园安全 131a
协助工作 20b
新农村 162a
新农村建设 77b
新农村建设工作 161a
新农合 141b
新闻立台 138b
新闻特色 137a
信访 36a
信访概况 36a
信访局领导 37b
信访账户 37a
信息产业 99
信息化 128a
信息化建设 60a
兴城大根萝卜 79b
兴城电大 132a
兴城供电领导 97a
兴城河治理 92a
兴城临海产业区 37b
兴城热电领导 91b
兴城时讯社领导 138a
兴城市大事记 1a
兴城土豆 79a
刑事犯罪 61a
刑事审判 61b
行业信息化 100a
行政服务 74a
行政区划 7b
行政审判 62a
畜产品安全 83b
畜牧技术 83b
宣传 19a
宣传部领导 20a
宣传概况 19a
宣传教育 22b
选举前期工作 18b
学前教育 129a
学前教育概况 129a
学习型机关 56b
巡逻防控 59b

Y

烟草 122b
烟草概况 122b
盐务 90a
羊安乡 154a
羊安乡概况 154a
药品安全整治 74b
药王乡 166b
药王乡概况 166b
药用胶囊 75a
业务拓展 115b
依法监督 24a
依法统计 68b
移动 99b
移动概况 99b
移动领导 100a
移民 87a
移民动迁 15b
移民扶贫 80b
移民建设 81a
移民资金 81b
艺术教育 130b
音乐家协会 52b
引导企业发展 48b
引导青少年 45a
饮水安全 86a
应急能力 56a
营销渠道 112b
泳装产业 89b
优抚 152a
优抚概况 152a
优化产业结构 168b
优惠政策 83a
邮政 100b
邮政概况 100b
渔业安全 84b
渔业资源 84b
预算执行审计 73a
元台子乡 155a
元台子乡概况 155a
运输市场 95b

Z

灾害性天气 8b
战备 55b
栈道 92a
招考教师 132a
招商 68b
招商概况 68b
招商引资力度 68b
争取资金 177b
争取资金工作 77b
征管革新 105a
政法委 58a
政法委概况 58a
政法委领导 59a
政务公开 173b
政协六届历次常委会议 40a
政协六届五次全体会议 39b
政协七届历次常委会议 40a
政协七届一次全体会议 39b
政协七届组成人员 40b
政治协商 39a
执行工作 62a
职务犯罪 61a
职业教育 131b
职业教育概况 131b
治安管理 59a
质量检查 71b
中小学教育 129a
中小学教育概况 129a
中行 112a
中行概况 112a
中行领导 113a
中油兴城经营部领导 122b
重大采访 136b
重大项目开工 15a
重点项目 160a
重点项目报道 137a
助推企业 70a
专卖 123a
专项整治 71a
准入关 93a
资金争取 67a
资源林政 82a
自然资源 7a
宗教 145b
宗教概况 145b
综合业务 111b
综治维稳 171a
走访慰问 21a
组织 17a
组织部领导 19a
组织概况 17a
组织收入 106a
尊师重教 177a
作家协会 51b

·2014年鉴·

A

爱国卫生 318b
爱国卫生概况 318b
安保 243a
安监 264b
安监概况 264b
安全检查 264b
安全培训 264b
安置 327b
安置工程 258a

B

白塔乡 332b
白塔乡概况 332b
包案制 221a
报告 214a
报刊 311b
报刊概况 311b
编制管理 220b
滨海经济区 222a
滨海经济区概况 222a
滨海经济区领导 223a
殡葬管理 328b
病虫害 259b

C

财税与金融 194b
财源建设 275b
财政 275a
财政·税务 275
财政补贴 289a
财政概况 275a
财政管理 276a
财政惠农 275b
财政社保 276a
财政收支 275a
残疾人法律救助 232a
残疾人就业 231b
残疾人康复 231a
残疾人托养 231b
曹庄镇 343b
曹庄镇概况 343b
查办案件 226a
产业化扶贫 258b
长叶片 270b
陈政高 198b
成本调查 251b
城东街道 351b
城东街道概况 351b
城建 266a
城建、环保 195a
城建·环保 266
城建概况 266a
城区道路 268a
城镇功能 344b
储备粮 293a
储粮设施 293b
创城 204a
创文明城 199a
慈善救助 326b
村“两委”换届 200b
村和社区 328b
村和社区概况 335b
村级换届 197a
存款 285a
存款组织 288b

D

大排查 352a
大事记 179
大寨乡 335a
大寨乡概况 335a
代理业务 273b
贷款 285b
贷款营销 286b
党代表 202b
党建、经济会议 197b
党外人士 208a

党务培训 201a
党校 207b
党校概况 207b
党校领导 208a
党政机关 197
档案 314b
档案概况 314b
档案管理 315b
档案宣传 316a
档案业务 315a
道路交通建设 335b
低压改造 269b
地方文化 348a
地方武装 239
地方志 316b
地税 278b
地税概况 278b
地震监测 301a
地震监测概况 301a
电力 269b
电视平移 274a
电网建设 269b
电信 273a
电信概况 273a
电信领导 273a
电信业务 273a
钓鱼台街道 352b
钓鱼台街道概况 352b
调研视察 223b
东辛庄镇 344a
东辛庄镇概况 344a
动监 260a
动监概况 260a
动迁工作 351a
督查调研 200a
队伍整组 240b

F

发展和改革 250a
发展和改革概况 250a
发展环境 226a
发展民生 349b
法律服务 246b
法律监督 244a
法院 244b
法院概况 244b
法治 241
法治保障 208b
防控体系 242b
防汛减灾工程 261b
房屋动迁 352a
风 191a
风电 270b
风电概况 270b
风景区 248b
风景区概况 248b
扶贫 258a
扶贫帮困 340a
扶贫概况 258a
服务大局 208a
服务管理 206b
服务平台 252b
服务体系 352b
服务业发展 290a
妇保儿保 318b

G

改进作风 225b
改善民生 334b
概貌 190
干部培训 203a
干部培训工作 207b
高产示范区 256a
高家岭乡 338a
高家岭乡概况 338a
高家岭招商 338b
高损台区 270a
高效农业 341a
个贷业务 282a
耕地保护 254b
工程建设 270b
工农业生产 353b
工伤职工待遇 264a
工商 252a
工商概况 252a
工行 281a
工行概况 281a
工行领导 281b
工业 263
工业部门 264a
工业概况 263a
工业和建筑业 193a
工业局概况 264a
工业项目 263a
工业综述 263a
工资福利 220b
公安 242a
公安概况 242a
公共卫生 318a
公共卫生概况 318a
公路 268a
公路概况 268a
公路养护 268b
公务卡 282b
公益活动 237b
公正司法 241b
攻坚战 281a
供电 269b
供电概况 269b
供销合作 291b
供销合作概况 291b
供销网络 292a
孤残儿童 324b
古城街道 349b
古城街道概况 349b
固定资产投资 193b
管理模式 348a
广电安全 314a
广电概况 313a
广播电视 313a
广电网络 273b
广电网络概况 273b
广电网络领导 274b
郭家镇 345b
郭家镇概况 345b
国际业务 288b
国民经济 191b
国民经济概况 191b
国税 277a
国税概况 277a
国土绿化 259a
国土执法 255a
国土资源 254a
国土资源概况 254a
国有林场 259b
果树核量 257a
果树培训 257a
果树品种 340b
果业 256b
果业概况 256b

H

海洋与渔业 260b
海洋与渔业概况 260b
海域管理 261a
和谐家校 303b
河道治理 345b
核电 270a
核电办 271a
核电办概况 271a
核电概况 270a
核电科普 271b
核电领导 270b

红盾护农 252b
红十字活动 233b
红崖子镇 347b
红崖子镇概况 347b
后备干部 202a
华山街道 353a
华山街道概况 353a
环保 266b
环保案件 267a
环保概况 266b
环境整治 349b
环境治理工作 338a
环境治理显著 346a
环境治理效果 331b
环卫保洁 266a
惠民政策 350b
婚姻登记 328a
货币政策 280a

J

机动车污染 267b
机关党务 207a
机关党务概况 207a
机关工委领导 207b
基本国策 229b
基本情况 190a
基础管理 298a
基础设施完善 342b
基础设施（温泉） 350b
基础设施 （元台子） 331b
基础设施建设（曹庄） 343b
基础设施建设（郭家） 346a
基础设施建设（碱厂） 340a
基础设施建设（宁远） 348b
基础性业务 255a
绩效考核 286a
集团融合产品 272b
集中述职 201b
计量 253a
计生服务 320b
计生工作 339a
计生管理 319b
计生宣传 320a
技术机构 253b
技术监督 253a
技术监督概况 253a
加油站管理 295b
加油站经营 295a
价格认证 252a
价格收费 251b
检察 243b
检察概况 243b
检察机制 244b
碱厂乡 339b
碱厂乡概况 339b
建设投资 335b
建行 281b
建行概况 281b
建行领导 282b
建筑施工 265a
降水 190a
交通 268a
交通·电力 268
交通安全 243a
交通和邮电 194a
教师 305b
教师概况 305b
教学质量 304b
教育 302
教育概况 302a
教育监测 302b
教育培训 306a
教育综述 302a
巾帼行动 229b
金融 280
经济管理与监督 250
经济区基础设施 222b
经济区招商 222b
经济责任审计 254a
景区建设 249a
竞技体育 307b
竞技体育概况 307b
旧门乡 341a
旧门乡概况 341a
救灾减灾 326a
捐赠帮困 326a
决定 217b

K

抗洪抢险演练 239b
科技 299a
科技创新 300a
科技概况 299a
科技干部 220b
科技活动周 300b
科教文卫体 195a
会计管理 287a
科协 234a
科协概况 234a
科学 299
客户营销 282a
矿产资源 254b

L

劳动保障 353a
劳动和社保 322a
劳动和社保概况 322a
劳动就业 322b
劳动力培训 258b
劳动用工监督 227b
劳动者权益 323b
劳模精神 228a
劳务输出 333b
老干部 206a
老干部概况 206a
老龄维权 325a
理论学习 204b
历史文化学会 236b
例行监测 267a
联合种植 334a
联通 272a
联通概况 272a
联通领导 272a
廉洁自律 225b
粮食购销 292b
粮食购销概况 292b
两癌检查 230a
两个阵地 206b
辽核“九个一” 270b
林果 343a
林果业 332b
林业 259a
林业概况 259a
林政执法 259b
临海街道 354a
临海街道概况 354a
临客 269a
领导干部会议 197a
刘台子乡 334a
刘台子乡概况 334a
流量经营 272b
路政 269a
路政概况 269a
旅游 247
旅游服务 248a
旅游服务概况 248a
旅游开发 247a
旅游开发概况 247a
旅游市场 248a
旅游宣传 247a
旅游资源 247b
绿色蔬菜工厂 345a
落实政策 260a

M

美丽乡村 339b
美丽乡村建设 341b
美术家协会 236b
民革 237a
民革概况 237a
民间文艺家协会 236b
民进 238a
民进概况 238a
民盟 237b
民盟概况 237b
民商事审判 245a
民生保障 336b
民生改善 343a
民生改善进程 346a
民生工作 349a
民生工作新成果 331b
民生建设 342a
民营企业 232b
民政概况 324b
民政综述 324b
民族 321a
民族概况 321a
敏感时期信访 221b
母亲邮包 230b
目标责任制 207a

N

内、外贸易业 194a
内部管理 287a
南大乡 336a
南大乡概况 336a
年鉴 316b
宁远街道 348b
宁远街道概况 348b
农村党建 201b
农村环境 347a
农村经济管理 256b
农发行 288b
农发行概况 288b
农工民主党 238b
农工民主党概况 238b
农机 257a
农机补贴 257b
农机服务 257b
农机概况 257a
农机技术 257b
农机培训 257b
农林水 337b
农商行 285b
农商行改制 286a
农商行概况 285b
农田基础设施 333b
农行 282b
农行概况 282b
农业 256
农业 192a
农业产业 299a
农业产业化 347b
农业产业化经营 256b
农业发展 336b
农业概况 256a
农业工程 342a
农业人才 299b
农业设施化 338b
农业综述 256a

P

排污征收 267a
批复 214b
普法 246a

Q

七届人大二次会议 209a
企业党建 202a
企业改制 292a
企业改制工作 264a
气温 190b
气象 262a
气象服务 262b
气象与农业 262a
侨联 233a
侨联概况 233a
侨台工作 206a
窃热 265b
青年创业 228b
青年工作 228b
青年志愿者 229a
青少年教育 228b
请示 213a
权益维护 230a
群团与民主党派 227
群众健身 307a
群众利益 208b
群众路线 201a
群众体育 307a
群众体育概况 307a
群众文化 309a

R

热电 265b
热电概况 265b
人才强市 203a
人口 191a
人口和计生 319b
人口和计生概况 319b
人民防空 240a
人民防空概况 240a
人民生活和社保 196a
人民武装 239a
人民武装概况 239a
人事 220a
人事概况 220a
人事人才 220b
人行 280a
人行概况 280a
日常监督 203a
日常教育 304a
日照 191a
弱势群体 229a

S

三道沟乡 340a
三道沟乡概况 340a
沙后所镇 345a
沙后所镇概况 345a
商标兴市 252b
商贸流通 290
商务服务业 290a
商务执法 290b
商业概况 290a
设备检修 265b
设施农业（曹庄） 343b
设施农业（三道沟） 340b
设施农业（药王） 342b
社会保险 323a
社会服务 237b
社会管理 241a
社会化科普 234b
社会活动 238b
社会救济 325a
社会救济概况 325a
社会生活 321
社会事务 327b
社会事务概况 327b
社会事业 330b

社区党建　202a
社区矫正　246a
摄影家协会　235b
审计　254a
审计概况　254a
审判方式改革　245b
审批结建　240b
生产经营　292b
生态农业　347a
生态市　267b
生态治理　341b
省表彰　344a
石油　294b
石油概况　294b
食品安全保障　255b
食品安全监管　252b
食品药品监督　255b
食品药品监督概况　255b
市残联　230b
市残联概况　230b
市场建设　291a
市场营销　272a
市妇联　229a
市妇联概况　229a
市工商联　232a
市工商联概况　232a
市红十字会　233a
市红十字会概况　233a
市纪委　225a
市纪委概况　225a
市纪委组成人员　226b
市人大　208a
市人大概况　208a
市人大历次会议　209b
市人大组成人员　210a
市委　197a
市委领导　200a
市委六届六次会议　199b
市委六届五次会议　199a
市政府　210b
市政府领导　220a
市政府综述　210b
市政建设　266a
市政协　223b
市政协历次会议　224a
市政协组成人员　224b
市总工会　227a
市总工会概况　227a
示范村　333b
手风琴学会　236b
书法家协会　236a
双学双比　229b
双拥共建　239a
霜冻　191a
水产品　261a
水库移民　340b
水库移民　258b
水库移民概况　258b
水利　261b
水利服务　262a
水利概况　261b
水利基础设施　332b
水土保持　262a
水源建设　261b
水资源管理　262a
税务　277a
税源管理　279a
司法行政　246a
司法行政概况　246a
思想道德建设　204b
四家屯概况　351a
四家屯街道　351a
送温暖工程　227a

T

特色教学　304b
特色旅游　334b
特色农业　339b
特色农业工作　335a
特种设备　253a
提案工作　223b
提高水平　238a
体育产业　306b
体育概况　306b
体育教育　305a
体育竞赛　308a
体育事业　306b
田间工程　256a
铁路　269a
铁路道口　265a
铁路概况　269a
铁西热源厂　265b
通知　217b
统计　250b
统计服务　250b
统计概况　250b
统计基础建设　250b
统战　205b
统战概况　205b
土地编制　254b
土地经营　254b
团市委　228a
团市委概况　228a

W

外贸　294a
外贸服务　294a
外贸概况　294a
望海乡　322a
望海乡概况　333a
危险品　265a
围屏乡　337b
围屏乡概况　337b
维护建设　272a
维稳　241a
卫生　317
卫生防疫　318b
卫生改革　317b
卫生概况　317a
卫生惠民　317a
卫生监督　318b
卫生综述　317a
温泉街道　350a
温泉街道概况　350a
文化　309
文化概况　309a
文化工作　309a
文化广场　349a
文化基础设施　309b
文化教育　332a
文化市场　309b
文化事业　205b
文联　235a
文联概况　235b
文物安全　311a
文物保护　310a
文物保护概况　310a
文物保护工作　310b
文物保护宣传　310a
文艺活动　235b
污染纠纷　267a
五保供养　326a
舞蹈家协会　237a
物价　251a
物价概况　251a
物流园　348a
物业管理　266b

X

戏剧家协会　237a
乡·镇·街道　330
乡村环境　343a

乡村建设 336a
项目建设 250a
消防安全 243a
小城镇 338b
新农村建设 330b
新农村建设 352a
新农村建设 344b
新渠道 232b
新闻报道 312a
新闻创新 312b
新闻外宣 205a
新闻宣传 313b
信访 221a
信访办案效率 221b
信访概况 221a
信息产业 272
信息化建设 242a
信息技术 302b
兴城大事记 179a
刑事审判 245a
行政区划 328a
行政区划 190a
行政审判 245a
徐大堡镇 346b
徐大堡镇概况 346b
宣传 204a
宣传概况 204a
宣传教育 207b
选举 351a
学前教育 303a
学前教育概况 303a
学校建设 302a

Y

烟草 296b
烟草概况 296b
严打 242b
严格规范 297b
盐务 263b
羊安乡 330a
羊安乡概况 330a
药品市场 255b
药王乡 342b
药王乡概况 342b
业务经营 232b
一体化 270a
依托核电 271b
移动 272b
移动概况 272b
移民安置区 347a
艺术教育 304b
疫病防治 260b
音乐家协会 236a
银行内控 280b
银行业务 289a
应急能力 239b
泳装产业 263a
优抚 326b
优抚概况 326b
优抚工作 327a
邮务类 273a
邮政 273a
邮政概况 273a
渔业生产 261a
渔政管理 261a
预防犯罪 228b
元台子乡 331a
元台子乡概况 331a
远程教育 203a
运输市场 268b

Z

灾害性天气 191a
招商 251a
招商概况 251a
招商结构 251a
争取资金 250a
征兵 239a
征管质量 279b
征收管理 277b
政法委 241a
政法委概况 241a
政协概况 233b
政协七届二次会议 224a
支持政策 263a
知识竞赛 207a
执行工作 245b
职代会 227a
职工文化 227b
职务犯罪 244a
职业教育 305b
职业教育概况 305b
治安管理 242b
中小学教育 303a
中小学教育概况 303a
中行 284b
中行概况 284b
重点项目 353a
重点项目 290b
重点项目 284a
主题概念招商 251a
助力经济 278a
助力企业 252a
助推新农村 224a
助学工程 230a
专卖管理 297a
专项整治 253b
专项资金 321b
资金支撑 260a
资源林政 259b
自办节目 314a
宗教 321b
宗教概况 321b
走访 273b
走访慰问 206b
组织 200b
组织概况 200b
组织收入 279a
组织信息 202b
组织资金 286b

市委书记 于学利

市委副书记、市政府市长 赵家鹏

市人大主任 张学军

市政协主席 崔海明

市委常委、常务副市长 范立民

市委常委、纪委书记 骆忠山

市委常委、政法委书记、总工会主席 赵兴华

市委常委、组织部长 李 肖

市委常委、人武部政委 杨洪斌

市委常委、宣传部长 郭荣新

市人大副主任 董永开

市人大副主任 张亦喆

市人大副主任 田克明

市人大副主任 韩维邦

市政府副市长 王建华

市政府副市长 刘 星

市政府副市长 王月娟

市政府副市长 刘晓军

市政协副主席 赵志民

市政协副主席 王晓章

市政协副主席 吕 伟

市政协副主席 王华松

市长助理 张兴生

市长助理 闫忠军

市政府督学 吴忠权